賈二强　主編

陝西師範大學國際長安學研究院

長安學研究文獻匯刊·考古編·金石卷

第十一輯

科学出版社

内容簡介

本書收録清代金石著作《西清古鑑》，希冀爲長安學、地方史、學術史及中國古代文化研究提供資料，以促進學術研究及社會文化的發展。

本書可供文獻學、中國古代史專業學者及相關專業本科生、研究生學習、參考。

圖書在版編目(CIP)數據

長安學研究文献匯刊. 考古編. 金石卷. 第十一輯 / 賈二强主編. —北京：科學出版社，2019.3

ISBN 978-7-03-059904-9

Ⅰ. ①長… Ⅱ. ①賈… Ⅲ. ①長安（歷史地名）–文化史–文集 ②金石學–中國–文集 Ⅳ. ①K294.11-53 ②K877.24-53

中國版本圖書館 CIP 數據核字（2018）第272187號

責任編輯：范鹏偉 / 責任校對：王 媛

責任印製：張克忠 / 封面設計：黄華斌

編輯部電話：010-64011837

E-mail:yangjing@mail.sciencep.com

科学出版社 出版

北京東黄城根北街 16 號

郵政編碼：100717

http://www.sciencep.com

北京匯瑞嘉合文化發展有限公司 印刷

科學出版社發行 各地新華書店經銷

*

2019 年 3 月第 一 版 開本：889 × 1194 1/16

2019 年 3 月第一次印刷 印張：56 1/4

字數：800 000

定價：389.00元

（如有印裝質量問題，我社負責調换）

《長安學研究文獻匯刊·考古編·金石卷》編輯委員會

前言

金石文獻上古時即已出現，指以青銅器爲主的金屬器具以及石磚陶器作爲載體的文字、辭句或篇章，是除了竹木簡牘、絲帛、紙質載體形態文獻之外，中國古代文獻的另一重要淵藪，其包涵的歷史文化信息，具有其他形態不可替代的作用，因此受到歷來學者們的高度重視。作爲一個系統並有著自身學理的學科——金石學，其興始於北宋，劉敞《先秦古器記》、歐陽修《集古録》、趙明誠《金石録》，確立了據金石保存文獻、考訂史籍的學術傳統；至南宋時期獲得巨大發展，出現專録漢碑的洪适《隸釋》、備録全國石刻目録的王象之《輿地碑目》、陳思《寶刻叢編》，偏於記録書家石刻的佚名《寶刻類編》，專録古器物的王黼《宣和博古圖》、王俅《嘯堂集古録》和主要著録商周青銅器銘文的薛尚功《歷代鐘鼎彝器款識法帖》等，諸體大致齊備，表明是時金石之學已基本成熟。

元明兩朝，受空談心性、不務實學的學術風氣影響，加之金石器物出土較少之故，經歷了一個相對沉寂的時期。其間雖仍時有金石學者與著作，如元代之吾丘衍《周秦刻石釋音》、楊鈞《增廣鐘鼎篆韻》、潘昂霄《金石例》，明楊慎《石鼓文音釋》、盛時泰《蒼潤軒碑跋》、都穆《金薤琳琅》、趙崡《石墨鐫華》等，或訂石刻之音訓，或采石刻古文奇字，或述碑碣之製作義例，間有考訂經史者，然多疏漏舛謬，罕有新見。

明末清初金石學再度勃興。清代前期中期，經過顧炎武、朱彝尊、錢大昕、畢沅、孫星衍、王昶、阮元等著名學者的宣導，到嘉慶、道光間金石學成爲顯學。有清一代，搜討、收藏、鑒賞、研究金石的風氣盛行不衰，有關金石的著述層出不窮，研究成果蔚爲大觀，重要著述達1000多部。其研究方法雖難出宋人窠臼，研究範圍却已全面擴大，體例亦更臻完善，既有存目、録文、摹圖、摹字等環節的材料整理，又有通過題跋方式從内容上進行經史、小學、義例等方面的考訂闡發；既有專門研究，又有通論；既有地域研究之分，又有全面總括。

在金石學研究中，『陝西』是一個特殊區域。關中作爲周秦漢唐故都之所在，碑碣吉金文字之富甲於海内，商周青銅器、秦漢瓦當，唐代昭陵、宋代碑林碑石，匯集了一大批寶貴的金石文獻。加之歷代不時有新的金石出土，因此自北宋以來，陝西一直是金石學家青睞的一方寶地，如吉金之學的開山之作北宋劉敞《先秦古器記》，就是作者根據他在陝西任職期間所獲古器而作；而第一部專記一地金石的北宋田概《京兆金石録》，則是記録長安古碑所在的著作。明末清初以來，更是形成了長久不衰的訪古求碑熱潮。

前代金石著録雖詳於古，直到清代中葉，元明以下金石都不大受到學者關注，然陝西正是漢唐碑石的集中之地，以此在歷代金石著作中，對陝西金石的研究占有很大比重。以清人名家著作爲例，顧炎武《金石文字記》有一半左右的篇幅記録秦地金石，朱彝尊《曝書亭金石文字跋尾》、錢大昕《潛研堂金石文跋尾》、王昶《金石萃編》等也分别有三分之一左右的内容爲陝西金石。又有多種專以秦地金石爲研究對象的著作，如朱楓《雍州金石記》、畢沅《關中金石記》、毛鳳枝《關中金石存逸考》，等等，約有數十種之多。

陝西金石學在整個金石學研究中占有極其重要的地位，自宋至清也經歷了幾個不同的發展階段，呈現不同的特色。

金石文字，可資正經訂史，可評其文之優劣，亦可賞其書體之美。然自劉敞《先秦古器記自序》中提出古器研究有明其制度、正其文字、次其世諡三法，歐陽修在《集古録目序》中指出金石『可與史傳正其闕謬』，趙明誠《金石録序》稱『蓋史牒出於後人之手，不能無失，而刻詞當時所立，可信不疑』，以《集古録》『是正訛謬，有功於後學甚大』，之後論金石者多以『正經補史』爲研究宗旨，爲清代金石考據學的繁榮奠定了基礎。

元明學風空疏，然就陝西地區而言，由於受關學影響，研究風氣稍有不同。明代關中大儒吕柟繼承北宋張載理學傳統，以『文必載道，行必顧言』爲號召，高揚『關學』的旗幟，使『關中自古稱理學之邦』不僅引爲鄉里之榮，也成爲天下公論。關學一向講求經世尚用，强調實踐功夫，影響及於金石之學，形成一種重實地考察，注重金石文獻可靠性的研究風氣。被錢謙益譽爲『關中汲古二士』的趙崡與郭宗昌是其中的典型代表，其金石著作《石墨鐫華》、《金石史》，發論雖然未脱明人空疏積習，但因有著親身實地訪碑著録的研究基礎，所以多能糾正宋人因僅據拓本或輾轉傳抄而導致的文本和考訂失誤。

清初顧炎武、黄宗羲等前明遺老治學以返孔孟真淳爲要旨，大力提倡『經世致用』之學，金石作爲『實學』之一類，重新受到學人關注。顧炎武首開風氣，提倡金石考訂的學術觀念，正與關學的學術風氣相契合。他多次前往關中，晚年定居於陝，整理刊刻了其一系列金石著作，揭示金石可資考證的意義，一開清代金石考據學的先聲，因此可以説，清初金石學的復興實與陝西的學術同氣相求，密切關聯。這一時期關中本土學者，如王弘撰等人的研究興趣却多在金石書法，他們倡導漢碑，其尊碑抑帖的主張對後來的碑學有很大影響，於清代金石學重考據的主流研究之外別開生面。

乾嘉時期漢學發展至高峰，陝西的金石研究在這一時期也發生至關重要的一大變局，對於整個金石學的發展産生很大影響。畢沅是乾嘉學派的領軍人物之一，乾隆三十六年至五十年（1771—1785）其蒞陝爲官，位至封疆大吏，且究心於金石之學，將政治權力廣施於學術研究，故群賢畢至，少長咸集，一時蔚爲大觀，也成就了陝西金石學之高峰。畢沅對於陝西金石的研究成就，主要有三：一是有組織地、大規模地搜訪金石，修護金石文物。這一方面促使了金石器物在這個時期的大量出土，同時也使很多金石文物，如碑林、昭陵等得到了很好的修繕保護。二是組織幕府學者編撰方志金石志。宋代方志中金石的相關内容多收録在藝文、碑記或其他相近門類之下，直到明末《吴興備志》『金石』方首次作爲一級類目出現在方志中，然而這種做法仍屬偶然，到清初此種局面未有太大改觀，設立金石類目的方志屈指可數。而畢沅在陝共編纂方志28種，設有『金石』門類者达13種，且其中11種爲一級類目，這種爲金石立志的做法大大提升了金石的學術地位，對於乾嘉時期金石學科格局的確立有奠基之功。三是這類金石專書和金石志，十分純熟地運用金石文字以考經訂史，使得這一宋人提出、在清初由顧炎武倡導的金石考據的學術方法，在此時演變成爲金石之學的主流，同時也使之廣泛推及文字學、音韻學等研究領域，取得了多方面的卓越成就。此外，畢沅陝西幕府中培養出一大批金石學者，如嚴長明、孫星衍、錢坫等，均在金石學研究上取得了不凡的成績。

道光以降，漢學高潮漸至消歇，風光不再，陝西金石學也後繼乏力，故其學漸入低谷。然篳路藍縷，遺風尚存，學人仍孜孜以求，其學術風貌雖蹈其舊，然拾遺補闕，求全求真，精化深化，亦成一時之特色。其中傳統金石考據方面，集大成者則屬毛鳳枝無疑。毛氏長期居陝，遍搜關中金石文字，著成《關中金石文字存逸考》、《金石萃編補遺》、《古誌石華續編》、《關中金石文字古逸考》及《關中金石文字古存考》諸書，以傳統金石考據的方法，對關中遺留金石文獻做了精深考證，堪稱清末陝西金石學的代表。然因其生涯寥落，《關中金石文字古逸考》、《關中金石文字古存考》兩種不知存世與否，其《關中金石文字存逸考》、《金石萃編補遺》、《古誌石華續編》三書，幸得其門生顧家相、顧燮光父子前後歷數十年之功，在毛氏身後梓行於世。

陝西擁有深厚的金石學傳統，充分利用這類豐富的學術資源，對於長安學、地方史、學術史乃至中國古代歷史文化的研究，具有無可替代的價值。由於成書時代綿長，各類文獻性質各異，保存狀況複雜，利用這些材料存在種種不便。有鑒於此，本編意在將歷代陝西金石文獻匯爲一編，俾其爲當今社會文化發展發揮應有的作用。

本編所收宋至清末民初陝西金石文獻120餘種，基本涵蓋傳統金石之學的目録、録文、題跋考訂、義例、摹圖、方志相關金石部分等主要類別，賞鑒品評書法藝術之帖學類前代即爲別途，近世之影印則多入現代學術，因而未予收録。各書如有不同版本則以文本完足文字精審可以信據爲主要准的，而前代所謂珍罕秘本，則非主要考慮因素。

編輯過程中，國家圖書館、陝西師範大學圖書館慨允提供資料，俾全書得以成編，謹致衷心感謝。

時間匆迫，思慮未周，所在差謬，尚乞學人讀者指正。

陝西省2011協同創新中心

陝西師範大學國際長安學研究院

（李向菲執筆　賈二强審定）

二〇一六年十月

目録

欽定西清古鑑

光緒三十四年集成
圖書公司仿殿本印

乾隆十四年十一月
初七日奉
上諭邃古法物流傳有自
者惟尊彝鼎鼐歷世恒
遠良以質堅而體厚不
爲燥濕所移剝蝕所損

淵然之光穆乎可見三
代以上規模氣象故嗜
古之士亟有取焉宣和
博古一圖播在藝苑繼
之者有呂氏考古圖而
外此紀載寥寥豈非力

能致之而弗能聚所見
尠而無足紀歟我朝
家法不事玩好民間鑒賞槩
弗之禁而殿廷陳列與
夫內府儲藏者未嘗不
富朕於幾務晏閒間加

上諭　二

題品裒考舊圖多所未
載因思古器顯晦有時
及今不爲之表章載之
簡牘考索者其奚取徵
焉爰命尚書梁詩正蔣
溥汪由敦率同內廷翰

林佽博古圖遺式精繪
形模備摹款識爲西清
古鑑一編以游藝之餘
功寄鑒古之遠思亦足
稱昇平雅尚云特諭

奉
旨開列辦理西清古鑑諸臣職名

監理

和碩莊親王臣允祿
和碩果親王臣弘瞻

編纂

經筵講官太子少師協辦大學士吏部尚書臣梁詩正
經筵講官太子少保協辦大學士戶部尚書臣蔣溥
經筵講官太子太傅工部尚書臣汪由敦
經筵講官吏部右侍郎臣嵇璜

經筵講官吏部右侍郎臣裘曰修
禮部右侍郎臣金德瑛
經筵講官兵部左侍郎兼管國子監事臣觀保
經筵講官兵部左侍郎臣于敏中
工部左侍郎臣董邦達
經筵講官工部右侍郎臣王際華
內閣學士兼禮部侍郎臣錢維城

摹篆

舉人候補國子監學正臣陳孝泳
舉人臣楊瑞蓮

繪圖

畫院供奉臣梁觀
臣李慧林
臣丁觀鶴
臣党應時
臣羅福旼
臣陳士俊
臣程梁

武英殿繕書

太常寺少卿臣勵宗萬

日講官起居注翰林院侍講學士臣盧明楷
掌山東道監察御史臣陳大化
貢生候選知縣臣沈維基

校刊

國子監祭酒臣陸宗楷
左春坊左中允兼翰林院編修臣孫人龍
翰林院編修臣勵守謙
翰林院編修臣蔣櫟
翰林院編修臣吉夢熊
翰林院檢討臣李英

監造

內務府郎中臣四格
內務府員外郎臣富明
監造臣六格
庫掌臣吉蘭泰
庫掌臣舒義

臣等於乾隆己巳冬奉
敕纂輯西清古鑑每一卷書成輒恭呈
點定閱二歲歲在辛未夏五月是編告竣奉
旨付剞劂氏臣等拜手稽首颺言於簡末曰古
人制器或以竹或以木或以陶其貴者以
玉而金為㝡壽碩秦人銷金之後三代物
絕不復見其藏於土中者猶未出故漢唐
諸儒莫可得而攷鄭康成杜子春孔穎達
諸賢非不貫穿六籍而目不經見其立說
悉無所依據如犧尊之制至魏時魯郡地

中得齊大夫公子尾送女器作犧牛形又
晉永嘉中曹嶷於青州齊景公冢中得二
尊亦肖爲牛象梁劉杳始據此闢康成畫
鳳凰尾之說則其他可類推也後世陵谷
遷移經五代六朝而後古器漸出於叢祠
廢瘞中好事者至鑿山沉淵以求之於是
彝鼎尊罍之屬往往表見於世碩宋初如
聶崇義三禮圖王洙禮器圖則並未嘗目
覩而命名取義直欲以己意揣摩於故紙
堆中固宜其舛也宣和博古圖則實有是

器而為之圖與說然其中亦多有牴捂失
實者如文王鼎銘之魯公乃伯禽也而謂
之周公晉姜鼎銘之文侯乃文侯仇也而
謂之文公重耳漢定陶鼎銘之定陶乃定
陶共王康也而謂之趙共王恢王伯鼎銘
曰王伯作寶鼎乃遂謂王伯者王之伯父
夫伯叔甥舅之邦在王稱之則可豈有諸
侯自名曰王之伯父者乎如高克尊謂高
克為周末衛文公時人而不知又有鄭之
高克見毛詩序與左傳至於立戈鼎之戈

字釋其文以為我之字从戈者敵物之我
則又沿王安石之字說而牽率附會加甚
焉其分商周也每斷斷於一二字以為斷
夫十干之屬古器多有之或以紀日或以
差第其器類後世之標舉甲乙商與周所
同也博古圖乃獨於立戈癸鼎謂是湯之
父至癸則其無徵更明甚今此所編纂雖
託權輿於博古一書而參互考訂則間折
衷於歐陽修董逌黃伯思張掄薛尚功諸
人之論說要其指歸皆原始於書傳更採

討於形模色澤之間而世次先後固已昭然可覩蓋兢兢乎不敢臆説以逞以是為闕疑傳信云爾劉敞有言允之戈和之弓離磬崇鼎三代傳以爲寶非賴其用也亦云上古而已矣洪邁之言曰三代彝器其存至今者人皆寶爲奇玩然自春秋以來固重之矣經傳所記郜大鼎吴壽夢之鼎莒之二方鼎齊之紀甗以及甲父之鼎襄鐘舒鼎鑿劍皆鄭重書之又況壺尊簠簋角斝敦彝悉宗廟享祀之用器以藏禮禮

以辨義昔司馬遷作孔子世家謂觀其車服禮器低徊留之不能去今是書所錄上溯有殷下逮唐室至近者亦千有餘年矣其器具在臚舉於圖可不謂之大觀者乎於以上供

乙覽傳示來兹將三代以來名物象數咸犂然於心目之中是稱先則古之儀型而非埶圃詞林之縟也猗歟盛哉臣梁詩正臣蔣溥臣汪由敦臣嵇璜臣觀保臣裘曰修臣董邦達臣金德瑛臣王際華臣錢維城臣

于敏中謹跋

西清古鑑

恭校姓氏

慈谿孫　雷
吳縣馬　鉞
元和王肇鋐
慈谿凌　志

西清古鑑　恭校姓氏

西清古鑑總目

西清古鑑　總目　一

西清古鑑 總目 四

西清古鑑 總目 五

西清古鑑卷一目録

鼎一

商

商祖鼎

祖

右高七寸一分深四寸八分耳高一寸六分闊一寸九分口徑七寸四分腹圍二尺二寸七分重一百四十三兩銘只一字曰祖商人尚質其詞固應爾按書稱用命賞于祖周禮左祖右社故許慎說文謂祖始廟也鼎為祭器用於廟中銘祖宜矣

商父乙鼎一

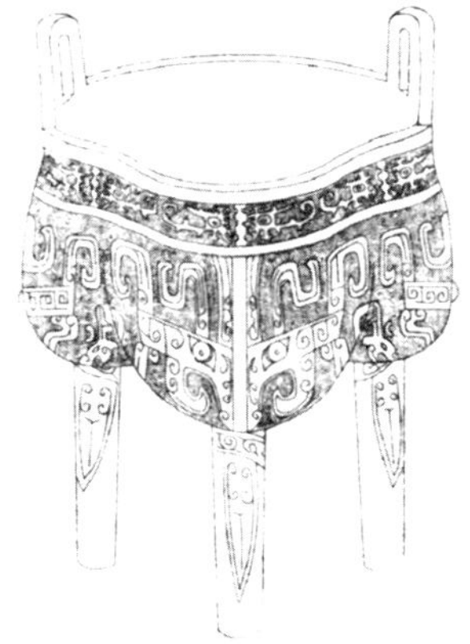

子父乙

右高五寸三分深二寸七分耳高一寸四分闊如之口徑五寸一分腹圍一尺六寸六分重六十一兩宋博古圖於凡銘父乙者必舉天乙祖乙以實之而卷首父乙鼎又云不知為何乙然商器稱祖稱父母稱兄者不一下多綴以十干黃長睿張掄諸人謂或以紀日或其器之次序是不必概斷為人名也曰子則主器者自識

商父乙鼎二

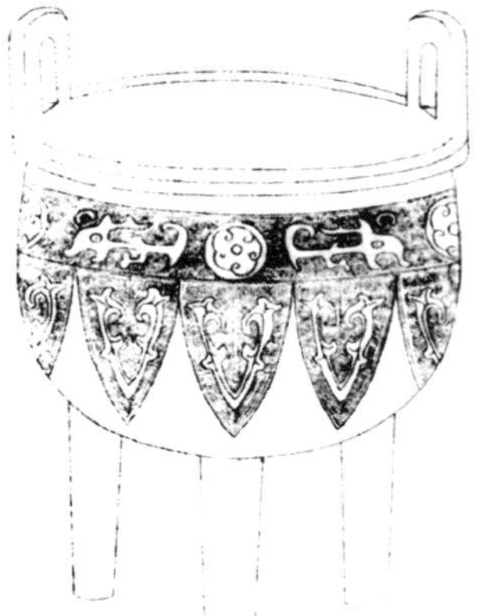

父乙

右高七寸八分深四寸八分耳高一寸五分濶一寸八分口徑七寸二分腹圍二尺三寸三分重一百五十五兩金銀錯博古圖載父乙鼎銘凡三十字此止三字上一字不可識下曰父乙與前器同

商父乙鼎三

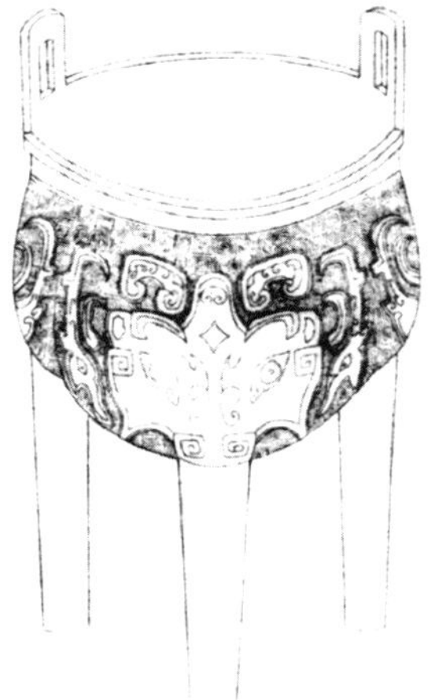

父乙世
仲

右高五寸五分深二寸九分耳高一寸一分濶一寸四分口徑五寸二分腹圍一尺七寸重七十三兩禮緯曰質家稱仲文家稱叔質謂商文謂周也此銘曰父乙旁作仲蓋其仲子曰世亦世守之義云

商父乙鼎四

亞形　格上三矢
父乙
中　尊彝

右高七寸八分深四寸八分耳高一寸七分濶一寸九分口徑八寸一分腹圍二尺五寸重一百七十六兩亞形舊說為廟室蓋廟中有太室則應有亞室也後二字剝蝕弗完前象形格上矢意昭功伐博古圖暨薛尚功鐘鼎款識謂銘君賜如書稱彤矢百盧矢百之類其說良是又有云先人所嗜好著鼎以示不忘者義亦可通

商丁鼎

足跡形　丁

右高四寸八分深二寸七分耳高九分闊一寸三分口徑五寸腹圍一尺五寸八分重五十兩銘作足跡形商周器多如此凡象耳目手足者蓋祭則設尸之義

商父丁鼎一

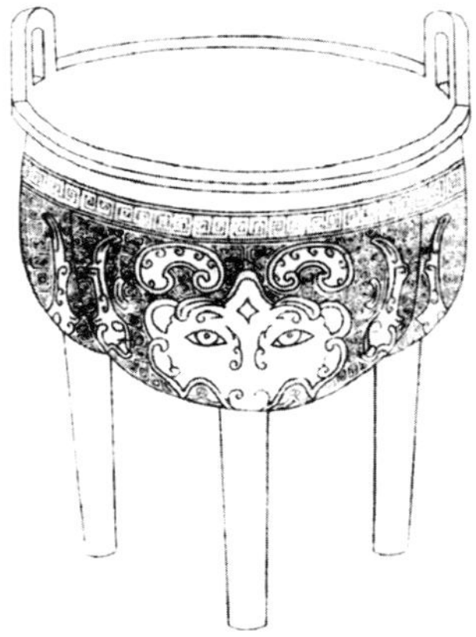

耳形　足跡形　孫　父丁

右高五寸五分深二寸九分耳高一寸一分闊一寸四分口徑五寸二分腹圍一尺六寸四分重六十五兩

商父丁鼎二

○父丁

右高六寸深三寸耳高一寸四分闊如之口縱
四寸三分橫五寸七分腹縱三寸九分橫五寸
二分重九十九兩款前一字不可識攗字形與
父乙鼎相近

商父戊鼎

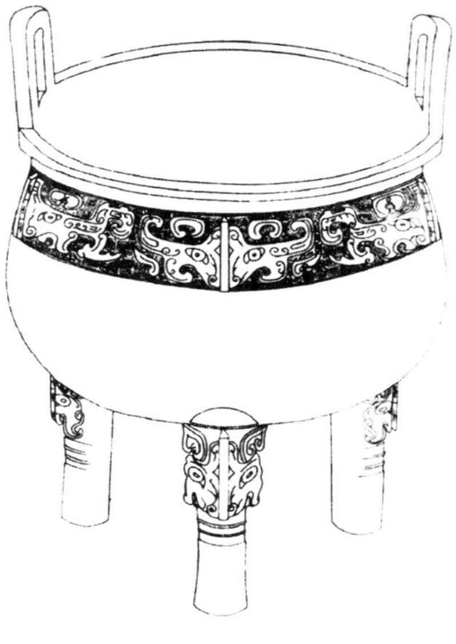

亞形中
○父戊
戟
足跡形

右高一尺一寸二分深七寸二分耳高二寸六
分闊三寸一分口徑一尺一寸二分腹圍三尺
五寸二分重四百七十五兩亞形中一字為戟
按元楊鉤作篆韻一書云凡子孫之得祭其父
祖者以其有大功德然後賜彝器得奉其祭祀
或持弓刀戈戟者所以銘武功也此銘戟是已

商父己鼎

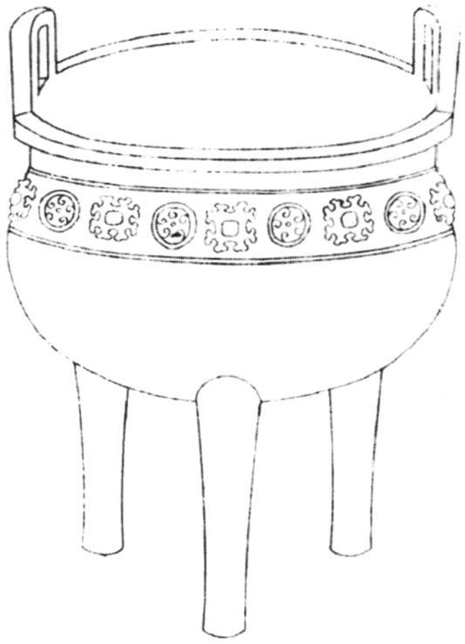

析子孫父己

右高八寸八分深六寸一分耳高一寸七分濶二寸二分口徑八寸九分腹圍二尺八寸一分重二百一十九兩析子孫舊說謂貽厥子孫之意汲郡呂大臨考古圖言析當作祈於義為近蓋祈祝為祭祀所有事也

商父庚鼎

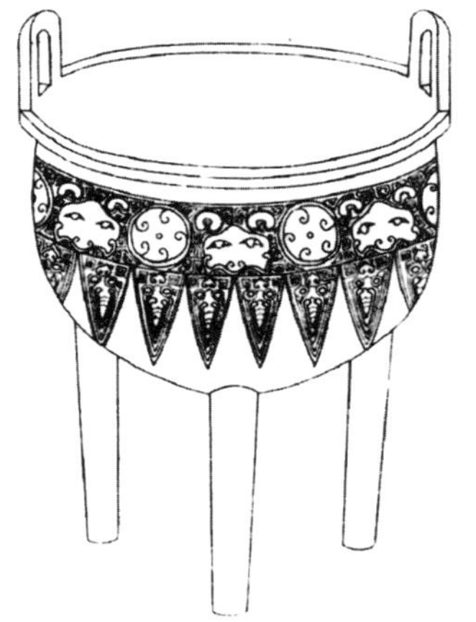

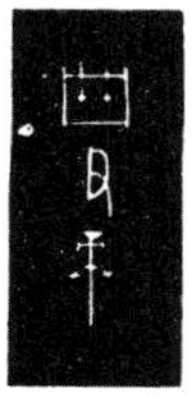

格矢形父庚

右高五寸七分深三寸五分耳高一寸一分濶一寸三分口徑五寸五分腹圍一尺七寸四分重六十五兩

商祖辛鼎

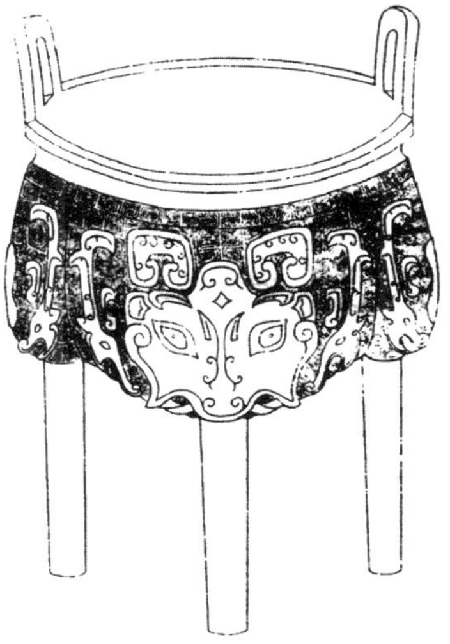

立戈形
祖辛

右高五寸四分深二寸六分耳高一寸一分濶一寸四分口徑五寸二分腹圍一尺六寸五分重六十四兩規制與博古圖父甲鼎相類

商父辛鼎

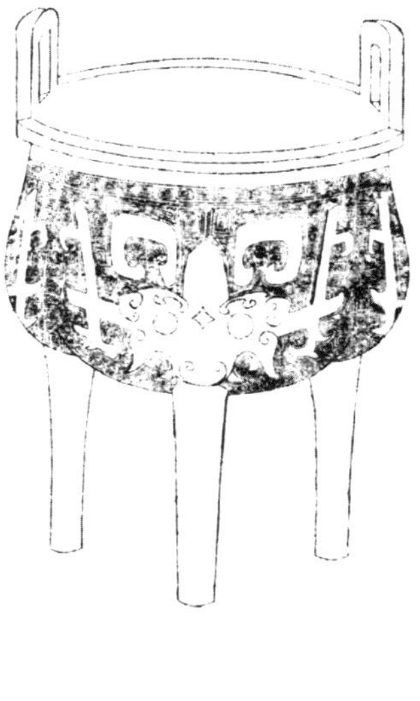

亞形中
尊綦
父辛

右高六寸深三寸二分耳高一寸四分濶一寸六分口徑五寸五分腹圍一尺七寸四分重七十一兩亞形中銘字二曰尊綦按綦其基古文相近博古圖引列子綦衛之箭謂綦為國名然綦國不見於書傳而彝器銘此者甚夥不應皆其物又荀子目欲綦色耳欲綦聲注謂綦或為

其按詩自堂徂基堂基皆廟室地此銘似當讀
作基釋綦從舊說也

商癸鼎一

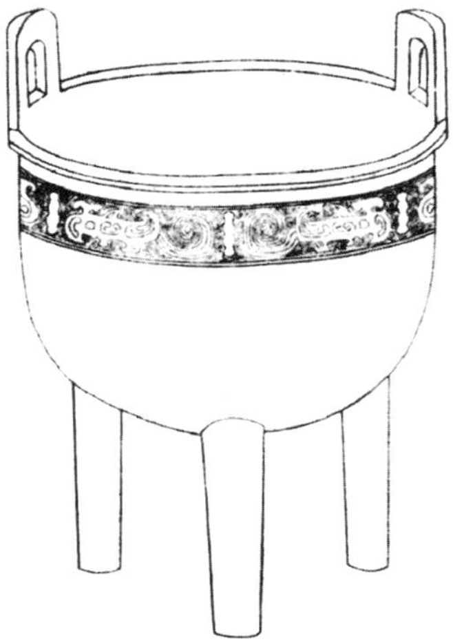

癸

右高五寸深三寸耳高一寸一分闊一寸三分
口徑五寸腹圍一尺六寸重六十一兩博古圖
載商癸鼎篆法皆同而此鼎形製尤朴實商物
也然商以甲乙為名者多矣固難據一字為斷
宋人於癸鼎則竟謂曰湯之父主癸殊為臆論
蓋二代紀載寥寥又其時字體未備後人無得
而攷曰商曰周要當以銘詞色澤為辨耳

商癸鼎二

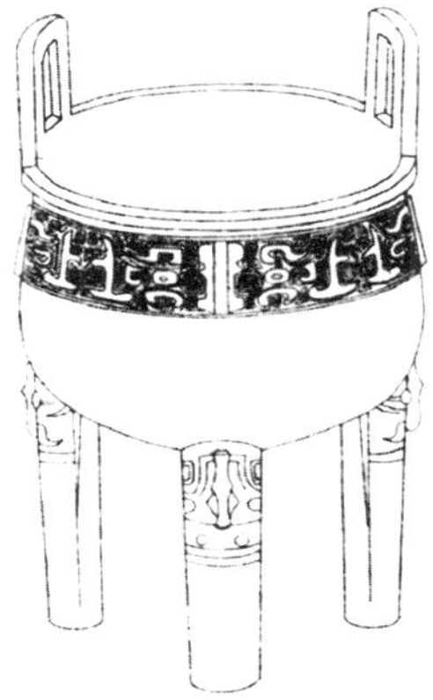

癸。

右高五寸九分深三寸五分耳高一寸五分闊一寸八分口徑六寸腹圍一尺八寸一分重五十三兩癸下一字不可識

商癸鼎三

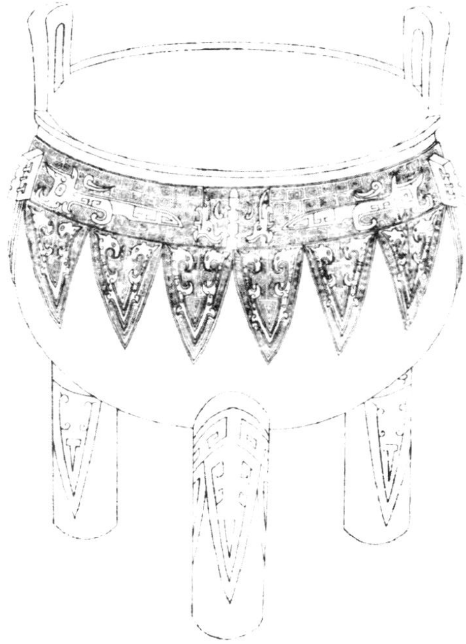

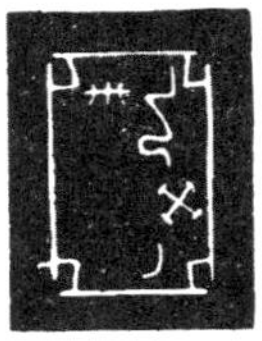

亞形。癸。中。

右高一尺三分深六寸九分耳高二寸七分闊如之口徑一尺腹圍三尺二寸八分重四百十二兩

商祖癸鼎

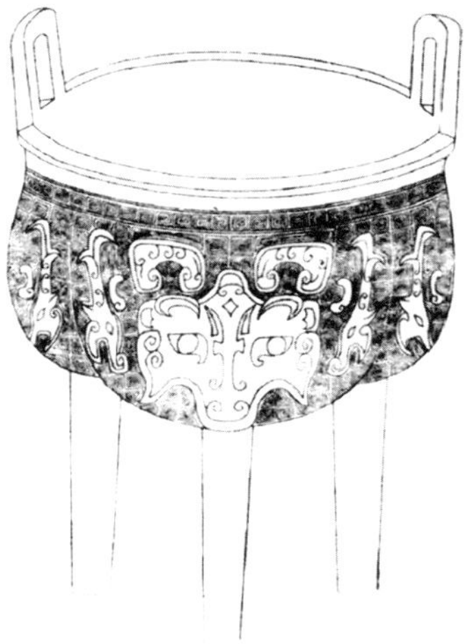

立戈形　祖癸

右高五寸五分深二寸九分耳高一寸一分濶一寸四分口徑五寸一分腹圍一尺六寸五分重五十兩立戈形與父戊鼎銘戟者同意蓋以銘功而博古圖謂戈所以敵物而勝之故我之字从戈者敵物之我也非有勝物之智則不能敵物非有立我之智則至於失我云云實本王安石字說而緣飾之其言至纖瑣宜為大雅所

弗道因錄斯器漫識於此

商父癸鼎一

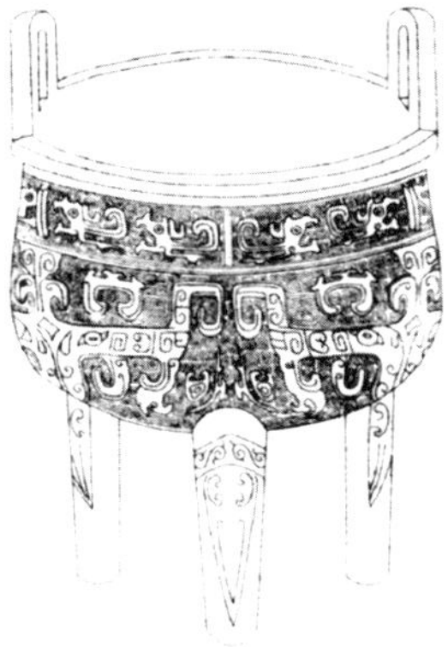

父癸
足跡 孫
形

右高五寸一分深三寸一分耳高一寸二分濶一寸四分口徑五寸一分腹圍一尺六寸重六十七兩

商父癸鼎二

父癸

右高三寸二分深二寸耳高八分濶九分口徑五寸腹圍一尺五寸重三十八兩金銀錯

商父癸鼎三

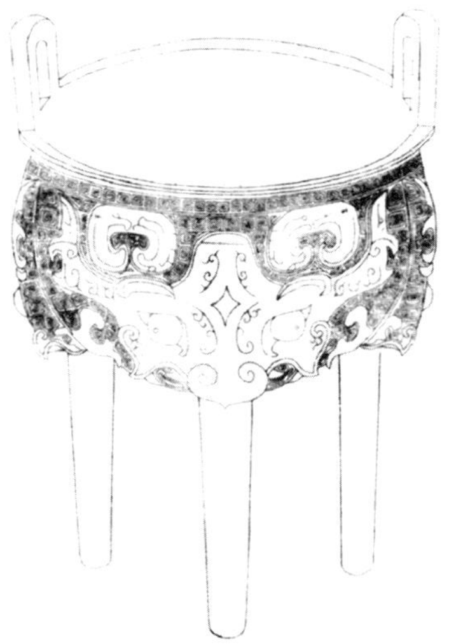

西清古鑑　卷一　鼎　二十三

孫父癸

右高五寸三分深三寸耳高一寸二分濶一寸四分口徑五寸三分腹圍一尺二寸四分重五十兩孫字倒書與父丁第一鼎不同

商母癸鼎

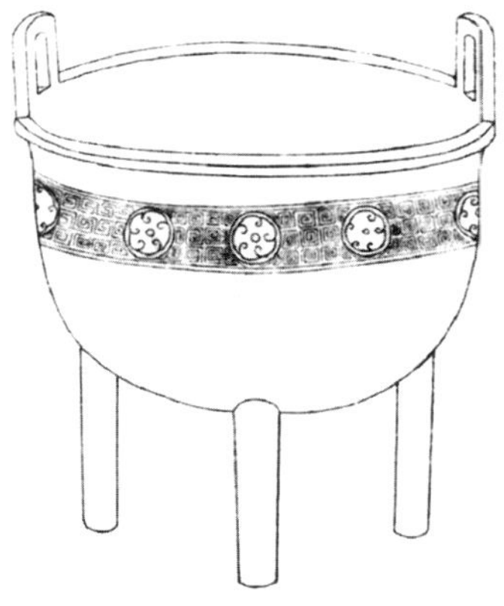

西清古鑑　卷一　鼎　二十四

母癸

右高五寸二分深三寸二分耳高一寸濶一寸一分口徑四寸九分腹圍一尺五寸四分重三十兩

商若癸鼎一

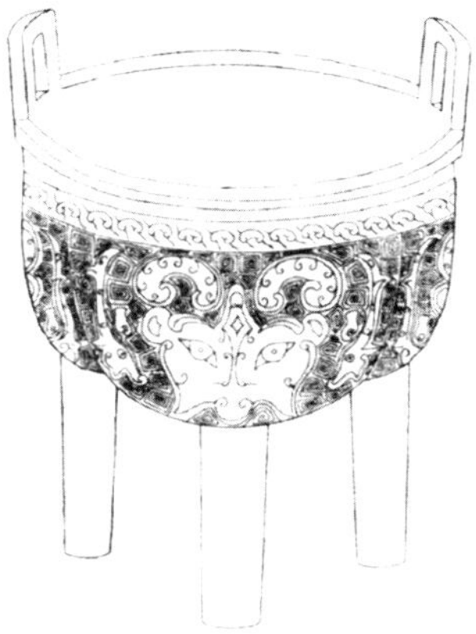

亞形中
舟若
人執木形阜癸乙

右高五寸三分深二寸九分耳高一寸三分濶如之口徑五寸二分腹圍一尺六寸五分重五十三兩古器多取象於舟謂其載物也此銘首一字按篆法為舟而博古圖謂亙執物狀然他處則仍釋為舟殆未可曉下作執木則干之屬所謂文舞是已末作阜古器銘多如此左氏傳韓氏其昌阜於晉乎阜盛也大也故詩稱如山如阜書稱阜成兆民此阜字疑亦祝詞茲器博古圖暨薛氏俱定為商今從之

商若癸鼎二

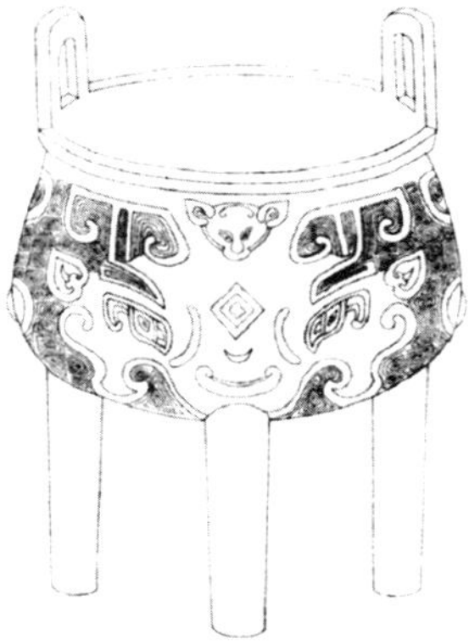

亞形　中
弓乙　癸子　若舟

右高四寸一分深二寸三分耳高九分闊一寸一分口徑三寸六分腹圍一尺一寸三分重三十一兩金銀錯銘首象形為弓與格矢同若癸左旋讀

商若癸鼎三

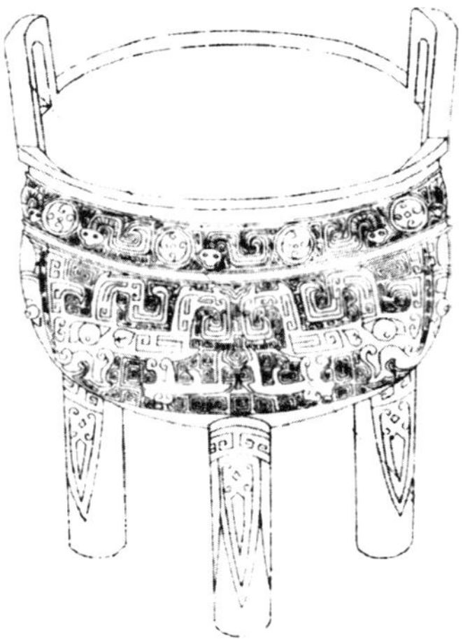

亞形　中
若　舟
丁
癸　子執　旂形
阜乙　足跡形　乙

右高六寸六分深三寸八分耳高一寸六分闊一寸八分口徑六寸腹圍一尺八寸九分重一百二十五兩三器與博古圖所載形制銘款俱相類若癸字義不可曉而舊說若字銘其作器之人也則若為人名矣執旂蓋勒於旂常之義

商瞿父鼎

瞿父

右高三寸五分深二寸耳高七分濶如之口徑三寸二分腹圍一尺重十六兩與博古圖瞿父鼎篆法同按父字在上則父子之稱如父乙父丁之類是也父字在下則當音甫男子之美稱也此銘冠瞿於父或疑幼名冠字似屬周制然古有亮父巢父又太王稱亶父乃在商時不必泥一說以概之矣

商饕餮鼎

饕餮獸形

右高五寸一分深二寸三分耳高一寸二分濶一寸四分口徑五寸三分腹圍一尺六寸五分重四十七兩博古圖載商象形饕餮鼎銘字同

商孫鼎

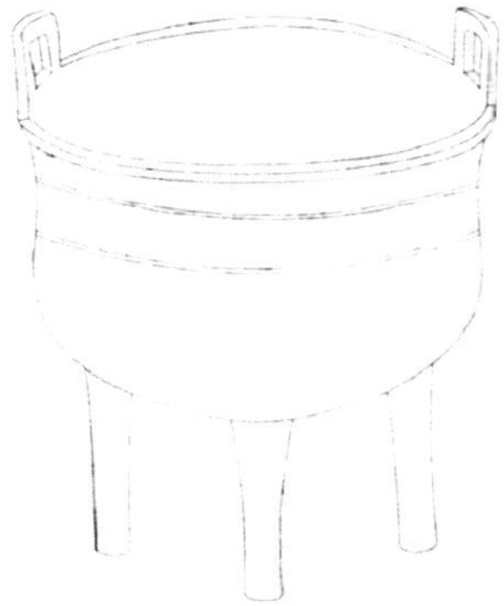

立旂形　孫

右高四寸六分深三寸二分耳高八分濶一寸一分口徑五寸一分腹圍一尺六寸四分重四十五兩

西清古鑑卷二目録

鼎二

周

文王鼎一 有銘
文王鼎二 有銘
文王鼎三 有銘
文王鼎四 有銘
召夫鼎 有銘
太公鼎 有銘
魯鼎一 有銘

魯鼎二 有銘
晉姜鼎 有銘
君錫鼎 有銘
己伯鼎一 有銘
己伯鼎二 有銘
張伯鼎 有銘
行伯鼎 有銘
伯師鼎 有銘
伯鼎一 有銘
伯鼎二 有銘

周文王鼎一

魯公作文王尊彝

右高七寸四分深三寸七分耳高一寸七分濶一寸八分口縱五寸四分橫六寸八分腹縱四寸三分橫五寸八分重一百六十七兩按博古圖有文王鼎冠於周器之首特圜徑尺度不同耳至謂魯公為周公然周公留佐周未嘗就封春秋内傳曰祝宗卜史備物典𠕋官司彝器因商奄之民命以伯禽而封于少皥之墟此魯公

應為伯禽古者諸侯不得祖天子而魯獨用天子禮樂故魯公得祭文王也又續夷堅志言泰和末見内府所藏方鼎耳二足四饕餮象在雷文中銘云云亦與此合

周文王鼎二

魯公作文
王尊彝

右高七寸七分深三寸七分耳高二寸濶一寸八分口縱五寸八分横七寸四分腹縱四寸六分横六寸二分重二百三兩

周文王鼎三

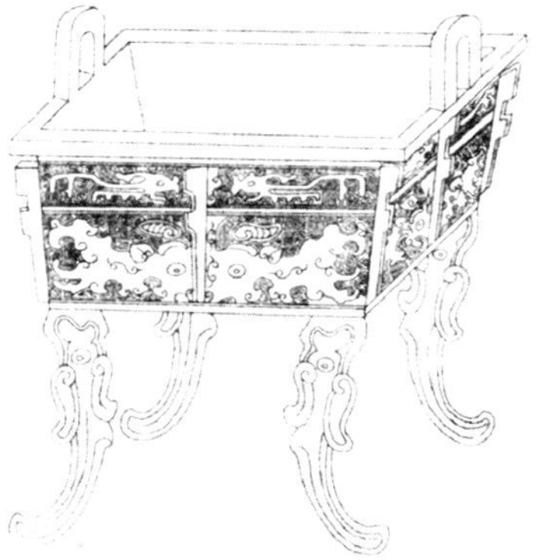

魯公作文王尊彝

右高七寸八分深三寸九分耳高一寸九分濶一寸六分口縱五寸三分橫七寸二分腹縱四寸二分橫六寸二分重一百三十七兩

周文王鼎四

魯公作文王尊彝

右高六寸四分深二寸五分耳高一寸三分濶一寸口縱四寸橫四寸八分腹縱三寸五分橫四寸一分重五十五兩合前所録得四鼎矣鼎之數天子九諸侯七原非一器也

周名夫鼎

亞形中召夫　室父癸午刊〇
冊命

右高七寸一分深三寸六分耳高一寸九分闊一寸七分口縱五寸二分橫六寸九分腹縱四寸二分橫四寸八分重一百四十九兩金銀錯博古圖有冊命鼎銘款皆合即此器顧因父癸二字定為商物實無據名夫之稱不見於殷代此銘名夫蓋名伯名父類耳當在周世曰冊命則如王命周公作冊逸作冊是也亞形為廟此云室尤其徵矣曰午刊或紀日也

周太公鼎

太公作
□從
永寶用

右高八寸五分深五寸一分耳高二寸一分闊三寸一分口徑一尺六分腹圍三尺三寸九分重三百八十七兩按周禮天官酒正掌酒之政令凡祭祀以法共五齊三酒以實八尊大祭三貳中祭再貳小祭一貳皆有酌數惟齊酒不貳此銘曰從從與貳同尊有貳則鼎有從所謂陪鼎是也太公意為吕公望然田齊亦有後太公蓋不可考矣

周魯鼎一

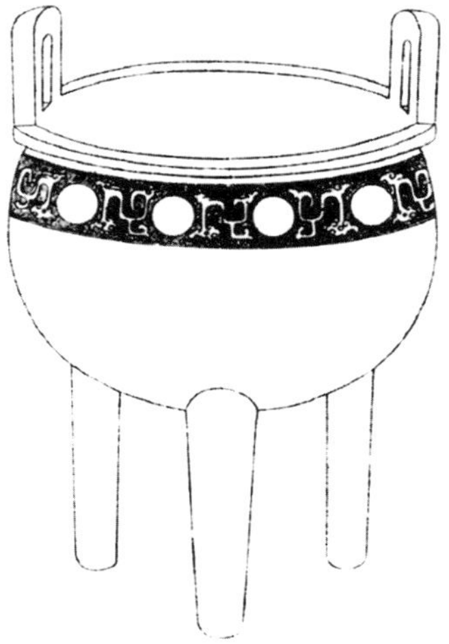

亞形 格上三矢
中 尊魯

右高六寸四分深三寸七分耳高一寸四分闊一寸八分口徑五寸八分腹圍一尺八寸七分重一百一十一兩他器多銘尊彝說者謂重器也法器也此曰尊而外為亞形知祭器無疑矣格上三矢按伯禽征淮夷徐戎僖公戎狄是膺荆舒是懲或二公之時紀績以藏於廟歟

周魯鼎二

太壬保
魯作寶
尊彝

右高六寸三分深二寸二分耳高一寸二分闊一寸三分口縱四寸二分橫五寸二分腹縱三寸六分橫四寸六分重七十一兩銘凡二太壬保三字在腹義殊不可曉太壬疑即太任魯得行郊禘禮不限以諸侯五廟之制此或為祭太

任器耶

周晉姜鼎

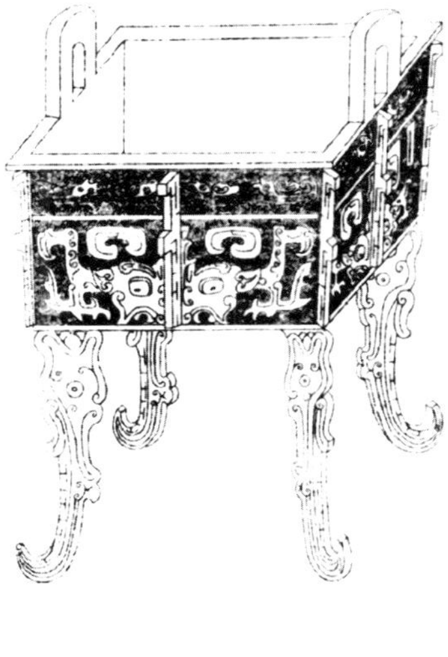

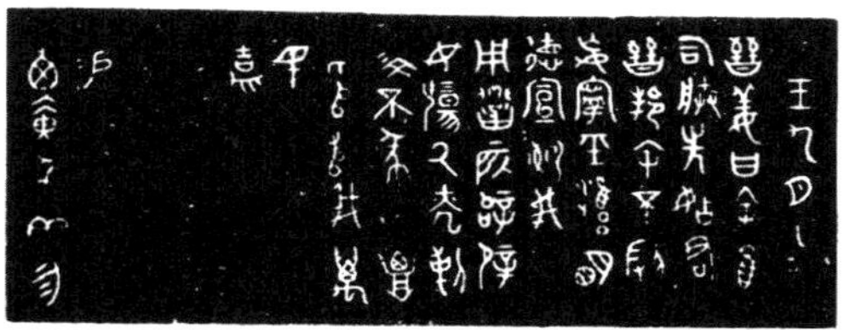

王九月乙亥
晉姜曰余惟
嗣朕先姑君
晉邦余不暇
安寧經雍明
德宣邲我
用招所辟辟
委揚乃光烈
虔不墜覃
以尊我萬
民嘉
錫
虎賁千兩勿

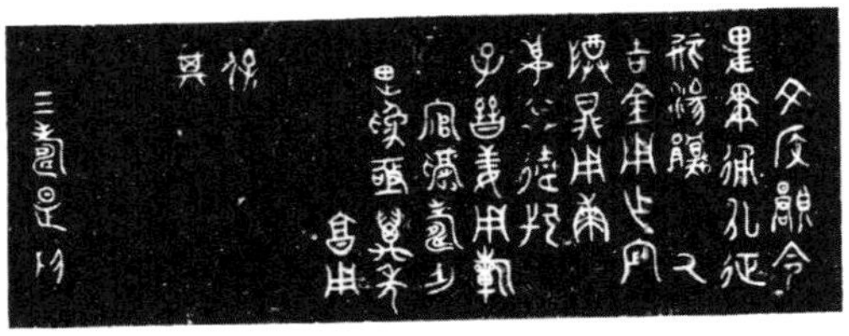

文侯頵命
畏貫通弘征
綏湯原　乃
吉金用作寶
尊鼎用康
妥懷遠廷
子晉姜用蘄
綰眉壽作
惠為亟萬年
享用
保其
三壽是利

右高六寸二分深二寸七分耳高一寸四分濶一寸二分口縱四寸五分橫五寸五分腹縱四寸三分橫四寸九分重八十一兩銘與博古圖所載同缺二十二字按晉文侯仇平犬戎之亂平王錫以文侯之命此稱文侯者是也文侯之夫人不見於書傳董逌謂春秋時齊歸晉女者獻公則齊姜文公則大姜平公則少姜其在春秋前則穆侯夫人少姜蚤死齊姜不得主祀穆夫人不盡穆侯世惟文公夫人當襄公世猶不棄祀事則銘稱晉姜即太姜為文公重耳夫人

鼎蓋作於襄公時而所云勿廢文侯頵命則晉姜述祖德以教誡其孫子不指文公言也博古圖謂以其妻晉文侯故曰晉姜是直以文侯為文公重耳實誤且虎賁云云亦與文侯之命合晉既有文侯不應復稱文公為文侯固明甚劉原父先秦古器記亦載此器贊曰文侯翼周九錫彤弓斯得之矣然下云姜氏戴德既佑武公則又似以晉姜為文侯仇之夫人亦非是今併政之以俟後之考者銘首不辱妥寧董逌作不敢荒寧於義為得妥荒字古文通用也末曰蘄

綰眉壽黃伯思曰祈天永命俾弗中絕故云綰

周君錫鼎

西清古鑑　卷二　鼎　十六

君錫作寶彝

右高五寸深二寸六分耳高一寸濶一寸二分
口縱四寸横五寸腹縱三寸三分横四寸二分
重五十六兩銘曰君錫作君錫疑人名如君陳
君牙之類金錯

周己伯鼎一

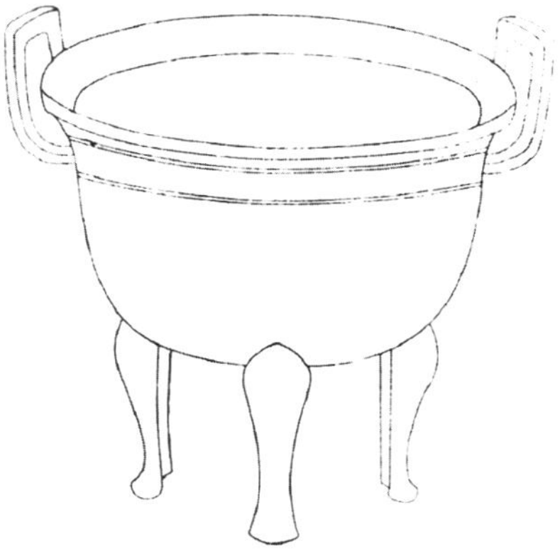

西清古鑑　卷二　鼎　十七

惟十有五年三月既霸
丁亥王在　宫大己乃友
家王饗　王呼善大騶
召大己乃友㝬戰王召丕
馬雁命取鴝○山一所錫
大〻拜稽首對揚天子丕
顯休用作朕列考己伯盂鼎
大其子〻孫〻萬年永寶用

右高八寸五分深六寸耳高四寸四分濶二寸
口徑一尺一寸七分腹圍三尺重二百七十五
兩古有己姓國商頌韋顧既伐昆吾夏桀顧與
昆吾皆己姓己之先為伯爵銘云列考己伯統

先世言之銘首稱三月既覇既覇二字見前漢
書顔師古注曰古朏字按生覇為望死覇為朔
此云既覇則十五以後耳謂之盂鼎意斯鼎口
特侈有類於盂耶

周己伯鼎二

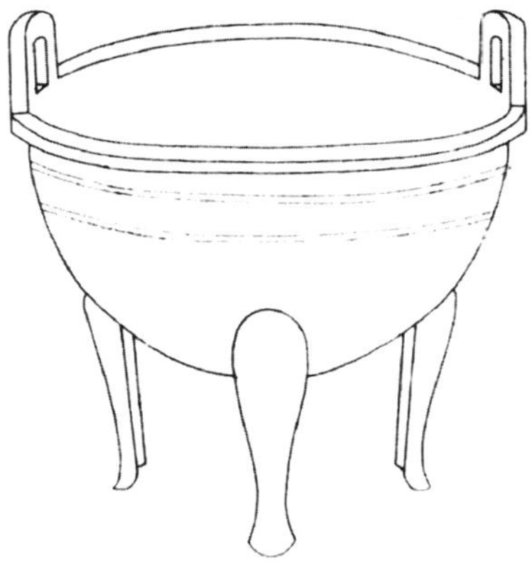

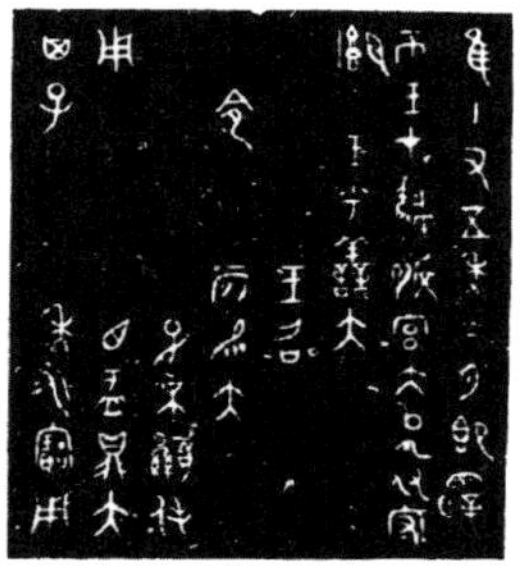

惟十有五年三月既覇丁
亥王在○○宮大已乃友家
饔　王呼善大
王名　○
命　一所錫大
子丕顯休
用　伯盂鼎大
其子　年永寶用

右高一尺深七寸三分耳高二寸四分濶二寸
九分口徑一尺二寸腹圍二尺五寸三分重三
百四十七兩銘字多漫漶就可識者辨之與前
器同

周張伯鼎

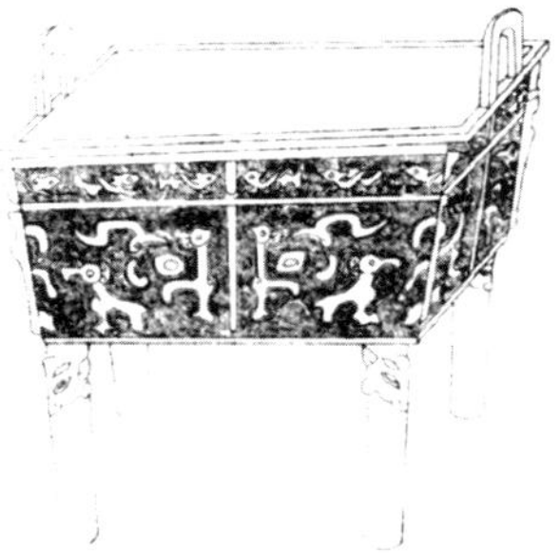

張伯作鳳彝

右高六寸九分深三寸八分耳高一寸八分闊如之口縱五寸一分橫六寸七分腹縱四寸三分橫五寸九分重一百一十一兩古器有弫仲匜劉原父釋弫為張歐陽永叔從之黃長睿東觀餘論據廣雅音其勿反弦說文廣韻集韻俱無此字玉篇亦作其勿反音掘正同廣雅然詩有張仲孝友之文則讀若張未為不可彼弫仲為張仲則此弫伯為張伯也鼎四面作鳳紋故銘曰鳳彝

周行伯鼎

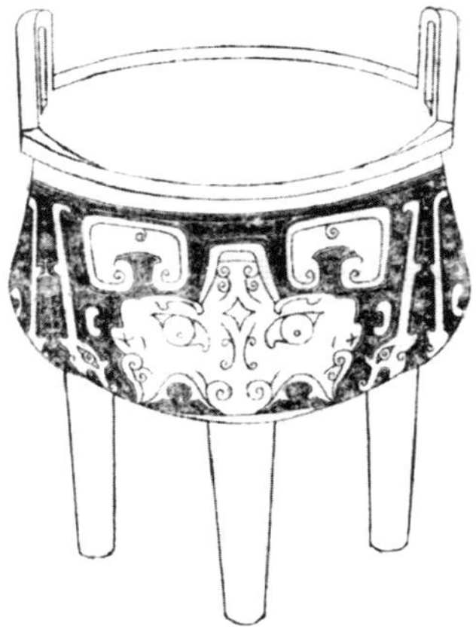

行伯作○○

右高五寸五分深二寸八分耳高一寸二分闊一寸四分口徑五寸三分腹圍一尺五寸八分重五十五兩〢字從薛尚功釋作行按周官有大行人有行司馬諸侯國各有行人古者以官為氏則行伯當是其官或氏故云作

周伯師鼎

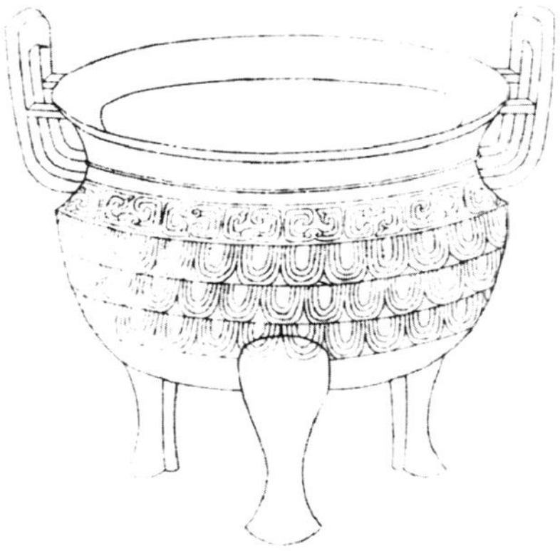

伯師作
鼎其子
孫永寶用

右高七寸深四寸五分耳高三寸三分闊二寸一分口徑九寸三分腹圍二尺七寸七分重一百三十七兩見於書傳者每以師命官而春秋時宋有公孫師晉有郉師師則人名矣此曰伯師作公羊傳謂器從名地從主人謂之為伯師鼎

周伯鼎一

西清古鑑　卷二　鼎

子孫永用
鼎其萬年
內大子伯作

右高七寸六分深五寸一分耳高三寸二分濶二寸四分口徑一尺一寸二分腹圍三尺二寸二分重一百三十一兩銘左旋讀內字當爲句或內事所用也伯蓋其名字諸侯之適子皆得稱太子不知其爲何國物矣

周伯鼎二

西清古鑑　卷二　鼎

伯○父作寶
鼎其萬　年
子孫永寶用

右高七寸二分深四寸八分耳高三寸濶二寸口徑一尺腹圍二尺六寸七分重二百三十五兩伯下一字無考

周卿鼎

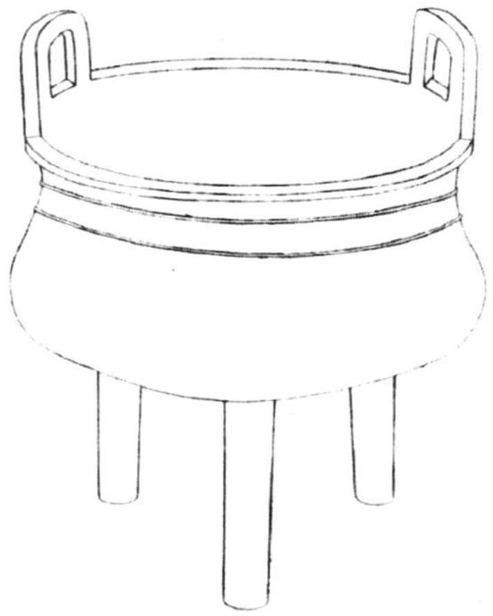

卿作
寶尊彝

右高五寸五分深三寸三分耳高一寸二分闊一寸四分口徑六寸腹圍一尺九寸重六十七兩古卿大夫食采者皆得立廟以祀其先人因作祭器此云某卿作是其驗也

周鼈鼎

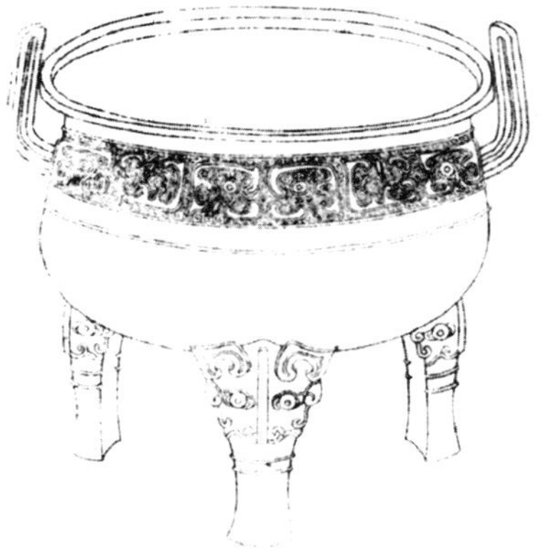

叔○作朕文考鼈伯
鼈姬　鼎用朝夕
孝于　惟　學○丈
人秉　其邢○吳配
格于宗室惟用亯眉
壽　○吉康利○子子
孫孫其萬億年永寶用

右高六寸三分深四寸四分耳高二寸五分闊一寸七分口徑八寸一分腹圍二尺五寸二分重一百二十一兩博古圖尹卣有文曰禧咸鼈而伯碩父鼎史頊鼎皆文曰鼈仲此稱鼈伯鼈

姬宋人謂釐為謚當不謬如宋釐公衛釐公晉
釐侯皆是

周盟鼎

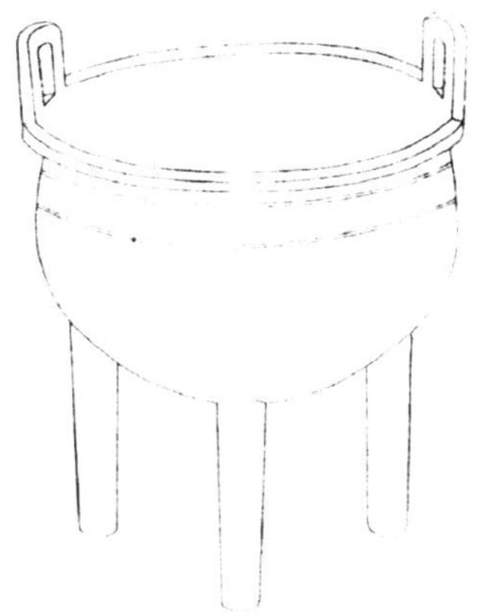

父釐作祖
盟彝

右高五寸二分深三寸三分耳高九分濶一寸二分口徑五寸四分腹圍一尺七寸九分重五十一兩按鼎非會盟之用謂之祖盟義更難曉古字盟與孟通如孟津為盟津是也孟或其氏耶

周辛中鼎

辛中姬皇母
作尊鬲子孫
用○宗考

右高五寸三分深三寸三分耳高一寸二分濶一寸五分口徑六寸三分腹圍二尺重六十一兩博古圖有京姜鬲銘曰京姜庚仲作尊鬲則此辛仲猶彼云庚仲也皇訓大皇母猶彼云京姜蓋如詩所稱大任大姒云冠以姬周姓也

周醊鼎

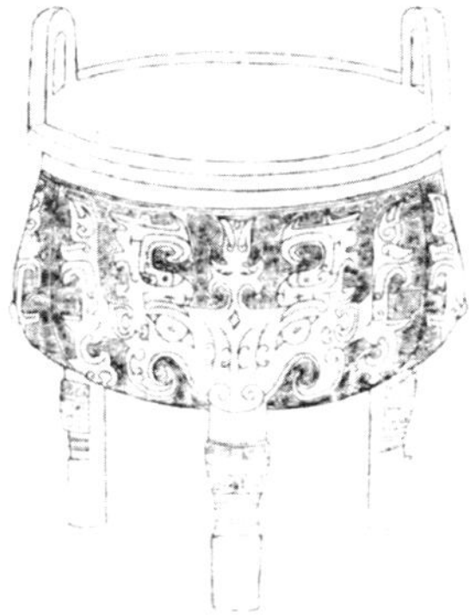

醊京
○商
用作享
尊彝

右高五寸二分深三寸耳高一寸一分濶一寸六分口徑五寸四分腹圍一尺六寸三分重六十一兩玉篇醊祭酹也廣韻醊連祭也按封禪書其下四方地為醊食索隱注謂聯續而祭之此銘曰醊為祭器無疑矣曰京曰商如詩所稱殷士膚敏祼將于京云爾

周鬻鼎

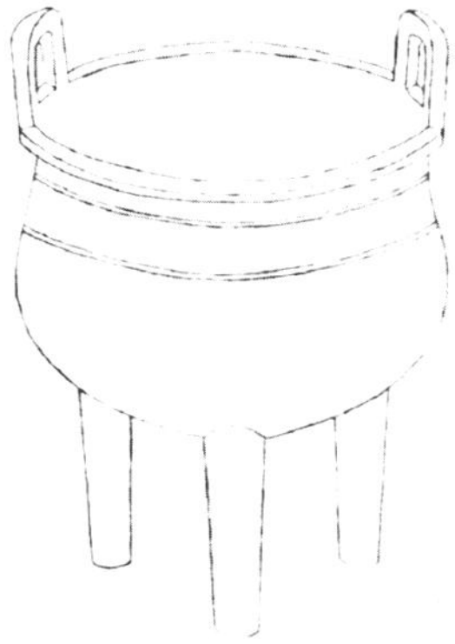

乃鬻子作乃文考尊彝其萬年用祀

右高五寸二分深三寸三分耳高九分闊一寸一分口徑五寸四分腹圍一尺七寸九分重六十一兩鬻玉篇釋為煑與鬺同按周禮煑作鬻此銘曰乃鬻蓋即鬻鼎也

周叔朕鼎

惟八月初吉庚寅𢦏叔朕自作饙鼎其萬年無疆子孫孫永寶用之

右高六寸深三寸六分耳高三寸三分闊一寸九分口徑九寸四分腹圍二尺七寸重一百七十一兩鐘鼎款識有飤鼎鼎饙鼎爾雅饙餾稔也說文饙一蒸米也餾飯氣流也取炊鬻之義與鉶鼎羞鼎同類銘云叔朕自作饙鼎乃食鼎非宗廟器

周夔鼎

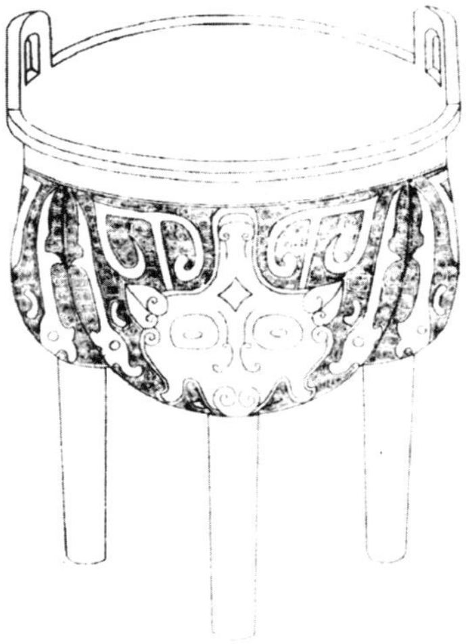

西清古鑑　卷二　鼎　三十四

子孫夔作
父辛尊鼎

右高五寸九分深三寸一分耳高一寸三分闊一寸五分口徑五寸六分腹圍一尺七寸五分重六十五兩銘第二字不可識以意辨之蓋孫字古文作[illegible]也左傳僖公二十六年楚人滅夔以夔子歸此銘夔作盖國名

周至鼎

西清古鑑　卷二　鼎　三十五

至作其
萬年寶用

右高九寸深四寸一分耳高一寸五分闊一寸八分口徑八寸三分腹圍二尺四寸三分重一百五兩按晉郤至最著又衛有禮至秦有泠至銘云至作盖作者自識耳

周曼仲鼎

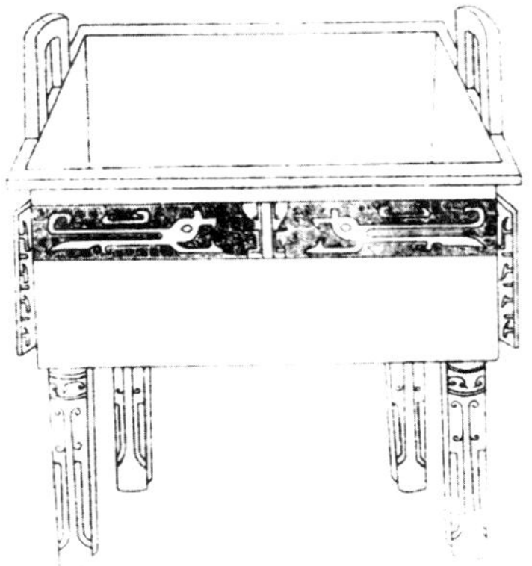

作⿰阝曼仲
寶尊彝

右高五寸二分深二寸七分耳高一寸一分濶一寸口縱三寸九分横四寸八分腹縱三寸二分横四寸重三十九兩字傍加阜古文多如此⿰阝曼字應仍作曼字按史記晉世家晉立壽曼為君則晉厲公名而宋景公亦名頭曼楚之鄧曼則婦人而曼又為鄧姓見杜預注左公羊傳楚誘戎曼子云云則曼又與蠻同非人名也銘只

稱曼仲不必舉其人以實之矣

周和鼎

惟正月初○○和○
其吉金自用○
其眉壽無疆萬年無○○子子孫孫
永保用享

右高一尺七分深七寸耳高二寸七分闊三寸一分口徑一尺三寸七分腹圍四尺一寸重四百九十九兩内府所收有伯和尊銘曰伯和父博古圖毀敦亦稱伯和父此銘和上下字俱漫蝕不可辨意其類也

周堇山鼎

西清古鑑

卷二　鼎

四十

堇山○作父乙寶尊彝

右高六寸六分深三寸五分耳高一寸五分闊一寸六分口縱四寸九分横六寸腹縱四寸二分横五寸二分重九十九兩古器多勒國名人名若山名殊不槩見而越絶書有赤堇之山銘中堇山字適合

周社鼎

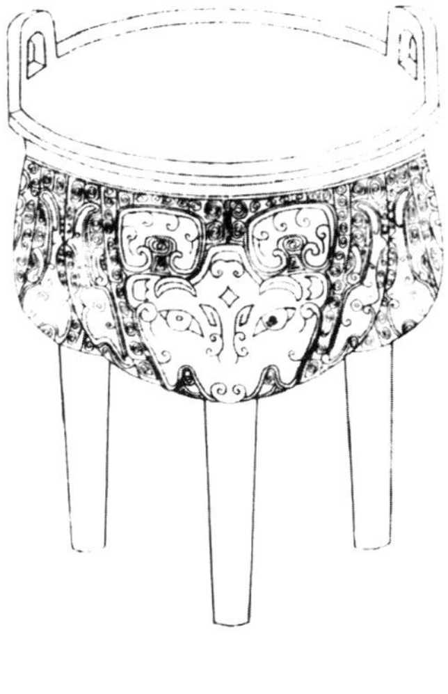

西清古鑑

卷二　鼎

四十一

社父乙

右高五寸七分深二寸八分耳高一寸二分闊一寸四分口徑五寸三分腹圍一尺六寸八分重五十一兩銘首一字據汗簡釋作社禮祭法王為羣姓立社曰大社王自為立社曰王社諸侯為百姓立社曰國社諸侯自為立社曰侯社大夫以下成羣立社曰置社按大社即北郊之社與郊對舉者王社國社侯社斯春祈秋報之

地所謂右社稷而左宗廟者也此銘下稱父己則是殁而祭於其社蓋置社類耳

西清古鑑卷三目録

鼎三

周

周舉鼎一

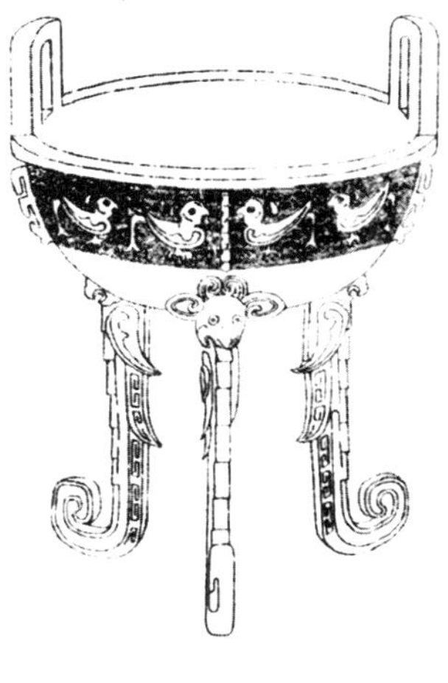

子父舉

右高五寸三分深一寸八分耳高一寸一分濶一寸三分口徑五寸二分腹圍一尺四寸五分重三十八兩博古圖有周鼎亦銘曰子父舉即此器顧以父從其子釋子父按子為周爵又殷本紀封於商賜姓子氏然則子父者安知非單父毛父類耶凡器之可舉者古皆謂之舉如傳稱杜舉是也

周舉鼎二

舉辛

右高五寸三分深二寸八分耳高一寸二分闊一寸三分口徑五寸三分腹圍一尺六寸五分重五十一兩器之小者皆可舉如前器銘子父舉不必皆酒器也辛蓋紀日或以差其器博古圖有商父舉卣其銘曰辛父舉而考謂宋僖公名舉夫既以為宋僖公作則在周世安得謂商物若以辛為商號因謂之商則商君以辛名者有四又安得臆斷為某辛耶

周舉鼎三

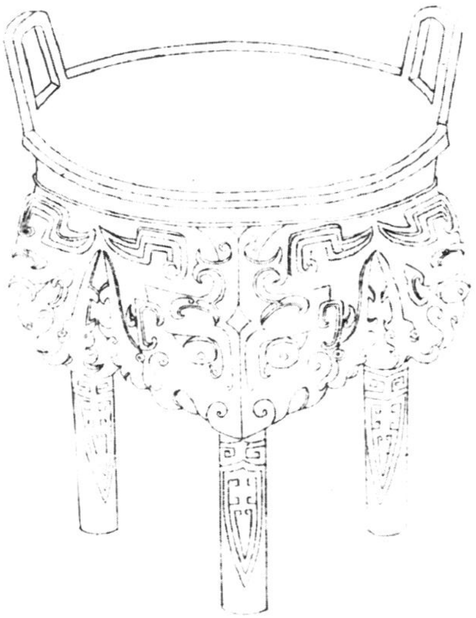

舉父癸

右高六寸深三寸二分耳高一寸三分闊一寸五分口徑六寸五分腹圍一尺七寸七分重六十一兩

周舉鼎四

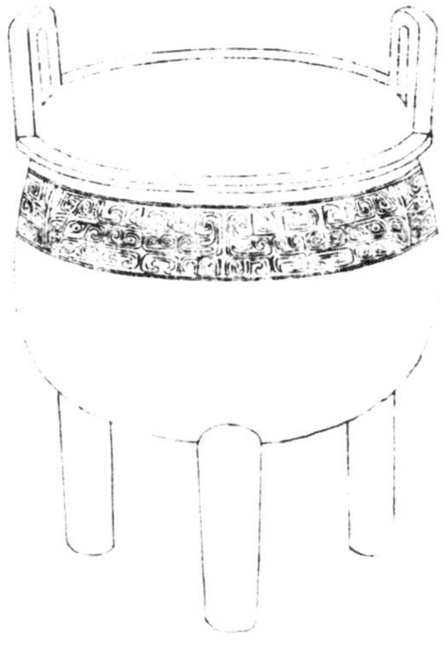

舉鷹父乙

右高六寸八分深四寸八分耳高一寸五分闊一寸八分口徑七寸腹圍二尺一寸九分重一百九兩舉字下爲象形鷹按師尚父曰鷹揚或用銘武功也

周舉鼎五

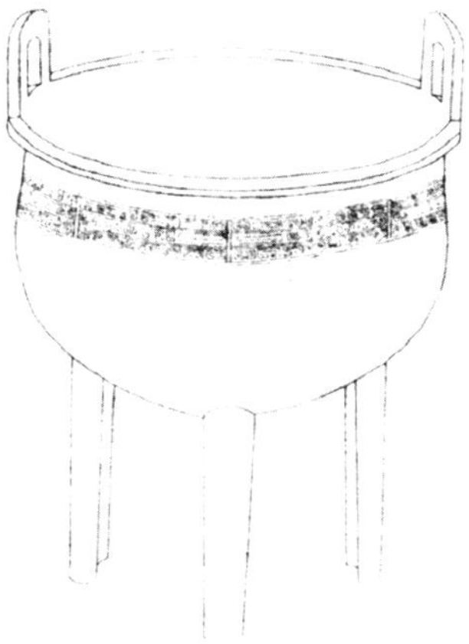

舉婦娖

右高五寸八分深三寸五分耳高一寸二分濶一寸五分口徑五寸六分腹圍一尺六寸九分重五十一兩銘曰婦娖說文娖謹也豈其名耶

周舉鼎六

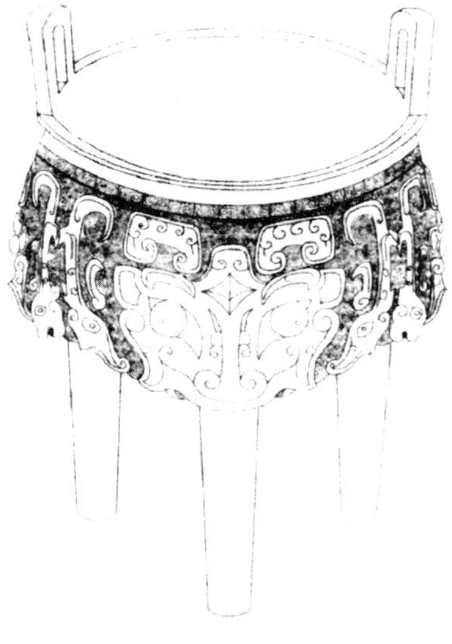

舉鼎

右高五寸七分深二寸九分耳高一寸二分濶一寸三分口徑五寸三分腹圍一尺六寸四分重六十六兩

周舉鼎七

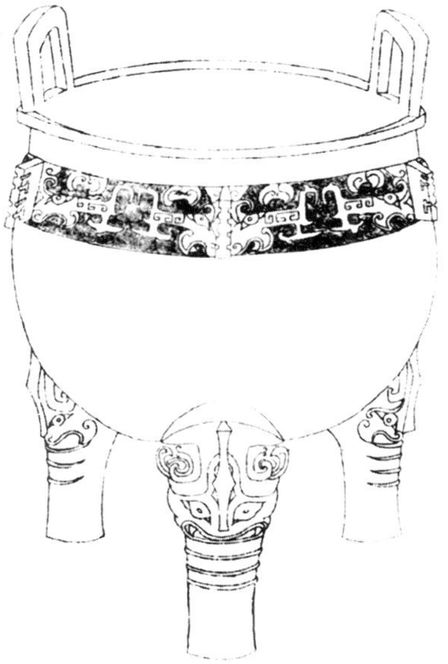

舉

右高一尺七分深七寸六分耳高二寸一分濶二寸六分口徑一尺二分腹圍三尺三寸五分重二百八十八兩

周拱鼎一

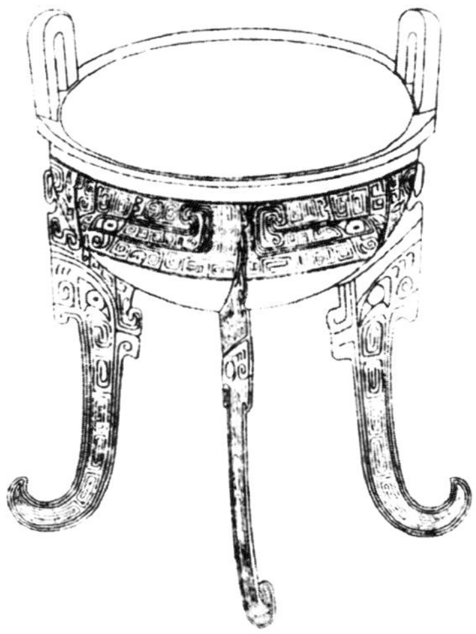

拱

右高六寸五分深二寸六分耳高一寸四分濶一寸九分口徑六寸腹圍一尺六寸九分重四十九兩銘字作兩手拱物狀曰拱猶舉也

周拱鼎二

兩手拱物形　父癸

右高五寸五分深二寸四分耳高九分闊一寸一分口徑四寸八分腹圍一尺五寸四分重四十七兩

周掬鼎

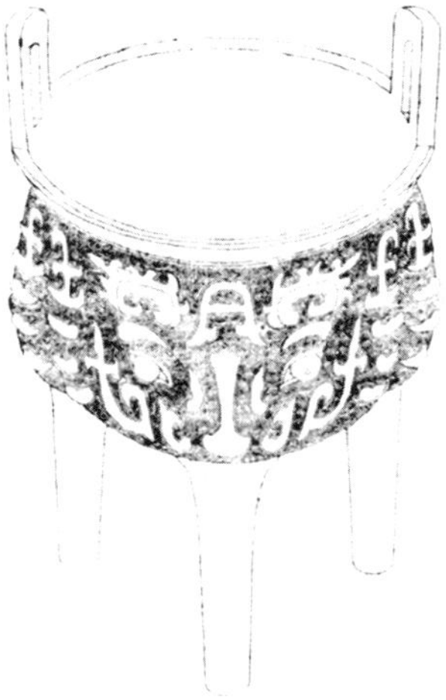

聿掬孫

右高五寸三分深二寸七分耳高一寸三分闊一寸二分口徑五寸一分腹圍一尺五寸五分重五十二兩按詩詁兩手曰臼屈掌曰掬𦥑即古掬字猶舉也拱也又上一字曰聿鐘鼎款識有聿遠鬲銘聿遠作薛尚功曰乃作鬲者之人也篆法同

周婦鼎一

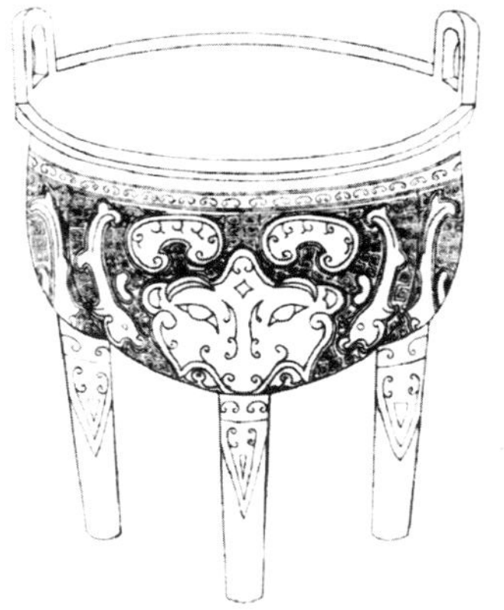

亞形三矢格上婦
中尊彝

右高五寸三分深二寸五分耳高一寸濶一寸一分口徑五寸腹圍一尺五寸六分重四十八兩周禮所載如主婦自東房執一金敦之類甚多此曰婦葢其所執也

周婦鼎二

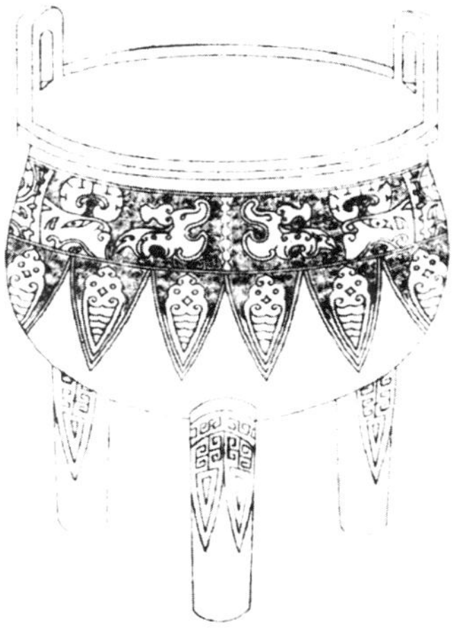

婦
弓矢

右高六寸三分深四寸耳高一寸三分濶一寸八分口徑六寸二分腹圍一尺九寸七分重一百一十兩

周婦鼎三

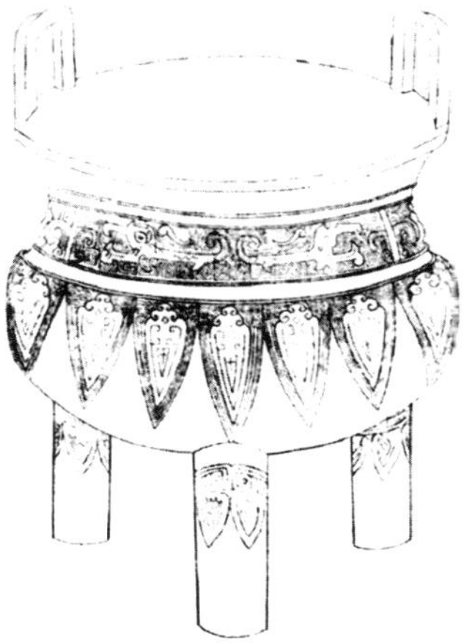

婦○
弓矢

右高五寸七分深三寸六分耳高一寸一分濶一寸五分口徑五寸六分腹圍一尺六寸二分重七十七兩

周婦鼎四

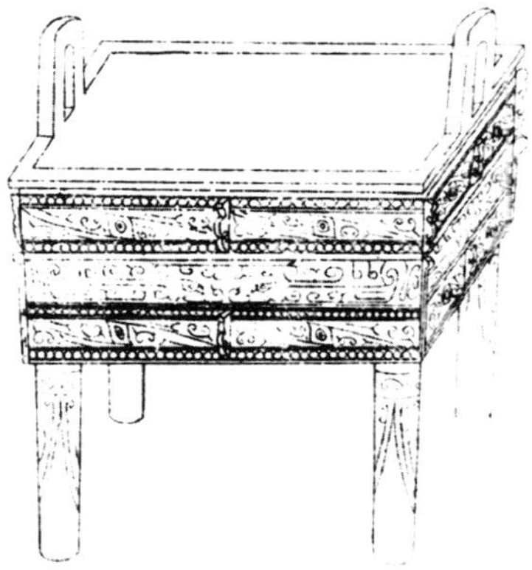

亞形
中
婦

右高五寸六分深二寸八分耳高一寸一分濶一寸二分口縱四寸橫五寸二分腹縱三寸七分橫四寸八分重七十一兩

周文鼎一

公作文尊彝

右高四寸二分深二寸耳高九分闊一寸口縱三寸二分橫四寸一分腹縱二寸四分橫三寸二分重四十六兩按公者周列爵之稱文蓋其所祭者之謚也

周文鼎二

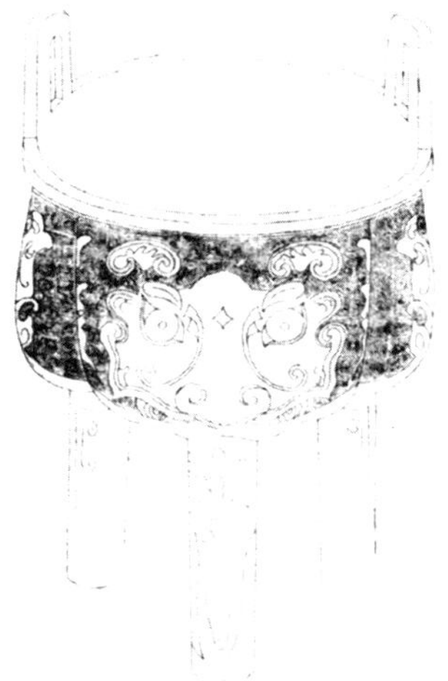

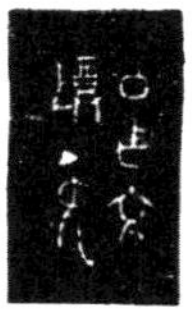

公作文尊彝

右高五寸六分深二寸七分耳高一寸六分闊一寸五分口徑五寸四分腹圍一尺六寸九分重六十二兩

周文鼎三

公作文

右高五寸七分深二寸八分耳高一寸一分濶一寸五分口徑五寸四分腹圍一尺六寸九分重六十九兩

周鑄鼎

公作鑄鼎永寶用

右高七寸一分深四寸六分耳高一寸九分濶二寸七分口徑九寸三分腹圍二尺九寸五分重三百一十五兩左氏傳臧宣叔娶于鑄杜預注鑄國名銘曰鑄是其徵也

周友史鼎

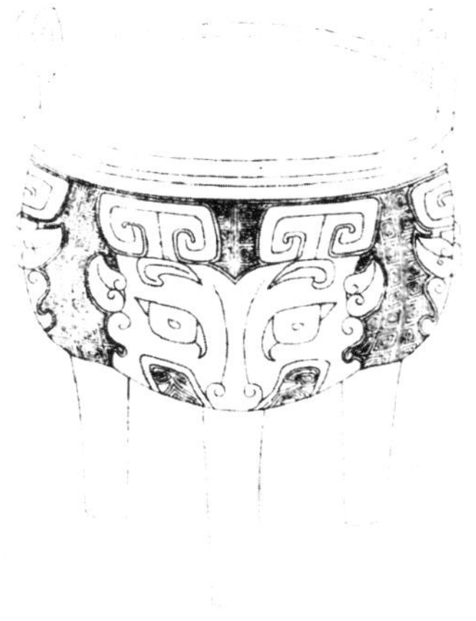

夾牛王命寢廟辰
見北田四品十二月作
冊友史錫賴貝
用作父乙尊彝 冊冊

右高五寸五分深三寸一分耳高一寸濶一寸二分口徑五寸二分腹圍一尺六寸五分重六十七兩銘欵與博古圖商父乙鼎合按友史如太史友内史友非般人語也曰辰見如傳稱龍見而雩周禮注太史占日之官正歲年以授時故銘云爾宣和以父乙二字遽定為商殊未安

周史頌鼎

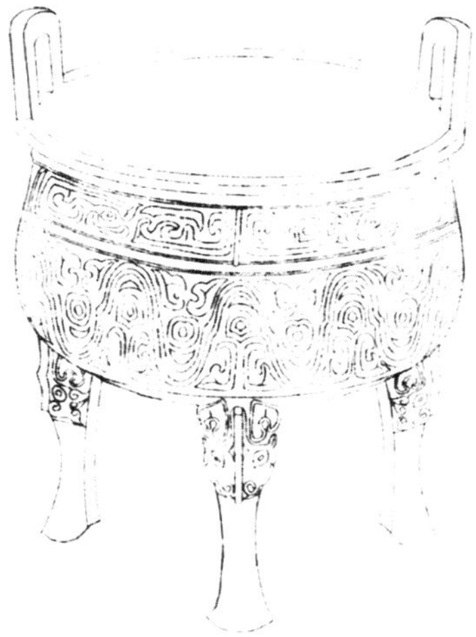

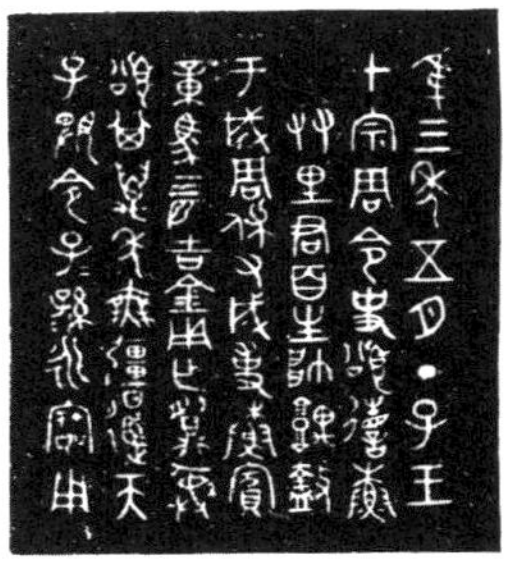

惟三年五月丁子王
在宗周命史頌德穌
友里君百生帥𧯠盩
于成周休又成事穌賓
章馬三所吉金用作𩰫彝
頌其萬年無疆日　天
子顯命子〻孫〻永寶用

右高七寸四分深四寸三分耳高一寸七分濶二寸一分口徑八寸九分腹圍二尺七寸一分重二百五十六兩銘曰王在宗周又曰盩于成周盩同戾盖史頌者奉王命自西都往洛陽也

鮴篇海音木堣說文謂即嵎字意俱人名馬三所義不可曉薛氏鐘鼎款識載寅簋有此文三所並作合字前周巳鼎一所亦合字也䫉說文訓大則銘言天子䫉命猶稱大命耳

周史造鼎

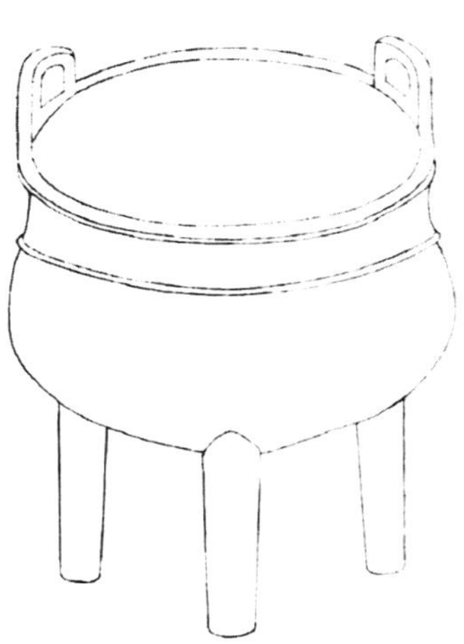

史造作父
癸寶尊彝

右高五寸二分深三寸二分耳高一寸濶一寸一分口徑五寸四分腹圍一尺七寸六分重五十一兩周有史過史興史皆其官而過與興則名也此云史造類是

周史鼎

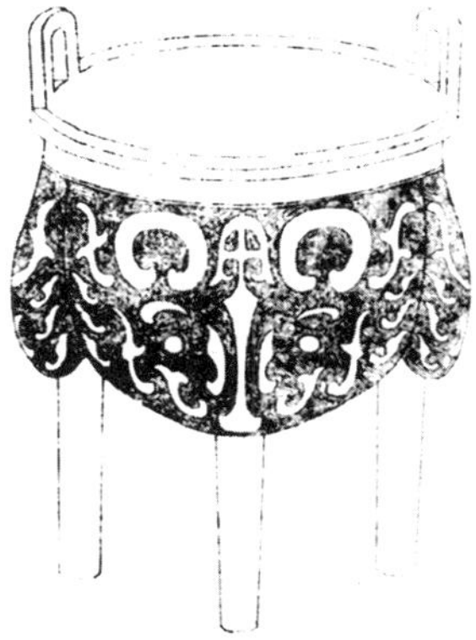

史

右高五寸深二寸六分耳高一寸一分濶一寸四分口徑四寸九分腹圍一尺一寸五分重四十一兩史皆周官而後世有史佚史䲭史趙遂以官為氏内府所收彝卣觚皆有銘一字曰史者與此同

周錫貝鼎一

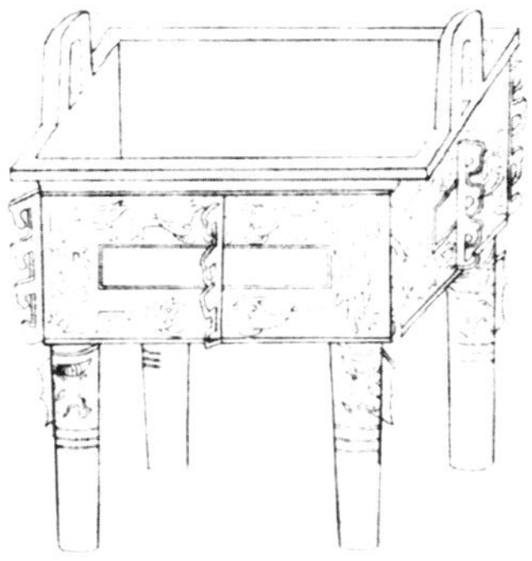

鳥
○王錫○
父己用作
乃寶尊彝

右高六寸四分深三寸三分耳高一寸五分濶如之口縱四寸八分横六寸一分腹縱四寸一分横五寸四分重一百一兩古人於君賜多銘鐘鼎以傳示子孫使之世守此銘曰三錫某父貝是其驗也銘前象形為鳥盖制器者遠取諸物雞鳥虎蜼皆以名彝而說者謂朱鳥為南方

之物主禮此其取義所在耶

周錫貝鼎二

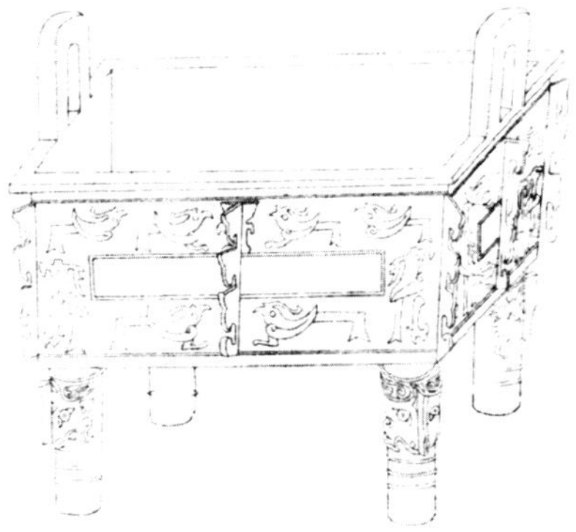

□王錫□
父貝用作
乃寶尊彝

右高五寸四分深三寸三分耳高一寸五分闊如之口縱五寸横六寸一分腹縱四寸三分横五寸四分重八十五兩按禹貢厥篚織貝則貝錦也易億喪貝注資貨糧用之屬也盤庚具乃貝玉疏貝者水蟲古人取其甲以為貨如今之用錢顧命稱大貝傳謂大貝如車渠然古者貨

貝而寶龜此與前器皆鄭重其詞用昭君賜也

周錫貝鼎三

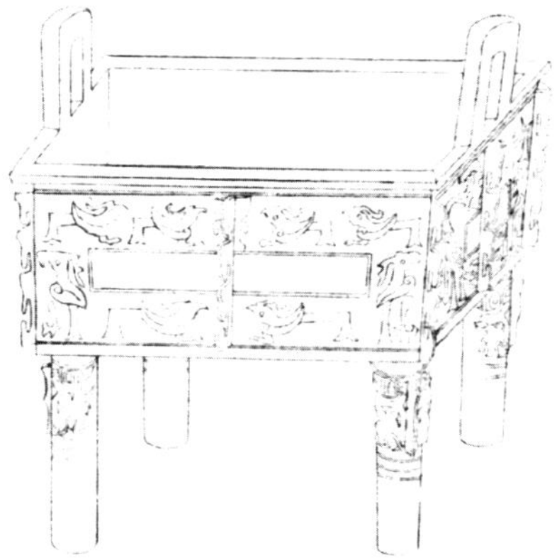

休王錫
父貝用作
乃寶尊彝

右高六寸四分深三寸三分耳高一寸四分濶一寸五分口縱四寸九分橫六寸一分腹縱四寸二分橫五寸三分重八十八兩銘與前二器同休蓋人名

周子東鼎

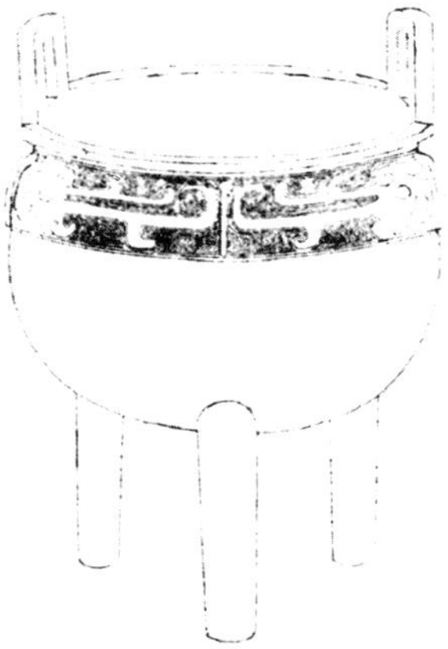

子東

右高四寸八分深三寸二分耳高八分濶一寸五分口徑四寸八分腹圍一尺五寸重四十三兩子盖執器者自謂銘曰東按禮器云應鼓在東此器疑列於東序如應鼓例耳

周韋鼎

韋作
父丁彝
析子孫

右高五寸三分深二寸五分耳高一寸一分濶一寸四分口徑五寸三分腹圍一尺六寸五分重五十二兩商有豕韋國專稱韋至周之韋氏則以官為氏故後世有韋族銘韋作盖其氏耳

周虎鼎

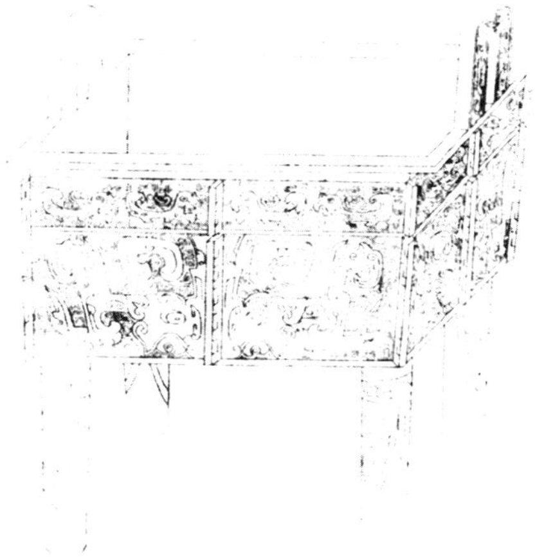

亞形中虎父

右高五寸七分深三寸一分耳高一寸四分濶一寸三分口縱四寸七分横五寸八分腹縱四寸一分横五寸二分重九十七兩亞形中一字據薛尚功讀作虎周以虎名者甚衆不必泥名虎以傅會也

周仲鼎

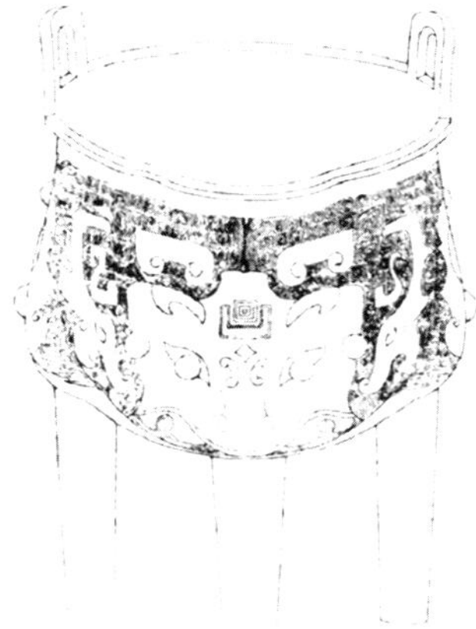

仲作

右高六寸深三寸一分耳高一寸二分濶一寸五分口徑五寸六分腹圍一尺七寸八分重七十二兩周人多有字曰仲者只一字如張仲南仲是也有名仲者則魯衆仲衛華仲鄭祭仲皆是又仲為姓然幼名冠字五十以伯仲銘僅稱仲作或其仲子不必疑為某仲矣

周子弓鼎

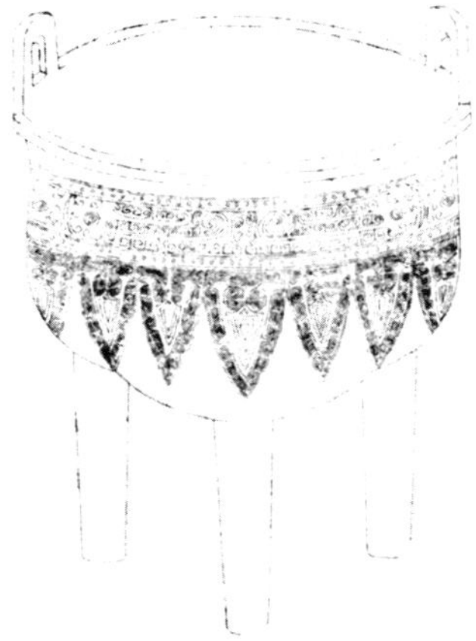

弓子

右高五寸五分深二寸九分耳高一寸三分濶一寸七分口徑五寸四分腹圍一尺六寸七分重六十六兩

周子鼎

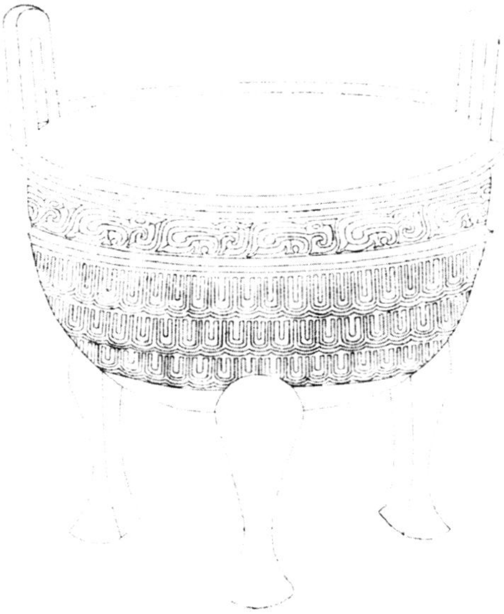

子

右高七寸四分深四寸四分耳高二寸二分濶二寸四分口徑一尺五分腹圍三尺一寸二分重一百九十四兩

周子孫鼎

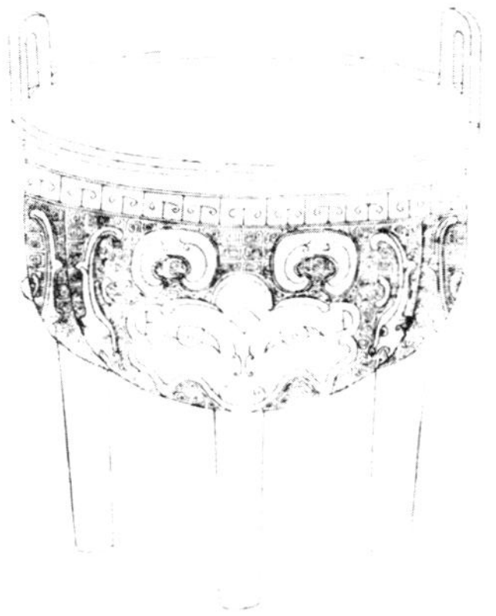

子孫

右高五寸四分深三寸耳高一寸三分闊如之口徑五寸三分腹圍一尺六寸五分重四十三兩

周丁甲鼎

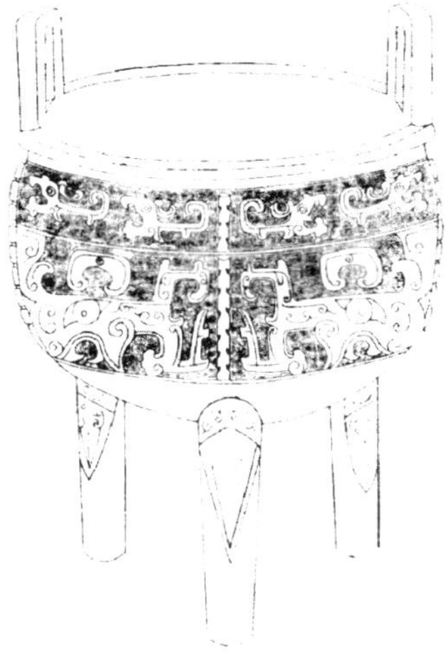

丁 屋室形 甲

右高六寸三分深四寸三分耳高一寸四分闊一寸八分口徑六寸五分腹圍二尺七分重一百二十九兩銘爲屋室形象廟貌也曰丁曰甲張掄古器評所謂布丙丁甲乙於四隅者皆是紀日此可證已

周辛癸鼎

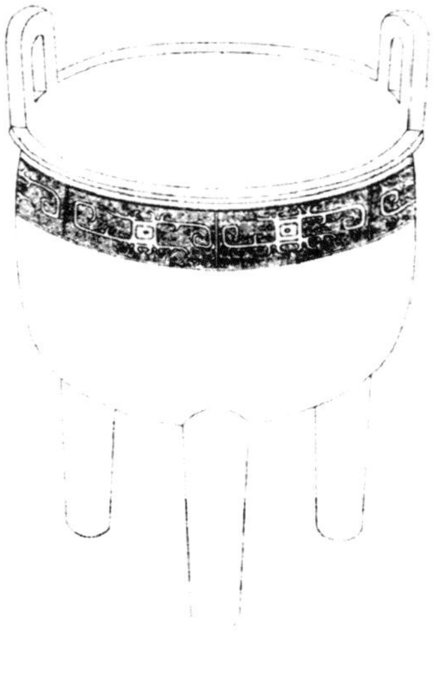

辛癸

右高五寸一分深三寸二分耳高九分濶一寸二分口径五寸腹圍一尺四寸七分重四十四兩

周丁子鼎

惟廿有二年四月既望巳酉王祭。宮衣史丁子王蔑庚。歷錫。。貝朋對王休用作寶鼎

右高七寸八分深五寸耳高一寸七分濶二寸二分口径八寸一分腹圍二尺七寸四分重二百八兩銘不可識者四字意義亦難曉曰丁子與頌鼎同他器若此者甚多宋黄伯思謂史伯碩父鼎文曰巳已子以巳乘子疑誤然戊與巳同

類古尚未分己子乃戊子也又甲與己合故中子亦可云己子則此云丁子當即丙子或壬子顧三代書傳紀干支相乘者皆不然黃氏似涉附會揆諸闕疑之義固不必强為之鮮矣後云錫云目朋兩貝為朋詩稱錫我百朋是也

周丁亥鼎

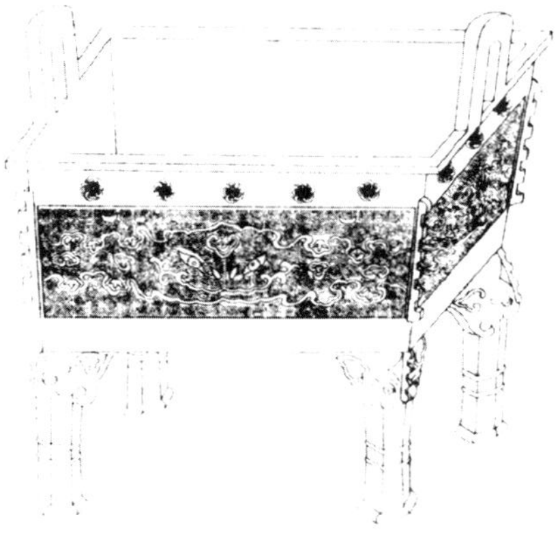

惟正月王
春吉日丁
亥既望祈
名佑享祉
萬葉於子
用之協相

右高七寸八分深四寸六分耳高二寸二分濶二寸口縱六寸七分橫九寸腹縱五寸七分橫八寸重一百六十七兩商款簡質此當為周人製而銘詞首末與博古圖周蛟篆鐘語同薛尚功云當作商器按周書洪範有相協厥居語銘

曰協相應與書詞同義此語出武王亦未見其必為商器也

西清古鑑卷四目録

鼎四

周

周象鼎

孫
冊冊
父乙象

右高七寸三分深三寸七分耳高一寸五分闊一寸六分口縱五寸橫六寸四分腹縱四寸二分橫五寸五分重一百四十七兩銘曰冊昭錫命也下作象按周禮再獻用兩象尊此當云象鼎

周犧鼎

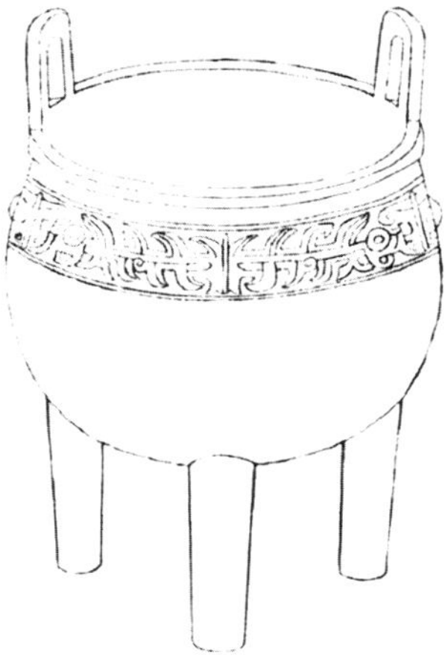

犧形父辛

右高七寸八分深五寸六分耳高一寸六分闊二寸口徑七寸四分腹圍二尺四寸八分重一百六十七兩古人制器多象形周有犧尊有牛鼎其制不一先儒謂畫於腹又謂其足以牛羊豕為飾不盡然也

周羊鼎

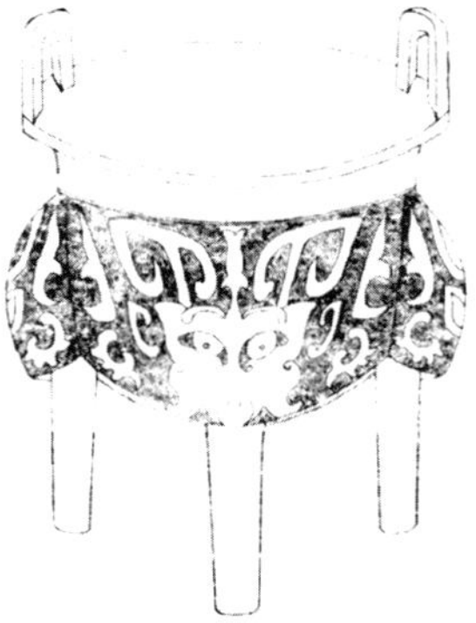

羊父庚

右高五寸六分深二寸九分耳高一寸闊一寸二分口徑五寸二分腹圍一尺五寸六分重四十七兩周制有羊鼎此銘曰羊是也

周魚鼎

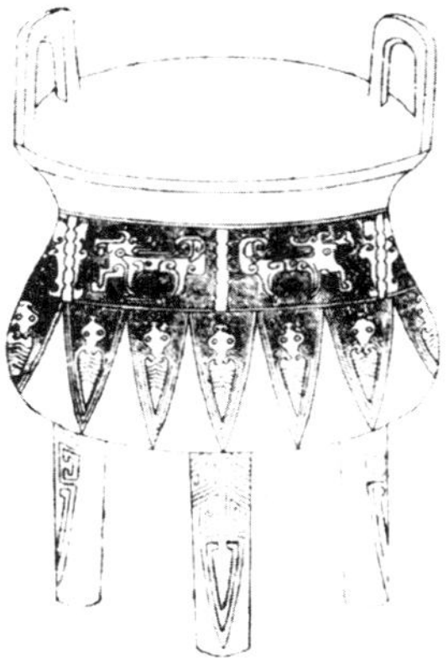

月魚基

右高五寸八分深三寸六分耳高一寸三分濶一寸五分口径五寸五分腹圍一尺六寸九分重七十三兩銘與博古圖載商魚鼎三字均合篆奇古義不相屬今姑以意疏之而辨舊說之謬於左按月字蓋月日耳古器紀年不繫以甲子後人見元年二年不能詎為何王也紀月不繫以年後人見正二三月不能証為何年也此銘只書月疑即歲首魚字象形儀禮司馬舉羊鼎司士舉豕鼎魚鼎此疑即魚鼎鼎應為周制又史記契後子姓之國有目夷氏宋桓公之子名目夷字子魚則知目夷之義蓋取諸魚目夷後魚氏世為左師桓族又有公子鱗為鱗氏又衛有史鰌公子鱄鄭公子鰌晉士魴樂王鮒楚公子魴則魚或人名亦於商代無據基蓋堂基言所祭之地而博古圖引說文以為薦物之丌義亦未安至其釋月魚之說曰祭月于夜明以其類求之又求其類於物如季冬薦魚春薦鮪以其時為獻薦夫祀天神無用鼎烹之事且月與魚迥非同類而强為附會君子所不取也

周雞鼎

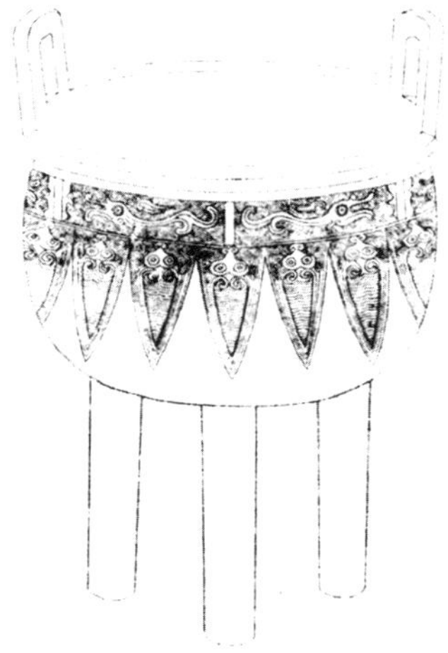

雞形

右高五寸一分深三寸一分耳高一寸一分闊一寸四分口徑五寸腹圍一尺六寸二分重七十三兩周禮雞人疏云雞人大祭祀夜呼旦雞又屬木在春銘作雞形義蓋取此

周兕鼎一

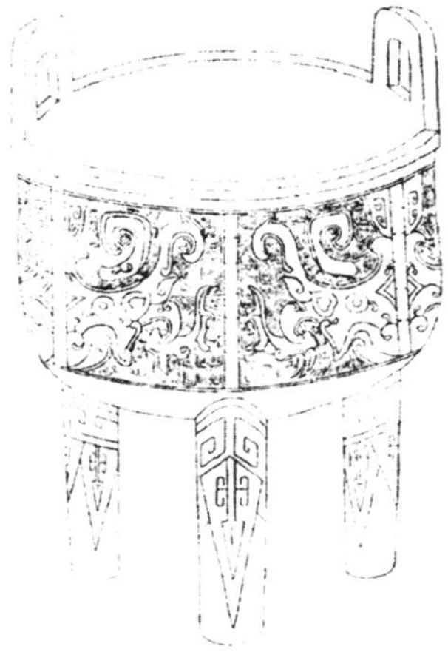

兕形

右高六寸二分深三寸七分耳高一寸四分闊一寸六分口徑六寸腹圍一尺七寸八分重一百三兩按兕郭璞山海經圖贊曰皮充武備角昭文德故古人制器尚象多用之

周兕鼎二

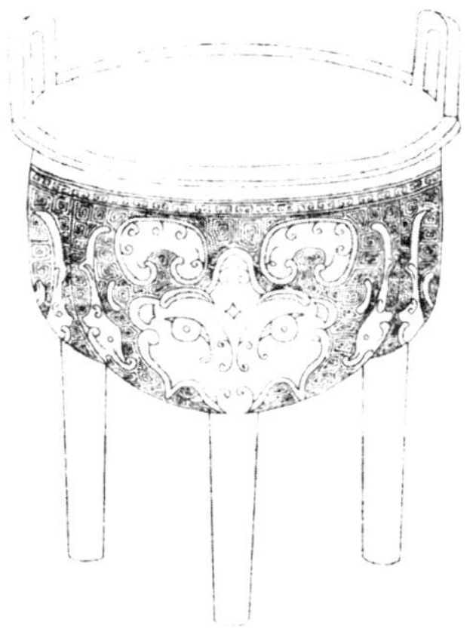

兕形父
中辛
兕形

右高五寸九分深二寸九分耳高一寸三分濶一寸五分口徑五寸五分腹圍一尺六寸三分重五十六兩仲古文皆作中旁象形二亦為兕蓋猛獸示威武也

周兕鼎三

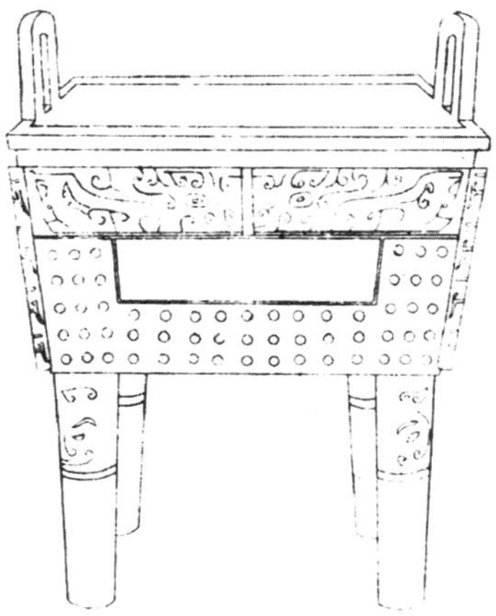

辛兕形
丁
父兕形

右高五寸二分深二寸六分耳高一寸一分濶一寸三分口縱三寸九分橫五寸三分腹縱三寸一分橫四寸四分重六十九兩

周兕鼎四

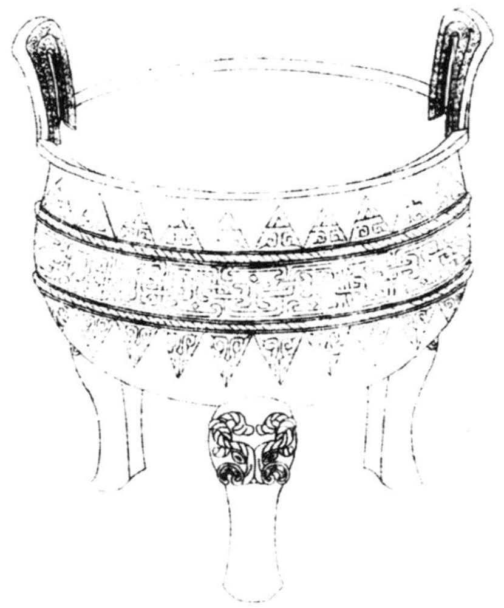

西清古鑑　卷四　鼎　十

兕形

右高七寸四分深四寸九分耳高一寸八分闊二寸五分口徑一尺一分腹圍三尺六分重一百六十五兩金銀錯

周亞鼎一

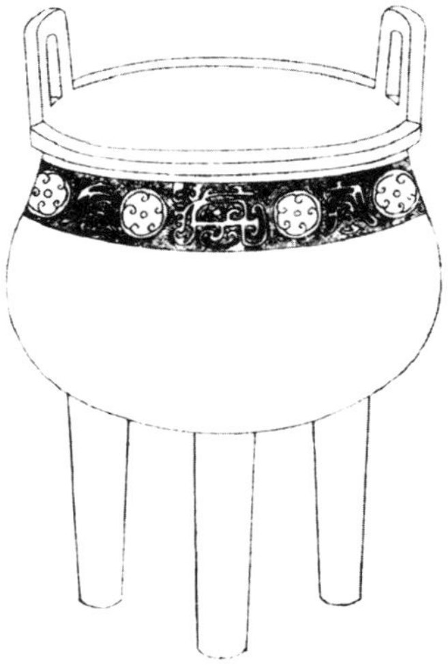

西清古鑑　卷四　鼎　十一

作父乙寶尊彝亞執旂形立戈形

右高六寸三分深三寸九分耳高一寸四分闊一寸七分口徑六寸五分腹圍二尺重八十七兩

周亞鼎二

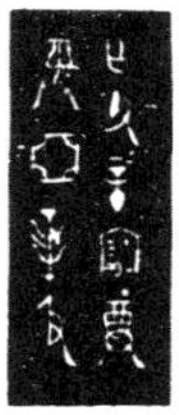

作父辛寶尊彝亞立戈形執戈形

右高五寸五分深三寸五分耳高一寸二分濶一寸三分口縱四寸七分橫五寸五分腹縱四寸橫四寸九分重七十八兩

周亞鼎三

亞形格上二矢中尊彝

右高六寸三分深三寸一分耳高一寸二分濶一寸三分口縱四寸六分橫五寸六分腹縱四寸橫五寸重八十九兩

周亞鼎四

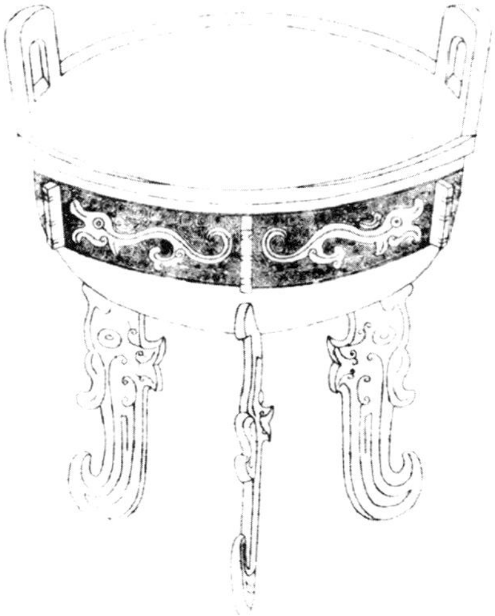

亞形中　格上二字　尊彝

右高六寸五分深二寸五分耳高一寸四分濶一寸五分口徑六寸三分腹圍一尺九寸一分重七十五兩

周亞鼎五

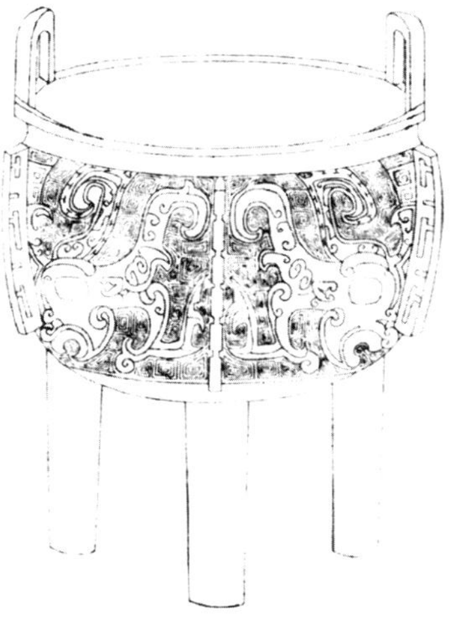

亞弓

右高五寸三分深三寸三分耳高一寸二分濶一寸四分口徑五寸腹圍一尺六寸重六十六兩

周亞鼎六

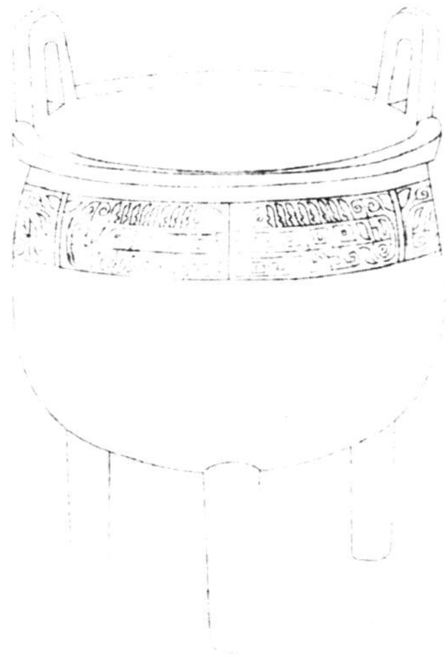

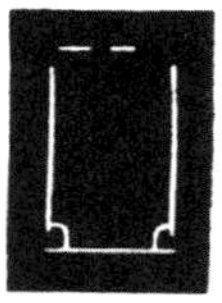

亞形

右高六寸五分深四寸一分耳高一寸五分濶一寸八分口徑六寸三分腹圍一尺九寸六分重八十四兩

周亞鼎七

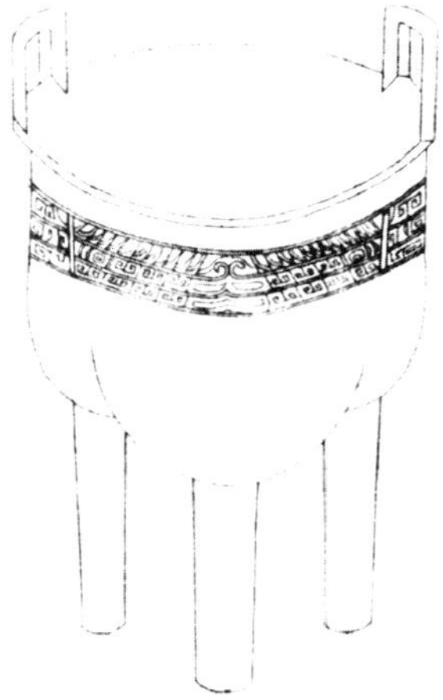

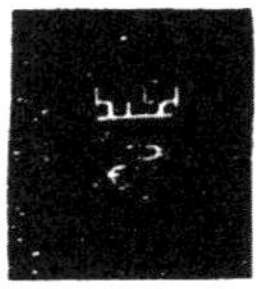

亞形中

右高五寸七分深三寸二分耳高一寸濶一寸一分口徑五寸一分腹圍一尺五寸六分重五十九兩銘亞形弗全下一字亦剥脫不可辨

周亞鼎八

西清古鑑 卷四 鼎 六

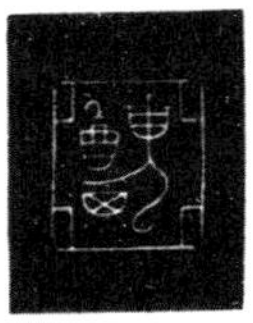

格上
亞形三矢
中尊彝

右高六寸二分深三寸一分耳高一寸二分濶一寸三分口縱四寸五分橫五寸七分腹縱四寸四分橫五寸五分重九十四兩

周寶鼎

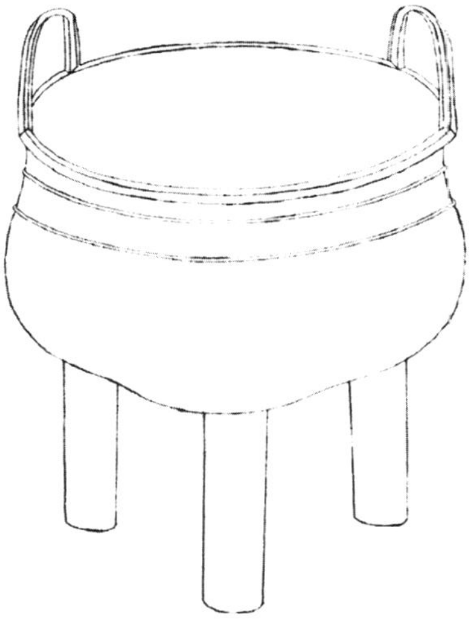

西清古鑑 卷四 鼎 九

周作寶鼎

右高五寸七分深三寸五分耳高一寸二分濶一寸四分口徑六寸四分腹圍二尺四分重九十七兩古文周與舟同此銘舟作不必泥他銘取義舟車之說

周鳳文鼎

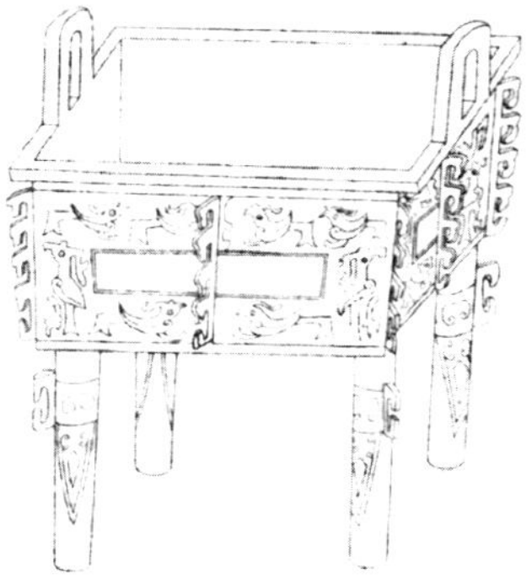

子孫永寶用

右高五寸八分深三寸二分耳高一寸五分濶一寸四分口縱四寸五分橫五寸六分腹縱三寸八分橫四寸七分重七十三兩

西清古鑑卷五目錄

鼎五

周

周大鼎

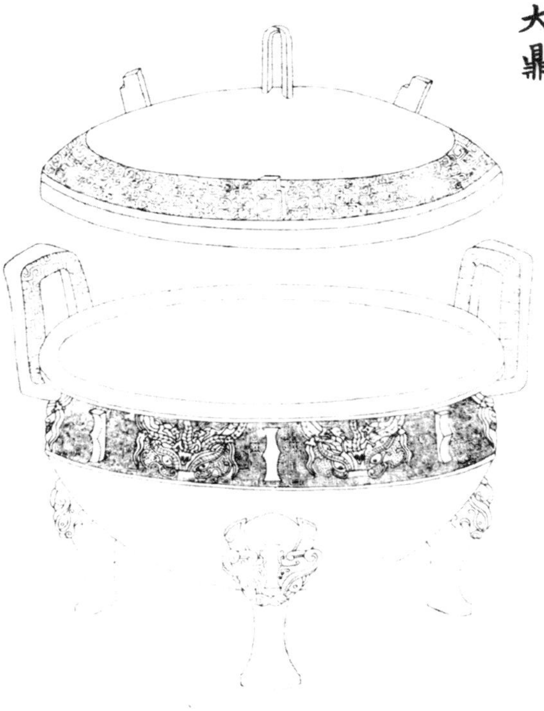

右通蓋高一尺九寸五分深八寸六分耳高六寸七分濶五寸口徑一尺九寸二分腹圍五尺八寸五分重一千四百六十七兩與他器特異

按鼐為大鼎是其類也

周百乳鼎

西清古鑑　卷五　鼎　二

右高五寸五分深三寸六分耳高一寸二分濶一寸五分口徑五寸五分腹圍一尺七寸九分重五十九兩

周饕餮鼎一

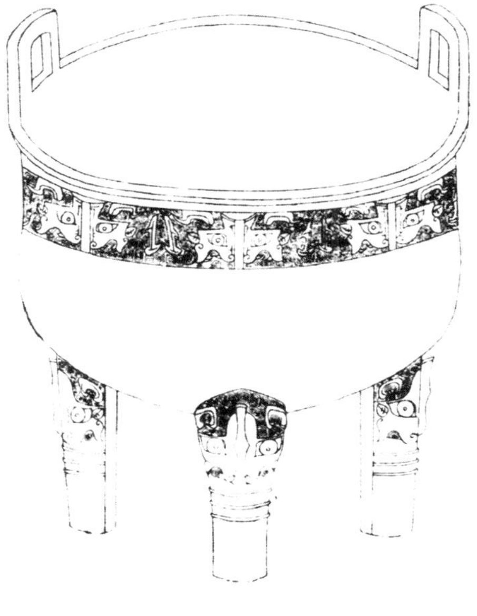

西清古鑑　卷五　鼎　三

尊彝

右高九寸六分深六寸六分耳高二寸一分濶二寸三分口徑九寸六分腹圍三尺一寸四分重二百五十九兩

周饕餮鼎二

作寶尊彝

右高六寸一分深三寸三分耳高一寸四分闊一寸三分口縱四寸九分橫六寸三分腹縱四寸一分橫五寸五分重一百兩金銀錯

周饕餮鼎三

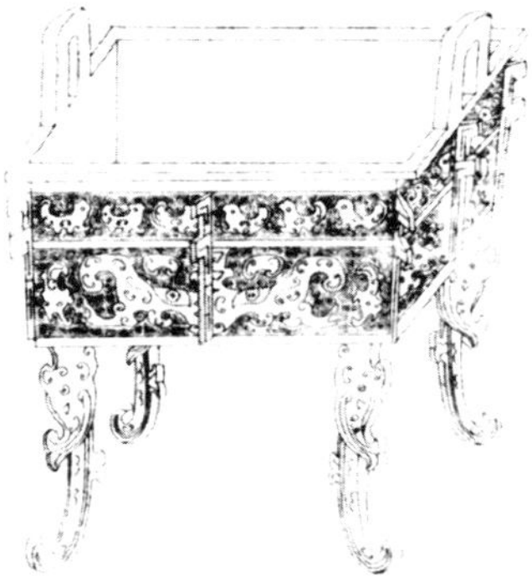

子〻孫〻永寶用

右高七寸五分深三寸三分耳高一寸八分闊一寸六分口縱五寸四分橫六寸七分腹縱四寸五分橫五寸八分重一百三十一兩

周饕餮鼎四

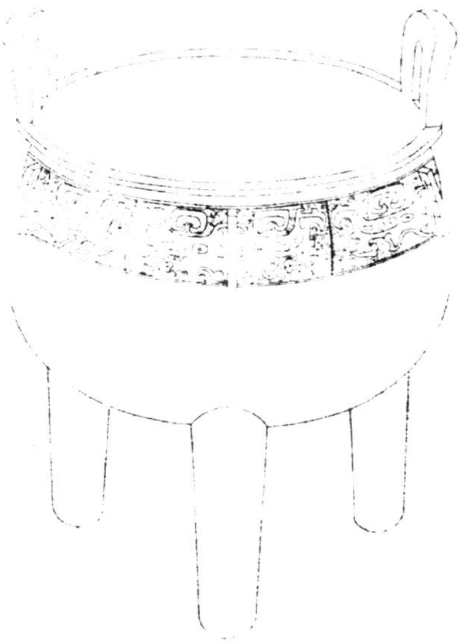

右高九寸深六寸耳高二寸闊二寸五分口徑八寸九分腹圍二尺八寸六分重二百三十五兩

周饕餮鼎五

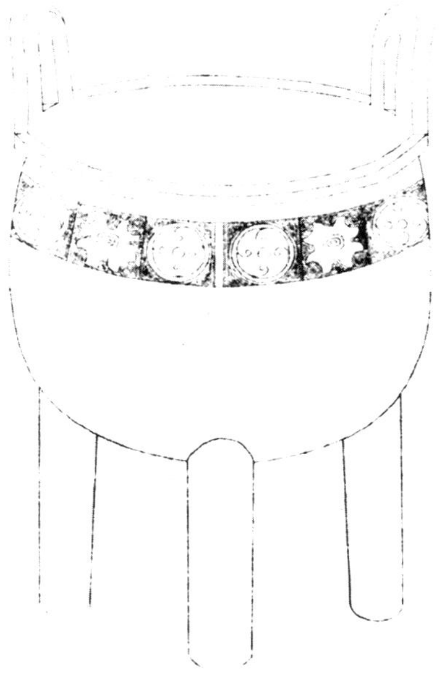

右高八寸七分深五寸九分耳高一寸五分闊二寸一分口徑八寸七分腹圍二尺七寸七分重二百三兩

周饕餮鼎六

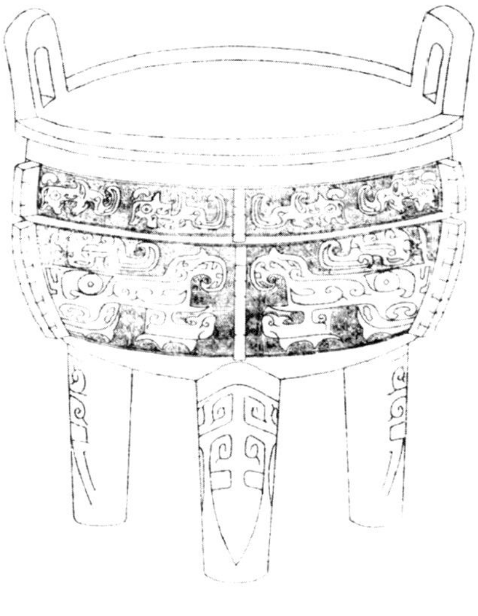

右高八寸深五寸耳高二寸濶二寸三分口徑七寸七分腹圍二尺五寸六分重一百八十五兩

周饕餮鼎七

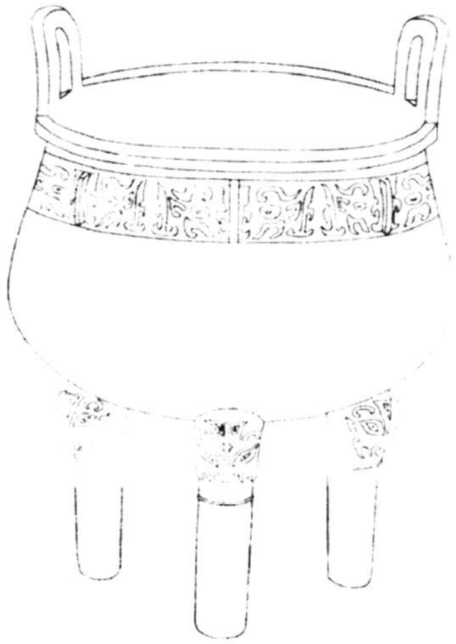

右高五寸九分深三寸五分耳高一寸四分濶一寸七分口徑六寸腹圍一尺八寸一分重五十五兩

周饕餮鼎八

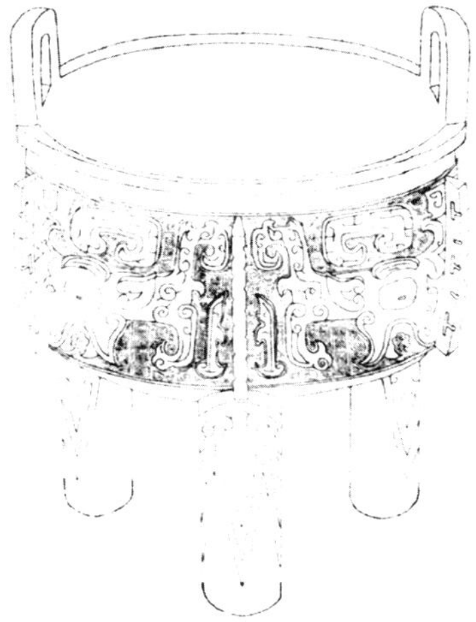

右高五寸八分深三寸六分耳高一寸三分闊一寸五分口徑五寸九分腹圍一尺八寸五分重九十一兩

周饕餮鼎九

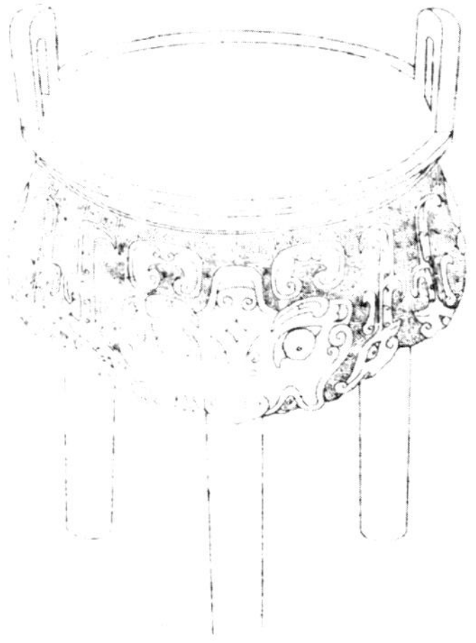

右高五寸八分深二寸八分耳高一寸二分闊一寸五分口徑五寸四分腹圍一尺六寸七分重五十九兩金錯

周饕餮鼎十

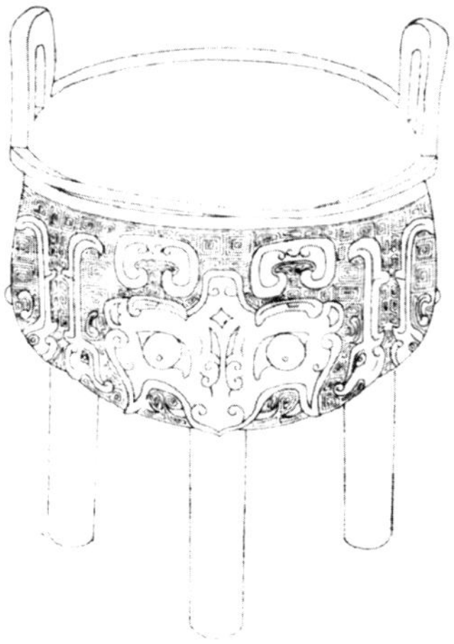

右高五寸五分深三寸耳高一寸四分濶如之口径五寸四分腹圍一尺六寸七分重四十六兩

周饕餮鼎十一

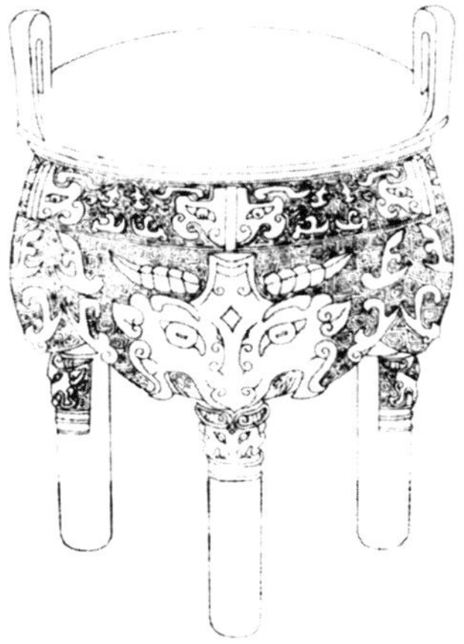

右高五寸五分深二寸七分耳高一寸三分濶一寸六分口径五寸一分腹圍一尺六寸三分重五十七兩

周饕餮鼎十二

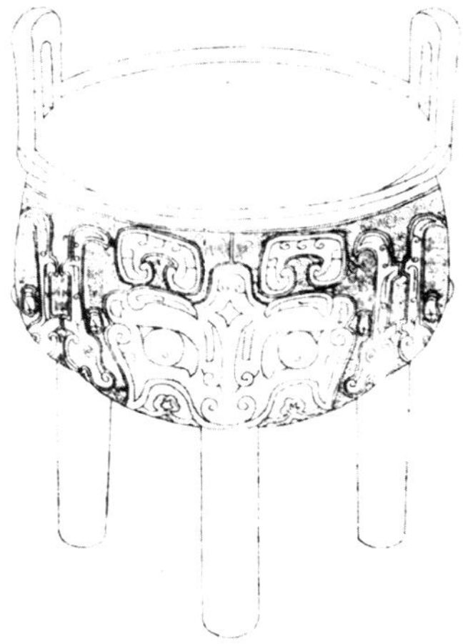

右高五寸四分深二寸九分耳高一寸三分濶一寸五分口径五寸二分腹圍一尺六寸五分重七十一兩

周饕餮鼎十三

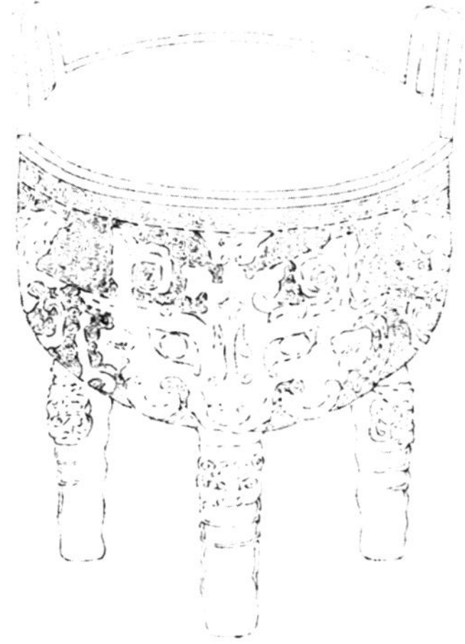

右高五寸二分深三寸耳高一寸二分濶一寸五分口径五寸五分腹圍一尺六寸五分重五十七兩

周饕餮鼎十四

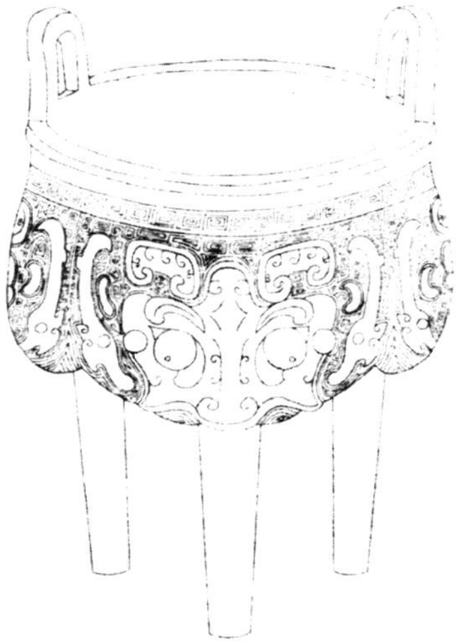

右高五寸六分深二寸九分耳高一寸一分濶一寸三分口徑五寸四分腹圍一尺六寸三分重五十九兩

周饕餮鼎十五

右高三寸三分深二寸五分耳高一寸濶一寸一分口縱三寸一分横五寸二分腹縱二寸五分横四寸三分重六十兩

周獸耳鼎

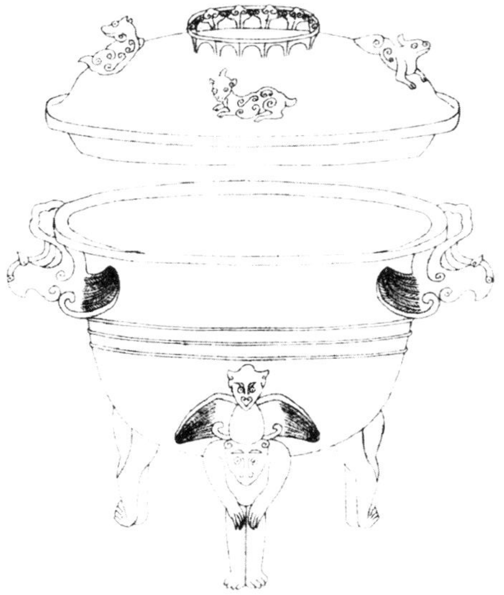

右通蓋高九寸四分深四寸七分耳作獸形不可以高濶計口径一尺六分腹圍二尺九寸三分重二百六十七兩下負三獸為足與他鼎異皆有翼蓋飛廉蚩尤之類也

周螭耳鼎

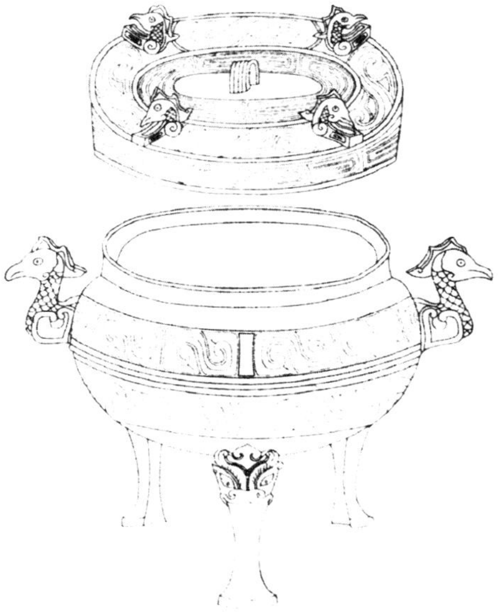

右通蓋高五寸六分深二寸八分耳形為螭首口径四寸二分腹圍一尺五寸一分重六十七兩

周夔龍鼎

右高五寸五分深三寸五分耳高一寸三分闊一寸五分口徑六寸四分腹圍二尺一寸重七十七兩

周夔鳳鼎一

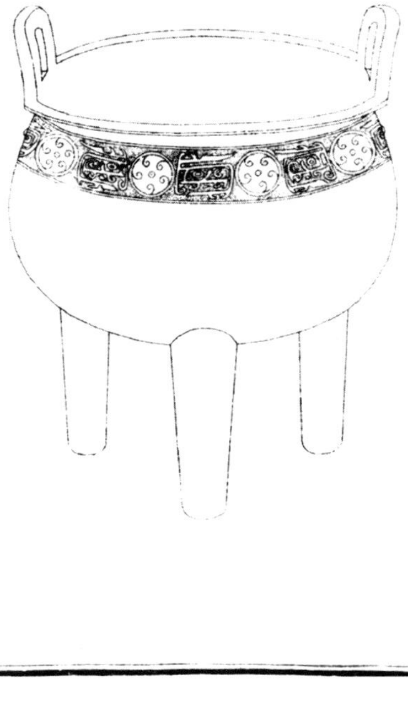

右高八寸五分深五寸七分耳高一寸七分闊二寸一分口徑八寸七分腹圍二尺八寸一分重一百八十七兩

周夔鳳鼎二

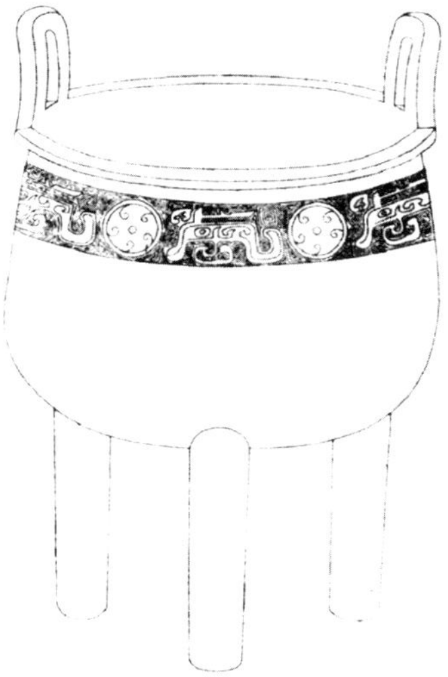

右高六寸九分深四寸五分耳高一寸三分濶一寸七分口徑六寸八分腹圍二尺一寸重八十一兩

周夔鳳鼎三

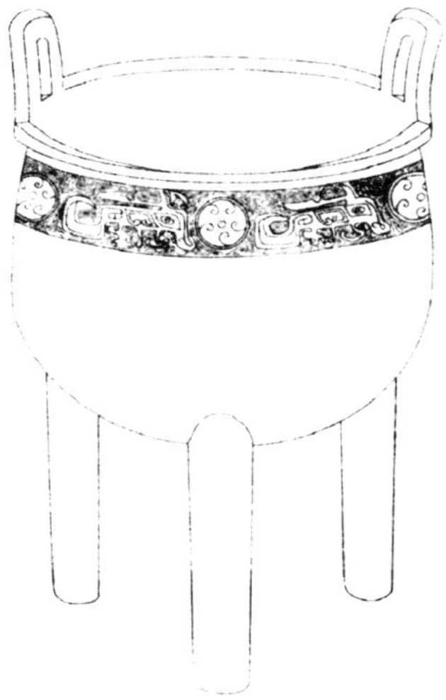

右高六寸五分深四寸一分耳高一寸四分濶一寸六分口徑六寸五分腹圍二尺一分重七十八兩

周夔鳳鼎四

西清古鑑　卷五　鼎　二十四

右高五寸深二寸六分耳高一寸三分濶一寸五分口徑四寸八分腹圍一尺四寸二分重四十四兩金銀錯

周夔鳳鼎五

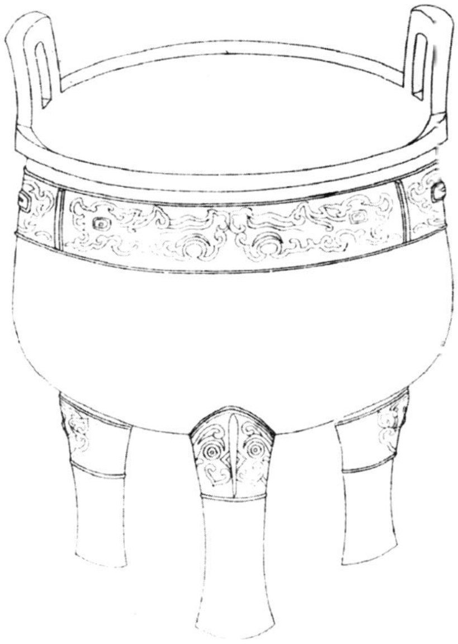

西清古鑑　卷五　鼎　二十五

右高一尺二寸三分深七寸四分耳高二寸八分濶三寸二分腹圍三尺四寸七分重四百三兩

周蟠虺鼎一

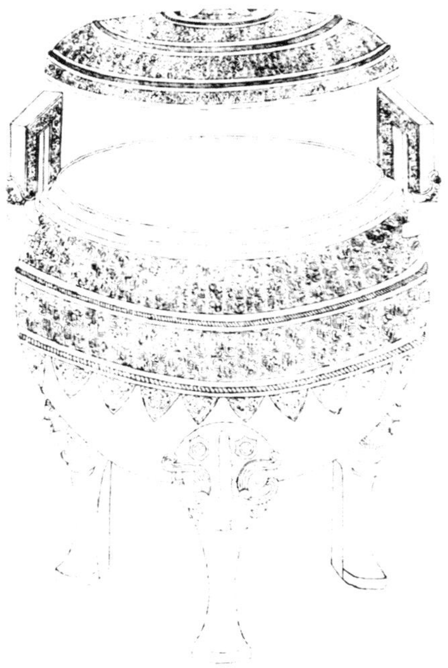

右通蓋高一尺一寸二分深七寸一分耳高二寸七分濶一寸七分口徑八寸六分腹圍三尺一寸重二百二十一兩

周蟠虺鼎二

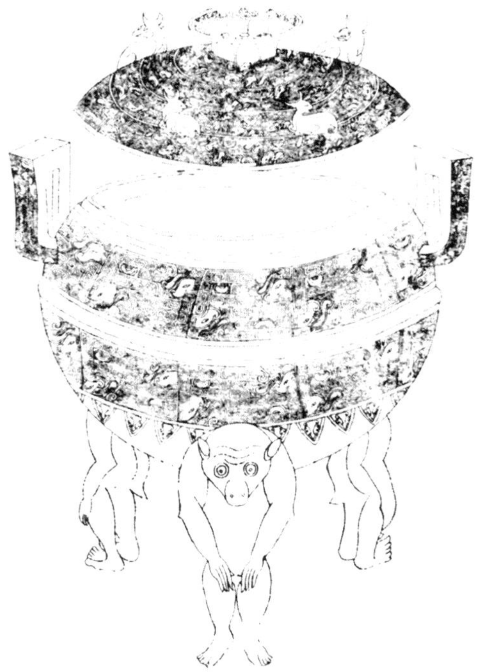

右通蓋高一尺三寸六分深七寸七分耳高三寸七分濶二寸六分口徑一尺八分腹圍三尺七寸八分重四百七十五兩三足製甚奇其亦鑄鼎象物遺意耶

周蟠虺鼎三

右通蓋高八寸深四寸一分耳高二寸濶一寸七分口徑六寸七分腹圍二尺三寸重八十三兩

周蟠虺鼎四

右高五寸四分深三寸耳高一寸一分濶一寸三分口徑五寸三分腹圍一尺五寸七分重三十七兩鎏金

周蟠虺鼎五

右通蓋高四寸二分深二寸三分耳高一寸二分濶八分口徑三寸五分腹圍一尺二寸重二十五兩

西清古鑑卷六目録

鼎六

周

周蟠夔鼎一

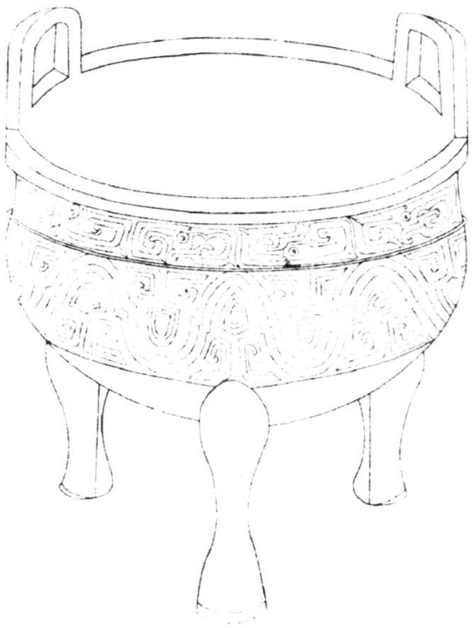

作○○○用

右高七寸九分深五寸耳高一寸九分濶二寸九分口徑一尺二分腹圍三尺一寸六分重三百三十一兩

周蟠夔鼎二

作寶用

右高六寸五分深三寸五分耳高一寸八分濶一寸九分口徑八寸腹圍二尺三寸八分重一百九十四兩

周蟠夔鼎三

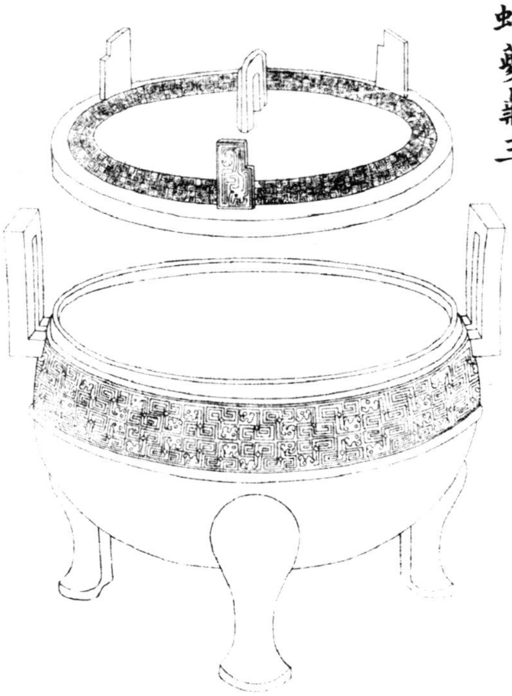

右通蓋高一尺六寸四分深九寸耳高六寸濶四寸一分口徑一尺五寸六分腹圍五尺二寸重一千三百一十六兩

周蟠夔鼎四

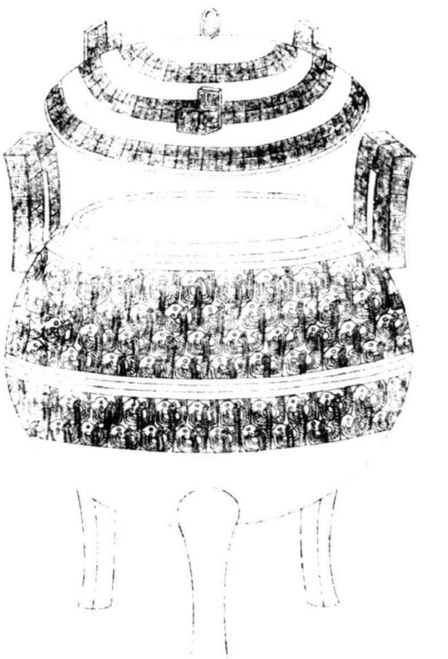

右通蓋高一尺四分深六寸耳高二寸五分濶一寸七分口徑六寸九分腹圍二尺六寸七分重一百五十三兩

周蟠夔鼎五

右高一尺二分深七寸耳高三寸五分濶二寸三分口徑一尺一寸二分腹圍三尺五寸八分重二百九十九兩

周蟠夔鼎六

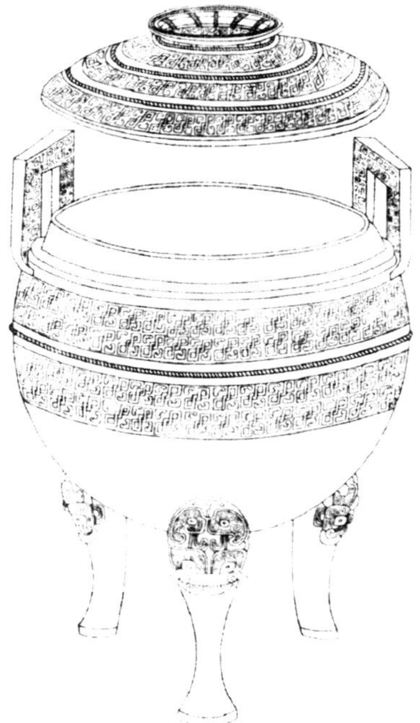

右通蓋高九寸六分深六寸耳高二寸七分濶一寸七分口徑七寸六分腹圍二尺六寸九分重一百八十七兩

周蟠夔鼎七

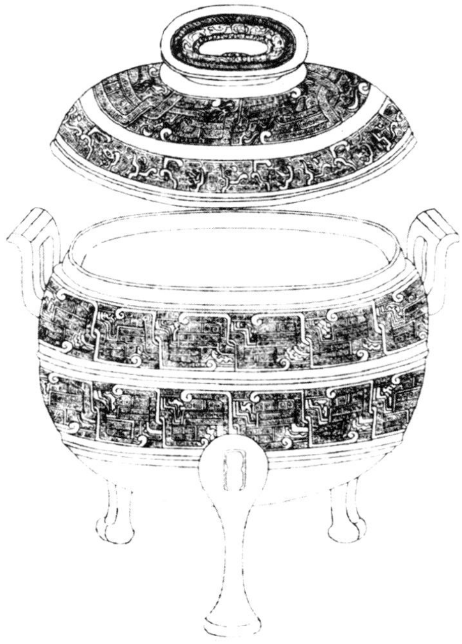

右通蓋高九寸二分深五寸二分耳高二寸濶一寸七分口徑七寸一分腹圍二尺四寸四分重一百六十七兩

周蟠夔鼎八

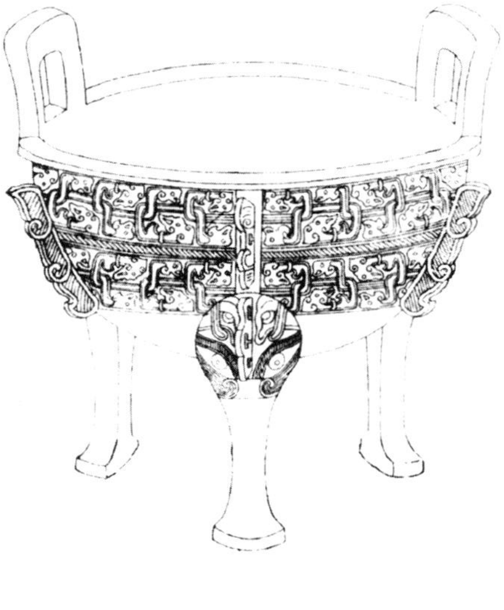

右高九寸深五寸二分耳高二寸九分濶二寸七分口徑一尺二寸七分腹圍三尺七寸二分重二百三兩

周蟠夔鼎九

右通蓋高八寸八分深五寸耳高二寸五分濶一寸八分口徑八寸七分腹圍三尺重一百八十六兩

周蟠夔鼎十

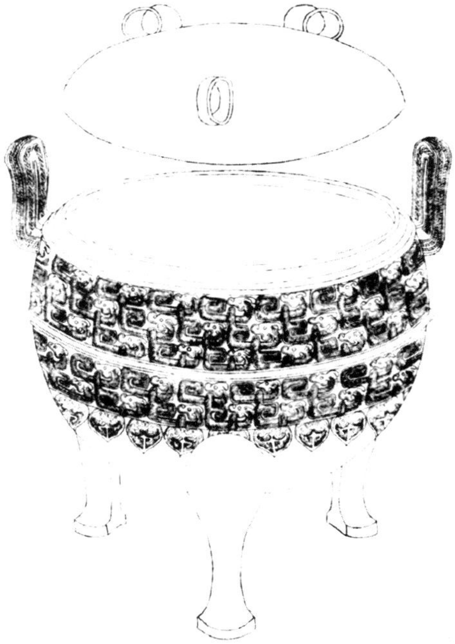

右通蓋高八寸八分深五寸四分耳高二寸五分濶二寸口徑八寸五分腹圍二尺八寸四分重一百八十三兩

周蟠夔鼎十一

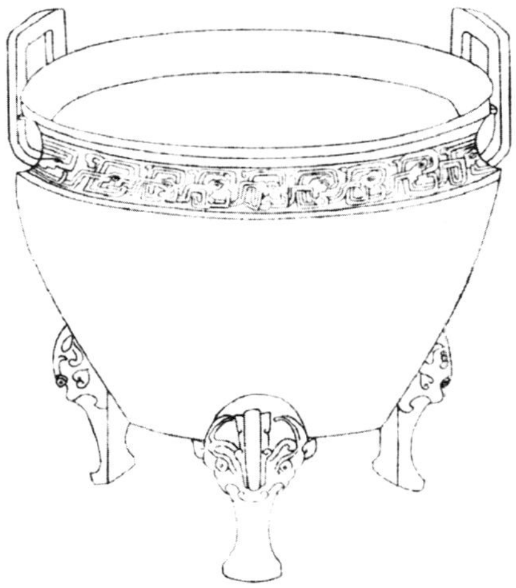

右高七寸四分深四寸九分耳高二寸五分濶一寸八分口徑八寸三分腹圍二尺六寸重一百一十七兩

周蟠夔鼎十二

右高六寸九分深五寸五分耳高二寸八分濶二寸四分口徑八寸四分腹圍三尺重一百四十七兩鈌盖

周蟠夔鼎十三

右高六寸八分深四寸五分耳高二寸一分闊一寸四分口徑七寸五分腹圍二尺四寸重八十九兩

周蟠夔鼎十四

右高六寸六分深五寸三分耳高二寸五分闊二寸一分口徑八寸腹圍二尺七寸八分重一百五十五兩缺蓋

周蟠夔鼎十五

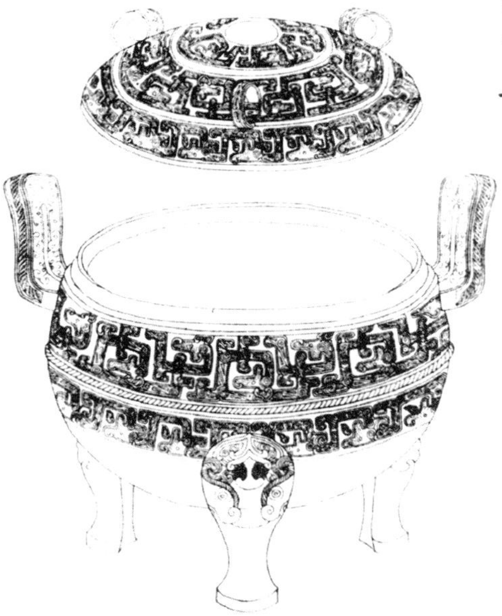

右通蓋高五寸八分深四寸耳高一寸八分濶如之口徑五寸九分腹圍二尺一寸三分重九十七兩

周蟠夔鼎十六

右高五寸七分深四寸一分耳高二寸四分濶一寸九分口徑七寸四分腹圍二尺五寸二分重八十一兩鈌蓋

周蟠夔鼎十七

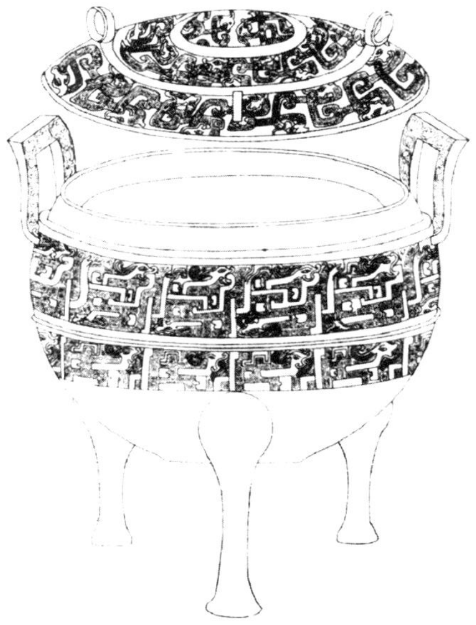

右通盖高七寸一分深四寸四分耳高二寸一分濶一寸四分口徑六寸三分腹圍二尺一寸六分重八十三兩

周蟠夔鼎十八

右高九寸一分深六寸耳高三寸四分濶二寸八分口徑一尺一寸二分腹圍三尺六寸重二百八十三兩

周蟠夔鼎十九

右高三寸二分深二寸一分耳高一寸濶一寸一分口徑四寸八分腹圍一尺四寸六分重三十八兩

周蟠夔鼎二十

右通蓋高九寸一分深五寸八分耳高二寸七分濶二寸五分口徑九寸一分腹圍三尺三寸二分重二百三十一兩

周蟠夔鼎二十一

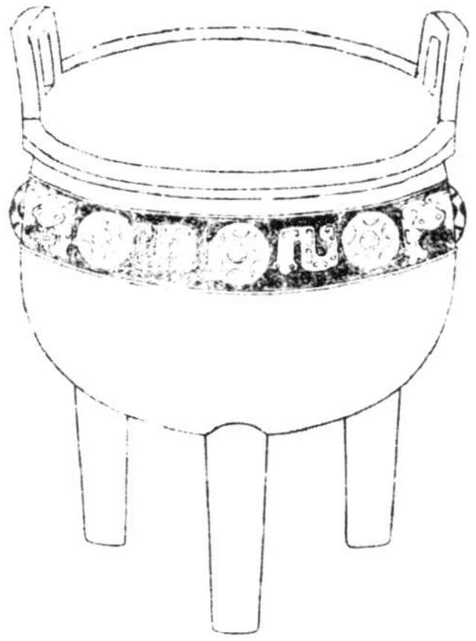

右高五寸二分深三寸一分耳高一寸一分闊一寸二分口徑五寸腹圍一尺六寸一分重四十七兩鎏金

周蟠螭鼎一

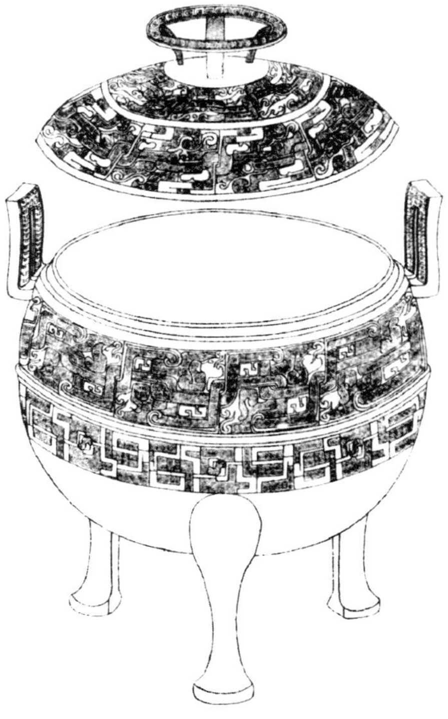

右通蓋高一尺二分深五寸九分耳高二寸四分闊一寸八分口徑八寸二分腹圍二尺九寸重一百九十一兩

周蟠螭鼎二

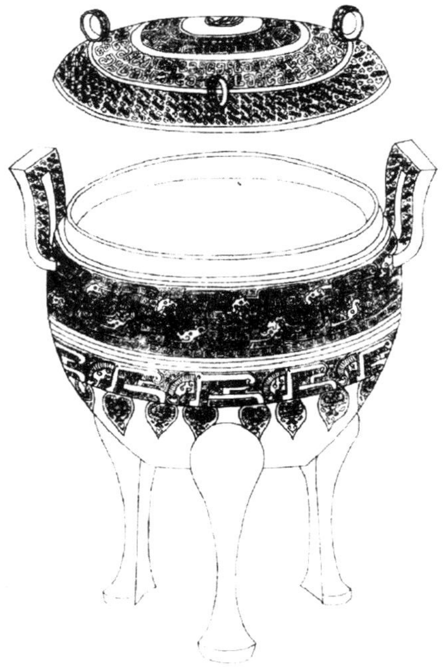

右通蓋高八寸七分深五寸一分耳高二寸四分濶一寸七分口徑七寸三分腹圍二尺五寸二分重一百四兩

周蟠螭鼎三

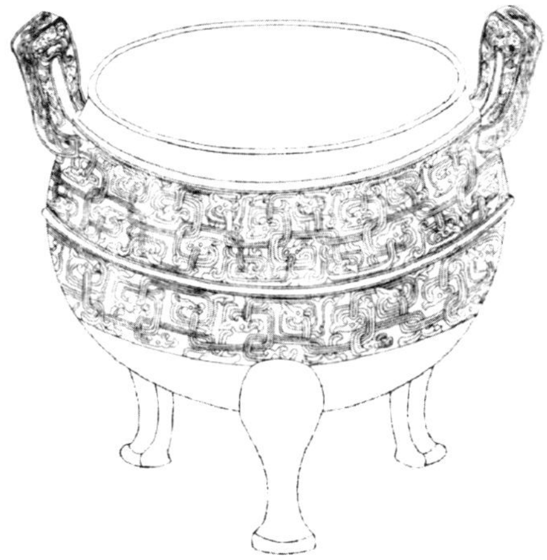

右高四寸九分深三寸七分耳高一寸五分濶一寸四分口徑五寸九分腹圍二尺三分重七十兩缺蓋

周雲雷鼎一

右高八寸一分深五寸耳高二寸七分濶二寸一分口徑七寸九分腹圍二尺七寸重一百四十一兩

周雲雷鼎二

右通蓋高五寸二分深三寸四分耳高一寸七分濶一寸三分口徑五寸二分腹圍一尺八寸重四十七兩

周盤雲鼎

右高八寸五分深六寸三分耳高二寸闊一寸七分口縱四寸八分横八寸四分腹縱四寸三分横七寸五分重二百三兩

周雲紋鼎

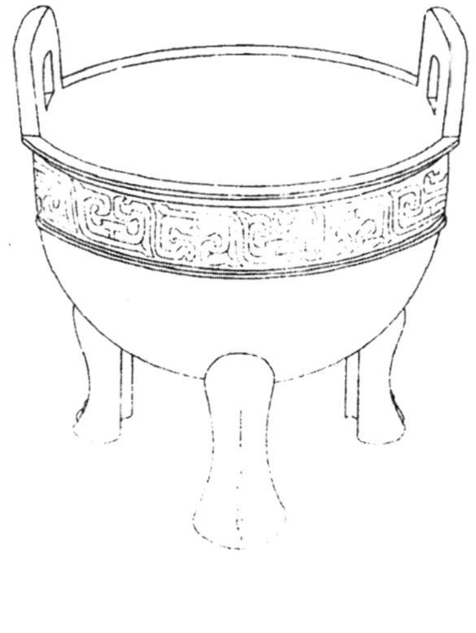

右高五寸八分深三寸九分耳高一寸六分闊一寸七分口徑七寸八分腹圍二尺三寸重一百一兩

周雷紋鼎一

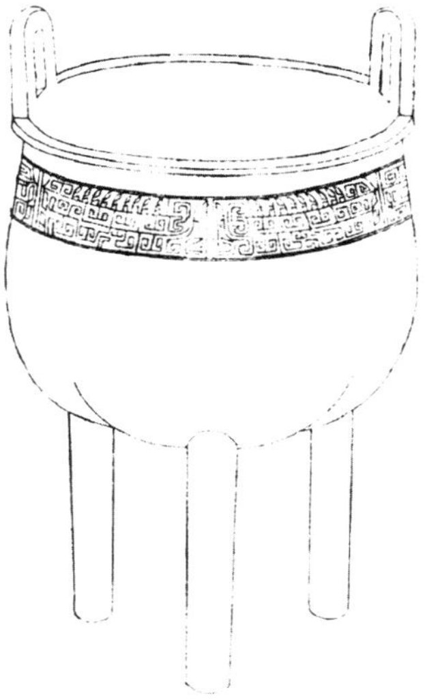

作寶
尊彝

右高五寸三分深二寸九分耳高一寸濶一寸二分口徑五寸一分腹圍一尺五寸八分重四十六兩

周雷紋鼎二

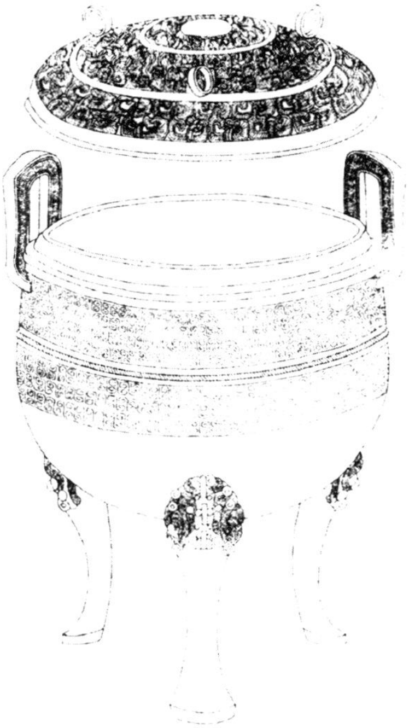

右通蓋高一尺一寸深六寸一分耳高三寸濶一寸九分口徑九寸腹圍二尺九寸重一百八十七兩

周雷紋鼎三

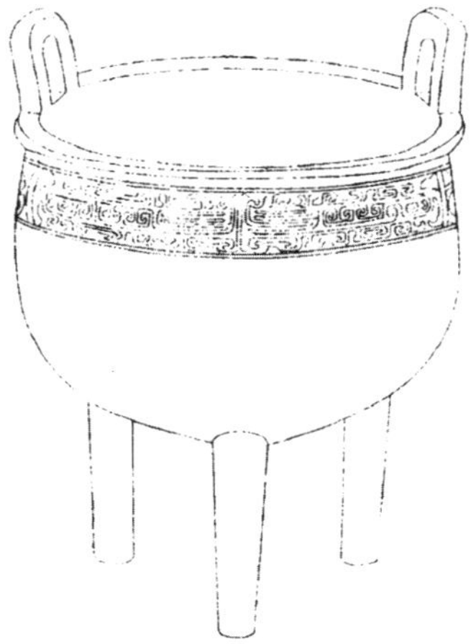

右高六寸三分深三寸九分耳高一寸三分濶一寸五分口徑六寸腹圍一尺八寸三分重五十八兩

周雷紋鼎四

右高六寸三分深三寸九分耳高二寸五分濶一寸九分口徑九寸四分腹圍二尺六寸五分重一百五十九兩

周夔紋鼎一

右高六寸八分深五寸五分耳高二寸二分濶一寸九分口徑七寸九分腹圍二尺九寸重一百四十三兩缺蓋

周夔紋鼎二

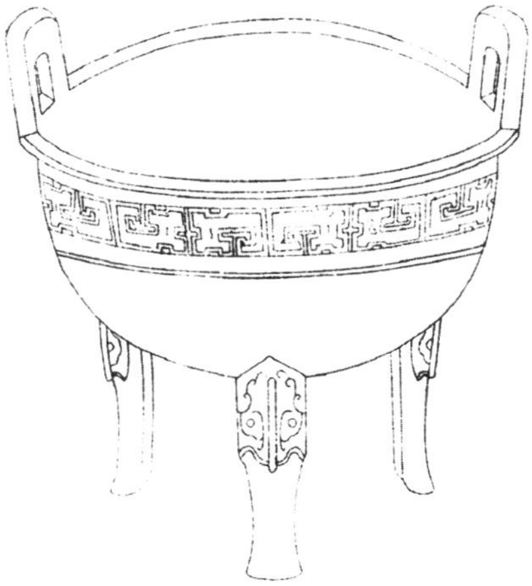

右高九寸八分深五寸五分耳高二寸五分濶二寸七分口徑一尺三寸七分腹圍三尺九寸六分重四百一十一兩

周夔紋鼎三

西清古鑑　卷六　鼎　三十五

右高一尺六分深七寸四分耳高五寸五分濶三寸七分口徑一尺三寸二分腹圍四尺四寸五分重六百五十一兩

周蟬紋鼎一

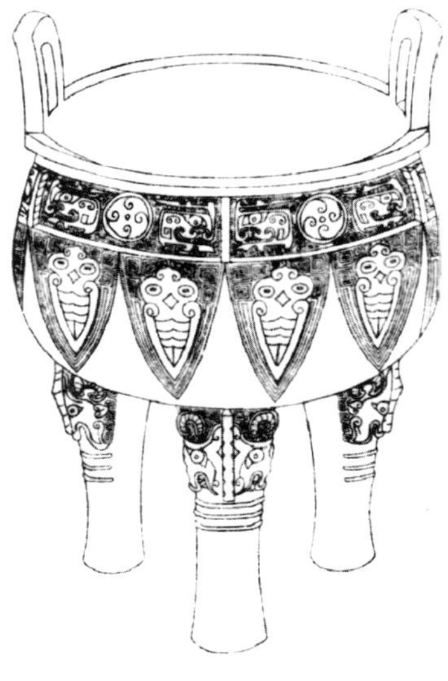

西清古鑑　卷六　鼎　三十六

右高九寸九分深五寸五分耳高二寸二分濶二寸六分口徑九寸四分腹圍二尺九寸三分重二百三十五兩

周蟬紋鼎二

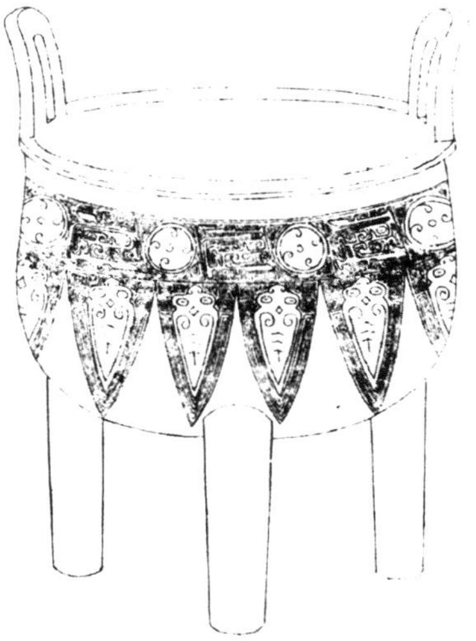

右高八寸六分深五寸八分耳高二寸濶二寸三分口徑八寸九分腹圍二尺八寸重一百六十三兩

周蟬紋鼎三

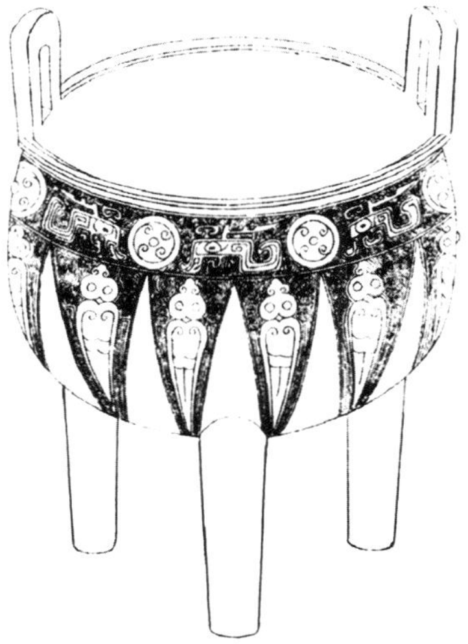

右高六寸三分深四寸一分耳高一寸三分濶一寸五分口徑六寸五分腹圍二尺重六十五兩

周蟬紋鼎四

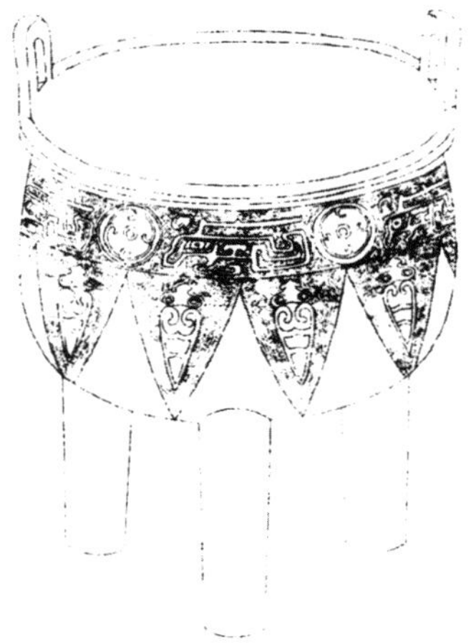

右高六寸四分深四寸一分耳高一寸二分闊一寸五分口徑六寸四分腹圍二尺三分重六十九兩

周環紋鼎一

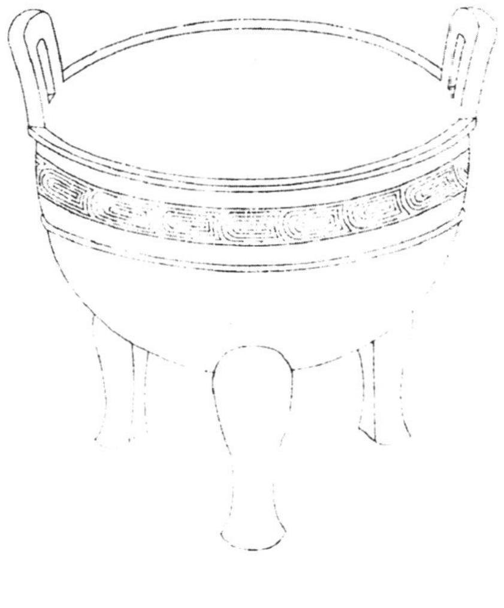

右高六寸三分深三寸六分耳高一寸九分闊二寸口徑八寸四分腹圍二尺五寸重一百一十七兩紋亦類雷回謂之環紋者從博古舊圖也

周環紋鼎二

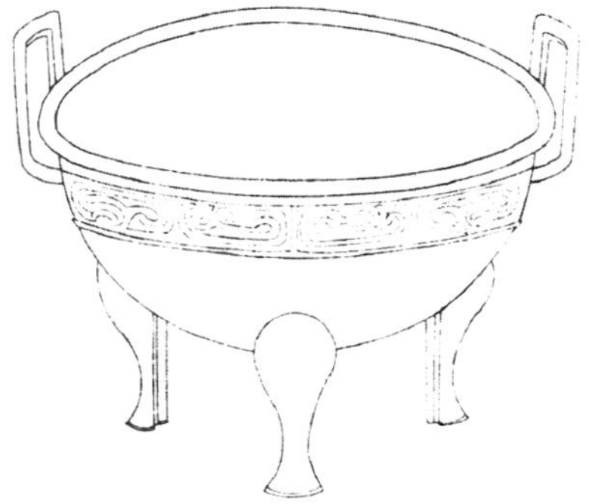

右高六寸三分深三寸九分耳高二寸六分濶一寸七分口徑九寸九分腹圍二尺六寸七分重一百五十七兩

周環紋鼎三

右高六寸四分深三寸三分耳高一寸九分濶二寸一分口徑八寸六分腹圍二尺五寸一分重一百五十五兩

周環紋鼎四

右高五寸九分深三寸二分耳高一寸四分濶一寸九分口徑七寸九分腹圍二尺一寸八分重一百一兩

周三犧鼎一

右通蓋高八寸四分深四寸八分耳高二寸濶一寸七分口徑七寸二分腹圍二尺五寸重一百三十九兩

周三犧鼎二

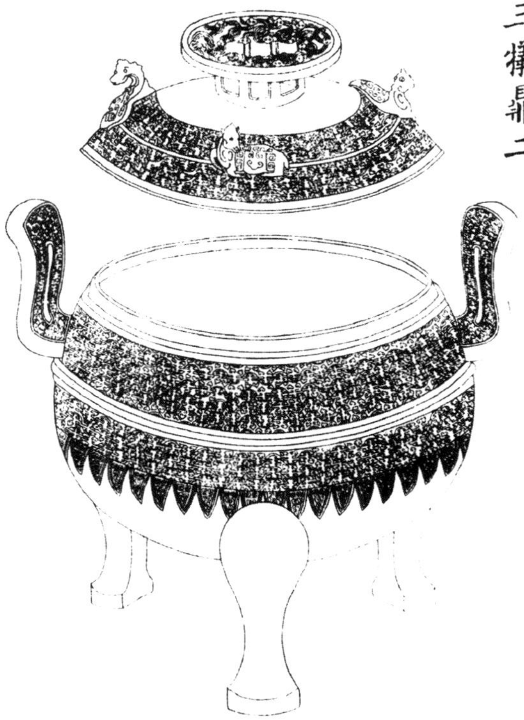

右通蓋高一尺一寸七分深六寸四分耳高三寸五分濶二寸二分口徑九寸腹圍三尺五寸五分重三百二十五兩

周三犧鼎三

右通蓋高一尺一寸五分深五寸二分耳高三寸濶二寸三分口徑八寸七分腹圍三尺二寸五分重二百三十五兩

周三犧鼎四

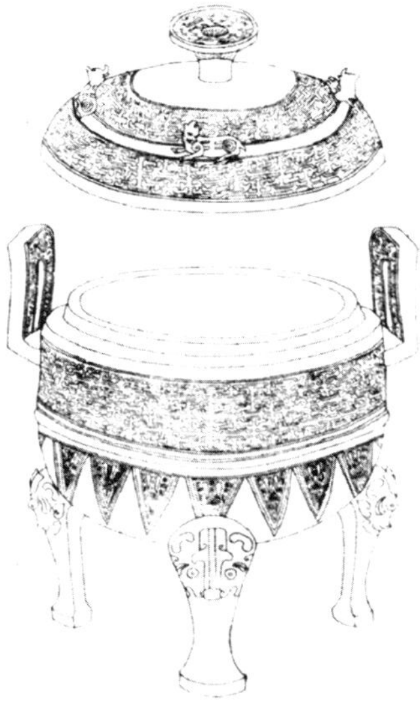

右通蓋高一尺八分深五寸五分耳高三寸四分濶二寸三分口徑八寸五分腹圍三尺一寸四分重二百五十九兩

周三羊鼎

右通蓋高一尺八分深五寸六分耳高三寸七分濶二寸三分口徑九寸腹圍三尺一寸二分重二百三十五兩

周弦紋鼎一

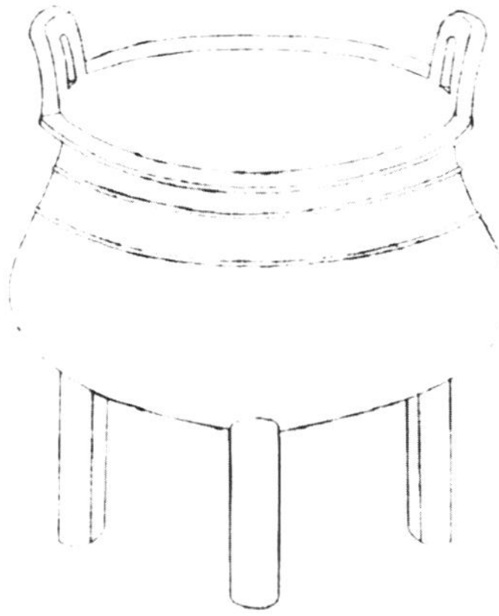

永保

右高五寸六分深三寸六分耳高一寸二分闊一寸四分口徑六寸三分腹圍二尺四分重六十二兩

周弦紋鼎二

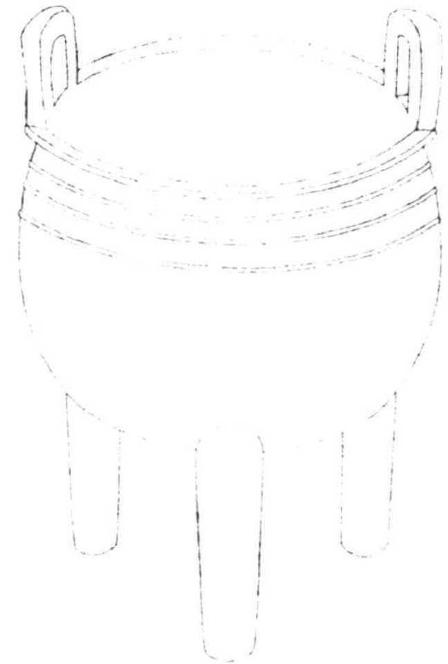

右高五寸深三寸三分耳高九分闊一寸一分口徑四寸七分腹圍一尺四寸五分重四十五兩

周弦紋鼎三

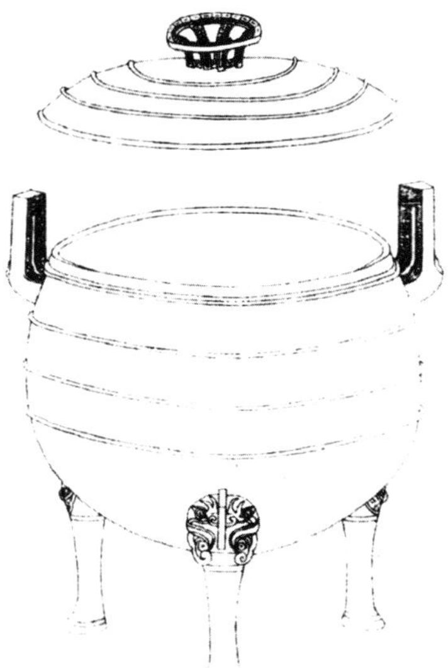

右通盖高一尺三寸一分深七寸八分耳高三寸二分濶二寸一分口徑九寸五分腹圍三尺四寸重二百二十七兩

西清古鑑卷七目録

鼎七

漢

漢定陶鼎

高廟
都倉
定陶廟容
〇斗并重
兩

右通蓋高四寸一分深二寸七分耳高一寸三分濶八分口径三寸五分腹圍一尺四寸九分重五十四兩金銀錯銘與博古圖合鈌三字彼特純素為異幷字博古圖讀作共字非是今從薛尚功釋文仍作幷博古圖謂定陶為趙共王恢以共王初封梁梁為彭越舊封漢書有立越為梁王都定陶之文也按地理志濟陰郡注宣帝甘露二年更名定陶前此定陶非國名銘詞不應稱定陶廟其非趙共王明甚又按惠帝紀令郡諸侯王立高廟此器前云高廟後云定陶廟當是定陶高廟之鼎而鑄於宣帝以後者耳都倉博古圖未詳然漢制有衡官水司空都水農倉又郡國諸倉農監都水六十五官長丞皆屬焉此云都倉或監製者官名

漢兒鼎

右高三寸九分深三寸一分耳高一寸七分濶一寸一分口徑四寸九分腹圍一尺八寸重四十七兩缺蓋按兒同倪姓也漢書倪寬作兒寬鼎其倪氏製耶

漢蟠螭鼎

右高七寸深五寸九分耳高二寸四分濶二寸一分口徑七寸八分腹圍三尺一寸重一百六十五兩缺蓋

漢蟠虺鼎一

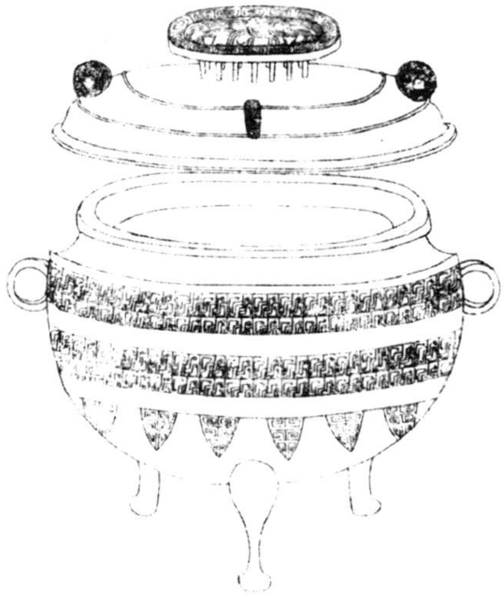

右通蓋高六寸一分深三寸八分耳在旁高八分濶三分口徑五寸九分腹圍二尺六分重五十七兩

漢蟠虺鼎二

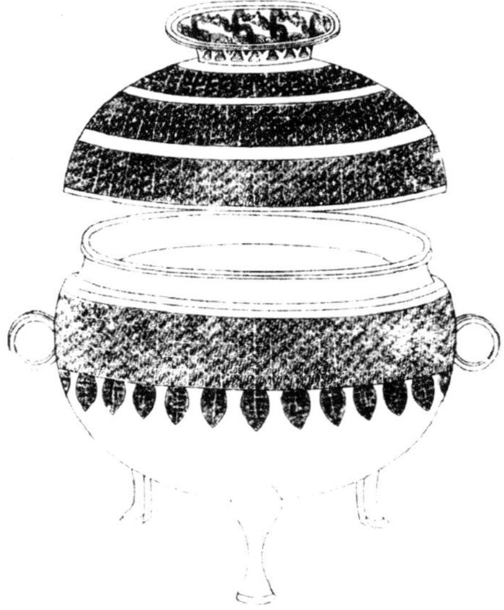

右通蓋高五寸八分深三寸一分耳在旁高八分濶三分口徑五寸六分腹圍一尺八寸重四十二兩

漢蟠虺鼎三

右通蓋高三寸三分深二寸二分耳高一寸濶八分口徑三寸一分腹圍一尺一寸重二十五兩金銀錯

漢三犧鼎一

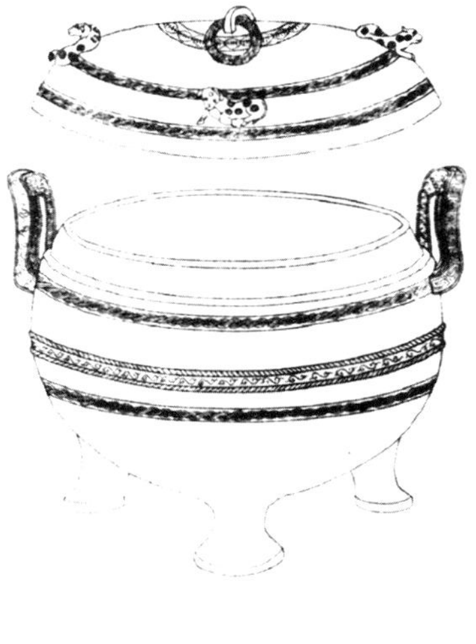

右通蓋高五寸九分深三寸九分耳高一寸八分濶一寸五分口徑五寸五分腹圍二尺一寸二分重七十七兩

漢三犧鼎二

右通蓋高三寸二分深一寸八分耳高一寸濶七分口徑二寸九分腹圍一尺七分重一十七兩金銀錯

漢三犧小鼎

右通蓋高二寸四分深一寸五分耳高九分濶六分口徑二寸一分腹圍八寸六分重一十五兩

漢三羊鼎一

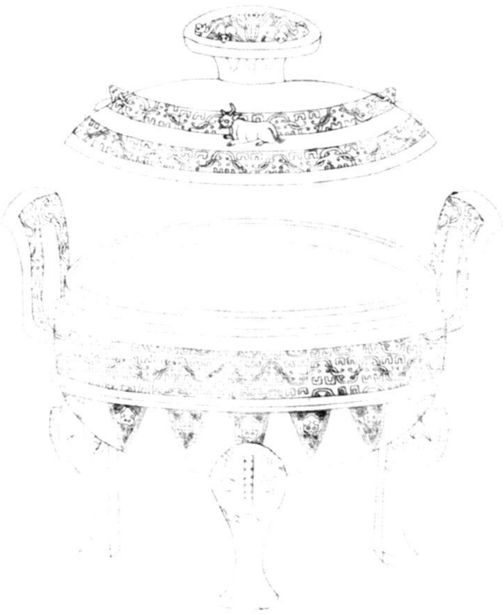

右通蓋高一尺一寸二分深五寸一分耳高三寸五分闊二寸六分口徑八寸八分腹圍三尺八分重二百五十一兩鼎蓋獸形三俱一角蓋神羊也

漢三羊鼎二

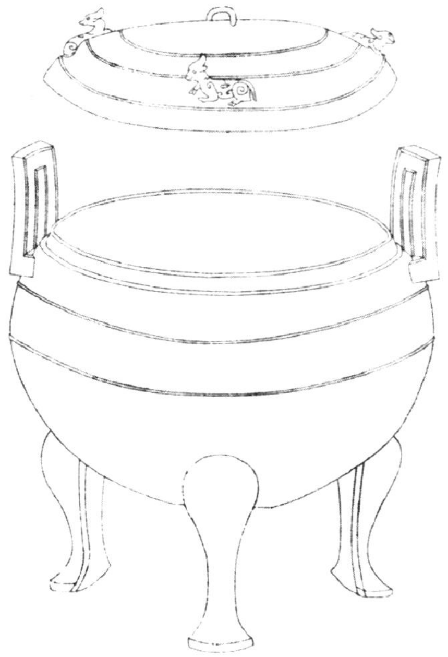

右通蓋高九寸八分深五寸八分耳高二寸六分闊一寸八分口徑七寸八分腹圍二尺八寸三分重二百一十九兩

漢三羊鼎三

右通盖高六寸深三寸六分耳高二寸二分濶一寸三分口径六寸四分腹圍二尺二寸三分重一百二十一兩

漢三羊鼎四

右通盖高五寸八分深三寸九分耳高二寸二分濶一寸五分口径五寸六分腹圍二尺一寸重一百六兩

漢三羊鼎五

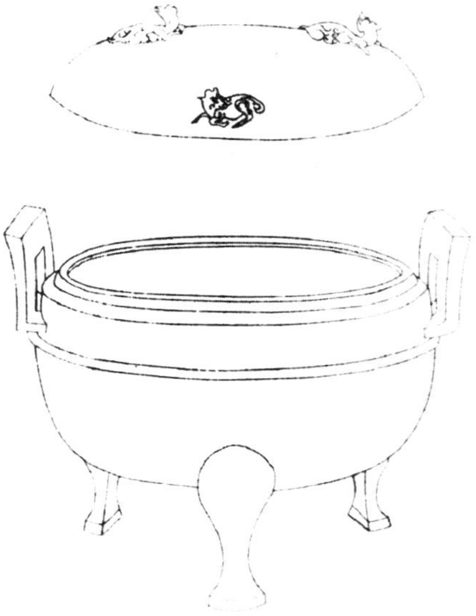

右通蓋高四寸九分深二寸六分耳高一寸三分闊九分口径四寸一分腹圍一尺五寸七分重四十五兩

漢三羊鼎六

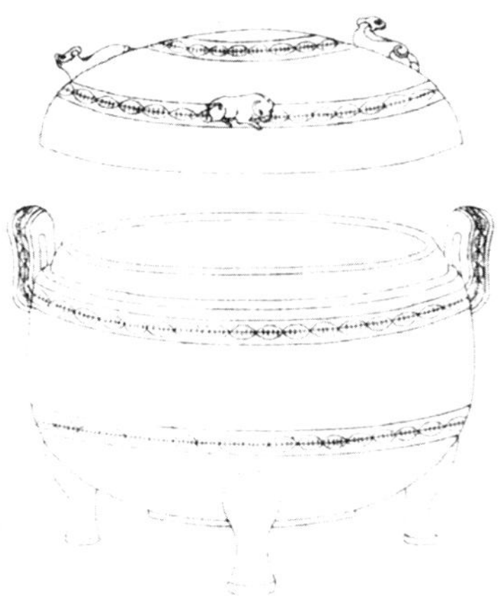

右通蓋高三寸二分深二寸四分耳高一寸一分闊九分口径三寸四分腹圍一尺二寸八分重二十九兩

漢三羊小鼎

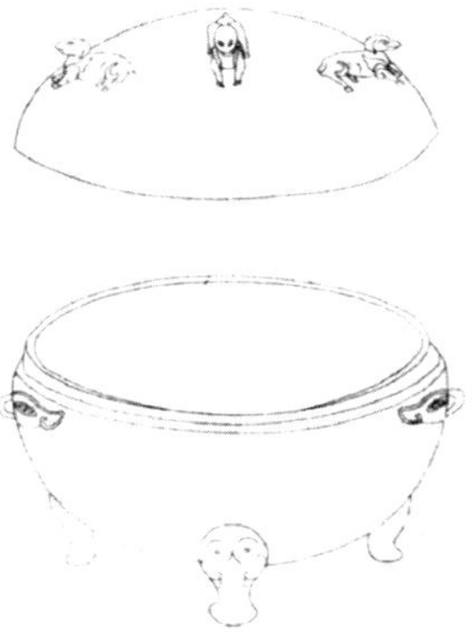

右通蓋高三寸二分深一寸四分獸耳在旁口徑二寸四分腹圍八寸五分重一十四兩

漢夔紋鼎一

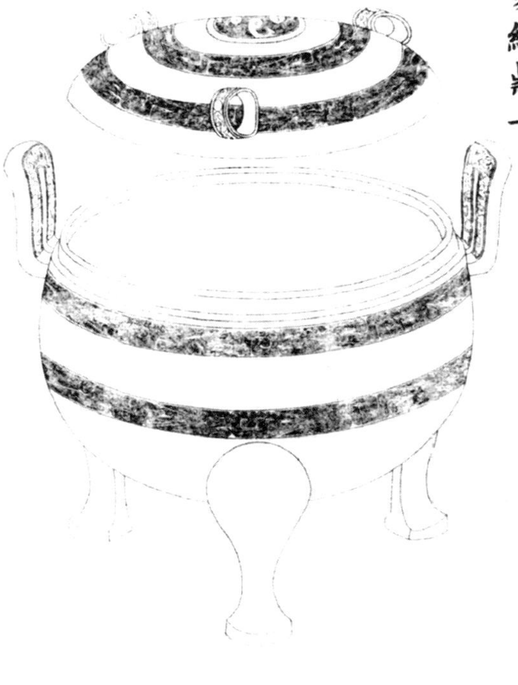

右通蓋高一尺五分深六寸八分耳高三寸五分闊二寸八分口徑一尺一寸二分腹圍三尺九寸重二百九十一兩

漢夔紋鼎二

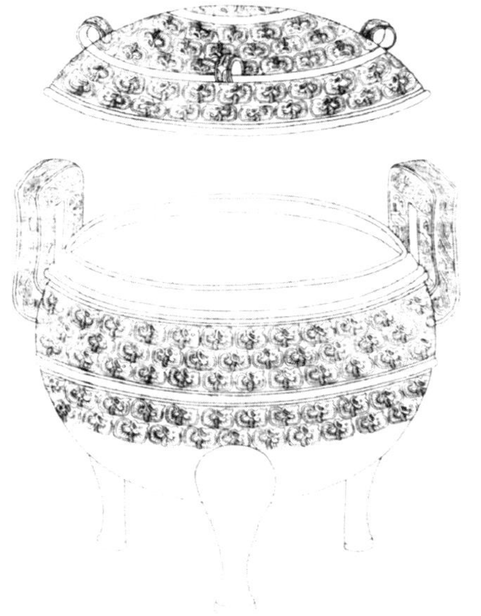

右通蓋高六寸六分深四寸五分耳高一寸九分闊一寸六分口徑六寸五分腹圍二尺一寸六分重七十一兩

漢夔紋鼎三

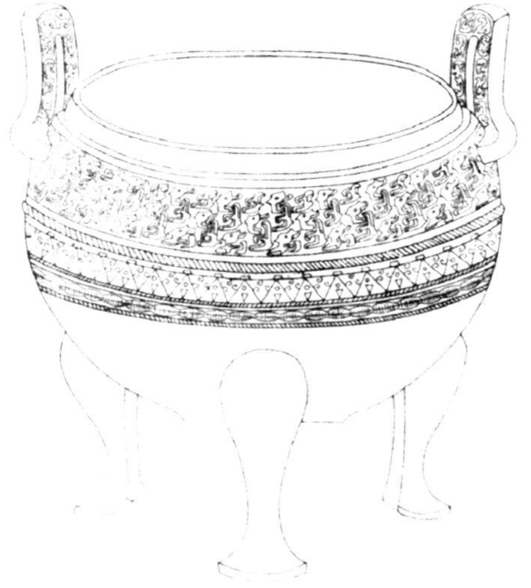

右高八寸二分深六寸二分耳高二寸八分闊二寸一分口徑八寸四分腹圍三尺一寸二分重二百三十五兩缺蓋

漢弦紋鼎一

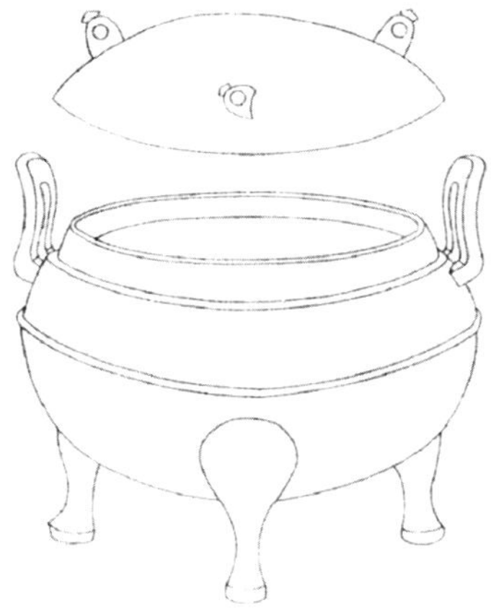

右通蓋高四寸九分深三寸一分耳高一寸八分濶一寸二分口徑四寸二分腹圍一尺七寸五分重六十四兩

漢弦紋鼎二

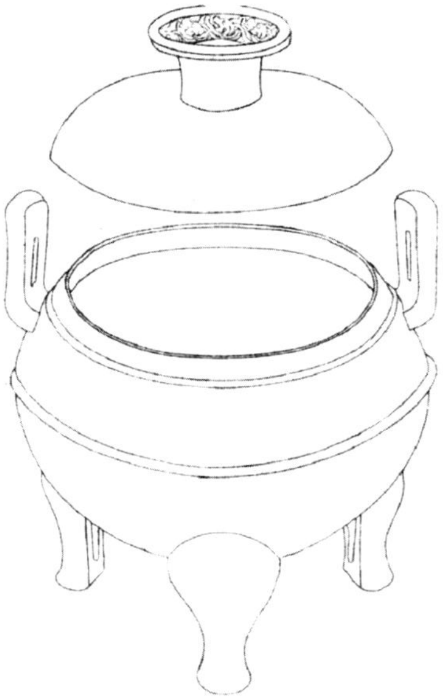

右通蓋高七寸九分深四寸耳高二寸濶一寸四分口徑五寸八分腹圍二尺一寸九分重九十五兩

漢弦紋鼎三

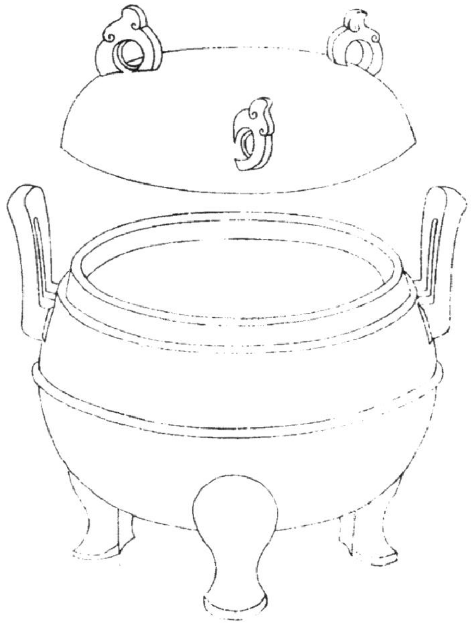

右通蓋高八寸三分深五寸五分耳高三寸濶二寸口徑九寸三分腹圍三尺三寸重三百三十兩

漢弦紋鼎四

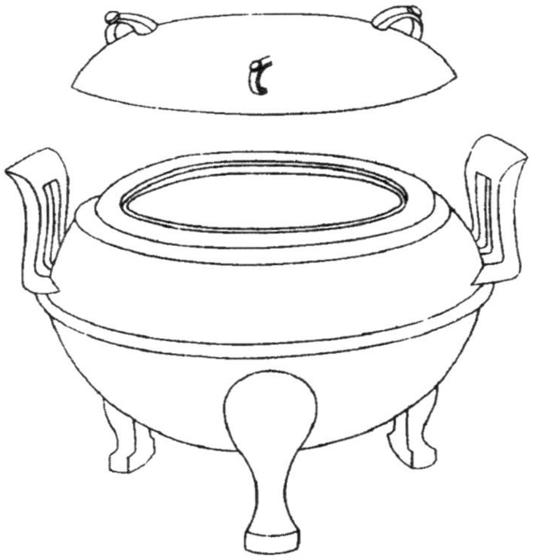

右通蓋高五寸二分深三寸三分耳高二寸濶一寸四分二徑四寸六分腹圍二尺六分重九十七兩

漢弦紋鼎五

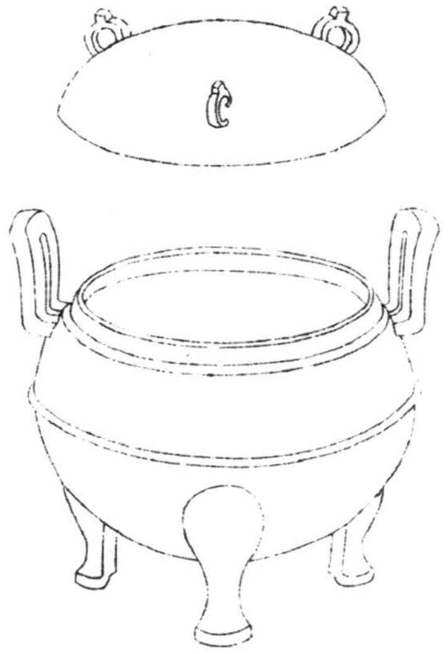

西清古鑑　卷七　鼎　二十五

右通盖高五寸深三寸二分耳高一寸七分濶一寸一分口径四寸三分腹圍一尺七寸二分重五十九两

漢弦紋鼎六

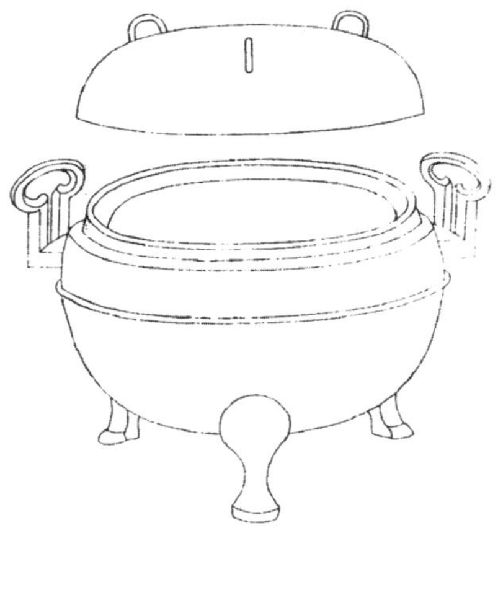

西清古鑑　卷七　鼎　二十六

右通盖高三寸九分深二寸五分耳高一寸四分濶一寸五分口径三寸七分腹圍一尺三寸五分重三十一两

漢弦紋鼎七

右通蓋高六寸二分深四寸二分耳高二寸濶一寸四分口徑六寸腹圍二尺二寸七分重一百四十七兩

漢弦紋鼎八

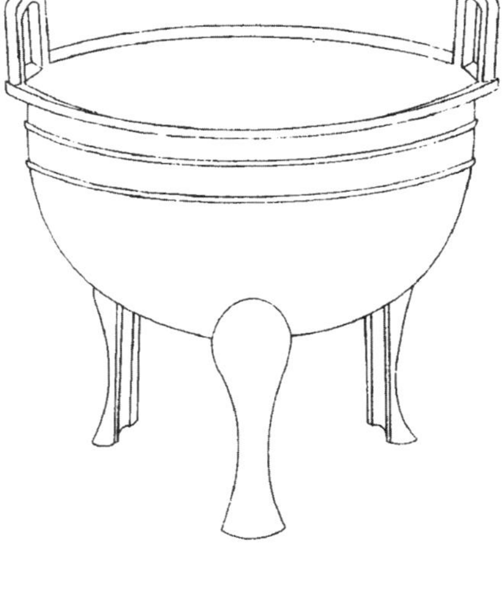

右高七寸深四寸七分耳高一寸九分濶二寸一分口徑九寸七分腹圍二尺八寸三分重一百一十九兩

漢弦紋鼎九

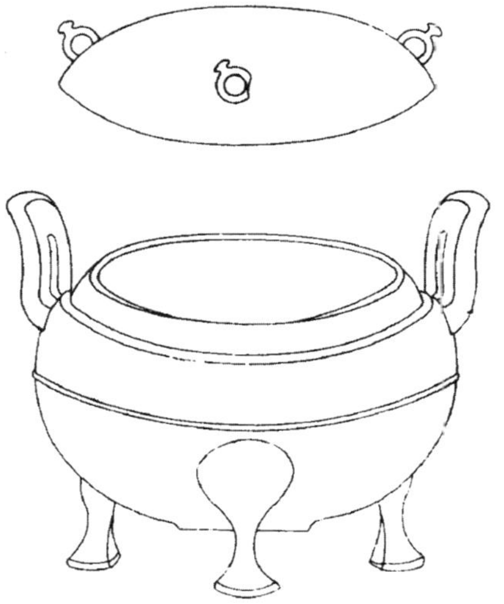

右通蓋高五寸深二寸九分耳高一寸四分濶一寸一分口徑四寸四分腹圍一尺七寸一分重二十六兩

漢弦紋鼎十

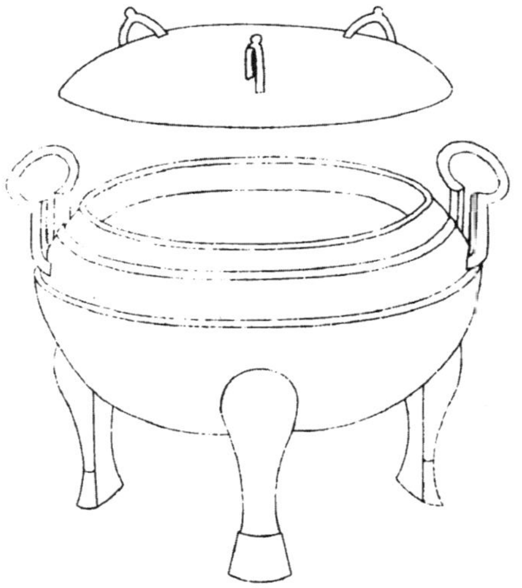

右通蓋高八寸八分深五寸一分耳高三寸四分濶二寸五分口徑八寸三分腹圍三尺四分重二百三十五兩

漢弦紋鼎十一

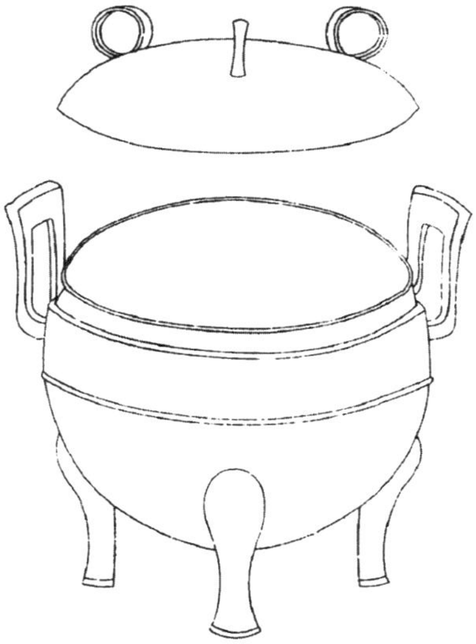

右通蓋高七寸八分深五寸二分耳高二寸九分濶一寸九分口徑七寸四分腹圍二尺六寸三分重一百六十三兩

漢弦紋鼎十二

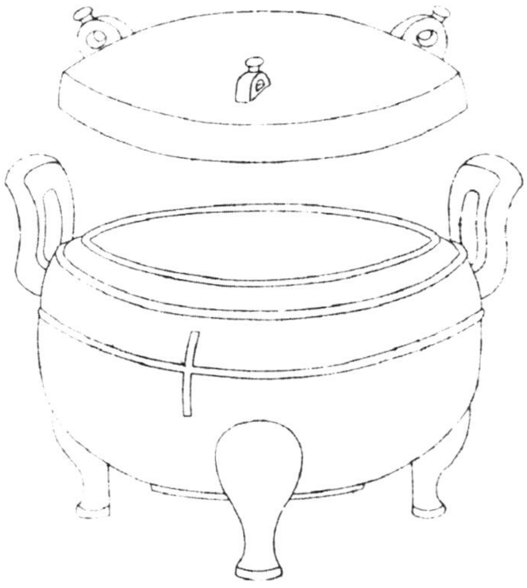

右通蓋高四寸五分深二寸九分耳高一寸六分濶一寸口徑四寸六分腹圍一尺七寸五分重六十四兩

漢弦紋鼎十三

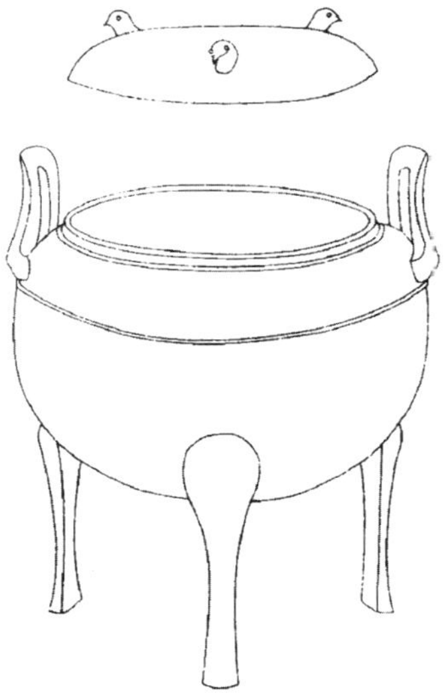

右通蓋高六寸一分深三寸四分耳高一寸七分闊一寸口徑四寸三分腹圍一尺八寸重八十五兩

漢弦紋鼎十四

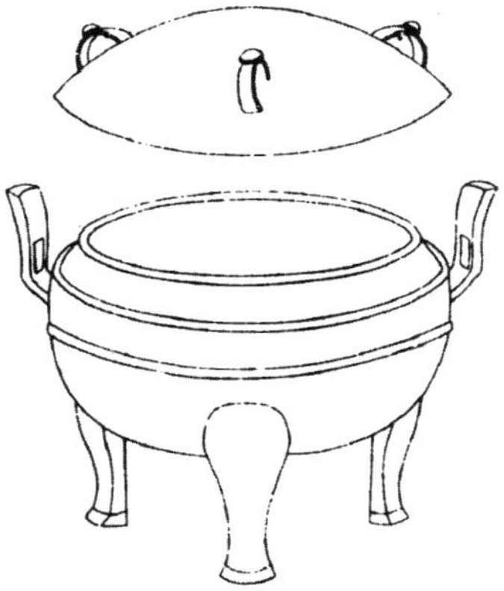

右通蓋高四寸九分深三寸一分耳高一寸八分闊一寸口徑四寸六分腹圍一尺八寸四分重七十一兩

漢弦紋鼎十五

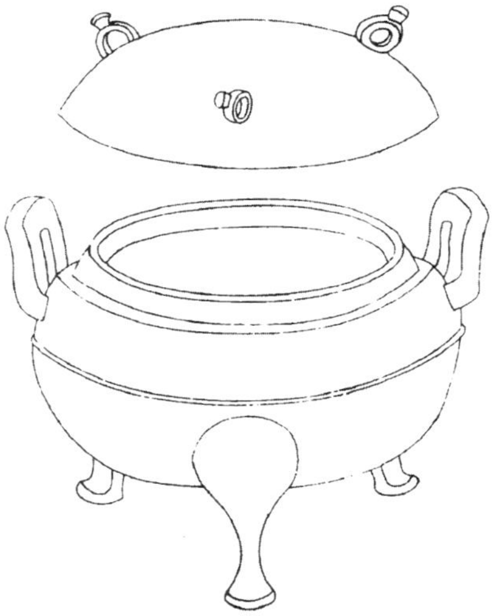

右通蓋高五寸四分深三寸一分耳高一寸六分濶一寸三分口径四寸九分腹圍一尺八寸五分重六十兩

漢弦紋鼎十六

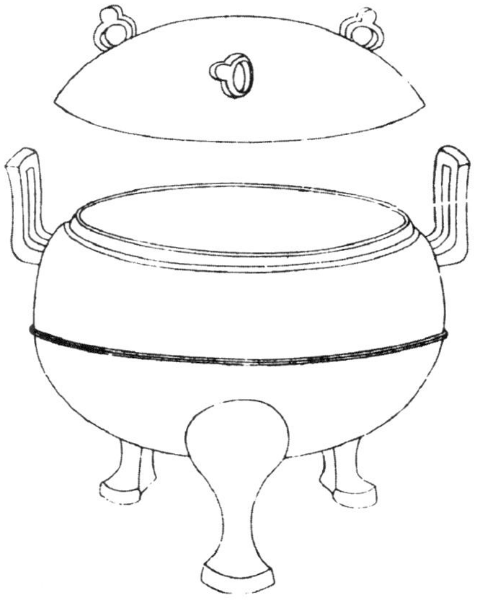

右通蓋高五寸一分深三寸四分耳高一寸五分濶一寸一分口径四寸八分腹圍一尺八寸五分重五十五兩

漢帶紋小鼎

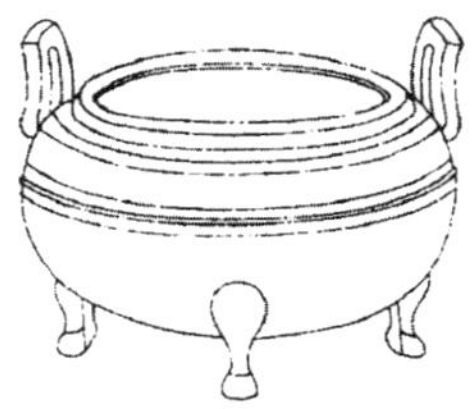

右高一寸八分深一寸五分耳高八分濶五分口徑二寸三分腹圍九寸重九兩缺盖

漢素鼎一

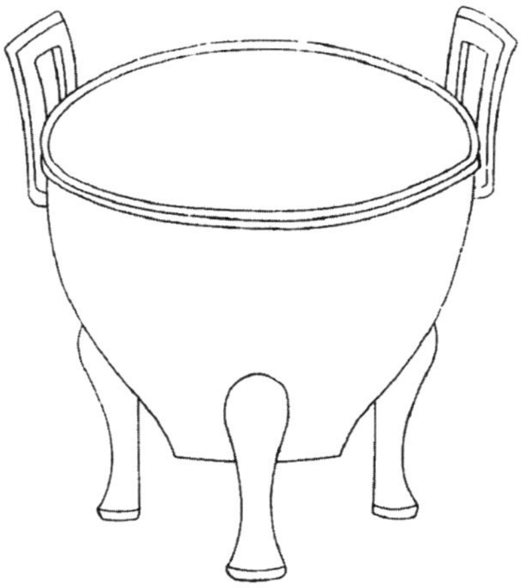

右高七寸五分深五寸六分耳高二寸五分濶一寸六分口徑九寸二分腹圍二尺八寸五分重八十九兩

漢素鼎二

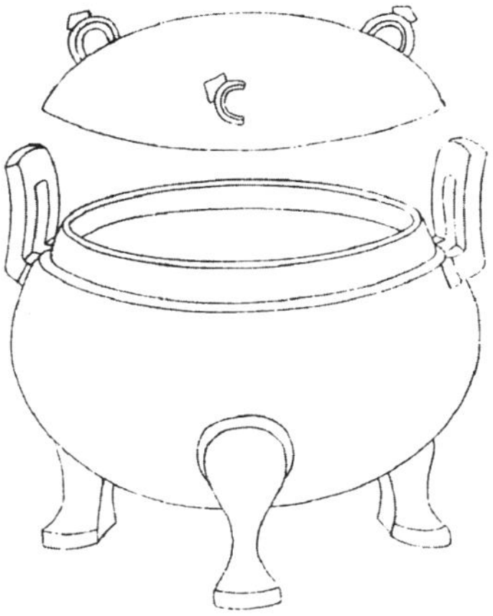

右通盖高五寸九分深三寸四分耳高二寸二分濶一寸三分口徑五寸三分腹圍二尺一寸重八十七兩

漢素鼎三

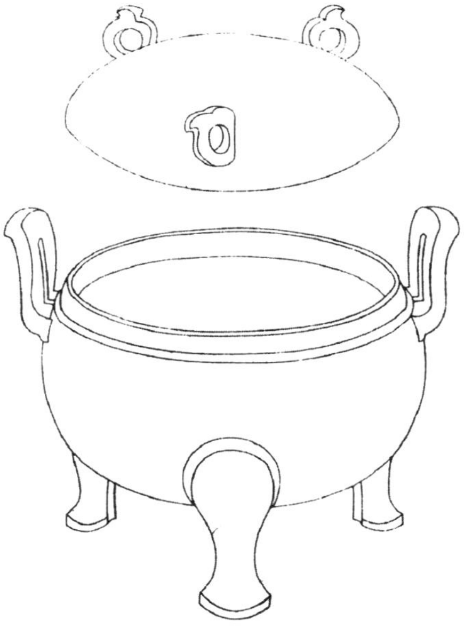

右通盖高五寸三分深三寸三分耳高二寸濶一寸三分口徑五寸五分腹圍二尺六分重八十九兩

漢素鼎四

右高三寸六分深二寸六分耳高一寸八分濶一寸一分口徑五寸腹圍一尺八寸二分重五十兩

西清古鑑卷八目録

尊一

商

周

商父乙尊一

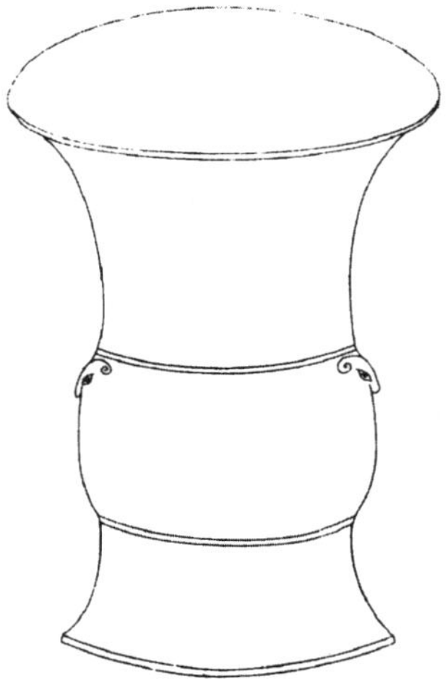

西清古鑑　卷八　尊　一

父乙

右高六寸四分深五寸二分口徑六寸腹圍一尺一寸九分重三十二兩

商父乙尊二

西清古鑑　卷八　尊　二

弓矢形　父乙

右高七寸八分深六寸三分口径六寸腹圍一尺一寸六分重五十五兩

商祖丁尊

祖丁

右高四寸四分深三寸三分口径二寸四分腹圍九寸重二十一兩博古圖有祖丁尊銘作立旗形曰孫作祖丁此僅二字亦曰祖丁腹俱作饕餮是其類也

商父丁尊一

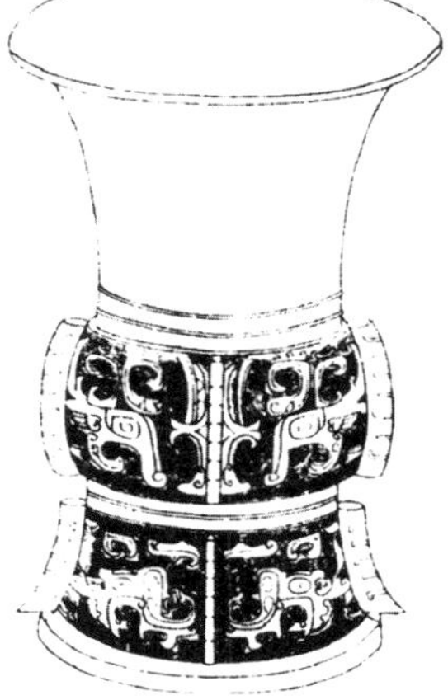

父丁

右高八寸五分深六寸五分口径六寸四分腹圍一尺二寸九分重七十九兩與博古圖所載銘製俱合

商父丁尊二

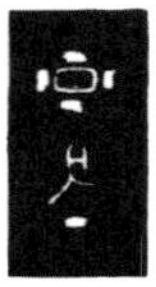

舉父丁

右高八寸八分深六寸八分口徑六寸七分腹圍一尺三分重八十七兩鐘鼎款識有舉冊父癸卣舉冊字作此銘父丁上作字形相近或即舉冊意也以手奉物故謂之舉蓋象形商人尚質與他器銘舉字者異

商父丁尊三

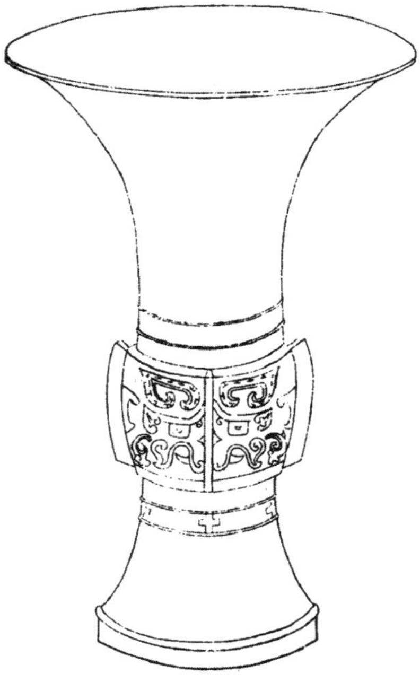

父丁子乙

右高九寸八分深七寸二分口徑六寸六分腹圍九寸六分重六十三兩

商父丁尊四

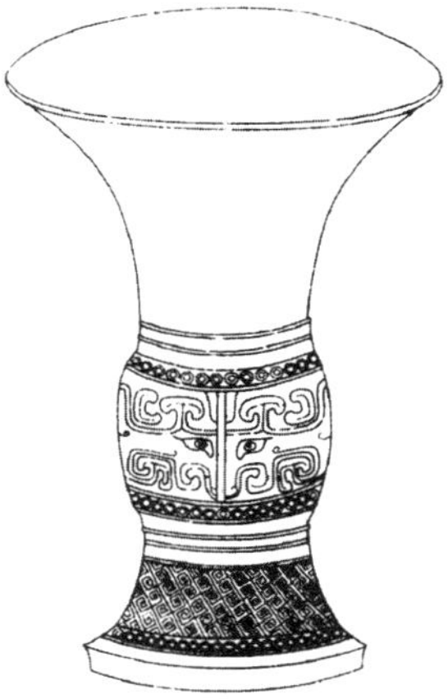

西清古鑑

卷八　尊

七

子父丁

右高五寸深三寸五分口徑三寸九分腹圍五寸七分重一十三兩

商己尊

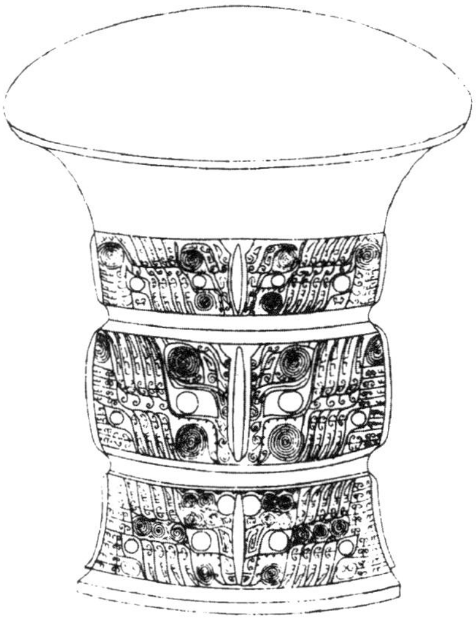

西清古鑑

卷八　尊

八

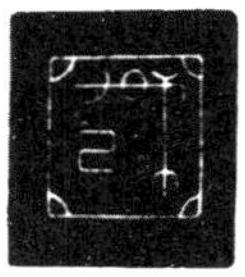

亞形中立戈穿貝形己

右高七寸四分深六寸口徑七寸三分腹圍一尺六寸七分重九十一兩博古圖載商父癸鼎作戈穿貝形與此同

商父己尊

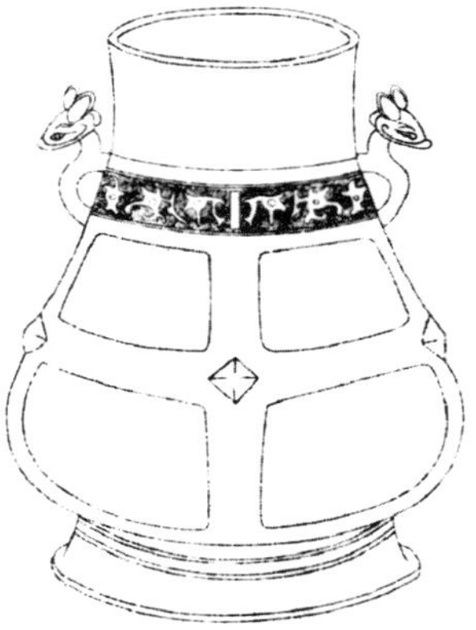

冊工冊子父己

右高八寸三分深七寸六分口縱三寸橫四寸腹圍一尺六寸四分重五十七兩銘作二冊中為工字工與功同銘功也書稱殷之先人有典有冊故冊字商器亦宜有之

商母己尊

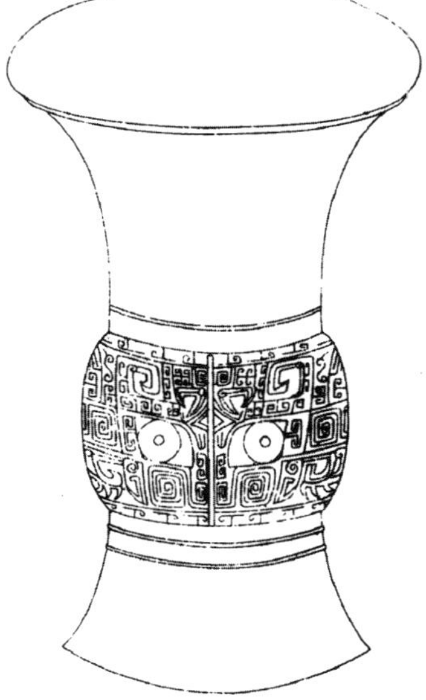

析子孫母己

右高九寸二分深七寸二分口徑七寸腹圍一尺四寸三分重八十一兩

商父辛尊

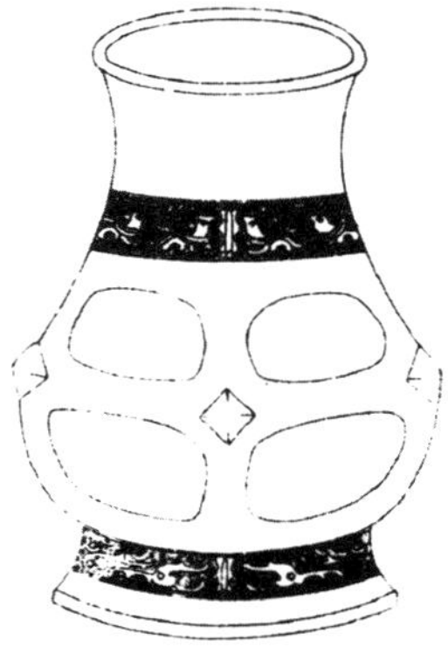

册册
父辛

右高七寸五分深六寸七分口縱三寸一分横四寸腹圍一尺五寸一分重五十九兩

商父癸尊

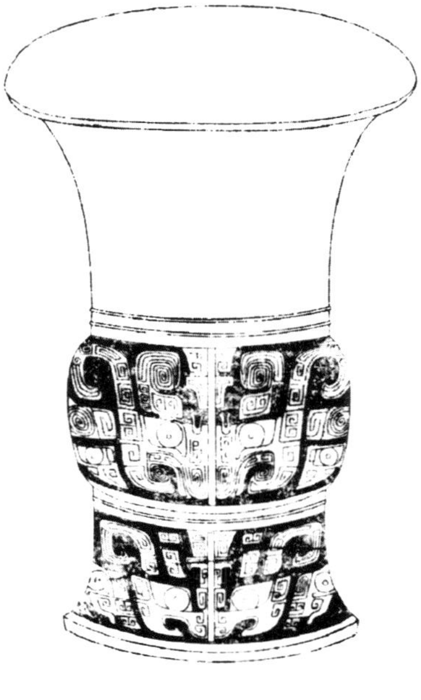

父癸

右高八寸五分深六寸九分口徑六寸五分腹圍一尺二寸五分重七十一兩

商冊尊

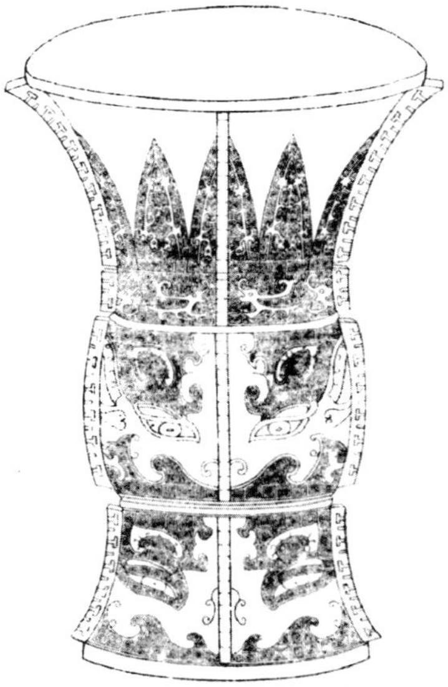

西清古鑑　卷八　尊　十三

冊

右高一尺四寸六分深一尺六分口径九寸三分腹圍二尺四分重三百六十三兩

商立戈尊

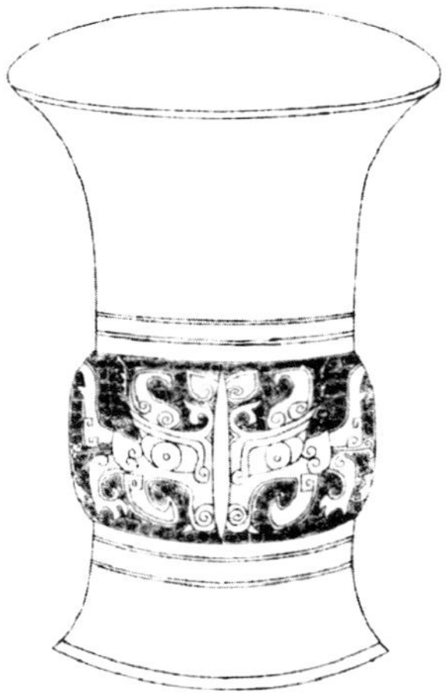

西清古鑑　卷八　尊　十四

立戈形

右高六寸一分深五寸二分口径如之腹圍一尺一寸六分重四十九兩

商饕餮尊

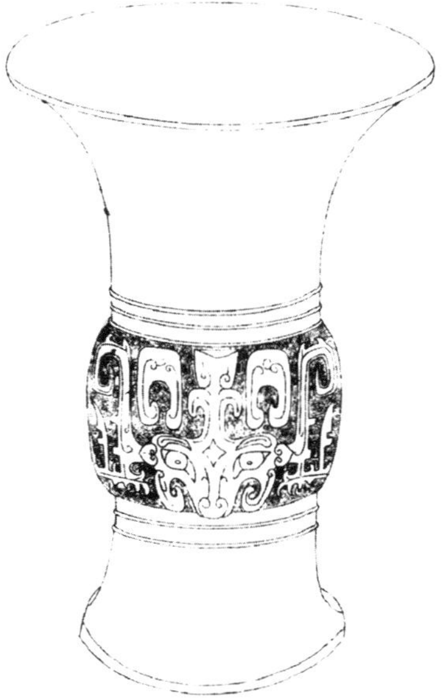

右高七寸六分深六寸三分口徑六寸二分腹圍一尺一寸九分重四十七兩

商帶耳尊

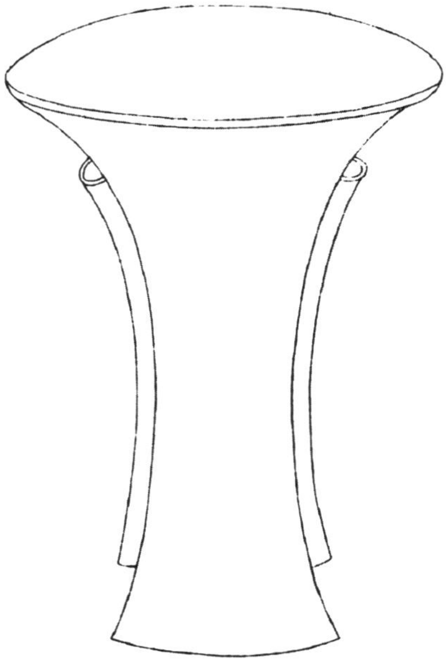

右高八寸八分深五寸八分口徑五寸八分重五十二兩

商父乙尊盖

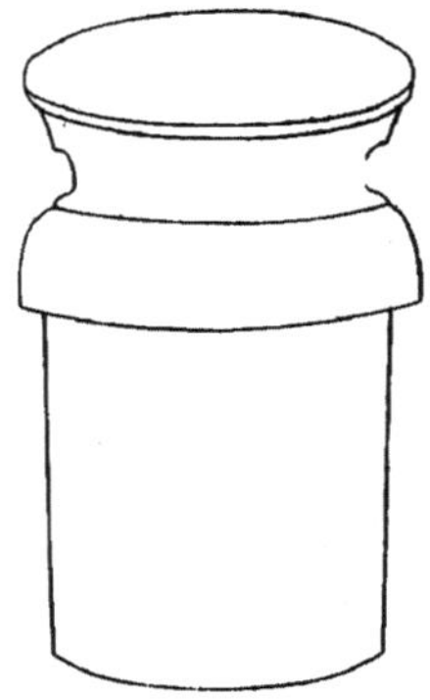

格中橫戈　父乙

右高四寸深三寸口徑二寸一分重一十二兩五銖

周乙公尊一

乙公作萬壽

右高五寸二分深四寸四分口縱三寸二分橫三寸六分腹圍一尺七分重二十九兩金銀錯

按史記齊世家丁公呂伋之子為乙公得據銘知為齊器

周乙公尊二

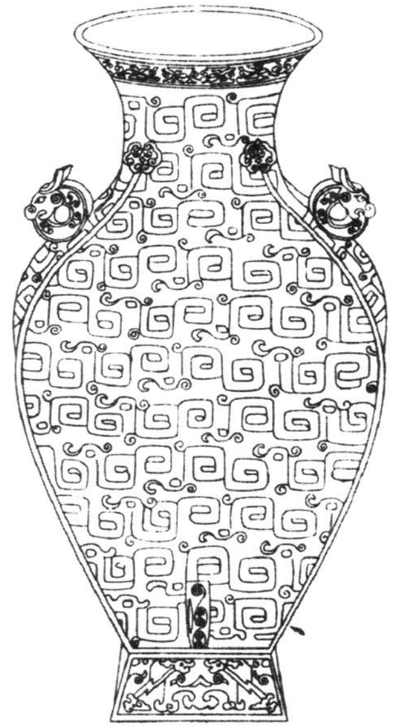

乙公作
萬壽
尊鼎子〻
孫〻永

右高一尺六寸一分深一尺四寸二分口徑六寸五分腹圍三尺三寸六分重三百九十五兩銘曰尊鼎按禮明堂位著殷尊也注著者無足而底著于地此器為尊然圈足不得為著尊又宋黃伯思云鼎之無足者曰著鼎碩此器與鼎象更弗類不得謂之著鼎又明甚且銘首五字與前乙公尊合仍命之曰乙公尊又夢溪筆談得古銅黃彝刻畫甚繁大體似繆篆又如闌楯間所畫廻波曲水之文此紋鏤近之

周萬壽尊

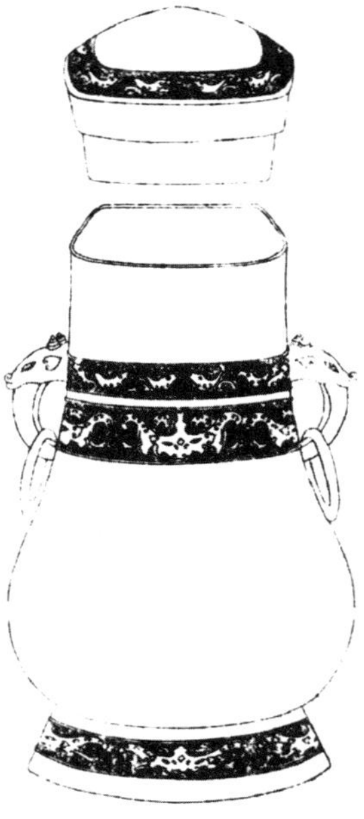

蓋

器

萬壽
尊鼎子
孫子永
寳用之

音釋同前

右通蓋高一尺五寸三分深一尺一分口縱四寸二分横五寸七分腹圍二尺五寸六分重二百一十五兩形制銘文與前器同惟無乙公字蓋一時物也昔人謂臣下為君上監制子孫為父祖專設其銘款咸祝祈壽祉期之世世此三器俱銘曰萬壽是其義矣

周父己尊

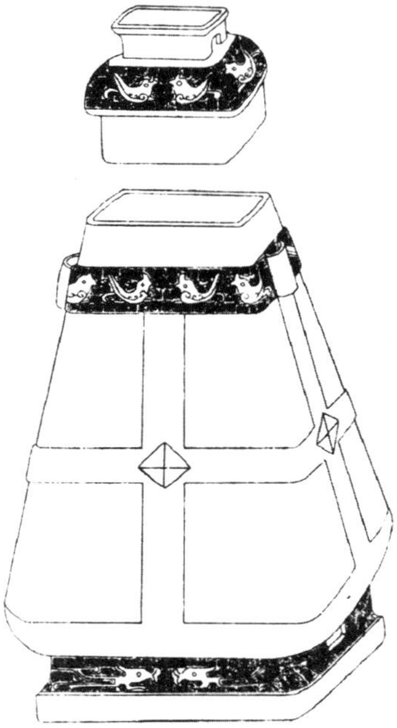

尊彝
作父己

右通蓋高七寸六分深五寸四分口縱二寸六分橫三寸一分腹圍一尺六寸重五十九兩銘五字與周父己罍同

周癸公尊

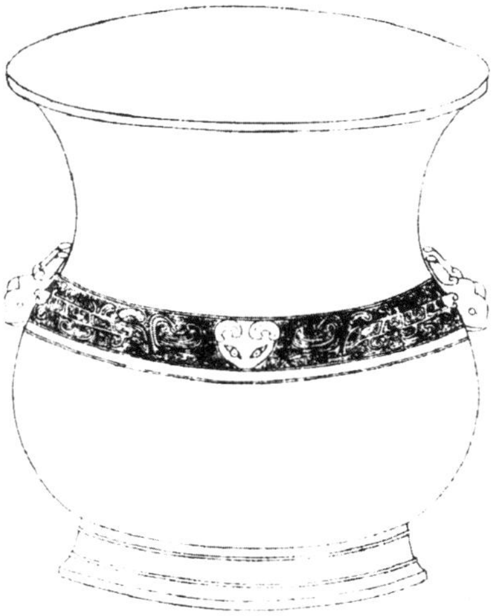

丁亥五月作回癸公
寶尊彝

右高六寸七分深六寸四分口縱五寸五分橫六寸三分腹圍一尺七寸七分重七十五兩齊癸公慈母為乙公得子銘稱丁亥則昭王始立之歲也計其世次亦脗合

周貫尊

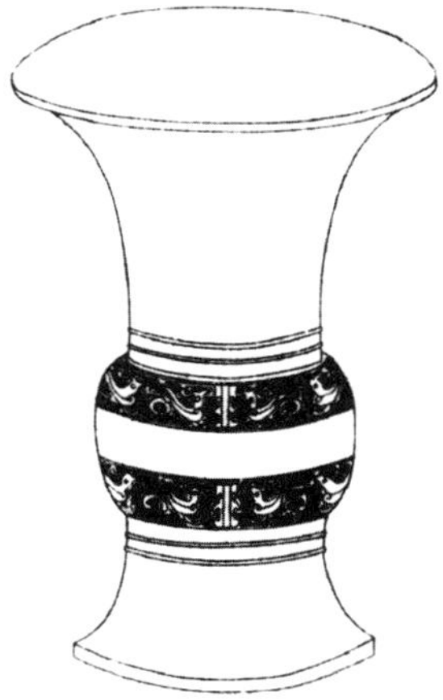

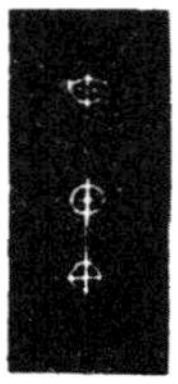

母貫

右高七寸五分深六寸口徑六寸三分腹圍一尺二寸九分重六十一兩按禮明堂位崇鼎貫鼎大璜封父龜注崇貫封父皆國名魯僖公二年四國盟于貫又周惠王後有原伯貫此器銘曰貫故知為周器也

周伯和尊一

惟王命元年
正月初吉丁亥
伯和父若曰
乃稽〻敢對
揚皇君休用作
其萬年子孫
永寶用

右高七寸五分深五寸五分口徑五寸八分腹圍一尺八分重六十兩天子稱同姓諸侯曰伯父叔父而衛武公名和博古圖毀敦考謂伯和父為衛武公良是武公以宣王十五年即位至

平王元年東遷命衛侯和為公此銘稱王命元年當是平王元年矣

周伯和尊二

盖

器

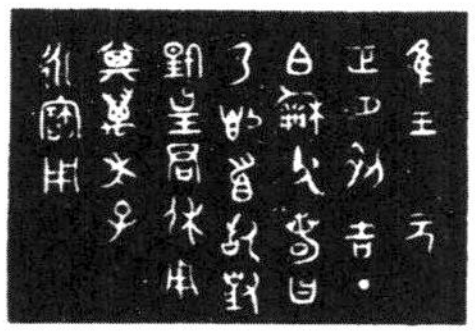

惟王〻元〻
正月初吉丁
伯和父若曰
乃稽首敢對
揚皇君休用
其萬年子〻
永寶用

音釋同前

右通蓋高一尺五寸二分深一尺四分口縱四寸四分橫六寸腹圍二尺四寸八分重二百八十三兩銘與前伯和尊同

周伯和尊三

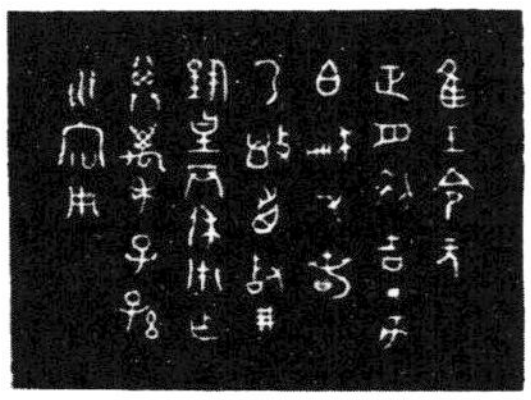

惟王命元
正月初吉丁亥
伯和父若
乃稽首敢對
揚皇君休用作
其萬年子孫
永寶用

右高一尺五寸七分深一尺三寸一分口縱五寸七分橫六寸九分腹圍二尺七寸四分重三百四十七兩金銀錯

周伯矩尊

蓋

器

伯矩作寶尊彝

音釋同前

右通蓋高七寸七分深五寸五分口縱二寸三分橫三寸三分腹圍一尺三寸重四十七兩伯矩不可考意如伯冏伯服耳

周伯尊

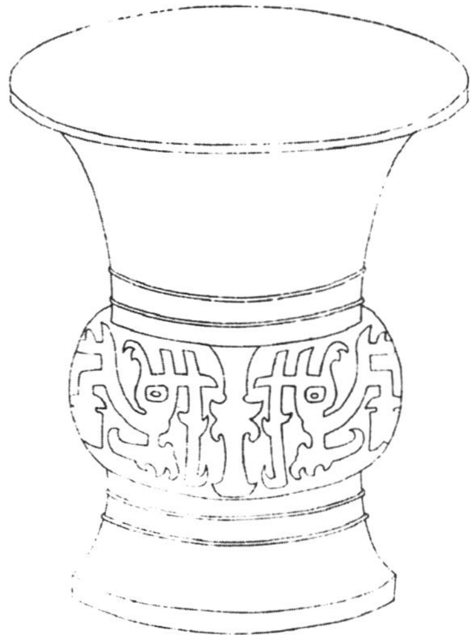

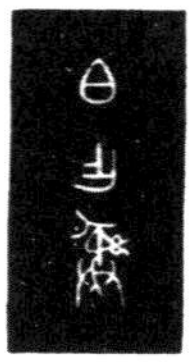

伯作彝

右高七寸二分深五寸九分口徑六寸三分腹圍一尺二寸七分重五十三兩

周邢侯尊

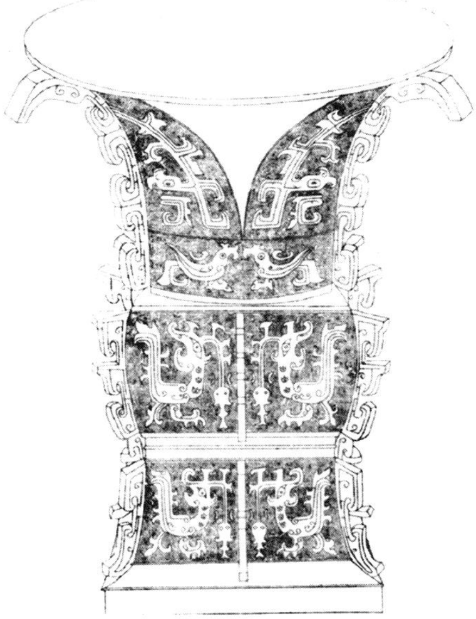

王命辟邢侯㠯○侯刋邢雨刋若○侯見刋宗周亡○造王○旁京酬祀雨刋若○辟雝王乘刋舟爲大豐王射大龔牟侯乘刋○考舟從死咸時王巳侯大刋寢侯錫珣戈雨刋王在○巳夕侯錫諸雩臣西家矢用王乘車馬金○衣黻○唯歸○天子休吿○父用龔義寧侯○考于邢侯作冊師錫金于辟侯師揚用作寶尊彝用享侯造舟○明命惟天子休于師辟侯之年○孫〻子〻其永〻終〻用寧神妥多右右享考之神之命

右高八寸四分深六寸五分口徑六寸八分腹圍一尺二寸八分重一百一十一兩史記魯世家索隱注周公元子就封于魯次子留相王室代爲周公其餘食小國者六人樊蔣邢茅胙祭也顧邢侯自靖淵後世次不可考見于經傳者狄伐邢齊人救邢齊人遷邢於夷儀此外無所著玩銘詞多不可曉首稱曰王命辟邢侯辟君也似爲始封時作蓋在成王之世矣下曰舟曰豐舟者彝之貳周禮六彝皆有舟是也豐亦尊類鄉射禮命弟子設豐燕禮君尊有豐此文総

以王射良是錫諸虎臣酉酉盖酒字古通又龔字古通恭書甘誓恭行天罰古文或作共或作龔銘龔字屢見大抵皆恭字耳

周諸姬尊

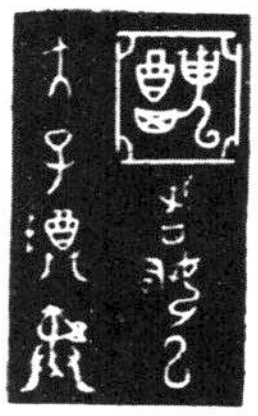

亞形（銘上三字）中尊彝諸姬已
太子尊彝

右高一尺四寸二分深一尺五分口縱橫俱如之腹圍二尺六寸重五百八十七兩按漢陽諸姬則姬姓之國皆是銘自稱諸姬蓋王族耳

周孔尊

大尊彝
孔作父乙

右高一尺二寸深一尺五分口徑四寸九分腹圍二尺四寸一分重二百一十一兩金銀錯銘左旋讀款曰孔作不可考周人最著者寗孔以家宰兼三公是也

周商尊

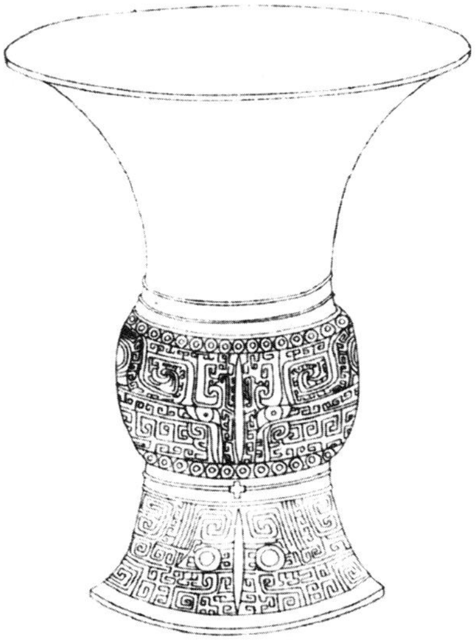

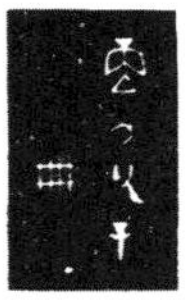

商作父辛
冊

右高八寸六分深六寸三分口徑六寸八分腹圍一尺二寸二分重七十七兩按魯有鉏商齊有子商又以商為氏銘稱商作人名也

周效尊

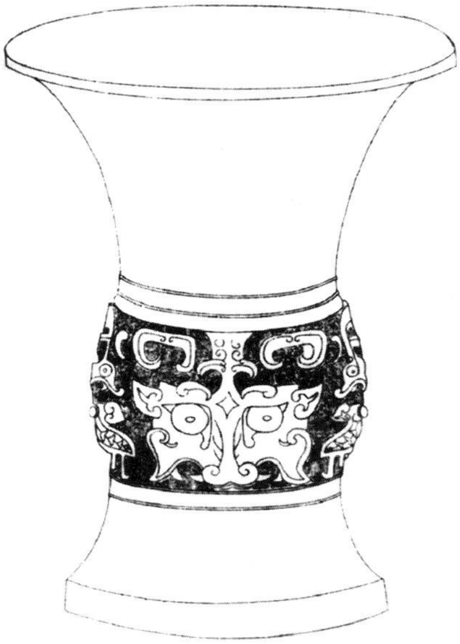

亞形中鳥效作祖辛
大寶尊彝

右高八寸九分深七寸三分口徑六寸二分腹圍一尺三寸重七十兩銘與古器評有此尊銘十一字今止存八曰效作盖其子孫所製祭器也

周季受尊

作考□父尊彝
貝朋保乃休用
休于□季受

右高六寸四分深五寸五分口徑五寸八分腹圍一尺一寸二分重五十五兩剝落不可識者三字受字亦缺銘詞蓋左旋讀

周車尊

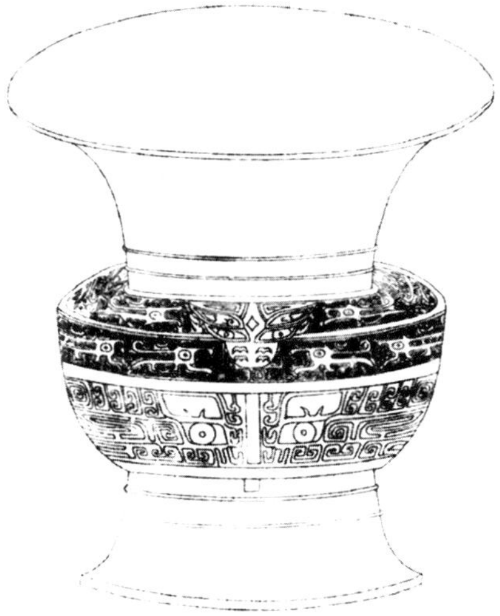

車

右高七寸三分深五寸八分口徑七寸四分腹圍一尺八寸四分重八十九兩宋紹興張掄評周車罍謂車軼則致敗而酒之流足以敗德蓋罍為酒器故云爾尊亦盛酒物也銘曰車其以此耶

周𩰫尊一

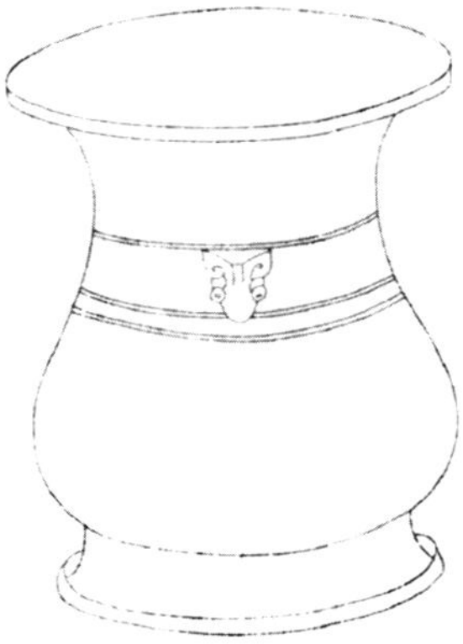

西清古鑑　卷八　尊　四十

𩰫作父乙
寶尊彝

右高五寸一分深四寸七分口徑五寸四分腹圍一尺四寸重五十三兩𩰫字當句如𩰫鼎是也

周𩰫尊二

西清古鑑　卷八　尊　四十一

萬諆作兹◌用
享○尹人配用
𩰫信多友其尊
作𩰫彝用寍室
人員人萬年寶
用作享於多友

右高四寸五分深三寸六分口徑四寸五分腹圍八寸四分重三十二兩銘云用𩰫云𩰫彝猶之歃鼎餗鼎也春秋時周有尹氏鄭亦有尹氏員通作⿰女員有⿰女員氏是也曰配曰室人蓋家廟中器多友意如周官大旅謂其衆也銘首蓋人名

周内事尊

惟王南征在□王
命生辦事□公宗
𡥈生鍚金□首用
作敦寶尊彝用對
揚王休其萬年永
寶用饗ミ内事人

右高一尺二寸深八寸九分口徑九寸四分腹圍一尺八寸八分重五百七兩兩耳有帶按曲禮外事以剛日内事以柔日漢儒以外事為治兵此銘首稱惟王南征疑為外事而末云内事蓋追敘所饗者之功伐而此器則是其宗廟所用陳氏謂内事如宗廟之祭冠昏之禮皆是故銘詞仍云内事也

西清古鑑卷九目録

尊二

周

周舉尊一

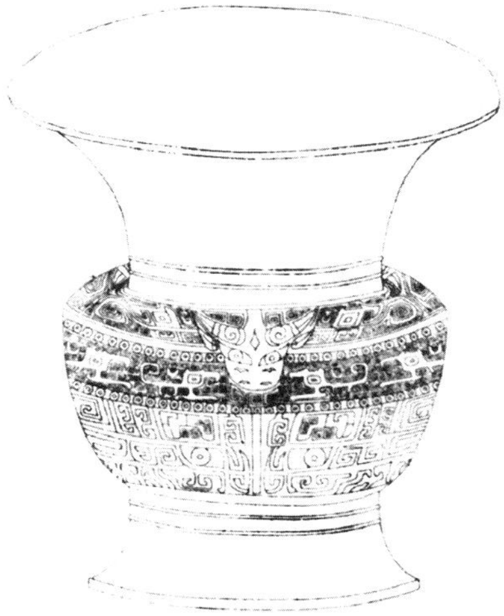

舉

右高七寸一分深五寸七分口徑七寸三分腹圍一尺八寸三分重七十五兩舊說鼎之小者皆可舉故謂之舉鼎左氏傳謂之杜舉者蓋指觶而言然古人祭器多銘曰舉曰拱皆致敬之意

周舉尊二

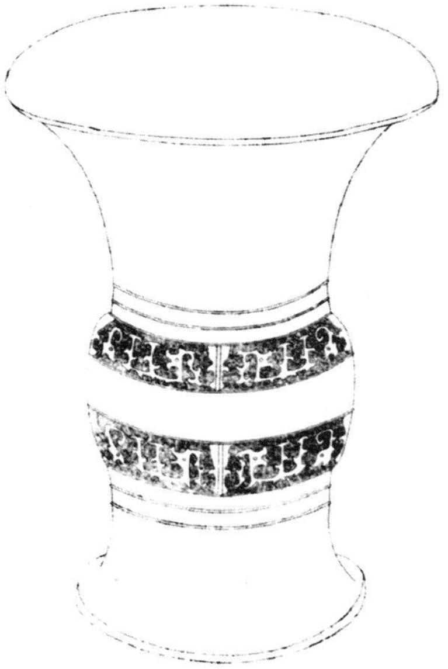

父乙舉

右高七寸五分深五寸九分口徑六寸二分腹圍一尺三寸重六十一兩

周舉尊三

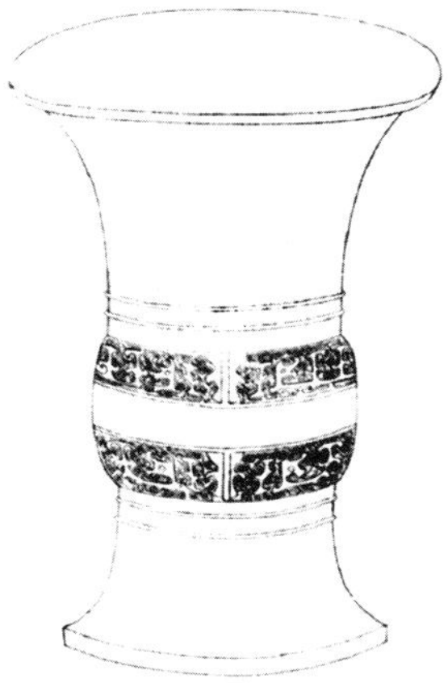

舉祖辛

右高七寸七分深六寸三分口徑六寸四分腹圍一尺二寸九分重六十一兩銘舉與前器同舉之名至周世始見博古圖所載諸銘舉者雜出於商周蓋失考頗或以祖辛為疑然周人名辛者甚多如尹辛瑕辛皆是祖則其子姓稱之耳又況凡以十干為銘者不必定是其人之名似不得指為商器也

周舉尊四

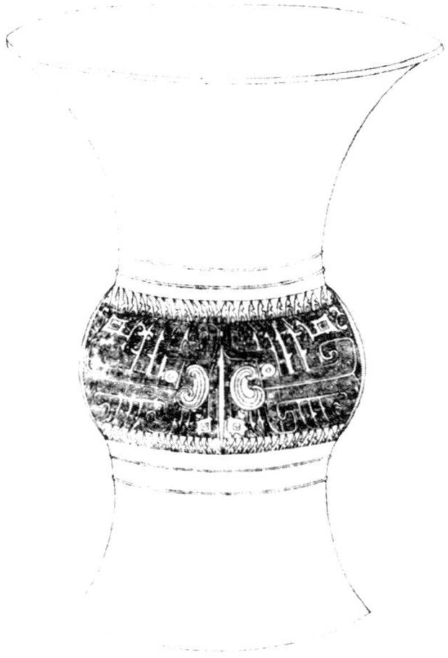

舉祖己
舉

右高八寸一分深六寸五分口徑六寸二分腹圍一尺三寸三分重七十一兩

周舉尊五

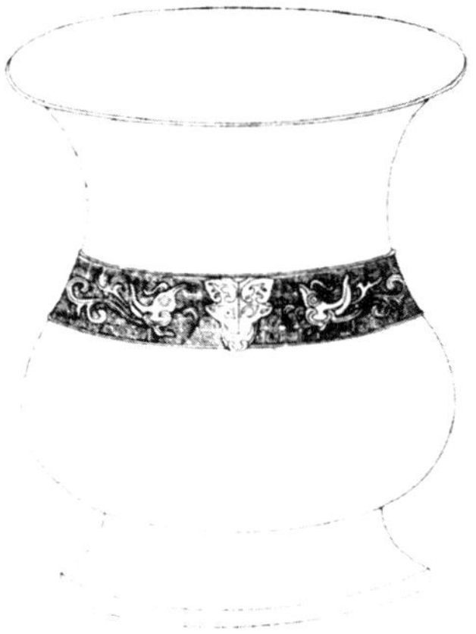

舉父丁

右高五寸四分深四寸七分口徑五寸腹圍一尺二寸七分重三十一兩

周史尊

史

右高六寸一分深五寸三分口縱三寸九分橫五寸一分腹圍一尺三寸六分重五十六兩銘一字曰史與史鼎同

周芈尊

蓋

芈作寶尊彝其萬年孫子永寶

器

音釋同前

右通蓋高五寸深三寸口縱二寸九分橫三寸六分腹圍一尺八分重三十七兩銘曰芈作在周則邾桓公名芈又里芈又鄭子芈楚右尹子芈然不可考矣

周事尊

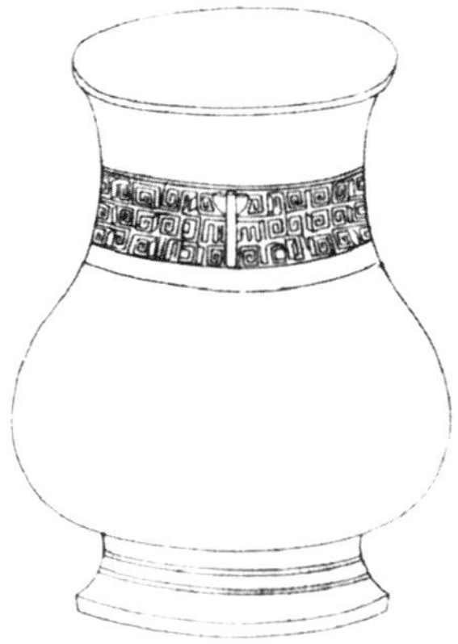

西清古鑑　卷九　尊　八

事作小
旅車彜

右高六寸深五寸一分口縱四寸二分橫四寸九分腹圍一尺五寸八分重四十一兩事蓋作者之名八字三點爲伊出於梵書三代彜器不應有此鐘鼎字源援父乙甗讀作小頎今博古圖刻本無此字姑從之以俟考

周古仲尊

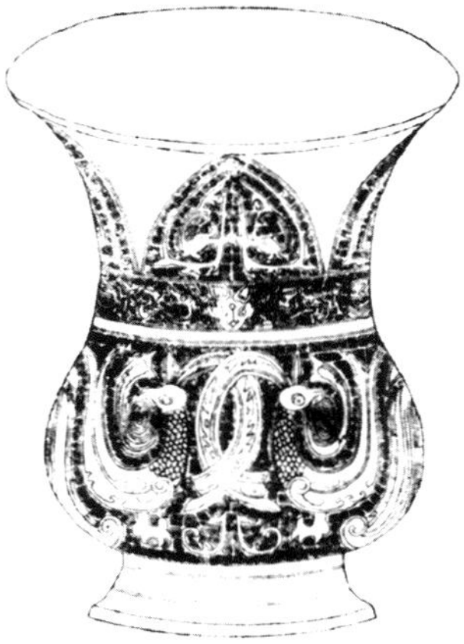

西清古鑑　卷九　尊　九

古仲作父丁
寶尊彜

右高六寸三分深五寸六分口徑五寸四分腹圍一尺四寸重五十三兩博古圖有商父丁尊銘僅二字按太公封于齊其子丁公則父者尊稱丁不必定屬殷號也某仲作他周器款同在昔以官爲氏或又以字以名後世有古姓如古弼豈其苗裔耶

周仲尊

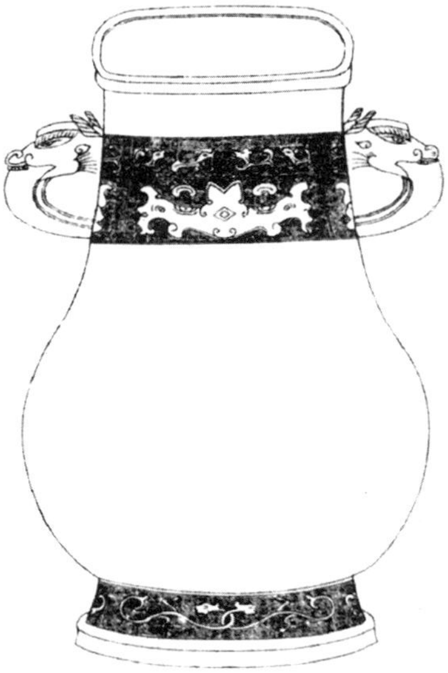

惟十有六年
天右王伯友命
作朕後仲尊
丂眉壽無疆其
子子孫孫永寶用

右高一尺三寸七分深一尺二寸口縱三寸九分横四寸七分腹圍二尺四寸九分重一百八十一兩銘曰天右王伯友命作朕後詩保右命之維天其右之俱作右故知右與佑同焦氏易林王伯遠宿長婦在房則王伯不必其官也三代前多稱朕者仲尊則主器者自識銘詞稱天稱命蓋侈其事下文丂眉壽無疆則祝詞也春秋多名友者宷著則生而有文在手曰友是已

周仲駒尊

彔旁仲駒父作仲姜敦子子孫孫永寶用享孝

右通蓋高一尺九寸六分深一尺四寸三分口縱五寸二分橫六寸五分腹圍三尺五分重四百三兩金銀錯此當為尊而銘曰敦昔歐陽修跋終南古敦銘言大理評事蘇軾為鳳翔府判官得古敦於終南山下初莫知為敦也其銘有寶尊敦之文遂以為敦豈亦此類耶內府所收仲駒敦銘與此合特左旋讀博古圖仲駒父敦銘並同然圖象俱絕無髣髴博古圖敦之屬凡二十餘即今所錄勒為敦字者皆無此形制此器固當仍命之為尊至仲駒仲姜則博古圖錄詳之

周叔畎尊

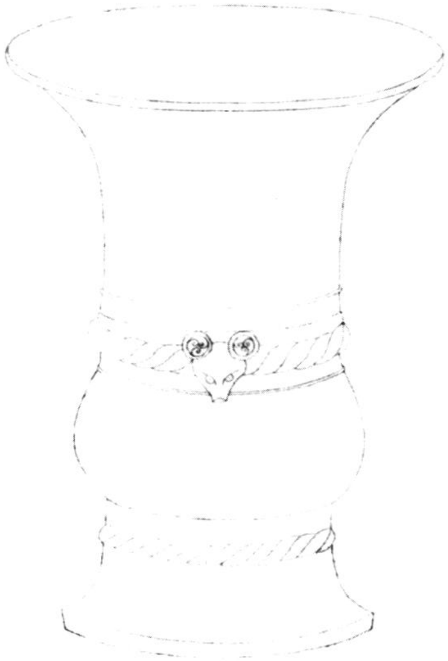

叔畎作
寶尊彝

右高七寸五分深六寸一分口徑六寸腹圍一尺三寸四分重五十九兩銘曰叔畎作田旁犬字象形古文多如此

周北子尊

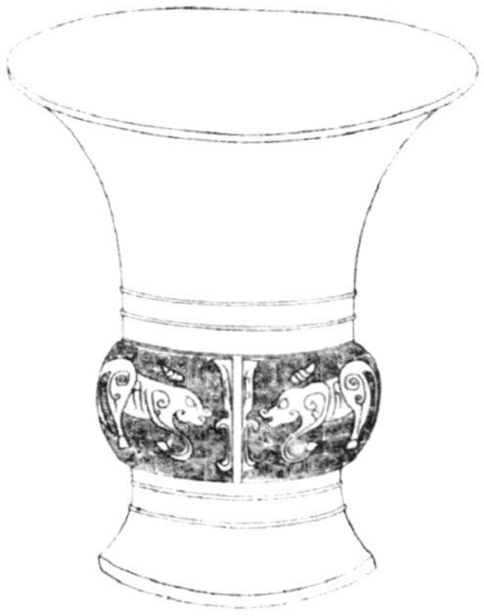

北子作彝

右高六寸一分深五寸二分口徑五寸四分腹圍一尺二寸三分重三十四兩左氏傳齊氏之宰渠子名北宮子又衛侯賜北宮喜謚曰貞子又北門子見列子力命篇此云北子其即北門北宮類耶

周即月尊

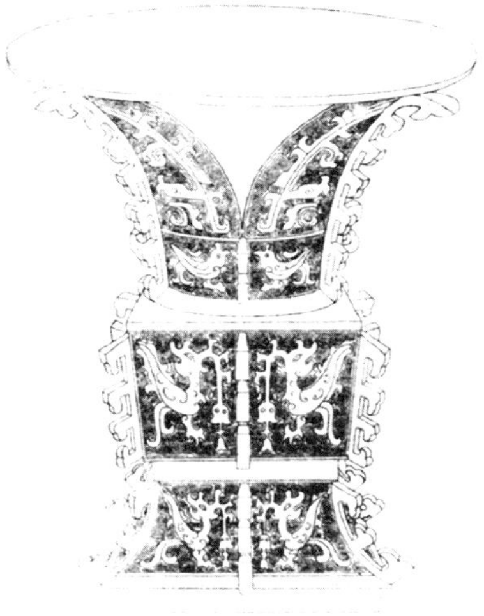

惟王命元
年正初吉
卯月作用
子孫永

右高七寸六分深五寸八分口径六寸六分腹圍一尺一寸六分重九十九兩銘曰元年上稱惟王命蓋古者侯國各稱元年此尊蓋始封之君承王命而作也即月猶言是月耳

周乙卯尊

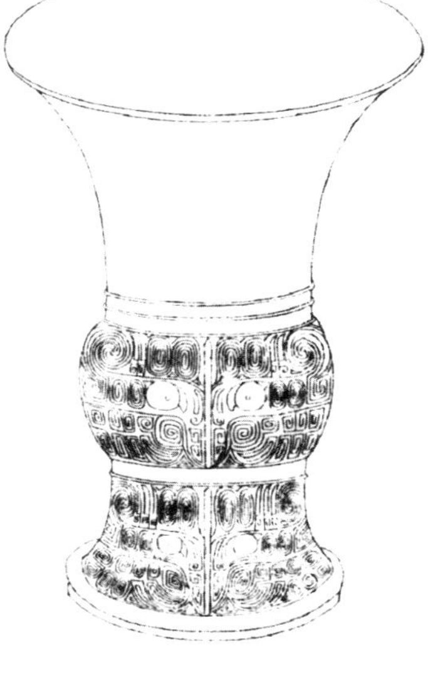

乙卯伯○父
錫○金用作
父乙尊彝子孫

右高八寸六分深六寸九分口径六寸五分腹圍一尺二寸六分重九十一兩

周戊尊

西清古鑑　卷九　尊　十六

作祖戊尊彝

右高五寸五分深四寸九分口径五寸一分腹圍一尺四寸一分重三十七兩與博古圖所載形製不類此盖周器也

周辛尊一

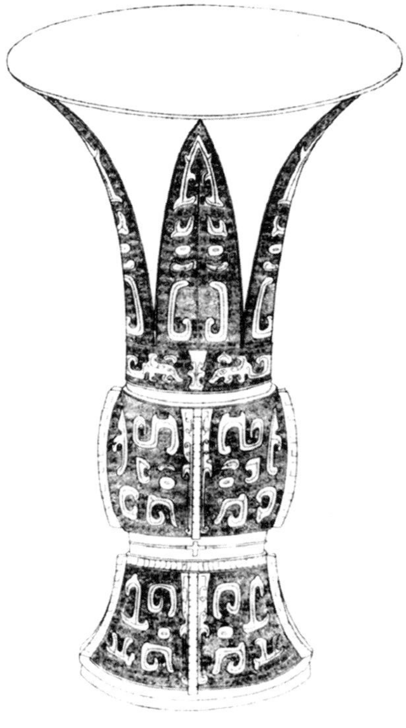

西清古鑑　卷九　尊　十九

辛　手執木形

右高一尺四分深七寸七分口径六寸七分腹圍九寸七分重八十七兩

周辛尊二

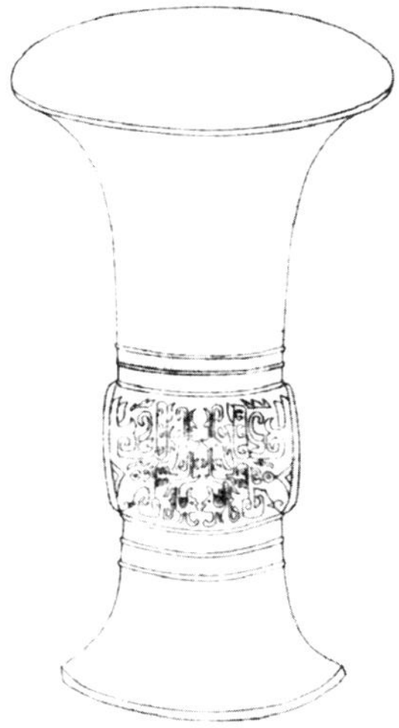

作父辛

右高七寸八分深六寸三分口徑六寸腹圍一尺一寸四分重五十四兩銘首一字漫漶不可識

周子尊一

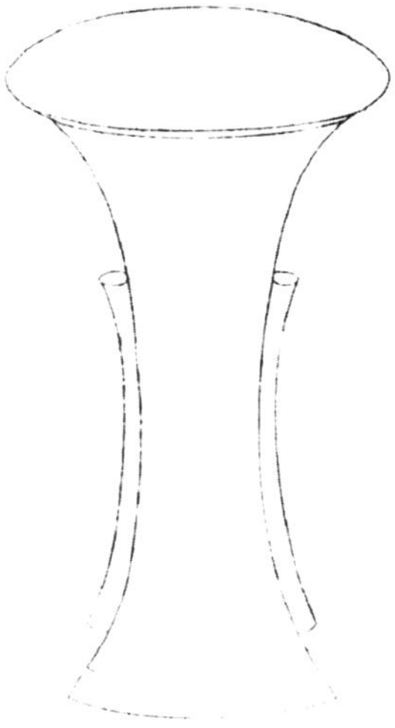

子

右高八寸四分深五寸五分口徑五寸八分腹圍五寸重四十兩

周子尊二

西清古鑑　卷九　尊　二十二

子

右高六寸五分深四寸七分口徑四寸二分腹圍六寸一分重二十三兩

周子尊三

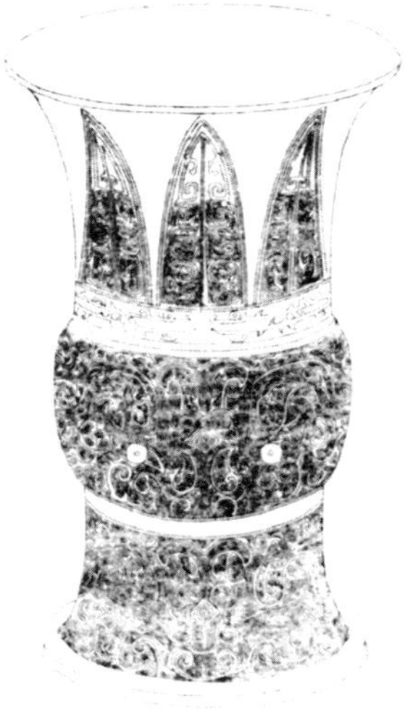

西清古鑑　卷九　尊　二十三

子
旅車

右高七寸八分深五寸三分口徑五寸九分腹圍一尺一寸八分重六十七兩

周兄尊

作兄
寶尊彝

右高六寸五分深五寸六分口徑六寸二分腹圍一尺三寸三分重五十兩

周象尊一

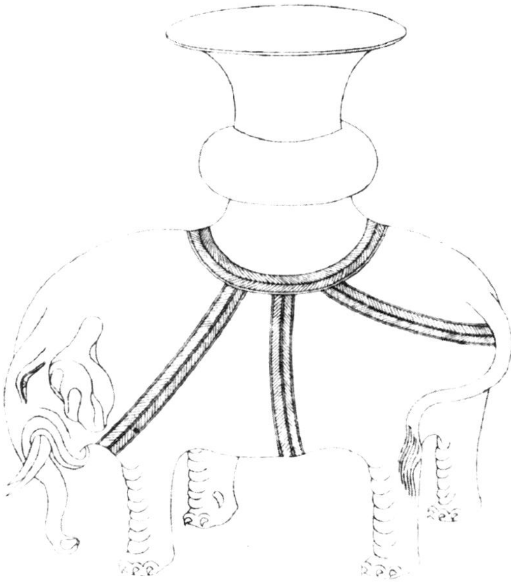

右高一尺三分深八寸口徑三寸六分通長一尺五分闊四寸八分重一百四十七兩周禮司尊彝注謂象尊者飾以象骨據此器始知其謬

周象尊二

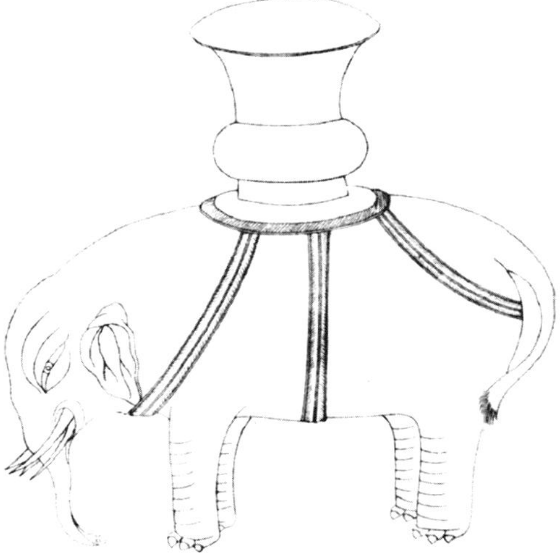

右高九寸八分深七寸九分口徑三寸九分通長一尺五分闊四寸七分重一百七十三兩

周犧尊一

帝肇爯嘉禮作犧尊用薦神保是享惟休于永世

右通蓋高五寸四分耳高一寸九分闊八分深三寸四分口徑二寸通長一尺一寸闊四寸五分重一百四十五兩魯頌閟宮之詩曰犧尊將將傳云犧尊有莎飾也疏謂作獻尊即周禮其朝踐用兩獻尊也而鄭說謂飾以翡翠禮圖謂犧尊飾以牛王肅謂形如牛象而背上負尊朱

子謂畫牛於尊之腹也或曰尊作牛形鑿其背以受酒按飾以翡翠之説緣莎飾之誤至諸家所稱不一今内府所藏器多有或銘字象形或飾於足此器則朱子所謂或曰鑿其背以受酒者與梁劉杳之説合銘詞曰帝肇稱嘉禮春官大宗伯之職以嘉禮親萬民是也

周犧尊二

右高八寸五分耳高一寸五分闊七分深七寸四分口徑三寸六分通長九寸六分闊三寸八分重九十一兩金錯

周犧尊三

右通蓋高六寸六分耳高二寸六分闊一寸九分深三寸六分口徑二寸一分通長一尺三寸七分闊五寸七分重二百三十五兩

周犧尊四

右通蓋高六寸三分耳高一寸六分闊八分深三寸八分口徑一寸九分通長一尺二寸九分闊四寸六分重一百六十三兩金銀錯

周犧尊五

右高八寸三分耳高九分闊六分深七寸一分口徑四寸二分通長八寸七分闊三寸八分重八十三兩金銀錯

周犧尊六

右通蓋高五寸九分耳高一寸七分闊八分深三寸三分口徑二寸四分通長一尺一寸三分闊四寸二分重一百二十五兩金銀錯

周犧尊七

右通蓋高六寸二分耳高一寸七分闊八分深三寸一分口徑二寸二分通長一尺一寸三分闊三寸九分重一百四十三兩銀錯

周犧尊八

右通蓋高六寸一分耳高一寸五分闊七分深三寸二分口徑二寸三分通長一尺八分闊三寸九分重一百五十七兩金銀錯

周犧尊九

右通蓋高四寸四分耳高一寸五分闊九分深二寸四分口徑一寸七分通長七寸二分闊二寸九分重五十兩銀錯

周犧尊十

右通蓋高六寸五分耳高二寸四分闊一寸三分深三寸九分口徑二寸通長一尺一寸六分闊四寸七分重一百七十三兩金銀錯

周犧尊十一

右通蓋高六寸四分耳高一寸六分闊八分深三寸二分口徑二寸二分通長一尺八分闊三寸七分重一百三十九兩金銀錯

周犧尊十二

右通蓋高三寸耳高五分闊四分深一寸七分口徑一寸三分通長四寸四分闊二寸一分重三十一兩

周犧尊十三

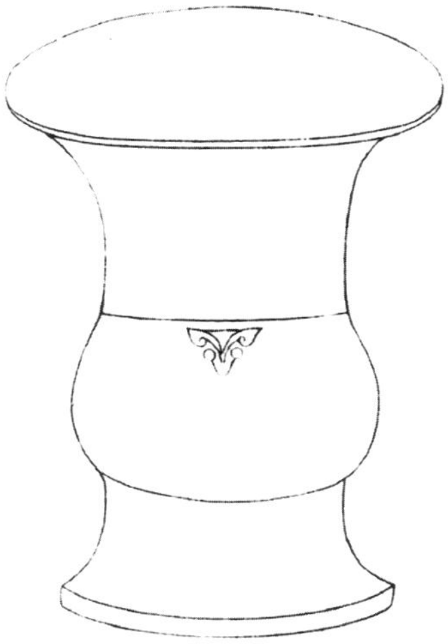

子　兩手牽犧形　犧形　作父辛

右高六寸六分深五寸四分口徑五寸八分腹圍一尺二寸六分重四十五兩銘象牽犧明子職也與前犧尊自别

周犧尊十四

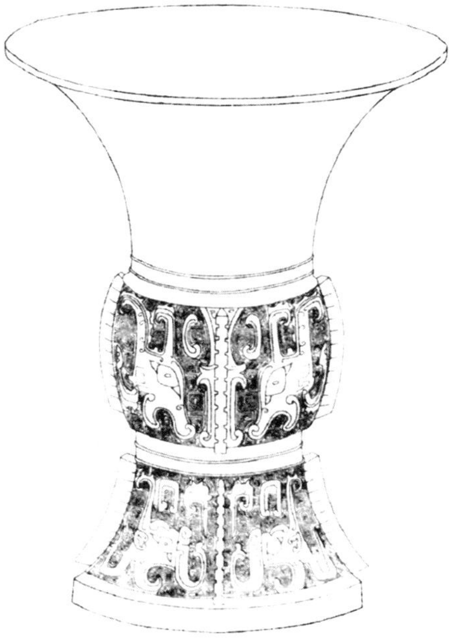

己父　犧形

右高八寸五分深六寸三分口徑六寸六分腹圍一尺二寸五分重七十三兩銘字亦象形

周犧尊十五

右高六寸三分耳高一寸八分闊七分深四寸二分口徑二寸六分通長一尺三寸闊四寸一分重一百一十二兩金銀錯

周雞尊一

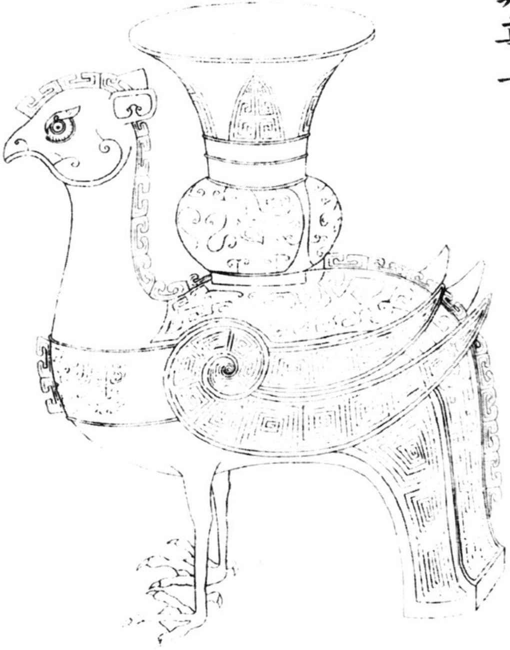

右高一尺五寸深一尺八分口徑六寸通長一尺一寸五分闊六寸二分重一百九十一兩按祼用雞彝漢賈公彥謂上尊曰彝此雞尊是已

周雞尊二

西清古鑑　卷九　尊　四十四

右高六寸八分深五寸八分口徑三寸一分通長四寸九分闊三寸五分重四十二兩

周鳧尊一

西清古鑑　卷九　尊　四十五

亞形中孫

右高四寸二分深三寸口徑一寸二分通長三寸五分闊二寸二分以口為流有提梁重一十五兩鳧形詩鳧鷖五章皆稱公尸朱子謂祭之明日繹而賓尸之樂銘亞中孫蓋孫為尸也

周鳧尊二

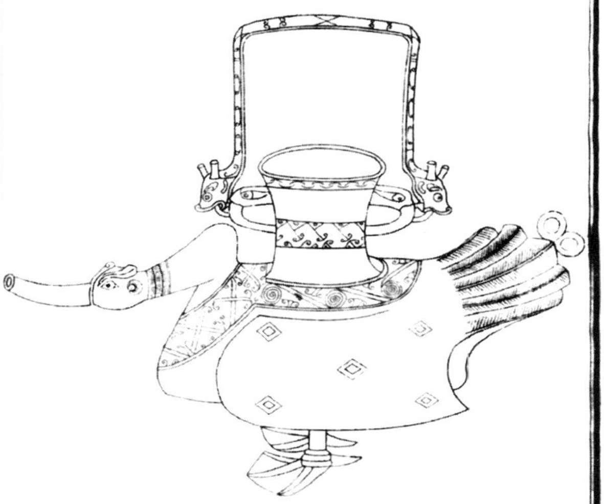

右高七寸三分深四寸九分口徑二寸一分通長一尺一寸九分闊四寸六分以口為流有提梁重九十八兩銀錯

西清古鑑卷十目録

尊三

周

周從尊

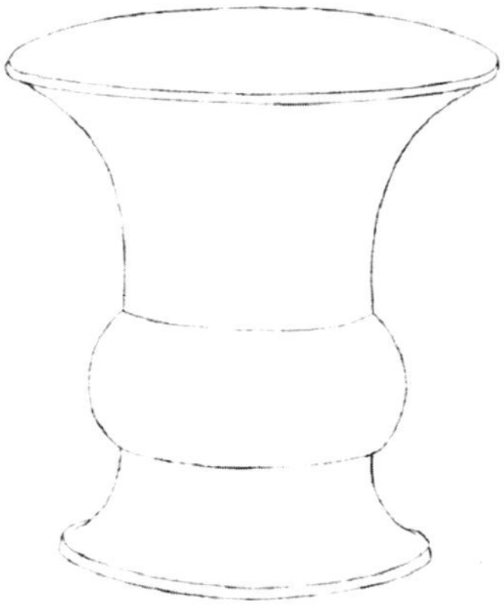

西清古鑑 卷十 尊 一

○○作從宗○

右高五寸七分深四寸七分口徑四寸九分腹圍一尺一寸五分重三十二兩銘首二字末一字俱不可識祭器皆有從即周禮所謂貳也

周旅尊一

西清古鑑 卷十 尊 二

作旅彝

右高五寸六分深四寸九分口徑五寸三分腹圍一尺四寸二分重五十一兩

周旅尊二

作旅彝

右高五寸三分深四寸六分口徑五寸一分腹圍一尺三寸二分重三十九兩

周旅尊三

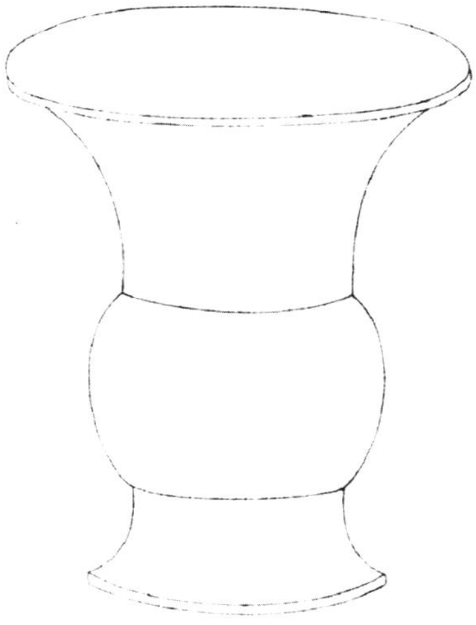

作旅彝

右高五寸九分深五寸口徑五寸五分腹圍一尺一寸七分重四十三兩

周亞尊一

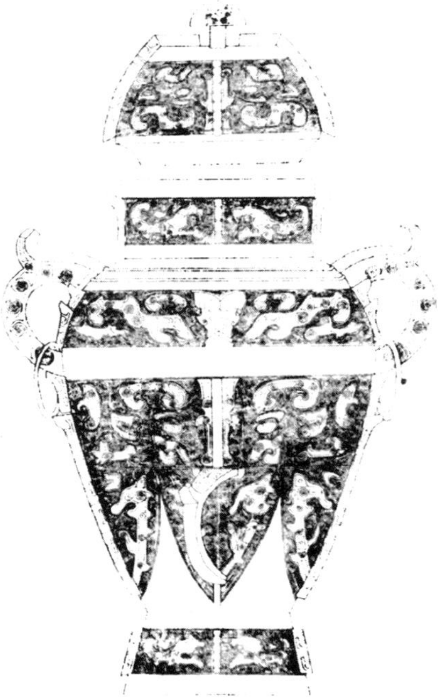

蓋

器

亞形尊彝
中（格上三字）

音釋同前

右通蓋高二尺二分深一尺三寸五分口縱四寸三分横五寸五分腹圍三尺八分重四百一十一兩金銀錯

周亞尊二

蓋

器

亞形（格上三字）父
中尊彝

音釋同前

右通蓋高八寸七分深五寸二分口縱三寸四分横四寸腹圍一尺八寸三分重一百一十三兩

周亞尊三

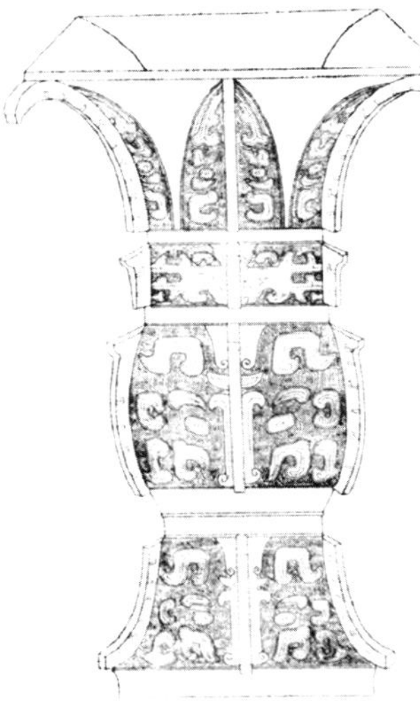

亞形　尊彝
中　父

右高一尺三分深七寸四分口徑六寸八分腹圍一尺四寸重五十九兩

周亞尊四

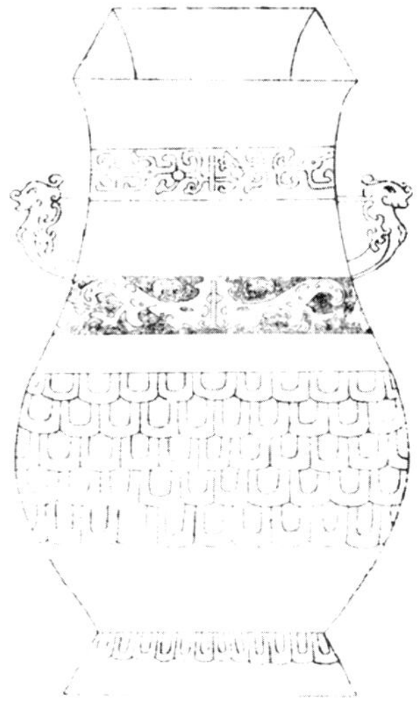

亞形　父己尊
中　亞　祖

右高一尺二寸七分深一尺一寸三分口縱三寸四分横四寸四分腹圍二尺二寸二分重二百七十九兩

周亞尊五

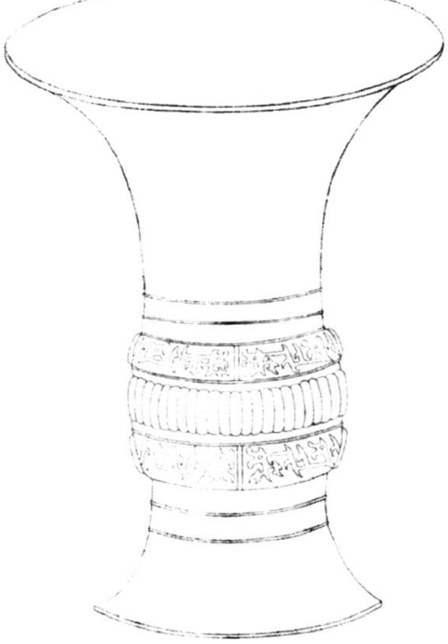

亞形中格矢形

右高七寸四分深六寸一分口徑五寸八分腹圍一尺一寸二分重五十一兩

周亞尊六

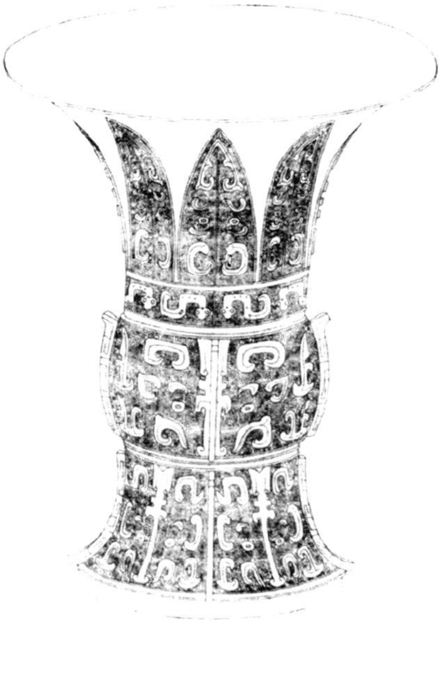

亞形中尊彝○父

右高八寸九分深六寸四分口徑七寸一分腹圍一尺三寸九分重九十五兩

周亞尊七

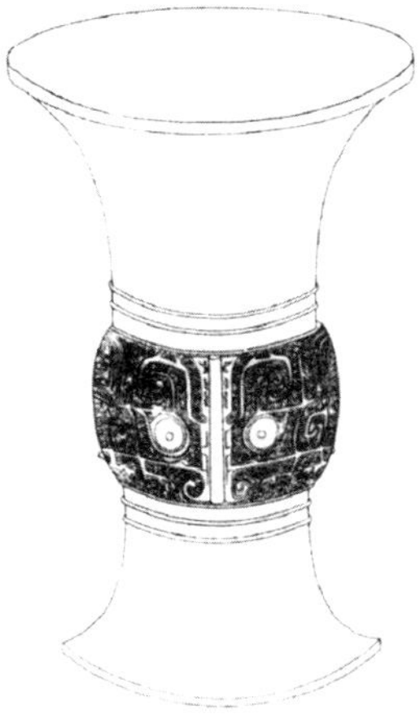

亞形中析子孫父辛

右高八寸一分深六寸六分口径六寸二分腹圍一尺二寸五分重六十三兩

周亞尊八

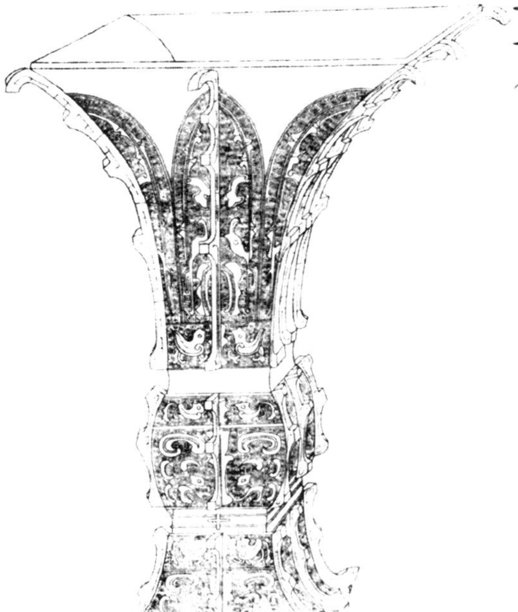

亞形中父庚

右高二尺二寸七分深一尺七寸三分口径一尺一寸二分腹圍一尺四寸重八百四十三兩

周寶尊一

作寶彝

右高七寸四分深五寸八分口縱五寸五分橫六寸七分腹圍一尺四寸重六十三兩

周寶尊二

作寶尊彝

右高五寸五分深四寸九分口徑五寸五分腹圍一尺三寸八分重四十五兩

周格刀尊

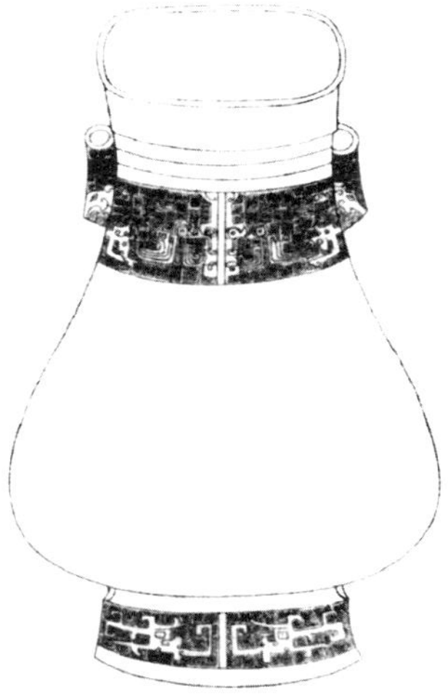

格中刀

右高一尺深八寸七分口縱四寸二分横四寸九分腹圍二尺重一百五十五兩凡作戈刀形者皆以銘武功此楊氏說也或謂即詩稱執其鸞刀之意於祭義亦得

周執木尊

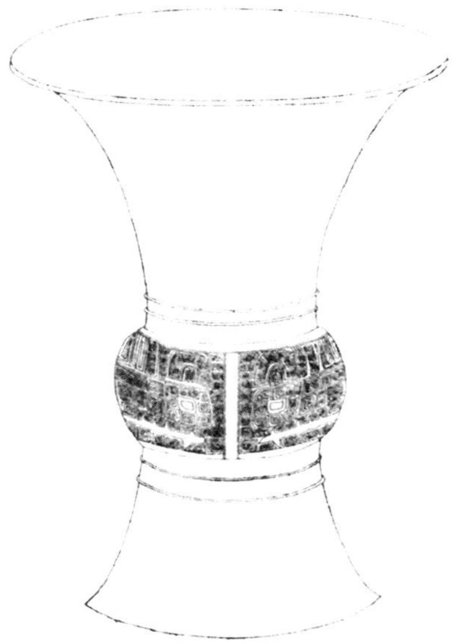

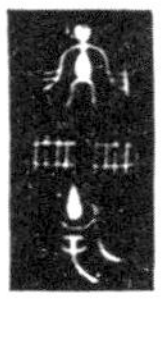

子
執木冊
形冊
父辛

右高八寸一分深六寸口徑六寸三分腹圍一尺六分重五十三兩

周夔龍尊

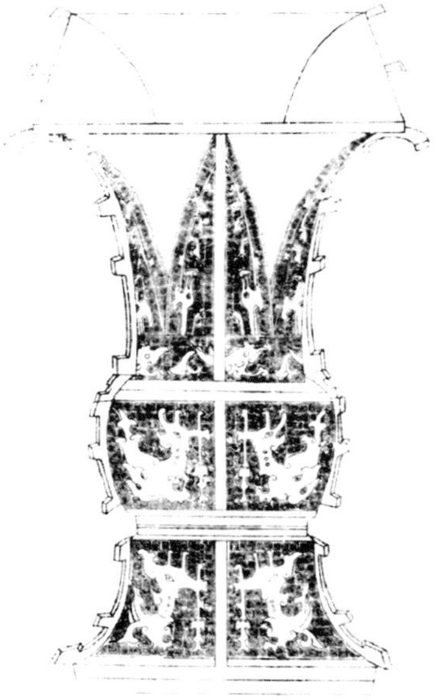

子〻孫〻作寶用

右高一尺五寸一分深一尺一寸三分口径九寸二分腹圍一尺六寸四分重三百七十一兩

周雲龍尊

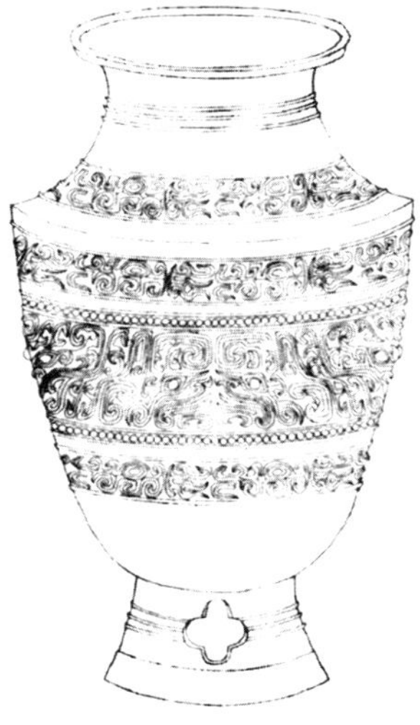

右高一尺一寸深九寸五分口径六寸一分腹圍二尺六寸五分重一百九十九兩

周鳳文尊

蓋

器

□作旅彝

音釋同前

右通蓋高六寸二分深三寸八分口縱三寸一分橫四寸二分腹圍一尺五寸七分重六十七兩銘作旅彝三字他器所同首一字後人刻畫為之膚理淺陋非原鑄也

周虬紋尊

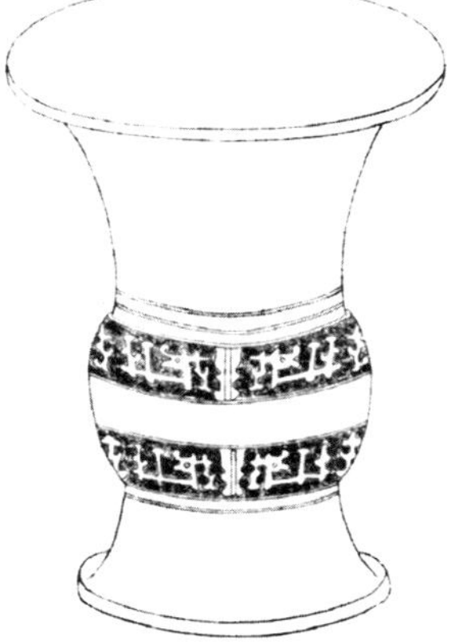

作彝

右高七寸深五寸七分口徑六寸三分腹圍一尺二寸九分重四十七兩

周鱗紋尊

子子孫

右通蓋高七寸五分深五寸六分口縱二寸三分橫二寸九分腹圍一尺三寸七分重四十九兩

周獸鼻尊一

右高七寸一分深五寸七分口徑七寸三分腹圍一尺七寸七分重八十七兩銘疑象形不可識

周獸鼻尊二

右高四寸六分深三寸一分口径五寸五分腹圍一尺三寸一分重三十六兩

周饕餮尊一

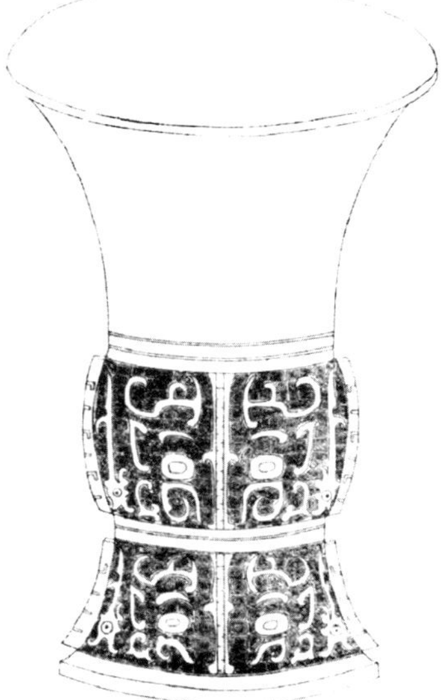

右高八寸五分深六寸四分口径六寸五分腹圍一尺二寸七分重七十九兩銘字不可識

周饕餮尊二

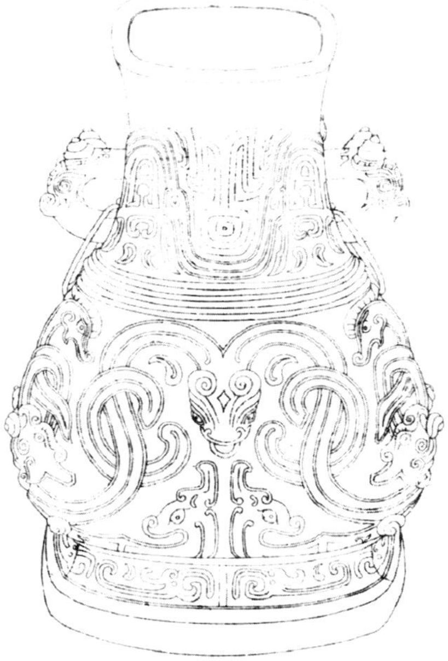

右高一尺五寸六分深一尺三寸九分口縱五寸橫六寸三分腹圍三尺一寸一分重四百二十七兩

周饕餮尊三

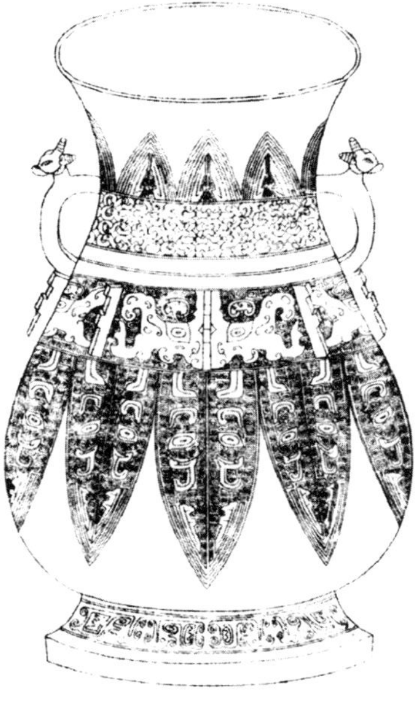

右高一尺二寸八分深一尺一寸二分口縱四寸五分橫五寸六分腹圍二尺二寸七分重一百七十一兩

周饕餮尊四

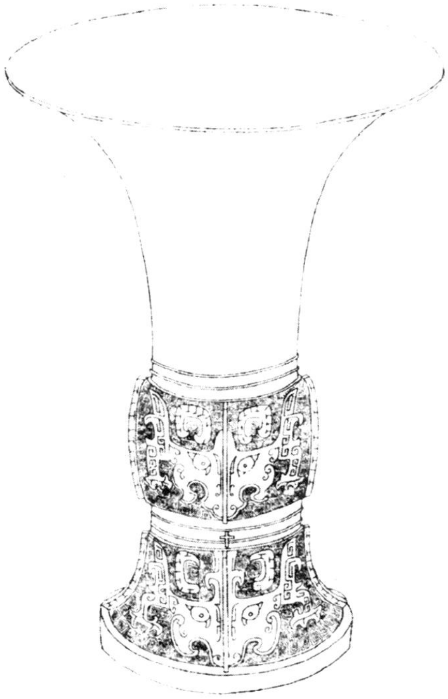

右高一尺六分深七寸七分口径七寸四分腹圍一尺五分重九十七兩

周饕餮尊五

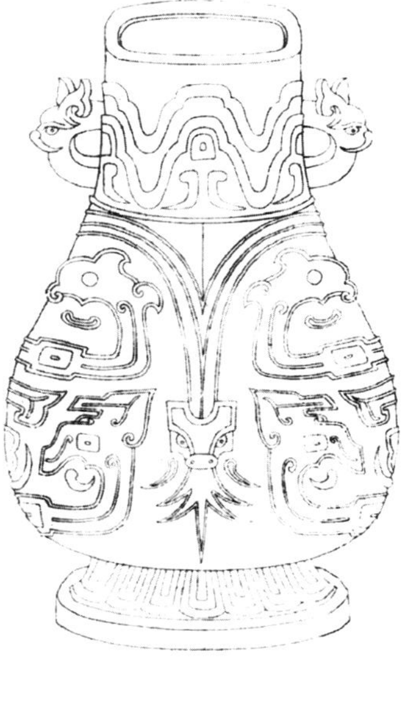

右高一尺一分深九寸口縱三寸横四寸腹圍二尺一寸六分重二百三十兩

周饕餮尊六

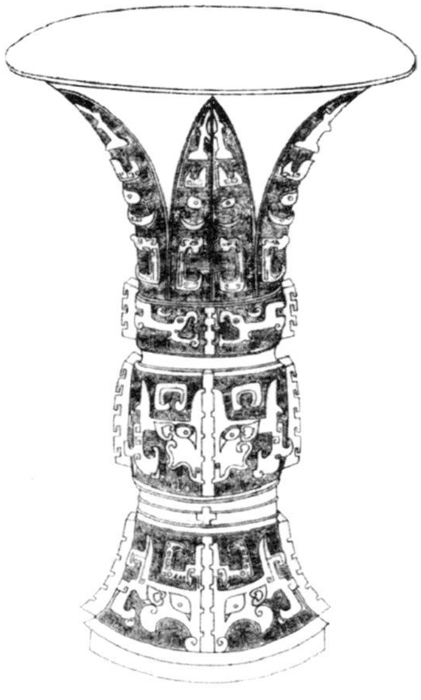

右高一尺二分深七寸五分口径七寸二分腹圍一尺七分重一百一十一两

周饕餮尊七

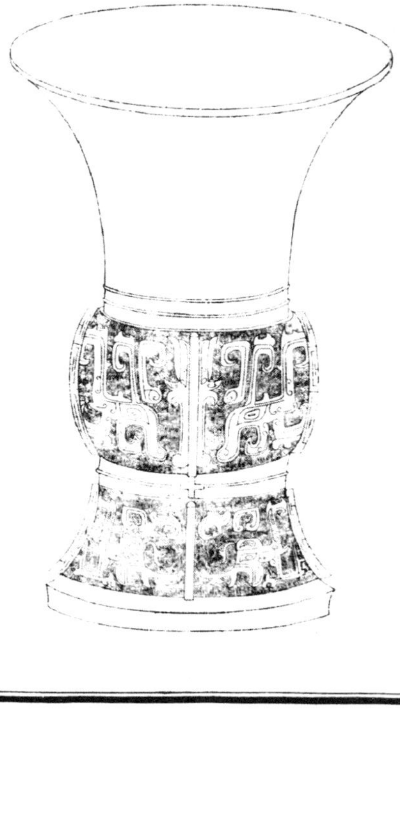

右高八寸六分深六寸四分口径六寸五分腹圍一尺二寸八分重七十五两

周饕餮尊八

西清古鑑　卷十　尊　三十一

右高八寸九分深六寸九分口徑六寸七分腹圍一尺三寸五分重八十五兩

周饕餮尊九

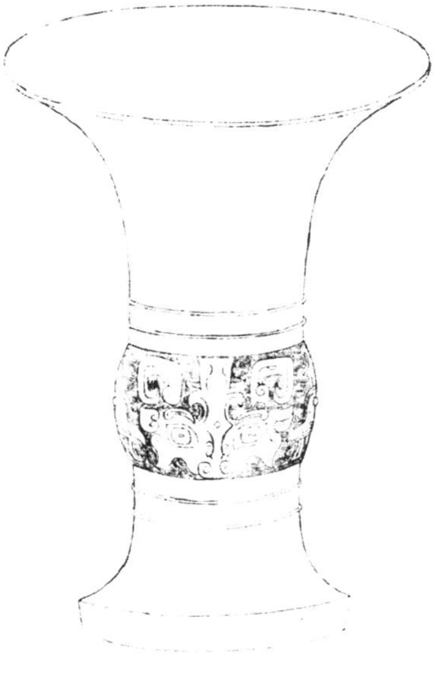

西清古鑑　卷十　尊　三十二

右高八寸一分深六寸口徑六寸一分腹圍一尺一寸六分重四十七兩

周饕餮尊十

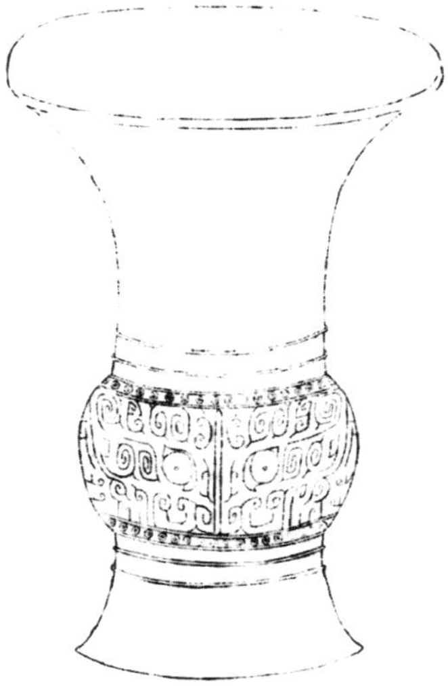

右高八寸深六寸六分口径六寸二分腹圍一尺二寸七分重六十九兩

周饕餮尊十一

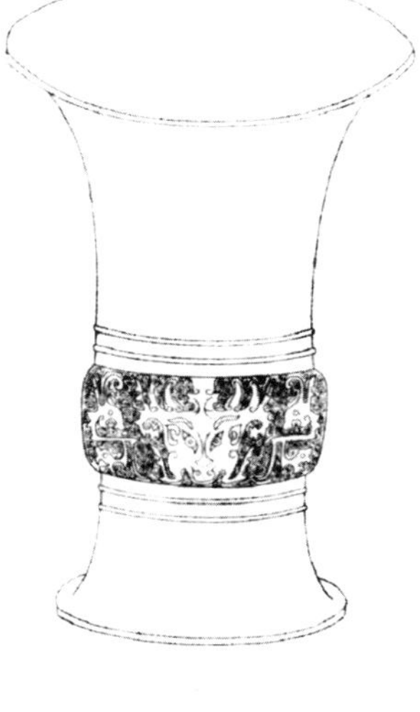

右高七寸六分深六寸二分口径六寸腹圍一尺一寸重五十三兩

周饕餮尊十二

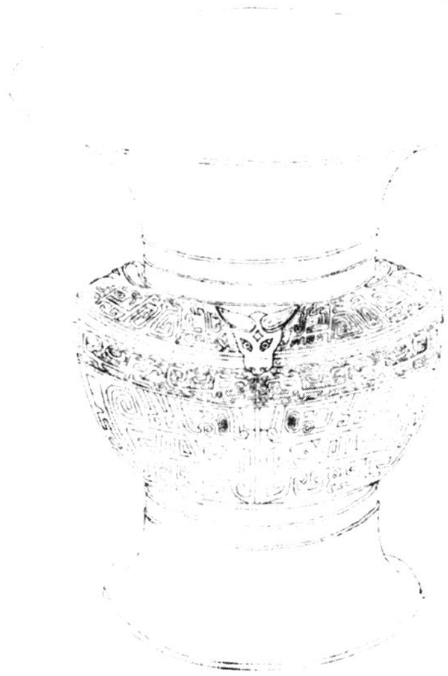

右高七寸一分深五寸八分口徑七寸四分腹圍一尺七寸七分重六十七兩

周饕餮尊十三

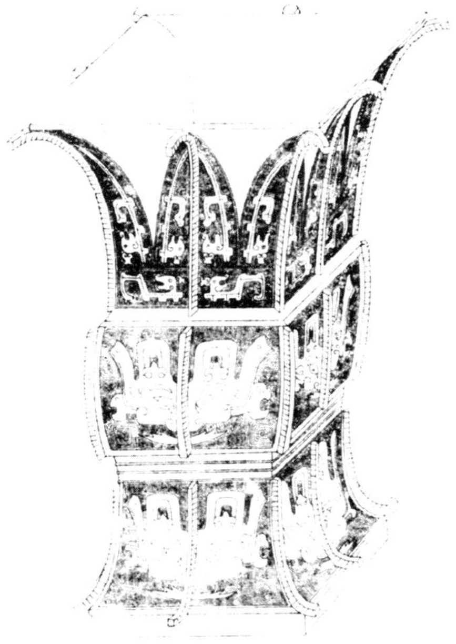

右高六寸九分深四寸三分口徑四寸二分腹圍一尺一寸五分重五十九兩

周饕餮尊十四

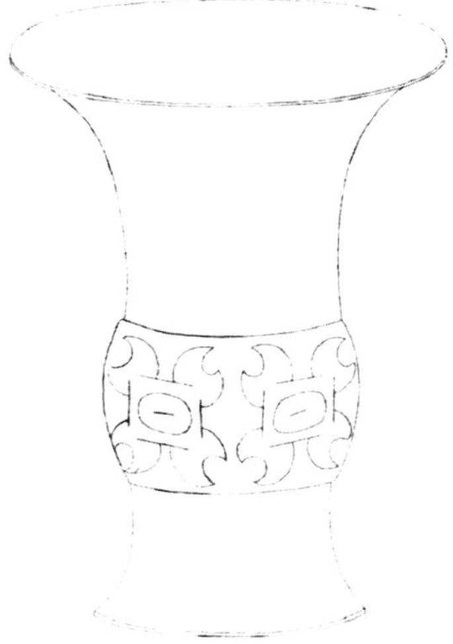

右高六寸七分深五寸三分口徑五寸四分腹圍九寸八分重三十一兩

周饕餮尊十五

右高五寸一分深四寸一分口徑五寸一分腹圍一尺二寸重三十九兩

周饕餮尊十六

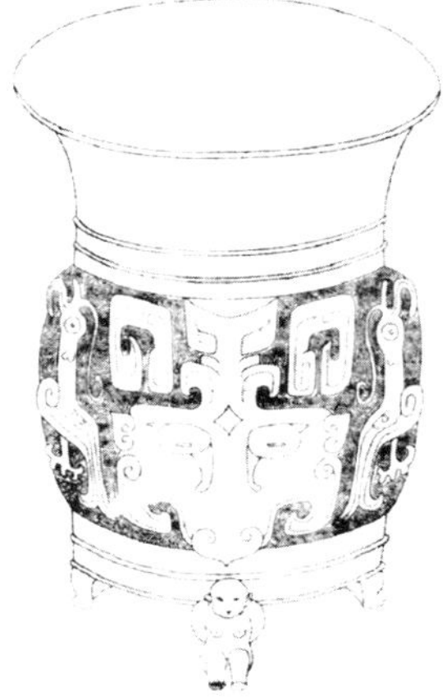

右高四寸九分深四寸一分口徑四寸二分腹圍一尺一寸八分重二十七兩

周獸環尊

右高四寸一分深三寸四分口徑一寸六分腹圍五寸重十七兩

周獸耳尊

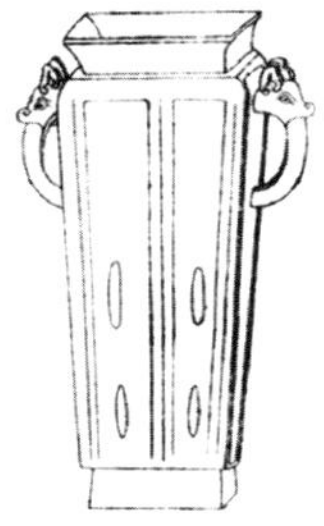

右高三寸三分深二寸八分口縱一寸橫一寸五分腹圍四寸六分重八兩

西清古鑑卷十一目録

尊四

周

周蟠龍尊

右高七寸二分深六寸三分口縱一寸八分横二寸二分腹圍一尺六分重三十六兩

周蟠夔尊一

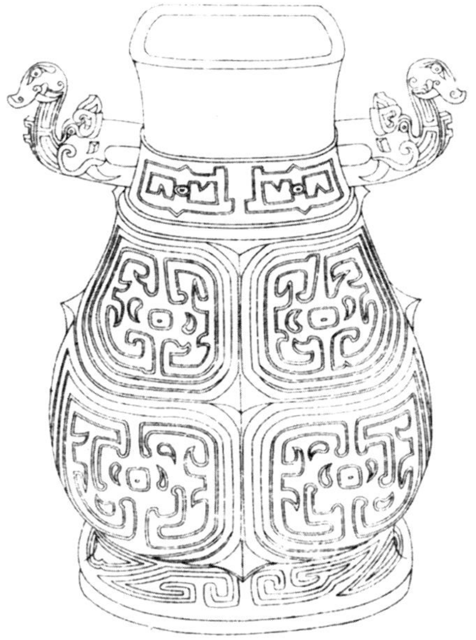

右高一尺二寸五分深一尺九分口縱三寸八分横五寸二分腹圍二尺四寸四分重四百五十九兩

周蟠夔尊二

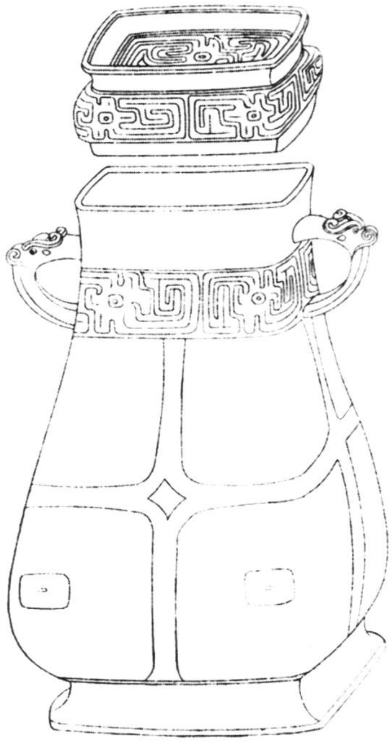

西清古鑑　卷十一　尊　三

右通蓋高九寸八分深七寸一分口縱二寸五分横三寸七分腹圍一尺六寸八分重一百一十九兩

周蟠夔尊三

西清古鑑　卷十一　尊　四

右通蓋高九寸八分深七寸三分口縱二寸四分横三寸一分腹圍一尺六寸五分重一百二十兩

周蟠夔尊四

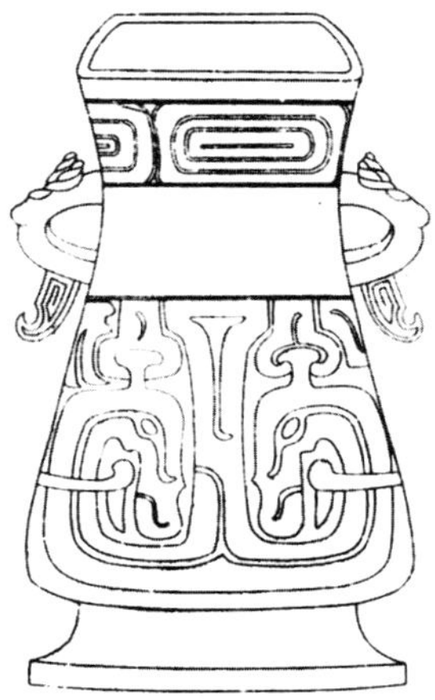

西清古鑑　卷十一　尊　五

右高七寸五分深六寸四分口縱二寸四分横三寸二分腹圍一尺二分重六十五兩

周蟠夔尊五

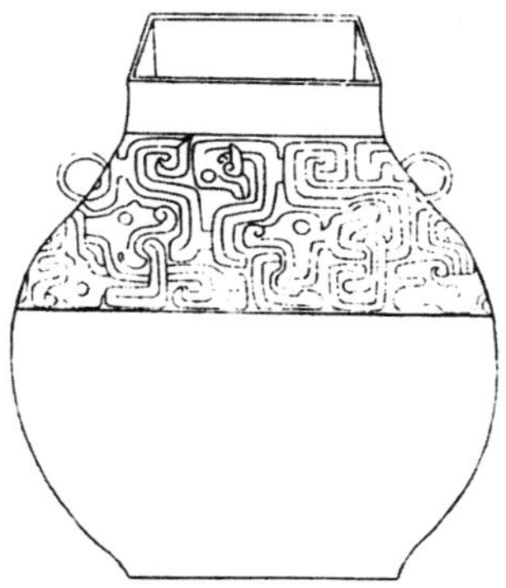

西清古鑑　卷十一　尊　六

右高五寸九分深五寸六分口縱一寸六分横二寸四分腹圍一尺三寸五分重五十一兩

周蟠夔尊六

右高五寸二分深四寸三分口縱一寸七分橫二寸四分腹圍一尺重三十九兩

周蟠夔尊七

右高四寸五分深四寸四分口縱一寸八分橫二寸一分腹圍一尺一寸六分重三十六兩

周蟠螭尊一

右高一尺二寸四分深一尺九分口縱四寸横五寸七分腹圍二尺四寸一分重一百七十兩

周蟠螭尊二

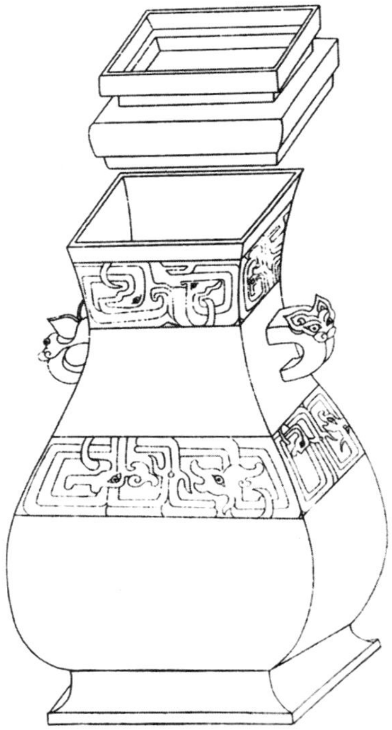

右通蓋高九寸四分深七寸三分口縱二寸八分横三寸三分腹圍一尺五寸六分重一百五十五兩

周蟠螭著尊

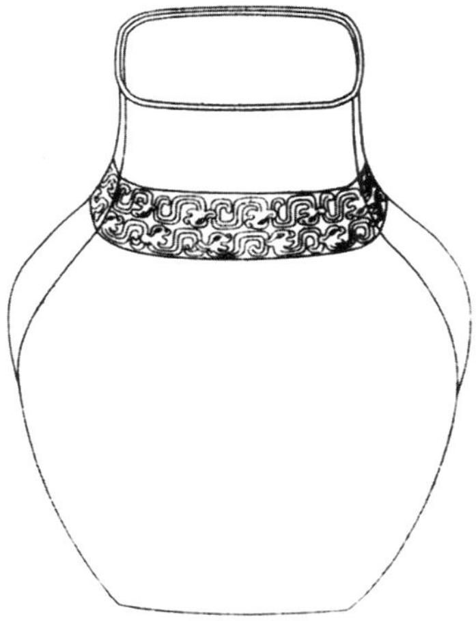

右高七寸深六寸九分口縱二寸七分横三寸四分腹圍一尺七寸三分重五十五兩按著地無足曰著尊此器是已

周夔紋尊

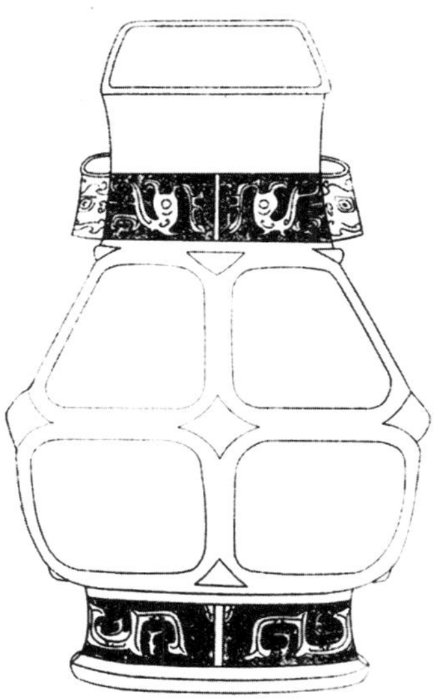

右高一尺一寸二分深一尺一寸口縱三寸四分横四寸四分腹圍二尺一寸六分重一百四十九兩

周夔鳳尊一

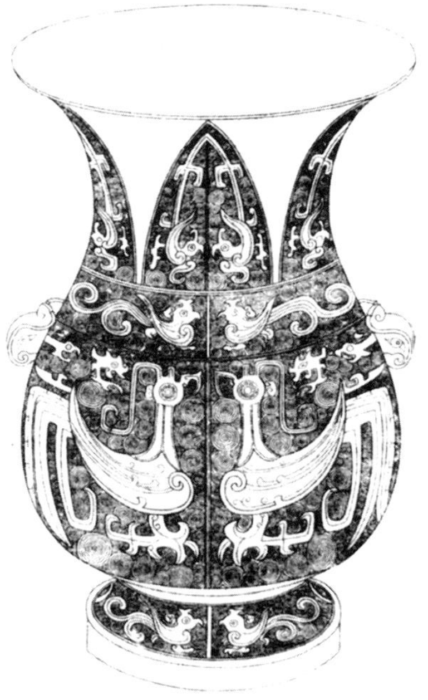

西清古鑑 卷十一 尊 十三

右高九寸九分深七寸八分口徑七寸四分腹圍一尺七寸八分重一百一十三兩

周夔鳳尊二

西清古鑑 卷十一 尊 十四

右高五寸八分深四寸三分口徑五寸腹圍一尺三寸五分重四十三兩

周夔耳尊

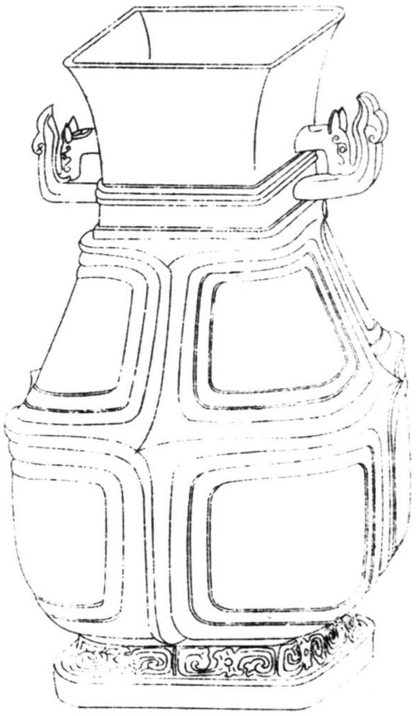

右高一尺六寸二分深一尺四寸口縱五寸一分横六寸六分腹圍二尺八寸六分重四百一十一兩

周垂雲尊

右高四寸八分深四寸一分口縱一寸一分横一寸六分腹圍八寸八分重一十四兩

周三羊尊

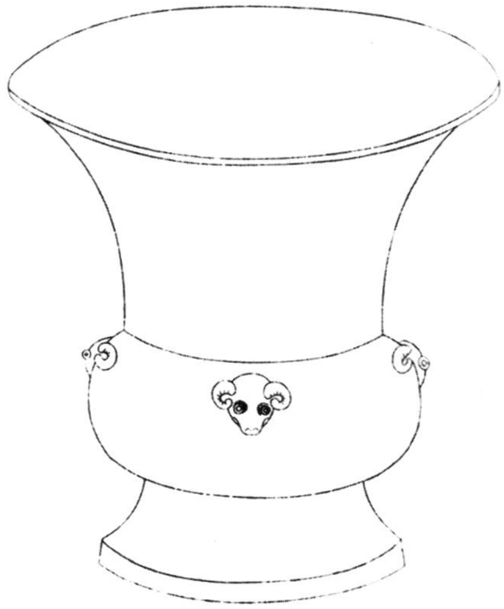

右高六寸深五寸口徑五寸五分腹圍一尺一寸重五十三兩

周雲紋尊一

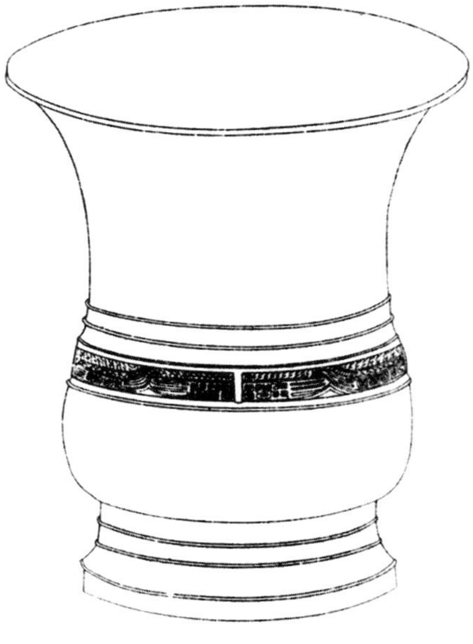

右高六寸二分深五寸二分口徑五寸三分腹圍一尺二寸重五十一兩

周雲紋尊二

右高六寸二分深五寸四分口径四寸五分腹圍一尺七寸重三十七兩

周盤雲尊

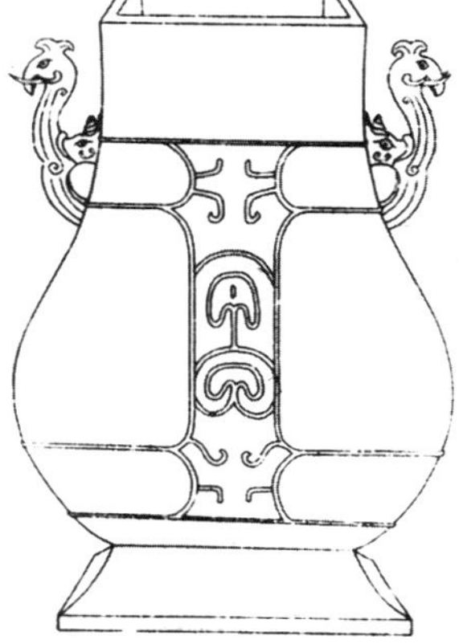

右高八寸深六寸六分口縱二寸二分横三寸二分腹圍一尺六寸六分重一百二兩

周山紋尊

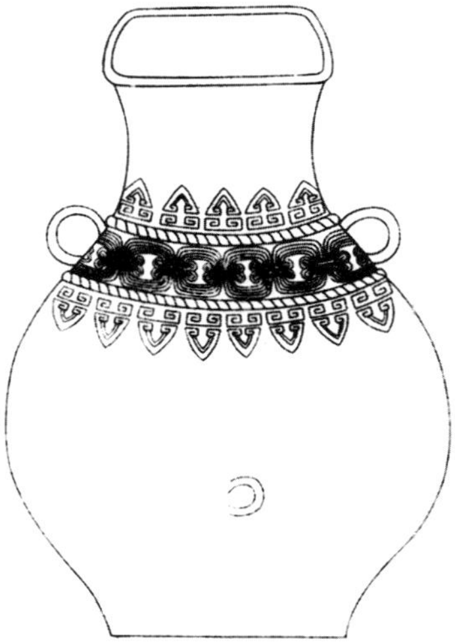

右高九寸九分深九寸七分口縱三寸五分橫四寸五分腹圍二尺重六十三兩

周素尊一

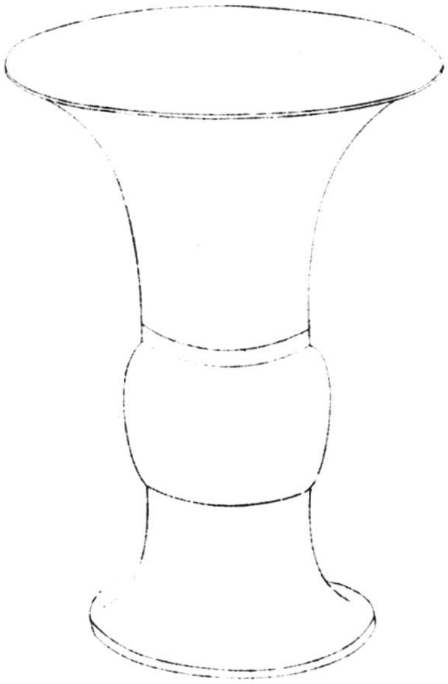

右高七寸九分深六寸三分口徑六寸腹圍一尺一寸六分重四十九兩

周素尊二

右高三寸四分深三寸二分口徑三寸一分腹圍一尺一寸重一十七兩

周素尊三

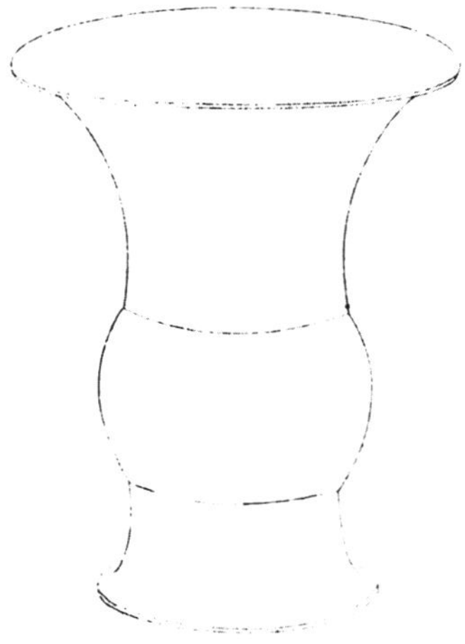

右高七寸二分深六寸口徑五寸七分腹圍一尺一寸二分重五十五兩

周素尊四

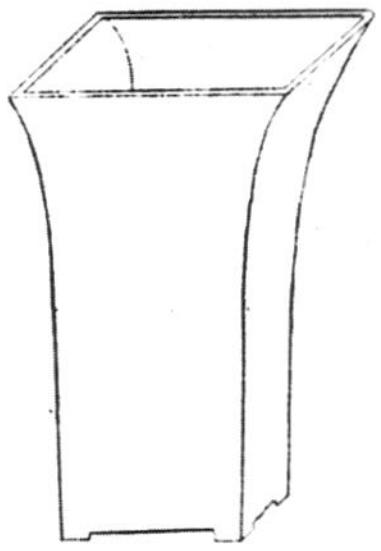

右高三寸四分深三寸一分口縱一寸九分横二寸腹圍六寸重一十七兩

周素尊五

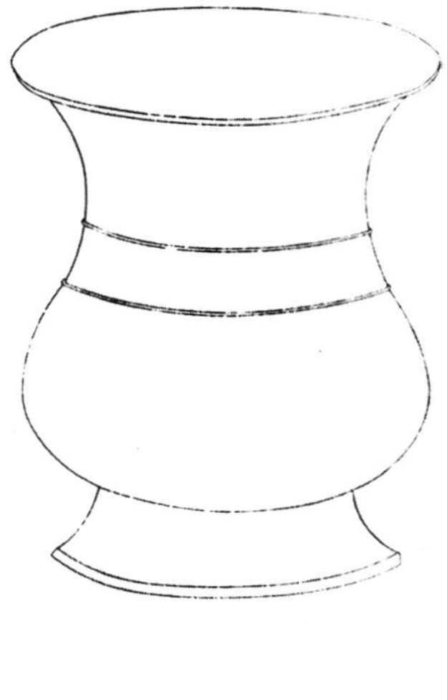

右高五寸五分深四寸六分口徑五寸五分腹圍一尺三寸六分重四十六兩

漢鳩尊一

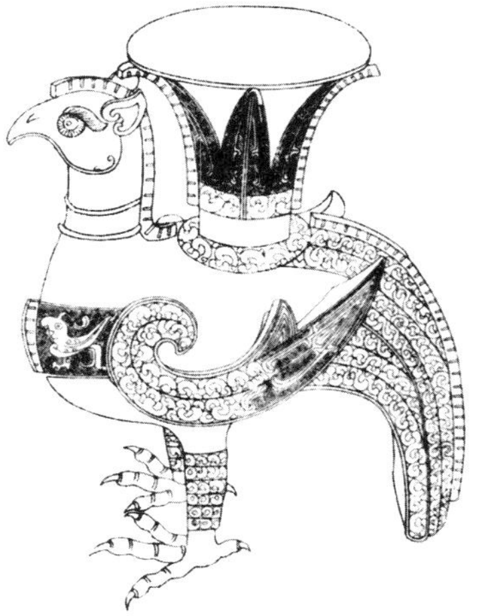

右高六寸七分深四寸九分口徑二寸八分通長五寸八分闊三寸三分重四十三兩

漢鳩尊二

右高五寸四分深三寸八分口徑二寸二分通長五寸闊二寸八分重二十四兩

漢鳩車尊

右高五寸一分深四寸四分口徑二寸四分輪徑各二寸六分通長五寸五分重二十五兩此與前二器皆弄具也與祭器自別

漢天雞尊一

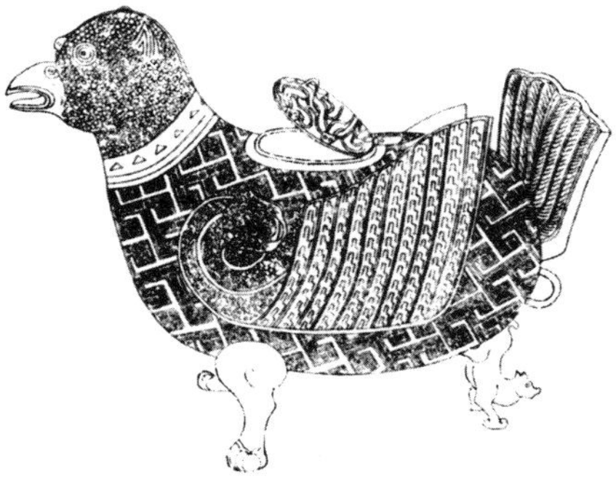

右通蓋高六寸四分深四寸三分口徑二寸六分通長一尺六分闊五寸六分重九十二兩金錯

漢天雞尊二

右高二寸九分深二寸五分口徑九分通長二寸三分闊一寸一分重六兩有半金錯

漢瑞獸尊

右高三寸七分深三寸五分口徑一寸九分重一十一兩漢有白獸尊元日發之以飲直言者其制弗可攷此殆亦飲器耶金銀錯

漢素尊

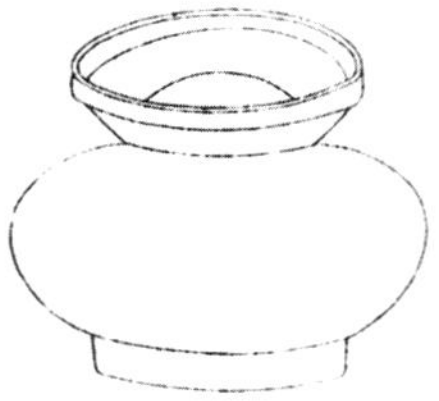

右高二寸八分深一寸四分口徑二寸五分腹圍一尺重一十六兩

唐龍鳳尊

右高七寸三分深七寸一分口徑二寸二分腹圍一尺三寸重一百四十一兩鎏金

唐鹿尊一

右高七寸五分耳高一寸二分闊四分深七寸四分口縱一寸一分橫一寸七分通長八寸八分闊如口縱重五十五兩作鹿形首戴芝盖獻壽之意唐以下物也

唐鹿尊二

右通盖高三寸一分深二寸五分口徑一寸二分通長四寸一分闊一寸七分重二十八兩

西清古鑑卷十二目録

商父癸罍

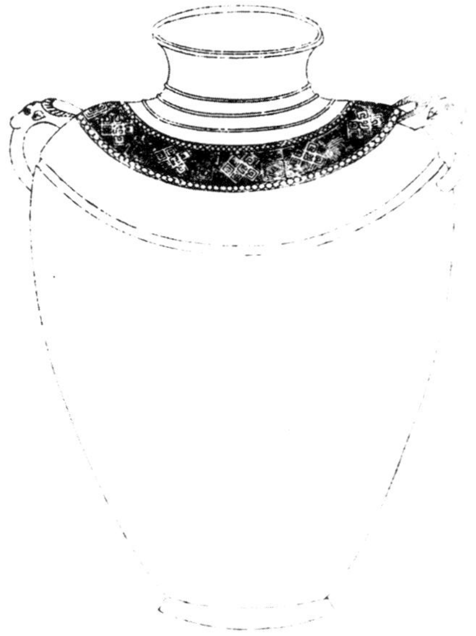

執匕父癸形

右高一尺五分深九寸八分口徑四寸二分腹圍二尺六寸一分重一百四十七兩按詩有捄棘匕注以棘為匕所以載鼎肉而升之于俎易不喪匕鬯蓋長子主祭者所執銘作執匕形於祭義為近

周父己罍

作父己尊彝

右高九寸四分深九寸二分口徑三寸四分腹圍二尺二寸八分重一百五十七兩禮明堂位山罍夏后氏之尊也故知尊罍同器銘父已按博古圖有父已鼎二一屬商一屬周此器紋鏤與商製殊弗類蓋周物也

周攻罍

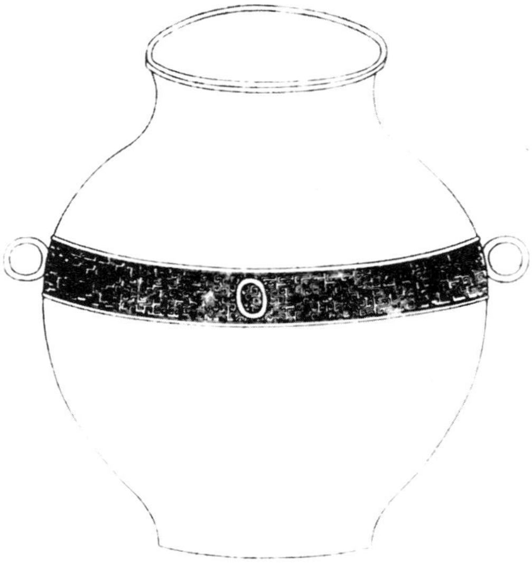

西清古鑑 卷十二 罍 三

攻○○子○用

右高一尺四分深一尺二分口徑五寸腹圍三尺重一百七十一兩銘字剝缺不可識首一字曰攻古治器皆曰攻如攻金攻玉是也

周析子孫罍

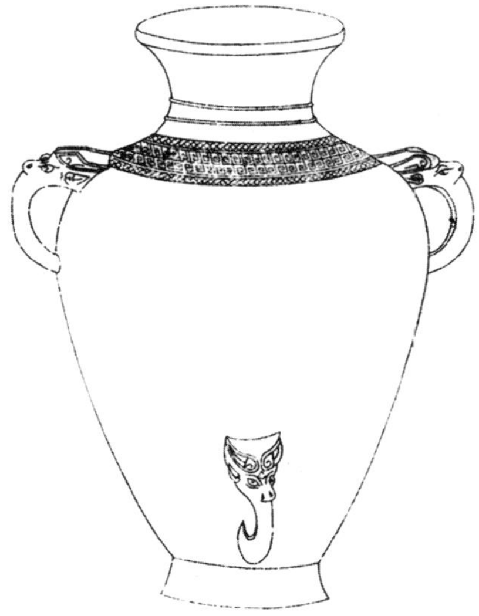

西清古鑑 卷十二 罍 四

析子孫

右高一尺七分深九寸九分口徑四寸八分腹圍二尺六寸五分重一百四十九兩

周立戈罍

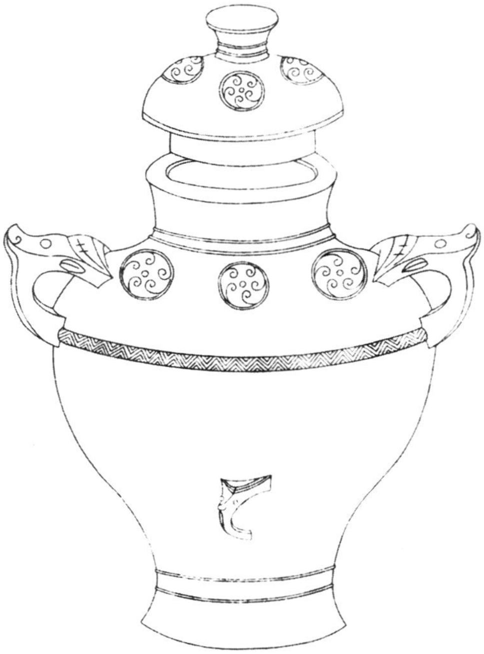

立戈形

右通蓋高一尺四寸三分深九寸九分口徑五寸七分腹圍三尺一寸五分重二百五十一兩

周亞罍

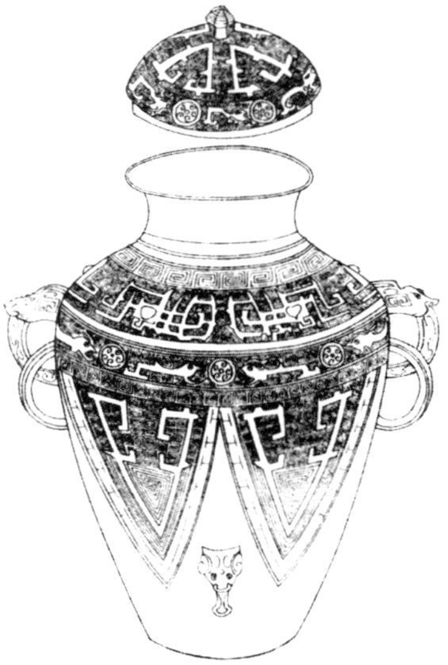

蓋

器

亞形中格上三矢尊彝

音釋同前

右通蓋高一尺一寸四分深八寸六分口徑三寸五分腹圍二尺一寸七分重一百四十七兩

周犧首罍一

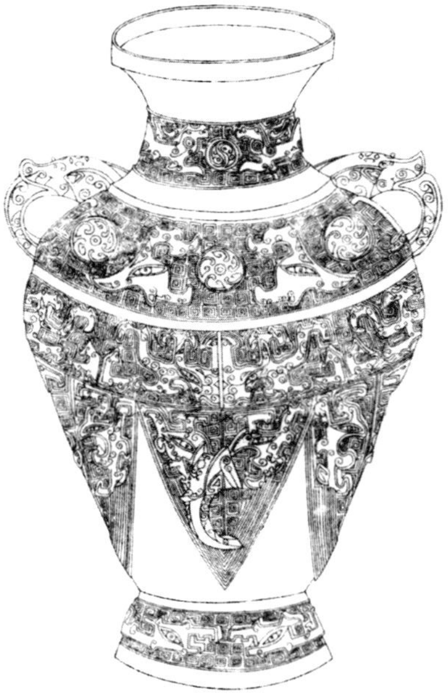

作寶尊彝

右高一尺三寸深一尺一寸三分口徑四寸七分腹圍二尺五寸四分重一百七十一兩金錯

周犧首罍二

萬年無疆

右高一尺六寸深一尺三寸六分口徑六寸六分腹圍三尺一寸五分重三百八十七兩金銀錯惟曰欲至于萬年天子萬年詩書所稱往往如此銘云萬年無疆祝嘏之詞與董逌尊鼎銘跋所載同

周犧首罍三

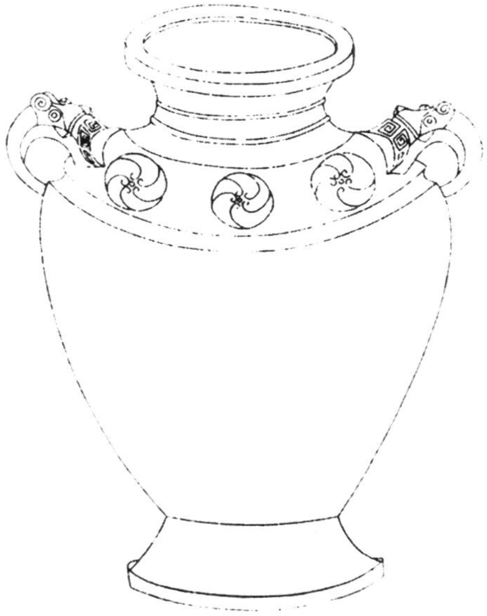

右高一尺四寸深一尺一寸八分口徑六寸七分腹圍三尺四寸九分重三百九十五兩

周犧首罍四

右高一尺一寸九分深一尺一寸一分口徑五寸三分腹圍三尺一寸重一百八十七兩

周犧首罍五

右高一尺一寸深九寸六分口径四寸八分腹圍二尺六寸重一百一十九兩

周犧首罍六

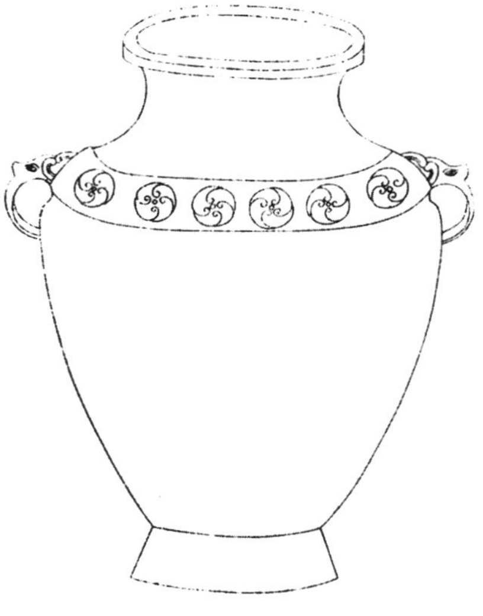

右高七寸六分深六寸九分口径三寸八分腹圍一尺八寸五分重九十一兩

周犧首罍七

右高一尺一寸深一尺二分口徑五寸七分腹圍三尺三寸重二百三兩

周犧耳罍

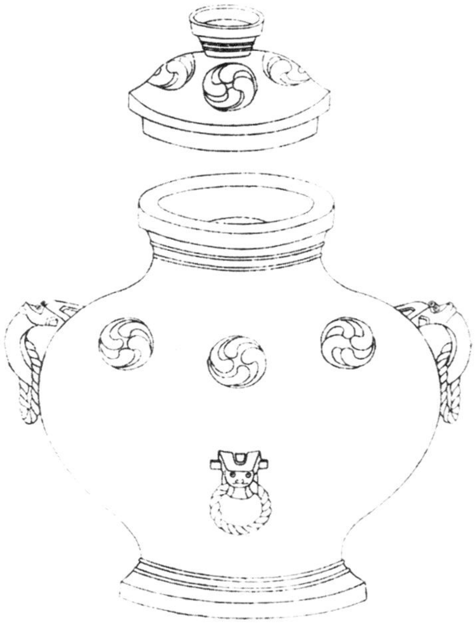

右通蓋高一尺六寸七分深一尺一寸二分口徑八寸腹圍四尺四寸重六百七十五兩

周獸耳罍

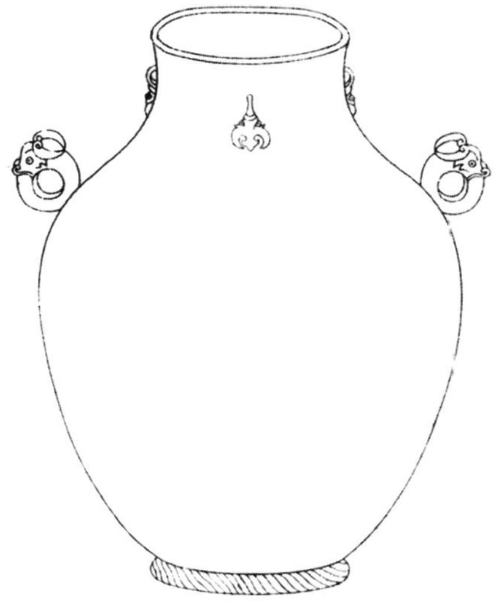

右高一尺二寸深一尺一寸七分口径五寸四分腹圍三尺二寸九分重一百六十一兩

周雲螭罍

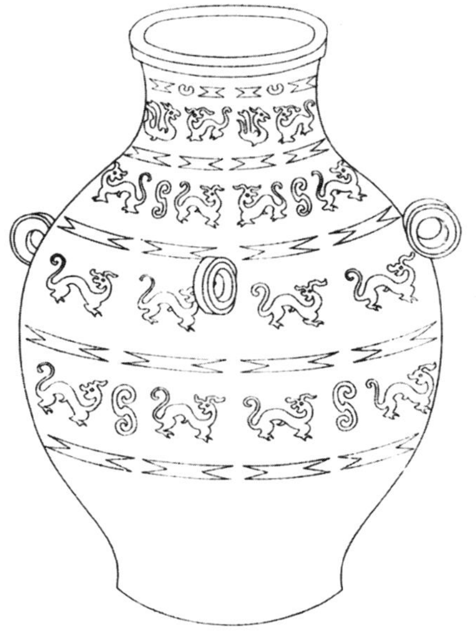

右高一尺二寸六分深一尺二寸二分口径六寸腹圍三尺三寸重四百一十一兩通體作螭鹿形凡三十有二色黯湛不甚可辨

周蟠虺罍

右高一尺深九寸三分口徑五寸腹圍二尺八寸五分重一百四十一兩

西清古鑑卷十三目録

彝一

商

父乙彝 有銘

父癸彝 有銘

祖丁彝 有銘

若癸方彝 有銘

周

名夫方彝一 有銘

名夫方彝二 有銘

魯侯彝 有銘

邢侯方彝 有銘

毛伯彝 有銘

貫彝 有銘

文父彝 有銘

虔彝 有銘

應公彝一 有銘

應公彝二 有銘

公彝 有銘

伯彝一 有銘

商父乙彝

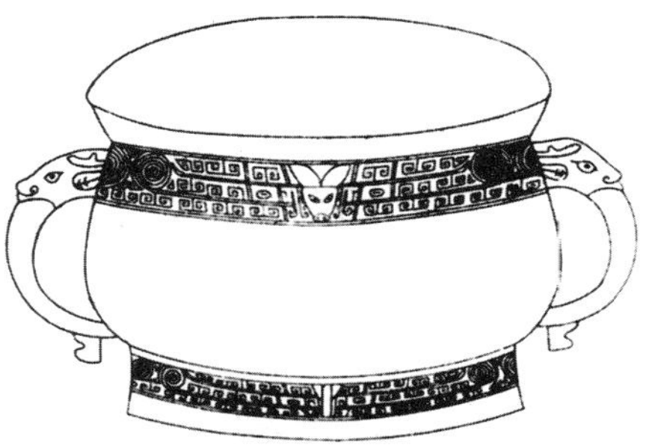

孫
父乙

右高四寸一分深三寸四分口徑六寸一分腹圍一尺八寸九分重五十一兩兩耳有珥

商父癸彝

亞形中弓形父癸

右高四寸七分深四寸口徑六寸九分腹圍二尺一寸一分重七十六兩兩耳

商祖丁彝

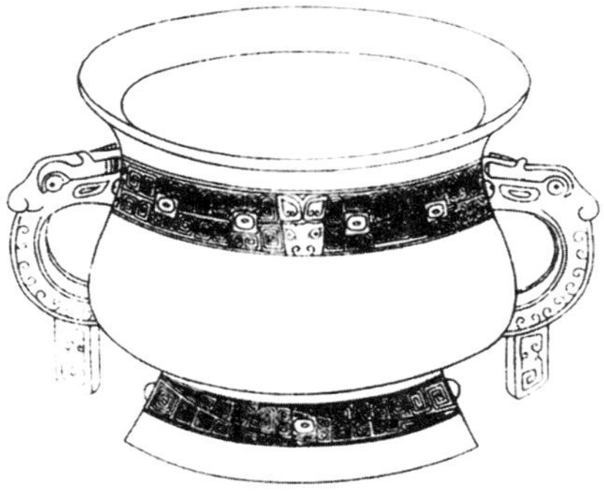

祖丁

右高四寸五分深三寸七分口徑六寸腹圍一尺八寸一分重六十一兩兩耳有珥

商若癸方彝

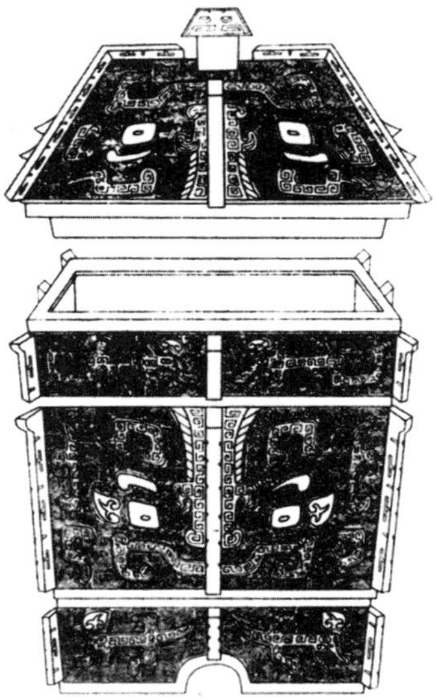

蓋

亞形中舟若癸乙阜人執大形

器

器釋同前

右通蓋高八寸八分深三寸八分口縱四寸橫四寸九分底縱三寸二分橫三寸九分重一百十九兩此器似後世所謂奩者按奩字惟說苑淳于髡一奩飯云云然是周末時語而六經無此字且銘詞與商若癸鼎合必非後世物亞形為廟故當為祭器蓋即方彝其在商則璉之屬享祀所設也

周名夫方彝一

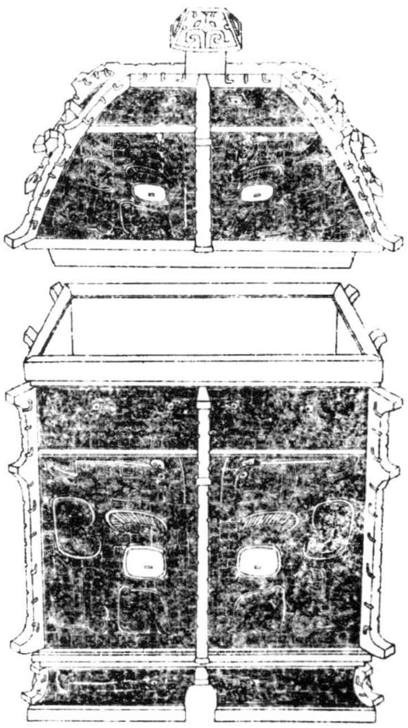

蓋

器

亞形中　名夫室作冊午父作彝

音釋同前

右通蓋高九寸九分深四寸四分口縱四寸五分橫五寸五分底縱四寸二分橫五寸一分重二百三十兩銘與名夫鼎合無冊命二字

周名夫方彝二

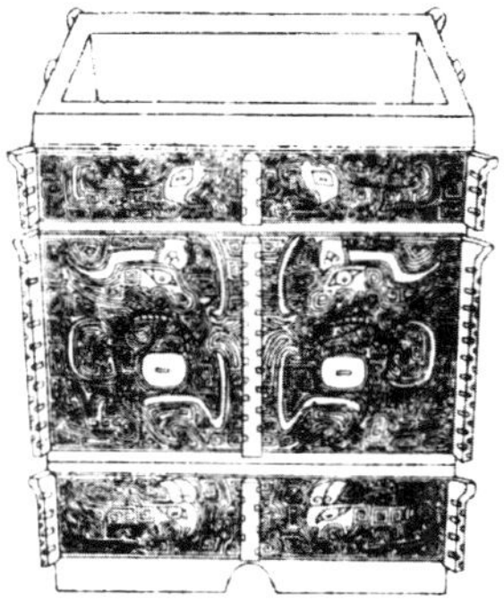

亞形中　名夫室作冊午父作彝

右高六寸一分深四寸四分口縱四寸六分橫五寸五分底縱三寸八分橫四寸重一百三十七兩

周魯侯彝

惟王命明公
遣三族伐東
國在圉魯侯有
○工用作旅車彝

右高七寸深四寸九分口徑六寸四分腹圍一尺一寸九分重一百十一兩兩耳有帶按此為魯祭周公之器銘詞紀勛伐也伐東國其即周公東征事耶遣同譴三族其即三監耶在圉蓋師行次舍左傳襄公四年季孫樹六檟于蒲圃東門之外是其地矣惟王命尊王也明公謂周公周初大封同姓惟魯稱公先儒謂周公懿親而有大功于天下故特崇之曰公下云魯侯蓋主祭者自謂且閟宮之詩曰乃命魯公俾侯于東故公亦稱侯如魯侯之功魯侯是若是也

周邢侯方彝

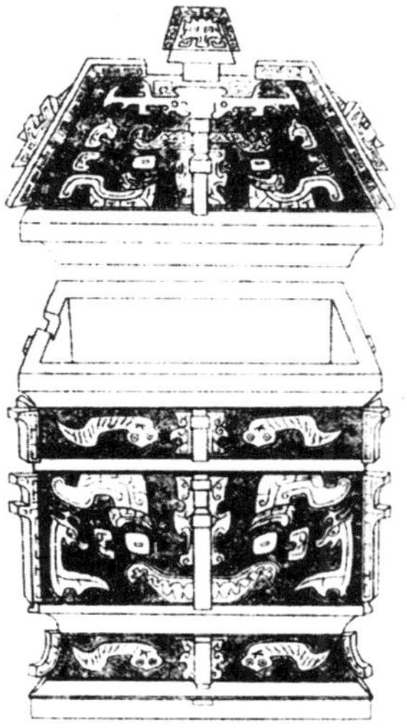

蓋

器

十八月乙亥命邢侯光乃止事享刑敵宮錫金用作尊彝用享邢侯以入。命孫孫子子其永寶

音釋同前

右通蓋高七寸七分深三寸三分口縱三寸七分橫四寸七分底縱三寸三分橫四寸二分重

七十九兩銘曰十八月攷管子有十三月令人之魯二十四月魯梁之民歸齊二十八月萊莒之君請復之之語而古器有洛鼎銘十有四月歐陽修蔡襄劉敞皆疑之董逌謂自王之即位通數其月盖時君未改年也

周毛伯彝

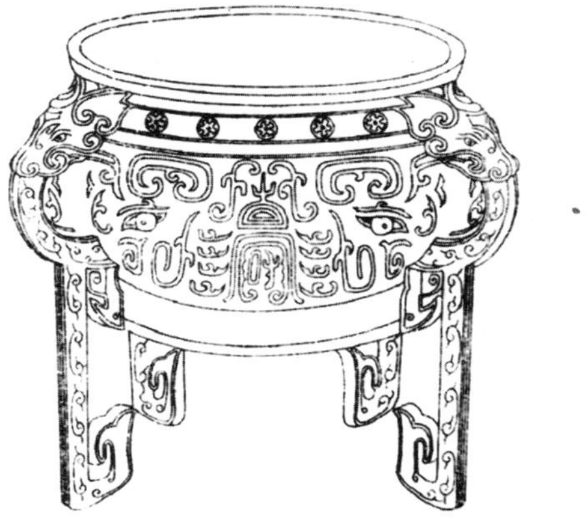

惟八月初吉在宗周甲戌
王命毛伯○○城公服聘
王位作四方○秉綏蜀需
命錫命○咸王命毛公巳
邦冢君土御國人伐東國
厭戎咸王命吳伯曰巳乃
師佑友毛父王命呂伯曰
巳乃師佑友毛父遣命曰
巳乃族從父征造城衛父
身三年靜東國作丕成得
天俾否里純陟公告乃事
於上惟民作造在彝恃天
命故亡允在顯惟昭德作
廼遣班拜稽首曰安○不
某執皇公受享宗嫄釐敏
文王〻始○孫尊於大服廣
成乃工文王孫亡弗懷型
作克辥乃列班非時覗惟
作昭考無益曰大政子〻孫
多作其永寶

右高七寸二分深四寸三分口徑八寸一分腹圍二尺七寸七分重二百四十三兩四耳通足

按周成王之末召公領冢宰芮公司徒彤伯宗伯畢公司馬衛侯司寇毛公司空銘詞曰毛伯毛公毛父實一人也在宗周則鎬京矣東國即東都周初殷遺民弗靖淮夷徐戎並興東征之役見于書傳者不一此曰御國人伐東國厭戎是已厭後東方底定洛邑是營故曰作丕成曰成乃工玩三年靜東國之語則伐東國蓋從營洛之後追敘其事意當時毛伯實主斯役而佐

以呂伯吳伯一則曰師佑友毛父再則曰師佑友毛父師訓衆友與太史友內史友同義所謂衛父身也按齊為方伯呂伯當是齊呂伋而吳自泰伯至其十八世孫壽夢始見于內傳中間都不可攷其時諸侯入為天子卿士或有吳伯者官王京故稱吳伯也文王孫當是成王自謂可考者成王七年營東都八年命周公治東都十一年命君陳治東都頤史記載武王之言曰自洛汭延于伊洛居易毋固其有夏之居我南望三塗北望嶽鄙顧詹有河粵詹洛伊毋遠王

室營周居於洛邑而後去故知營東都不始於成王而成王一治再治三治皆所以成武王之志故銘稱昭考而終之曰大政也此篇為毛伯受命之詞厥功既成其子孫鋪陳始終泐于彝器今讀其文如曰告乃事于上惟民作造在彝曰惟昭德所謂有德易以興惓惓三致意焉有周卜世卜年之永于此銘見之

周貫彝

貫父辛

右高三寸八分深三寸二分口徑五寸六分腹圍一尺六寸四分重四十八兩兩耳有珥周王族有原貫而崇貫又皆國名說見貫尊類

周文父彝

隹作文父
日丁析子孫

右高三寸二分深二寸四分口徑四寸四分腹圍一尺四寸一分重三十兩兩耳有珥隹字與惟同說文從心隹聲此作隹形二古文字多增損如尊旁益阜往往如此文疑其謚日丁則紀日明矣

周虘彝

亞形中
己矢其
虘父乙

右高五寸四分深四寸二分口徑七寸三分腹圍二尺一寸四分重一百一兩兩耳有珥按風俗通云陳留虘氏黃帝之後此銘虘父乙當是虘氏物

周應公彝一

應公作
旅車彝

右高四寸深三寸口徑五寸六分腹圍一尺六寸七分重五十七兩兩耳有珥博古圖有應侯敦應侯為武王第四子按春秋列國有應此周器無疑

周應公彝二

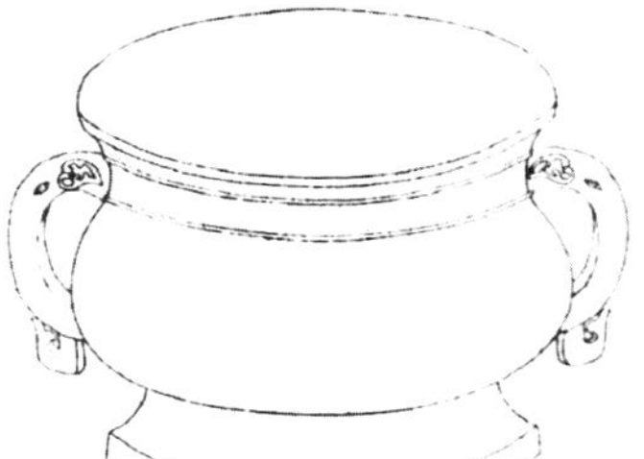

應公作
旅車彝

右高三寸九分深三寸一分口徑五寸六分腹圍一尺六寸六分重六十二兩兩耳有珥

周公彝

公作寶尊彝

右高四寸四分深三寸七分口徑六寸五分腹圍二尺二分重八十三兩兩耳有珥古器但稱公作者甚多意當時皆藏于國中故弗著為某國後世展轉流傳則不可得而考矣

周伯彝一

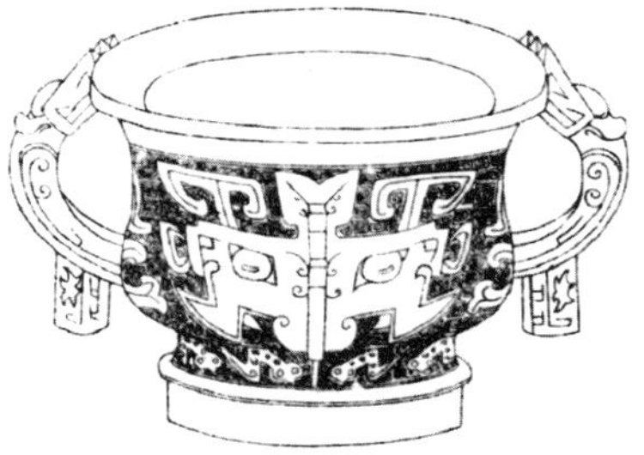

伯作彝

右高三寸深一寸九分口徑四寸腹圍一尺九分重二十一兩兩耳有珥

周伯彝二

伯作

右高四寸七分深三寸六分口徑六寸五分腹圍二尺九分重六十四兩兩耳有珥

周仲彝

中作○

右高四寸六分深三寸五分口徑六寸三分腹圍一尺九寸重八十三兩兩耳有珥末一字漫漶不可識

周禹彝

禹父癸

右高四寸八分深三寸六分口徑六寸九分腹圍二尺重七十四兩兩耳按皋陶之後封于有禹而其苗裔遂以國為姓故銘云爾

周父彝

父

右高四寸七分深三寸四分口徑六寸五分腹圍一尺九寸八分重九十兩兩耳有珥

周乙叔彝

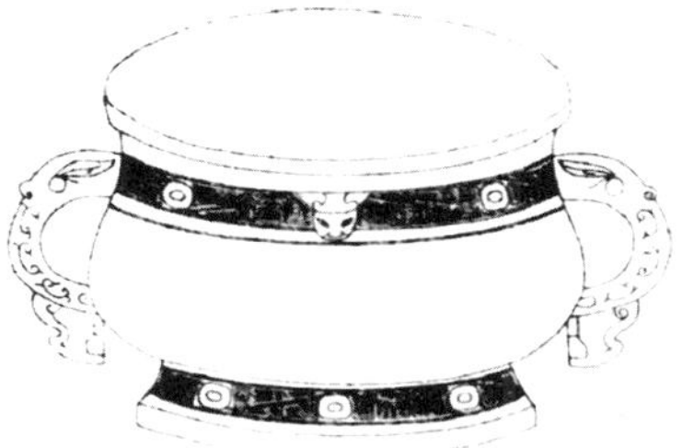

乙尗作
尊

右高三寸五分深二寸九分口徑五寸腹圍一尺六寸重二十九兩兩耳有珥周人多稱伯仲此曰乙叔如榮叔虢叔之類銘曰尊者舊説謂其器可尊是也上一字不可識或曰姬

周梁叔彝

虢○○○
王用作梁叔
寶䵼〻子〻寶

右高四寸七分深三寸七分口徑七寸二分腹圍二尺一寸一分重一百十九兩兩耳有珥按虢梁二國皆近王畿其君皆為王卿士魯桓公八年冬王命虢仲立晋哀侯之弟緡于晋九年秋虢仲芮伯梁伯荀侯賈伯伐曲沃春秋所載可證也此銘雖有漶字而書虢又書梁意梁叔

與虢公共有勛勞王錫之彝罷銘辭敘其緣起
故首稱虢閱世雖遠尚可推測得之

周邢叔彝

季仲酉肇作乃文
考邢叔寶尊彝
子子孫孫其永寶用

右高四寸六分深三寸八分口徑六寸二分腹
圍二尺四分重八十五兩兩耳有珥周公第五
子靖淵始封邢茲銘稱考曰邢叔豈其世族為
大夫者耶

周叔彝

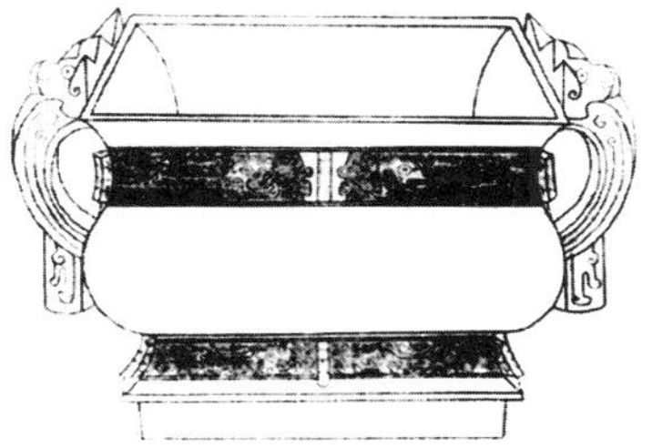

四月叔

右高三寸五分深二寸三分口縱三寸七分橫四寸三分腹圍一尺六寸重五十九兩兩耳有珥可識者三字餘俱漫漶

周家彝

冂家作父辛彝

右高四寸六分深三寸八分口徑六寸七分腹圍二尺五分重七十七兩兩耳有珥詩有家伯冢宰春秋書家父来聘此器銘家是也

周馬彝

馬作父丁孫

右高五寸一分深四寸口徑七寸腹圍二尺八分重一百十一兩兩耳有珥馬姓本伯益之後魯有閔馬則馬為名銘云馬作蓋人名也

周舉彝

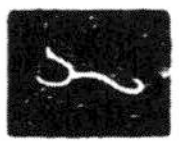

舉

右高六寸深四寸三分口徑七寸九分腹圍二尺二寸三分重一百三十三兩兩耳有珥舉字橫列或是象形他器舉多作㒨此作乀從楊氏篆韻亦讀作舉形制類周人作

周命彝

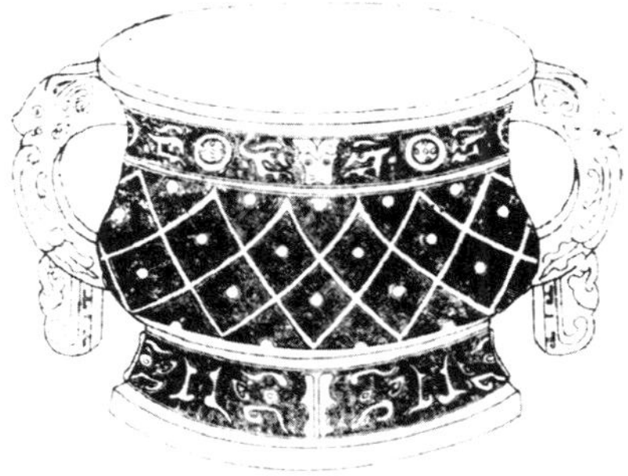

命作父乙尊彝

右高四寸七分深三寸五分口徑六寸一分腹圍一尺七寸三分重八十五兩銘命作尊王言非私製矣

周舟彝

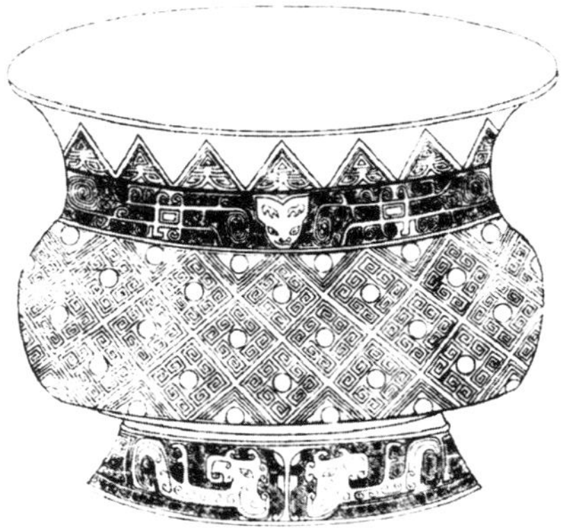

舟

右高四寸二分深三寸五分口徑六寸九分腹圍一尺九寸五分重五十九兩鋈金水為地險酒為人險酒之溺人猶水也故萍氏水與酒同禁彝以盛酒取象于舟義或本此

周公史彝

西清古鑑　卷十三　彝　三十六

公史○事右
自用作父乙寶
尊彝舉人拱物形

右高四寸三分深三寸九分口徑六寸二分腹圍二尺一寸重八十兩兩耳有珥銘末作舉字下又為兩手拱物狀舊說謂致敬於其先人也

周史彝

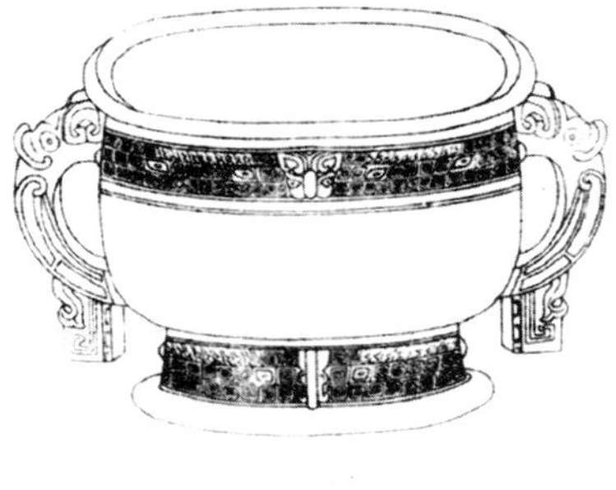

西清古鑑　卷十三　彝　三十七

史

右高四寸三分深三寸五分口徑六寸一分腹圍一尺九寸一分重七十九兩兩耳有珥

周子孫彝

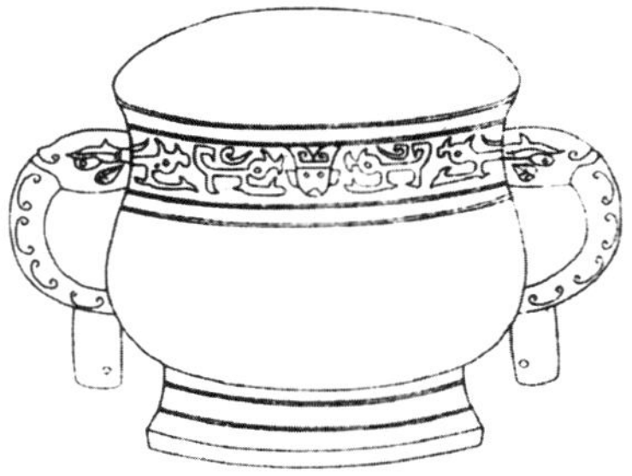

作父辛
彝子孫

右高四寸四分深三寸二分口徑六寸二分腹圍一尺六寸二分重四十七兩兩耳有珥

周立戈彝一

立戈作父乙
形尊彝

右高四寸四分深三寸六分口徑六寸六分腹圍二尺八分重九十一兩兩耳有珥金銀錯

周立戈彝二

立戈形

右高五寸八分深四寸三分口徑七寸八分腹
圍二尺二寸四分重一百四十二兩兩耳有珥

周持弓彝

孫持弓形

右高五寸九分深四寸四分口徑七寸八分腹
圍二尺三寸一分重一百五十五兩兩耳有珥
持弓舊說謂銘功是矣而宋人又以持弓為竭
力事親之意然古者射以觀德又祭畢而射意
固有取且騂騂角弓朱子謂以弓之張弛向背
喻兄弟昏姻之遠邇親疏或可類推爾

西清古鑑卷十四目録

彝二

周

舟

周

素舟一
素舟二

西清古鑑　卷十四　目錄三

周亞彝

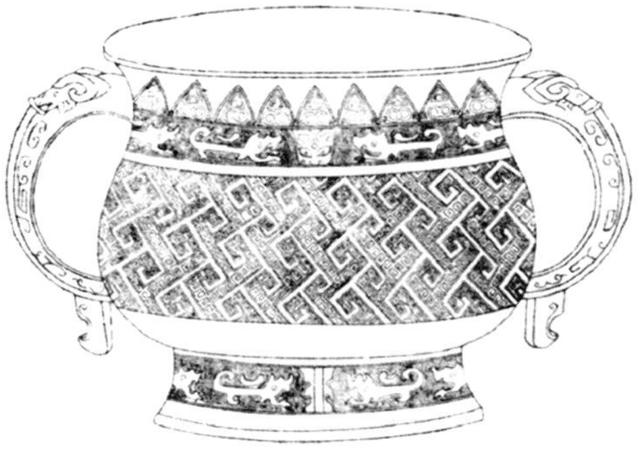

西清古鑑　卷十四　彝　一

亞形中格矢形尊彝

右高三寸四分深二寸六分口徑四寸六分腹圍一尺三寸八分重三十四兩兩耳有珥

周亞方彝一

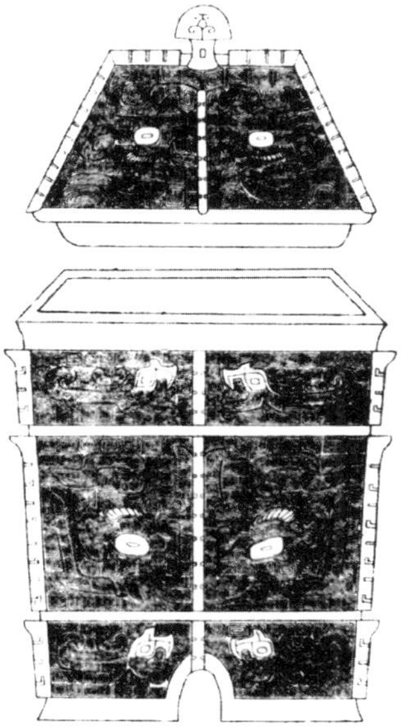

西清古鑑　卷十四　彝　二

格上
亞形三矢
中尊彝

右通蓋高六寸八分深三寸三分口縱三寸四分橫四寸三分底縱三寸橫三寸八分重六十九兩

周亞方彝二

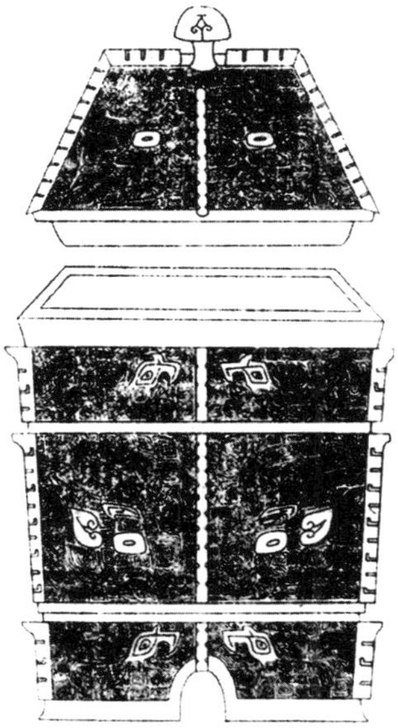

西清古鑑　卷十四　彝　三

蓋

器

格上
亞形三矢
中尊彝

音釋同前

右通蓋高六寸八分深三寸二分口縱三寸三分橫四寸三分底縱橫如之重六十七兩

周寶彝一

作寶彝

右高六寸深四寸一分口徑八寸八分腹圍二尺五寸八分重一百七十五兩兩耳有琱金銀錯

周寶彝二

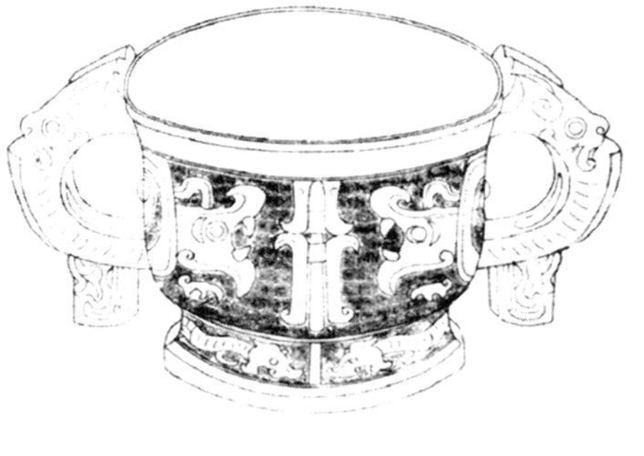

作寶彝

右高四寸二分深二寸九分口徑五寸五分腹圍一尺五寸七分重六十五兩兩耳有珥

周寶彝三

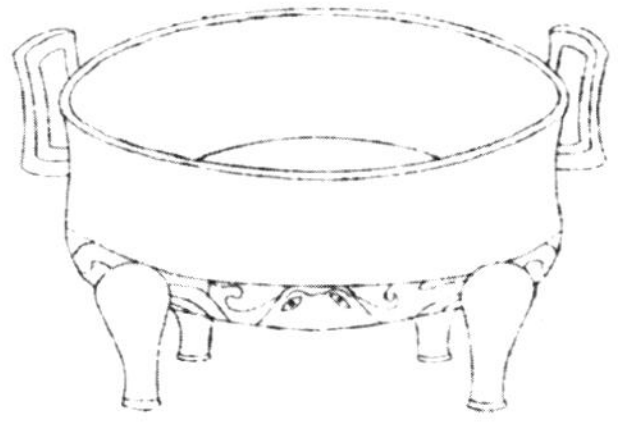

西清古鑑　卷十四　彝　六

作寶彝

右高三寸深二寸四分口縱三寸二分橫四寸二分腹圍一尺一寸六分重二十五兩兩耳四足

周寶彝四

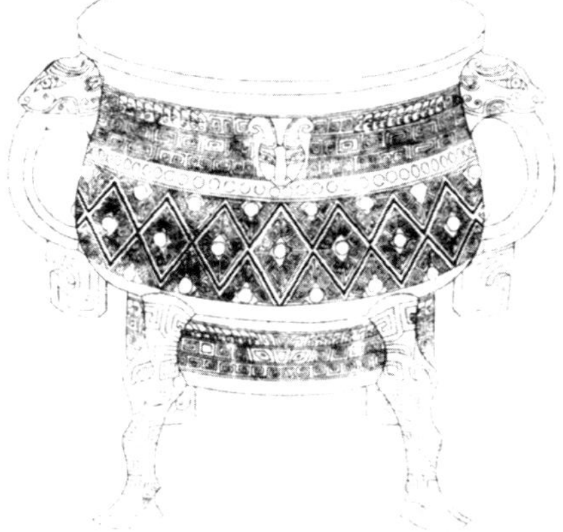

西清古鑑　卷十四　彝　七

作寶彝

右高五寸九分深三寸一分口徑五寸六分腹圍一尺八寸四分重八十五兩兩耳有珥四足

周寶彝五

作寶彝

右高四寸一分深二寸七分口徑六寸六分腹圍一尺八寸三分重八十三兩兩耳有珥

周寶彝六

作寶彝

右高四寸五分深三寸三分口徑六寸九分腹圍一尺九寸五分重八十二兩兩耳有珥

周寶彝七

作寶彝

右通葢高六寸八分深四寸口縱四寸九分橫四寸六分腹圍二尺一寸三分重一百九兩兩耳有珥

周寶彝八

作寶彝

右高五寸三分深四寸一分口徑八寸三分腹圍二尺三寸重一百三十五兩兩耳有珥

周饕餮彝一

永寶用

右高四寸五分深三寸一分口徑五寸七分腹圍一尺六寸五分重五十七兩兩耳有珥

周饕餮彝二

右高五寸一分深四寸口徑七寸腹圍二尺二寸二分重九十三兩兩耳有珥

周饕餮彝三

右高五寸一分深四寸口徑六寸九分腹圍二尺二寸三分重九十三兩兩耳有珥

周饕餮彝四

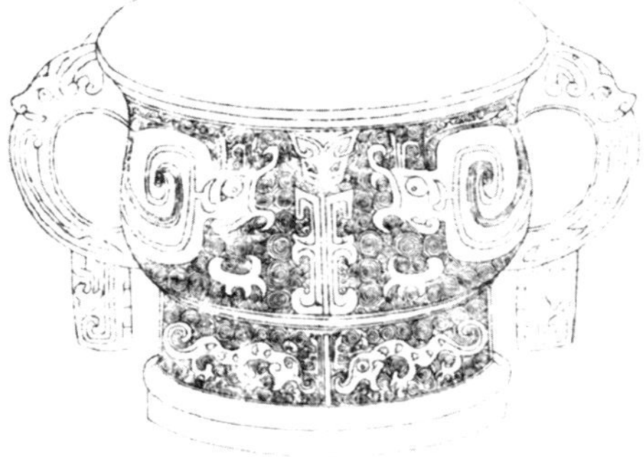

右高四寸四分深三寸口徑五寸七分腹圍一尺七寸三分重五十七兩兩耳有珥

周饕餮彝五

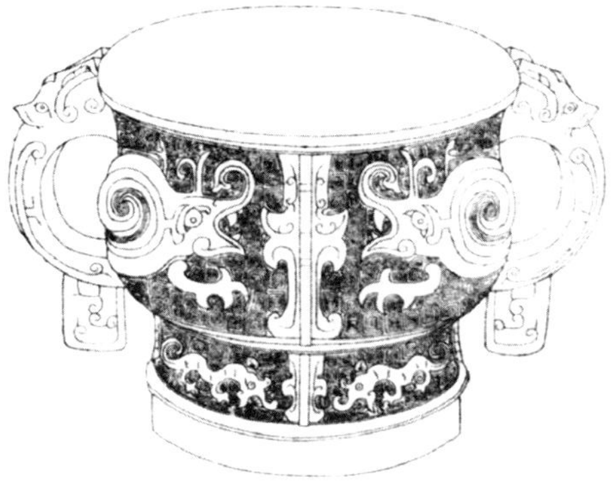

西清古鑑　卷十四　彝　十六

右高四寸五分深三寸一分口徑六寸腹圍一尺七寸一分重六十八兩兩耳有珥

周饕餮彝六

西清古鑑　卷十四　彝　十七

右高四寸四分深三寸六分口徑六寸三分腹圍一尺七寸三分重六十一兩兩耳有珥

周饕餮方彝一

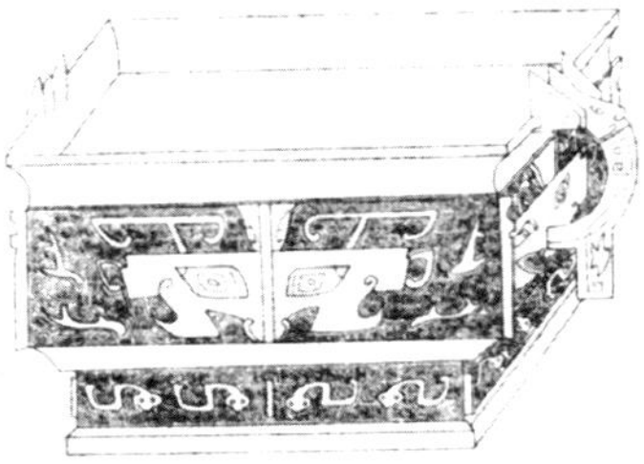

作尊　孫孫子子其永寶

右高三寸五分深二寸三分口縱四寸一分橫五寸一分腹縱橫亦如之重四十八兩兩耳有珥

周饕餮方彝二

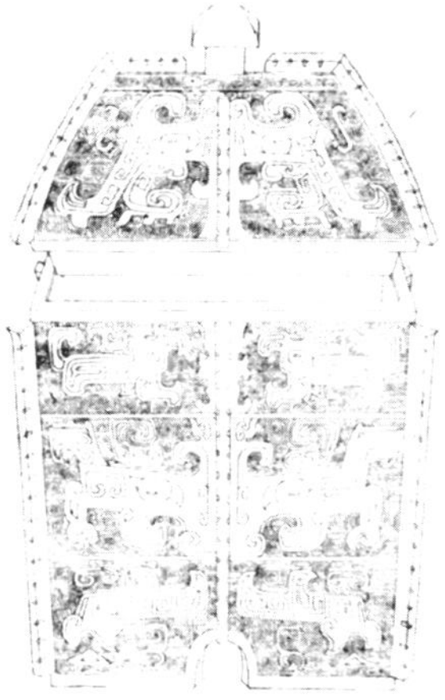

蓋

器

右通蓋高七寸三分深三寸二分口縱三寸橫四寸底縱二寸六分橫三寸八分重六十七兩銘字不可識

周饕餮方彝三

右通蓋高六寸五分深三寸一分口縱五寸三分橫六寸二分底縱四寸八分橫五寸七分重一百四十一兩

周百乳彝一

右高五寸二分深三寸七分口徑七寸七分腹圍二尺二寸七分重八十五兩兩耳有珥

周百乳彝二

右高四寸七分深三寸四分口徑七寸腹圍二尺二分重七十七兩兩耳

周乳彝一

右高四寸五分深一寸五分口徑六寸一分腹圍一尺九寸六分重七十二兩

周乳彝二

右高五寸二分深四寸四分口徑七寸五分腹圍二尺重六十九兩

周夔鳳彝

右高四寸七分深三寸六分口徑七寸四分腹圍二尺二寸三分重一百五兩兩耳

周鳳彝

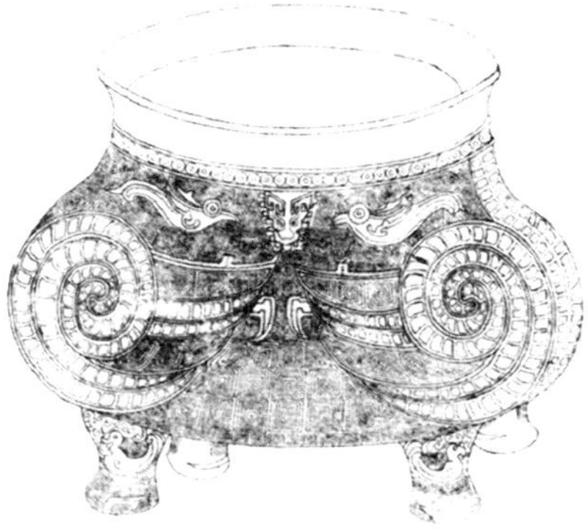

右高四寸六分深三寸七分口縱三寸一分橫四寸二分腹圍一尺四寸二分重四十八兩

周蟠夔彝一

右高四寸八分深三寸四分口徑六寸五分腹圍一尺九寸重六十七兩兩耳有珥

周蟠夔彝二

右高四寸四分深二寸九分口徑六寸五分腹圍二尺一寸二分重七十五兩兩耳有珥

周蟠夔彝三

永寶用

右高三寸四分深二寸九分口徑六寸九分腹圍二尺重八十一兩兩耳有珥

周蟠夔彝四

右高六寸深二寸七分口徑六寸三分腹圍一尺九寸一分重一百五十三兩兩耳

周獸耳彝

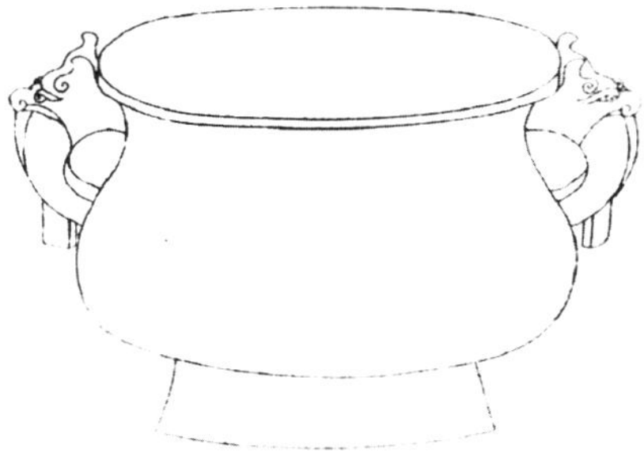

右高三寸七分深三寸口徑五寸一分腹圍一尺六寸四分重五十八兩兩耳有珥

周素彝

西清古鑑　卷十四　彝　三十二

右高五寸深三寸八分口徑七寸七分腹圍二尺二寸重六十九兩

周雷紋舟一

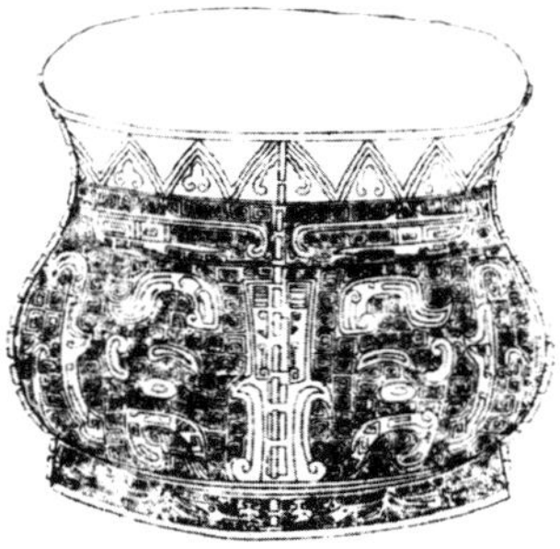

西清古鑑　卷十四　舟　三十三

舟

右高三寸五分深二寸九分口縱二寸九分横四寸二分腹圍一尺一寸二分重二十九兩周禮春官用雞彝鳥彝皆有舟舟葢彝之副若如鄭氏謂如今之承槃則用兩象尊皆有罍又何以稱焉據此罷可訂漢儒之誤

周雷紋舟二

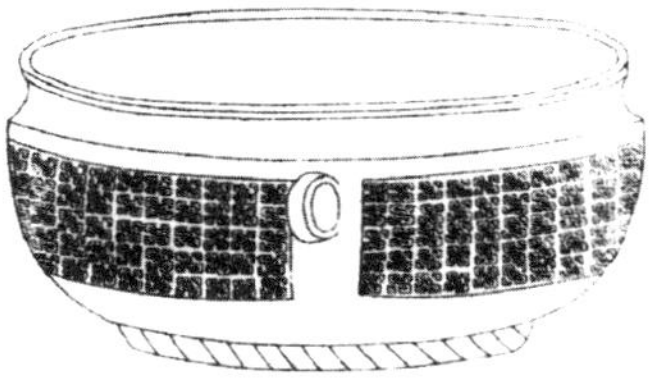

右高二寸一分深二寸口縱三寸五分横四寸二分腹圍一尺二寸五分重八兩

周斜紋舟

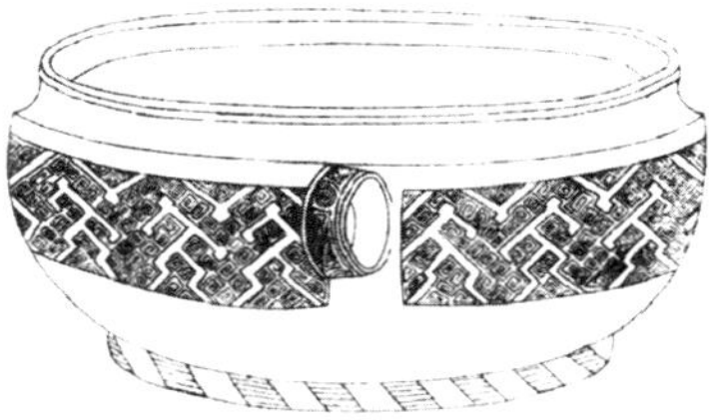

右高二寸五分深二寸二分口縱三寸五分横四寸七分腹圍一尺三寸八分重二十兩

周素舟一

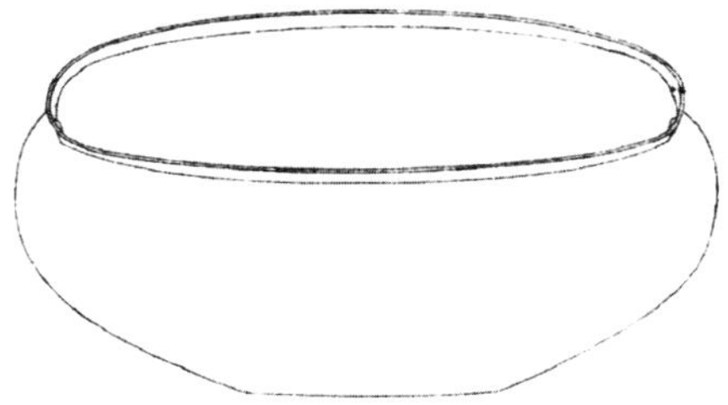

右高二寸二分深二寸一分口縱三寸九分橫五寸四分腹圍一尺六寸重二十一兩

周素舟二

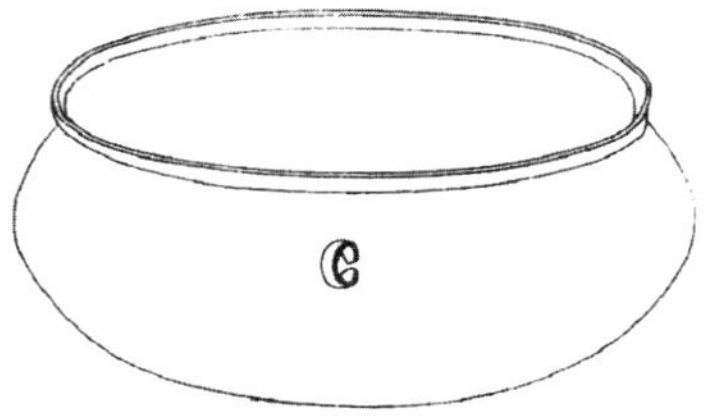

右高二寸四分深二寸二分口縱四寸一分橫五寸四分腹圍一尺六寸七分重十五兩

西清古鑑卷十五目録

卣一

商

父丁卣一 有銘

父丁卣二 有銘

父丁卣三 有銘

祖已卣 有銘

父癸卣 有銘

瞿卣 有銘

卦象卣 有銘

周

貉子卣一 有銘

貉子卣二 有銘

伯啟卣 有銘

伯和卣 有銘

單卣 有銘

雍卣 有銘

静卣 有銘

巽卣 有銘

承卣 有銘

列卣 有銘

木卣 有銘

衛卣 有銘

諸孟卣 有銘

尹洛卣 有銘

招仲卣 有銘

錫高卣 有銘

文父卣 有銘

商父丁卣一

西清古鑑　卷十五　卣　一

蓋

器

○父丁

音釋同前

右通蓋高九寸深五寸七分口縱三寸六分横四寸六分腹圍一尺九寸五分重一百五十五兩兩耳有提梁銘上一字不可識與商父乙鼎同

商父丁卣二

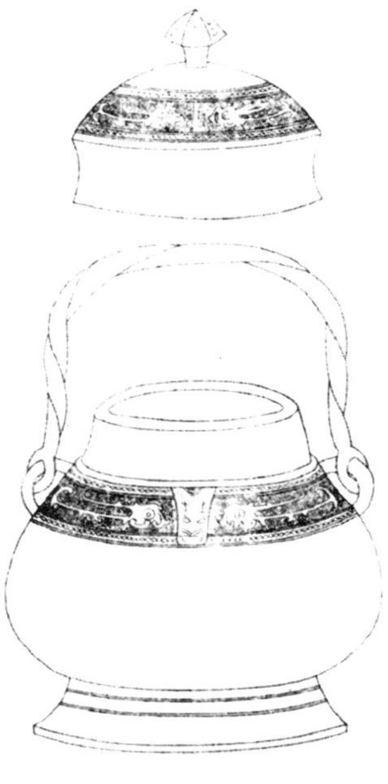

西清古鑑　卷十五　卣　二

蓋

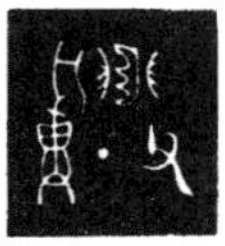

器

○父○丁

音釋同前

右通蓋高九寸四分深六寸口縱三寸横四寸三分腹圍二尺重一百五十兩兩耳有提梁銘父丁與前器同餘字疑象形不可識

商父丁卣三

蓋

器

子◯父丁

音釋同前

右通蓋高九寸六分深五寸九分口縱三寸二分横三寸九分腹圍一尺九寸六分重一百五十六兩兩耳有提梁

商祖已卣

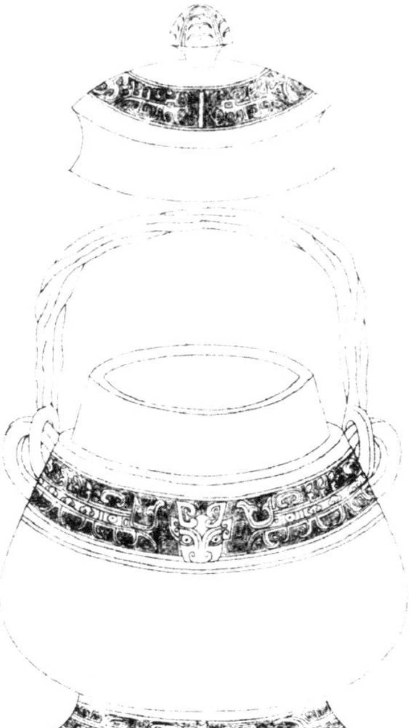

蓋

器

尊祖已
作彝

音釋同前

右通蓋高八寸七分深五寸八分口縱三寸六分横四寸五分腹圍一尺九寸二分重一百三十六兩兩耳有提梁蓋器銘文同惟尊字作字

則左右互易之

商父癸卣

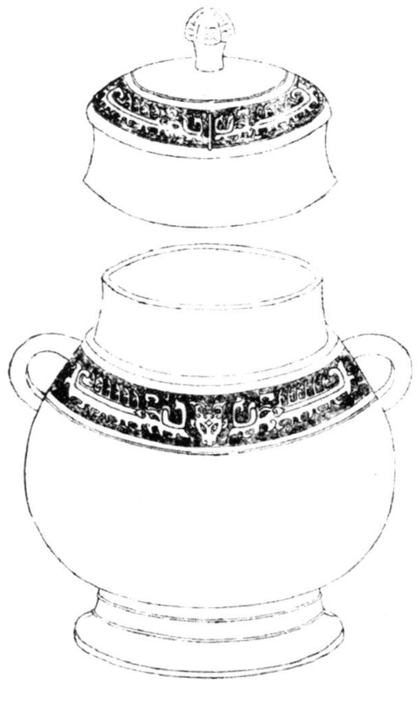

蓋

手執耳形　父癸

器

音釋同前

右通蓋高一尺一分深六寸七分口縱三寸八分橫四寸九分腹圍二尺五分重一百三十一兩兩耳無提梁款上象形爲執耳蓋提耳意也

商瞿卣

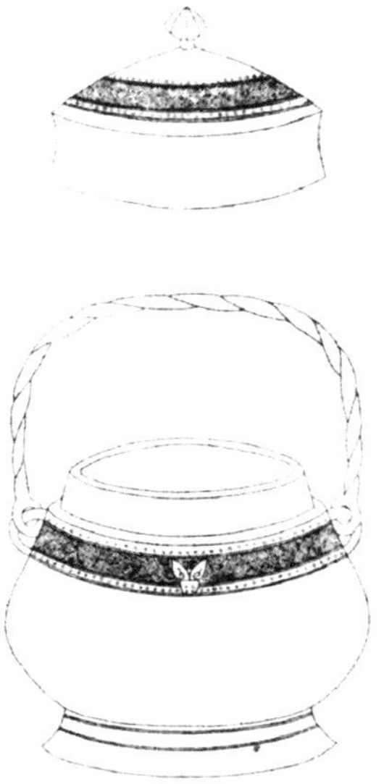

蓋

瞿

器

享

右通蓋高六寸深三寸七分口縱二寸二分横三寸腹圍一尺二寸九分重四十七兩兩耳有提梁博古圖載瞿父鼎瞿祖丁卣皆屬于商今從之按竹書紀年商武乙名瞿顧博古圖未之詳也又銘一字曰享是知為享器

商卦象卣

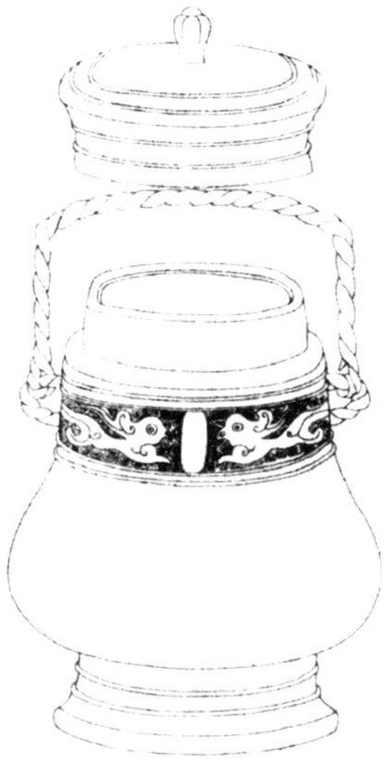

蓋

卦象

器

音釋同前

右通蓋高九寸八分深六寸口縱三寸横四寸腹圍一尺九寸重一百三十兩兩耳有提梁博古圖有此器定為商今從之

周貉子卣一

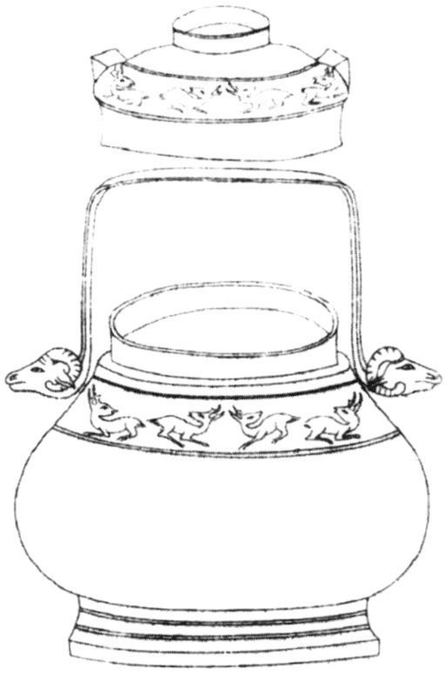

蓋

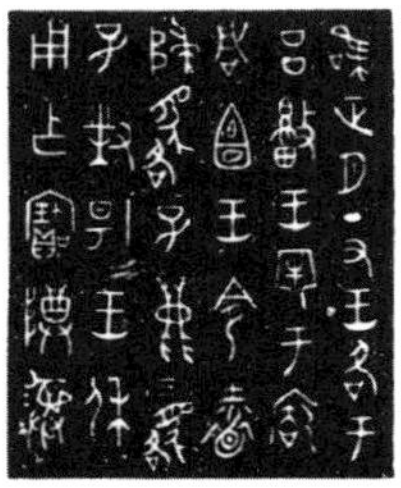

器

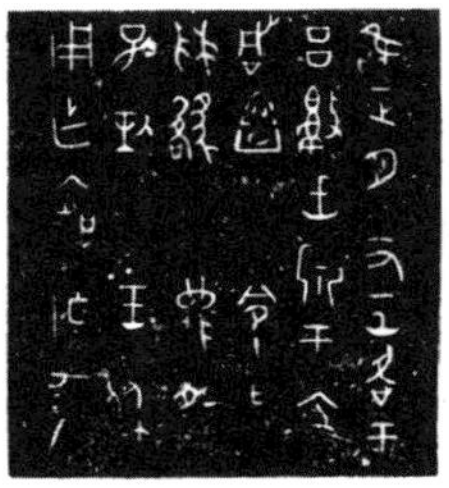

惟正月丁丑王格于
吕　王田于成
周宜王命○○
歸貉子蔑再貉
子對揚王休用
作寶　尊　彝

音釋同前

右通蓋高六寸深三寸七分口縱三寸横三寸九分腹圍一尺六寸八分重七十五兩兩耳有提梁銘曰王格于吕吕下一字不可識按堯封四岳于吕輿地志謂在今南陽府城西所云吕豈即其地耶成周乃洛陽東都也曰王田于成周則當在未東遷以前蓋自鎬京出田于洛猶召誥王朝步自周則至于豐也詩大雅其追其貉傳謂追貉皆國名銘詞貉子是已

周貉子卣二

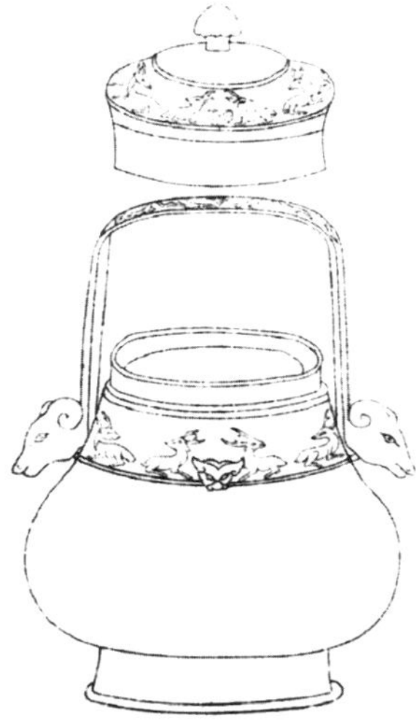

蓋

器

惟正月丁丑王格于
呂　王田于成
周宜王命
歸貉子茂再貉
子對揚王休用
作寶　尊彝

音釋同前

右通蓋高深口縱橫俱同前腹圍一尺五寸七

分重七十九兩兩耳有提梁銘字與前器合蓋
一時作皆周初器也

周伯啟卣

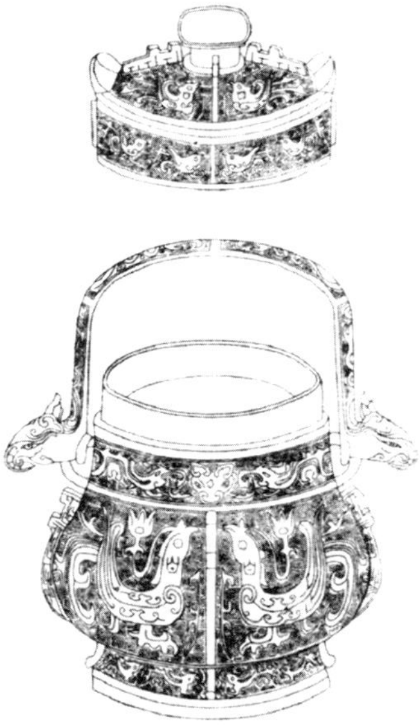

蓋

惟正月甲午王在、
居王〇命伯啟曰毋
俾〇戈事乃友嬬〇
迺芾乃帑乃小子小、
大事毋有田、再拜
稽首敢對揚王休從

器

作寶彝

右通蓋高七寸深四寸五分口縱三寸横四寸腹圍一尺八分重九十一兩兩耳有提梁銘不可識者五字其曰王在曰居詩稱王在在鎬有那其居意類此曰友曰嬬曰芾曰帑友義同旅嬬博雅妻謂之嬬說文弱也一曰下妻芾兩音蔽芾斯皇則方味切又分物切則三百赤芾是也帑一作農都切左傳秦人送其帑一為坦朗切則說文金幣所蔵也伯啟蓋當時卿士意者有行役之事而申命毋擾故曰小大事毋有畋也曰友嬬乃芾乃帑則卹之者至矣先紀王命而後承之以再拜稽首對揚王休皆謹之至耳

周伯和卣

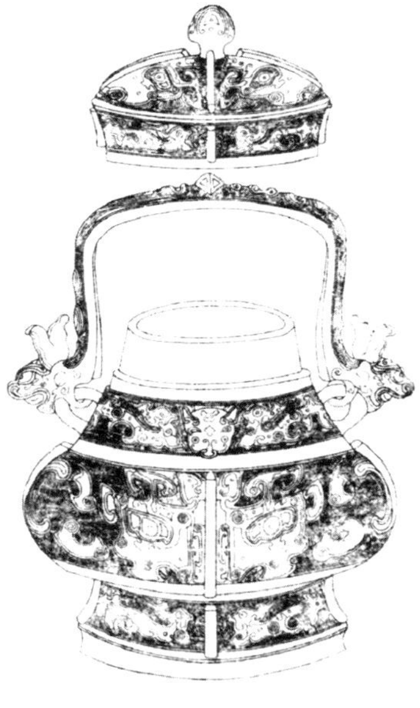

蓋

器

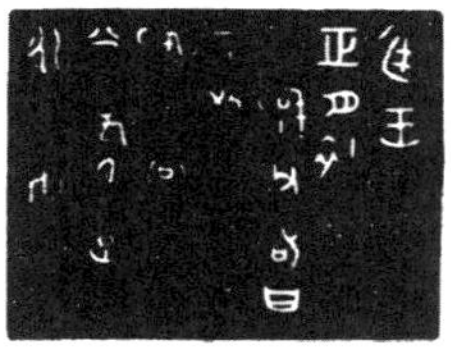

惟王命元
正月初吉丁亥
伯和父若曰
乃稽首敢對
揚　君○用作
其萬　孫
永寶用

音釋同前

右通蓋高九寸九分深六寸一分口縱三寸橫四寸腹圍一尺九寸七分重一百四十六兩兩耳有提梁銘與伯和尊同缺五字

周單卣

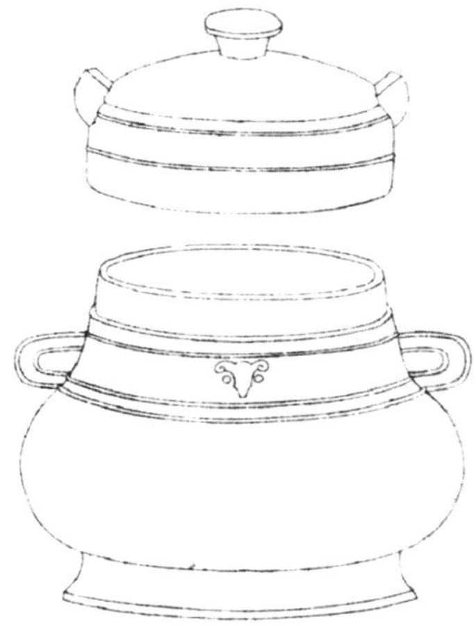

蓋

器

同爵遲單景
癸凤夕饗爾
宗尊彝其以父
子豐作父癸旅車
文考日癸乃方

音釋同前

右通蓋高五寸九分深三寸八分口縱二寸三分橫三寸三分腹圍一尺五寸一分重四十七

兩兩耳無提梁博古圖鐘鼎款識二書俱載此器爵字款識所缺景字款識亦作冏今釋文並從博古圖惟豐字博古圖作壴茲仍釋豐則又從款識也單氏世為周卿士見于經傳者單伯逆王姬單伯之後有襄公名朝襄公之子頃公頃公之子靖公皆失名靖公之子曰獻公名蔑獻公之弟曰成公子曰穆公名旗穆公之子曰武公名逸單氏食采于單而伯則其爵也銘首𠙵字疑即⊖字非冏字也前二書蓋失考

周雍卣

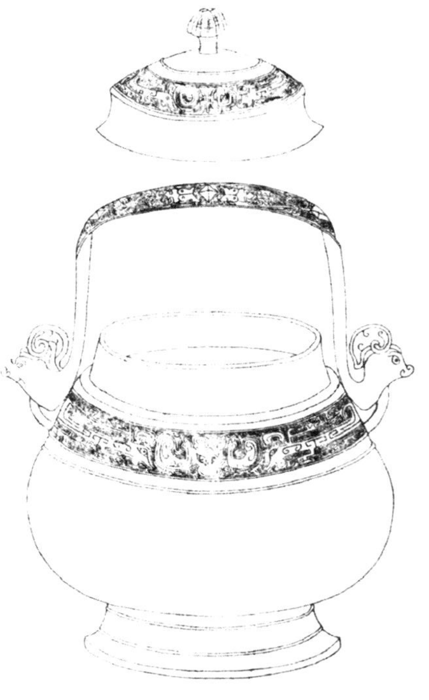

西清古鑑　卷十五　卣　十九

蓋

器

雍作父甲
寶尊彝單

音釋同前

右通蓋高七寸五分深五寸口縱三寸二分横四寸一分腹圍一尺七寸九分重九十兩兩耳有提梁末著單字亦單氏物也雍蓋其名

周靜卣

西清古鑑　卷十五　卣　二十

蓋

器

惟四月初吉丙寅王在
旁京王錫靜弓靜拜
稽首敢對揚王休用作
宗彝其子孫〻永寶用

音釋同前

右通蓋高六寸七分深四寸五分口縱三寸三分横四寸四分腹圍一尺八寸四分重一百七兩兩耳有提梁旁京意如陪京周兩京並建未

東遷以前則陪京乃洛邑耳按史記齊襄公之
弟胡公名静銘云錫静弓云静拜稽首𢦏其齊
器耶

周𢍰卣

蓋

𢍰作父辛
旅彝亞

器

音釋同前

右通蓋高六寸一分深三寸九分口縱二寸五
分横三寸三分腹圍一尺四寸三分重四十八
兩兩耳有提梁金錯𢍰邑在晉後以為氏郤芮
郤缺食采于𢍰亦稱𢍰芮𢍰缺𢦏卣銘與博古
圖合但彼僅因父辛之號而定為商未敢信然

紋鏤華縟與彼器純素者亦異

周承卣

蓋

皁承作文父丁尊彝

器

音釋同前

右通蓋高九寸五分深六寸七分口縱三寸八分橫四寸九分腹圍二尺一寸九分重二百六十四兩兩耳有提梁古器亞形內多銘皁字者如若癸鼎皆是承蓋其名耳

周列卣

蓋

器

列作兄亞形
丁辛尊彝中
立旂形

音釋同前

右通蓋高一尺六分深七寸五分口縱三寸七分橫四寸五分腹圍一尺七寸六分重一百二十二兩兩耳有提梁十干書丁辛疑弗類然舊器多如此前人謂柔日所有事理或然爾

周木卣

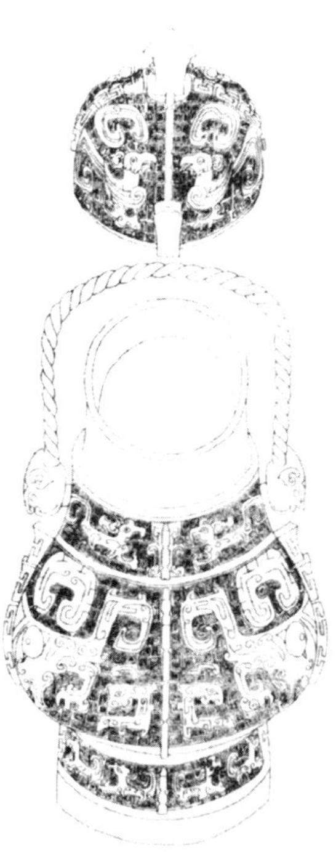

蓋

器

木
戊

音釋同前

右通蓋高八寸八分深五寸五分口縱三寸八分橫四寸三分腹圍一尺一寸九分重一百二十八兩兩耳有提梁可考者楚子木晉先丹木魯后木而博古圖于銘木者輙謂木屬東方為仁古人製器多自識其名不必如宋人所云也

周衛卣

蓋

器

衛父作寶尊彝

音釋同前

右通蓋高七寸八分深五寸一分口縱三寸四分橫四寸五分腹圍一尺七寸六分重一百八兩兩耳有提梁銘稱衛父盖其名氏非國也

周諸孟卣

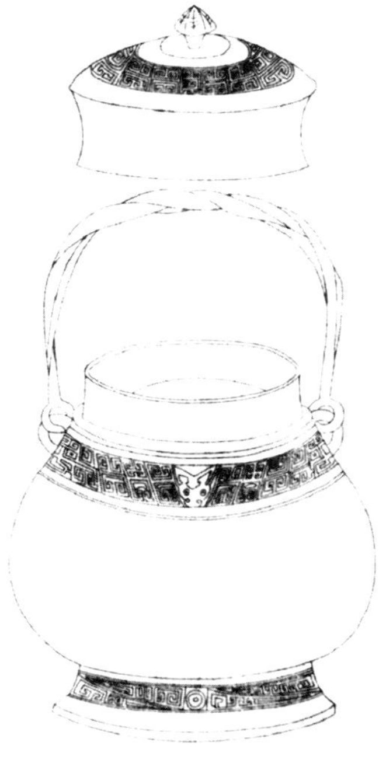

蓋

器

諸孟作父乙彝

孟作父乙彝

右通蓋高九寸四分深六寸三分口縱三寸三分橫四寸五分腹圍一尺九寸八分重一百五十八兩兩耳有提梁鐘鼎款識載諸旅鬲諸字並作卌周禮夏官有諸子注謂主公卿大夫士之子者或曰庶子則諸為官又春秋城諸及防

諸又為邑名按說苑越大夫諸發則諸乃其姓矣盖銘諸盉二字應相屬故器銘只稱盉也

周尹佫卣

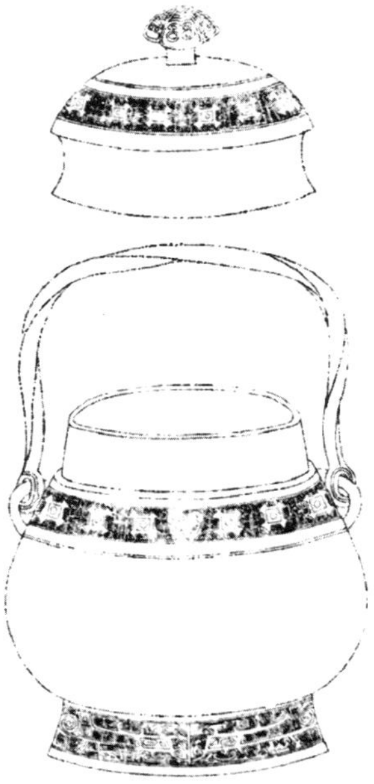

盖

乙亥尹佫刋宮
庚◯錫◯聿〻◯
用作父丁尊彝

器

音釋同前

右通盖高八寸四分深五寸八分口縱三寸二分橫四寸一分腹圍一尺八寸二分重一百一十八兩兩耳有提梁佫古伯切集韻謂通作格尹佫盖其名刋字古器多有之猶作也宗廟亦

曰宮詩召南于以用之公侯之宮此銘稱宮蓋
宗廟矣

周招仲卣

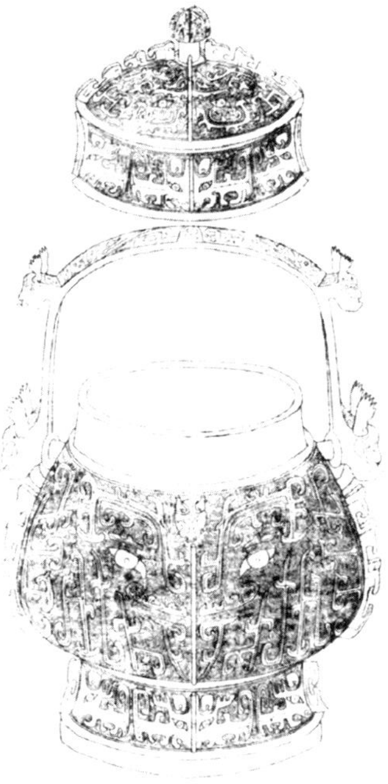

蓋

器

甲午天甲招中

招中

右通蓋高九寸六分深五寸六分口縱三寸四分橫四寸一分腹圍一尺八寸八分重一百九十八兩兩耳有提梁古文甲多作十区與午同仌為天義取諸乾招字與博古圖商招父丁爵弗類周己酉方彝篆法于此銘為近增減一二

筆不足異也

西清古鑑　卷十五　卣　三十三

周錫高卣

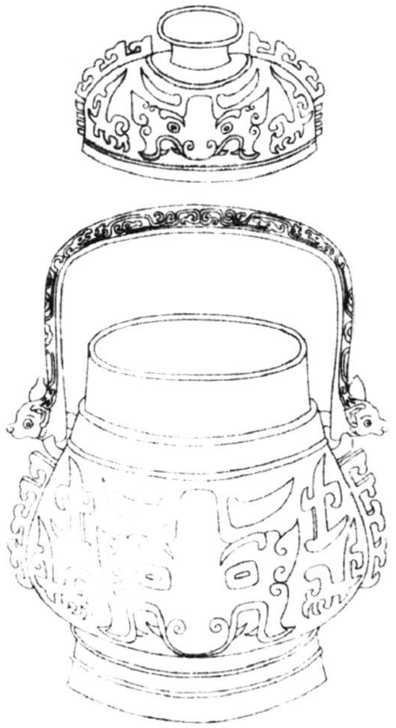

蓋

器

子錫高用作父癸
尊彝子孫

音釋同前

右通蓋高八寸五分深五寸七分口縱三寸七分橫四寸七分腹圍二尺五分重一百六十三兩兩耳有提梁春秋齊鄭衛皆有高氏此云子錫高則高為名于書傳無所考

西清古鑑　卷十五　卣　三十四

周文父卣

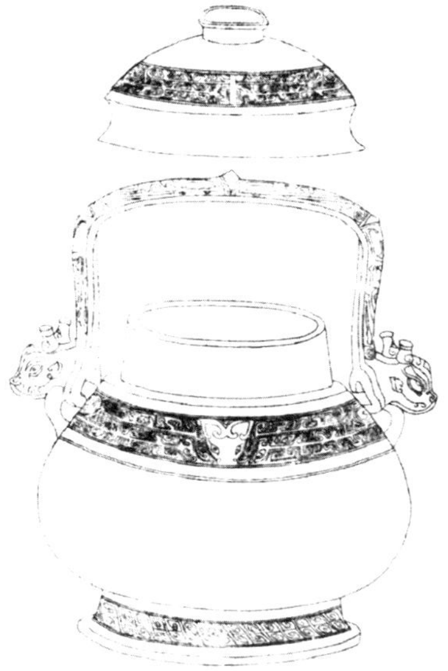

蓋

器

隽作文父日丁寶尊旅車彝析子孫

音釋同前

右通蓋高六寸七分深四寸七分口縱三寸三分横四寸腹圍一尺七寸二分重九十二兩兩耳有提梁

西清古鑑卷十六目錄

卣二

周

周應公卣

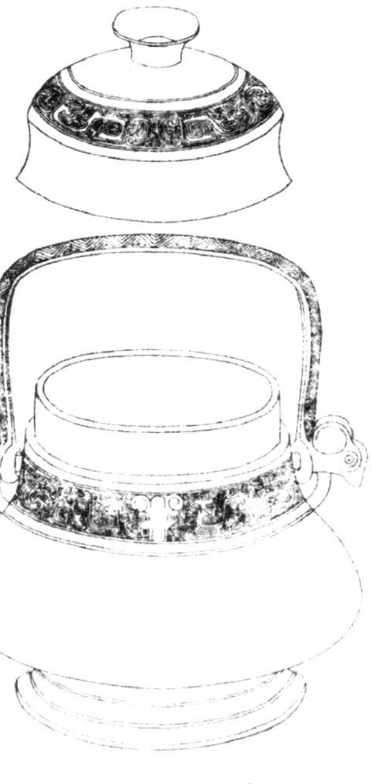

蓋

器

應公作
寶彝

音釋同前

右通蓋高六寸五分深四寸三分口徑三寸六分腹圍一尺七寸四分重七十二兩兩耳有提梁左氏傳邘晉應韓武之穆也内府所收有應公彝亦稱公

周伯魚卣

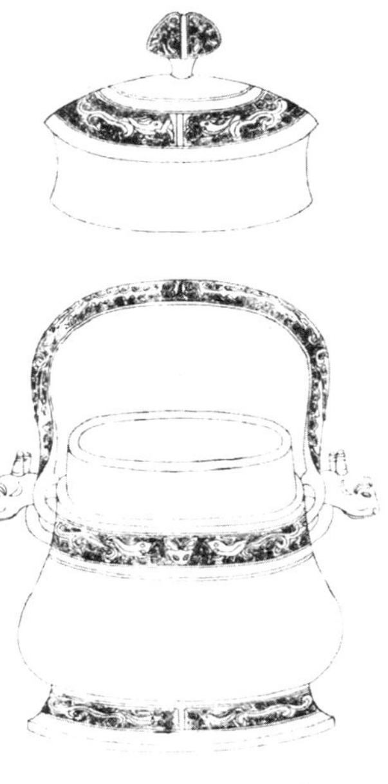

蓋

器

伯魚作寶
尊彝

音釋同前

右通蓋高七寸一分深四寸三分口縱二寸七分横三寸六分腹圍一尺三寸九分重五十九兩兩耳有提梁宋公子目夷魯公子奚斯皆字曰魚此疑二國器冠以伯蓋其序也若孔氏伯魚少賤無田禄不應作祭器矣

周魚卣

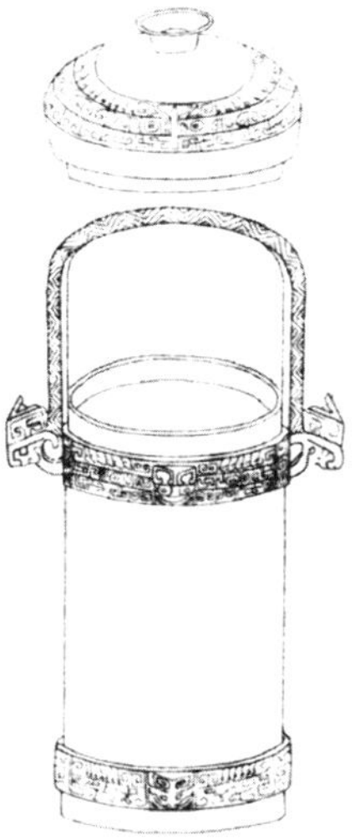

魚母乙

右通蓋高七寸九分深五寸六分口徑三寸四分腹圍一尺二分重七十六兩兩耳有提梁銘首象形為魚與魚鼎篆法異伯魚卣魚字同按博古圖有漢連環攜奩製相近然銘詞非漢物蓋亦卣類而稍異其制度耳

周伯矩卣

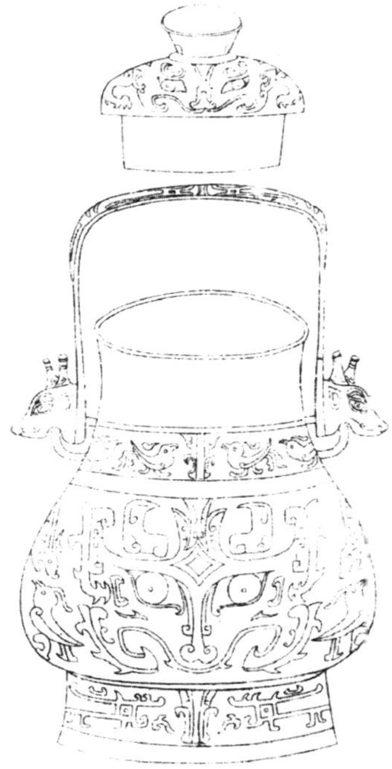

蓋

器

伯矩作寶尊彝

音釋同前

右通蓋高九寸八分深七寸三分口縱三寸四分橫四寸三分腹圍一尺七寸四分重一百一十三兩兩耳有提梁銘伯矩與伯矩尊同

周仲阜卣

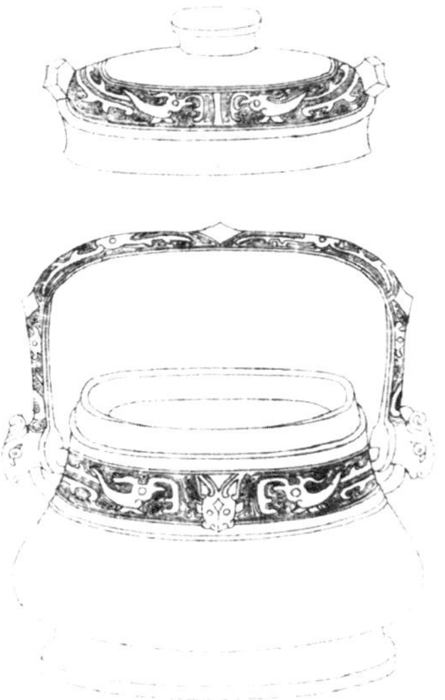

蓋

器

阜父旅彝

仲阜父作旅彝

右通蓋高五寸七分深三寸五分口縱二寸八分横四寸腹圍一尺五寸六分重七十九兩兩耳有提梁仲阜之名未詳見於書傳者周人惟曾阜耳

周丕叔卣

蓋

器

辜丕𣏟策乃邦惟虔○帝家以○子作永寶子

音釋同前

右通蓋高五寸五分深三寸七分口縱二寸七分横如深之數腹圍一尺四寸四分重五十兩兩耳有提梁享字為斷句明其用享也丕叔蓋人名銘詞稱策乃邦疑亦有國者之稱矣

周叔卣

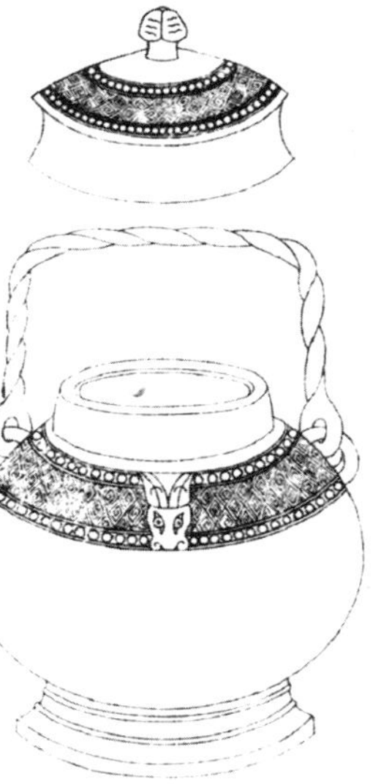

蓋

叔

器

音釋同前

右通蓋高六寸深三寸八分口縱二寸四分横三寸三分腹圍一尺三寸重四十七兩兩耳有提梁伯仲叔季為序固已然有字曰仲曰叔者則只一字此銘叔是已

周邢季卣

蓋

邢季仲史作旅彝

器

音釋同前

右通蓋高四寸三分深三寸六分口縱二寸八分横三寸九分腹圍一尺五寸八分重六十一兩兩耳有提梁銘詞季與仲何以兩稱蓋邢之公族以季為氏仲則其序而史名也觀魯之叔孫氏有叔仲彭生叔仲帶則於季仲史何疑

周車卣

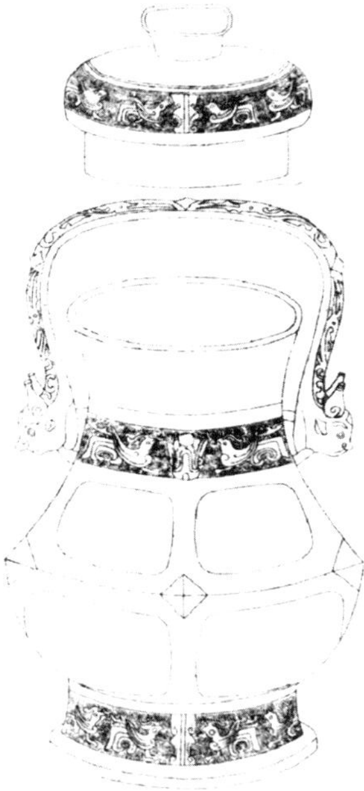

蓋

器

車父癸

音釋同前

右通蓋高九寸六分深六寸八分口縱三寸二分横四寸腹圍一尺六寸三分重一百十兩兩耳有提梁爾雅卣為中尊則卣不獨盛秬鬯用也銘曰車盖與車尊同

周禾卣一

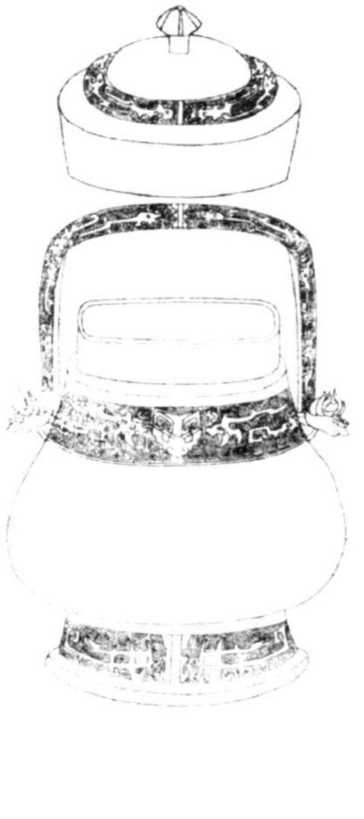

蓋

器

禾伯己

音釋同前

右通蓋高八寸七分深五寸五分口縱三寸一分横三寸九分腹圍一尺六寸四分重一百七兩兩耳有提梁舊説釋芊為稼取致飬之義此銘禾應與稼同又古文禾通作和云伯己盖作者名也

周禾卣二

蓋

器

禾屋室形

音釋同前

右通蓋高七寸三分深四寸五分口徑二寸二分腹圍一尺一分重四十八兩兩耳有提梁

周禾卣三

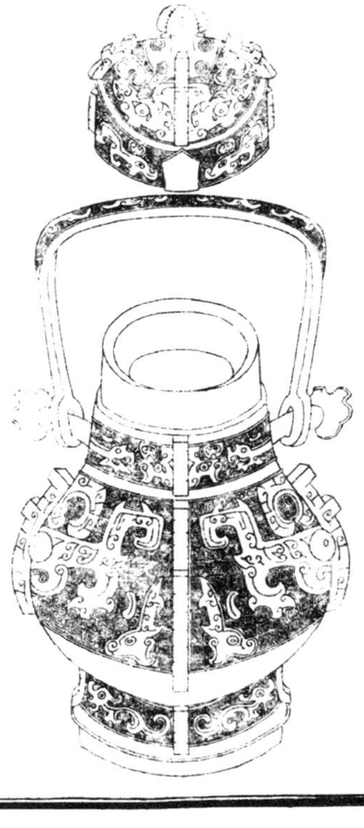

蓋

器

。

丁禾

右通蓋高九寸七分深六寸一分口縱三寸九分横四寸八分腹圍二尺二寸重二百十一兩兩耳有提梁

周鼐卣

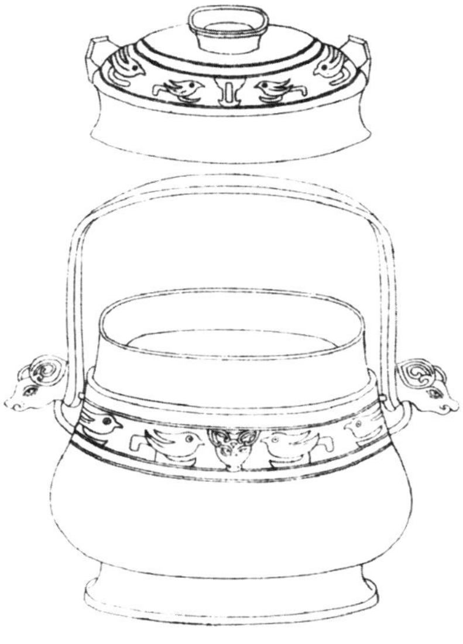

蓋

器

鼐作父乙寶尊彝

音釋同前

右通蓋高六寸深四寸口縱二寸七分橫三寸八分腹圍一尺五寸五分重六十三兩兩耳有提梁銘與鼐尊同

周舉卣一

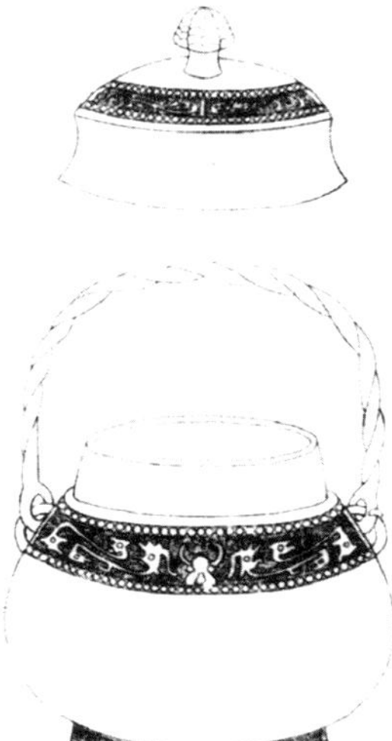

蓋

器

舉

音釋同前

右通蓋高六寸六分深四寸三分口縱二寸四分橫三寸三分腹圍一尺三寸二分重六十五兩兩耳有提梁

周舉卣二

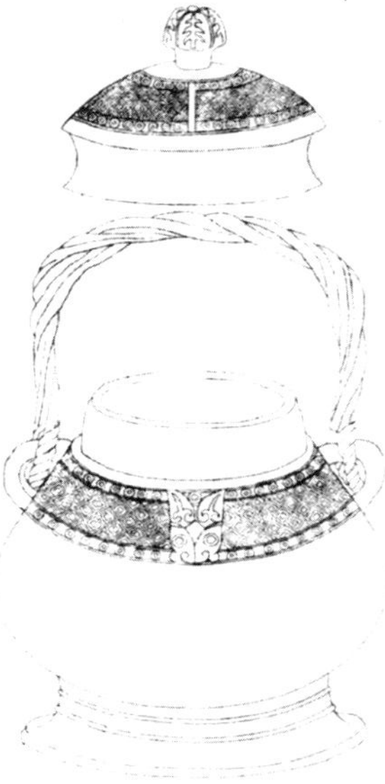

蓋

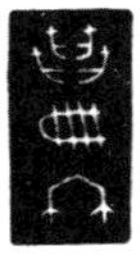

器

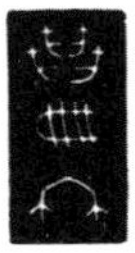

祺册舉

音釋同前

右通蓋高九寸深六寸一分口縱三寸五分橫四寸六分腹圍一尺九寸四分重一百二十七兩兩耳有提梁

周舉卣三

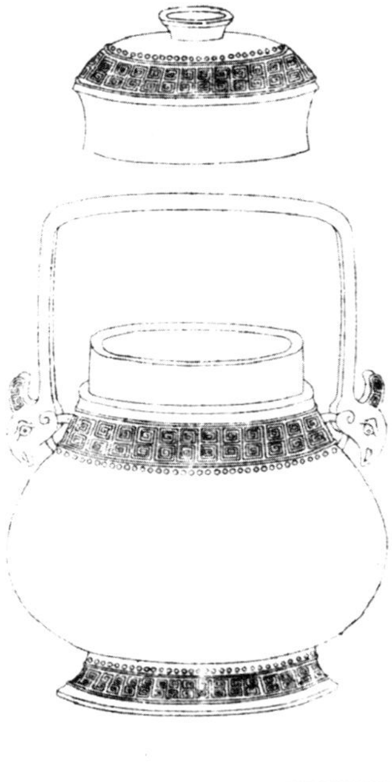

蓋

器

舉福

音釋同前

右通蓋高七寸六分深五寸三分口縱二寸九分橫三寸九分腹圍一尺七寸六分重八十兩兩耳有提梁舉下一字象形為福按祭既灌之後乃飲福義蓋取此

周癸卣

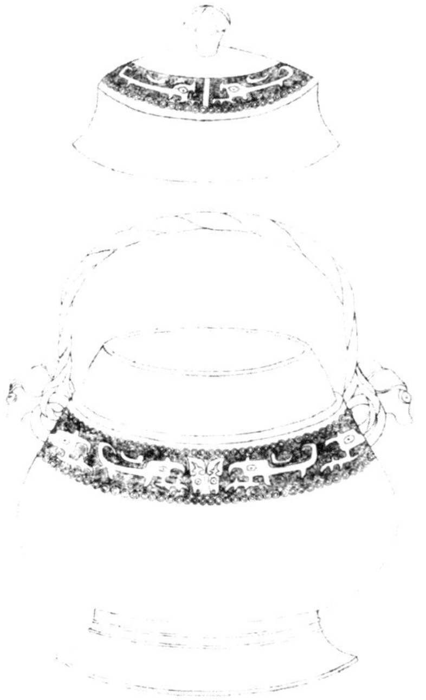

西清古鑑　卷十六　卣　十七

蓋

器

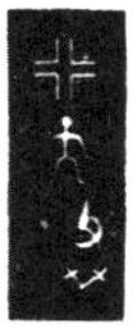

析子父癸

音釋同前

右通蓋高九寸深五寸九分口縱三寸七分橫四寸五分腹圍一尺九寸九分重一百三十四兩兩耳有提梁

周行父卣

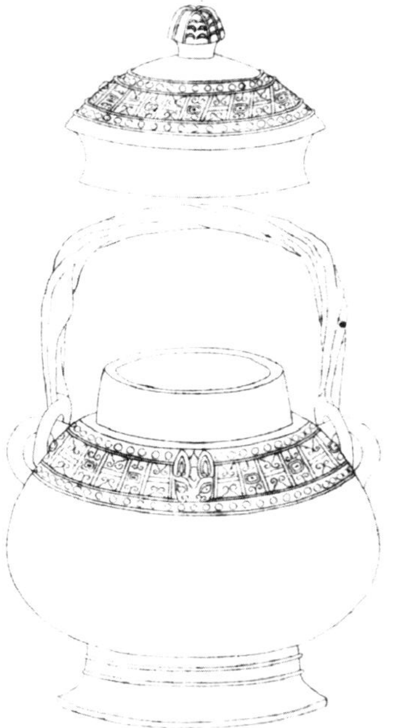

西清古鑑　卷十六　卣　十八

蓋

器

行父

音釋同前

右通蓋高八寸八分深六寸一分口縱三寸三分橫四寸四分腹圍一尺九寸三分重一百五十兩兩耳有提梁蓋與器同識曰行父陳有儀行父魯有季孫行父其二國器耶

周事卣

蓋

器

事父作
尊彝

音釋同前

右通蓋高一尺一寸二分深六寸八分口縱二寸八分橫三寸八分腹圍二尺七分重一百七十一兩兩耳有提梁金銀錯銘曰事與事尊同

周宜卣

蓋

器

宜之商盟用作
父辛尊彝子孫

音釋同前

右通蓋高八寸深五寸一分口縱三寸七分橫四寸八分腹圍二尺重一百六十八兩兩耳有提梁內府所收有周宜壺銘曰周宜作此銘曰用作父辛尊彝則祭祀明甚非會盟用矣銘首稱宜之商盟尤不可曉

周束卣

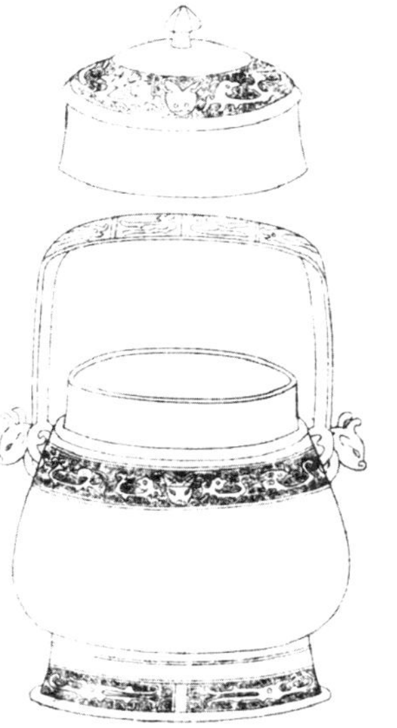

蓋

器

束

音釋同前

右通蓋高八寸深四寸七分口縱二寸三分橫三寸六分腹圍一尺四寸四分重九十七兩兩耳有提梁前漢地理志有東州趙地踈廣之後改姓束皆漢以後事幣五足為束脯十挺為束皆于卣義無取疑人名為是

周虎卣

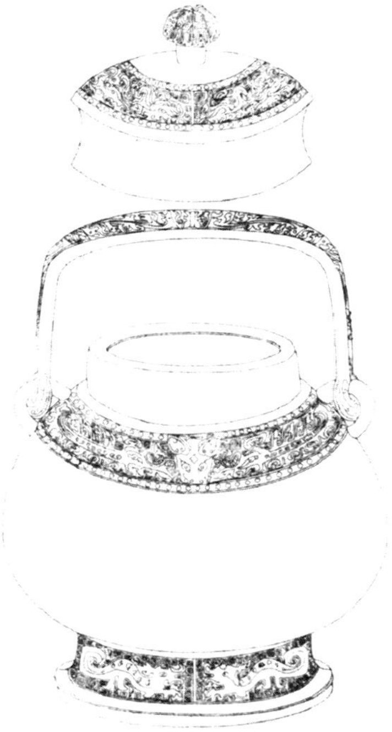

蓋

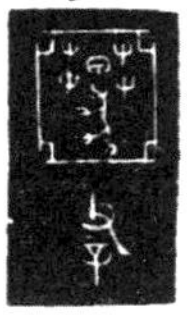

器

亞形中

暮虎父辛

音釋同前

右通蓋高一尺深六寸五分口縱三寸七分橫四寸七分腹圍二尺一寸二分重一百六十七兩兩耳有提梁亞形內上一字攄說文謂日在茻中讀作暮於銘詞取義不可曉下曰虒意如虒鼎蓋人名耳

周史卣

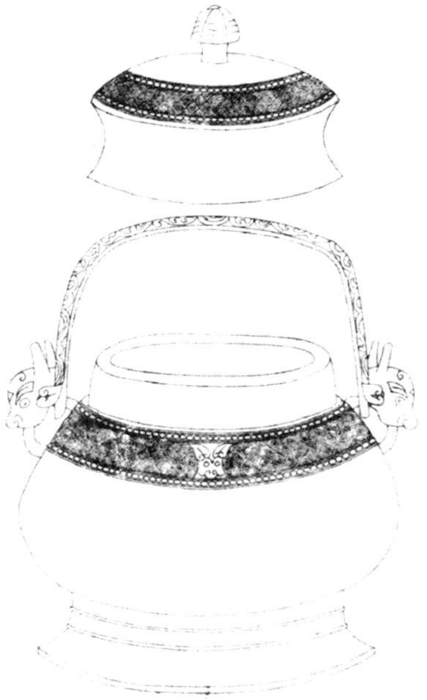

蓋

史

器

音釋同前

右通蓋高九寸四分深五寸八分口縱三寸五分橫四寸五分腹圍一尺九寸四分重一百四十八兩兩耳有提梁

周從卣

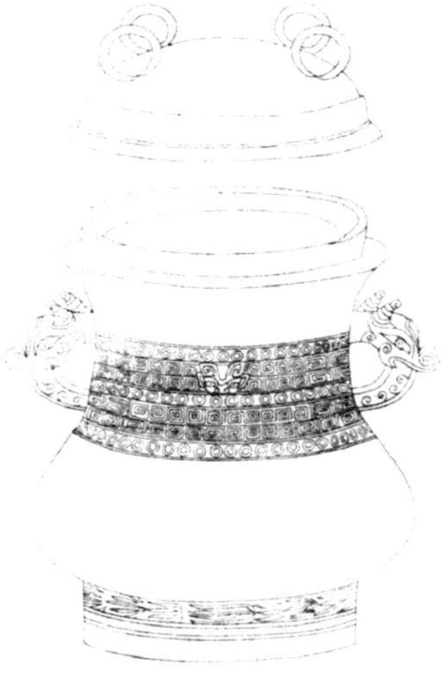

作從○

右通蓋高八寸九分深六寸六分口縱四寸五分橫五寸五分腹圍二尺一寸四分重一百二十七兩兩耳無提梁銘曰從如鼎之有陪與前從尊同皆貳罷也

周旅卣

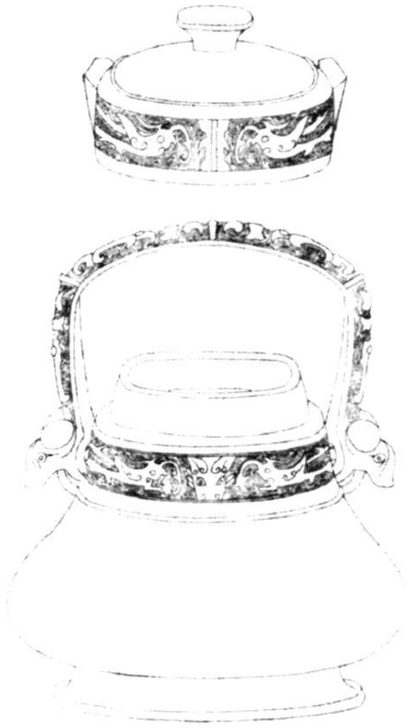

西清古鑑　卷十六　卣　二十五

蓋

作旅彝

器

音釋同前

右通蓋高五寸六分深三寸七分口縱二寸五分橫四寸腹圍一尺四寸八分重六十兩兩耳有提梁

周立旂卣

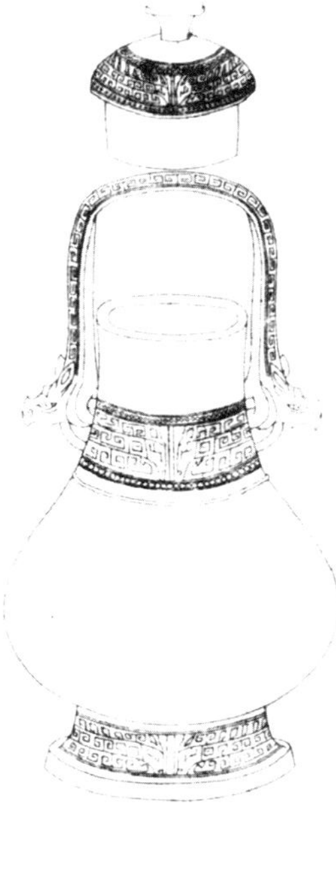

西清古鑑　卷十六　卣　二十六

蓋

立旂形父辛

器

音釋同前

右通蓋高一尺五分深七寸九分口徑三寸五分腹圍一尺七寸七分重九十六兩兩耳有提梁

周立戈卣

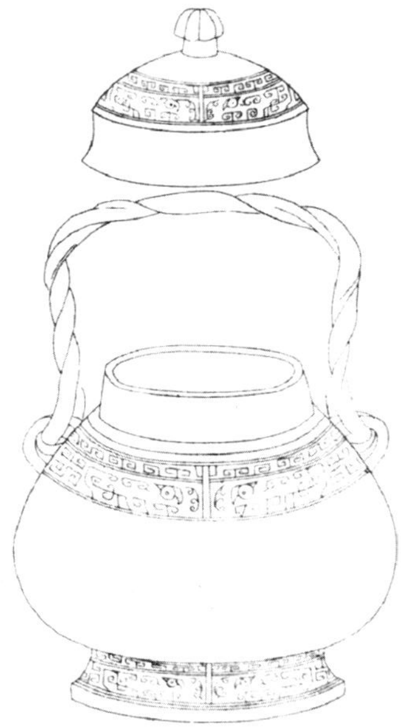

蓋

器

子孫父立戈形

音釋同前

右通蓋高八寸九分深五寸九分口縱三寸四分橫四寸一分腹圍一尺九寸三分重一百十三兩兩耳有提梁

周執干卣

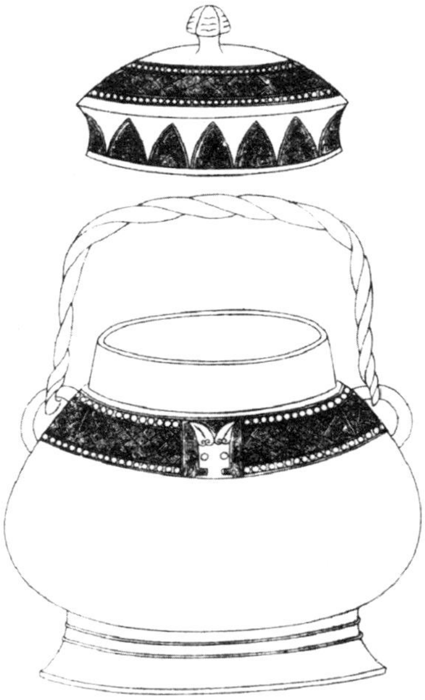

蓋

器

手執干形

音釋同前

右通蓋高九寸二分深五寸八分口縱三寸五分橫四寸六分腹圍一尺九寸六分重一百一十五兩兩耳有提梁

周執物卣

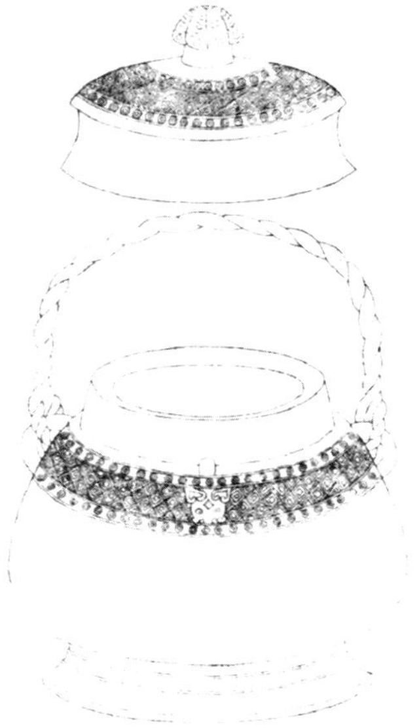

手執物形

右通蓋高八寸七分深五寸八分口縱三寸六分横四寸四分腹圍一尺九寸五分重一百三十五兩兩耳有提梁

周亞卣一

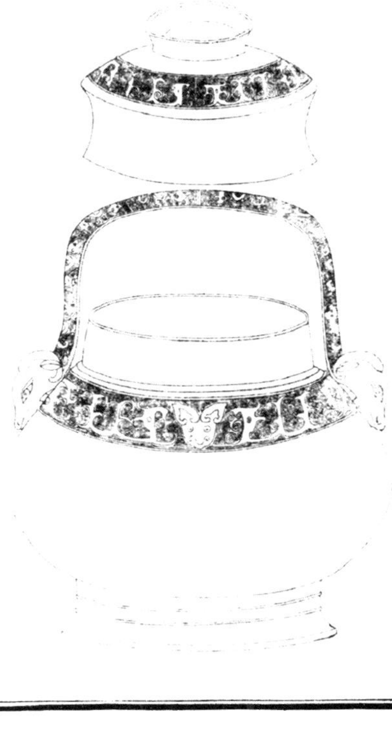

蓋

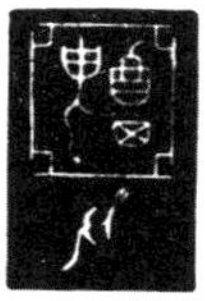

器

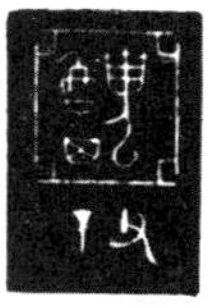

亞形中尊格上三矢彝父

音釋同前

右通蓋高九寸二分深六寸五分口縱三寸七分横四寸八分腹圍二尺四分重一百五十五兩兩耳有提梁

周亞卣二

蓋

器

析子孫

亞形中尊彝 格上三矢

右通蓋高九寸四分深六寸三分口縱三寸四分橫四寸六分腹圍一尺一寸九分重一百四十九兩兩耳有提梁

周亞卣三

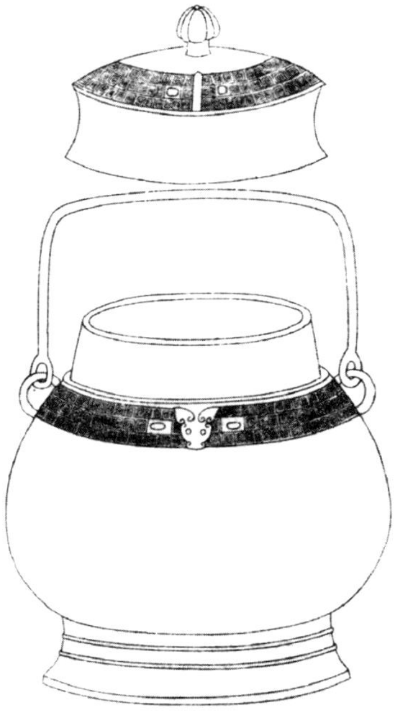

蓋

器

亞形中尊彝 格矢

音釋同前

右通蓋高九寸深五寸八分口縱三寸二分橫四寸一分腹圍一尺七寸五分重七十五兩兩耳有提梁

周亞卣四

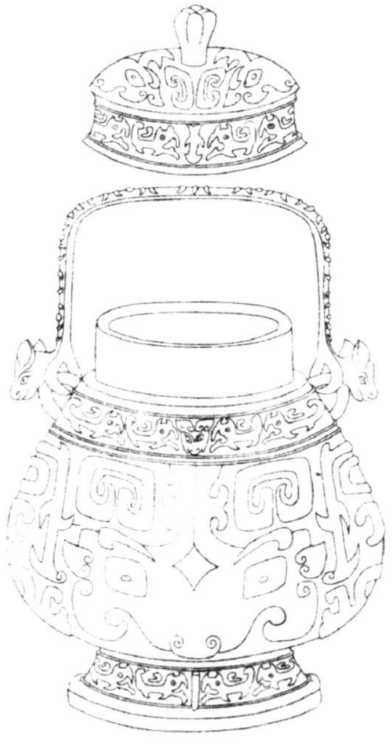

蓋　器

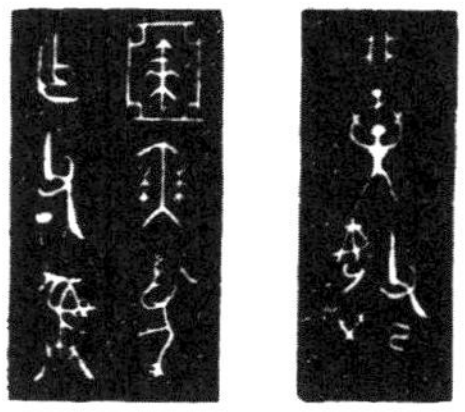

析子孫父巳母癸

亞形○無馬中作父丁彝

右通蓋高九寸二分深五寸九分口縱三寸七分横四寸八分腹圍二尺二分重一百七十八兩兩耳有提梁亞形中一字不可識疑爲癸無馬意即巫馬

周主孫卣

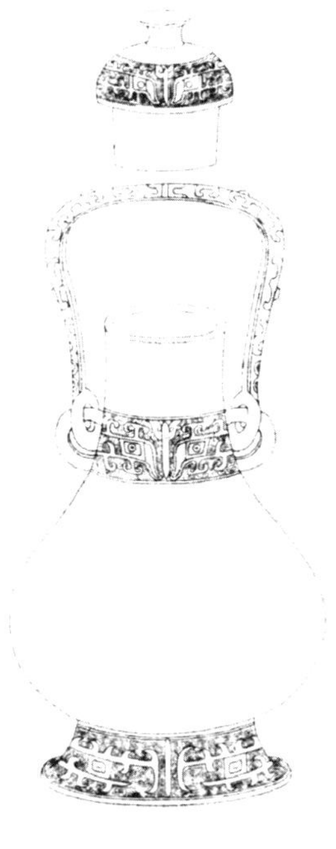

蓋　器

主孫父癸

主孫

右通蓋高一尺八分深八寸二分口徑三寸一分腹圍一尺七寸八分重一百七兩兩耳有提梁攷主祭者有主人主婦此曰主孫蓋子姓自謂如詩稱湯孫是將也

周子孫卣一

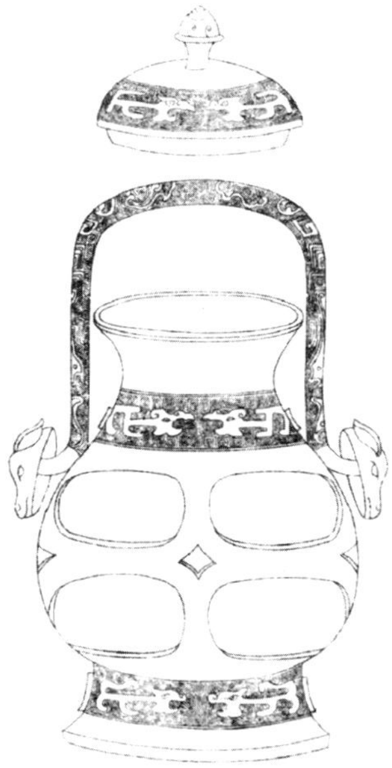

蓋

子孫

器

音釋同前

右通蓋高七寸五分深四寸六分口縱二寸四分橫三寸腹圍一尺一寸三分重四十七兩兩耳有提梁

周子孫卣二

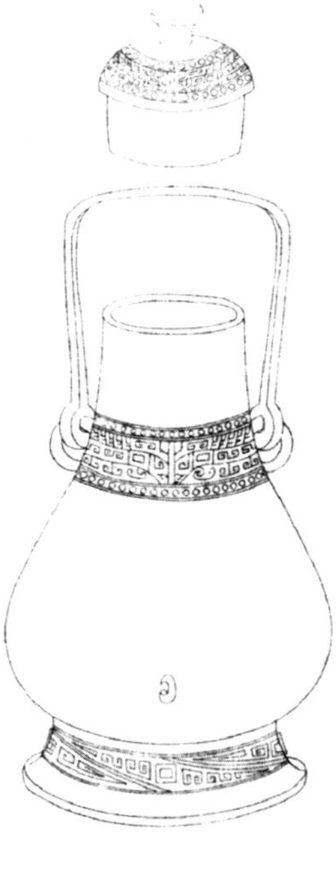

蓋

子孫父辛

器

音釋同前

右通蓋高一尺五寸五分深八寸一分口徑三寸二分腹圍一尺七寸九分重一百五兩兩耳有提梁

周析子孫卣一

蓋

析子孫父己作寶尊彝

器

音釋同前

右通蓋高九寸七分深七寸二分口縱三寸橫四寸腹圍一尺六寸一分重九十兩兩耳有提梁

周析子孫卣二

蓋

子孫

器

析子孫

右通蓋高九寸五分深六寸四分口縱三寸五分橫四寸六分腹圍二尺重一百六十兩兩耳有提梁

周孫卣

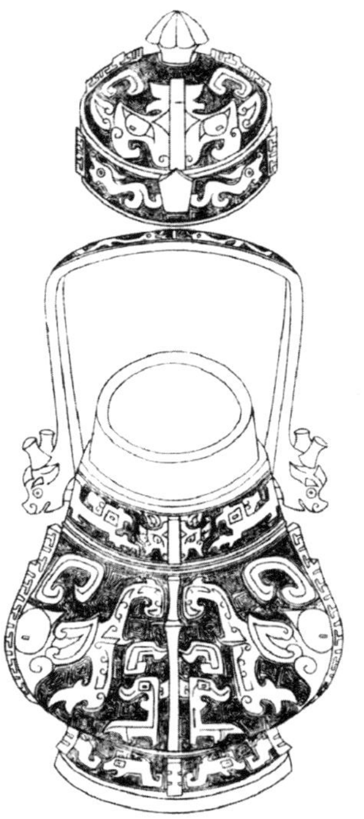

盖

器

（立戈形格上二矢）孫。

右通盖高九寸八分深六寸一分口縱四寸七分橫四寸二分腹圍二尺一寸二分重一百八十一兩兩耳有提梁

西清古鑑卷十七目錄

周鳳紋卣一

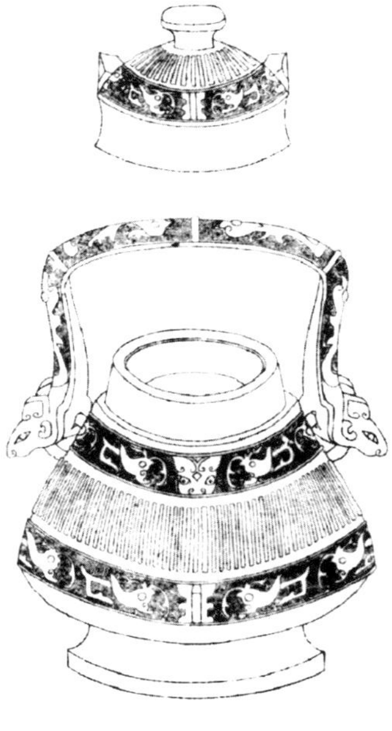

蓋

作寶尊彝

器

音釋同前

右通蓋高五寸九分深四寸口径三寸八分腹圍一尺七寸六分重七十一兩兩耳有提梁

周鳳紋卣二

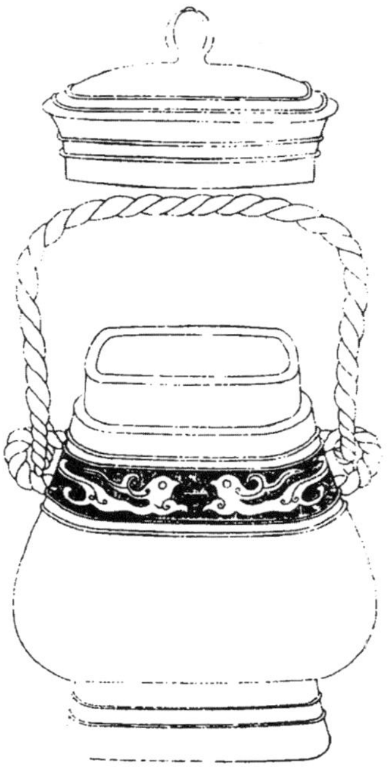

蓋

器

子〻孫〻作寶用

音釋同前

右通蓋高一尺四分深六寸一分口縱三寸橫三寸九分腹圍一尺九寸五分重一百二十九兩兩耳有提梁

周夔鳳卣一

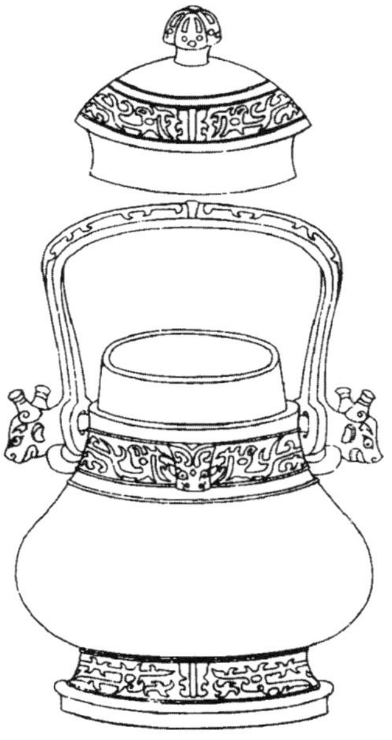

蓋

器

作寶尊彝

寶彝

右通蓋高八寸一分深五寸四分口縱二寸八分橫三寸六分腹圍一尺五寸二分重七十二兩兩耳有提梁

周夔鳳卣二

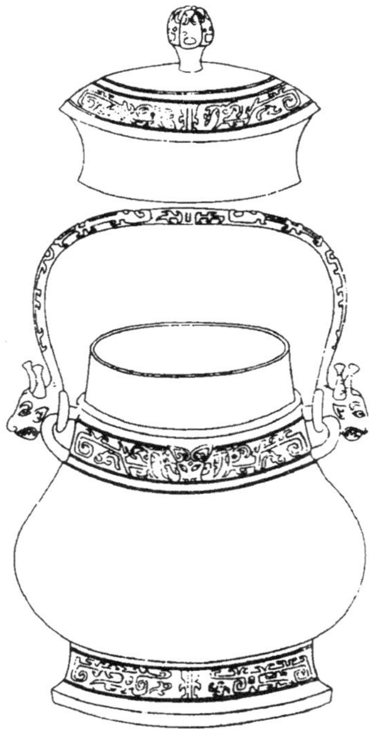

蓋

作寶尊彝

器

音釋同前

右通蓋高九寸八分深六寸六分口縱三寸七分橫四寸四分腹圍一尺九寸一分重一百三十八兩兩耳有提梁

周素梁卣

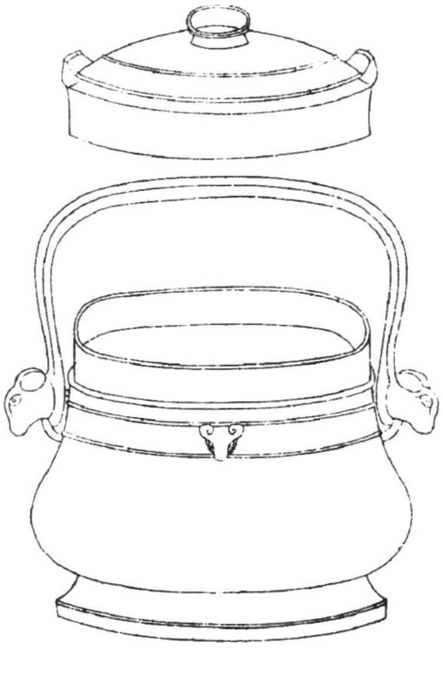

蓋

作寶彝

器

音釋同前

右通蓋高六寸五分深四寸四分口縱三寸二分橫四寸三分腹圍一尺一寸九分重七十一兩兩耳有提梁

周風紋卣

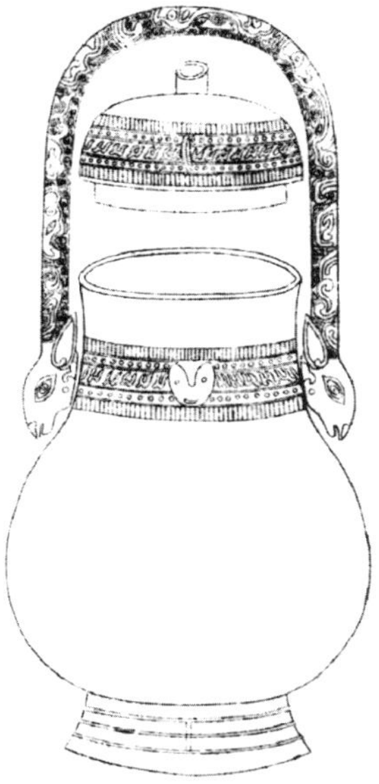

右通蓋高八寸四分深五寸五分口縱二寸四分橫三寸二分腹圍一尺四寸重六十兩兩耳有提梁博古圖有風紋罩謂似軟斜偃草之狀正類此

周雷紋卣

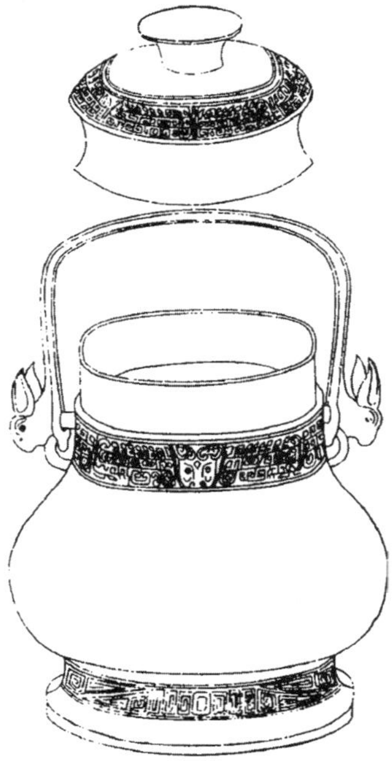

右通蓋高六寸九分深四寸三分口縱二寸九分橫三寸六分腹圍一尺五寸重六十兩兩耳有提梁

周饕餮卣一

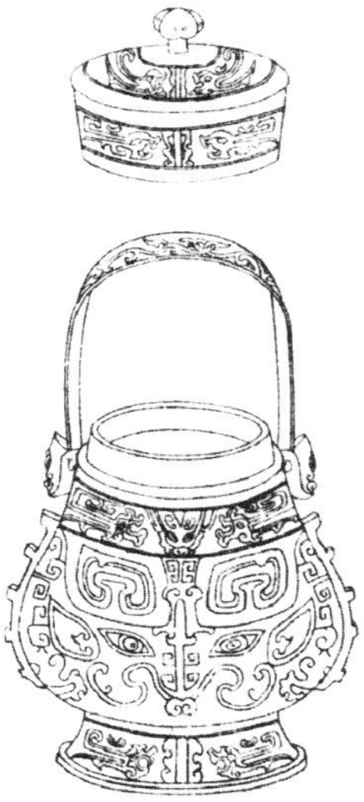

蓋 作寶

器 尊彝

右通蓋高四寸三分深二寸八分口縱一寸八分橫二寸二分腹圍九寸二分重二十七兩兩耳有提梁

周饕餮卣二

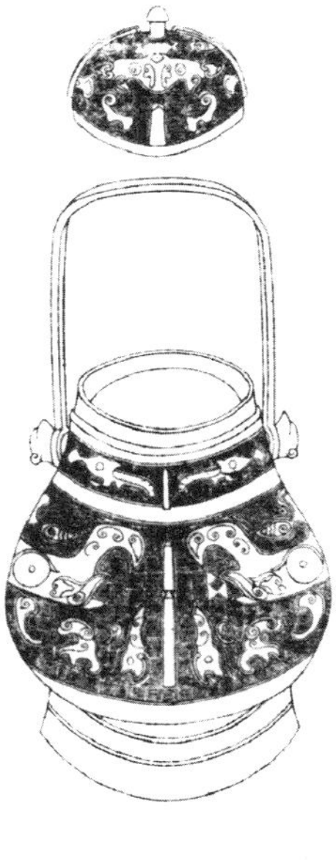

作

右通蓋高六寸深三寸八分口縱二寸一分橫二寸五分腹圍一尺二寸七分重三十六兩兩耳有提梁

周饕餮卣三

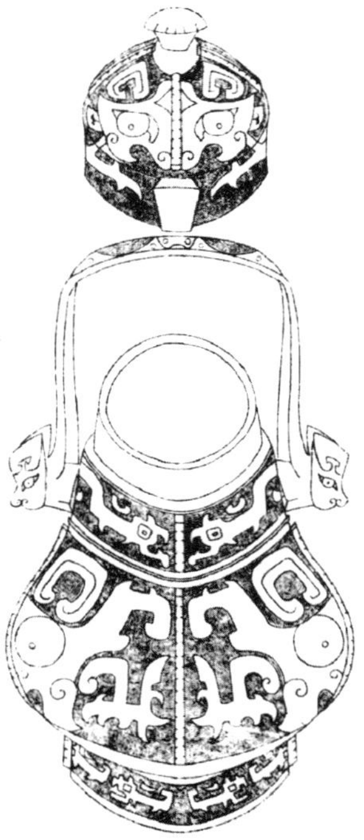

右通蓋高七寸七分深五寸六分口縱三寸七分橫四寸八分腹圍二尺四分重一百三十兩兩耳有提梁

周饕餮卣四

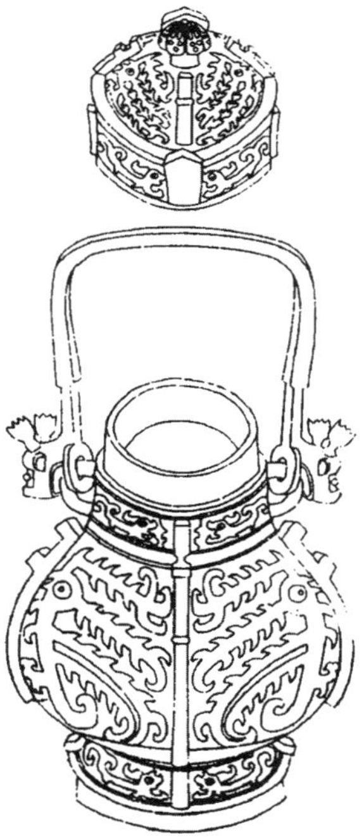

右通蓋高九寸三分深四寸五分口縱三寸二分橫四寸一分腹圍一尺八寸四分重一百六十二兩兩耳有提梁

周饕餮卣五

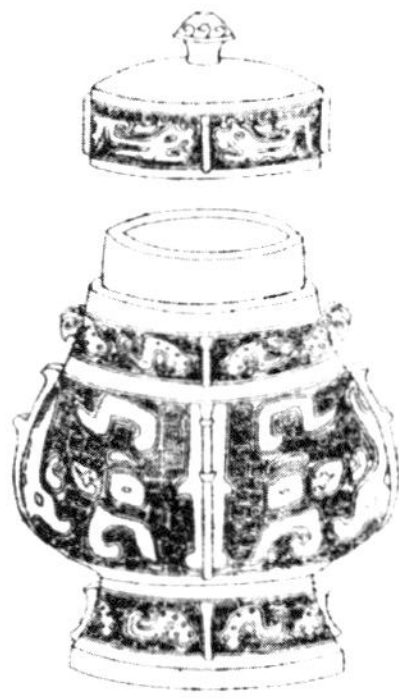

右通蓋高四寸七分深二寸八分口縱一寸三分橫一寸七分腹圍八寸重十七兩兩耳無提梁

周螭梁卣

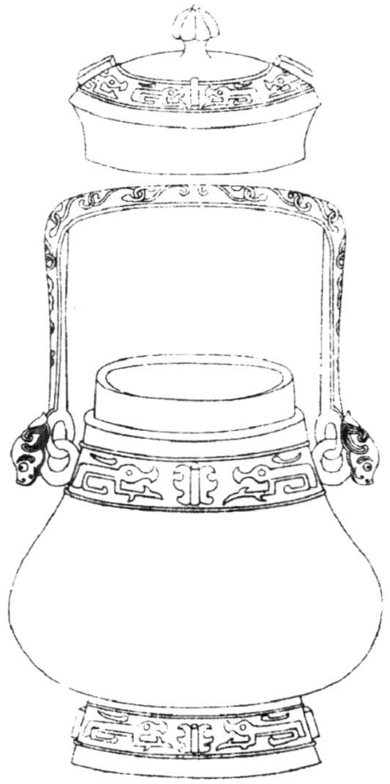

蓋

器

子〻孫〻作寶用

音釋同前

右通蓋高一尺一寸三分深六寸八分口縱三寸二分橫四寸五分腹圍二尺三寸五分重一百六十七兩兩耳有提梁

周環梁卣一

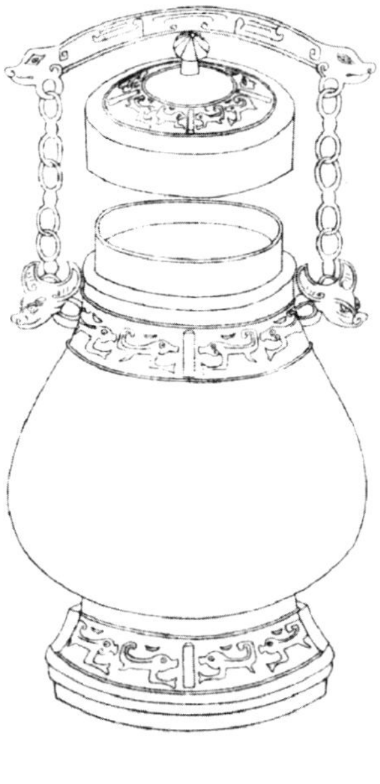

蓋

器

子〻孫
作寶用

音釋同前

右通蓋高九寸八分深五寸八分口縱二寸九分横三寸九分腹圍一尺八寸五分重一百二十一兩兩耳有提梁

周環梁卣二

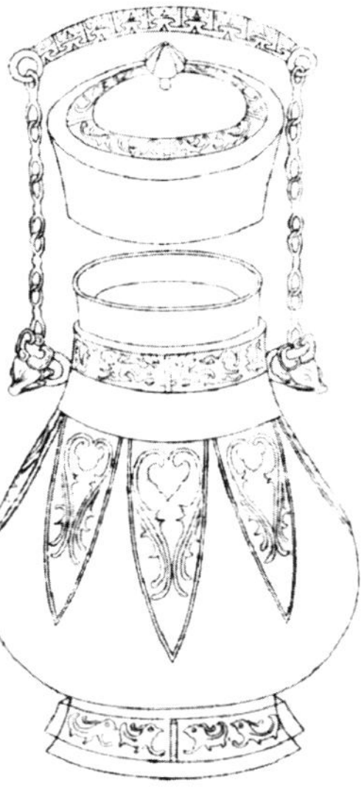

蓋

器

子孫
作用

子〻孫
作寶用

右通蓋高九寸一分深五寸二分口縱二寸九分横三寸七分腹圍一尺八寸一分重八十三兩兩耳有提梁

周環梁卣三

右通蓋高七寸深四寸九分口徑四寸二分腹圍一尺六寸四分重一百二十一兩兩耳有提梁

周環梁卣四

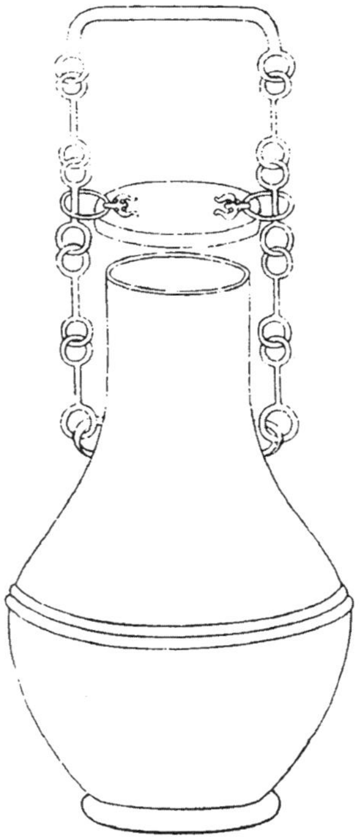

右通蓋高一尺深八寸九分口徑三寸腹圍一尺八寸八分重七十一兩兩耳有提梁

周環梁卣五

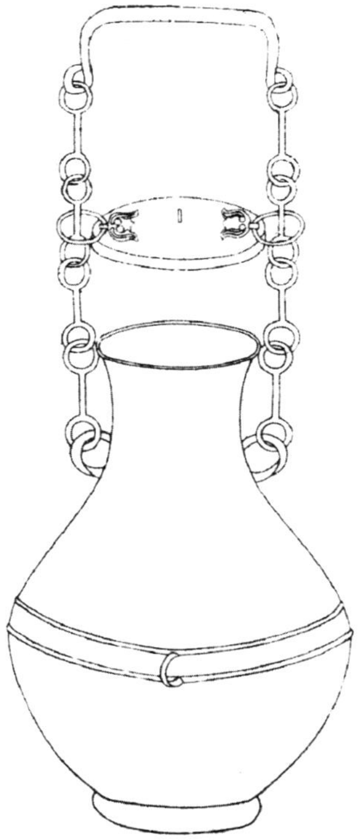

右通蓋高八寸九分深七寸二分口徑三寸一分腹圍一尺七寸七分重五十四兩兩耳有提梁

周環梁卣六

右通蓋高八寸九分深六寸九分口徑三寸三分腹圍一尺九寸五分重六十四兩兩耳有提梁

周環梁卣七

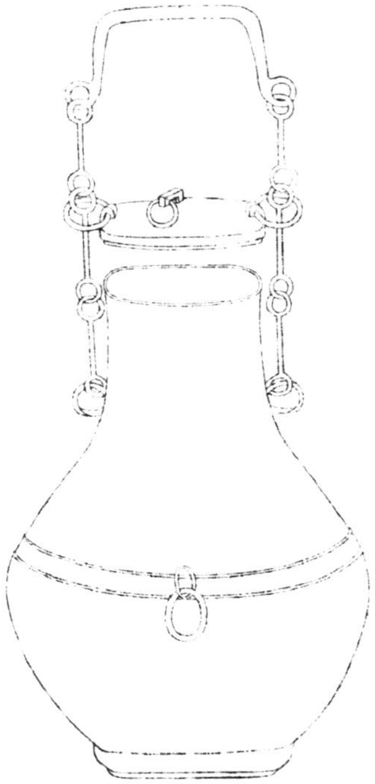

右通盖高九寸八分深八寸五分口径一寸九分腹圍一尺九寸八分重八十二兩兩耳有提梁

周環梁卣八

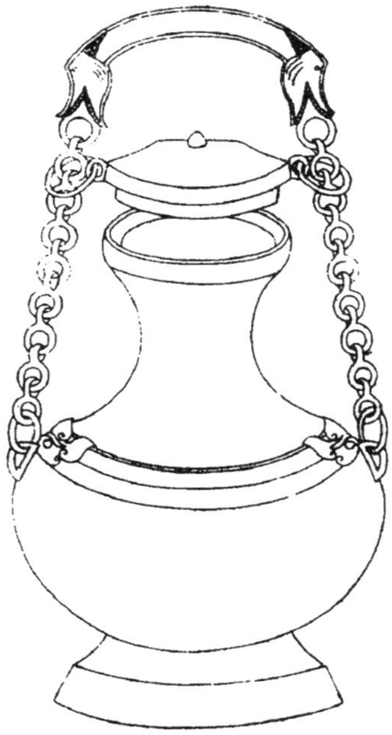

右通盖高九寸九分深六寸九分口径三寸三分腹圍二尺一寸四分重九十六兩兩耳有提梁

周環梁卣九

右通蓋高八寸五分深七寸二分口徑三寸一分腹圍一尺七寸一分重四十八兩兩耳有提梁

周環梁卣十

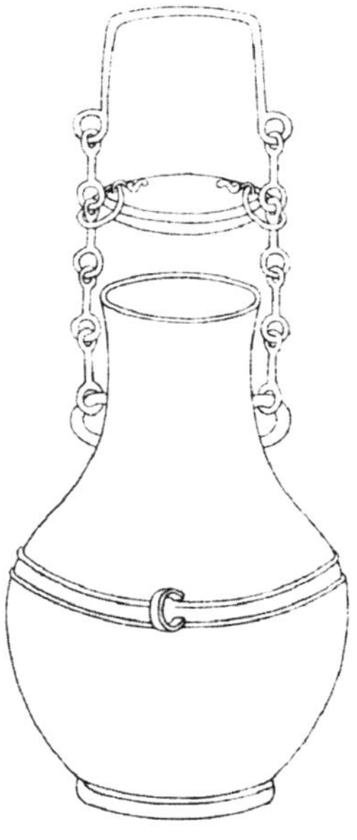

右通蓋高七寸三分深六寸六分口徑二寸四分腹圍一尺五寸重五十兩兩耳有提梁

周環梁卣十一

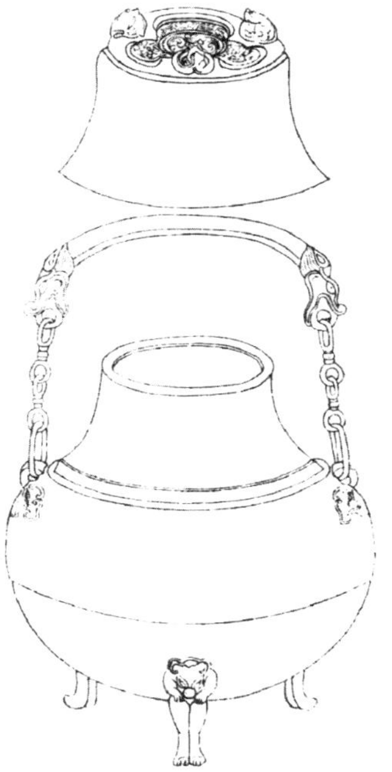

右通盖高五寸五分深四寸三分口径二寸六分腹圍一尺四寸七分重三十三兩兩耳有提梁三足

周環梁卣十二

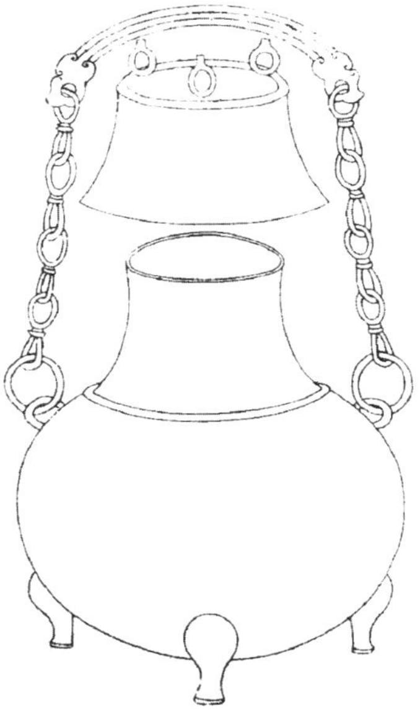

右通盖高五寸五分深五寸口径二寸四分腹圍一尺五寸六分重四十六兩兩耳有提梁三足

周環梁卣十三

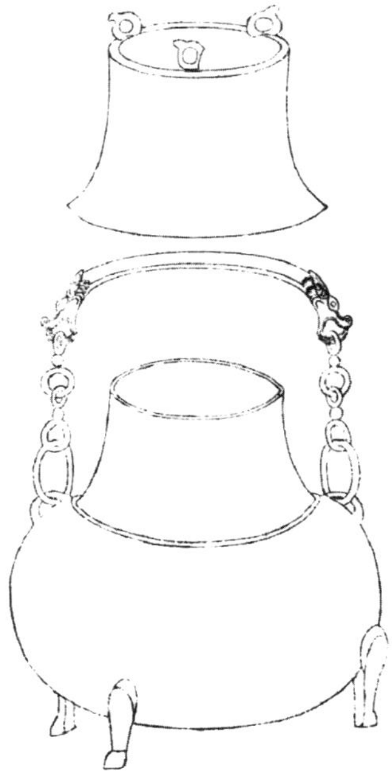

西清古鑑　卷十七　卣　三十六

右通蓋高五寸深四寸四分口径二寸二分腹圍一尺四寸七分重四十四兩兩耳有提梁三足

周環梁卣十四

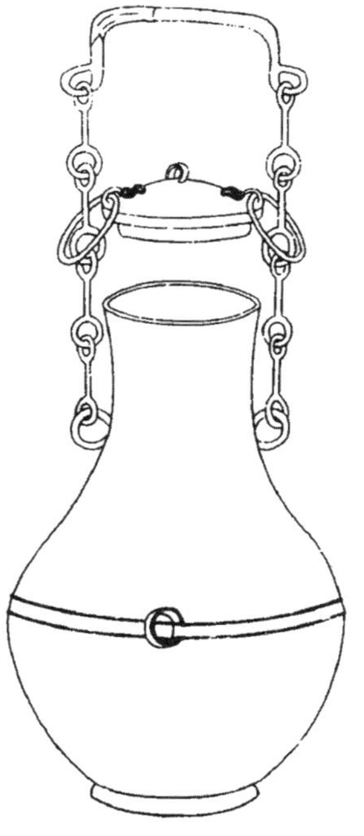

西清古鑑　卷十七　卣　三十七

右通蓋高八寸三分深七寸二分口径二寸九分腹圍一尺六寸八分重五十四兩兩耳有提梁

周環梁卣十五

右高八寸四分深七寸六分口徑三寸一分腹圍一尺八寸四分重六十四兩兩耳有提梁缺蓋

周繩梁卣一

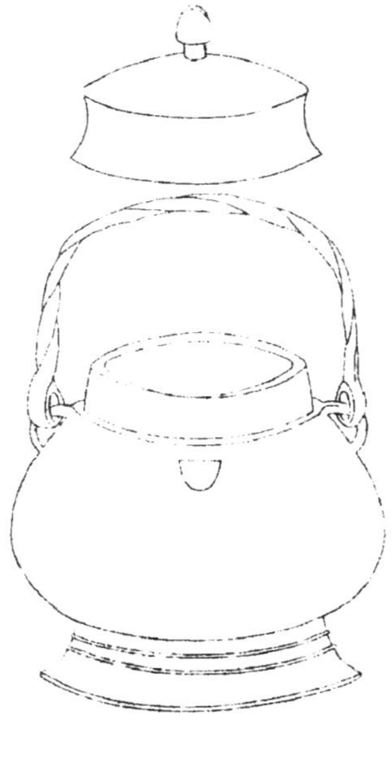

右通蓋高六寸三分深三寸七分口縱二寸三分橫三寸腹圍一尺二寸四分重五十兩兩耳有提梁

周繩梁卣二

西清古鑑　卷十七　卣　三十

右通盖高八寸九分深八寸六分口径二寸七分腹圍二尺一寸三分重八十七兩兩耳有提梁

周素卣一

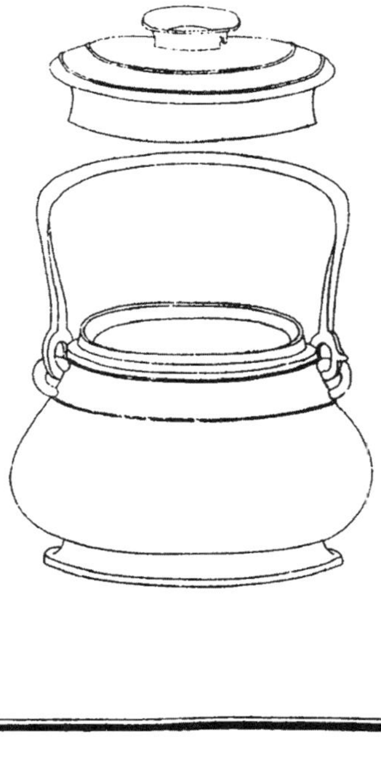

西清古鑑　卷十七　卣　三十一

右通盖高五寸二分深三寸一分口径三寸三分腹圍一尺五寸二分重四十六兩兩耳有提梁

周素卣二

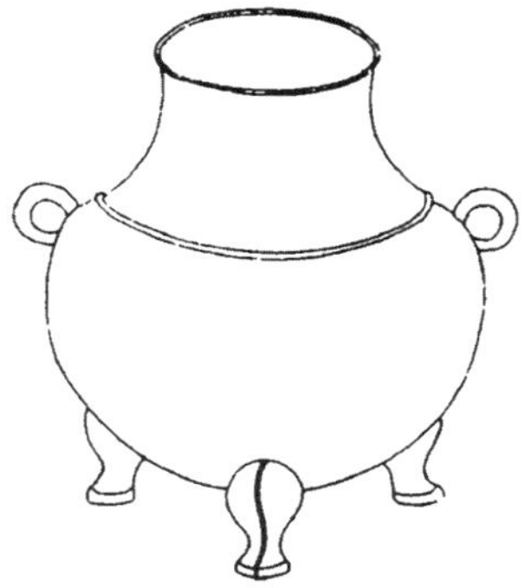

右高四寸八分深四寸五分口徑二寸四分腹圍一尺三寸五分重二十七兩兩耳缺提梁無蓋

西清古鑑卷十八目録

周亞戟瓶

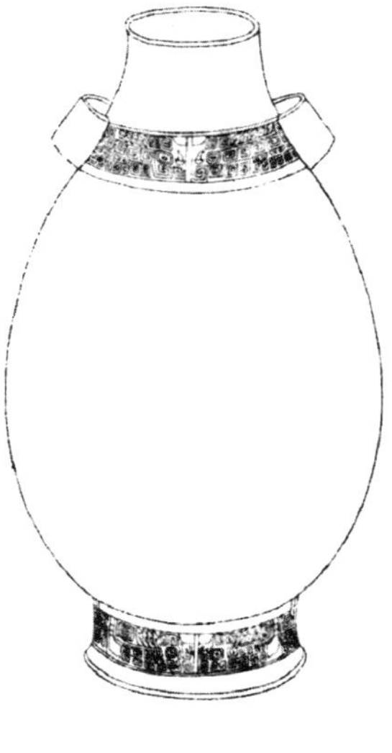

亞形中戟作彝。

右高一尺二寸九分深一尺一寸七分口徑三寸三分腹圍二尺四寸九分重一百三十五兩貫耳博古圖貫耳壺五口徑特侈此弇口當為瓶古人所以有守口之喻也

周雲雷瓶

作寶用

右高五寸二分深五寸口徑二寸八分腹圍九寸四分重十七兩

周蟬紋瓶

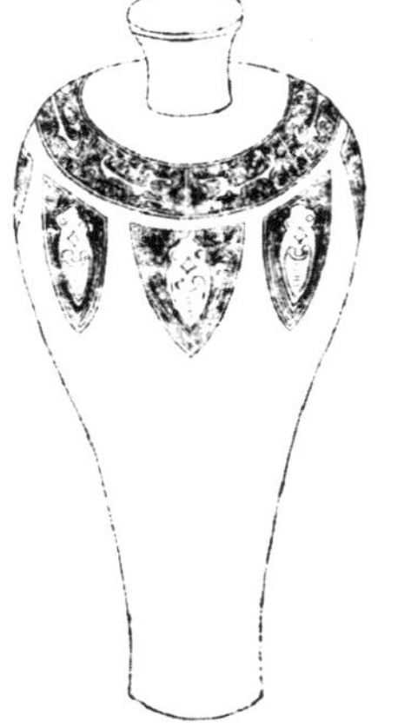

作寶尊彝

右高八寸三分深八寸一分口徑一寸五分腹圍一尺三分重二十九兩詩瓶之罄矣維罍之恥故知瓶小而罍大此器按圖應為瓶而銘曰尊彝亦通詞也

周素瓶

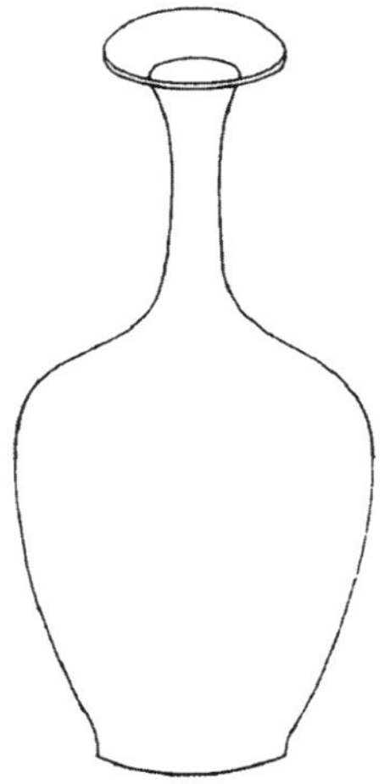

右高七寸五分深七寸二分口徑一寸六分腹圍一尺二分重二十三兩

漢葵花瓶

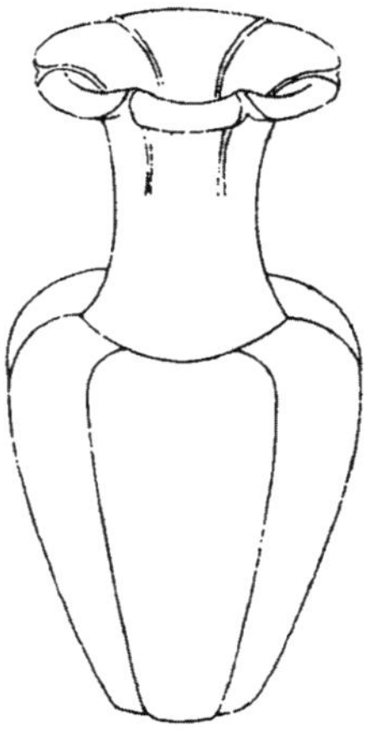

右高五寸三分深五寸二分口徑二寸八分腹圍九寸七分重十五兩

漢瓜紋瓶

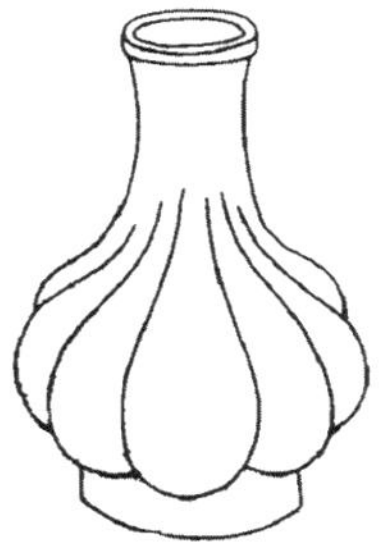

右高二寸八分深二寸五分口徑九分腹圍六寸重八兩

漢素瓶一

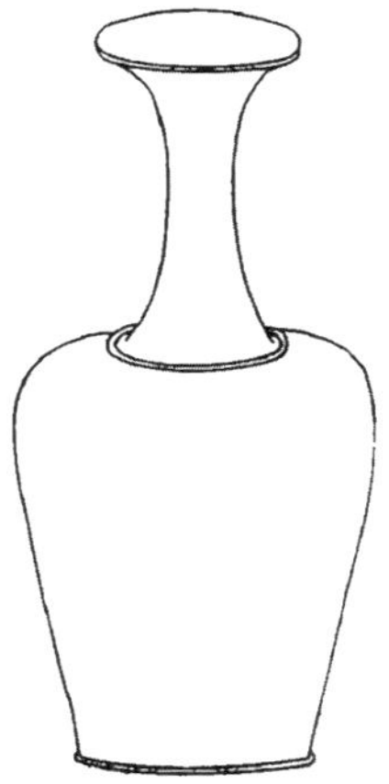

右高七寸七分深七寸三分口徑一寸九分腹圍一尺九分重二十五兩

漢素瓶二

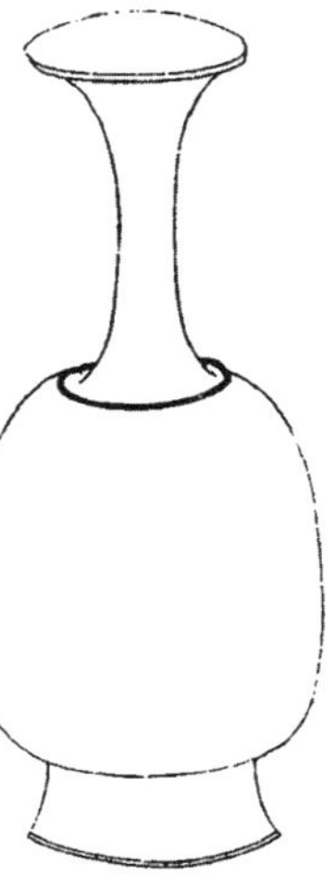

右高七寸四分深七寸口徑一寸五分腹圍九寸五分重十七兩

漢素瓶三

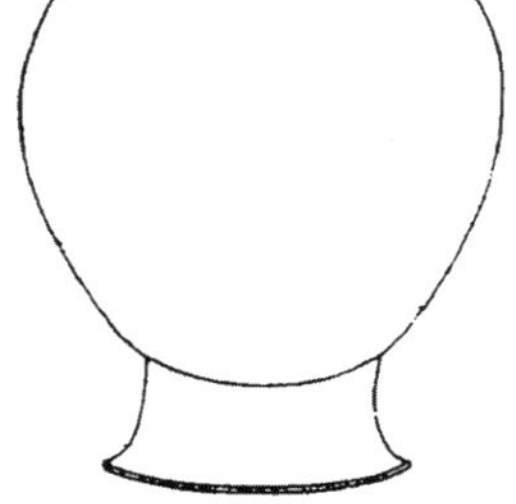

右高七寸三分深六寸七分口徑一寸六分腹圍一尺一寸六分重二十二兩

漢素瓶四

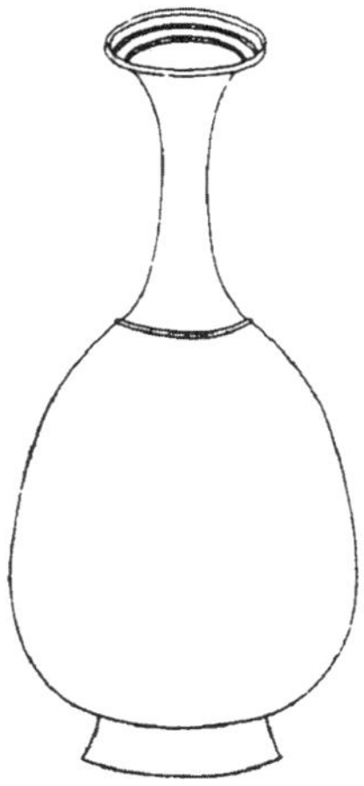

右高七寸一分深六寸七分口徑一寸四分腹圍一尺重十五兩

漢素瓶五

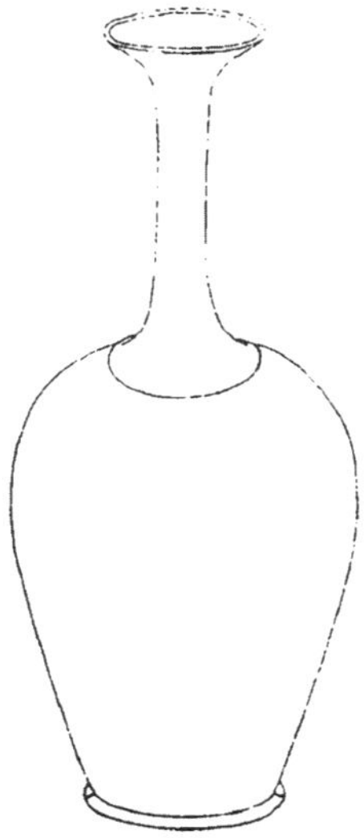

右高六寸五分深五寸二分口徑一寸六分腹圍九寸三分重十三兩

漢素瓶六

右高五寸七分深五寸二分口徑一寸一分腹圍七寸五分重八兩

漢硯頭瓶

右高二寸二分深一寸九分口縱一寸五分橫如之通長三寸濶一寸七分重六兩

唐龍鳳雙管瓶一

右高五寸深四寸六分口徑各一寸四分腹圍各四寸一分重二十五兩

唐龍鳳雙管瓶二

右高四寸一分深三寸五分口徑二寸腹圍四寸八分重三十九兩

唐素瓶一

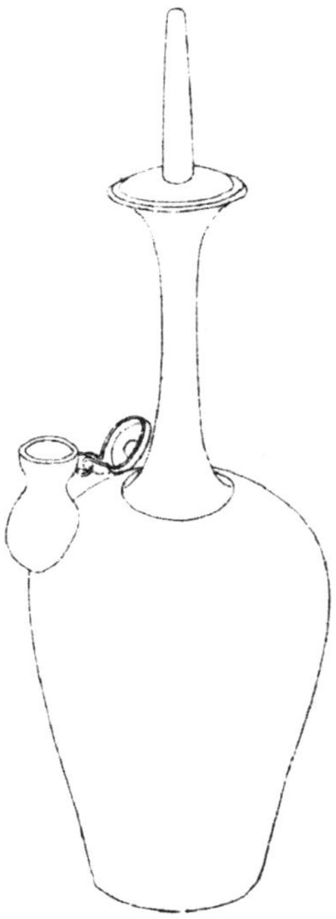

右高一尺二分深七寸五分口徑三分腹圍一尺七分重二十三兩制為瓶而有流如壺可以把注意度殊詭或云名甘露瓶浮屠氏供佛所用蓋唐代物也

唐素瓶二

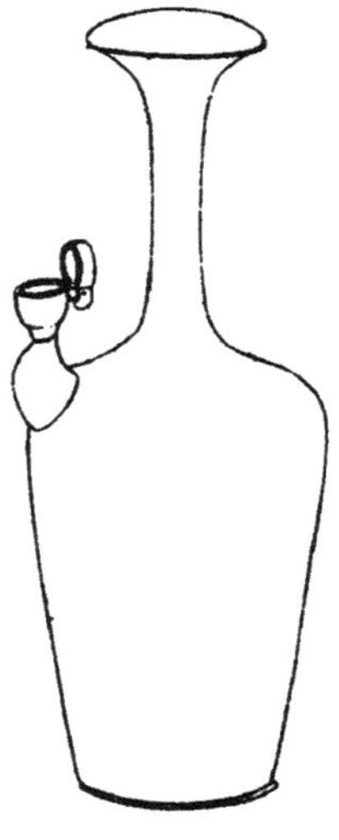

右高六寸六分深六寸三分口徑一寸五分腹圍九寸六分重十九兩有流

唐素瓶三

右高六寸四分深六寸二分口径一寸三分腹圍九寸重十六兩有流

唐素瓶四

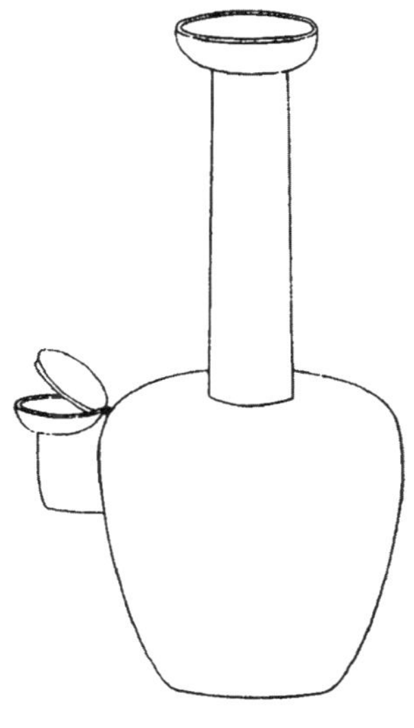

右高九寸七分深九寸五分口径一寸九分腹圍一尺二寸五分重三十九兩有流

西清古鑑卷十九目録

商父己壺

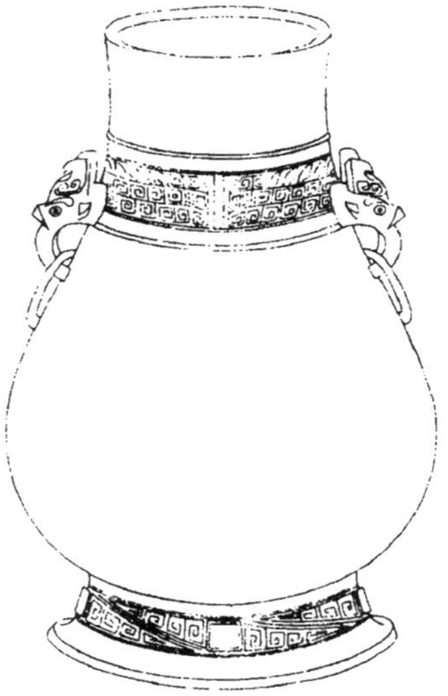

父己

右高八寸七分深八寸一分口徑三寸腹圍一尺七寸九分重七十五兩兩耳連環

周月壺

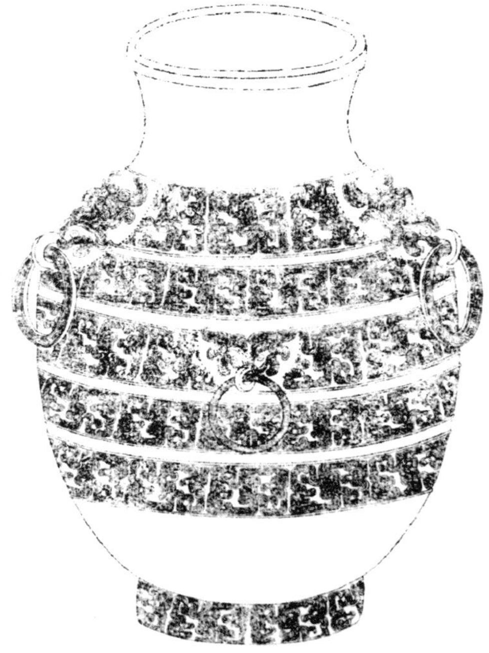

月

右高一尺二寸三分深一尺一寸七分口徑五寸八分腹圍三尺二寸重三百三十一兩兩耳連環又環鼻如罍鐘鼎款識有蛟篆壺薛尚功云右壺一字鵠首蛟足全類夏琱戈也銘中藏一字彷彿如月此銘同

周丙辰方壺

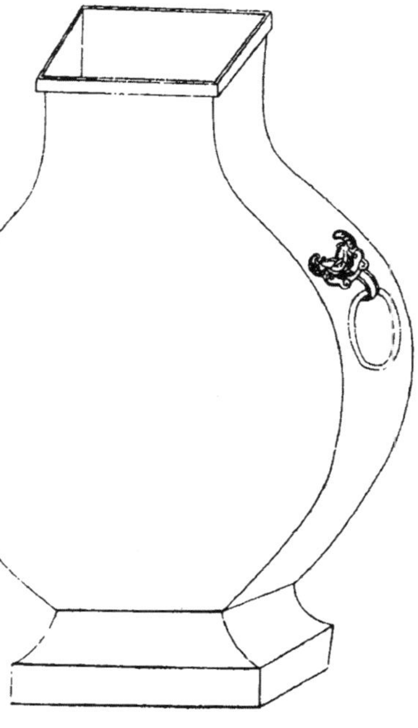

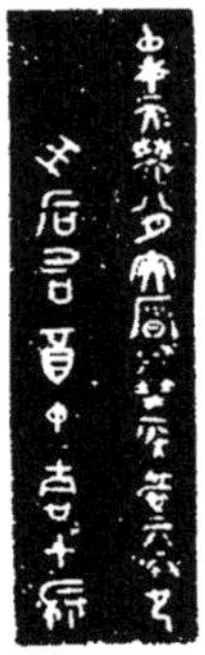

年○○八月丙辰○○侯○六○也
王后右酉中○十○

右高一尺五寸一分深一尺三寸口徑四寸六分腹圍三尺四寸四分重四百九十一兩兩耳連環銘字漫漶不甚可讀曰侯曰王后亦重器矣

周太公壺一

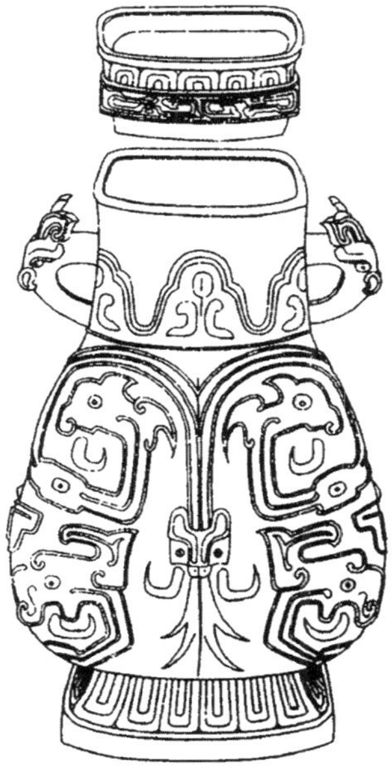

太公作彝從
壺永寶用

右通蓋高一尺一寸二分深八寸八分口縱三寸一分横四寸腹圍二尺一寸三分重二百五十一兩兩耳古器多銘作彝字按禮雜記成廟則釁之又廣韻釁牲血塗祭器也周制烝嘗饋獻凡用兩壺次於尊彝用於門内則此壺當為祭祀用矣

周太公壺二

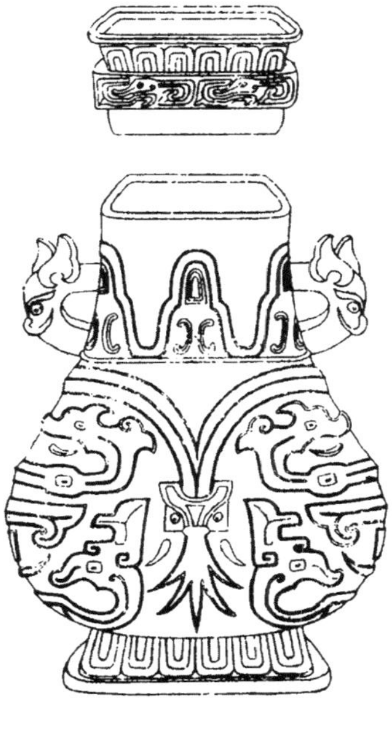

太公作彝從
永寶用

右通蓋高一尺一寸七分深九寸口縱横腹圍俱同前重二百五十九兩兩耳

周召仲壺

蓋

器

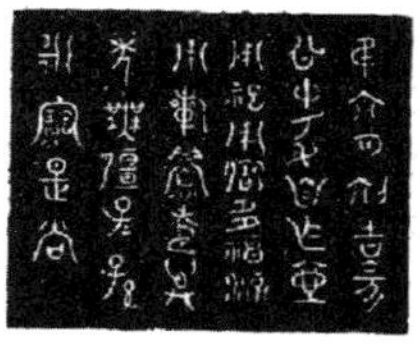

○六月初吉丁亥召仲考父自作壺用祀用饗多福滂用蘄眉壽萬年無疆子子孫孫永寶是尚

音釋同前

右通蓋高一尺四寸深九寸六分口徑四寸二分腹圍二尺四寸七分重二百九十九兩兩耳鐘鼎款識有召仲考父壺銘並同多福滂薛尚功引說文曰渥衍沛滂言多福與渥澤也按前漢禮樂志郊祀歌第十五章有福滂洋之語師古曰滂洋饒廣也此福滂二字義正同銘文饗滂彊尚蓋用韵語在彝器中固不多見也

周伯荼壺

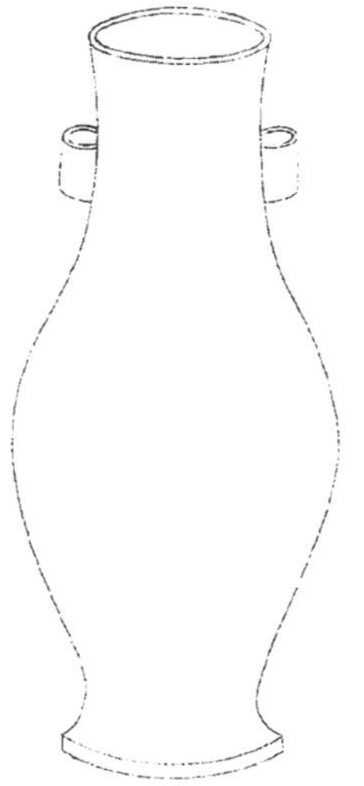

惟三月伯荼父
北征惟還呂行
○錞是用作
寶　尊　彝

右高一尺三寸四分深一尺二寸五分口徑二寸八分腹圍一尺六寸五分重一百三兩兩耳按左傳正義任姓有呂國前貉子卣亦有王格于呂之語此銘曰伯荼父北征曰還呂意其呂之大夫耶

周黎伯壺

西清古鑑　卷十九　壺　九

子孫永
節非壺用
舉黎伯多

右高六寸七分深五寸九分口徑二寸三分腹圍一尺八寸五分重六十二兩兩耳文當左旋讀子孫永用則順文也首一字曰舉與舉鼎舉尊同稱黎伯則國君矣

周鑄壺

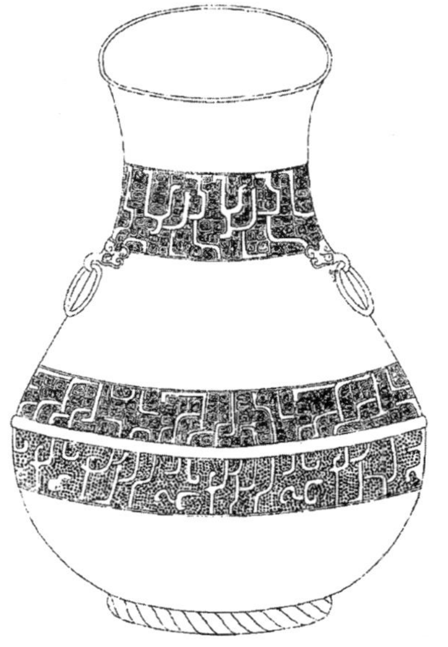

〇君茲
此都其
成公鑄
子孟妃
媵盥壺
永寶用之

右高九寸深八寸四分口徑三寸七分腹圍二尺九分重八十一兩兩耳連環鑄咢銘曰某公作鑄云云此云成公鑄子子葢其爵成公則謚也孟妃媵盥壺則非祭祀用矣

周宜壺

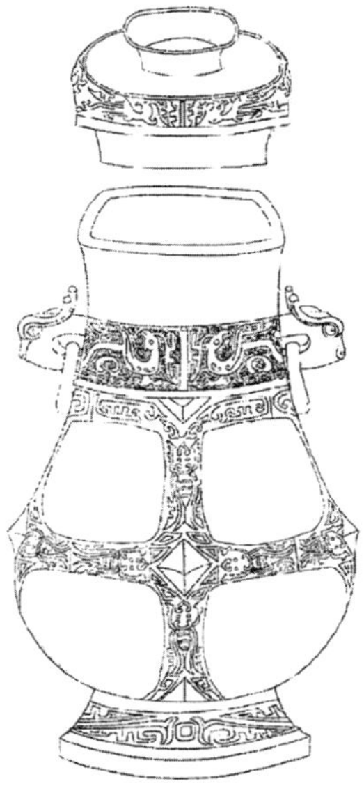

周宜作
享己尊
壺其用享
于宗其〻子〻
孫〻萬年
永寶用〻

蓋

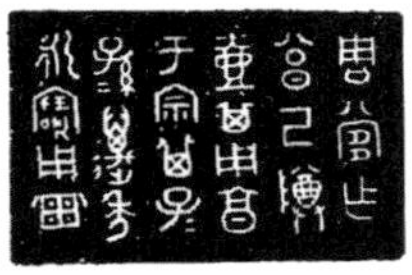

器

音釋同前

右通葢高一尺八寸二分深一尺三寸二分口縱四寸七分橫六寸三分腹圍二尺八寸六分

重四百一十九兩兩耳連環按已如祖已為商稱在周則宋乃商後銘周宜作宋桓公族有魚氏蕩氏向氏而向氏有向宜者豈其人耶

周節壺

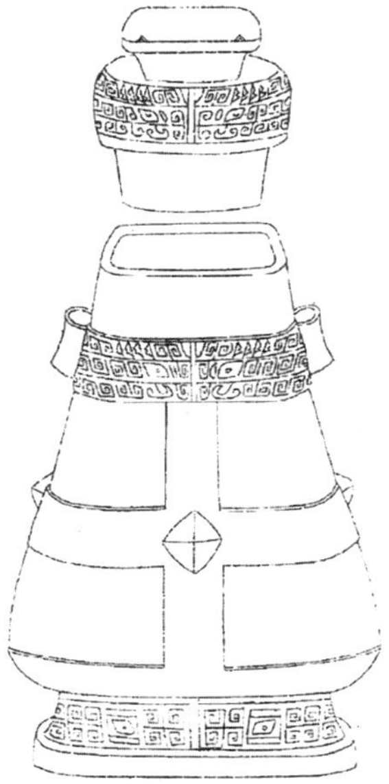

節作寶彝

右通蓋高九寸二分深六寸七分口縱二寸七分橫三寸四分腹圍一尺七寸五分重九十九兩兩耳銘曰節博古圖有周節鼎此其類耶

周婦壺

蓋

彝婦
亞虔

器

彝婦
亞虔

右通葢高一尺六分深七寸九分口縱二寸七分横三寸五分腹縱四寸四分横五寸五分重一百二十三兩兩耳按銘詞葢主婦所執與婦鬲類上彝字象形如鳥葢宗彝為虎蜼舊説取

其孝也下曰虔與虔彝同

周樊壺

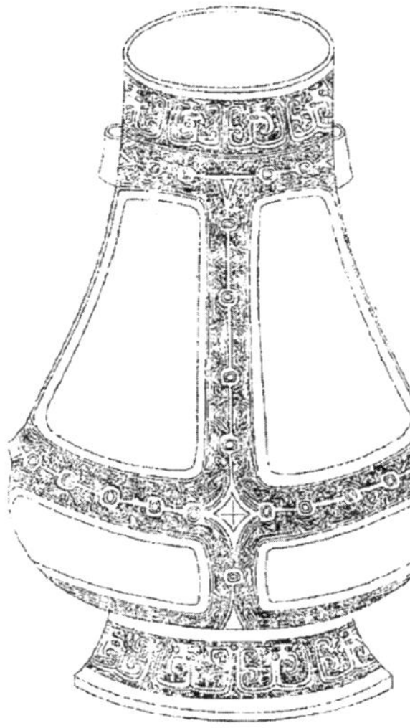

孟戩父作樊壺

右高一尺八分深九寸五分口徑三寸八分腹圍二尺一寸九分重一百一十八兩兩耳戠同識意人名也樊壺按仲山甫為樊侯姓苑謂其後人因國為氏又樊一訓衆此樊壺或猶旅尊旅彝意耶

周公壺

公

右高六寸三分深五寸六分口徑二寸六分腹圍一尺六寸一分重七十三兩兩耳連環

周素壺一

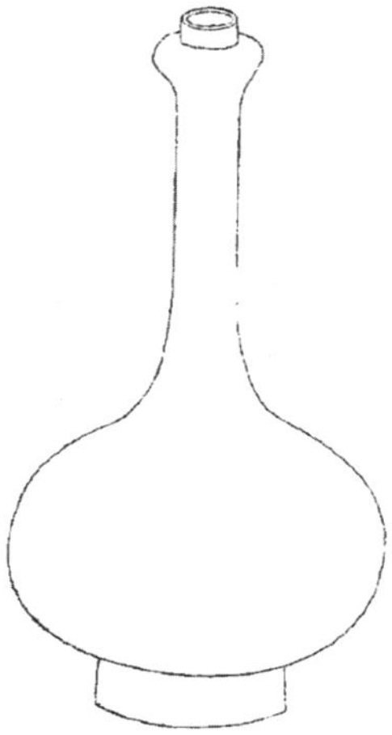

子子孫孫寶用

右高一尺三寸深一尺二寸口徑一寸腹圍二尺三分重六十三兩詩八月斷壺知古文書瓠為壺此器細頸純素蓋象瓠也與弇口為瓶者自別又一名温壺

周素壺二

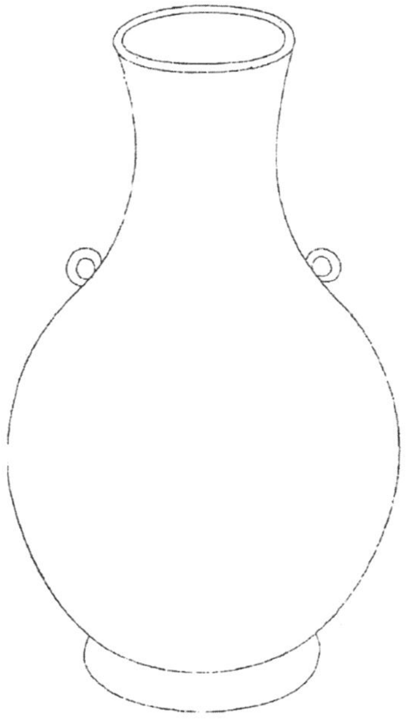

右高一尺七分深一尺口徑二寸八分腹圍二尺三分重一百五兩兩耳

周素壺蓋

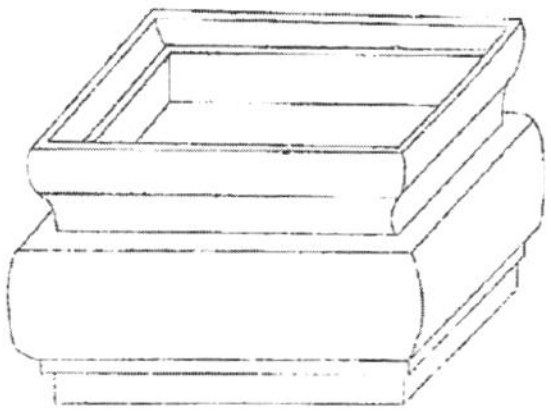

右高二寸一分深一寸五分口縱一寸七分橫二寸三分重一十九兩

周皁父壺蓋

○皁父作○
壺○○酉
其用廟洎
以○友尊

右高一寸三分深八分口徑二寸八分重九兩內府所收有仲皁卣又敦一盉一皆曰仲皁此銘第二字爲皁而首一字缺不能定其爲仲也用廟蓋廟器友尊之友如旅非一器矣形製與壺尊弗類特蓋耳

周饕餮壺

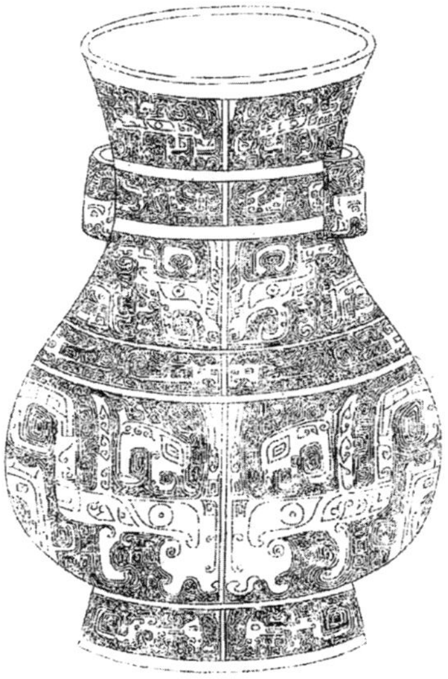

西清古鑑　卷十九　壺　二十二

右高一尺二寸深一尺五分口縱四寸五分橫五寸七分腹圍二尺四寸四分重一百八十七兩兩耳

周夔鳳壺

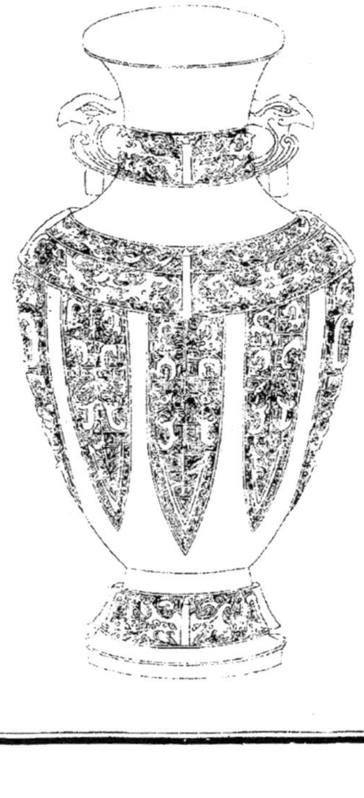

西清古鑑　卷十九　壺　二十三

右高一尺五寸深一尺二寸八分口徑五寸七分腹圍二尺七寸重二百七十五兩兩耳

周蟠虬壺

右高一尺八分深九寸五分口徑三寸四分腹圍二尺四寸重九十九兩兩耳連環

周蟠虺壺一

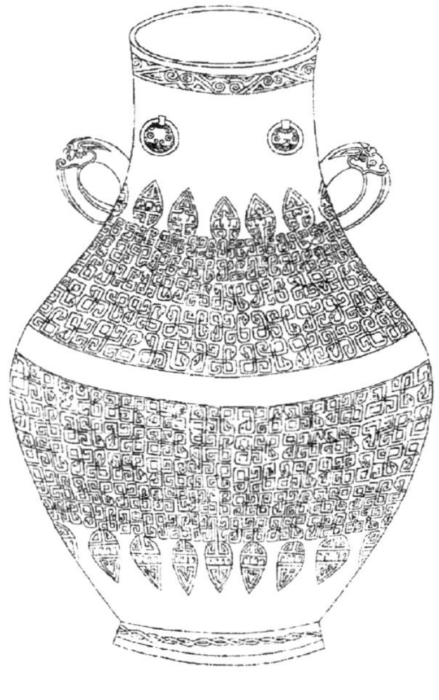

右高九寸一分深八寸九分口徑三寸四分腹圍一尺九寸六分重七十五兩兩耳

周蟠虺壺二

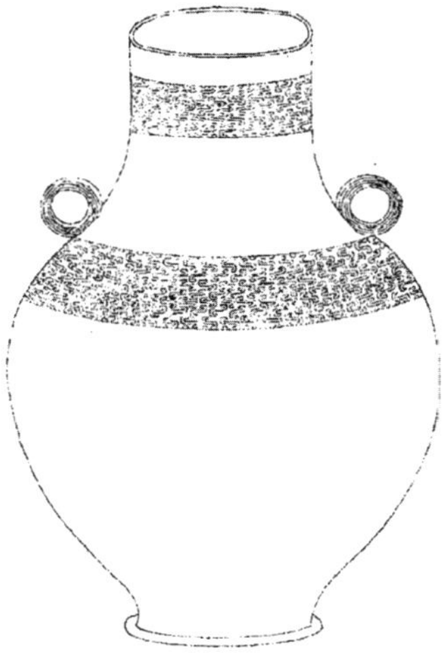

右高九寸深八寸七分口徑三寸三分腹圍二尺一寸六分重七十九兩兩耳

周蟠虺壺三

右高一尺一寸四分深一尺九分口徑三寸六分腹圍二尺四寸二分重一百二十二兩兩耳連環

周蟠夔壺一

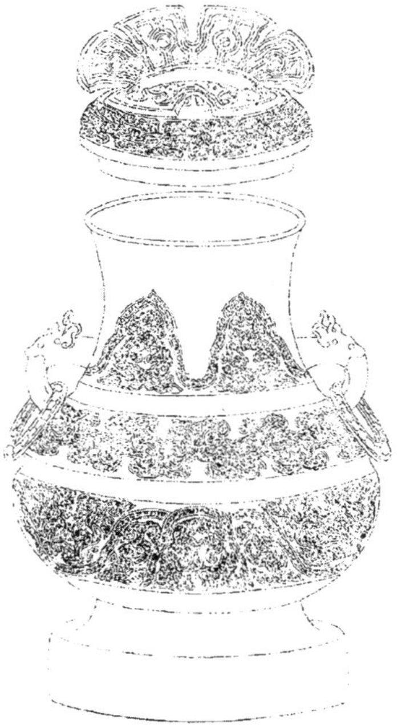

右通葢高一尺七寸五分深一尺九分口徑五寸八分腹圍二尺九寸重四百五十九兩兩耳連環

周蟠夔壺二

右通盖高一尺四寸深一尺一寸四分口徑四寸六分腹圍二尺四寸六分重二百六十七兩兩耳連環

周蟠夔壺三

右高一尺三寸九分深一尺三寸三分口徑四寸一分腹圍三尺一寸五分重二百二十三兩
兩耳連環又環鼻凡八

周蟠夔壺四

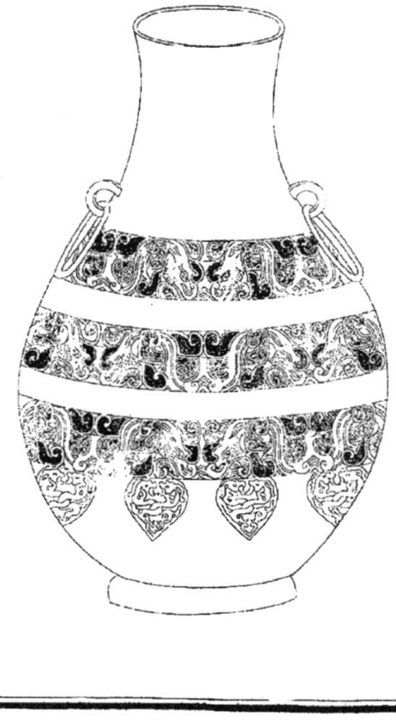

右高一尺二寸五分深一尺一寸七分口徑三寸六分腹圍二尺五寸三分重一百三十六兩
兩耳連環

周蟠夔壺五

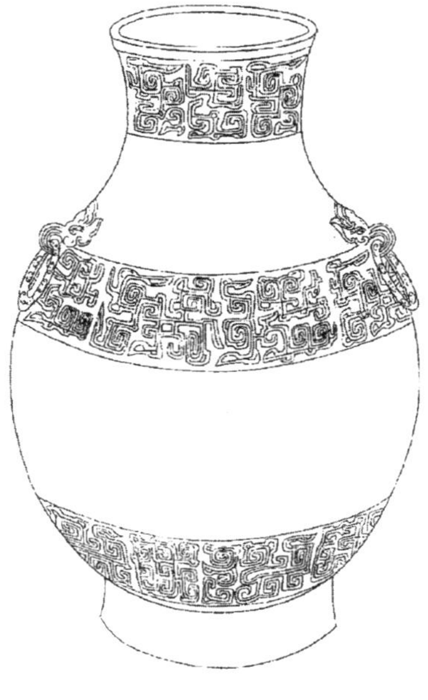

右高一尺四分深九寸四分口徑三寸五分腹圍二尺二寸五分重一百一十七兩兩耳連環金錯

周蟠夔壺六

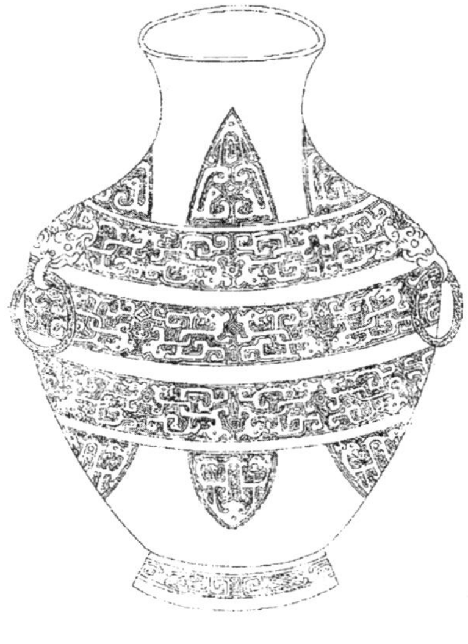

右高一尺深九寸二分口徑四寸腹圍二尺三寸七分重一百四十五兩兩耳連環金銀錯

周蟠夔壺七

右高一尺深九寸四分口徑三寸二分腹圍二尺一寸重七十三兩兩耳連環

周蟠夔壺八

右高九寸八分深八寸六分口徑四寸六分腹圍二尺二寸四分重一百四十一兩兩耳

周蟠夔壺九

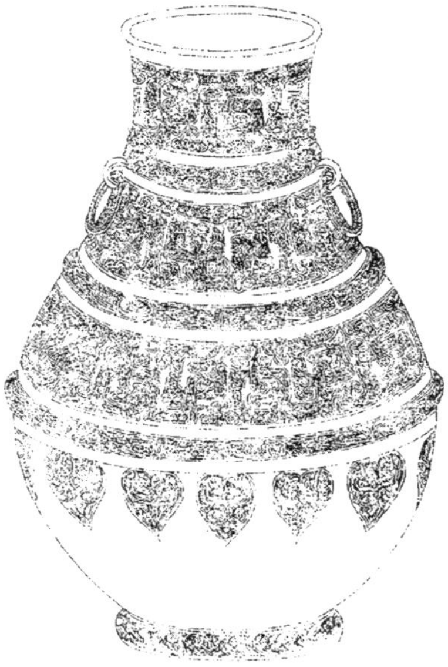

右高九寸六分深九寸口徑三寸四分腹圍二尺一分重六十六兩兩耳連環

周蟠夔壺十

右高八寸八分深七寸七分口徑三寸二分腹圍二尺六分重六十七兩兩耳連環金銀錯

周蟠夔壺十一

右通蓋高二尺六分深一尺三寸四分口徑六寸二分腹圍三尺四寸重五百四十四兩

周蟠夔匾壺一

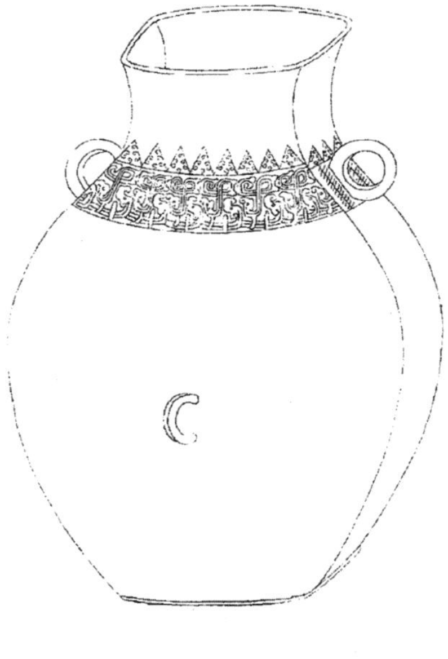

右高九寸八分深八寸四分口縱二寸七分橫三寸八分腹圍一尺八寸六分重八十三兩兩耳一鼻

周蟠夔匾壺二

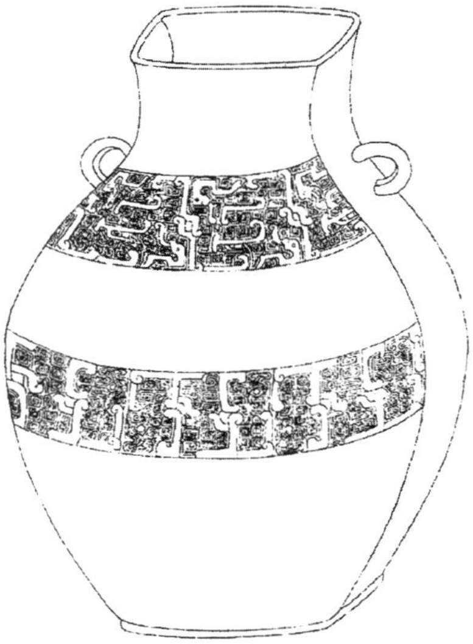

右高九寸二分深九寸一分口縱二寸九分橫三寸六分腹圍一尺七寸八分重五十三兩兩耳

周蟠螭壺一

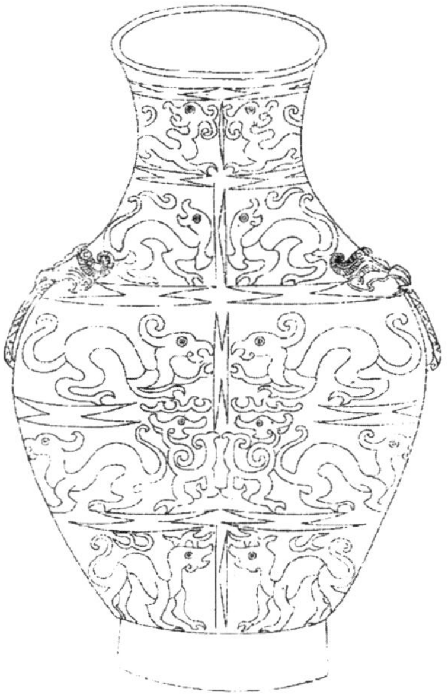

右高一尺一寸一分深九寸八分口徑三寸七分腹圍二尺三寸六分重一百三兩兩耳連環

周蟠螭壺二

右高九寸七分深八寸九分口徑三寸八分腹圍二尺二寸九分重一百五十一兩兩耳連環金銀錯

周盤雲壺

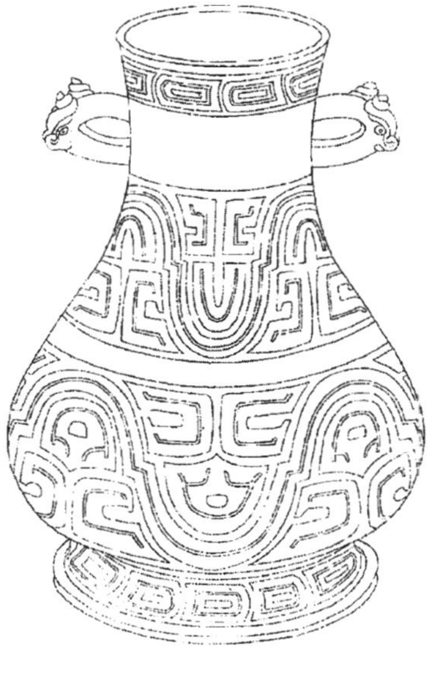

右高九寸三分深八寸二分口徑三寸六分腹圍二尺重一百四十七兩兩耳

西清古鑑卷二十目録

周夔紋壺一

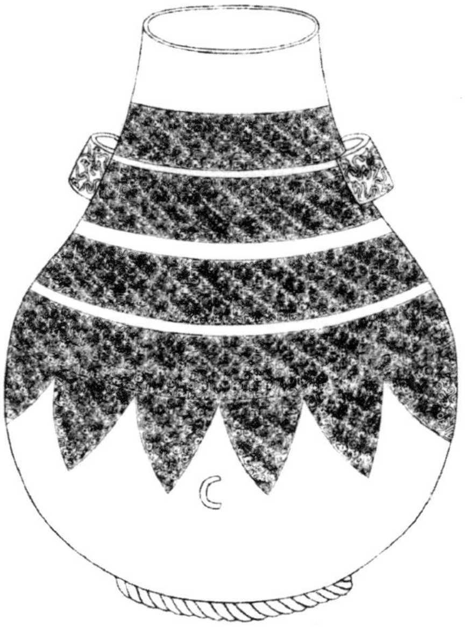

右高一尺四寸一分深一尺三寸八分口徑五寸二分腹圍三尺五寸二分重三百七十一兩兩耳一鼻

周夔紋壺二

右高一尺一寸深九寸九分口縱四寸橫五寸八分腹圍一尺九寸重一百三兩兩耳

周夔紋壺三

右高一尺八分深九寸五分口徑三寸七分腹圍二尺三寸三分重一百一兩兩耳連環

周夔紋壺四

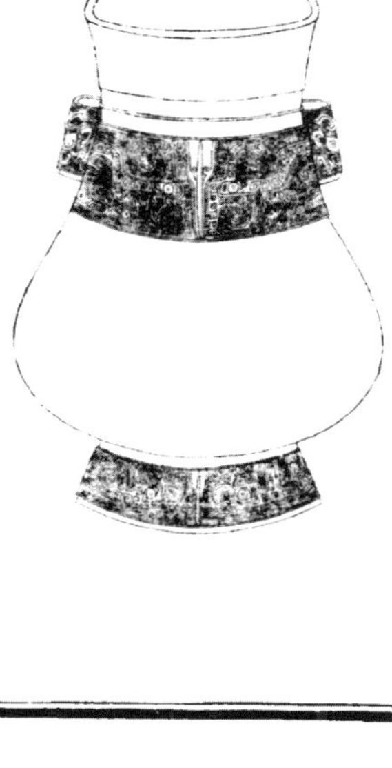

右高一尺一寸一分深九寸三分口縱四寸五分橫五寸六分腹圍二尺一寸四分重一百五十九兩兩耳

周纂帶壺

右高八寸二分深七寸三分口徑三寸五分腹圍一尺七寸重一百二十九兩兩耳

周山紋壺

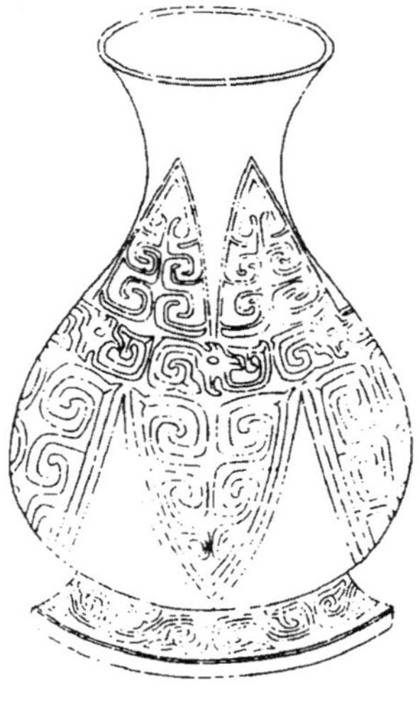

右高八寸八分深七寸八分口徑四寸一分腹圍一尺七寸九分重一百一十兩

周雲紋壺

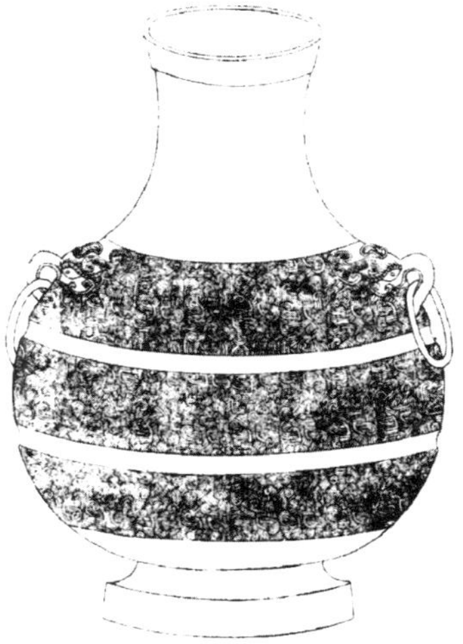

右高一尺三分深九寸五分口徑三寸五分腹圍二尺三寸四分重一百三十一兩兩耳連環

周鱗紋壺

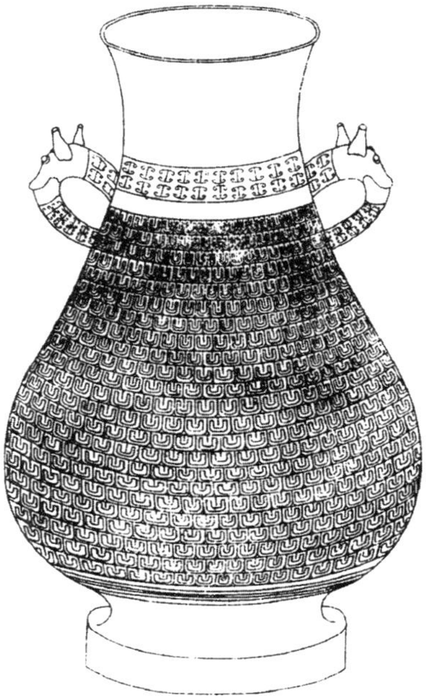

右高一尺四寸九分深一尺二寸四分口徑六寸腹圍三尺重四百三兩兩耳

周弦紋壺一

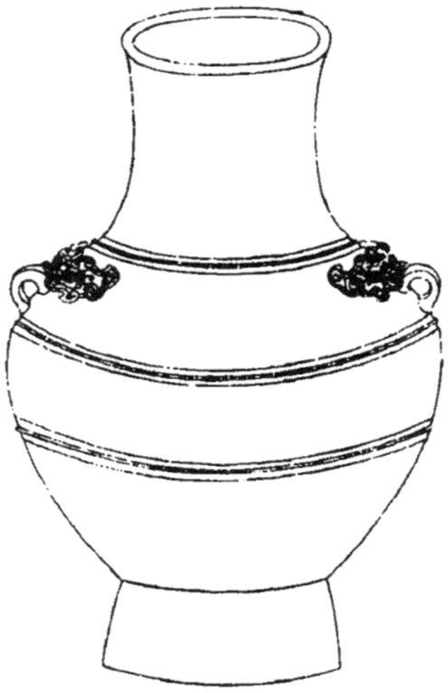

右高九寸三分深七寸八分口徑三寸二分腹圍一尺九寸七分重七十三兩兩耳

周弦紋壺二

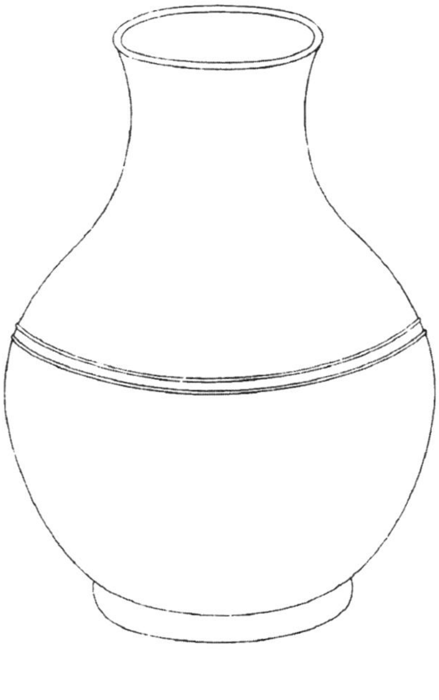

右高八寸四分深八寸口徑三寸腹圍一尺九寸一分重八十八兩

周弦紋壺三

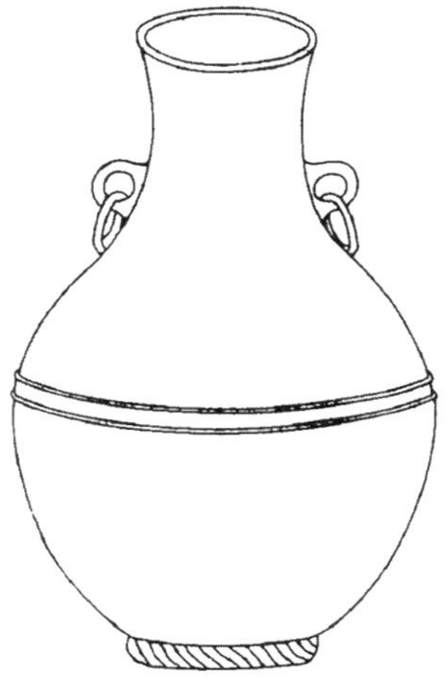

右高八寸一分深七寸七分口徑二寸九分腹圍一尺八寸重五十五兩兩耳連環

周獸環壺一

右高一尺三寸六分深一尺二寸三分口徑五寸三分腹圍三尺三寸九分重二百八十三兩兩耳連環

周獸環壺二

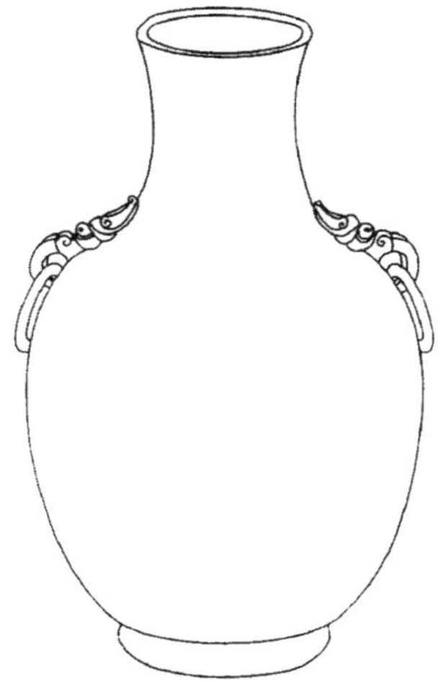

右高一尺一寸五分深一尺七分口徑三寸五分腹圍二尺二寸七分重一百一十二兩兩耳連環

周獸環壺三

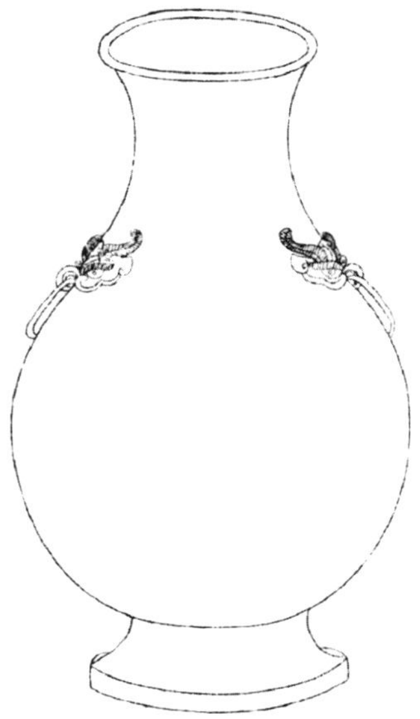

右高一尺九分深九寸七分口徑三寸六分腹圍二尺二寸八分重八十三兩兩耳連環

周獸環壺四

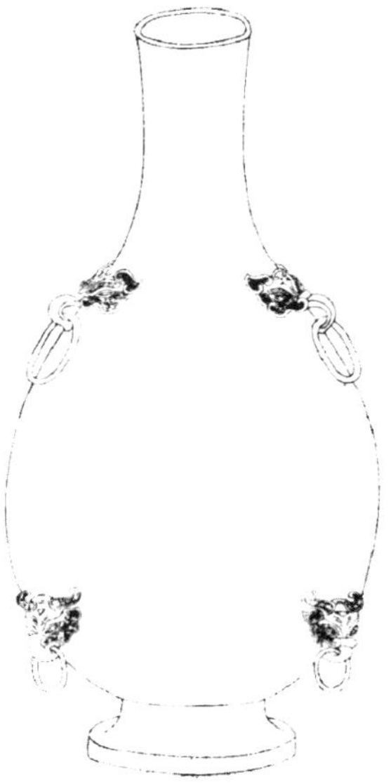

右高一尺三分深九寸四分口徑一寸九分腹圍一尺七寸重五十九兩兩耳連環四㲋

周獸環壺五

右高一尺一寸五分深一尺四分口徑二寸一分腹圍一尺九寸重九十兩兩耳連環四㲋

周獸環壺六

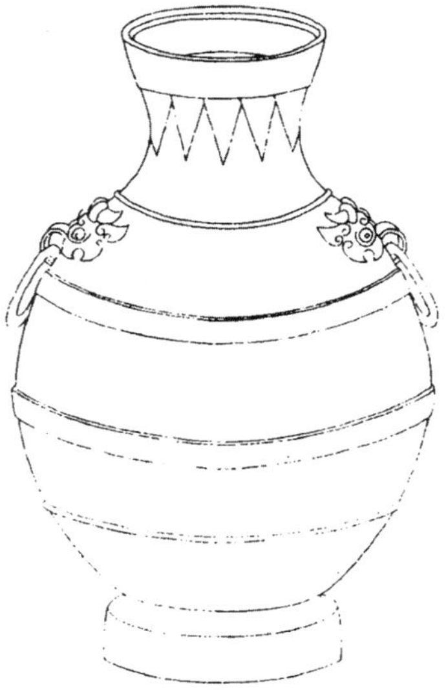

右高九寸七分深八寸四分口徑三寸三分腹圍二尺一寸五分重八十二兩兩耳連環

周獸環壺七

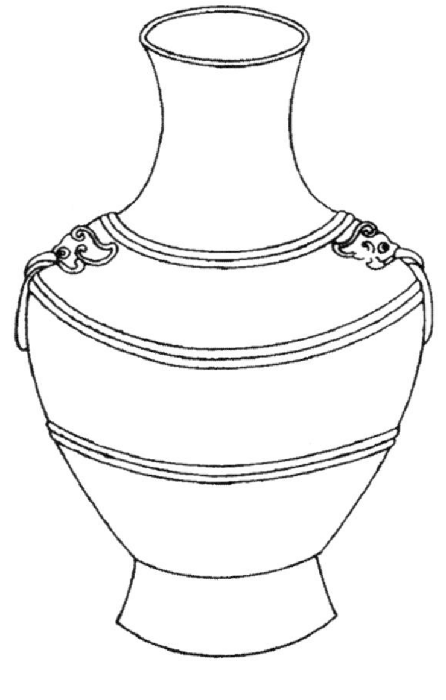

右高九寸五分深七寸九分口徑三寸一分腹圍二尺四分重七十七兩兩耳連環

周獸環壺八

右高九寸三分深八寸四分口徑二寸一分腹圍一尺八寸重七十一兩兩耳連環

周獸環壺九

右高九寸七分深八寸五分口徑三寸二分腹圍二尺五分重七十三兩兩耳連環

周獸環壺十

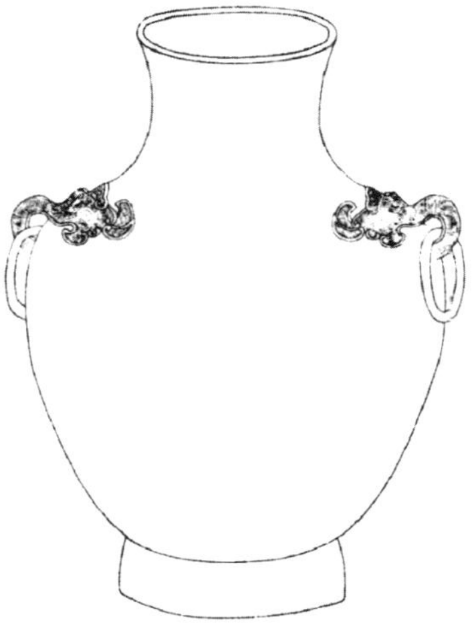

右高八寸四分深七寸四分口徑三寸一分腹圍一尺九寸四分重六十六兩兩耳連環

周獸環方壺

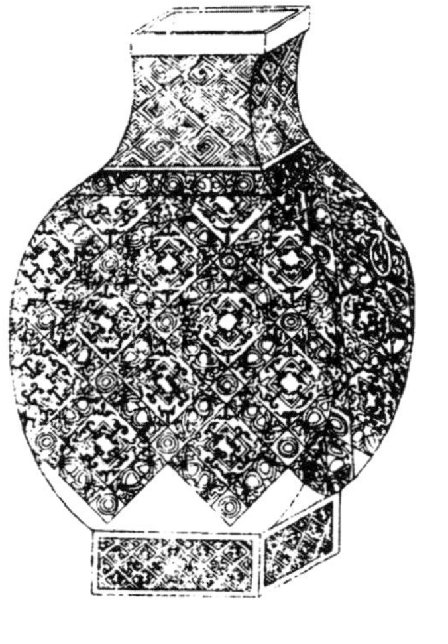

右高一尺一寸七分深一尺四分口徑三寸三分腹圍二尺六寸一分重一百三十九兩兩耳連環

周獸環匾壺

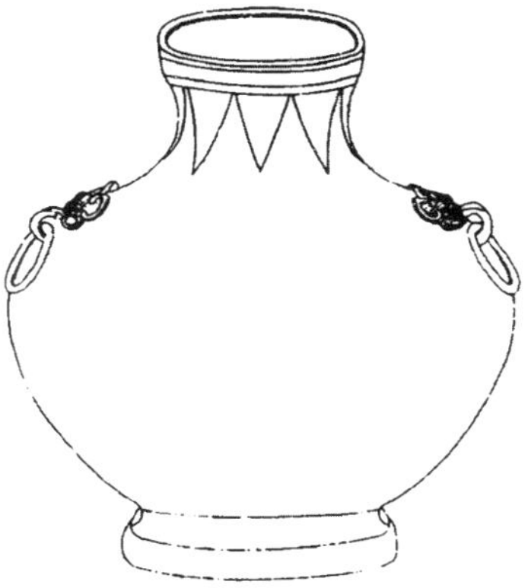

右高九寸二分深八寸一分口徑三寸五分腹圍二尺六分重六十九兩兩耳連環

周獸耳壺

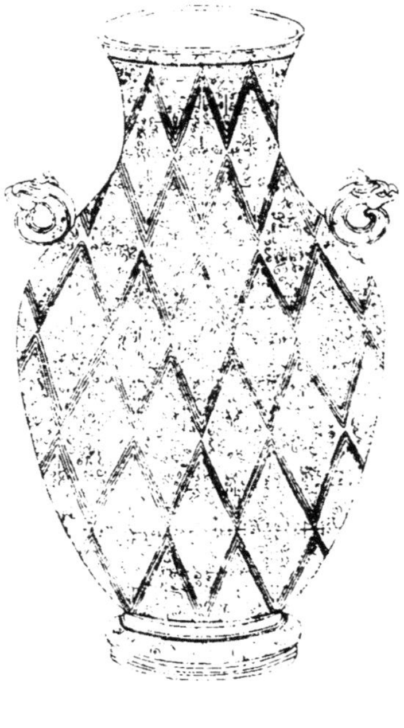

右高九寸七分深八寸九分口徑三寸七分腹圍一尺九寸九分重一百一十七兩兩耳金銀錯

周獸耳匾壺

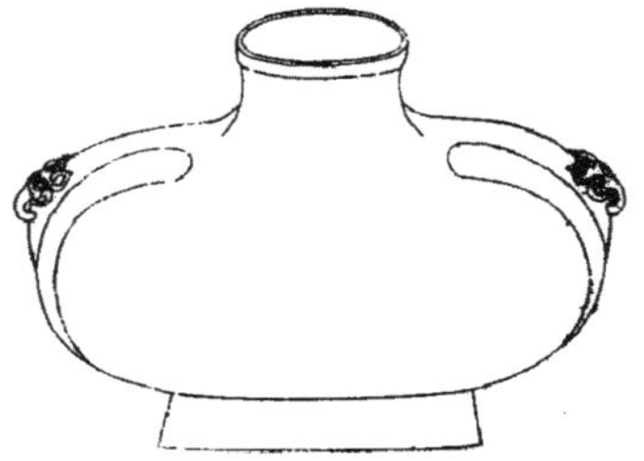

右高五寸一分深四寸五分口徑一寸九分腹圍一尺四寸六分重四十二兩兩耳

周貫耳壺一

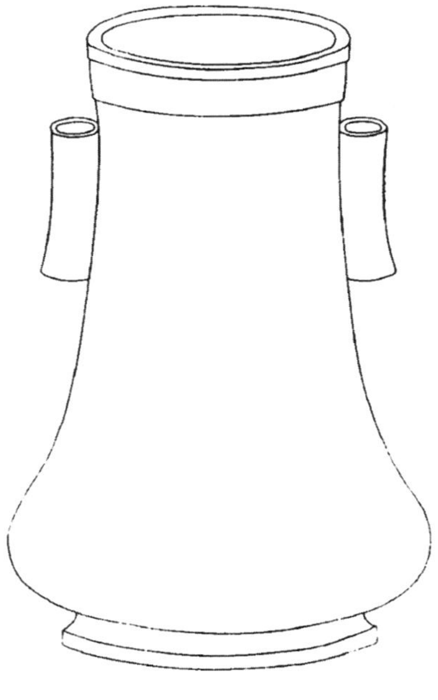

右高一尺五寸九分深一尺五寸口縱六寸二分橫七寸四分腹圍三尺二寸二分重三百六十三兩兩耳博古圖載周貫耳壺凡五形製皆合

周貫耳壺二

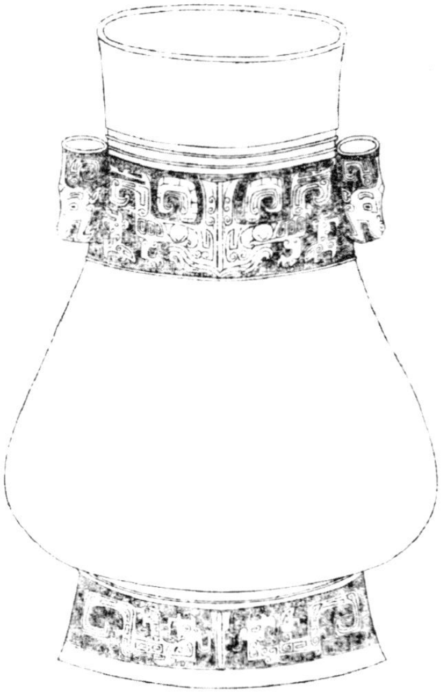

右高一尺二寸七分深一尺七分口縱五寸二分橫六寸一分腹圍二尺四寸六分重二百五十一兩兩耳

周貫耳壺三

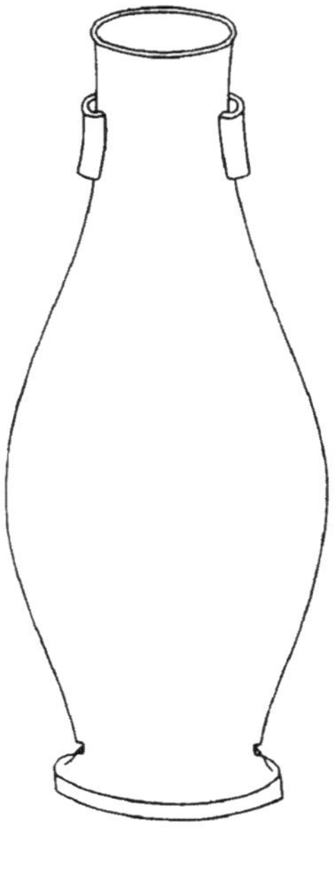

右高一尺二寸九分深一尺一寸九分口徑二寸五分腹圍一尺四寸三分重七十九兩兩耳

周貫耳壺四

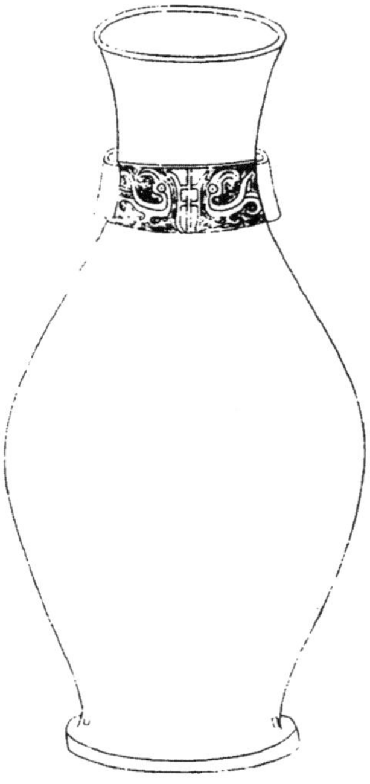

右高一尺二寸深一尺八分口徑三寸二分腹圍一尺七寸重八十九兩兩耳

周貫耳壺五

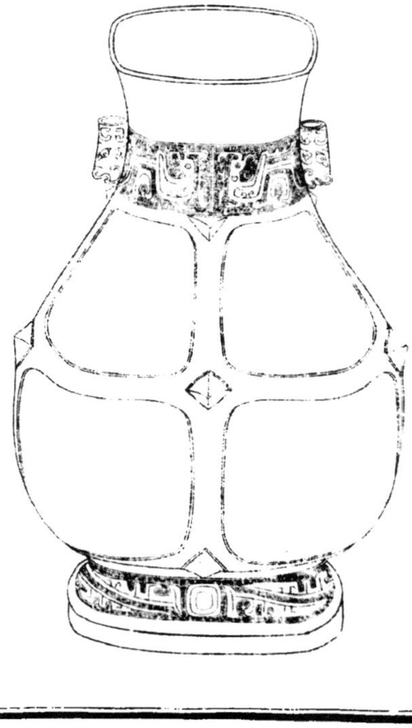

右高一尺一寸二分深一尺口縱三寸七分横四寸六分腹圍二尺九分重一百七十五兩兩耳

周貫耳壺六

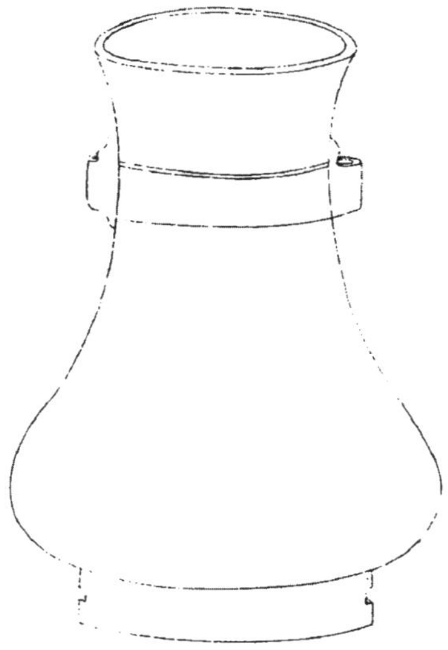

右高一尺一分深九寸五分口縱三寸八分橫五寸腹圍二尺重七十五兩兩耳

周貫耳壺七

右高七寸七分深六寸九分口縱二寸一分橫二寸六分腹圍一尺五寸四分重五十三兩兩耳

周貫耳壺八

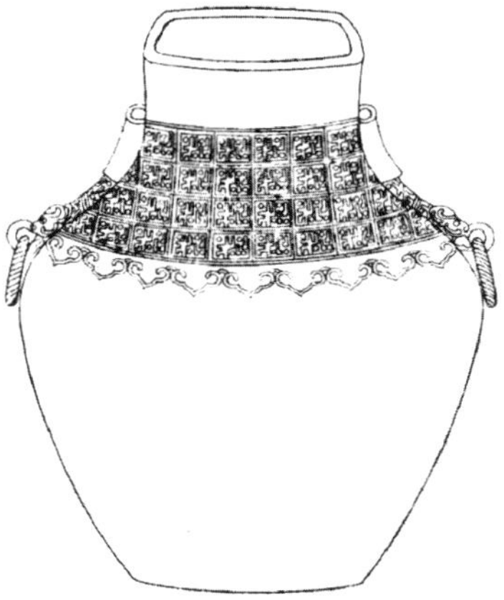

右高五寸五分深五寸三分口縱二寸横二寸六分腹圍一尺三寸五分重六十一兩兩耳連環

周貫耳壺九

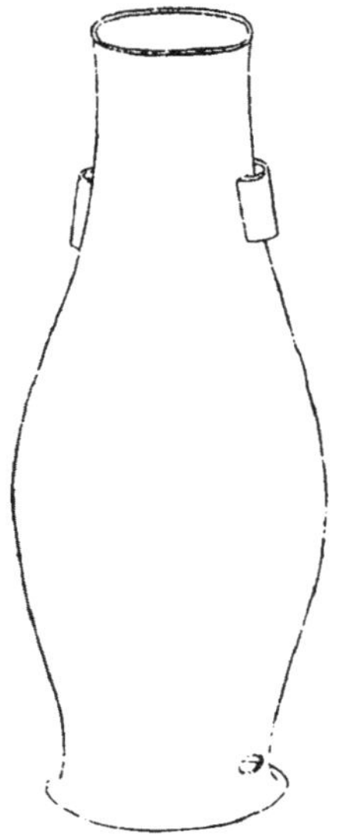

右高九寸四分深八寸七分口徑二寸二分腹圍一尺一寸五分重三十九兩兩耳

周瓠壺一

右通蓋高九寸四分深八寸八分口徑一寸五分腹圍一尺四寸三分重六十七兩有繫

周瓠壺二

右高二寸八分深八寸一分口徑二寸腹圍一尺四寸重五十七兩有繫

西清古鑑卷二十一目録

壺三

漢

漢魚壺

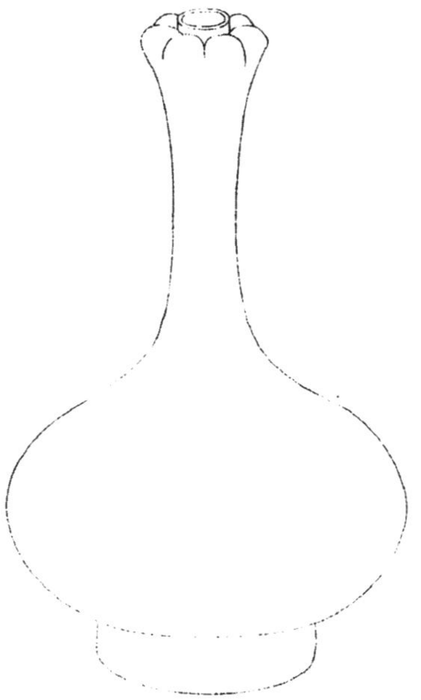

魚

右高一尺一寸六分深一尺八分口徑一寸腹圍二尺二寸重六十九兩此漢溫壺也銘象魚如雙魚洗類耳與周之魚鼎自別

漢犧首壺

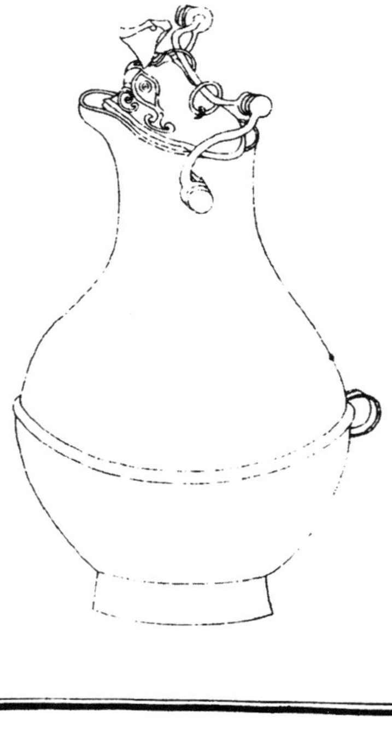

右通蓋高九寸八分深八寸四分口徑三寸三分腹圍二尺一寸重一百四十二兩有繫有流一鼻

漢鷹首壺

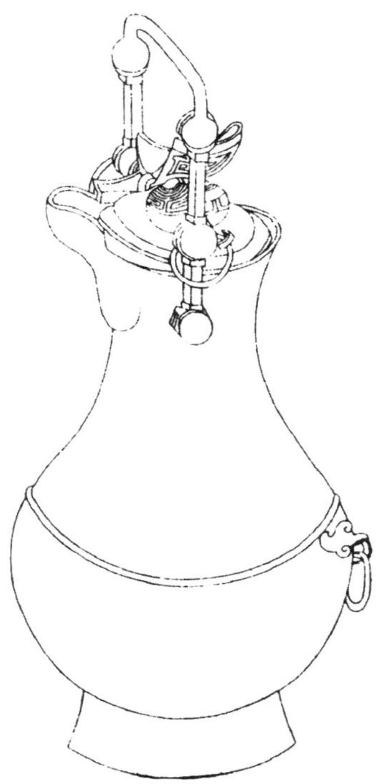

右通蓋高一尺一寸一分深八寸九分口徑三寸四分腹圍二尺一寸七分重一百三十八兩有繫有流一鼻

漢鳧首壺

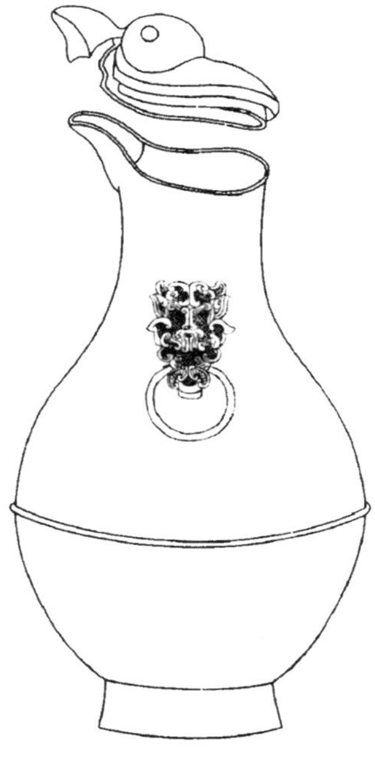

右通蓋高一尺三寸深一尺三分口縱三寸五分橫四寸六分腹圍二尺二寸九分重一百一十九兩有流兩耳連環

漢鳧首曲項壺

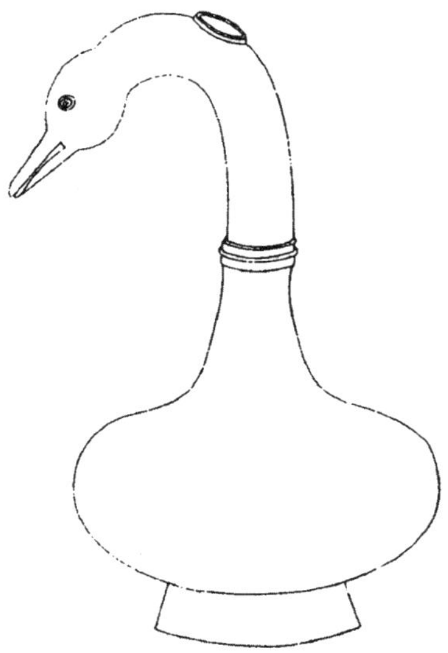

右高一尺三寸深一尺一寸九分口徑九分腹圍二尺一寸六分重六十九兩

漢蟠虺壺

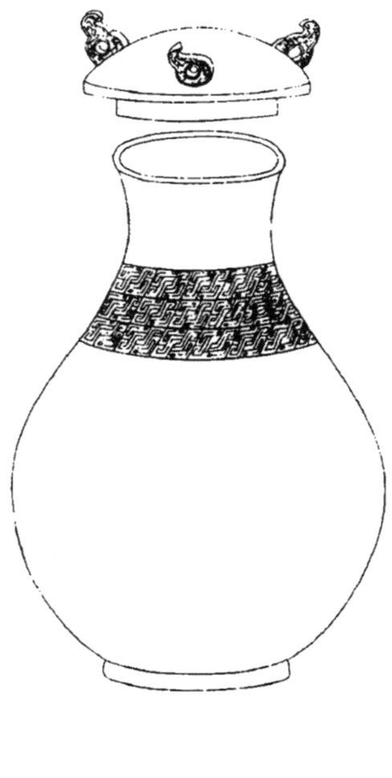

右通蓋高八寸九分深七寸八分口徑二寸九分腹圍一尺八寸八分重八十五兩

漢蟠夔壺一

右高六寸六分深五寸七分口徑二寸五分腹圍一尺三寸三分重三十兩兩耳

漢蟠夔壺二

右通葢高四寸九分深三寸八分口徑二寸七分腹圍一尺三寸重三十九兩

漢蟠夔方壺

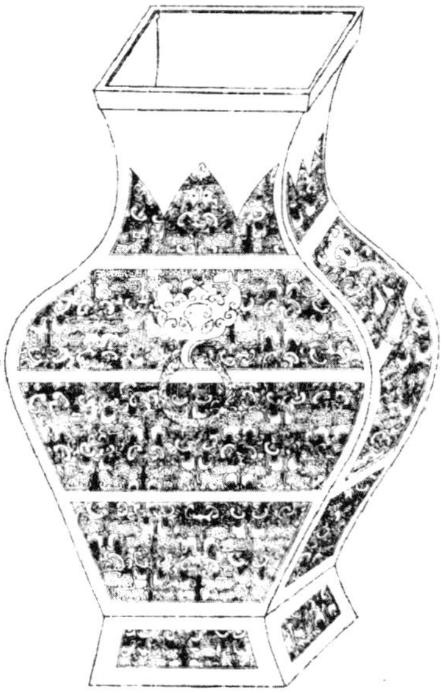

右高一尺二寸八分深一尺九分口徑四寸二分腹圍二尺六寸重一百六十九兩四耳連環

漢蟠夔匾壺

右通蓋高四寸五分深二寸六分口縱六分橫八分腹圍一尺六寸重三十六兩有流有鋬四足上小品如水滴

漢雲螭壺

右高八寸一分深七寸五分口径三寸腹圍一尺八寸九分重六十五兩兩耳連環

漢螭麃壺一

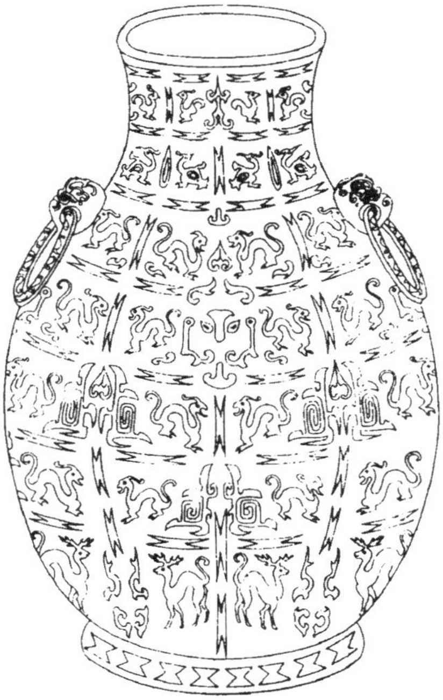

右高一尺三寸四分深一尺三寸口径四寸二分腹圍三尺五分重一百九十五兩兩耳連環金錯

漢螭麃壺二

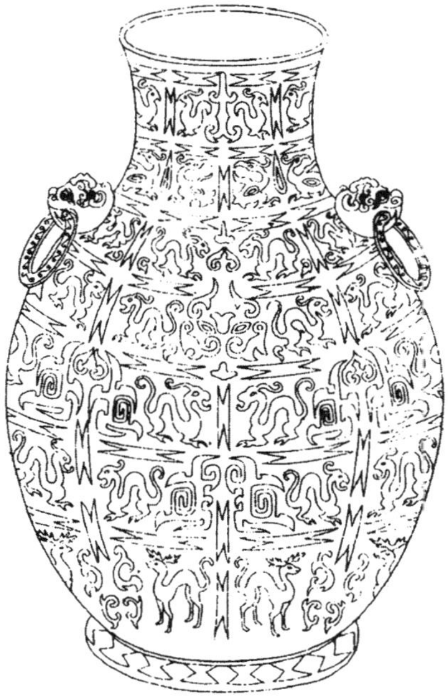

右高一尺三寸七分深一尺三寸一分口径四寸三分腹圍三尺五分重一百七十一兩兩耳連環

漢螭麃壺三

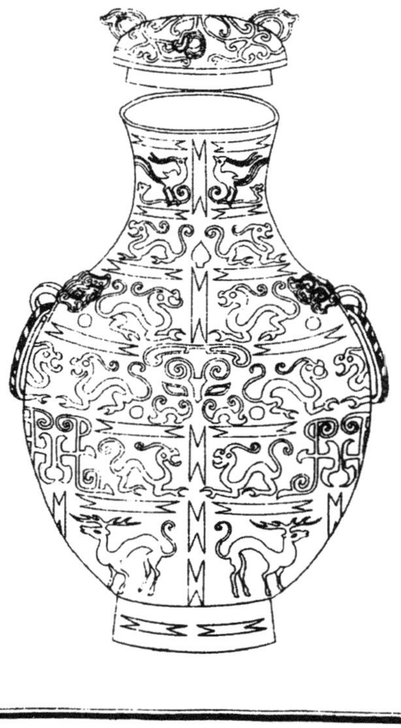

右通蓋高一尺二寸六分深一尺六分口径三寸九分腹圍二尺五寸八分重一百二十九兩兩耳連環

漢鶴鹿壺

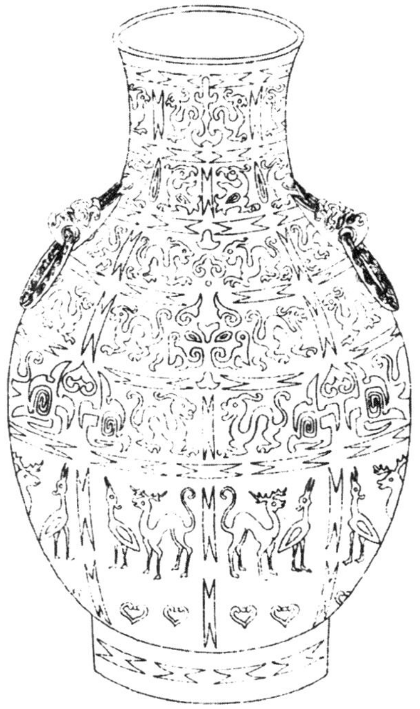

右高一尺四寸深一尺三寸口徑四寸一分腹圍二尺九寸二分重一百六十五兩兩耳連環

漢雙螭壺

右高六寸五分深五寸九分口徑三寸五分腹圍一尺八寸重五十五兩兩耳

漢三螭壺

右高四寸六分深三寸九分口徑一寸六分腹圍一尺二寸八分重三十五兩三螭下垂如足兩耳連環

漢四雀壺

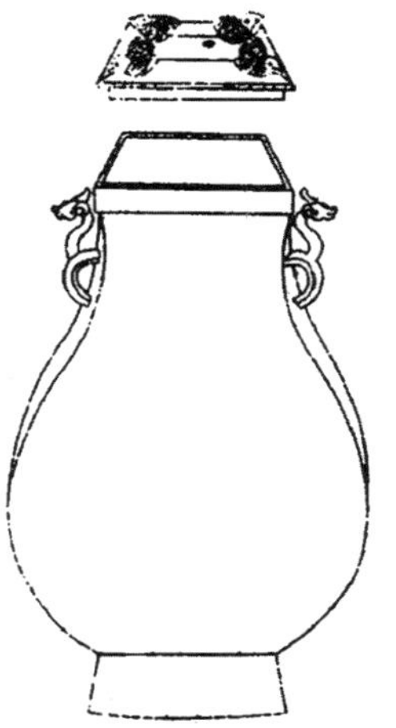

右通蓋高四寸八分深三寸八分口徑一寸六分腹圍一尺四分重一十七兩兩耳

漢鳧魚壺

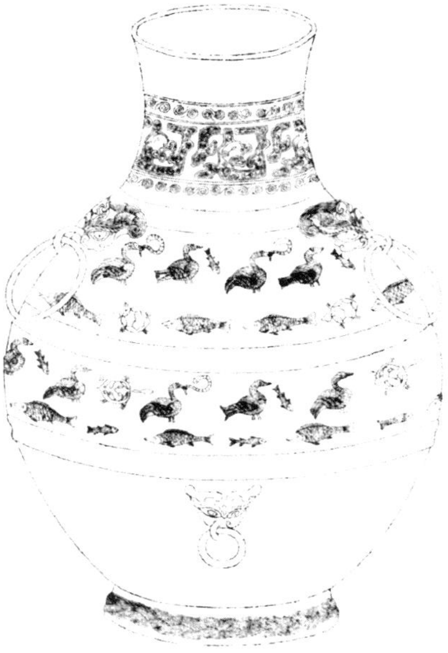

右高九寸四分深八寸六分口徑三寸腹圍二尺七分重六十九兩兩耳連環又環鼻一

漢弦紋壺一

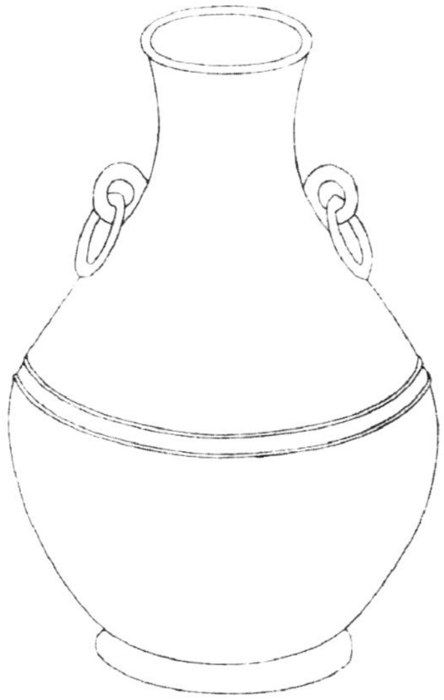

右高七寸八分深七寸二分口徑三寸腹圍一尺八寸三分重四十四兩兩耳連環

漢弦紋壺二

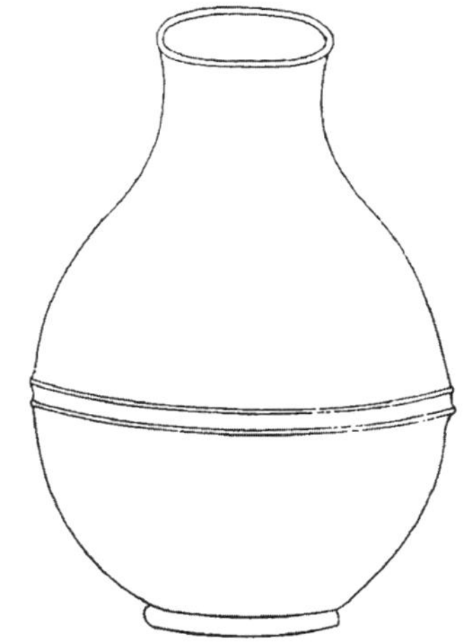

右高六寸八分深六寸四分口徑二寸四分腹圍一尺五寸六分重五十一兩

漢梅花紋壺

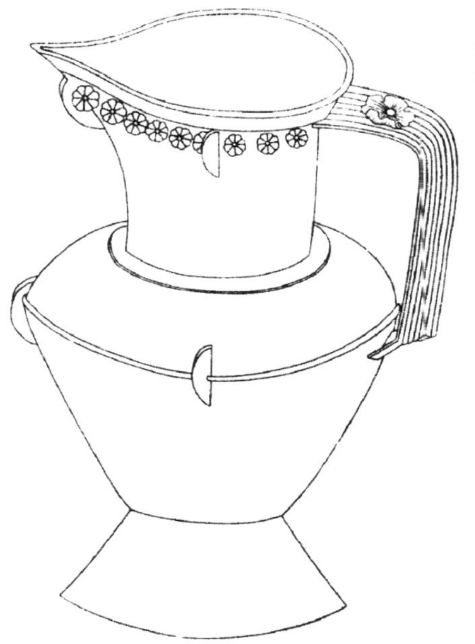

右高一尺二寸三分深一尺一分口長七寸四分濶五寸六分腹圍二尺四寸二分重一百七兩以口為流有鋬

漢繩絡壺

右高一尺四分深九寸五分口徑三寸一分腹圍二尺二寸一分重一百七兩兩耳連環

漢圜絡壺

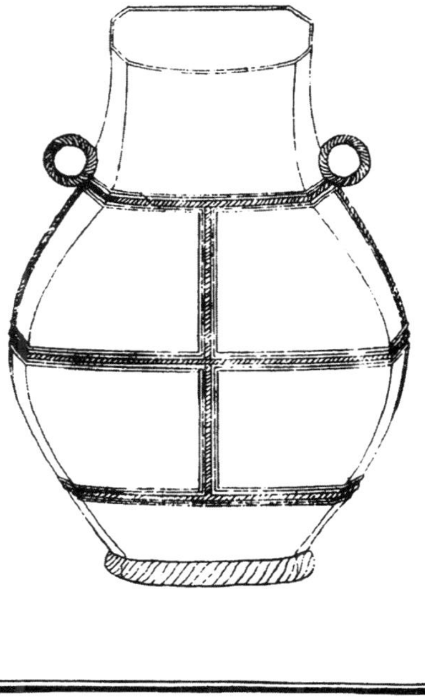

右高九寸深八寸二分口縱二寸二分横三寸二分腹圍一尺六寸二分重五十九兩兩耳

漢旋紋壺

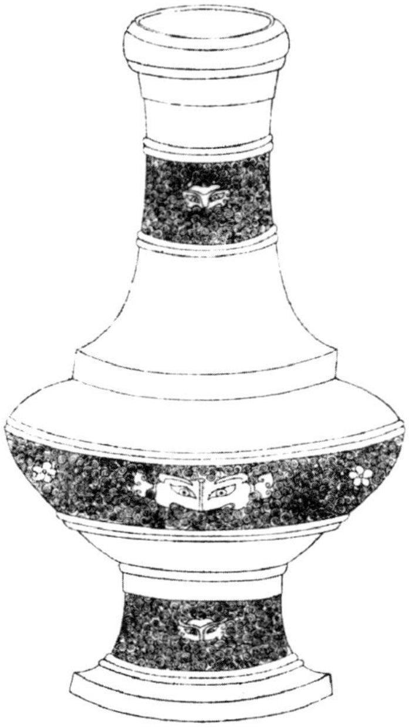

右高一尺八寸八分深一尺四寸九分口徑五寸二分腹圍三尺一寸三分重三百五十五兩

漢絡紋壺

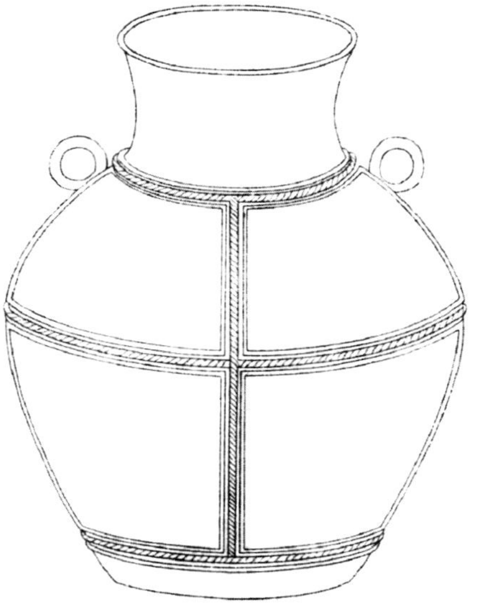

右高八寸二分深八寸口縱二寸九分橫三寸六分腹圍一尺九寸八分重五十五兩兩耳

漢絢紋壺

右高九寸九分深九寸五分口径三寸一分腹圍一尺九寸四分重一百七兩兩耳兩鼻

漢獸環壺一

右高一尺五寸六分深一尺二寸六分口径五寸三分腹圍三尺四寸四分重三百三十一兩兩耳連環

漢獸環壺二

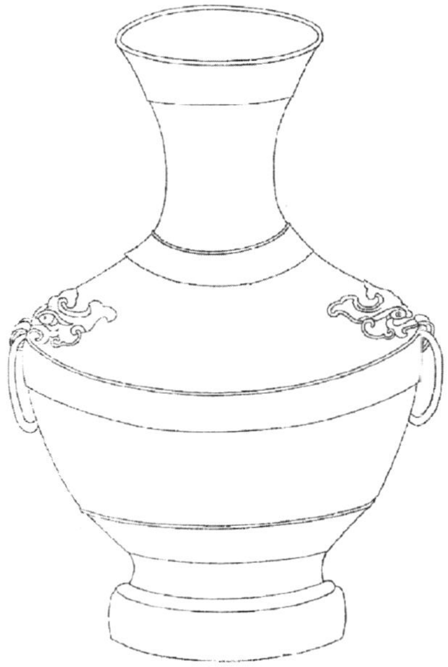

右高一尺四寸八分深一尺一寸四分口徑五寸三分腹圍三尺二寸重二百一十五兩兩耳連環

漢獸環壺三

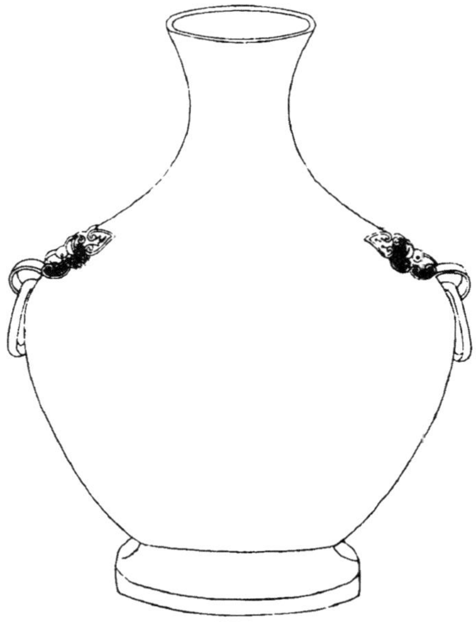

右高一尺四寸七分深一尺三寸一分口徑五寸三分腹圍三尺四寸重二百五十一兩兩耳連環

漢獸環壺四

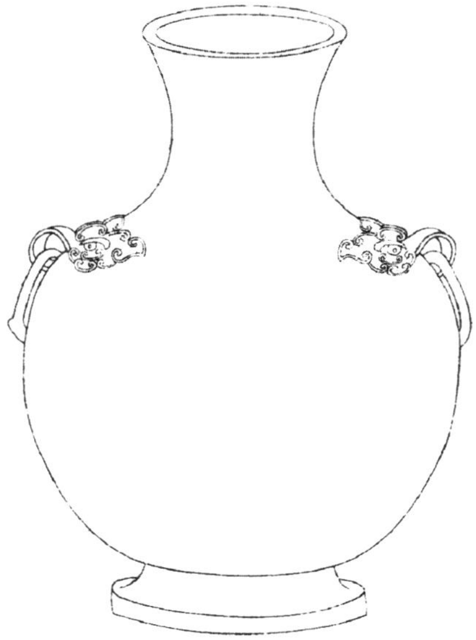

右高一尺四寸五分深一尺三寸二分口徑五寸四分腹圍三尺四寸重三百七兩兩耳連環

漢獸環壺五

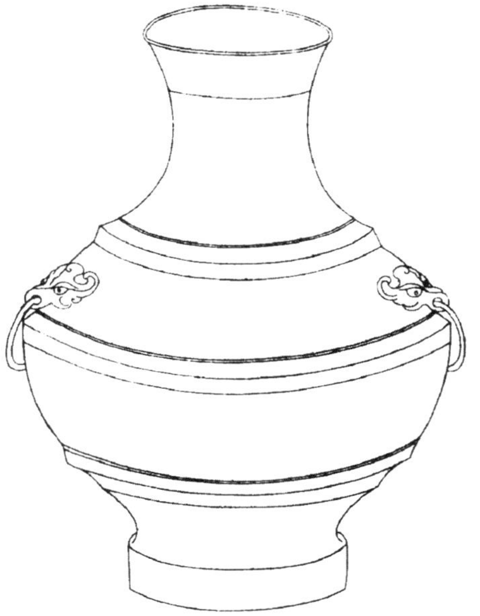

西清古鑑　卷二十一　壺　圭

右高一尺四寸三分深一尺二寸五分口徑五寸八分腹圍三尺六寸五分重二百八十三兩兩耳連環

漢獸環壺六

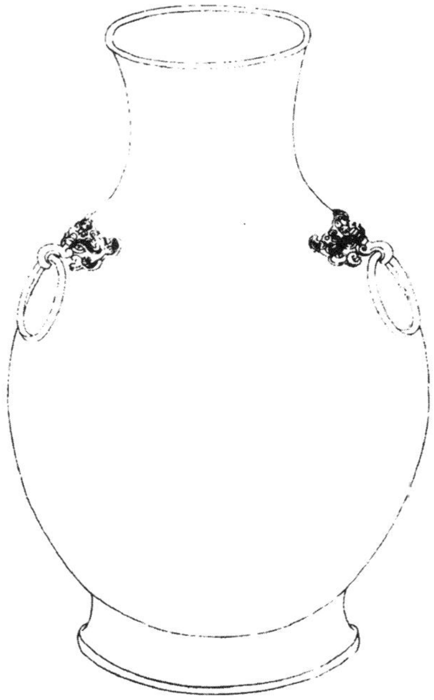

右高一尺四寸深一尺二寸九分口徑四寸五分腹圍二尺九寸三分重二百四十九兩兩耳連環

漢獸環壺七

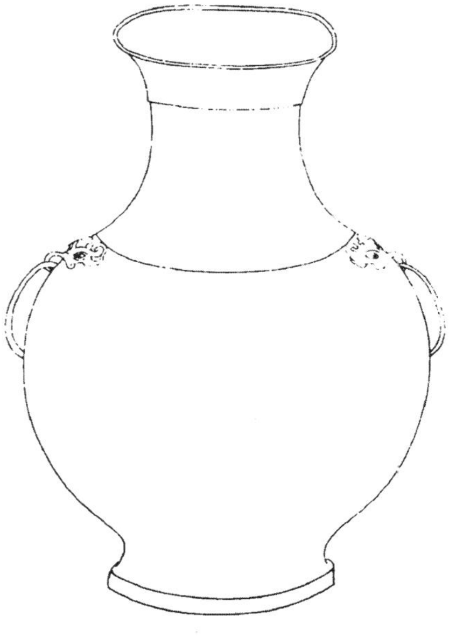

右高一尺四寸深一尺三寸一分口徑五寸三分腹圍三尺四寸二分重二百三十五兩兩耳連環

漢獸環壺八

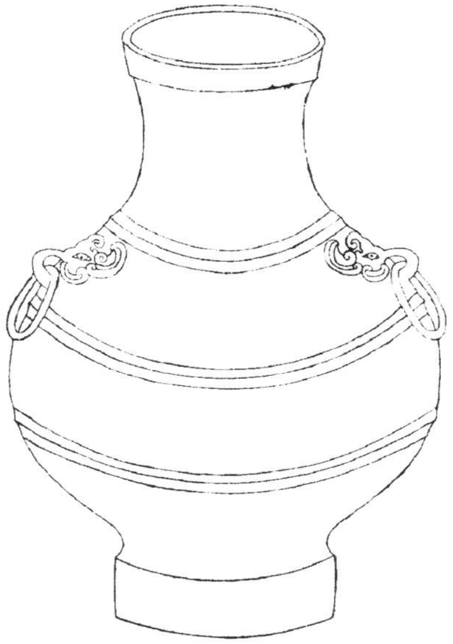

右高一尺四寸深一尺二寸七分口径五寸七分腹圍三尺三寸九分重一百八十七兩兩耳連環

漢獸環壺九

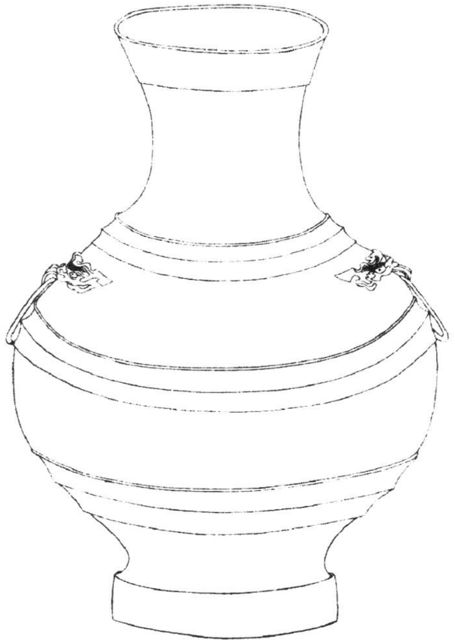

右高一尺三寸九分深一尺二寸口径五寸三分腹圍三尺三寸一分重一百五十一兩兩耳連環

漢獸環壺十

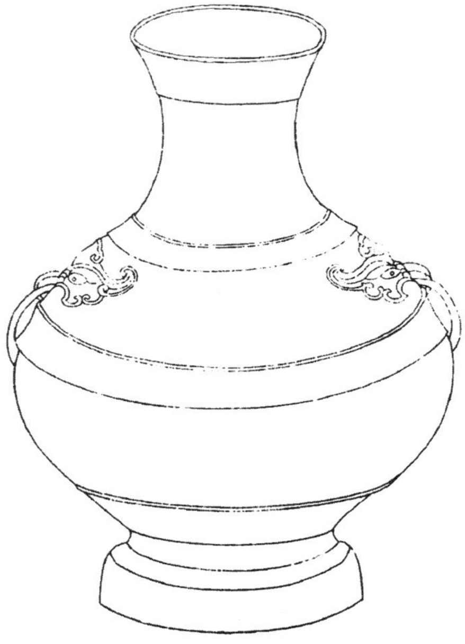

右高一尺三寸八分深一尺二寸五分口径五寸四分腹圍三尺四寸六分重三百三十一兩兩耳連環

漢獸環壺十一

右高一尺三寸八分深一尺二寸口径五寸三分腹圍三尺四寸五分重二百三十九兩兩耳連環

漢獸環壺十二

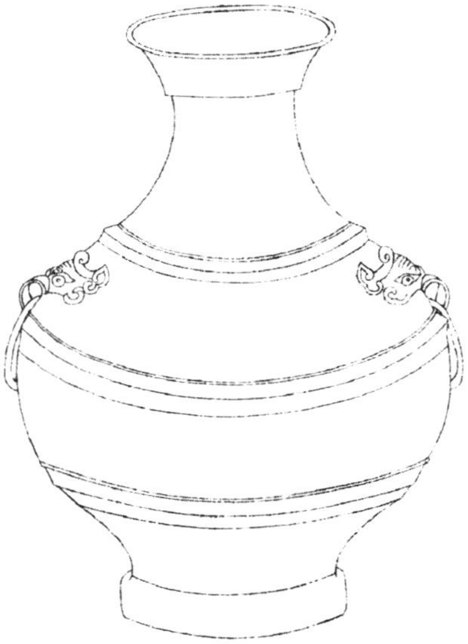

右高一尺三寸八分深一尺一寸八分口徑五寸四分腹圍三尺三寸七分重一百七十五兩兩耳連環

漢獸環壺十三

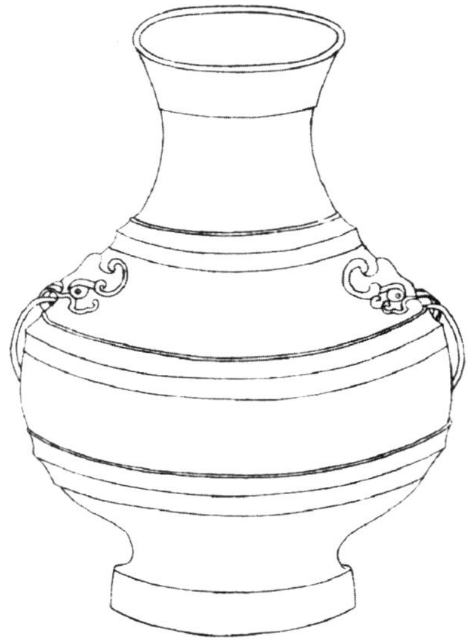

右高一尺三寸六分深一尺一寸九分口徑五寸三分腹圍三尺四寸三分重二百三兩兩耳連環

漢獸環壺十四

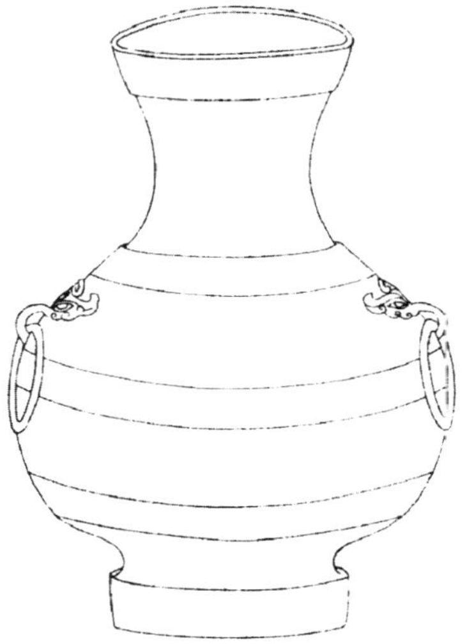

右高一尺三寸四分深一尺一寸九分口径五寸四分腹圍三尺四寸五分重二百九十九兩兩耳連環

漢獸環壺十五

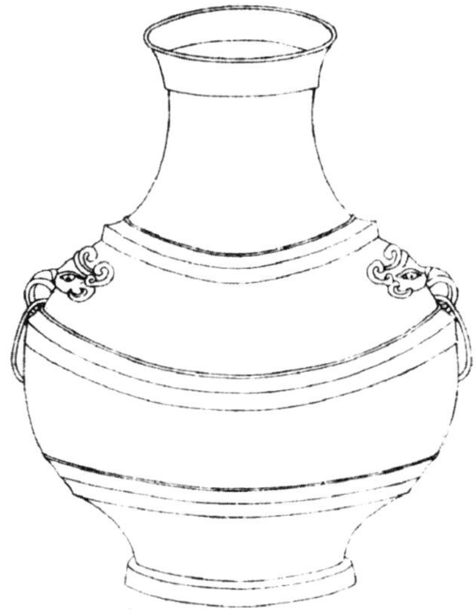

右高一尺三寸深一尺一寸六分口径五寸四分腹圍三尺三寸三分重一百五十一兩兩耳連環

漢獸環壺十六

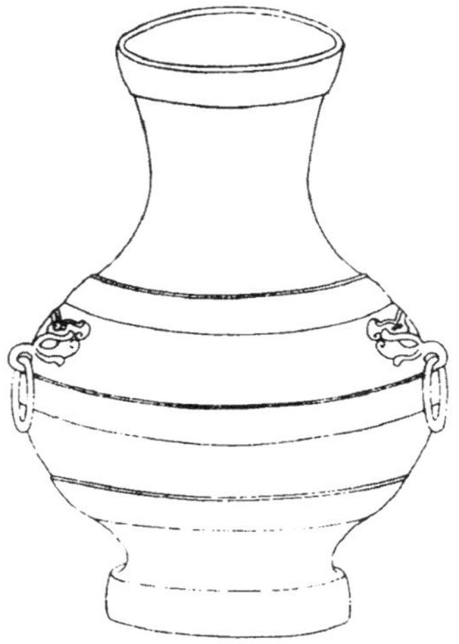

右高一尺一寸七分深一尺三分口径四寸腹圍二尺二寸一分重一百七十一兩兩耳連環

漢獸環壺十七

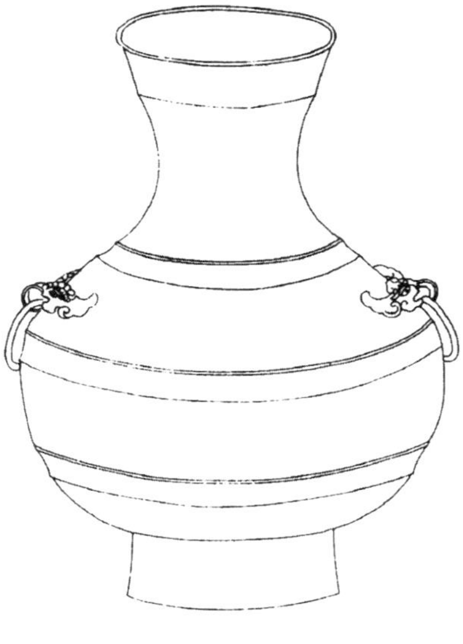

右高一尺五分深九寸七分口径四寸二分腹圍二尺五寸二分重一百六十五兩兩耳連環

漢獸環壺十八

西清古鑑　卷二十一　壺　四五

右通蓋高一尺五分深八寸一分口徑二寸八分腹圍一尺五寸四分重四十六兩兩耳連環鎏金

漢獸環壺十九

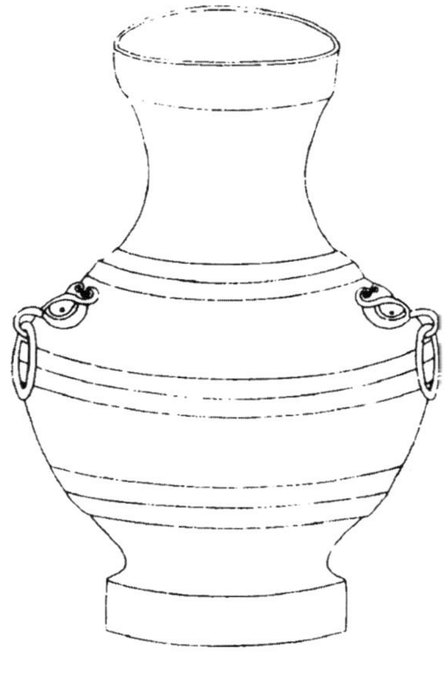

西清古鑑　卷二十一　壺　四六

右高一尺一寸三分深九寸六分口徑四寸二分腹圍二尺六寸九分重一百六十七兩兩耳連環

漢獸環壺二十

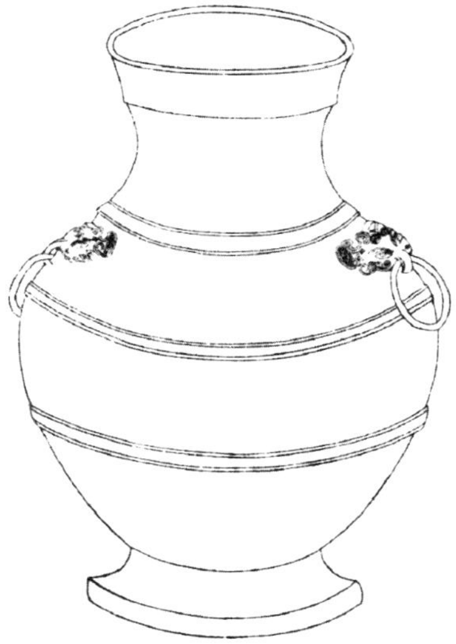

西清古鑑　卷二十一　壺　四七

右高九寸八分深八寸七分口徑三寸八分腹圍二尺二寸七分重八十七兩兩耳連環

漢獸環壺二十一

西清古鑑　卷二十一　壺　四八

右高九寸七分深八寸九分口徑二寸九分腹圍一尺九寸六分重七十三兩兩耳連環

漢獸環壺二十二

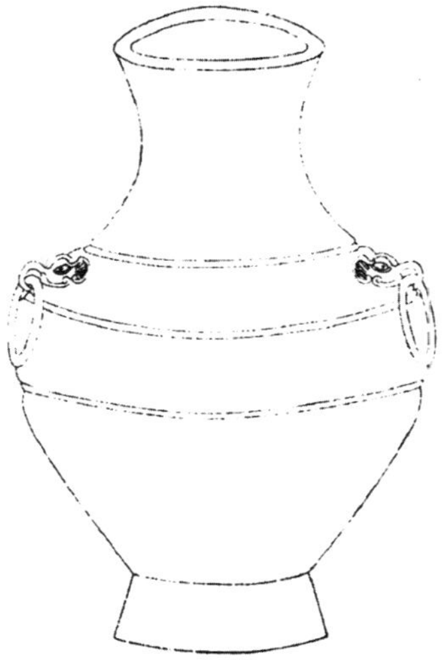

右高九寸六分深七寸九分口徑三寸二分腹圍二尺六分重七十五兩兩耳連環

漢獸環壺二十三

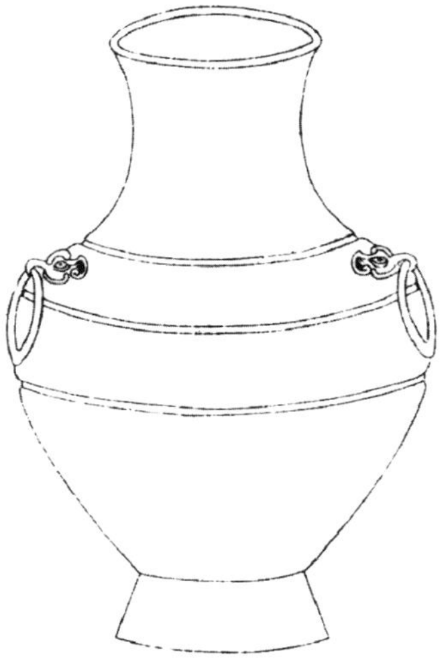

右高九寸六分深八寸口徑三寸四分腹圍二尺一寸重七十九兩兩耳連環

漢獸環壺二十四

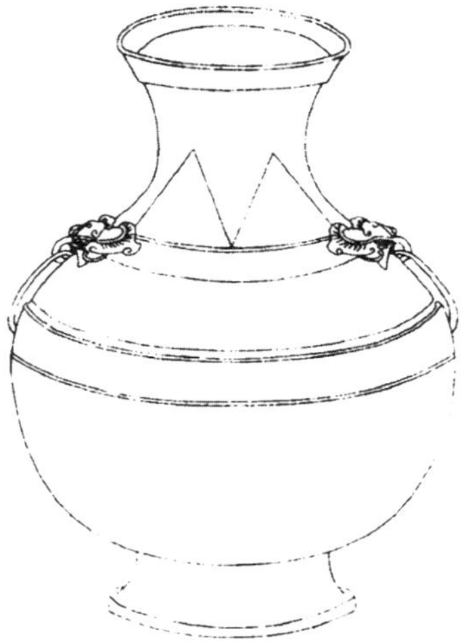

右高八寸九分深八寸一分口徑三寸八分腹圍二尺四寸重一百一十一兩兩耳連環

漢獸環壺二十五

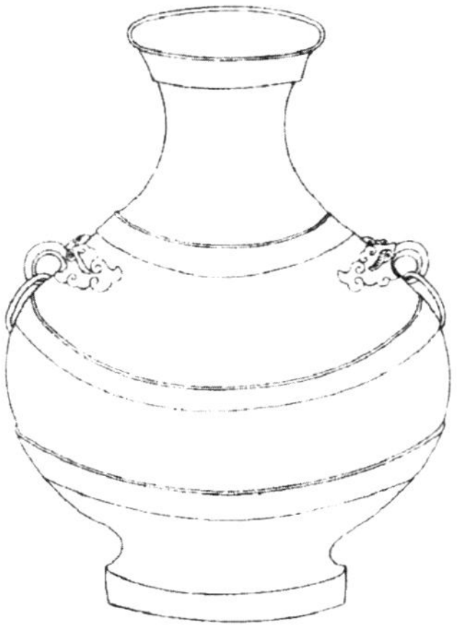

右高八寸五分深七寸一分口徑三寸二分腹圍二尺重五十九兩兩耳連環

漢獸環壺二十六

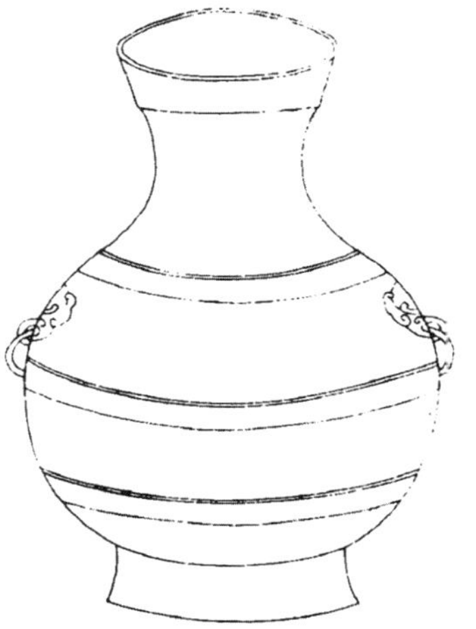

西清古鑑　卷二十一　壺　五三

右高八寸一分深七寸五分口徑二寸九分腹圍一尺八寸重六十四兩兩耳連環

漢獸環壺二十七

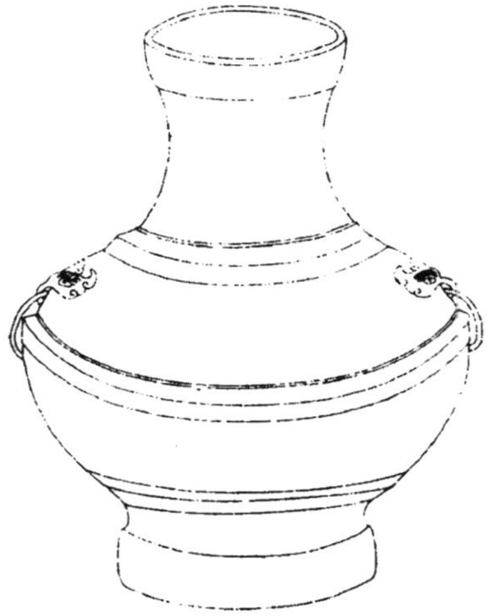

西清古鑑　卷二十一　壺　五四

右高七寸一分深六寸一分口徑二寸六分腹圍一尺六寸九分重四十五兩兩耳連環

漢獸環壺二十八

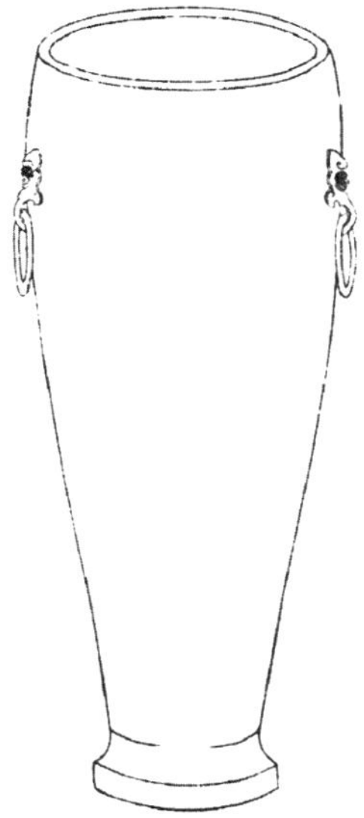

右高一尺二寸二分深一尺一寸三分口徑四寸六分腹圍一尺五寸五分重五十五兩兩耳連環

漢獸環方壺一

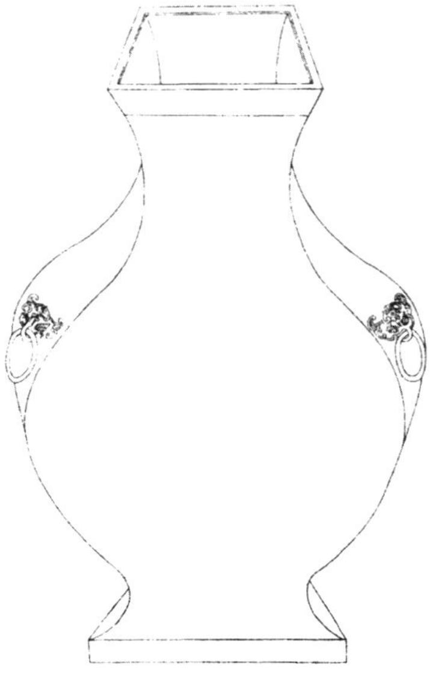

右高一尺二寸二分深九寸七分口縱三寸六分橫三寸七分腹縱六寸二分橫六寸一分重一百四十一兩兩耳連環

漢獸環方壺二

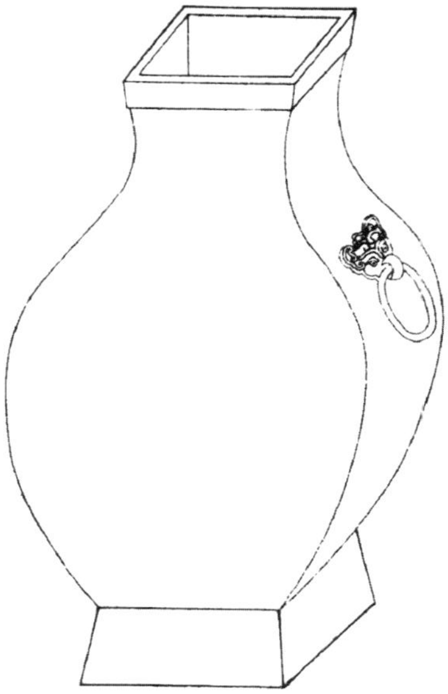

右高一尺二寸二分深一尺三分口徑三寸七分腹圍二尺五寸二分重一百六兩兩耳連環

漢獸環方壺三

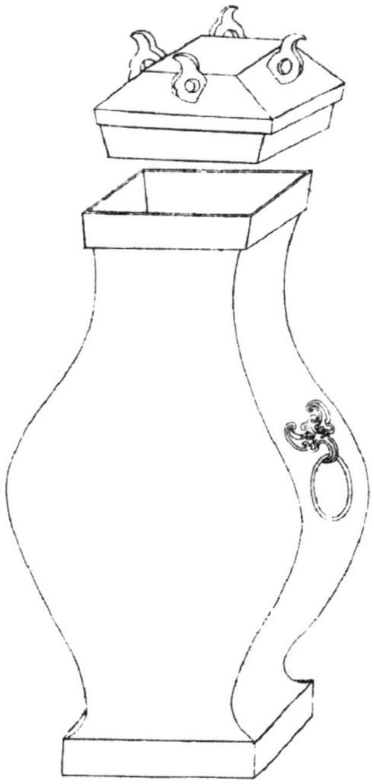

右通蓋高一尺一寸四分深九寸二分口徑三寸三分腹圍二尺八分重一百三兩兩耳連環

漢獸環方壺四

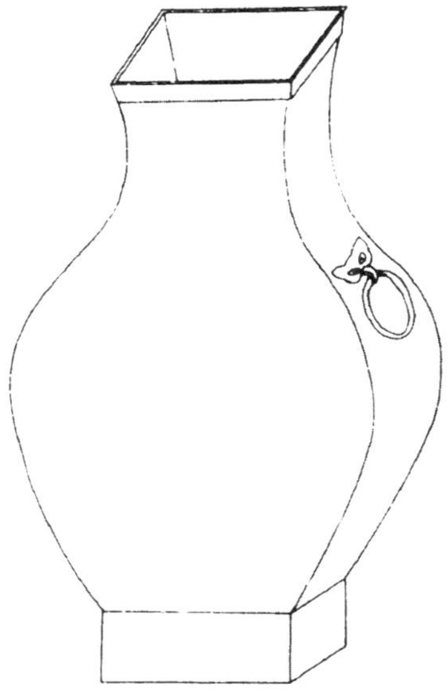

右高一尺一寸三分深一尺二分口徑三寸五分腹圍二尺五寸五分重一百二十五兩兩耳連環

漢獸環方壺五

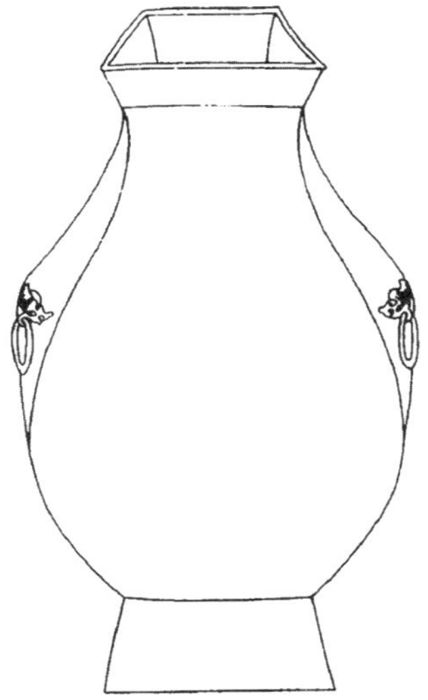

右高一尺一寸一分深九寸三分口徑三寸五分腹圍二尺四寸四分重九十三兩兩耳連環

漢獸環方壺六

右高三寸二分深二寸七分口徑一寸三分腹圍八寸五分重一十一兩兩耳連環

漢獸環方壺七

右高三寸二分深二寸七分口徑一寸三分腹圍八寸五分重一十一两兩耳連環

漢獸環方壺八

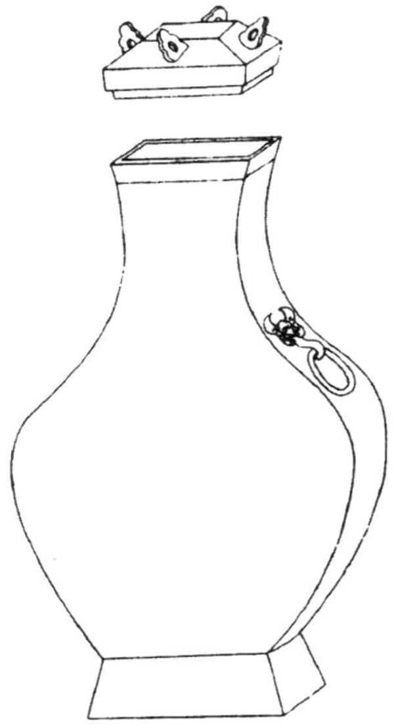

右通葢高一尺三寸三分深九寸九分口徑三寸六分腹圍二尺六寸重一百二十六兩兩耳連環

漢獸環匾壺一

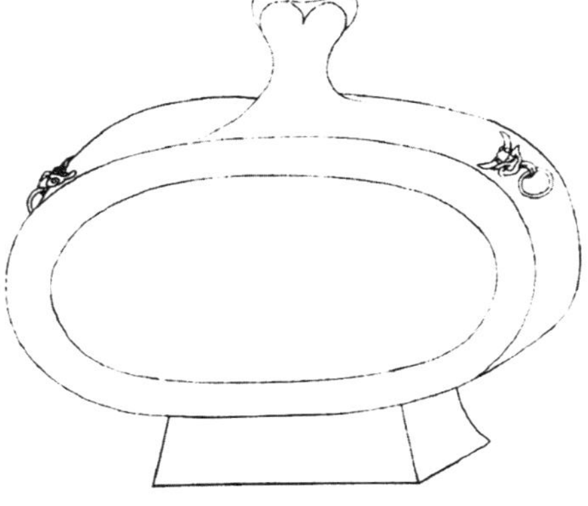

右高九寸四分深八寸四分口徑一寸二分腹圍二尺三寸四分重七十五兩兩耳連環形匾唐人所謂偏提也

漢獸環匾壺二

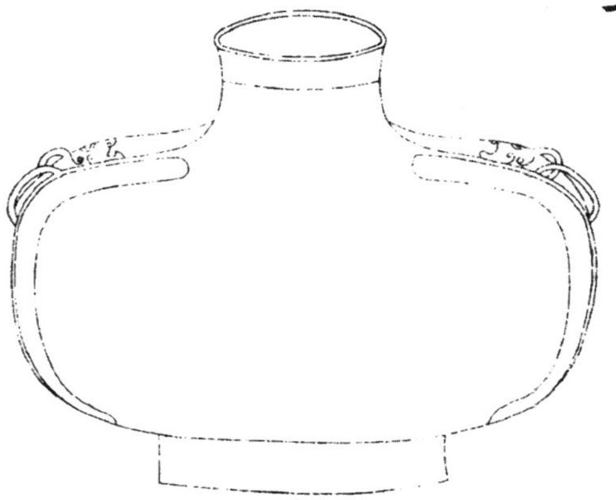

右高八寸七分深八寸口徑二寸三分腹圍二尺二寸八分重六十三兩兩耳連環

漢獸環匾壺三

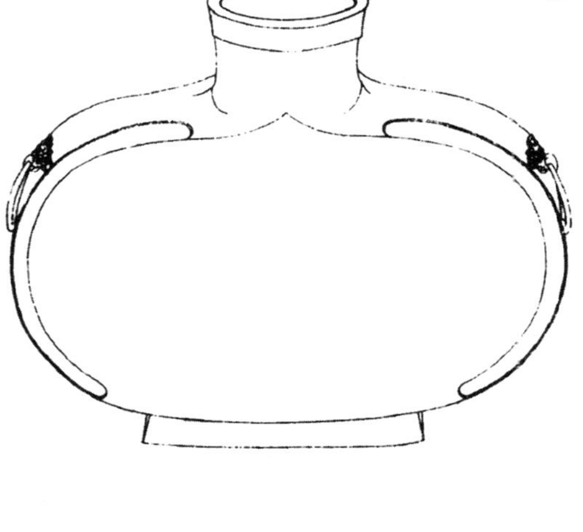

右高八寸五分深七寸六分口徑二寸三分腹圍二尺二寸七分重七十一兩兩耳連環

漢獸環匾壺四

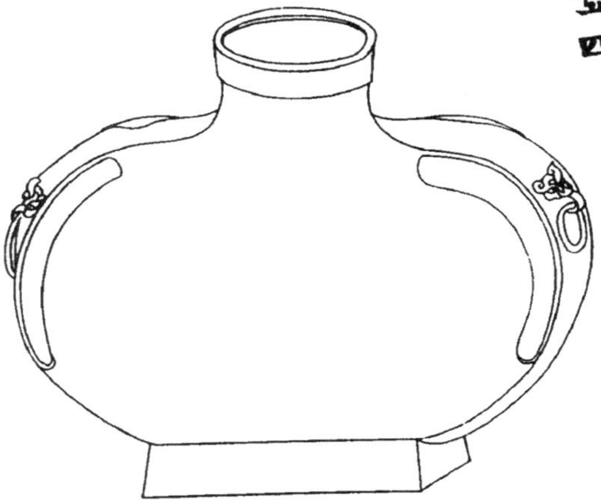

右高八寸三分深七寸五分口徑二寸五分腹圍二尺一分重七十一兩兩耳連環

漢獸環匾壺五

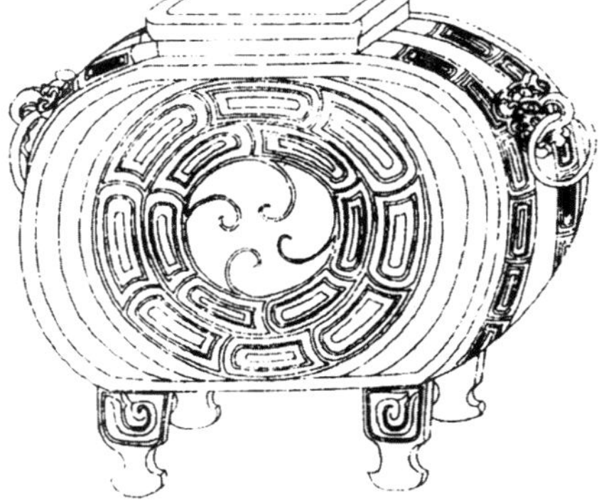

右高六寸七分深五寸一分口縱一寸八分橫二寸五分腹圍一尺六寸七分重九十五兩兩耳連環四足

漢獸環匾壺六

右通葢高三寸三分深二寸二分口縱八分横一寸腹圍七寸重一十有半兩

西清古鑑卷二十二目録

漢獸鼻壺

右高一尺一寸八分深一尺八分口徑二寸七分腹圍二尺三分重一百一十五兩三耳三鼻

漢獸耳壺一

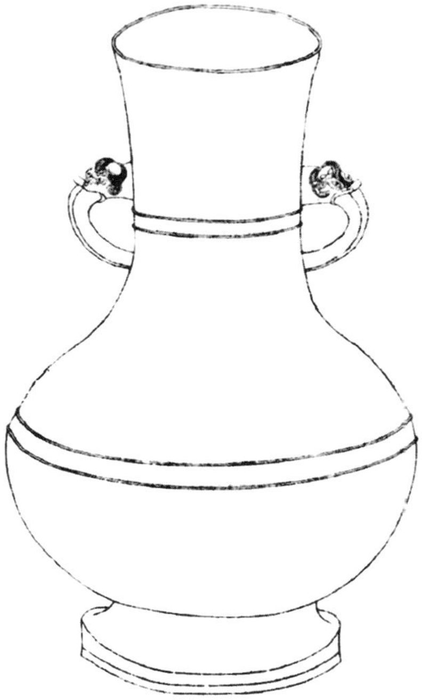

右高一尺六寸九分深一尺五寸一分口徑六寸五分腹圍三尺三寸五分重三百七十九兩兩耳

漢獸耳壺二

右高九寸五分深八寸七分口徑一寸九分腹圍一尺六寸五分重四十六兩兩耳

漢獸耳壺三

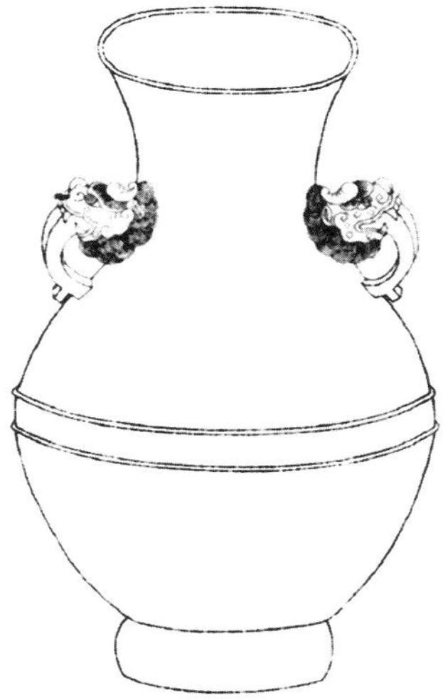

右高七寸九分深六寸九分口徑三寸四分腹圍一尺六寸九分重三十九兩兩耳

漢獸耳壺四

右高四寸九分深四寸六分口徑一寸七分腹圍一尺一寸二分重一十九兩兩耳

漢獸耳小壺

右高二寸五分深二寸一分口徑一寸二分腹圍七寸四分重九兩兩耳

漢獸耳方壺一

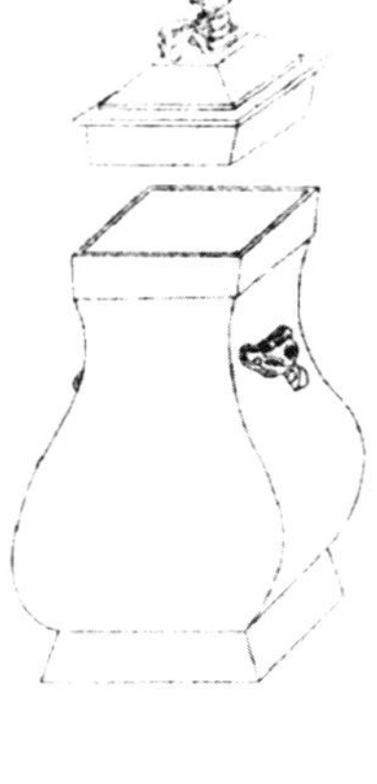

右通蓋高三寸五分深二寸四分口徑一寸二分腹圍六寸五分重九兩兩耳

漢獸耳方壺二

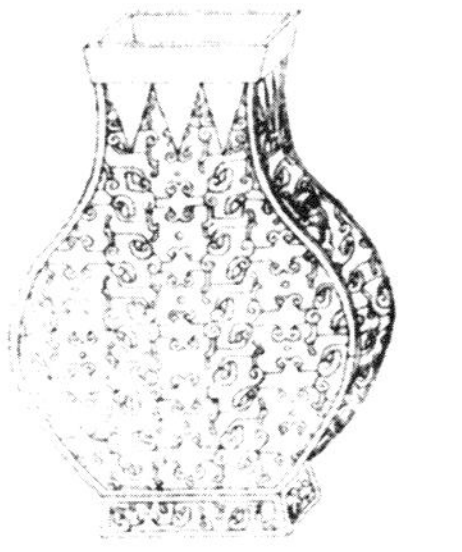

右高三寸二分深二寸八分口徑一寸三分腹圍八寸六分重一十一兩兩耳

漢螭耳壺

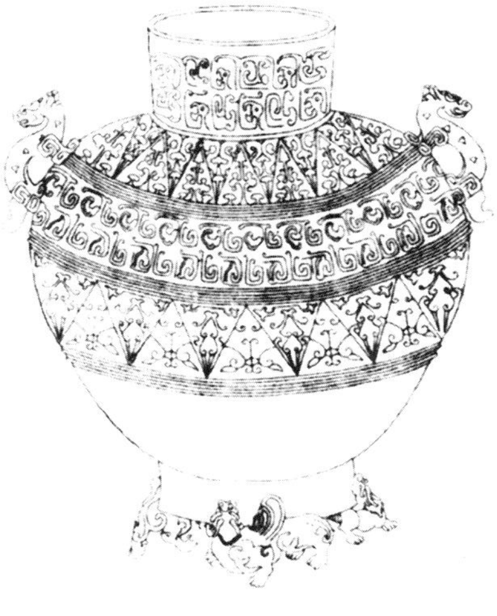

右高六寸九分深五寸四分口徑三寸腹圍一尺九寸六分重七十九兩兩耳三足作饕餮形

漢瓠壺一

右通蓋高九寸八分深七寸八分口徑一寸九分腹圍一尺一寸八分重三十五兩有繫

漢瓠壺二

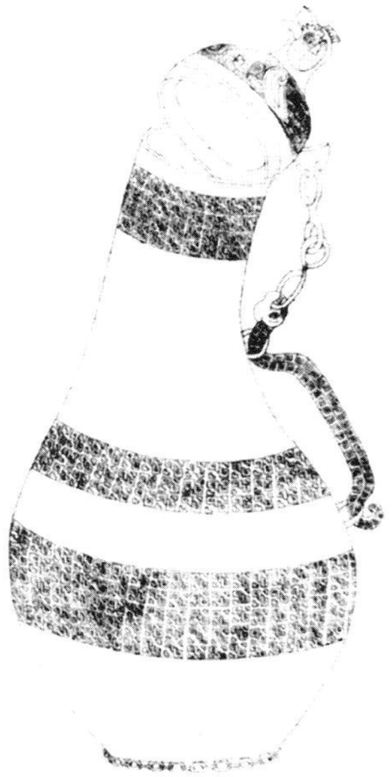

右通蓋高九寸九分深七寸九分口徑一寸九分腹圍一尺二寸七分重二十八兩有繫

漢鈚壺三

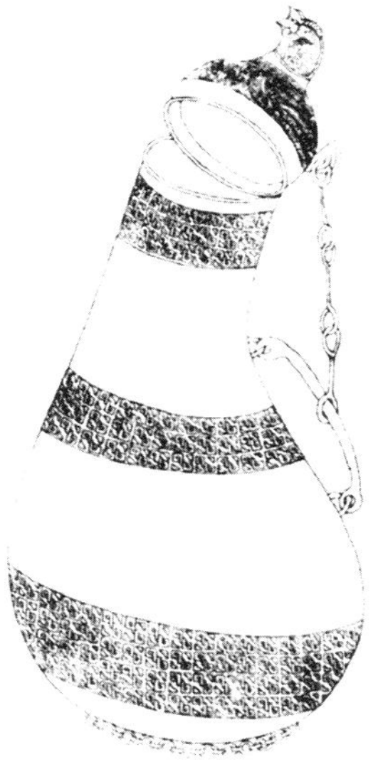

右通蓋高九寸五分深七寸七分口徑一寸八分腹圍一尺三寸四分重三十一兩有繫

漢鈚壺四

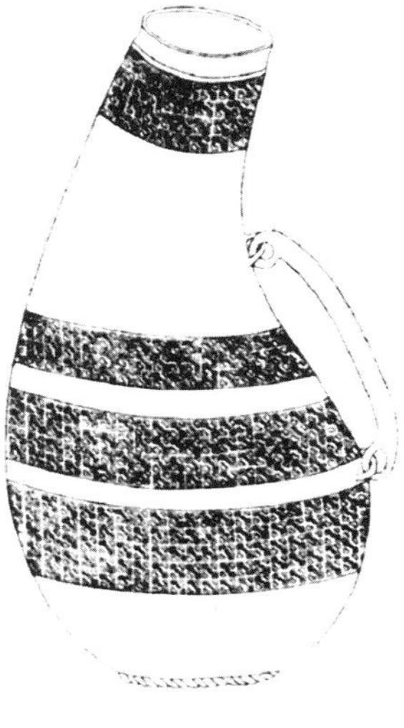

右高七寸六分深七寸口徑一寸八分腹圍一尺三寸四分重三十兩有繫

漢瓠壺五

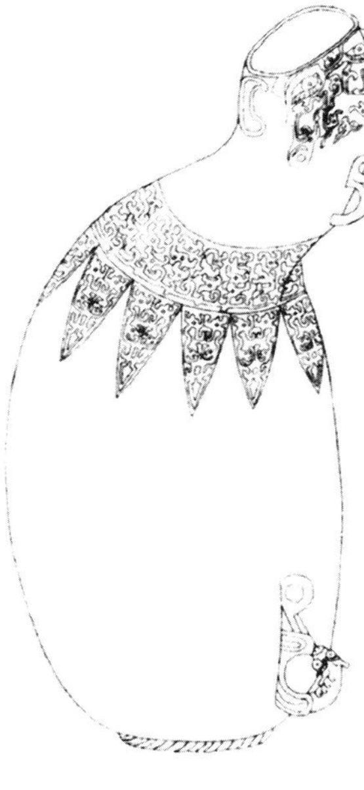

西清古鑑　卷二十二　壺　十四

右高九寸一分深八寸六分口縱一寸七分横一寸九分腹圍一尺三寸四分重八十五兩繫缺

漢温壺一

西清古鑑　卷二十二　壺　十五

右高一尺一寸六分深一尺六分口徑一寸腹圍二尺二寸六分重七十一兩

漢温壺二

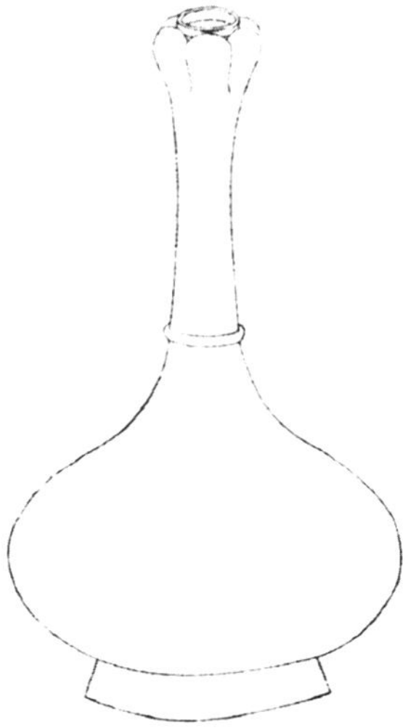

右高一尺三分深九寸九分口徑一寸腹圍一尺七寸八分重三十九兩

漢温壺三

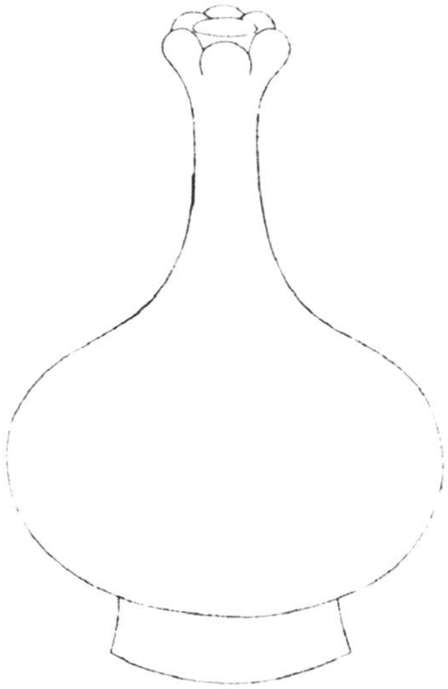

右高八寸四分深七寸六分口徑八分腹圍一尺七寸三分重三十九兩

漢温壺四

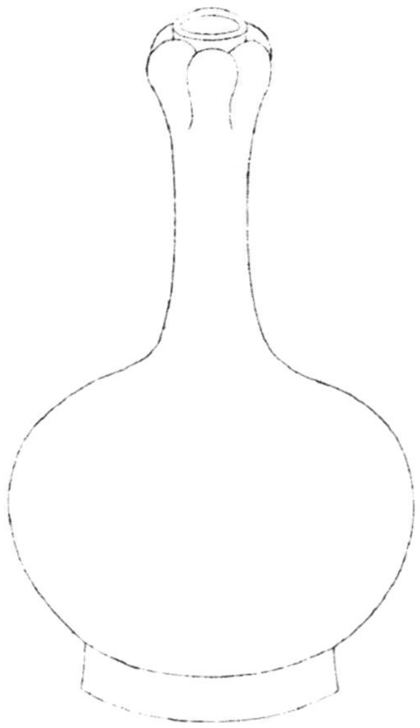

右高八寸四分深七寸六分口徑一寸腹圍一尺六寸八分重四十一兩

漢温壺五

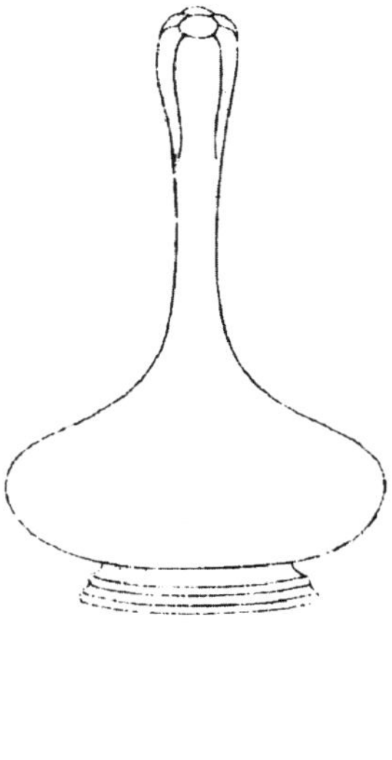

右高五寸六分深五寸口徑五分腹圍九寸八分重一十四兩

漢溫壺六

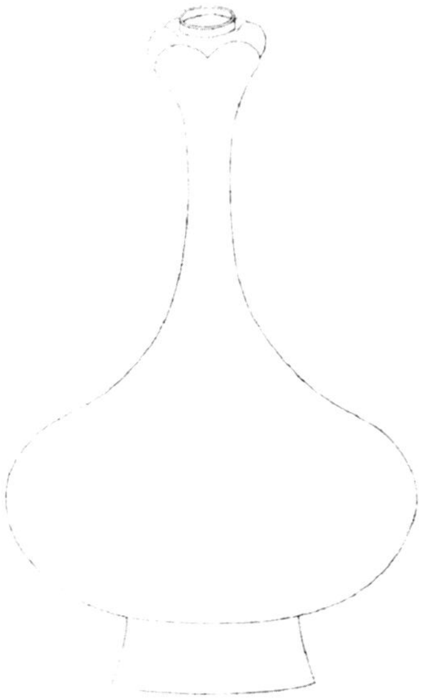

右高一尺一寸三分深一尺三分口徑一寸腹圍二尺一寸八分重六十三兩

漢溫壺七

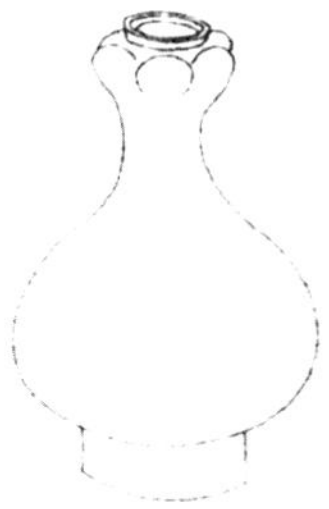

右高三寸深二寸五分口徑六分腹圍五寸五分重六兩

漢温壺八

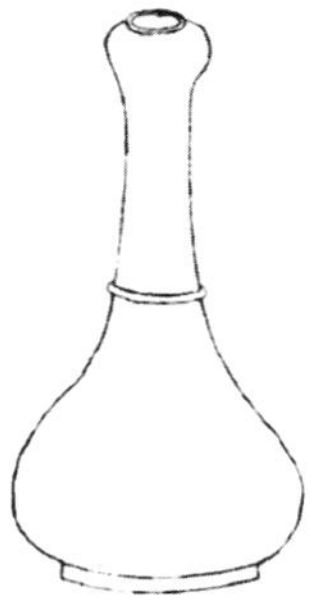

右高四寸七分深四寸五分口徑七分腹圍七寸四分重八兩

漢曲項温壺

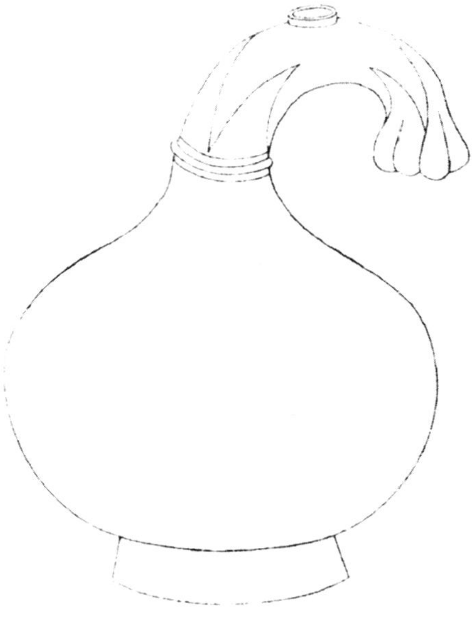

右高一尺深九寸四分口徑九分腹圍二尺八分重六十八兩

漢噴壺

右高一尺一分深九寸六分腹圍一尺五寸重七十七兩有繫壺口如蓮房俗謂之花洗灑掃所用也

漢素壺

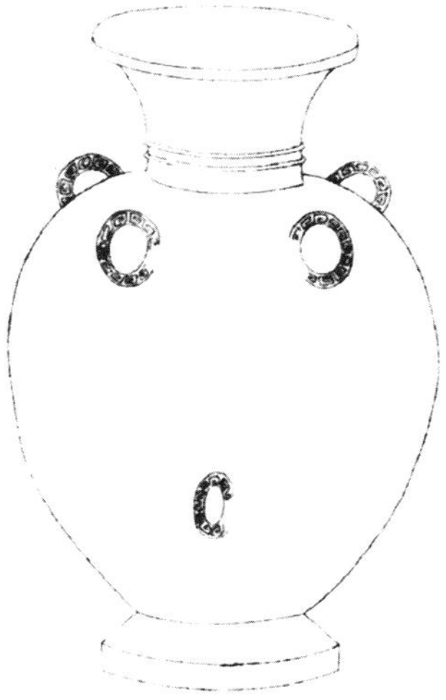

右高六寸一分深五寸口徑二寸七分腹圍一尺二寸八分重二十六兩四耳一鼻

漢素匾壺一

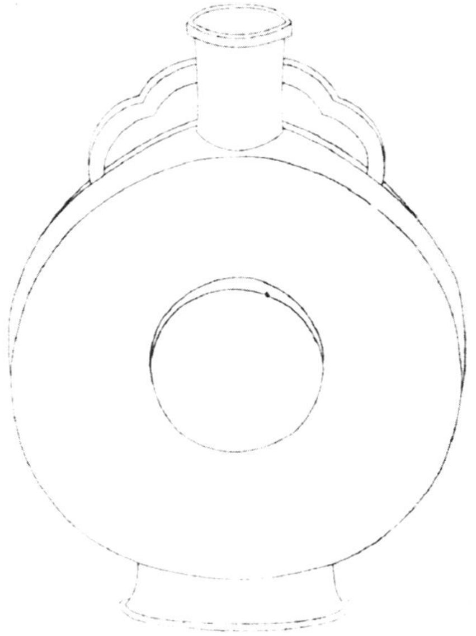

西清古鑑　卷二十二　壺　三六

右高一尺二寸二分深一尺一寸五分口徑一寸八分腹縱二寸三分横九寸五分重一百一十三兩

漢素匾壺二

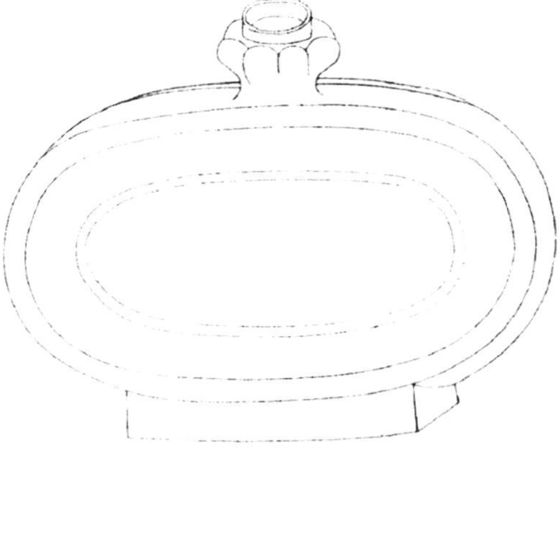

西清古鑑　卷二十二　壺　三七

右高八寸九分深八寸一分口徑一寸一分腹圍二尺四寸重六十五兩

漢鳩首匜壺

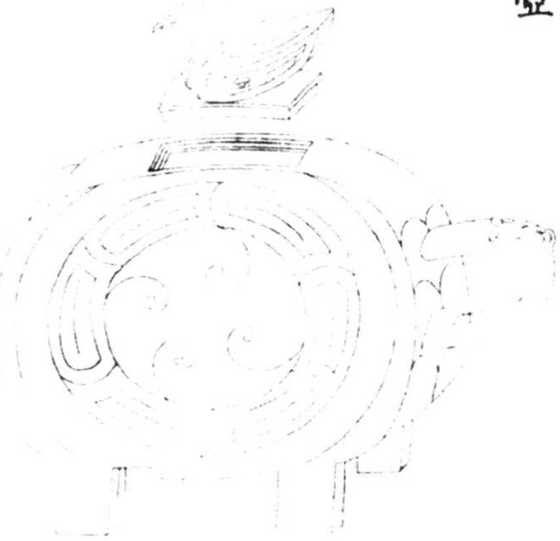

右通盖高五寸三分深三寸二分口縱九分横一寸八分腹圍一尺一寸重三十三兩

西清古鑑卷二十三目録

爵

周

斝

周

夔紋斝二
鳳文斝

觚一
商
父甲觚 有銘
父已觚一 有銘
父已觚二 有銘
父乙觚 有銘
祖丁觚 有銘
祖辛觚 有銘
父癸觚 有銘
癸觚 有銘
若癸觚 有銘
瞿觚 有銘
素觚 有銘
饕餮觚一 有銘
饕餮觚二
饕餮觚三
周
冊觚 有銘

車觚一 有銘
車觚二 有銘
舟觚一 有銘
舟觚二 有銘
舉觚 有銘
巳舉觚 有銘
掬觚一 有銘
掬觚二 有銘
婦觚一 有銘
婦觚二 有銘
史觚一 有銘
史觚二 有銘
貝觚 有銘
叔孫觚 有銘

周亞爵

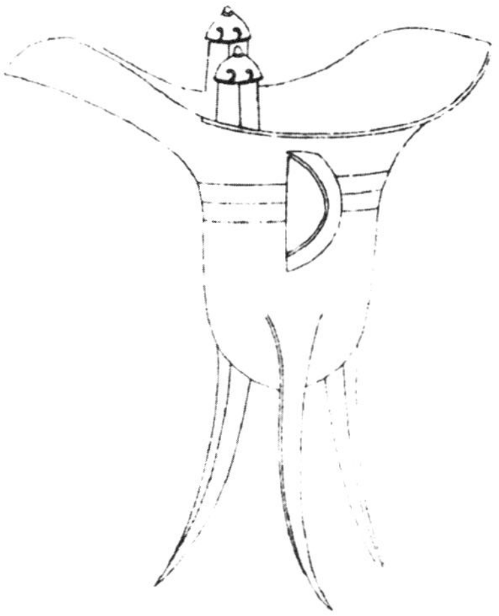

西清古鑑　卷二十三　爵　一

亞形中　父丁　尊享

右高六寸五分深三寸二分口縱二寸五分横六寸重二十五兩兩柱三足有流有鋬爵為周制銘曰父丁則甲乙不必定屬商益明矣

周雞爵

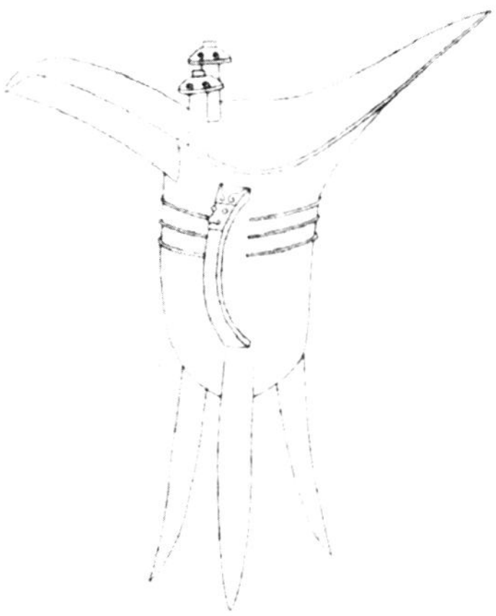

西清古鑑　卷二十三　爵　二

雞形　父癸

右高五寸九分深二寸九分口縱二寸五分横五寸重一十六兩兩柱三足有流有鋬按周人灌用雞彝此爵銘雞是矣

周舉爵

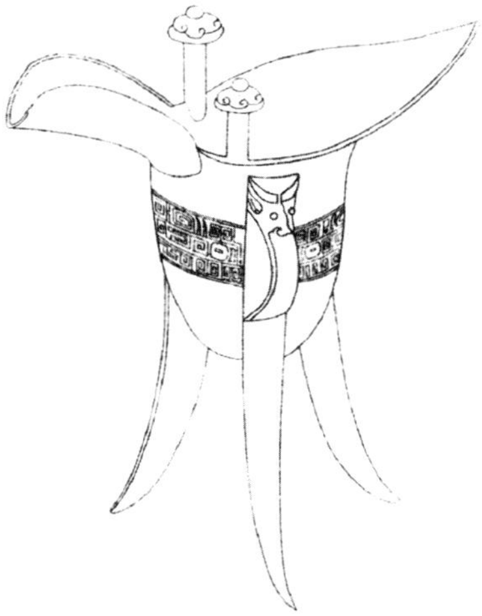

舉

右高五寸九分深二寸七分口縱二寸四分横五寸二分重一十八兩兩柱三足有流有鋬

周素爵

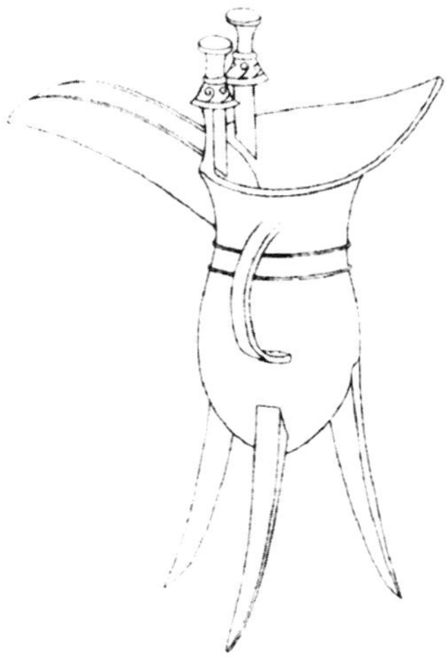

右高五寸三分深三寸三分口縱二寸二分横五寸重一十五兩兩柱三足有流有鋬

周帶斝

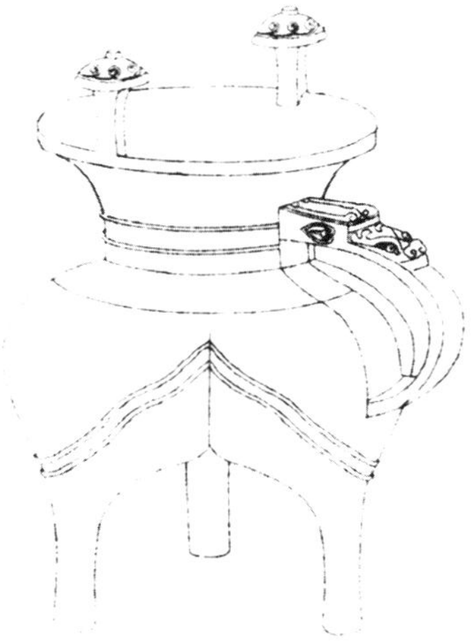

帶

右高七寸五分深四寸九分口徑五寸七分重八十三兩兩柱三足有鋬夏曰琖殷曰斝然周人叅用二代禮故六尊亦並用春官所謂用斝彝黃彝也此文曰帶蓋作者名如叔帶叔仲帶向帶是已

周事斝

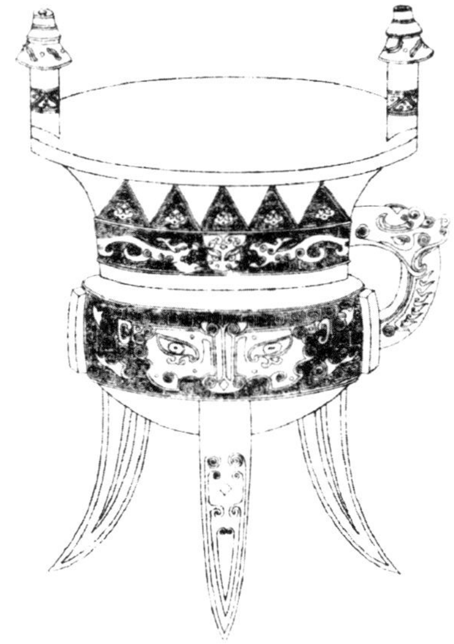

事父作尊彝

右高一尺一寸深六寸二分口徑七寸二分重一百八十七兩兩柱三足有鋬金銀錯有周事尊又事卣銘五字均合

周圜斝

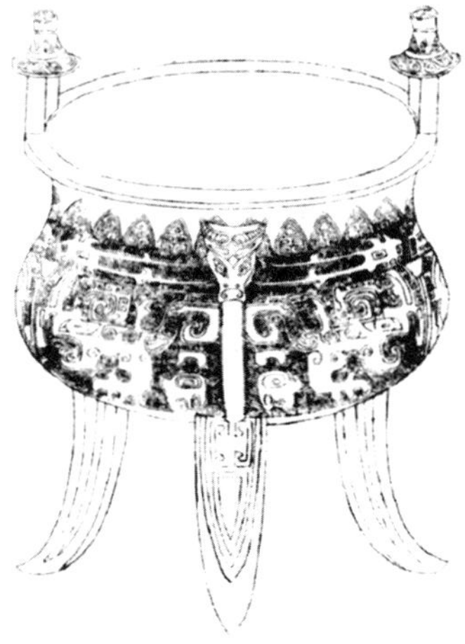

足跡圜形

右高五寸九分深三寸一分口徑四寸八分重
六十四兩兩柱三足有鋬口玉篇謂古文圜字
今從之按周禮夏官環人注環猶圜也主圜賓
客任器為之守備又韻會四寸曰圜然商子民
弱篇民弱國强云云國並作口則此銘或國字
也

周丁亥斝

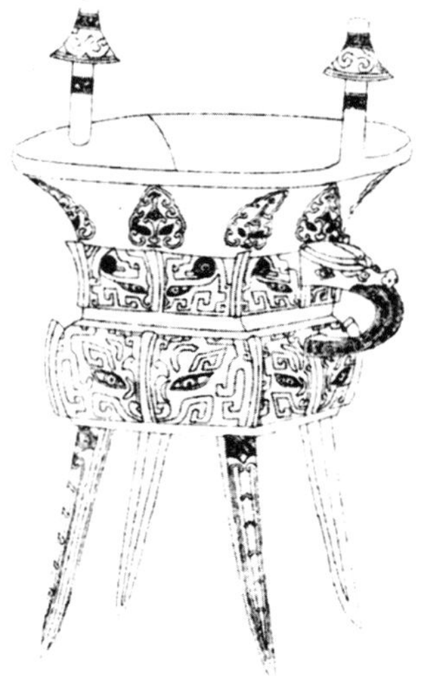

六月初吉丁亥
福
壽萬
年無疆子
尚

右高一尺二寸深七寸口徑八寸二分重三百
二十三兩兩柱四足有鋬銘剝落可識者與召
仲壺同

周舉斝

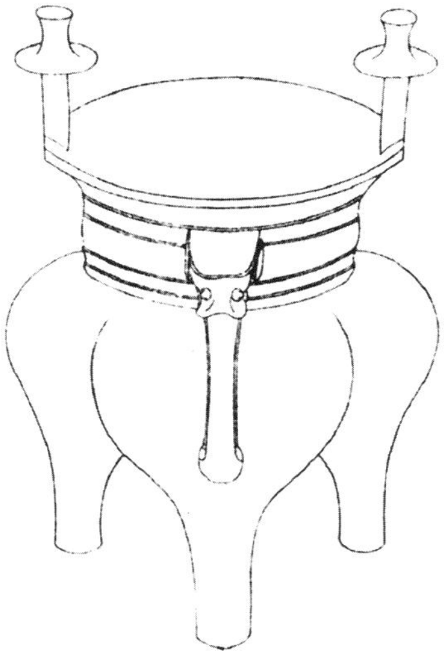

禾舉
旅

右高五寸八分深三寸六分口径四寸六分重五十三兩兩柱三足有鋈

周子孫斝

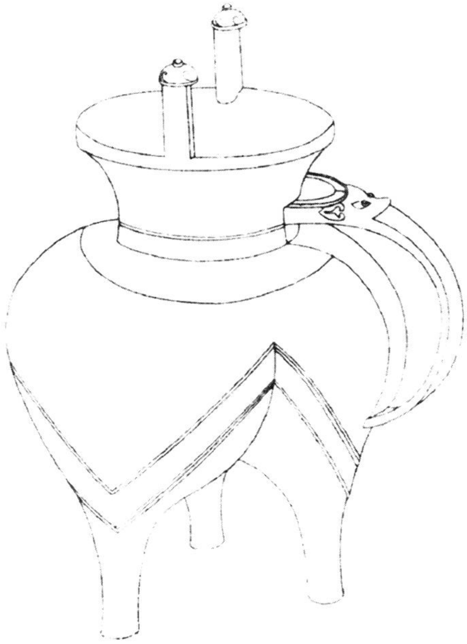

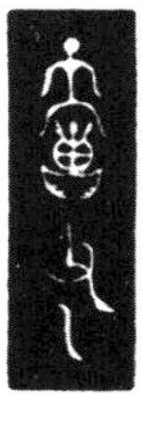

子孫父乙

右高八寸八分深五寸七分口径六寸一分重一百六十五兩兩柱三足有鋈

周饕餮斝一

右高一尺一寸七分深六寸口徑七寸重二百三十一兩兩柱三足有鋬

周饕餮斝二

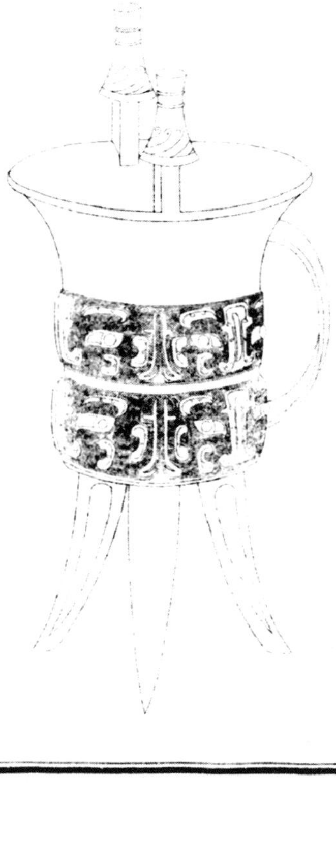

右高九寸二分深五寸一分口徑六寸重一百三十五兩兩柱三足有鋬

周饕餮斝三

西清古鑑　卷二十三　斝　十三

右高六寸五分深三寸三分口徑五寸二分重五十三兩兩柱三足有鋬

周犧鋬斝

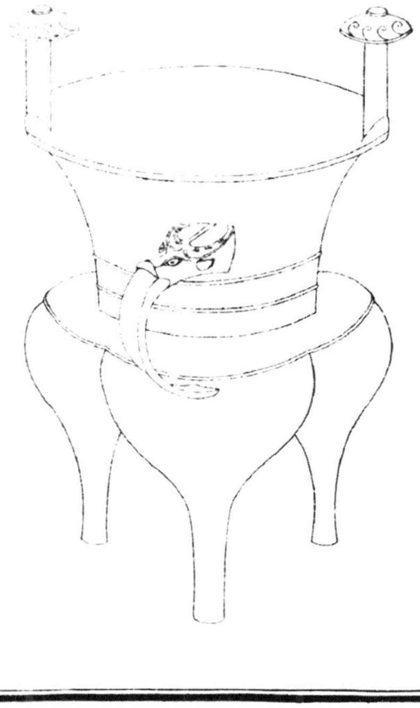

西清古鑑　卷二十三　斝　十四

右高九寸一分深五寸三分口徑六寸三分重一百一十一兩兩柱三足有鋬

周夔紋斝一

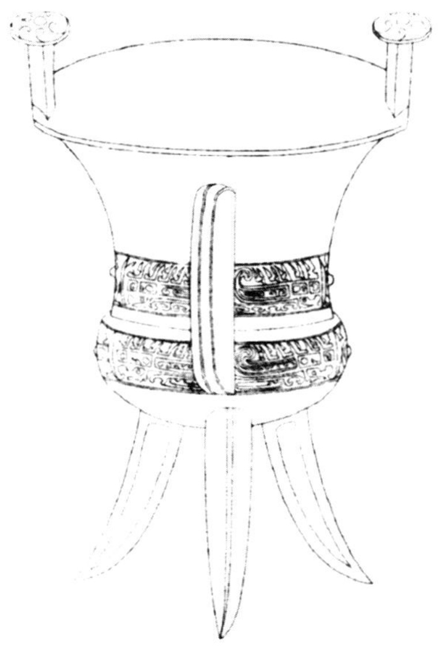

右高七寸深四寸四分口径五寸一分重五十八兩兩柱三足有鋬

周夔紋斝二

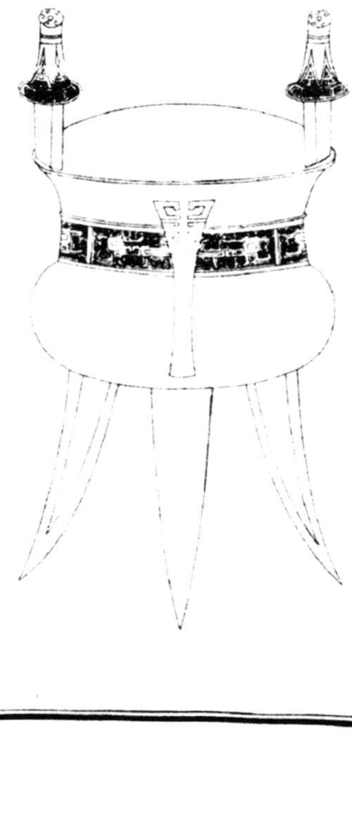

右高六寸二分深三寸二分口径四寸七分重四十九兩兩柱三足有鋬

周鳳文斝

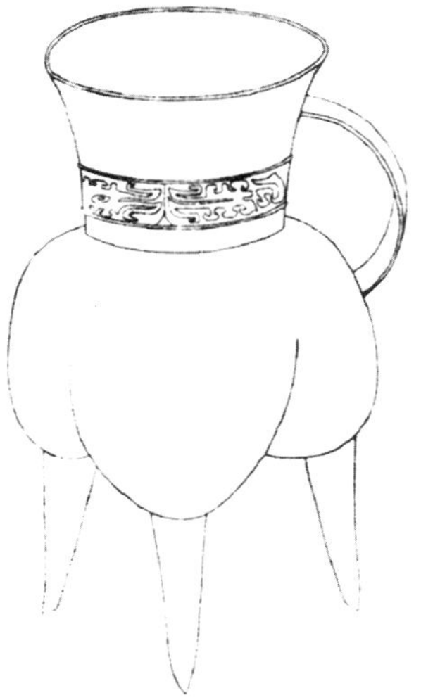

右高五寸七分深四寸口徑四寸一分重二十八兩三足有鋬制與博古圖周父丁斝同但無兩柱

商父甲觚

父甲

右高八寸四分深五寸九分口徑四寸八分重二十七兩

商父已觚一

父已

右高九寸深五寸三分口徑四寸重一十六兩

金銀錯

商父已觚二

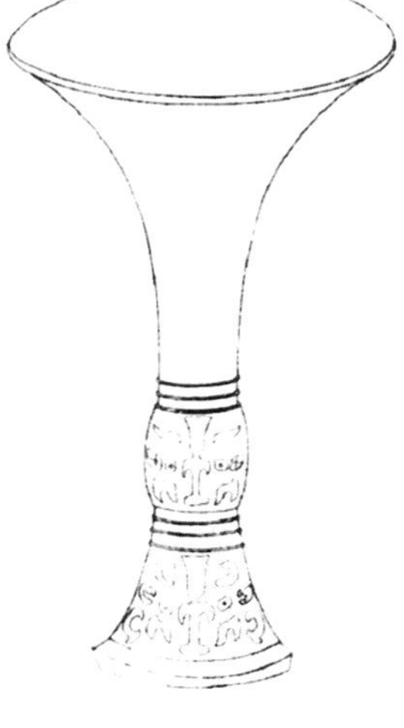

父已

右高六寸七分深四寸四分口徑四寸二分重一十七兩

商父乙觚

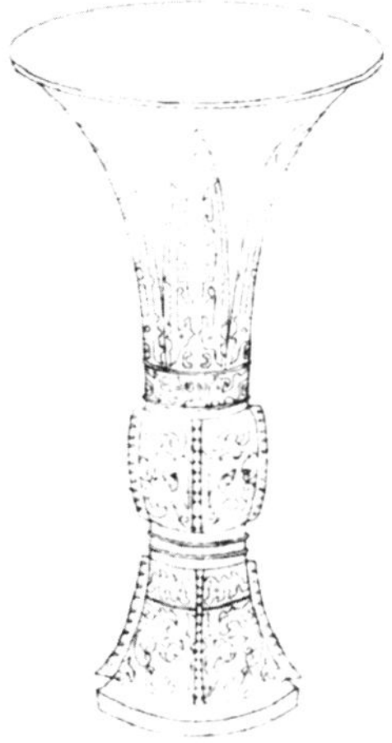

析子孫父乙

右高九寸深六寸四分口徑五寸二分重三十九兩

商祖丁觚

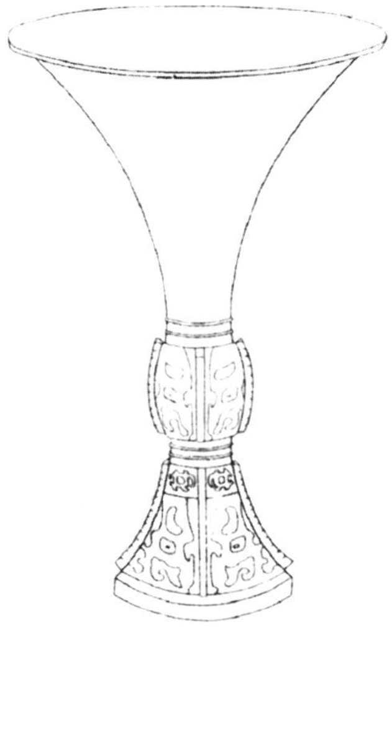

孫孫祖丁

右高八寸七分深五寸四分口徑五寸重三十三兩

商祖辛觚

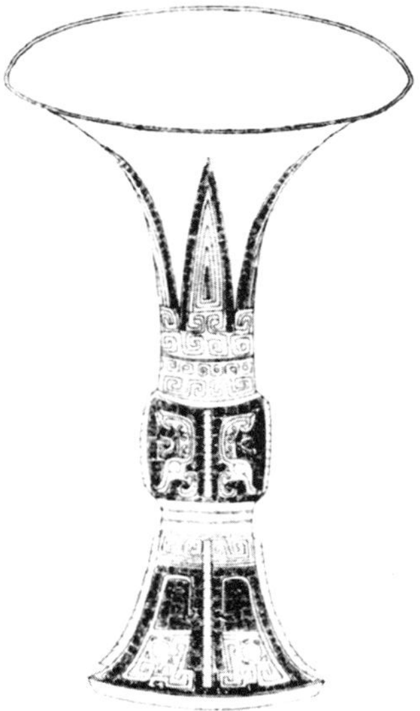

祖辛　立戈形

右高八寸七分深五寸八分口徑五寸一分重三十四兩

商父癸觚

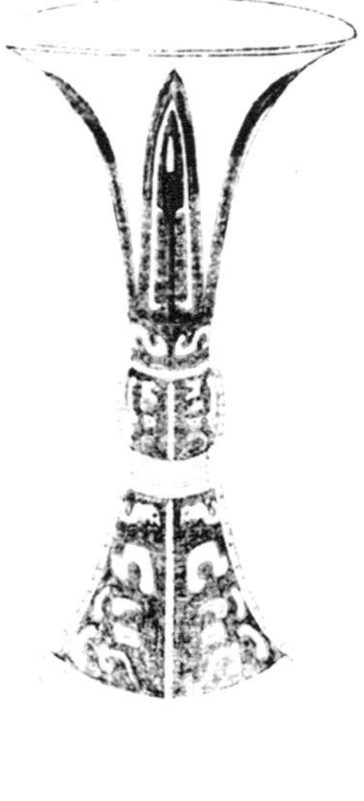

父癸

右高八寸二分深五寸三分口徑四寸三分重二十六兩

商癸觚

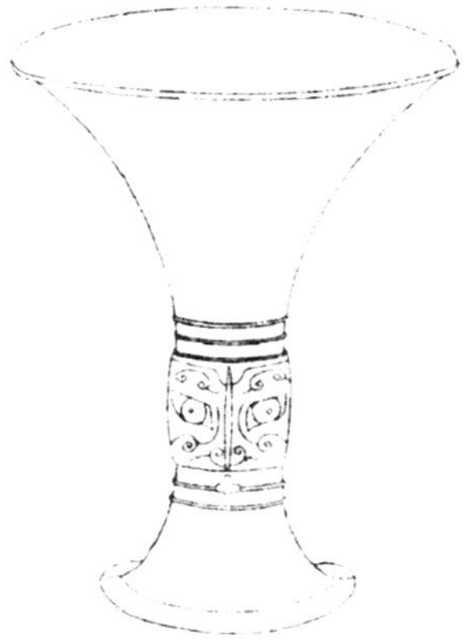

癸　子持弓形

右高五寸四分深三寸七分口徑四寸一分重二十兩

商若癸觚

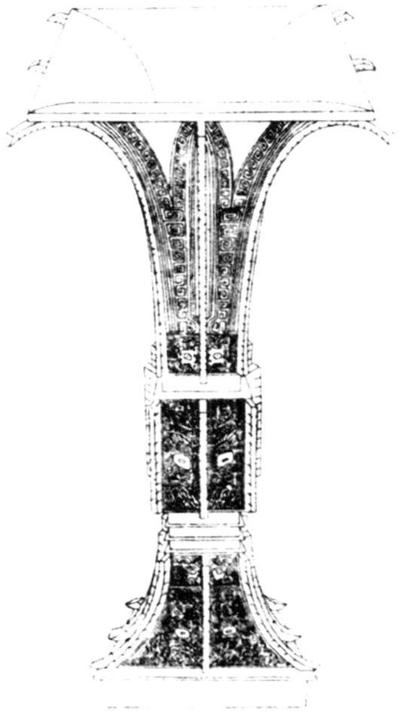

亞形　舟　丁子執旂形　乙　足跡形
中　若　癸　阜

右高九寸五分深四寸八分口縱橫如之重五十六兩

商瞿觚

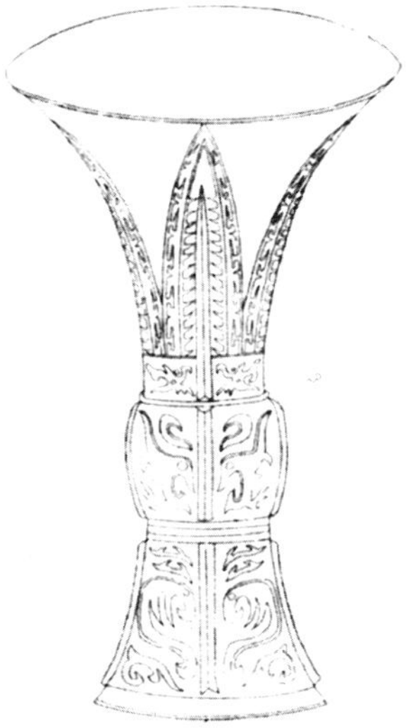

瞿

右高八寸一分深五寸五分口徑四寸八分重三十九兩瞿字象形與商瞿父鼎瞿卣同

商素觚

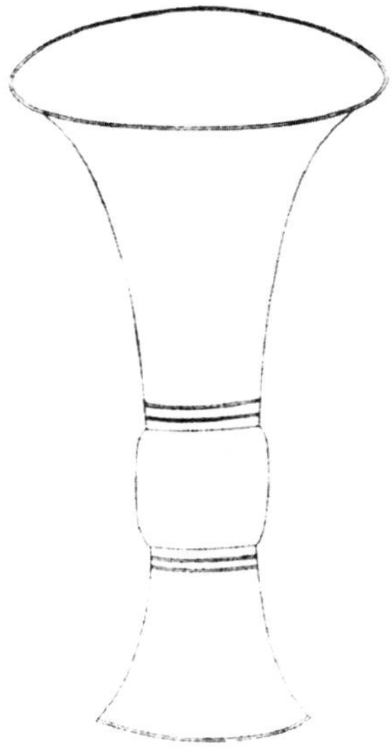

子孫

右高六寸四分深四寸五分口徑三寸九分重一十九兩古篆孫字有作[illegible]者與此微不同乃反正增減隨時變易此銘子孫二字是也

商饕餮觚一

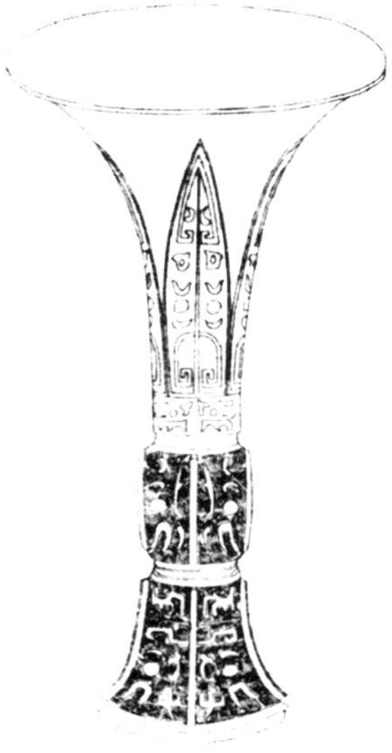

子孫

右高一尺深六寸六分口径五寸四分重四十三两

商饕餮觚二

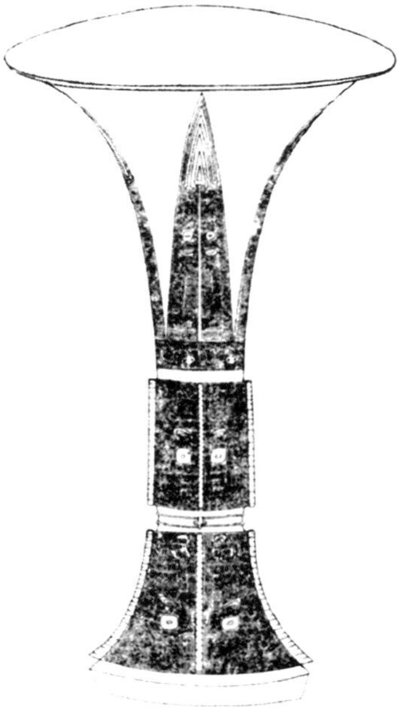

右高一尺二分深七寸口径五寸重三十三两

商饕餮觚三

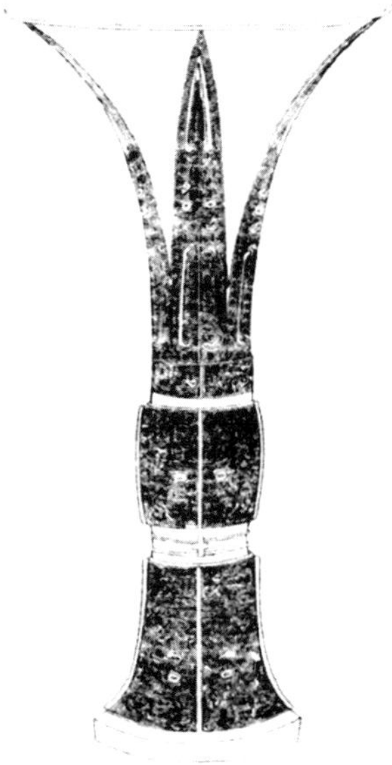

西清古鑑　卷二十三　觚　三十二

右高九寸一分深六寸三分口徑四寸六分重二十六兩

周禹觚

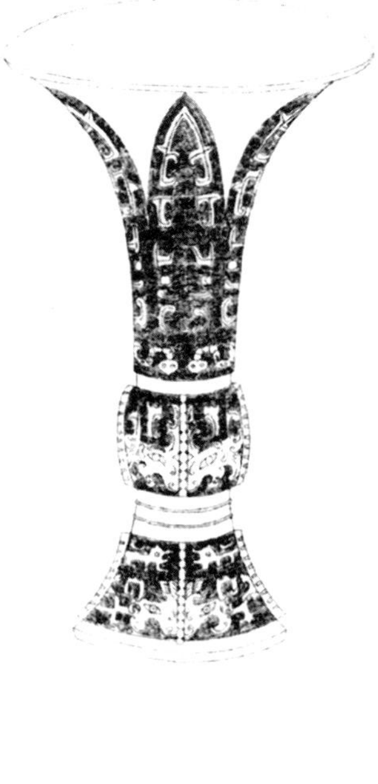

西清古鑑　卷二十三　觚　三十二

禹父辛

右高八寸五分深六寸三分口徑四寸八分重三十六兩銘曰禹與禹彝同

周車觚一

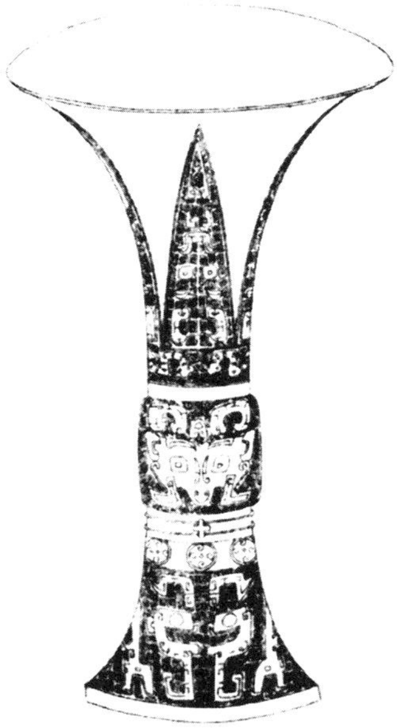

車

右高八寸八分深六寸口径五寸二分重四十一两

周車觚二

車

右高八寸五分深五寸六分口径四寸八分重三十两按觚制甚古而此器與後掬觚舉觚叔觚立戈觚篆皆凸起趙氏洞天清録謂三代用陰識為偃囊字亦不盡然也

周舟觚一

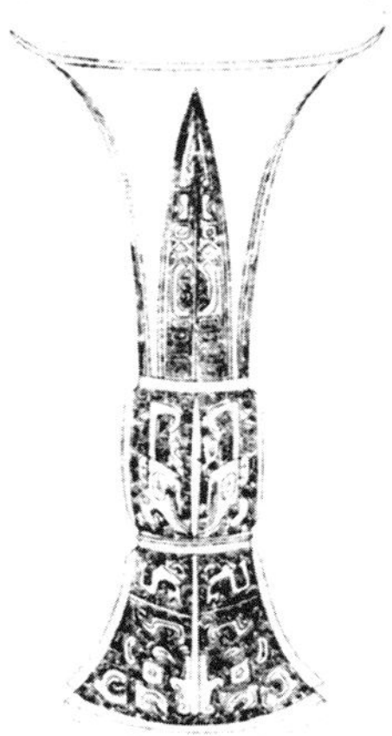

廿四

周舟

右高八寸三分深五寸五分口徑四寸八分重四十三兩此觚也銘曰舟非彝舟比矣前一器銘曰車舊説車軼則致敗以示覆車之戒此云舟即書稱若乘舟意耶與舟彝取義葢同

周舟觚二

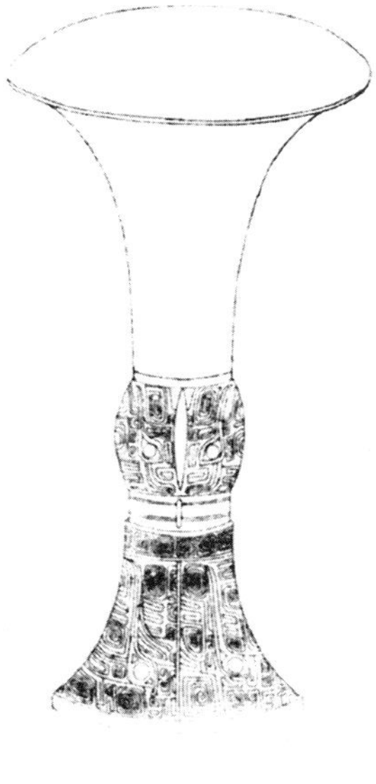

廿五

周舟

右高七寸八分深五寸口徑四寸五分重一十九兩

周舉觚

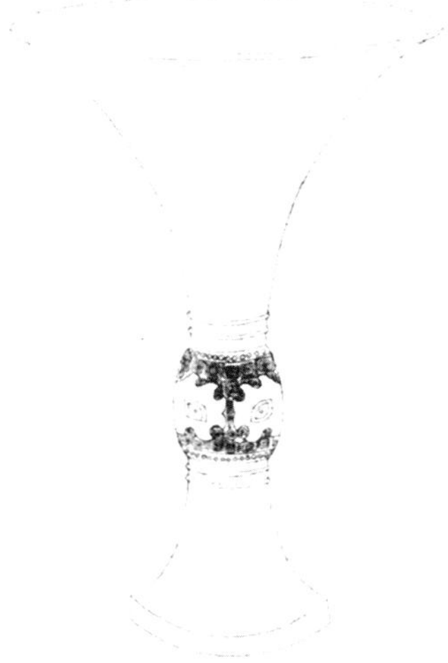

舉父乙

右高七寸五分深五寸三分口徑四寸四分重二十兩

周己舉觚

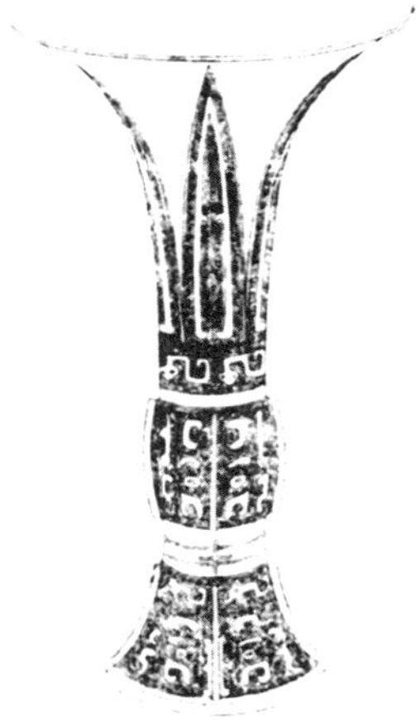

〇己舉

右高九寸一分深五寸八分口徑五寸一分重三十三兩

周掬觚一

子
兩手掬
物形

右高九寸四分深六寸六分口径四寸七分重二十一兩銘掬與掬鼎同又小爾雅掬一升也或量其所受銘之

周掬觚二

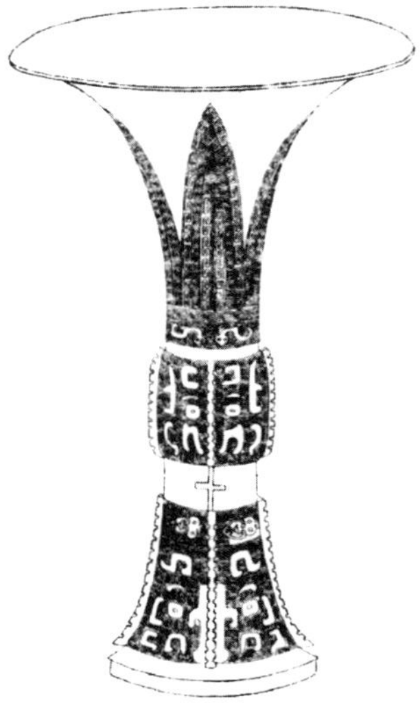

冊
掬
父辛

右高八寸九分深五寸八分口径四寸九分重二十九兩

周婦觚一

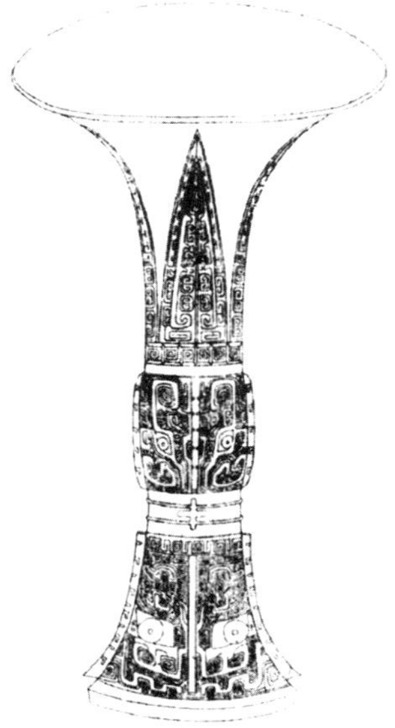

西清古鑑　卷二十三　觚　四十一

婦兹

右高八寸六分深五寸六分口徑四寸八分重二十七兩

周婦觚二

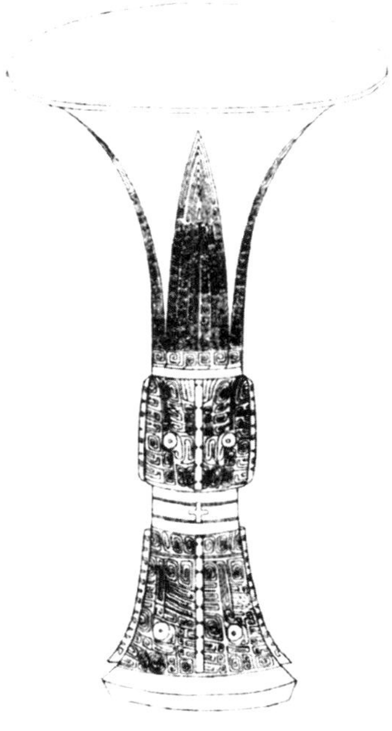

西清古鑑　卷二十三　觚　四十二

魚婦

右高九寸二分深六寸二分口徑四寸九分重三十五兩前一字為魚亦象形蓋魚鼎類婦字如前器稍增減耳

周史觚一

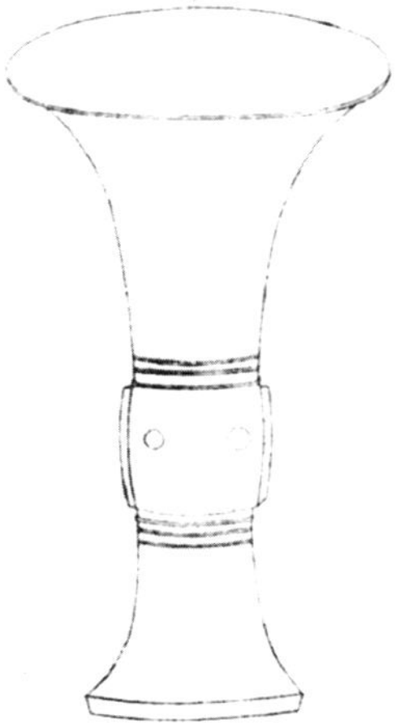

史

右高六寸四分深西寸一分口徑三寸七分重二十兩

周史觚二

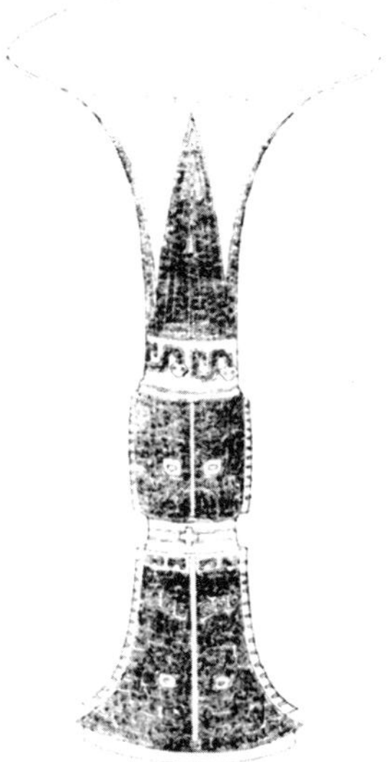

史

右高九寸六分深六寸二分口徑五寸三分重四十三兩

周貝觚

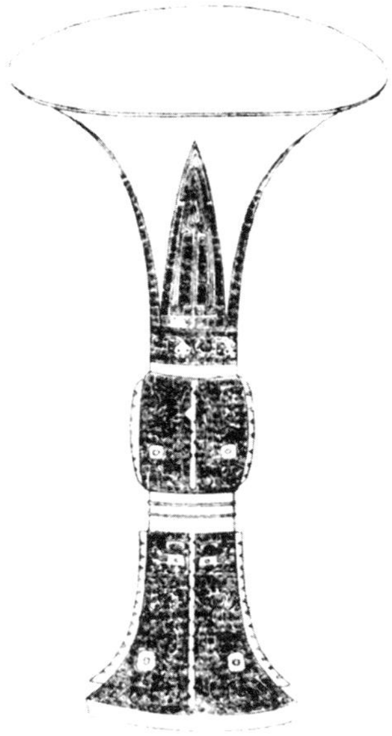

貝〇錫用作父乙尊彝子孫

右高八寸五分深五寸五分口徑四寸六分重二十九兩銘貝下曰錫猶錫貝鼎皆昭君賜也

周叔孫觚

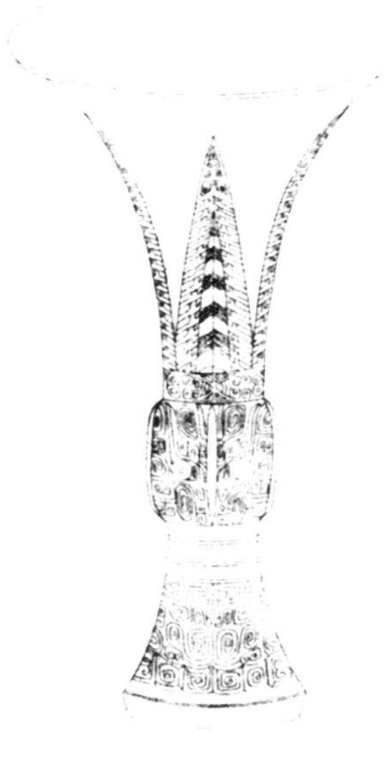

叔孫祖癸

右高八寸三分深五寸九分口徑四寸六分重二十八兩收蔵家所見不廣偶得一二器有十干字輙謂為商至博古圖已不能概收入商矣如此銘叔孫非商稱明甚安得據祖癸二字遂謂商某癸耶

西清古鑑卷二十四目録

觚二

周

周祖觚一

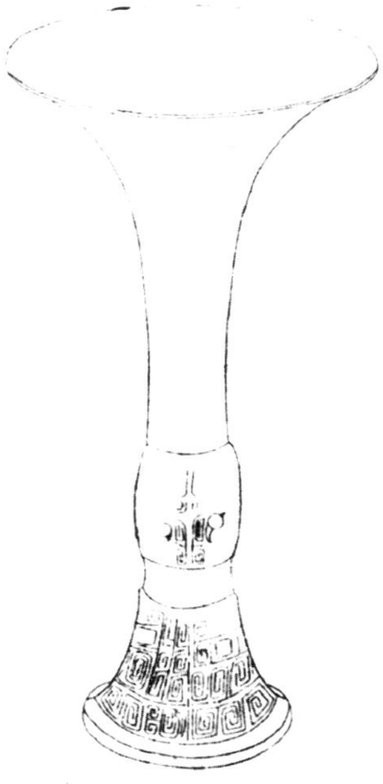

祖○作

右高八寸四分深六寸一分口徑四寸五分重一十九兩

周祖觚二

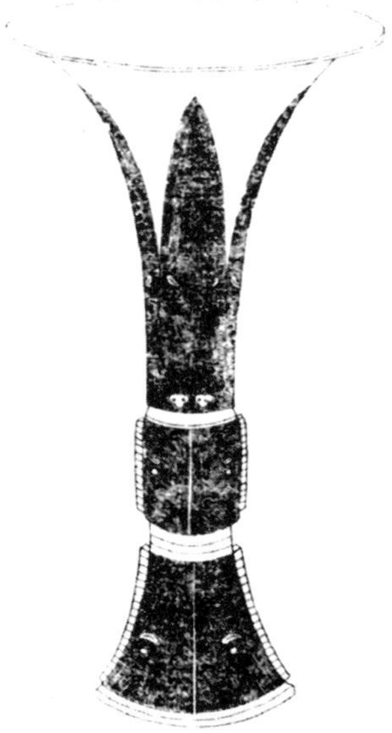

立戈形 祖 象形

右高八寸一分深四寸八分口徑四寸二分重二十五兩上為立戈下作猛獸用紀武功詞不繁而意已見

周祖工觚

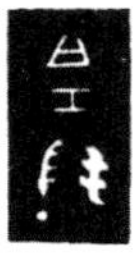

祖 工 手執匕形

右高八寸一分深五寸四分口徑四寸四分重三十二兩銘字祖工下為手執匕蓋匕鬯皆主器者所執也

周兄觚

亞形中冊兄日庚

右高七寸二分深五寸一分口徑四寸四分重二十七兩銘曰日庚猶吉日庚午也按此則十干紀日之說益信而有徵矣

周仲觚

中

右高八寸八分深六寸四分口徑四寸七分重二十九兩

周叔觚一

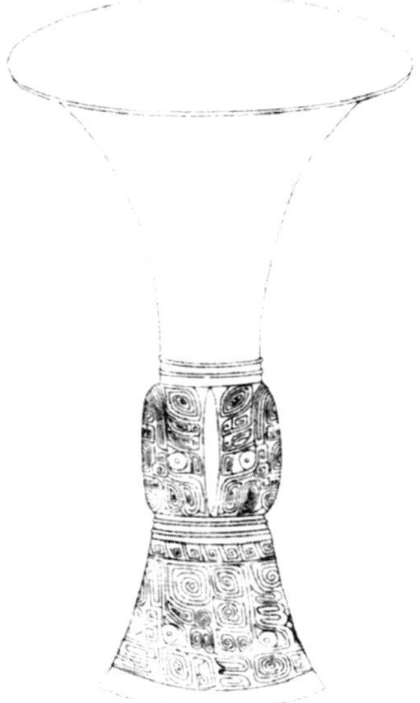

叔父辛

右高七寸八分深五寸五分口徑四寸六分重二十六兩

周叔觚二

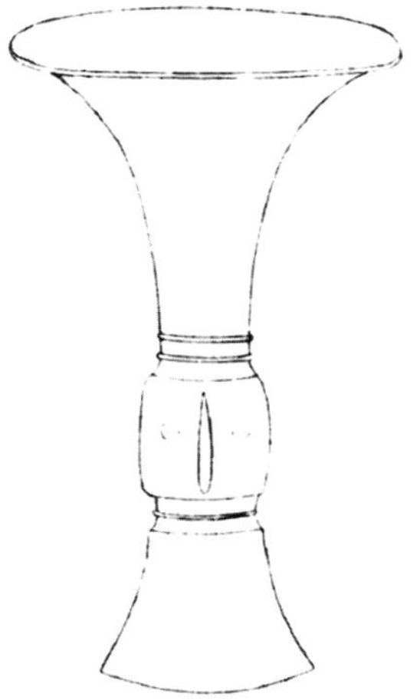

叔

右高六寸七分深四寸六分口徑四寸一分重二十三兩

周孫觚

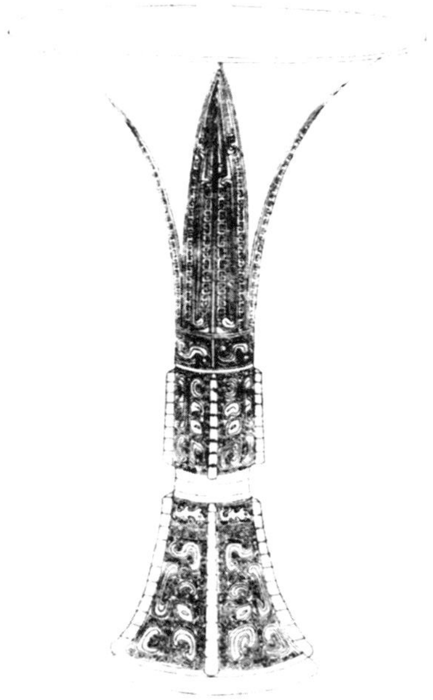

孫

右高八寸三分深五寸一分口徑四寸七分重三十五兩

周側觚

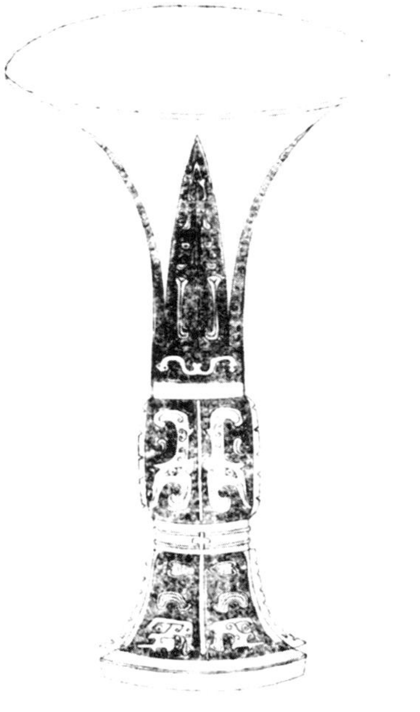

子側

右高九寸一分深六寸三分口徑四寸八分重二十七兩側字從摭古遺文音釋蓋主祭者自識其名耳

周甲觚

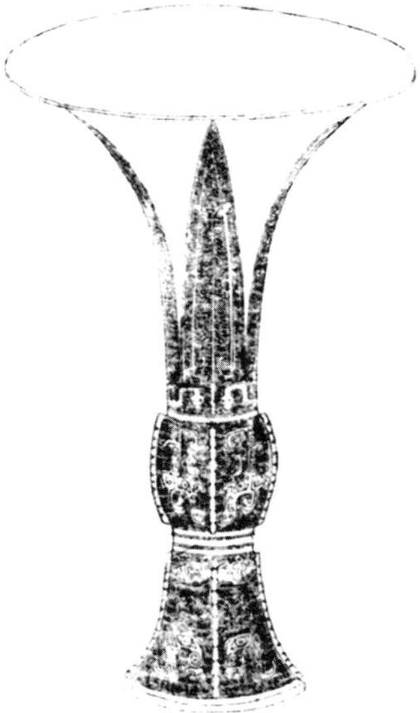

甲　壘室形

右高九寸深五寸八分口徑五寸一分重三十五兩古器銘難以一字爲定然陶隱居刀劍録以銘一字曰甲遂指爲夏孔甲是博古圖之前已有如此傅會者

周乙觚

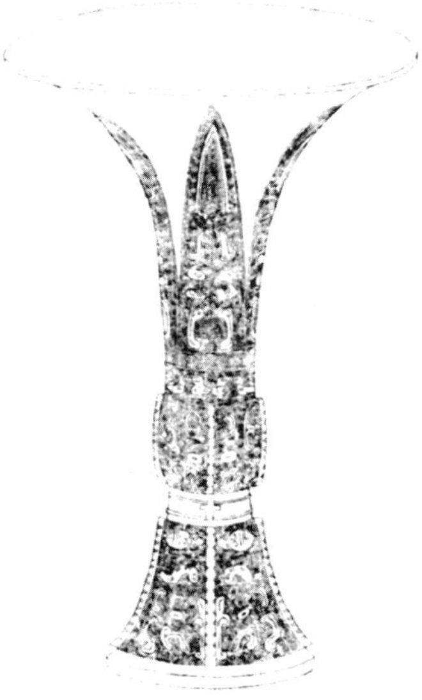

乙

右高九寸六分深六寸五分口徑五寸一分重三十六兩

周子乙觚

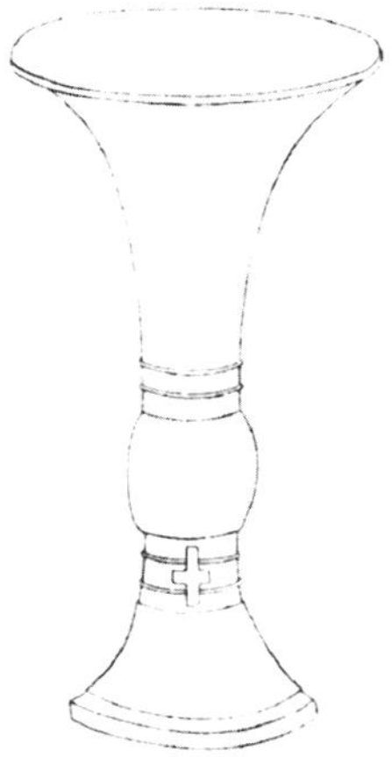

子乙

右高五寸七分深三寸六分口徑三寸五分重一十三兩

周丁乙觚

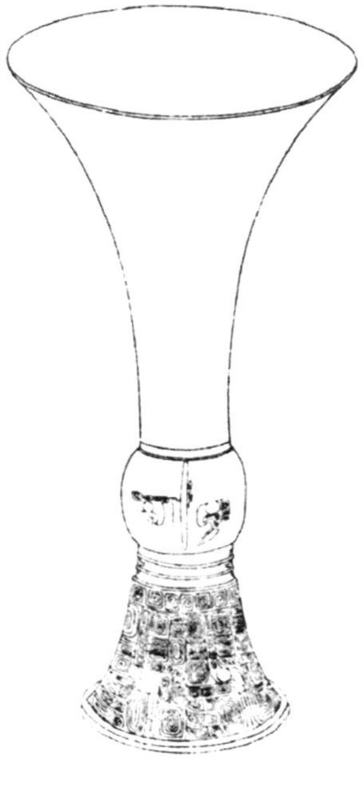

祖丁
父乙

右高八寸六分深六寸一分口徑四寸五分重三十一兩祖丁父乙兩稱丁乙蓋紀日而曰祖曰父則其所祀也與商器自別

周福觚一

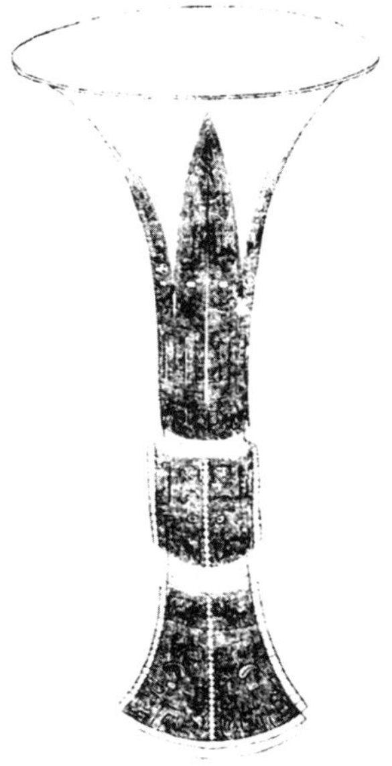

子福

右高一尺二分深七寸一分口徑四寸九分重三十兩福字象形與前舉卣福字同

周福觚二

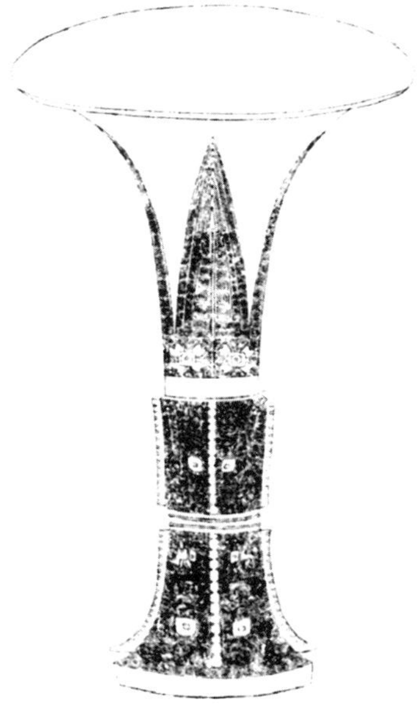

子福。

右高九寸二分深六寸二分口徑五寸二分重三十六兩

周福觚三

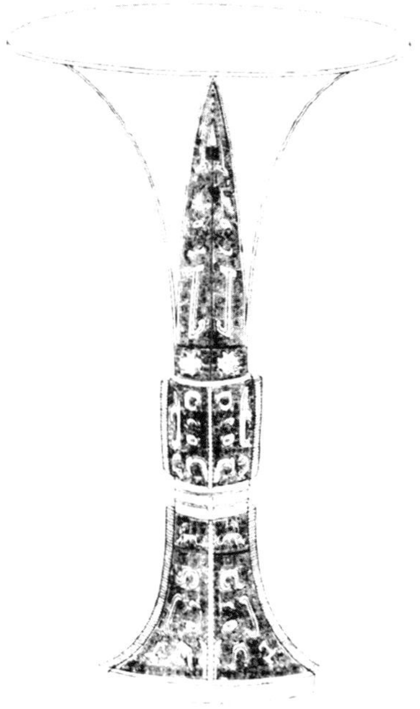

子福

右高九寸七分深六寸一分口徑五寸四分重三十五兩

周象觚

主 象形

右高八寸一分深五寸三分口徑四寸七分重三十五兩周禮賓繼主君皆如主國之禮此賓主之主戴記主婦自東房又腥肆爓腍祭豈知神之所饗也主人自盡其敬而已矣此則主祭者皆謂之主又家主中霤國主社則以所祭為主矣此銘作象意同象尊曰主者盖指所祭言之也

周象形觚

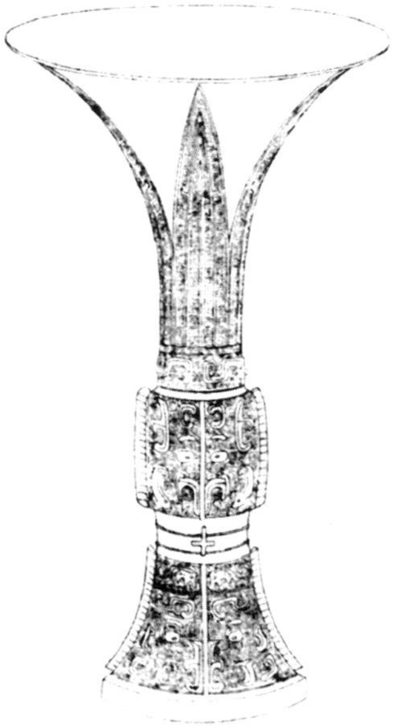

象形

右高九寸六分深六寸四分口徑五寸二分重三十九兩銘象形如猛獸與前欵異

周犧觚

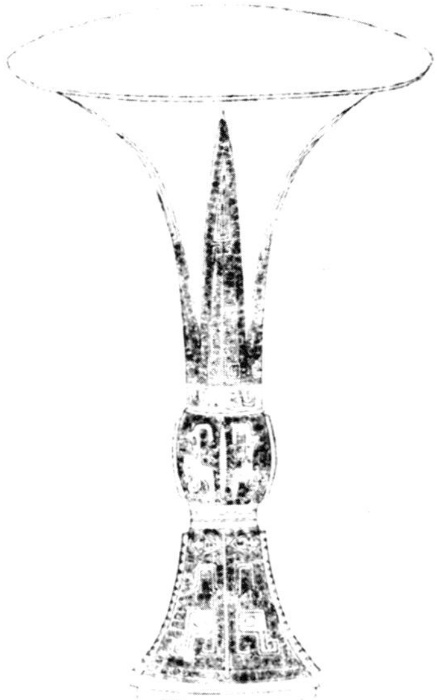

子犧形○

右高九寸深五寸九分口徑五寸二分重二十七兩下一字不可識

周雞觚

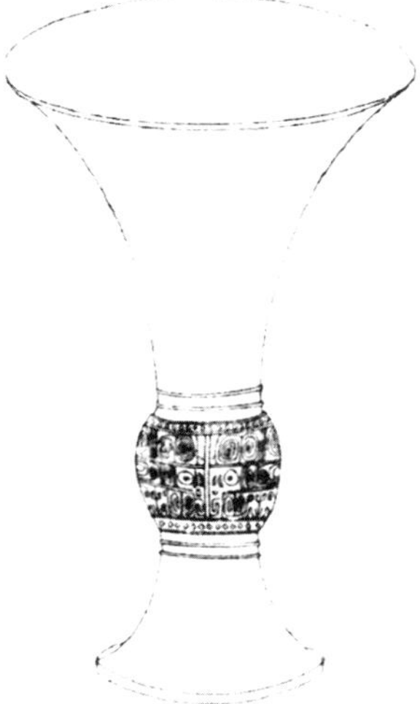

雞形
父乙

右高七寸三分深五寸五分口徑四寸五分重二十九兩

周執木觚

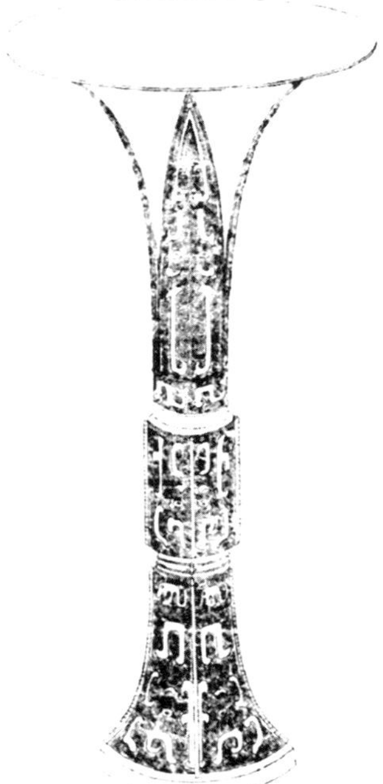

子執冊父乙
木形冊

右高一尺二分深六寸八分口徑五寸五分重二十九兩

周亞觚一

亞形立旂丁彝
作尊
中形已

右高六寸五分深四寸八分口徑四寸腹圍五寸四分重二十一兩銘曰丁曰已以干配干三代彝器多此類如丁甲畀辛癸畀皆是政不必疑已為已也

周亞觚二

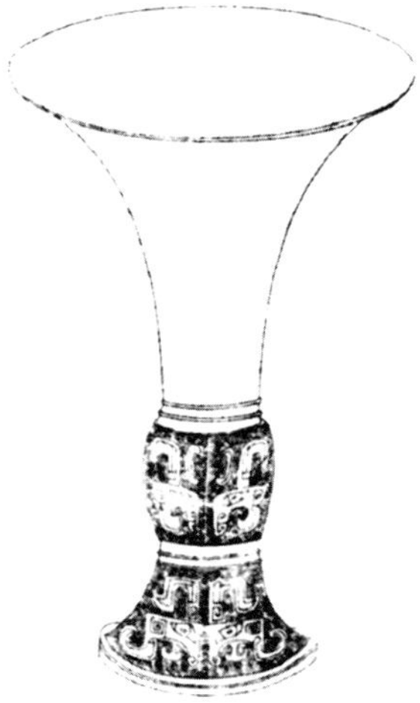

亞形○
中○○

右高六寸四分深四寸三分口徑三寸九分重二十三兩

周亞觚三

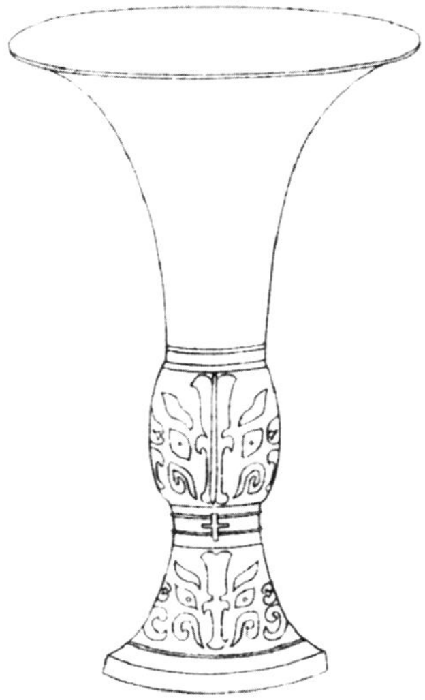

亞形
柊矢形
中
尊彝

右高八寸二分深五寸五分口徑五寸一分重三十五兩

周亞觚四

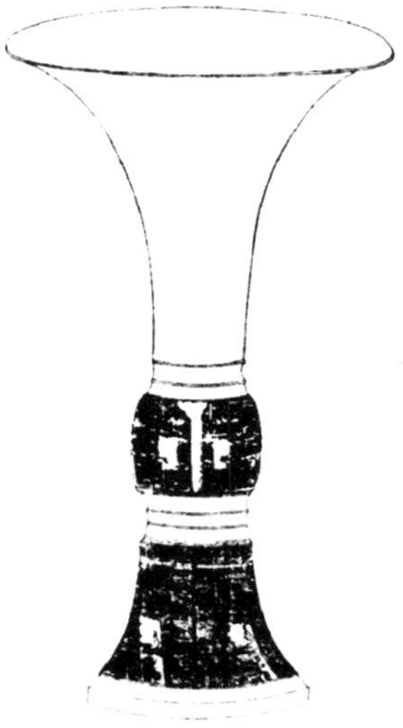

亞形
中
子孫

右高七寸九分深五寸一分口徑四寸六分重三十三兩

周立旗觚

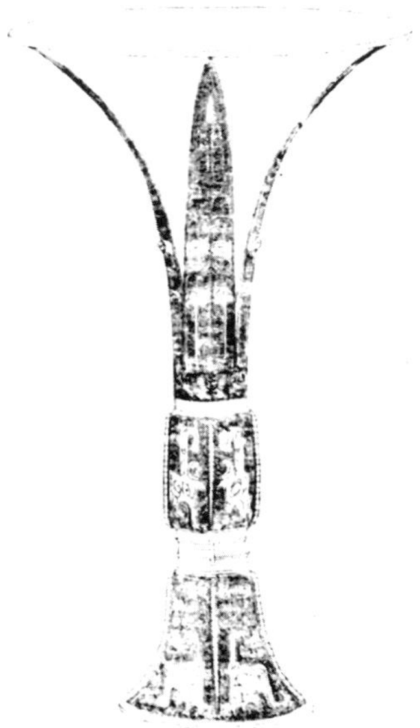

西清古鑑 卷二十四 觚 三六

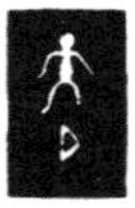

孫立旂形

右高九寸七分深六寸六分口徑四寸九分重二十七兩

周雷紋觚一

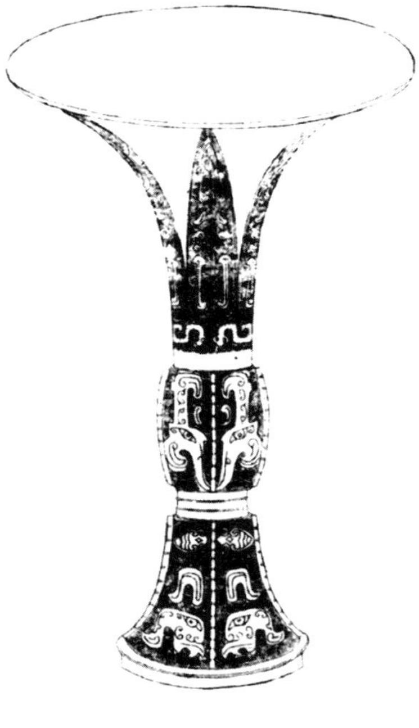

西清古鑑 卷二十四 觚 三七

永寶用

右高八寸七分深五寸七分口徑五寸五分重三十三兩

周雷紋觚二

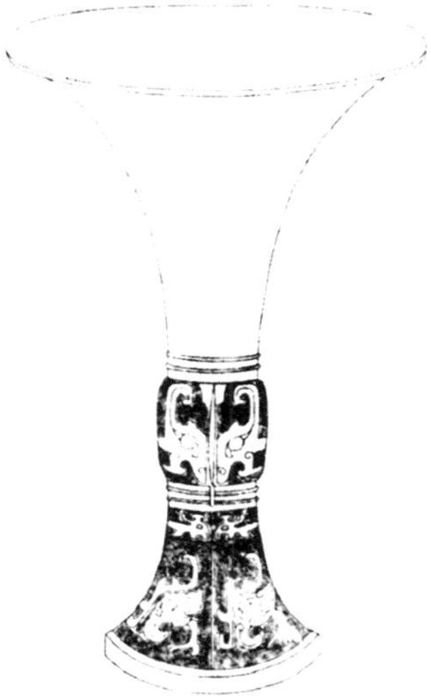

右高八寸八分深五寸六分口徑五寸二分重三十一兩銘字不可識

周雷紋觚三

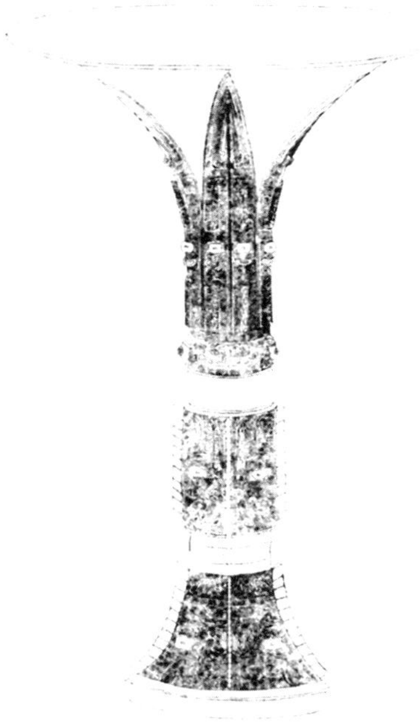

右高一尺一分深六寸九分口徑五寸四分重二十六兩

周雷紋觚四

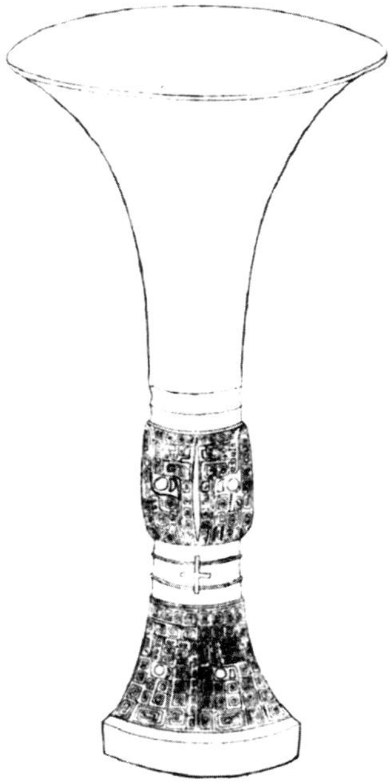

右高九寸二分深六寸五分口徑四寸六分重二十三兩

周雷紋觚五

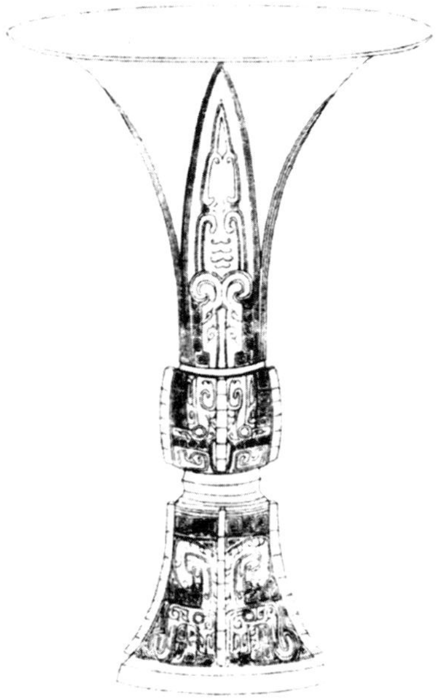

右高九寸深六寸一分口徑五寸三分重三十四兩

周雷紋觚六

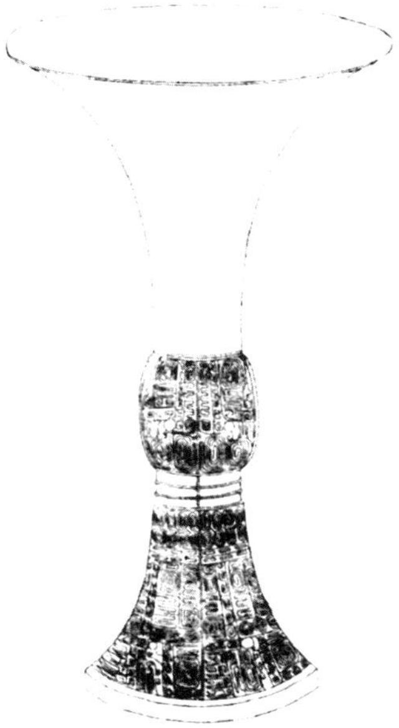

西清古鑑　卷二十四　觚　三十一

右高八寸六分深五寸五分口徑四寸八分重二十七兩

周雷紋觚七

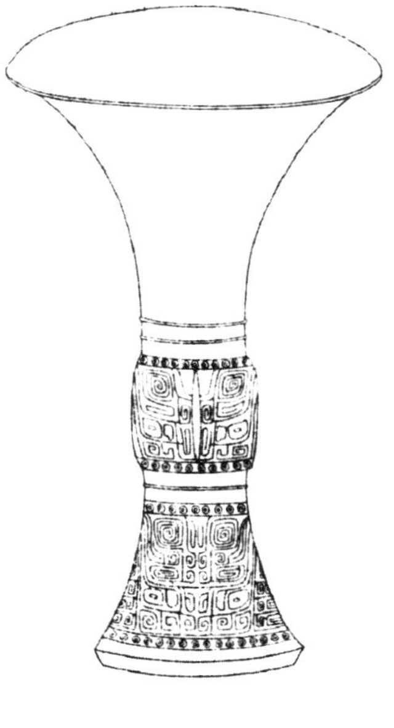

西清古鑑　卷二十四　觚　三十二

右高八寸三分深五寸二分口徑四寸七分重二十九兩

周雷紋觚八

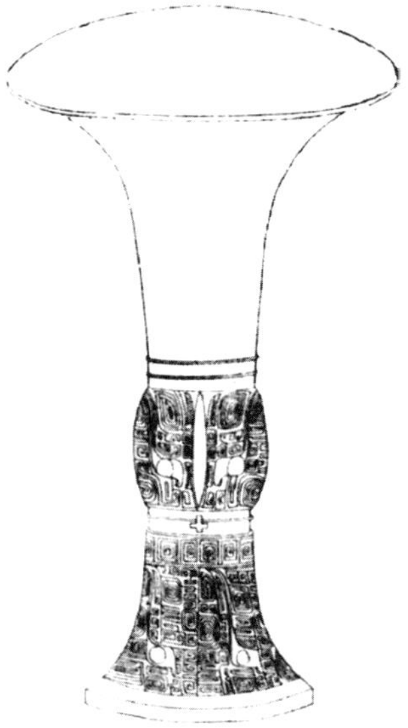

右高七寸九分深五寸二分口徑四寸六分重二十五兩

周雷紋觚九

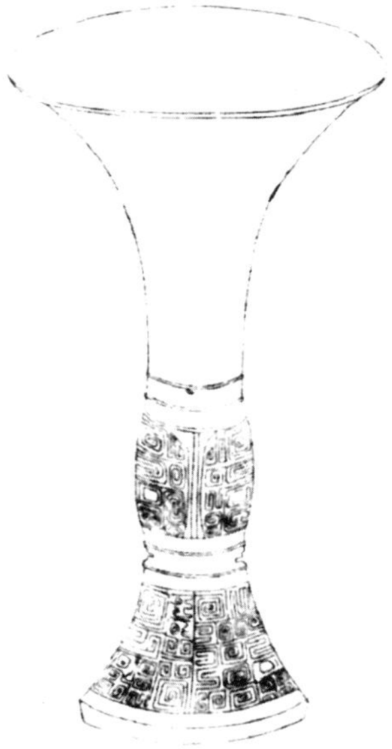

右高七寸八分深五寸三分口徑四寸七分重一十八兩

周雷紋觚十

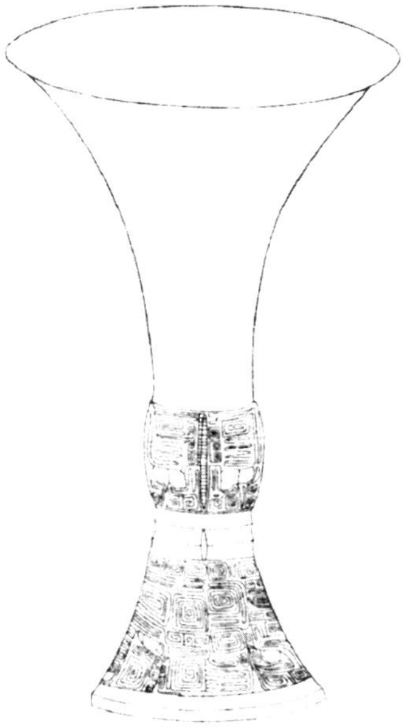

右高七寸八分深五寸三分口徑四寸七分重一十九兩

周雷紋觚十一

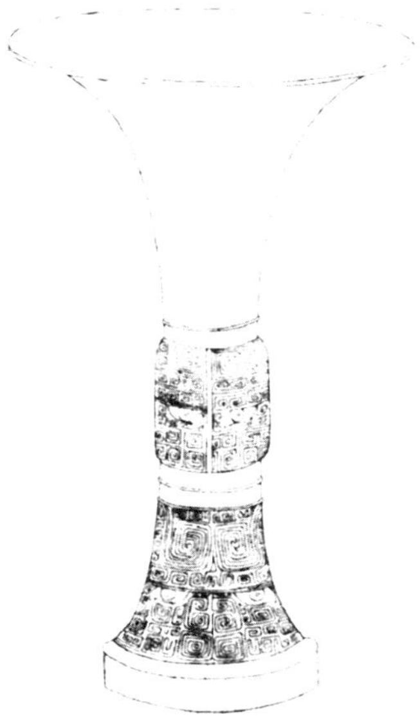

右高七寸八分深五寸三分口徑四寸五分重一十六兩

周雷紋觚十二

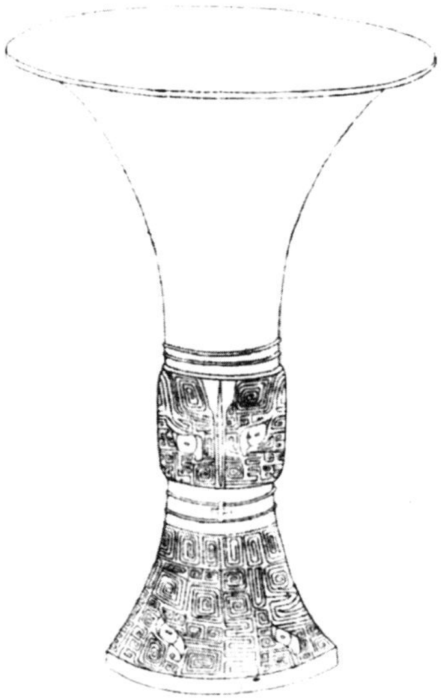

右高七寸七分深五寸口徑四寸四分重二十三兩

周雷紋觚十三

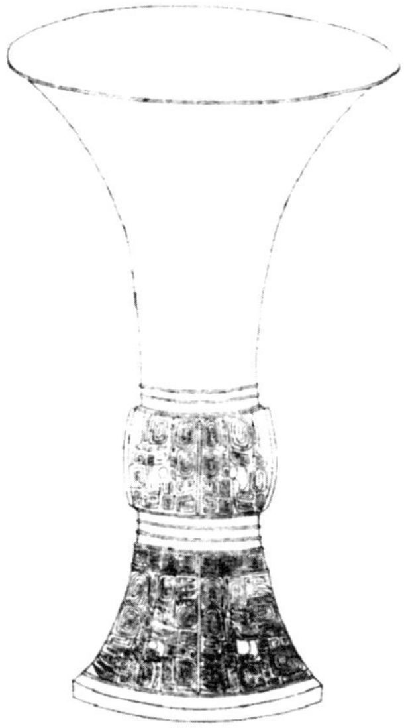

右高七寸七分深五寸口徑四寸七分重二十九兩

周雷紋觚十四

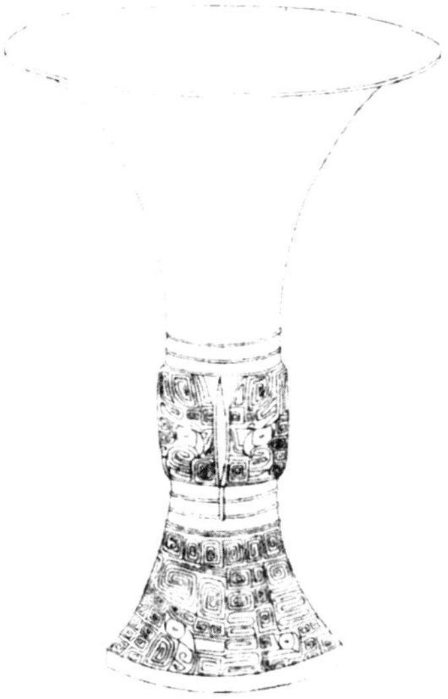

右高七寸七分深五寸二分口徑四寸五分重二十二兩

周雷紋觚十五

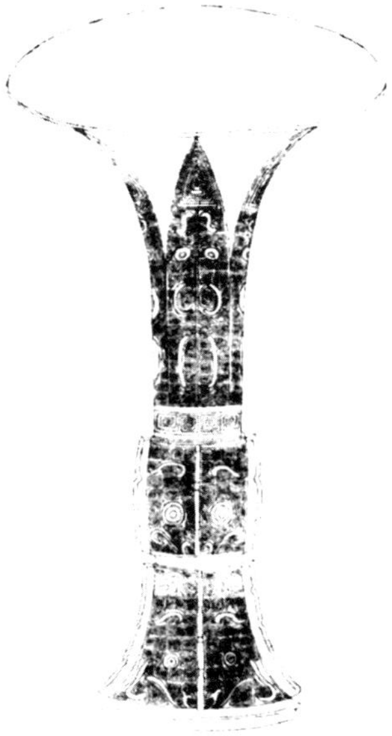

右高六寸七分深四寸二分口徑四寸重一十七兩金銀錯

周雷紋觚十六

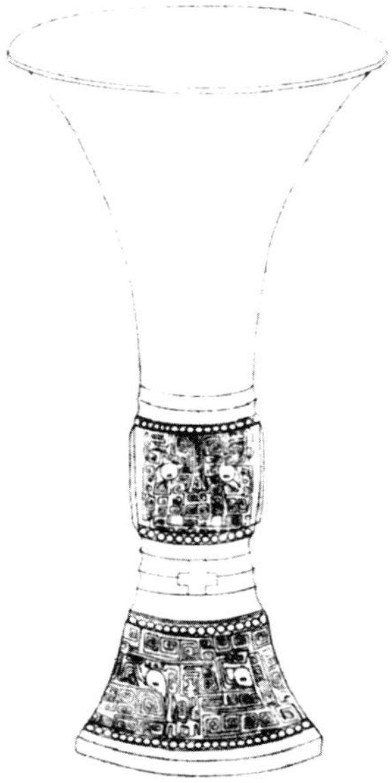

右高七寸六分深五寸二分口徑三寸八分重一十五兩

周雷紋觚十七

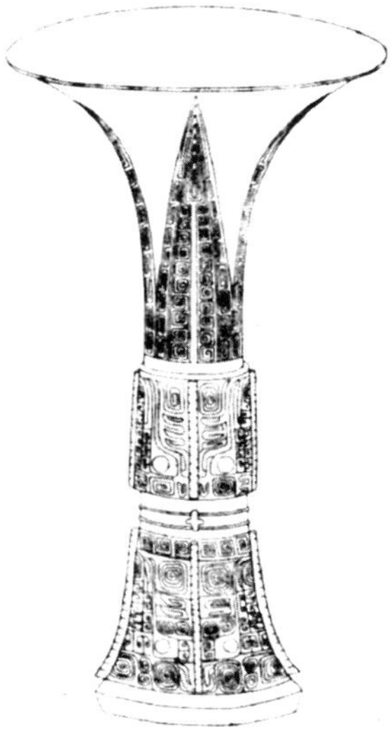

右高七寸三分深四寸八分口徑四寸三分重二十二兩

周雷紋觚十八

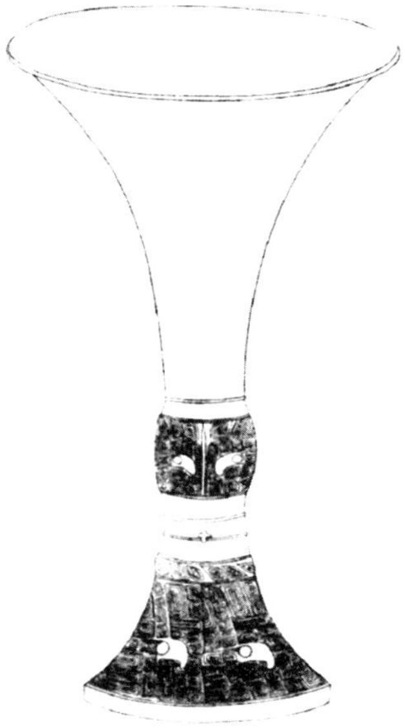

右高七寸深四寸七分口徑四寸一分重一十七兩

周雷紋觚十九

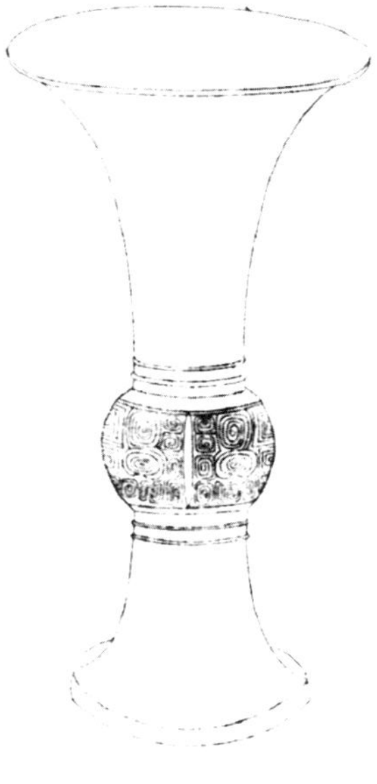

右高六寸六分深四寸六分口徑四寸一分重二十兩

周雷紋觚二十

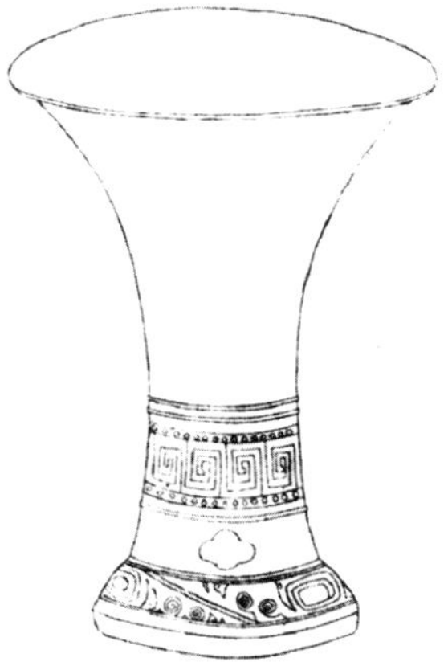

右高五寸九分深四寸一分口徑四寸一分重四十七兩

周雷紋觚二十一

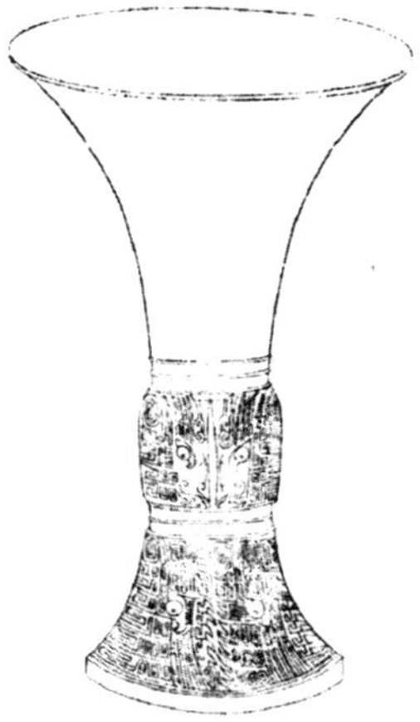

右高五寸一分深三寸六分口徑三寸三分重一十三兩

周雷紋觚二十二

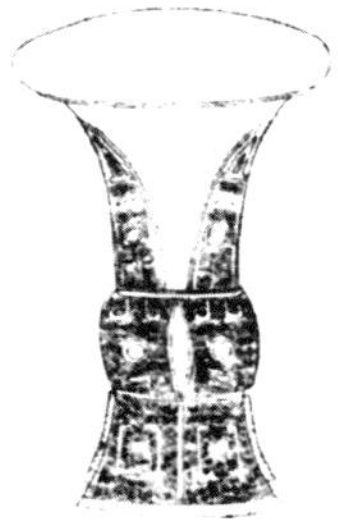

右高二寸九分深如之口徑二寸二分重五兩有半闕底

西清古鑑卷二十五目錄

觚三

周

周雲雷觚一

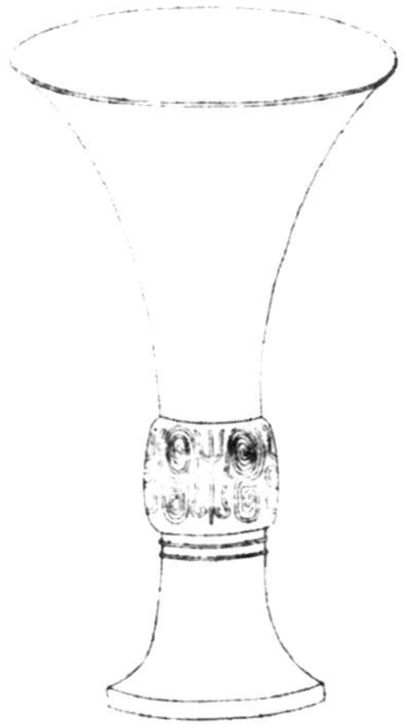

子孫

右高六寸三分深四寸三分口径四寸重二十一兩

周雲雷觚二

右高八寸六分深五寸六分口徑四寸九分重二十四兩

周雲雷觚三

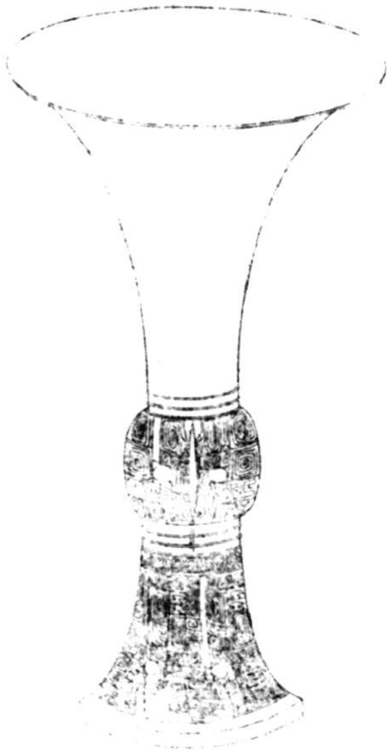

右高八寸深五寸一分口徑四寸六分重二十六兩

周雲雷觚四

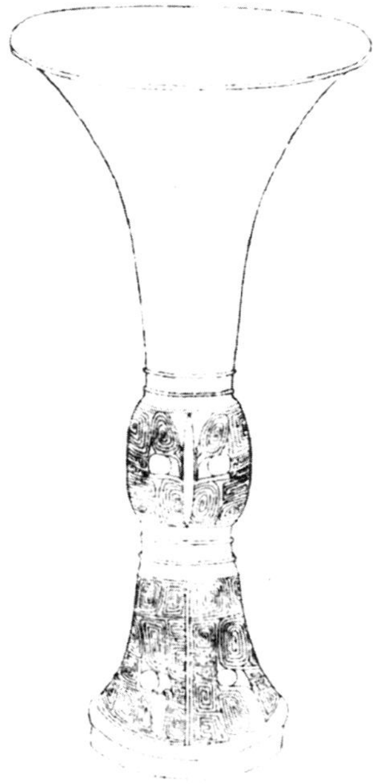

右高七寸九分深五寸三分口徑四寸六分重二十四兩

周雲雷觚五

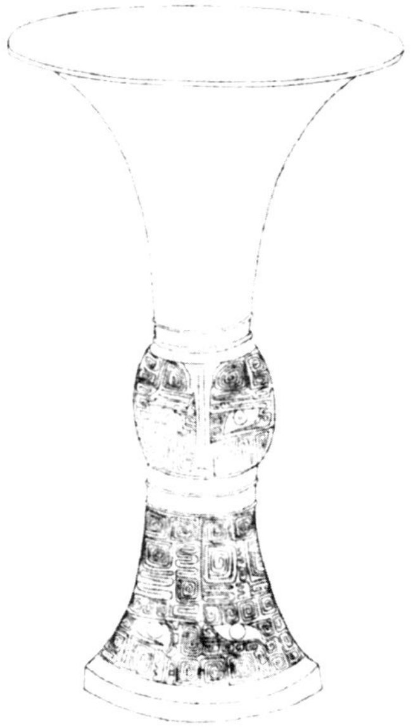

右高七寸八分深五寸二分口径四寸五分重二十七兩

周雲雷觚六

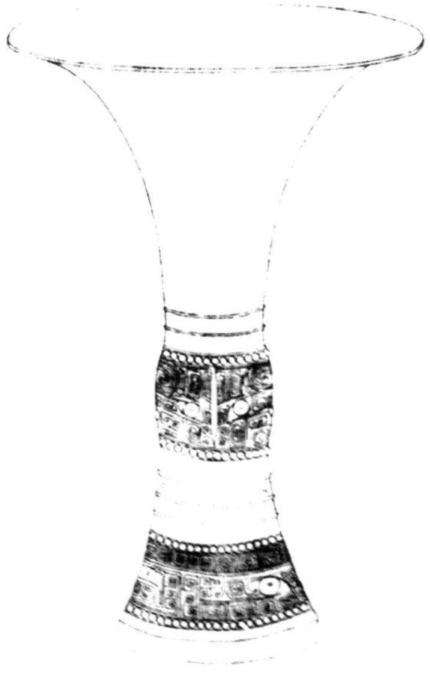

右高七寸七分深五寸二分口徑四寸二分重一十七兩

周雲雷觚七

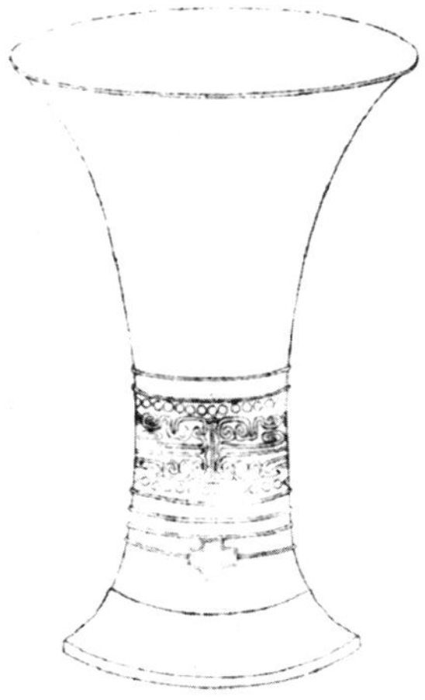

右高五寸八分深四寸四分口徑三寸九分重一十六兩

周蟠虺觚

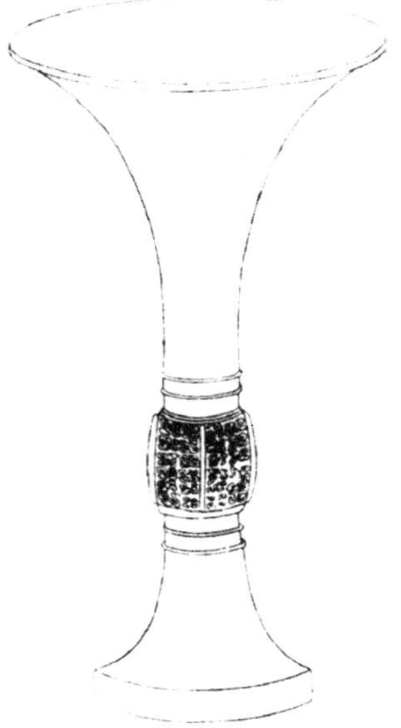

右高七寸五分深五寸九分口径四寸五分重二十五兩

周蟠螭觚

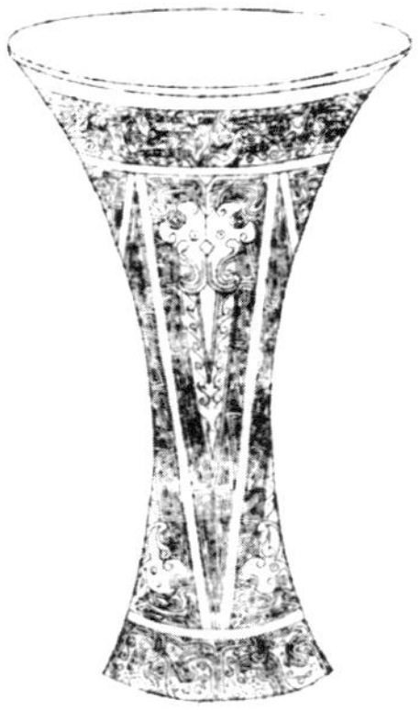

右高六寸二分深四寸二分口径三寸五分重一十四兩

周饕餮觚一

右高一尺二分深七寸一分口徑五寸重三十兩

周饕餮觚二

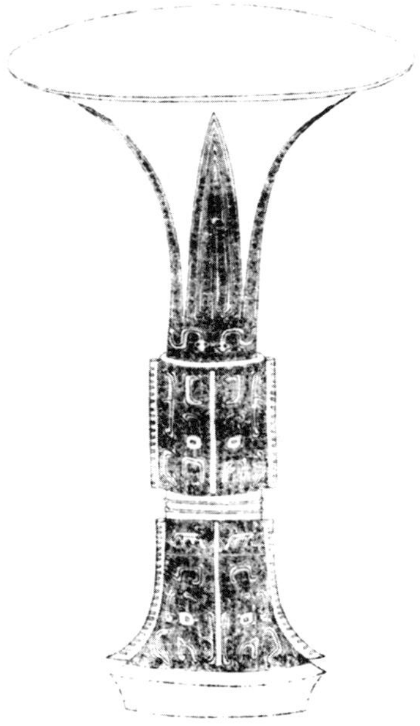

右高九寸八分深六寸六分口徑五寸四分重四十一兩

周饕餮觚三

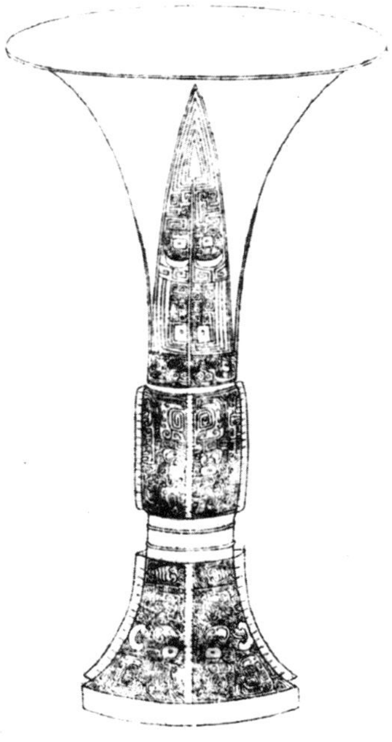

右高九寸四分深六寸六分口徑五寸一分重三十一兩

周饕餮觚四

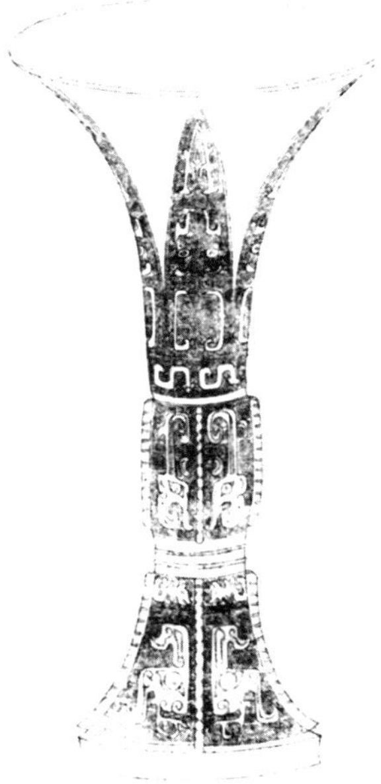

右高九寸四分深六寸口徑五寸一分重二十八兩

周饕餮觚五

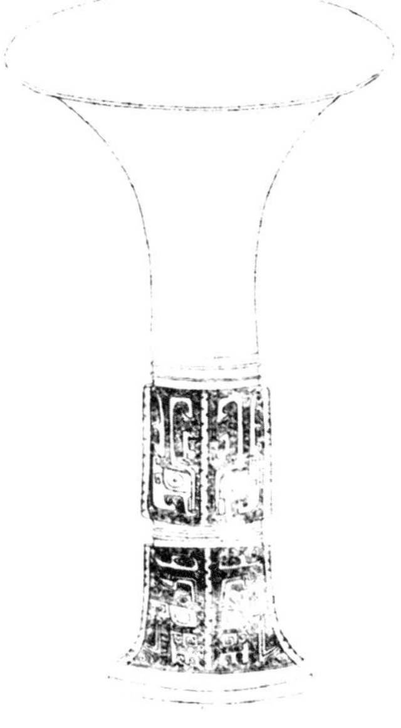

右高九寸深六寸三分口徑五寸一分重二十四兩

周饕餮觚六

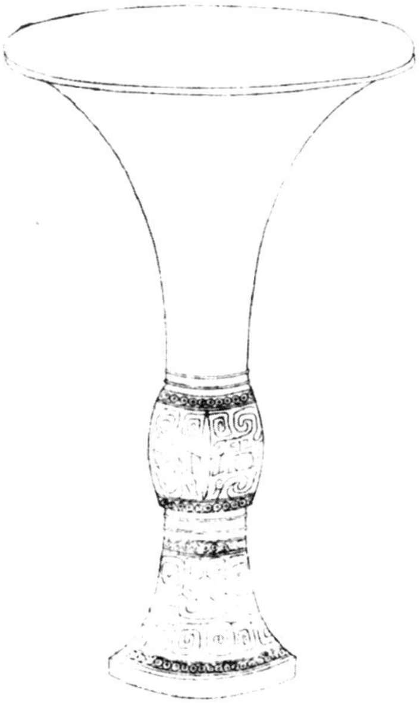

右高九寸一分深六寸一分口徑四寸九分重二十五兩

周饕餮觚七

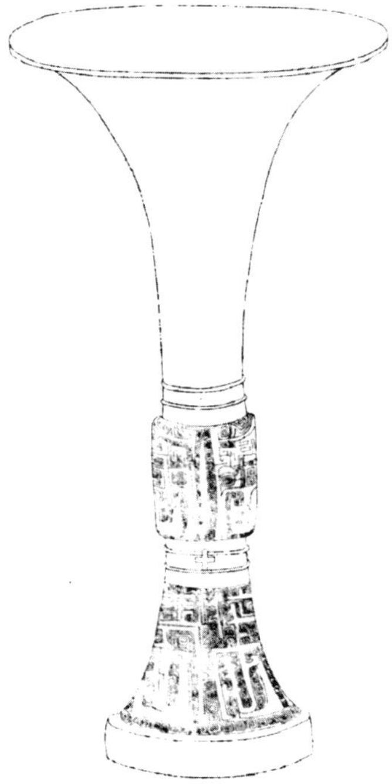

右高九寸二分深六寸二分口徑四寸八分重二十二兩

周饕餮觚八

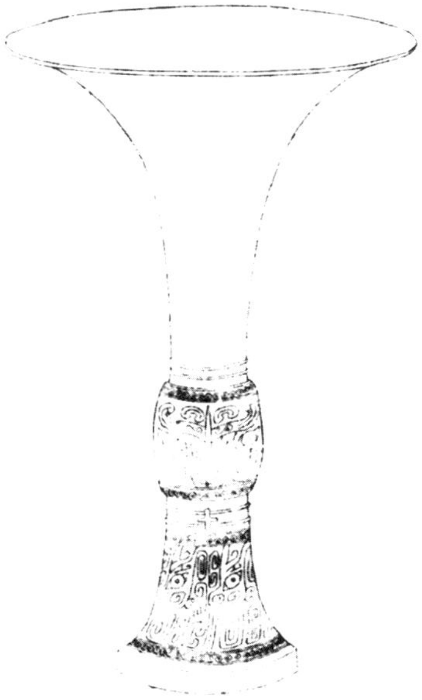

右高九寸二分深六寸五分口径四寸九分重二十一兩

周饕餮觚九

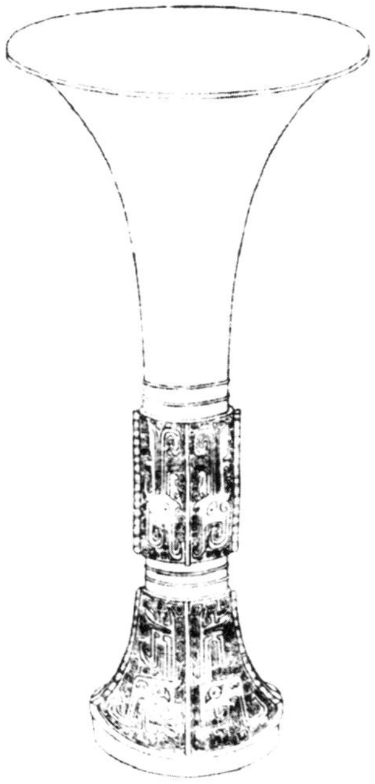

右高九寸九分深六寸四分口徑五寸重二十五兩

周饕餮觚十

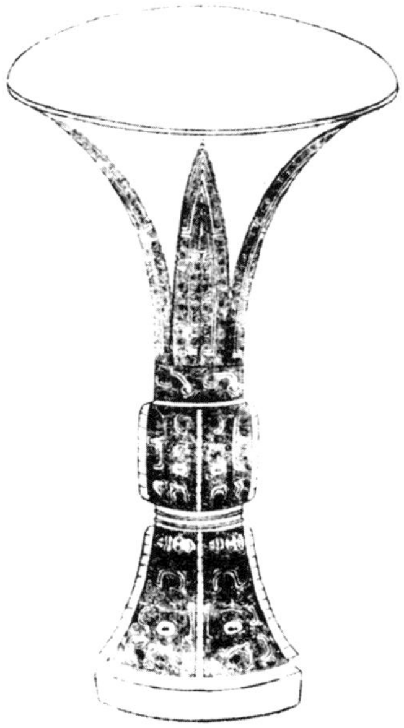

右高八寸四分深五寸四分口徑四寸六分重三十一兩

周饕餮觚十一

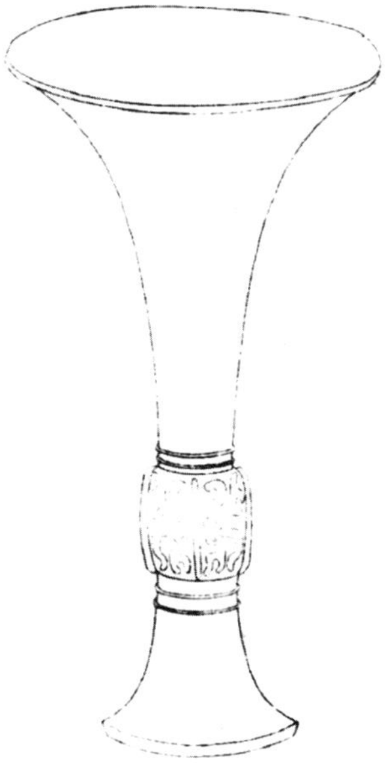

右高六寸四分深四寸六分口徑四寸重二十一兩

周饕餮觚十二

右高八寸三分深四寸九分口徑四寸六分重二十三兩

周饕餮觚十三

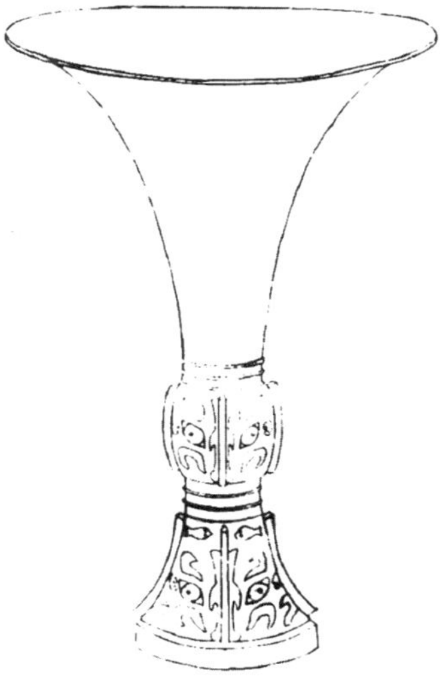

右高八寸一分深五寸一分口徑五寸重二十七兩

周饕餮觚十四

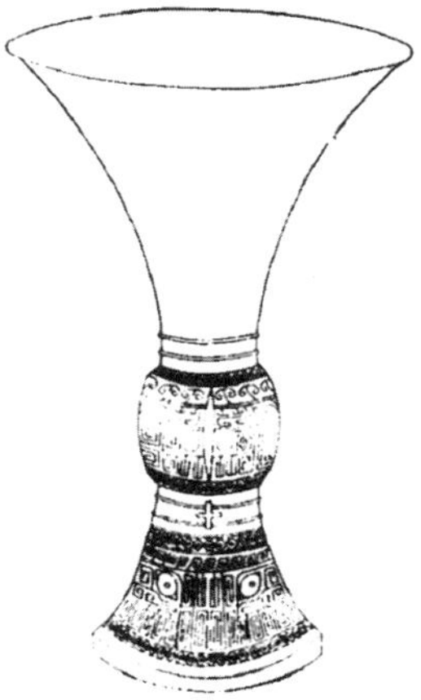

右高七寸五分深五寸二分口徑四寸一分重一十五兩

周饕餮觚十五

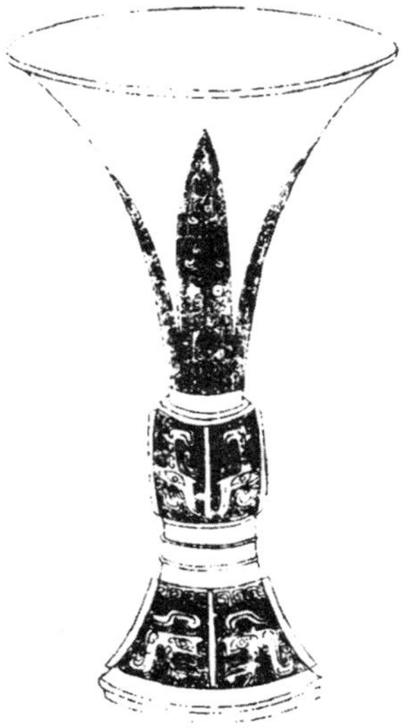

右高七寸四分深五寸三分口徑四寸五分重二十兩

周饕餮觚十六

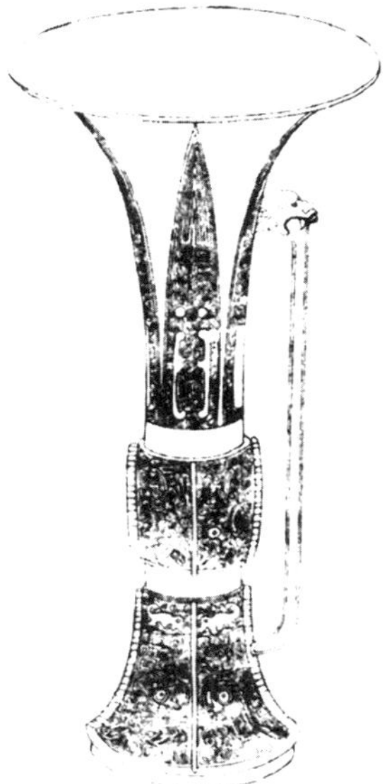

右高七寸九分深五寸九分口徑四寸一分重二十一兩有鋈與他製特異

周饕餮觚十七

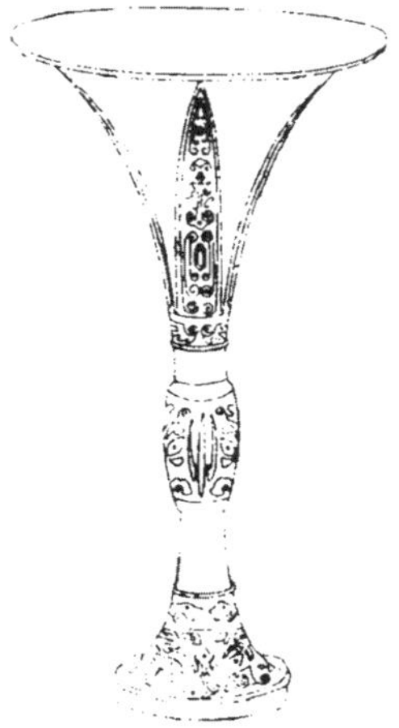

右高八寸三分深五寸五分口徑四寸三分重二十七兩金銀錯

周夔紋觚一

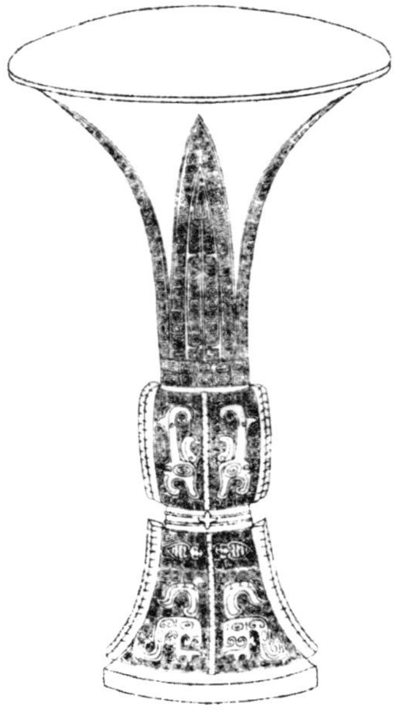

西清古鑑　卷二十五　觚　三十七

右高九寸五分深六寸六分口徑五寸一分重二十九兩

周夔紋觚二

西清古鑑　卷二十五　觚　三十八

右高八寸五分深五寸四分口徑四寸八分重二十八兩

周夔紋觚三

右高九寸五分深六寸六分口徑五寸一分重一十九兩

周素觚一

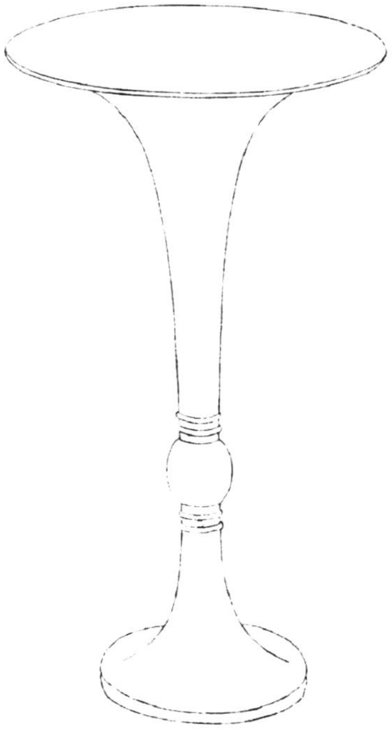

右高一尺八分深六寸八分口径六寸五分重五十九兩

周素觚二

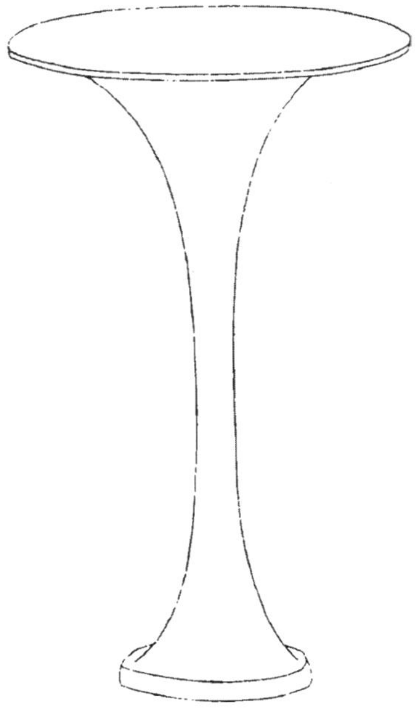

西清古鑑　卷二十五　觚　三十

右高一尺四分深七寸口徑六寸重四十三兩

周素觚三

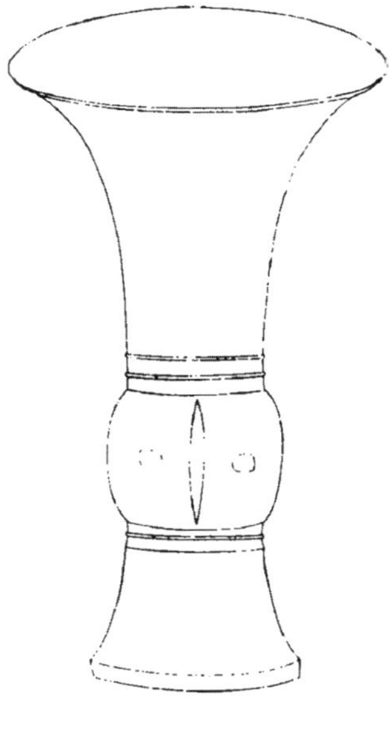

西清古鑑　卷二十五　觚　三十一

右高八寸五分深五寸八分口径四寸七分重三十六兩

周素觚四

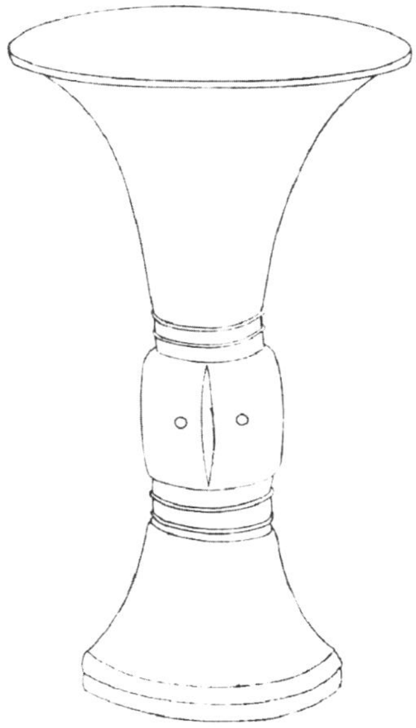

右高八寸二分深五寸六分口徑五寸重三十四兩

周素觚五

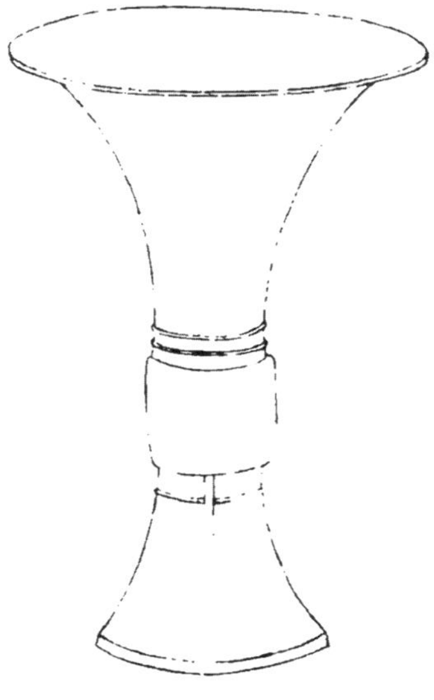

右高七寸九分深五寸二分口徑五寸重三十兩

周素觚六

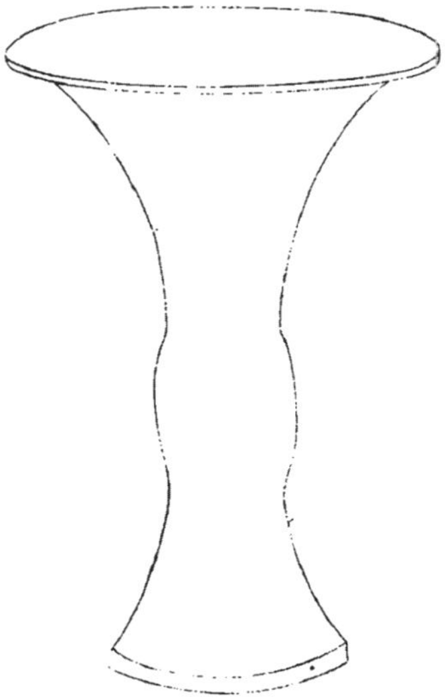

右高七寸六分深五寸二分口徑四寸五分重二十一兩

周素觚七

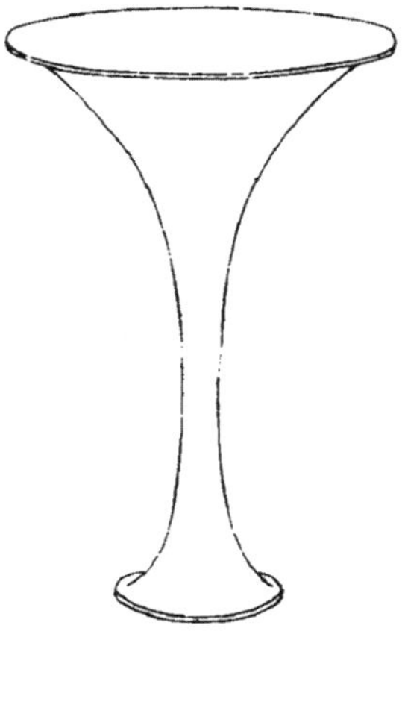

右高七寸五分深三寸八分口徑四寸二分重二十四兩

周素觚八

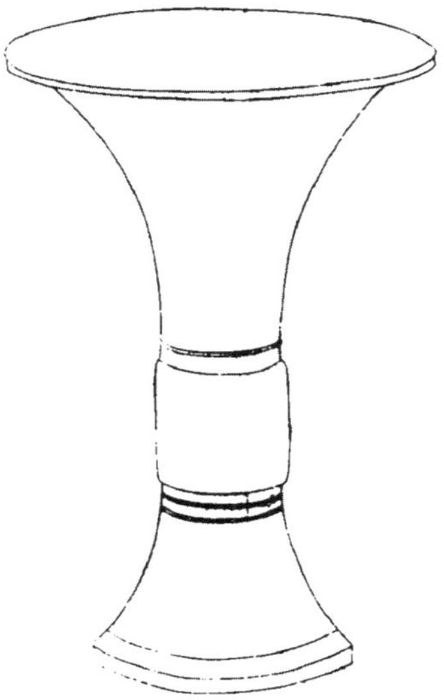

右高七寸四分深五寸四分口徑四寸七分重二十三兩

周素觚九

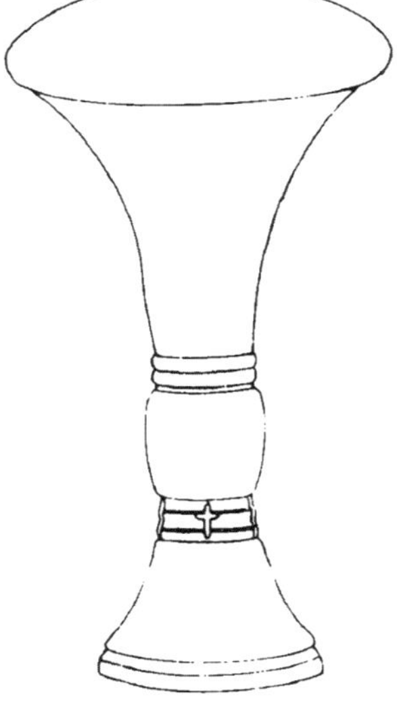

右高六寸六分深四寸五分口徑四寸重一十九兩

周素觚十

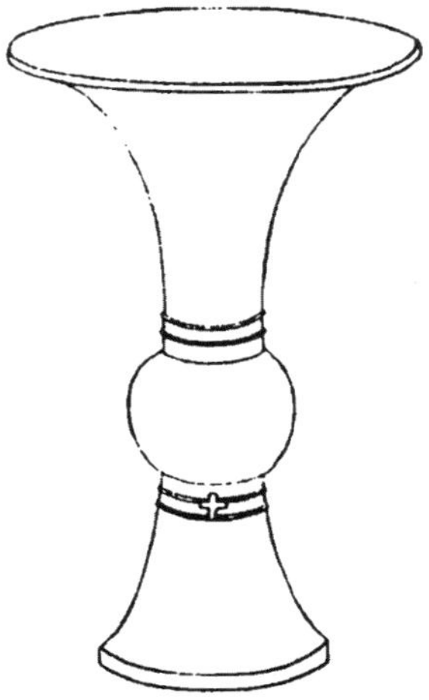

右高六寸四分深四寸三分口徑三寸九分重一十五兩

西清古鑑卷二十六目錄

觶

商

周

商祖已觶

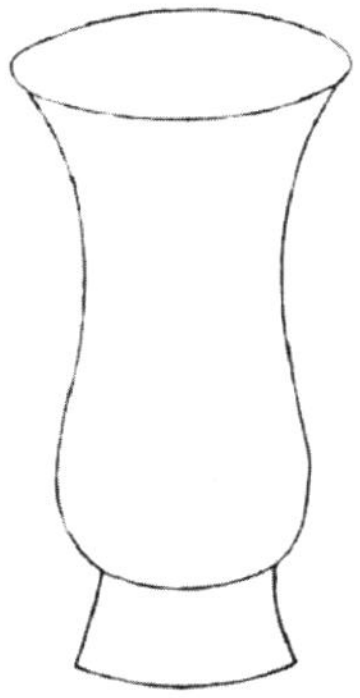

子祖已

右高三寸四分深二寸八分口徑一寸九分重四兩有半博古圖有祖已爵銘與此同

商父乙觶

西清古鑑　卷二十六　觶　二

父乙

右高四寸一分深三寸六分口縱二寸三分橫二寸六分重一十一兩

商父辛觶一

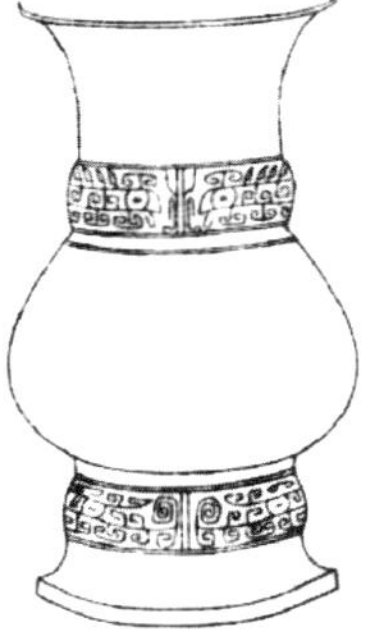

西清古鑑　卷二十六　觶　三

父辛

右高四寸四分深三寸五分口徑二寸三分重一十一兩

商父辛觶二

子孫父辛

右高三寸八分深三寸五分口縱二寸四分橫二寸九分重一十四兩

商父辛觶三

足跡父辛
形

右高四寸六分深三寸七分口縱二寸橫二寸三分重一十兩

商父丁觶

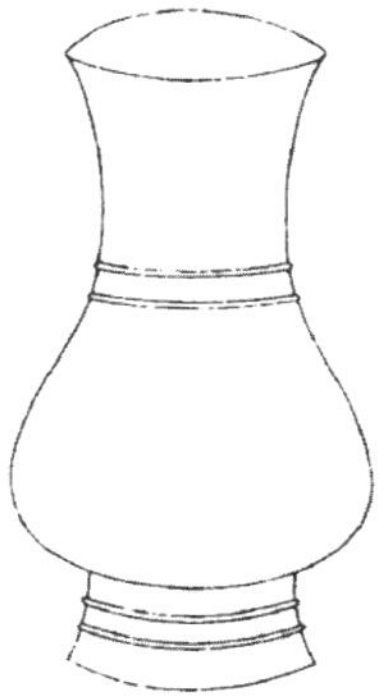

父丁

右高四寸一分深三寸三分口徑一寸九分重八兩

商饕餮觶

右高五寸一分深四寸五分口徑二寸五分重一十一兩

商素觶

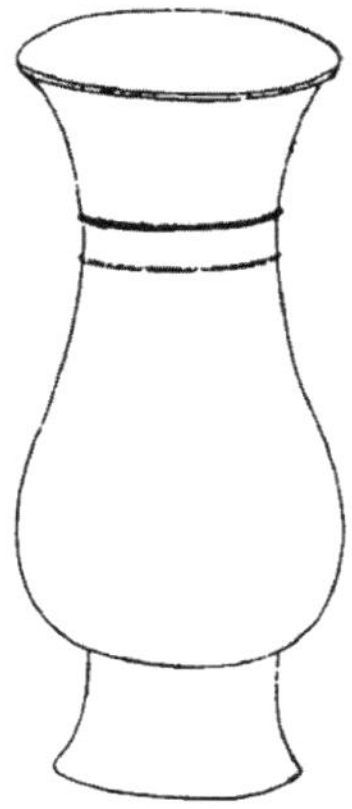

西清古鑑　卷二十六　觶　八

右高四寸七分深四寸口徑二寸三分重一十一兩

周庚觶

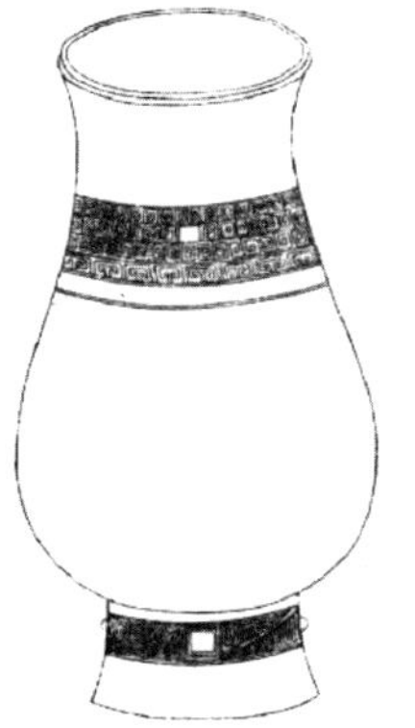

西清古鑑　卷二十六　觶　九

庚作辛尊彝　中叕形彝

右高四寸四分深三寸七分口縱一寸九分橫二寸二分重一十兩商三傳為沃丁之子太庚十四傳為沃甲之子南庚十六傳為陽甲之子盤庚二十傳為武丁之子祖庚二十四傳為廩辛之弟庚丁此銘庚作下曰辛或疑為商器然只曰庚則太庚南庚庚丁又何以辨且下曰辛又何以知非祖辛小辛廩辛而必於庚之一字

斷斷然也按商銘只一二字此稱作尊彝云云與他周器類故當仍繫於周又博古圖於祖庚卣謂商二十五代之君曰祖庚考成湯至祖庚二十一世即史記殷譜系圖並列未立之太丁亦二十二世耳茲并正之

周莽觶

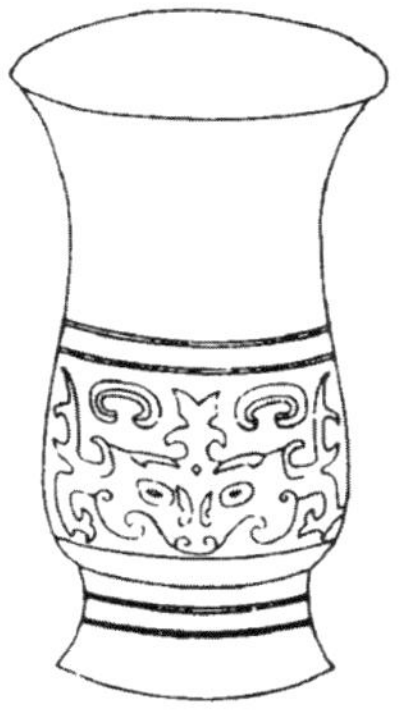

莽

右高四寸三分深三寸七分口徑二寸五分重一十兩按列子周穆王篇西極之南隅名古莽之國此名一字曰莽豈國名耶又鐘鼎款識有莽史鼎薛尚功云莽則薙氏掌殺草是莽又其官矣

周繇觶

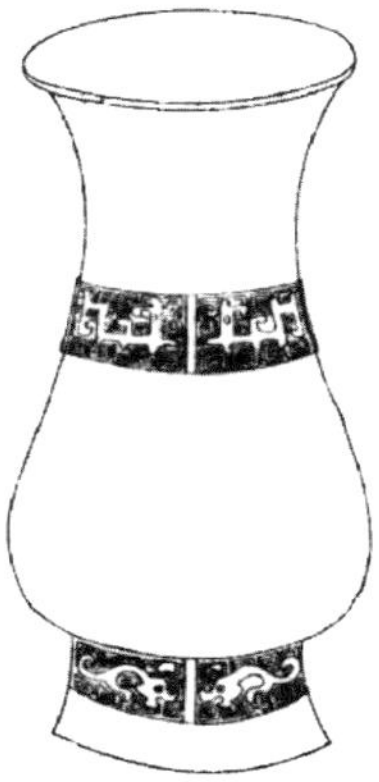

繇女

右高四寸二分深三寸四分口徑二寸二分重
九兩有半按宋黃伯思作宋公鼎說謂繇者宋
景公也以史記年表考之則名頭曼以漢書古
今人表考之則名兜欒獨汲冢竹書稱景公繇
者昭公子此名繇實宋景公物博古圖有繇鼎
謂繇於經傳無所見至繇鼎蓋亦謂為宋景公
而弗著竹書文今特詳之下曰女送女器也

周車觶

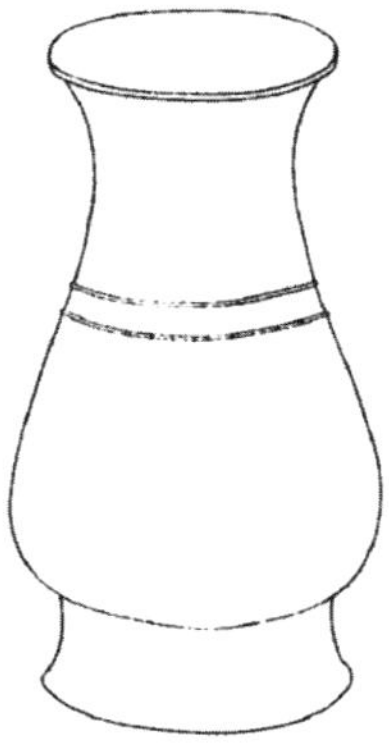

孫車父

右高四寸五分深三寸七分口徑二寸二分重
一十一兩

周女觶

蓋

丁女

器

音釋同前

右通蓋高五寸六分深三寸口縱二寸一分横二寸七分重二十五兩

周邢觶

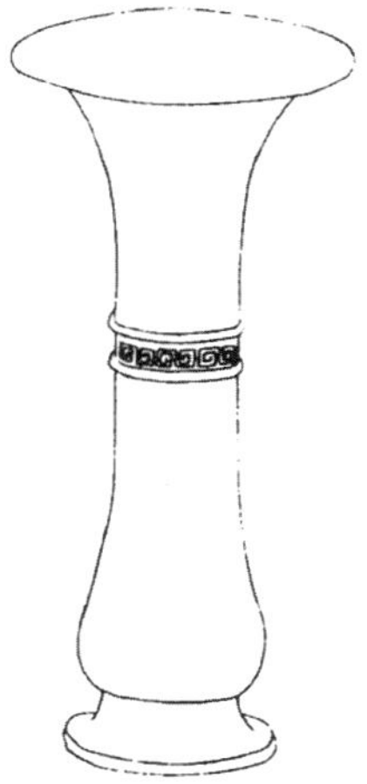

邢

右高五寸七分深五寸口徑二寸六分重一十一兩

周史觶

史

右高四寸二分深三寸三分口縱二寸三分橫二寸六分重二十四兩

周舉觶一

蓋

舉作父巳

器

音釋同前

右通蓋高四寸一分深二寸四分口縱二寸六分橫三寸二分重一十五兩

周舉觶二

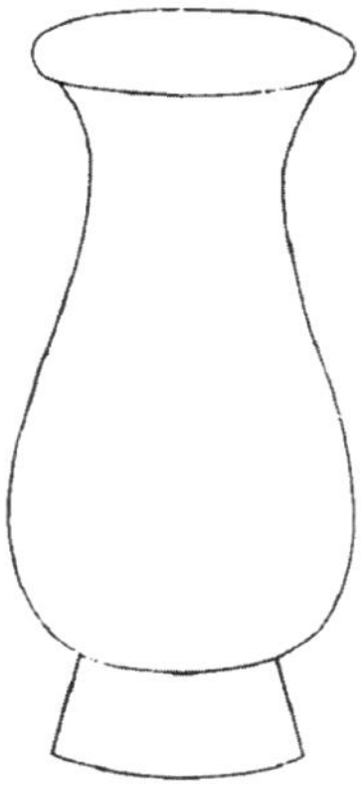

舉父辛

右高四寸二分深三寸七分口徑一寸九分重一十一兩

周伯觶

伯作彝

右高四寸五分深三寸九分口徑二寸六分重一十兩

周季觶

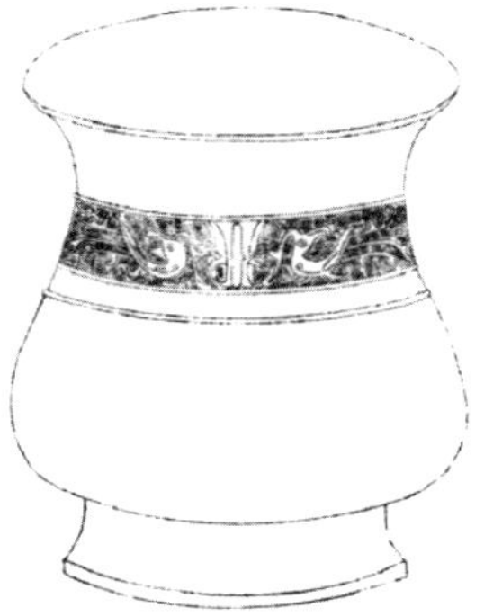

季作旅彝

右高四寸深三寸六分口縱二寸七分横三寸五分重一十九兩

周子觶

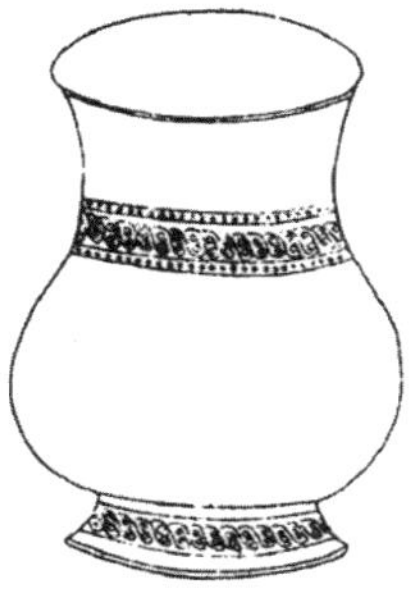

子

右高三寸六分深三寸四分口縱二寸四分横二寸九分重一十二兩

周子東觶

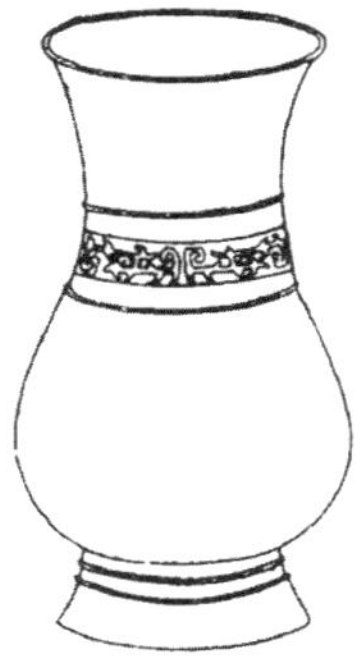

東子父癸

右高四寸五分深三寸八分口縱二寸一分橫二寸三分重一十兩

周子弓觶

弓子

右高三寸八分深三寸口縱二寸橫二寸二分重九兩有半

周執戈觶

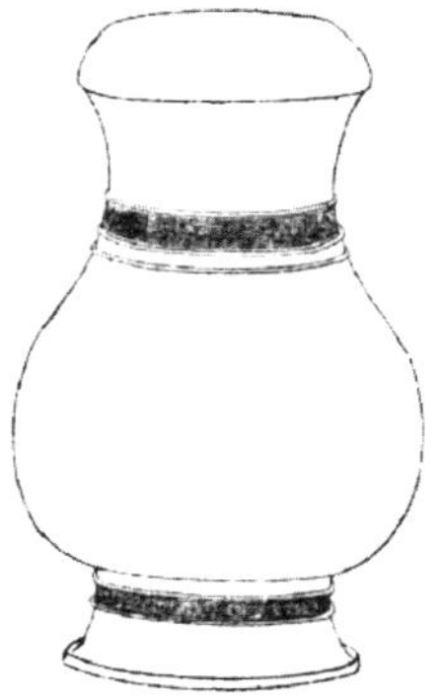

西清古鑑　卷二十六　觶　二十四

手執戈父乙

右高三寸九分深三寸三分口縱二寸二分横二寸五分重一十三兩

周豕觶

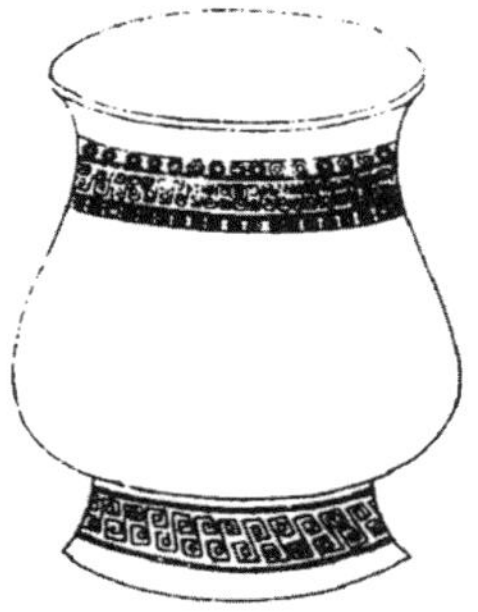

西清古鑑　卷二十六　觶　二十五

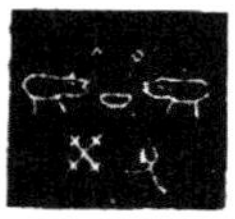

齊　豕形　丁　豕形　父癸

右高三寸七分深三寸一分口縱二寸一分横二寸七分重一十三兩几象形曰羊曰豕者皆周制銘稱齊蓋齊國物也

周亞觶

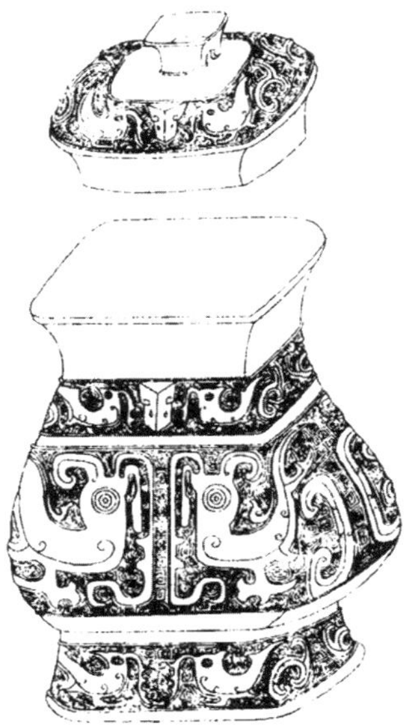

蓋

器

亞形

形格天

中尊彝

音釋同前

右通蓋高五寸深三寸口縱二寸四分横二寸六分重二十三兩

周夔鳳觶

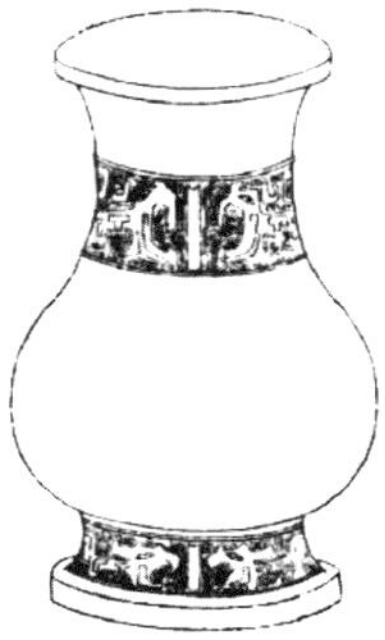

右高四寸二分深三寸三分口縱二寸一分横二寸五分重一十二兩

周鳳紋觶

右高三寸三分深二寸四分口縱一寸八分横二寸一分重九两有半

周饕餮觶

右高三寸八分深三寸四分口徑二寸七分重一十三两

周雷紋觶一

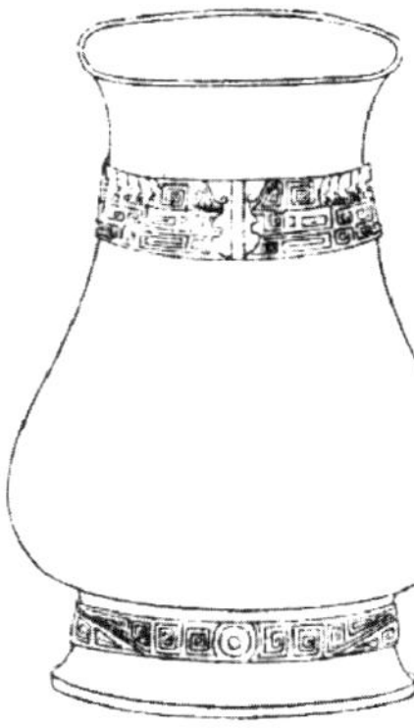

右高五寸一分深四寸四分口縱二寸二分橫三寸二分重二十五兩

周雷紋觶二

右高四寸五分深三寸六分口縱二寸一分橫二寸三分重九兩

周雷紋觶三

右高四寸五分深三寸九分口縱二寸二分横二寸五分重九兩

周素觶一

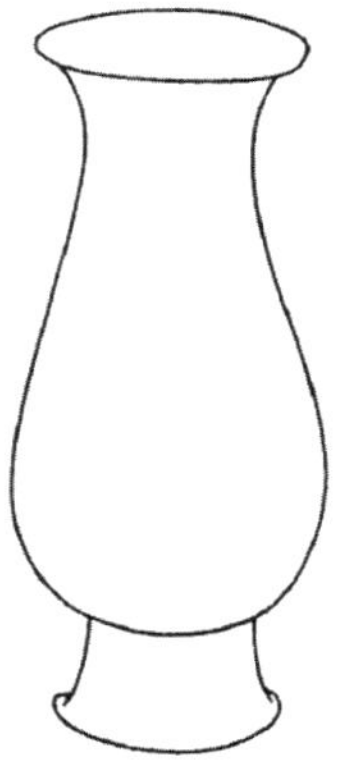

右高五寸三分深四寸四分口徑二寸二分重一十一兩

周素觶二

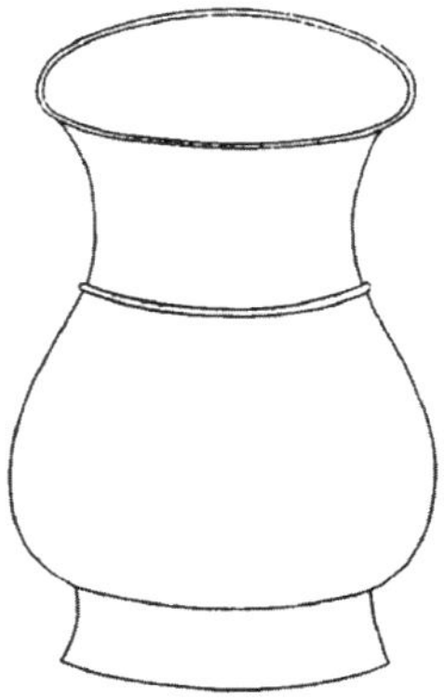

右高四寸二分深三寸六分口縱二寸五分橫二寸九分重一十三兩

周素觶三

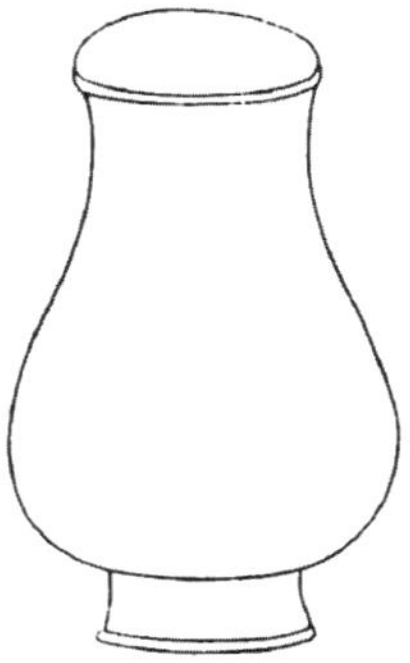

右高四寸一分深三寸六分口徑一寸六分重一十二兩

周素觶四

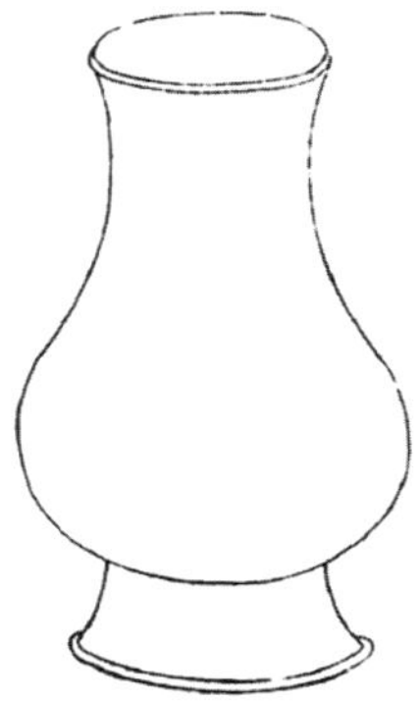

右高四寸五分深三寸六分口徑一寸九分重一十一兩

周素觶五

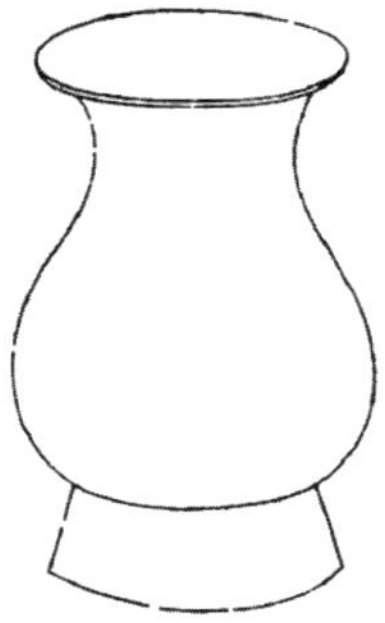

右高三寸九分深三寸二分口徑二寸一分重一十兩

周素觶六

右高三寸二分深二寸八分口縱一寸八分横二寸三分重七兩

周素觶七

右高三寸一分深二寸五分口縱一寸九分横二寸四分重九兩

周素觶八

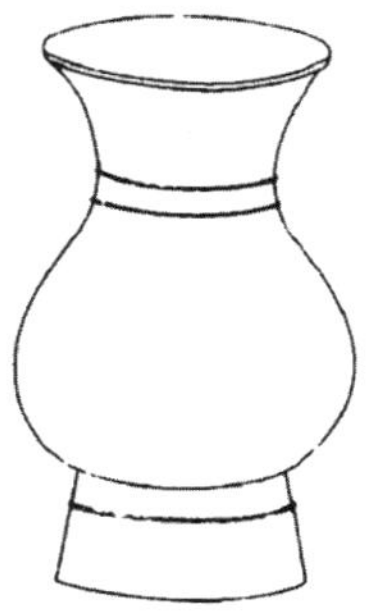

西清古鑑　卷二十六　觶　四十

右高四寸深三寸二分口徑二寸二分重一十三兩

周素觶九

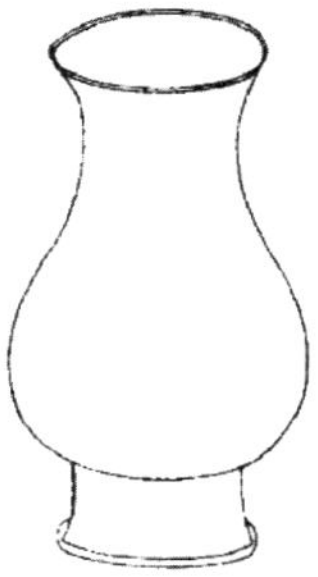

西清古鑑　卷二十六　觶　四十一

右高三寸八分深三寸二分口縱一寸九分横二寸一分重八兩

周素觶十

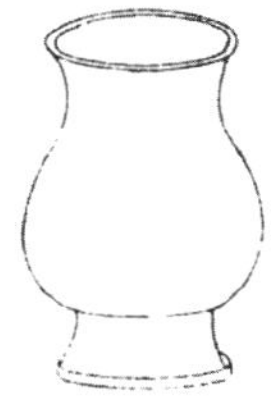

右高二寸八分深二寸一分口徑二寸重六兩有半

周素觶十一

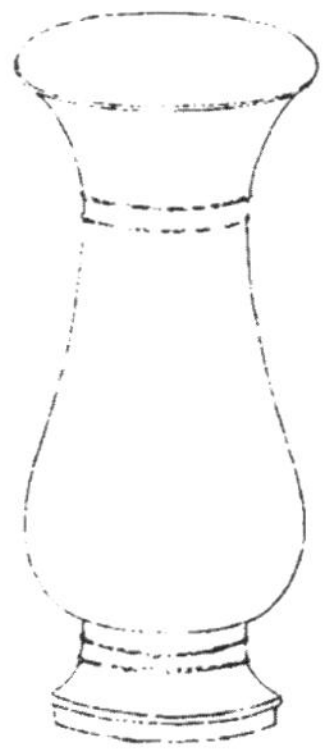

右高四寸九分深四寸口徑二寸重八兩

周子孫角

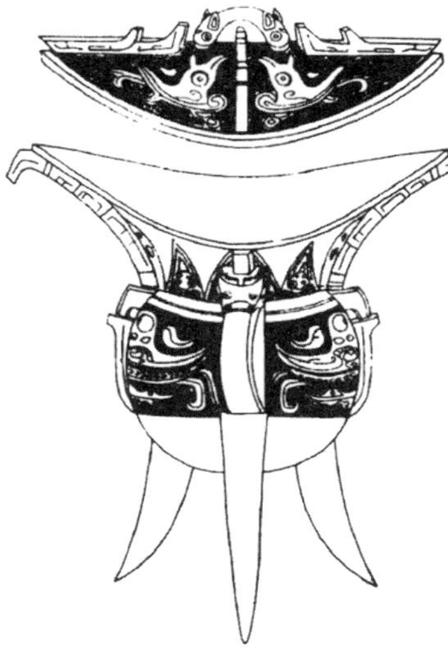

蓋

作(人拱物形)尊彝子○

器

子孫

右通蓋高八寸八分深四寸口縱三寸六分橫六寸五分重六十九兩三足有鋬禮明堂位加以璧散璧角則以玉為之周禮內宰謂之瑤爵至禮器所云卑者舉角又特牲饋食禮主人洗角則此器是也銘作兩手拱物形亦致敬之意云

周庚角

亞形中
一丁　庚星　一丁

右通蓋高七寸九分深三寸二分口縱二寸九分橫六寸二分重四十八兩三足有鋬庚字下象星為連珠形兩旁曰丁易稱先庚三日而朱子謂先三日為丁良是

周亞角

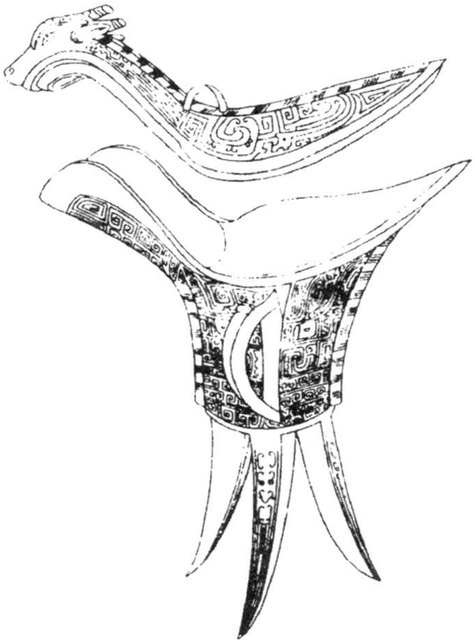

蓋

器

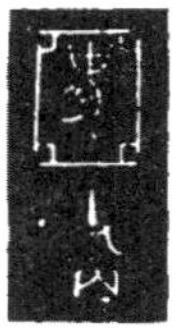

亞形中　格矢形　尊彝　父丙

音釋同前

右通蓋高七寸三分深二寸四分口縱二寸五分橫五寸八分重三十二兩三足有流有鋬

漢錢文斗

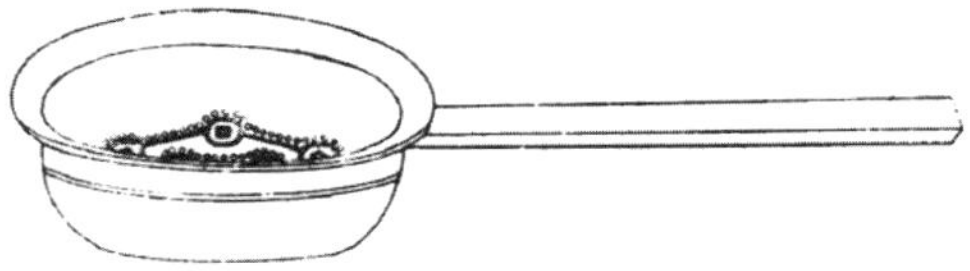

右通長一尺一寸二分深一寸五分口徑四寸八分重一十九兩有柄

五代布泉斗

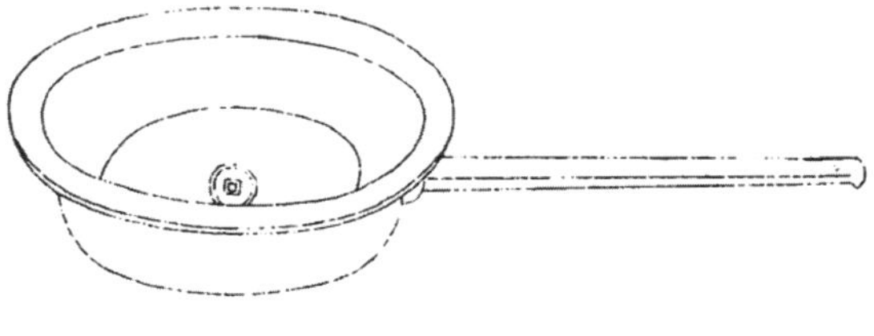

布泉

右通長一尺一寸五分深一寸三分口徑五寸一分重二十一兩有柄按後周書武帝紀保定元年秋七月更鑄錢文曰布泉又梁初所用男錢亦曰布泉列其文其寓宜男之祝耶

周龍勺

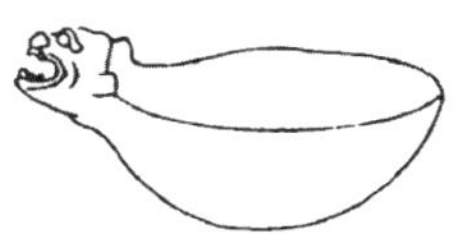

右高九分深八分通長二寸九分濶一寸八分重三兩按龍勺雞彝並重皆宗廟器也

漢螭耳巵

右高三寸三分深三寸二分口徑二寸八分腹圍一尺一寸一分重一十九兩按巵字惟巵言見於莊子至玉巵上壽及賜以巵酒皆楚漢時語今內府二器與博古圖所載諸漢巵相近因錄之

漢素卮

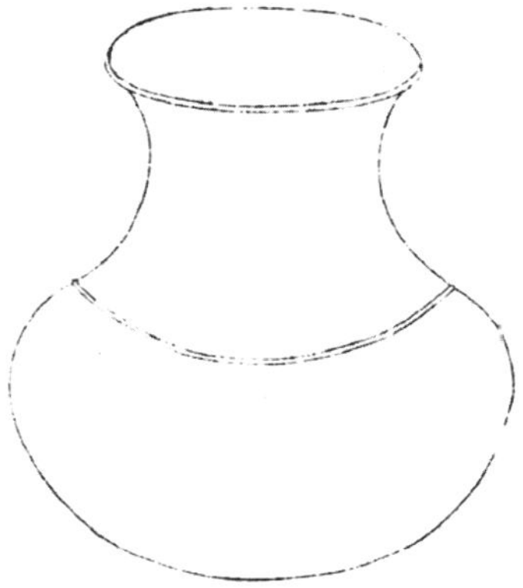

右高四寸三分深四寸二分口徑三寸三分腹圍一尺五寸重一十七兩

西清古鑑卷二十七目録

敦一

周

周丁卯敦

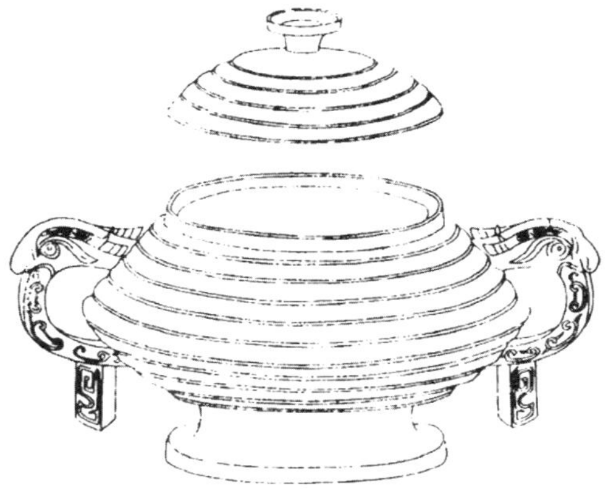

蓋

器

惟四月初吉丁卯王
蔑友曆錫牛三友
既拜稽首升于乃
文祖考友對揚王
休用作乃文考尊敦
友泊乃子子孫永寶

音釋同前

右通蓋高五寸六分深三寸五分口徑五寸二

分腹圍二尺一寸四分重九十兩兩耳有珥銘
字與博古圖所載淮父卣多同者意一時所制

西清古鑑　卷二十七　敦　二

周丁亥敦

正月
吉丁亥
曾曰
余昌卣
○○
用子○○
○○
余
望風○
金敬共
祀正乃
○監
○徒○乃
吉金用作
寶敦用
朕
盂
子
庚
子
享

西清古鑑　卷二十七　敦　三

右高六寸九分深三寸一分口徑六寸九分腹圍二尺一寸二分重二百一十九兩兩耳有珥銘幾九十字可辨者三之一錯落難讀前云敬共祀後云享鄭康成謂敦瑚璉簠簋皆宗廟盛黍稷之器云吉金者古器銘多有之猶錫貝也

周癸亥敦

子孫癸亥我孫君饗敦酉庚貝乃正斤貝用作父丁尊彝

右高四寸二分深三寸二分口徑六寸二分腹圍一尺八寸三分重五十七兩兩耳有珥銘曰我孫詩謂我將我享書謂爾之許我我其以辟與珪歸俟爾命古人對神質言之稱爾我示親也酉庚意者月在酉日維庚故云爾曰貝曰斤貝周禮冬官考工記宋之斤注以鐵為之又古

稱泉貝說文謂至秦而廢貝行錢食貨志有十朋五貝則不必概與貝玉貝錦同也銘詞乃正斤貝用作尊彝故知斤貝皆金屬矣

周伯尚敦

伯尚作
寶敦

右高三寸二分深二寸三分口徑五寸二分腹圍一尺三寸二分重三十一兩兩耳有珥齊太公名尚為方伯得專征伐銘曰伯尚盖齊作耶

周太公敦一

西清古鑑　卷二十七　敦　八

蓋

太公作
豐從敦
永寶用

右通蓋高六寸八分深三寸七分口徑五寸九分腹圍二尺三寸九分重一百七十一兩兩耳三足篆法太與丙相近此銘或疑為丙然鐘鼎款識載太公簠銘曰太公作豐寶簠此云太公作豐從敦書法同故知當為太公

周太公敦二

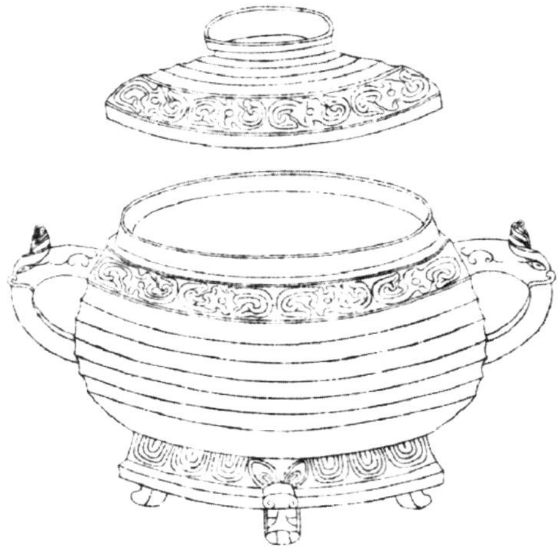

西清古鑑　卷二十七　敦　九

蓋

太公作
豐從用
敦永寶

右通蓋高六寸五分深三寸七分口徑六寸腹圍二尺三寸九分重一百九十一兩兩耳三足

周太公敦三

西清古鑑 卷二十七 敦 十

蓋

○公○彝
○敦永
寶用

右通蓋高六寸八分深三寸七分口徑六寸腹圍二尺四寸重一百九十三兩兩耳三足銘字與前二器相近首一字缺蓋太字也

周呂伯敦

西清古鑑 卷二十七 敦 十二

蓋

呂伯作乃宮
室寶尊彝
敦大田其萬
年祀乃祖考

器

音釋同前

右通蓋高六寸八分深三寸九分口徑七寸二分腹圍二尺一寸九分重一百四十五兩兩耳呂伯作疑是齊器而周穆王時又有呂侯為天

子司寇玩銘詞後稱祀乃祖考則前云宮室蓋宗廟耳詩召南于以用之公侯之宮孔氏疏云可以奉祭祀曰事祭必於宗廟曰宮室則如世室是已大田蓋祈年之意古人祭必有祝嘏銘多如此

周乙公敦

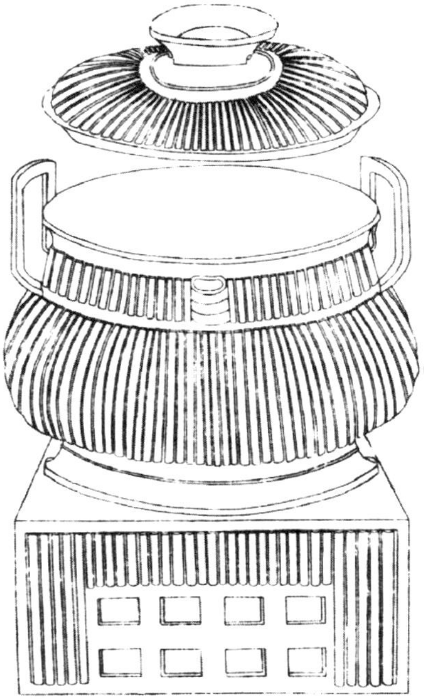

蓋

是□作朕
文考乙公
尊敦子孫
永寶用饗

器

器釋同前

右通蓋高一尺四分深四寸二分口徑七寸四分腹圍二尺三寸七分重二百九十九兩兩耳是下一字不可識銘曰乙公亦齊物也

周靜敦

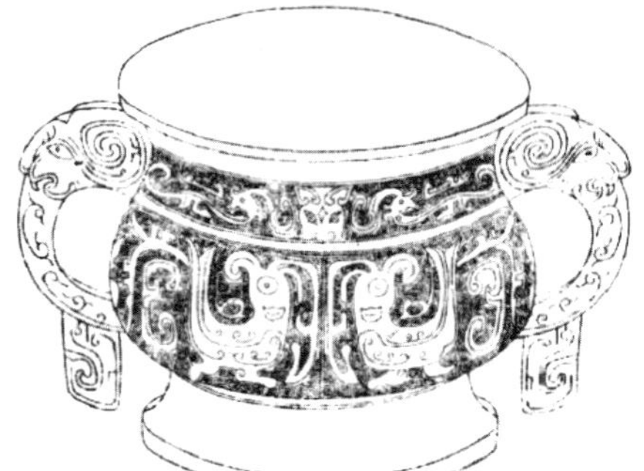

惟六月初吉王在旁京丁卯
王命靜〇射學宮小子泊受
泊小臣泊人僕學射雩八月
初吉庚寅王以吳〇呂〇〇
〇〇以邦周射于大沱靜學
無得王錫靜緋剢靜敢拜稽
首對揚天子丕顯休用作文
母外姞尊敦子孫其萬年用

右高四寸八分深四寸一分口径七寸三分腹圍二尺二寸六分重一百二十七兩兩耳有珥

曰王在旁京與靜卣同曰吳曰呂毛伯彝亦然且靜為齊胡公名是知為東遷以前器也雩粵古文多通雩八月即粵八月沱許氏詳里切古汜字也學宮大沱皆肄射地緋說文謂帛剢海篇作丑全切謂去皮也蓋刀劍之屬

周史頌敦

蓋

器

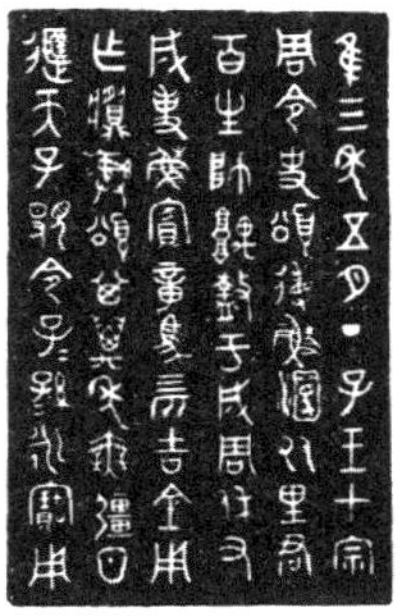

惟三年五月丁子王在宗
周命史頌德穌○友里君
百生帥堣盩于成周休古
成事穌賓章馬三所吉金用
作瀪彝頌其萬年無疆日
○天子顯命子〻孫〻永寶用

音釋同前

右通蓋高七寸二分深四寸一分口径六寸八分腹圍二尺七寸六分重二百三十五兩兩耳有珥銘與史頌鼎同惟德穌篆法小異又下一字鼎所缺

周追敦一

追虔夙夕卹乃死事天
子多錫追休追敢對天
子顯揚用作朕皇祖
考尊敦用享孝于前
文人用蘄丐眉壽永
命畯臣天子令終追
其萬年子〻孫〻永寶用

右高九寸三分深四寸四分口徑八寸二分腹
圍二尺八寸四分重四百四十三兩兩耳有珥
銘首一字曰追後凡稱追者三詩其追其貊奄
受北國則古有追國頋錫追休云云則追似其
名按銘詞蓋死事者子孫紀其贈卹之典而泐
之於器末乃兼致頌禱之義云爾

周追敦二

追虔夙夕卹乃死事
天子多錫追休追敢
對天子顯揚用作朕皇
祖考尊敦用享孝于
前文人用祈丐眉壽
永命畯臣天子令終追
其萬年子子孫永寶用

右尺度輕重暨銘詞俱與前器同

周舉伯敦

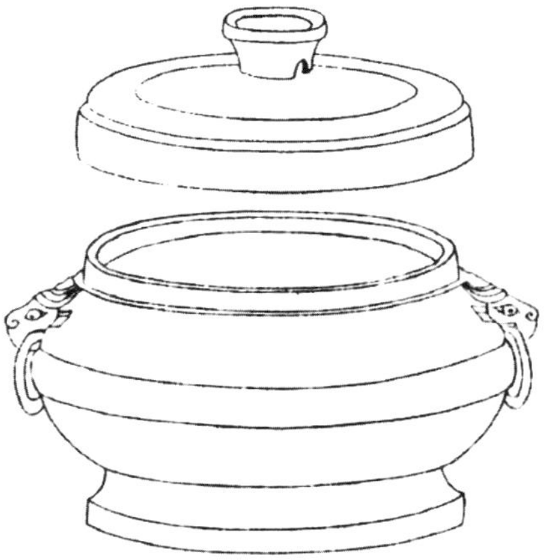

蓋

器

舉伯作
寶尊

音釋同前

右通蓋高六寸一分深三寸五分口徑五寸六分腹圍二尺二寸一分重一百一兩兩耳有環銘曰舉伯蓋人名非他器銘舉者類矣宋黃伯思舉鼎說謂宋之僖公名舉又稱楚伍舉蔡史舉唐燕舉而弗及晉之祁舉齊之賈舉因錄斯

器并詳列之

周中伯敦

中伯作□姬鑾節寶敦其萬年子孫寶用

右高四寸一分深三寸四分口徑六寸八分腹圍二尺四寸重一百三兩兩耳有珥三足第四字剝蝕不全按博古圖有孌女鼎俱以為人名古人三月定名女子許嫁笄而字曰某姬其字鑾節或其名也中伯猶已伯舉伯行伯之類

周伯敦

伯作寶敦

右高三寸八分深三寸三分口径六寸腹圍一尺九寸二分重六十兩兩耳有珥

周吉父敦

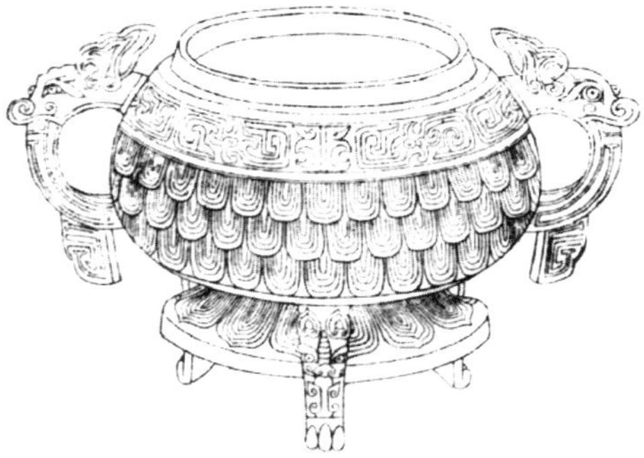

肸吉父作仲姜寶尊敦其萬年無疆子、孫、永寶用享

右高五寸七分深三寸八分口径六寸腹圍二尺五寸重一百一十九兩兩耳有珥三足吉上一字作仐篆法仐即肸字與費通尚書費誓史記魯世家作肸誓疑吉父或魯之費大夫而仲姜蓋其所祀也

周邢敦

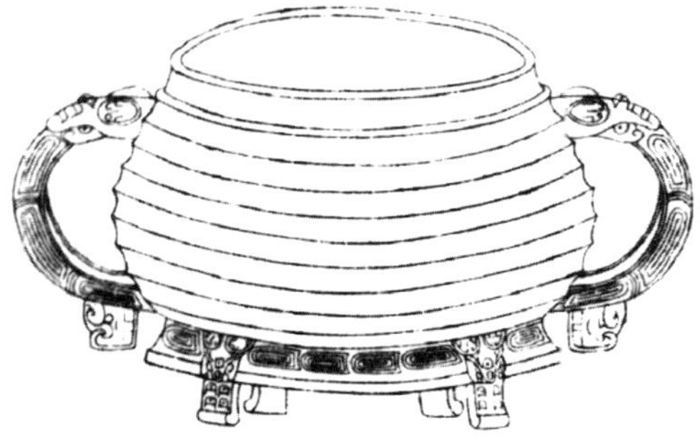

邢○叔安父
㠯作寶敦其
子孫永寶用

右高五寸六分深四寸一分口徑六寸四分腹圍二尺五寸九分重一百六十七兩兩耳有珥四足周邢叔彝銘曰作乃文考邢叔寶尊彝此銘邢下一字漫漶又下一字亦曰叔豈一人耶或曰當讀作叔安父

周杞父敦

敏仲之孫為夙
率樂○子杞父
作○伯○保饗
其萬年無疆
子子孫孫永保用享

右高四寸深三寸二分口徑六寸六分腹圍二尺三寸四分重一百二十三兩兩耳有珥魯頌周公之孫莊公之子銘曰敏仲之孫皆推本祖德以立言杞父人名上有樂字宋戴公之後有樂氏豈其族與

周虢仲敦

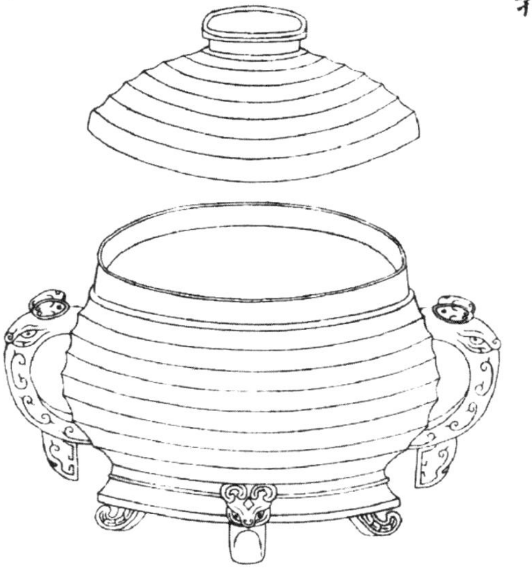

蓋

器

惟十有一月既生霸庚戌鄭虢仲作寶敦子子孫孫及永用

器銘同前

右通蓋高七寸五分深三寸九分口徑六寸五分腹圍二尺四寸三分重一百五十七兩兩耳有珥三足鄭字缺卩古文多如此銘稱鄭虢仲意為鄭之大夫非桓王時虢仲矣

周般敦

〇般貯盟子〇
〇〇旅敦惟〇
来橅王命東宮
追以大阜之年

右高六寸三分深三寸三分口徑三寸八分腹圍一尺八寸三分重七十七兩兩耳有珥三代鼎器録有東宮方鼎又尹卣銘曰王飲西宮此銘曰東宮蓋其地也大阜之年按三代無紀元者詩傳謂阜盛也多也其猶大有之年耶追蓋追饗也意亦祭器銘首稱般春秋周景王三年為蔡侯般元年此言王命知非宋門尹般魯公子般比矣云貯猶藏也

西清古鑑卷二十八目録

敦二

周

周田敦

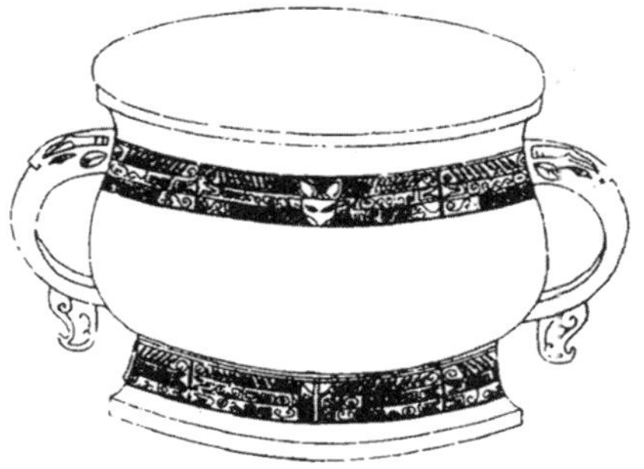

田

右高四寸六分深三寸四分口徑六寸腹圍一尺七寸重五十七兩兩耳有珥銘一字曰田田字義見前尊類博古圖載田卣謂田者粢盛所自出云云其說迂曲未可據

周鎬敦

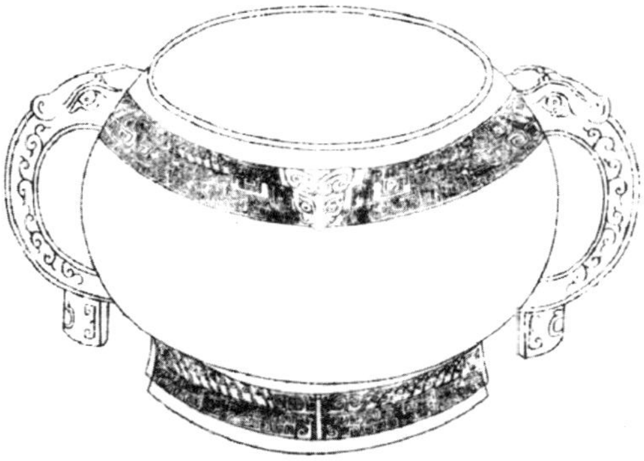

立戈形　鎬作兄丁辛寶彝

右高五寸二分深四寸五分口徑五寸八分腹圍二尺一寸八分重九十一兩兩耳有珥曰鎬作非邑名矣

周休敦

休作父
丁寶敦乙

右高三寸深二寸八分口徑六寸腹圍二尺二分重六十兩兩耳有珥銘休字與周錫貝鼎同蓋一時作也

周魯士敦

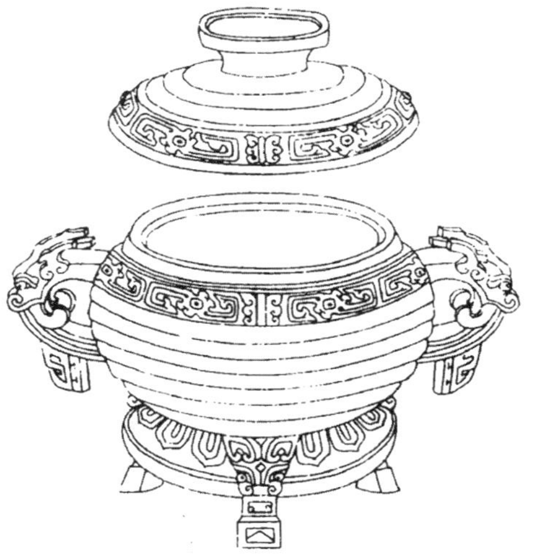

魯士商祖肇作朕
皇考叔䵼父尊敦
商祖其萬年眉
壽子〻孫〻永寶用享

右通蓋高七寸九分深三寸七分口徑六寸二分腹圍二尺四寸八分重一百七十九兩兩耳有珥三足攷諸禮大夫士祭器各不同銘稱士蓋士所用魯字作小篆與文王鼎異然鐘鼎款識所載三代物俱間有之先賢謂小篆多原本古文非盡創為也

周季⿰飠支敦

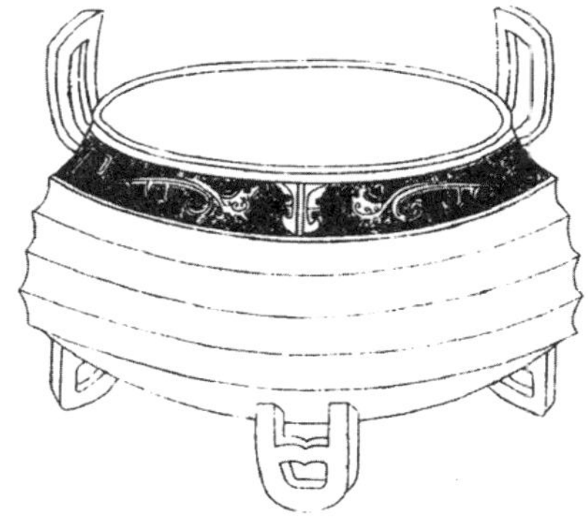

季⿰飠支作旅敦
惟子孫作寶

右高五寸一分深三寸七分口徑五寸八分腹圍二尺一寸四分重一百一兩兩耳三足⿰飠支士咸切廣韻謂鳥⿰飠支物也周人命名如蟲如孺羊肩如黑臀殊不可解此曰季⿰飠支固難强為之說矣

周仲姬敦

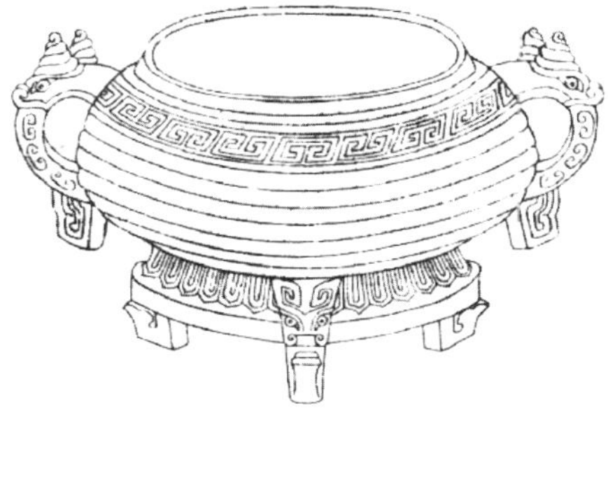

辛叔皇父作
仲姬尊敦子
孫〻其寶用

右高五寸五分深三寸七分口徑六寸一分腹圍二尺四寸五分重一百二十五兩兩耳有珥銘稱叔皇父按詩皇父卿士注皇父字也博古録亦有孟皇父匜孟叔為序則皇父乃其氏耳固難求其人以實之矣昔劉原父得古器銘曰張伯乃引詩張仲孝友謂是其兄前人附會處

可發一噱銘首辛字蓋紀日仲姬則其所祀也

周仲惠敦

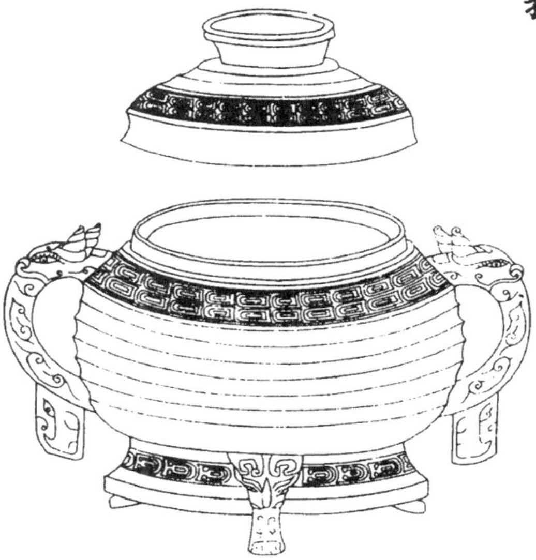

蓋

惟王正月仲
惠父作餗
敦其萬年
子〻孫〻永寶用

器

音釋同前

右通蓋高七寸五分深三寸八分口徑六寸腹圍二尺四寸二分重一百二十九兩兩耳有珥三足仲惠不可考銘曰惟王正月則知春秋之

書春王正月係史策舊文胡氏謂繫王於月以為夫子特筆鑿矣曰餗敦與後餗簋同

周仲皐敦

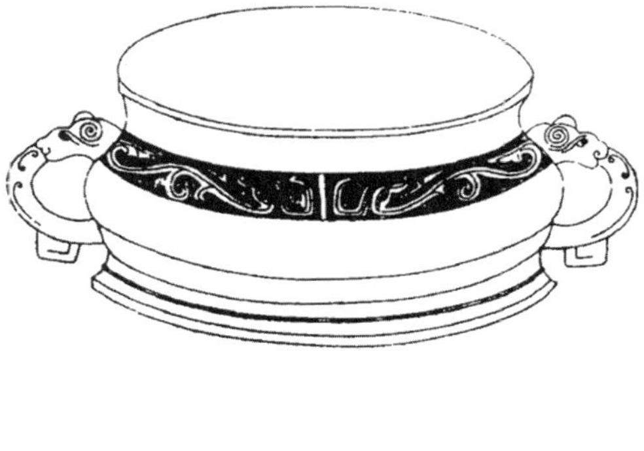

仲皐父作好旅敦其用萬年

右高三寸一分深二寸九分口徑五寸八分腹圍二尺六分重七十兩兩耳有珥鋄金好如式相好矣之好蓋寓洽比之意曰仲皐與仲皐卣同

周仲駒敦

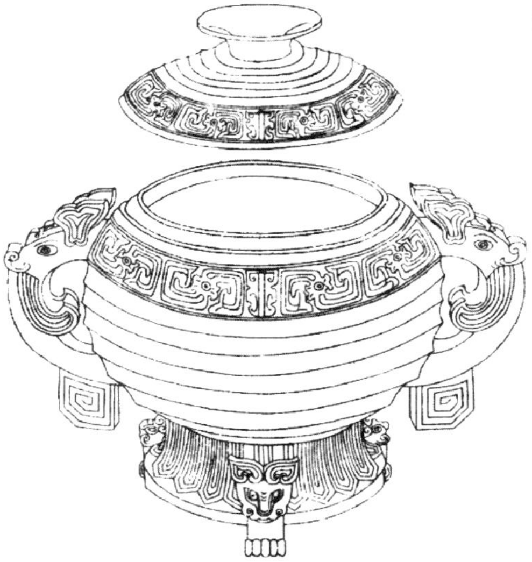

蓋

器

寶用享孝
敦子₌孫₌永
父作仲姜
彔旁仲駒

音釋同前

右通蓋高八寸八分深四寸三分口徑六寸腹圍二尺四寸重一百九十一兩兩耳有珥三足銘見博古圖又仲駒尊文並同

周拱敦

冊拱貝父丁

右高三寸六分深三寸口徑五寸三分腹圍一尺八寸六分重五十三兩兩耳有珥

周兕敦

西清古鑑 卷二十八 敦 十三

作父
兕

右高八寸一分深三寸七分口徑七寸三分腹圍二尺三寸三分重一百八十九兩兩耳有珥古器銘兕者多作象形此獨泐為字鐘鼎款識云上為屋室之狀下一字曰己當讀作兕令從之

周子敦

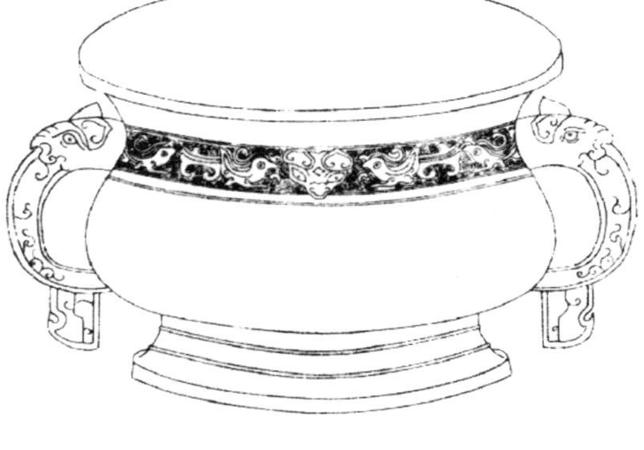

西清古鑑 卷二十八 敦 十四

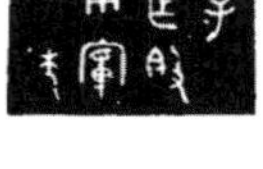

子
作敦
◌○
年

右高四寸六分深三寸八分口徑七寸腹圍二尺一寸七分重一百七兩兩耳有珥

周亞敦

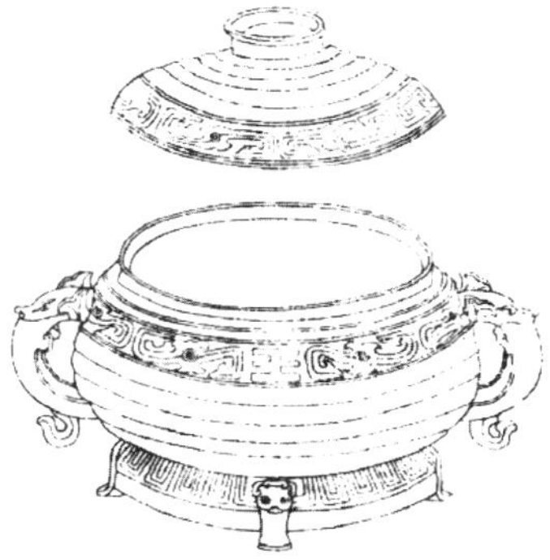

蓋

器

亞形中○

音釋同前

右通蓋高三寸七分深一寸九分口徑二寸八分腹圍一尺一寸五分重二十三兩兩耳有珥三足

周隔敦

蓋

器

格矢父
亞形形
中尊綦辛

隔作寶
尊彝

右通蓋高八寸六分深三寸七分口徑七寸一分腹圍二尺五寸一分重二百六十三兩兩耳有珥三足器銘與博古圖商隔彝同按字傍加阜古文多如此蓋鬳字說文謂鬲屬周禮尊字

往往作隣字至飾以夔龍則周器尤多而舊圖
云作字取象皆商制未盡然也

周舟敦

舟作寶敦

右高四寸四分深三寸六分口徑六寸五分腹
圍二尺二分重一百七兩兩耳有珥周寶鼎銘
曰周作寶鼎與此合按篆法周與舟同云舟作
則與他銘取象舟車者異矣

周寶敦一

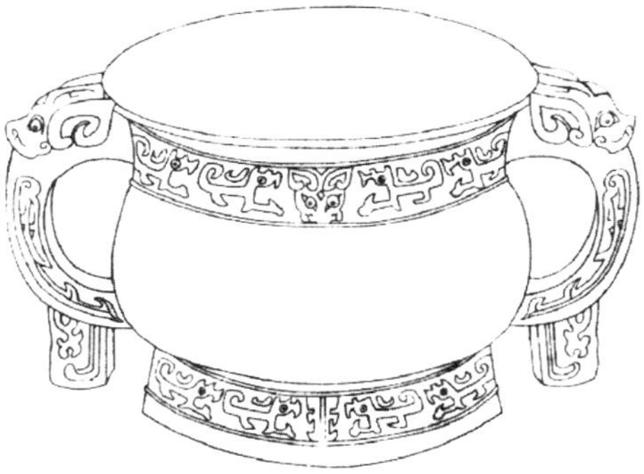

作寶敦

右高四寸深三寸二分口徑五寸四分腹圍一尺六寸重五十五兩兩耳有珥

周寶敦二

作寶敦其萬年子孫寶用

右高五寸深三寸七分口徑七寸四分腹圍二尺二寸三分重一百一兩兩耳有珥

周乳敦

作寶尊敦孫：
子：其萬年用

右高五寸二分深四寸一分口徑七寸腹圍二尺二寸八分重一百二十五兩兩耳有珥

周夔足敦

盖

子：孫：

器

寶

右通盖高七寸二分深三寸五分口徑五寸九分腹圍二尺三寸九分重一百六十三兩兩耳有珥三足

周蟠夔敦一

右通蓋高六寸一分深三寸二分口徑六寸腹圍二尺三寸重九十五兩兩耳有珥

周蟠夔敦二

右高五寸二分深三寸七分口徑五寸九分腹圍二尺三寸八分重一百六十兩兩耳三足

周蟠虁敦三

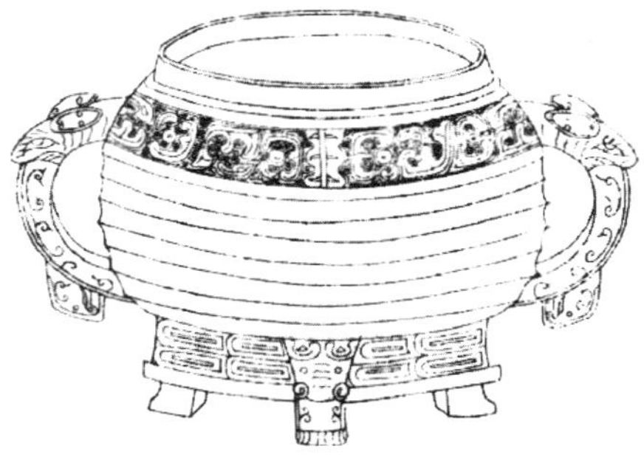

右高五寸一分深三寸七分口徑六寸四分腹圍二尺三寸七分重一百二十三兩兩耳有珥三足

周鳳文敦

右通蓋高七寸四分深三寸七分口徑五寸九分腹圍二尺二寸六分重一百三十九兩兩耳有珥三足

周環紋敦一

右通蓋高七寸三分深三寸四分口徑五寸一分腹圍二尺一分重一百七十一兩兩耳三足

周環紋敦二

右通蓋高七寸一分深三寸四分口徑五寸二分腹圍二尺一分重一百六十五兩兩耳三足

周環紋敦三

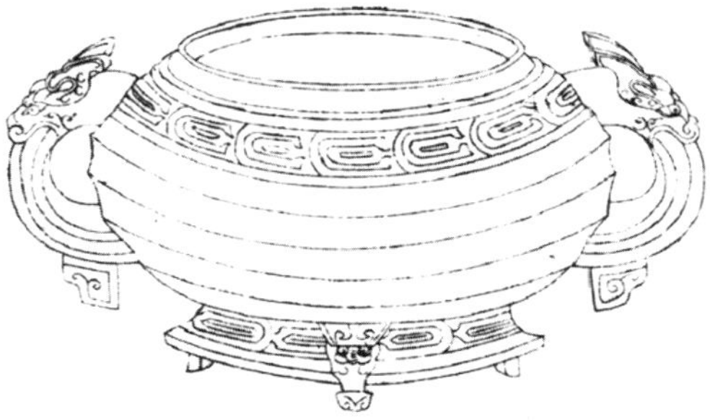

右高三寸七分深三寸口徑四寸九分腹圍一尺八寸九分重六十七兩兩耳有珥三足

周獅首敦

右通蓋高七寸一分深三寸三分口徑四寸六分腹圍一尺九寸七分重一百二十二兩六足金銀錯

周麟文敦

右通盖高三寸二分深二寸口徑二寸五分腹圍一尺一寸三分重二十兩

西清古鑑卷二十九目録

簠

周

簠

周

夔姬簋有銘

孫簋有銘

苗簋有銘

鎣簋有銘

盤雲簋

雲紋簋

弦紋簋

豆

周

百獸豆

雷紋豆

星紋豆

粟紋豆

帶紋豆

弦紋豆一

弦紋豆二

弦紋豆三

弦紋豆四

弦紋豆五

弦紋豆六

弦紋豆七

弦紋豆八

弦紋豆九

弦紋豆十

輔耳豆

素豆有銘

鋪

周

旅鋪

鏊

漢

提鏊

周季高簠

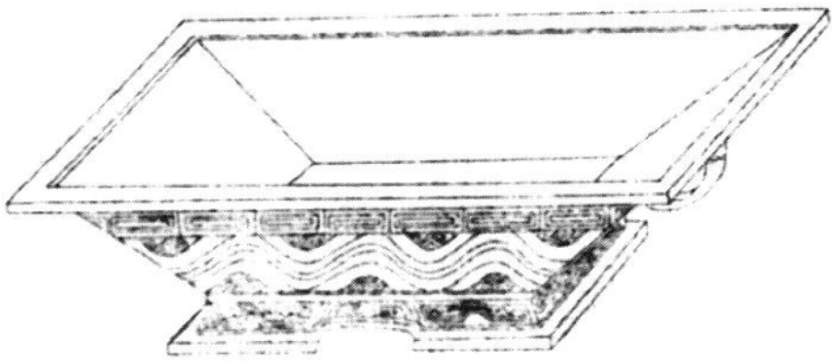

季高父作
宗媍媵簠
其萬年子子
孫孫永寶用

右高二寸五分深一寸六分口縱七寸二分橫八寸八分重五十三兩兩耳媍即妘祝融之後姓也古有宗婦謂國君同宗之婦季高父乃公族故稱婦媍為宗媍即宗婦也媵簠二字不見於經儀禮主人媵爵於賓注先飲一爵後一爵從之也又有媵觚然則媵簠與媵爵義正同可以參互而得

周鑄公簠一

鑄公作孟
鈕東母朕◇
其萬年眉
壽子〻孫〻
永寶用

右高三寸一分深一寸八分口縱七寸五分横九寸四分重七十六兩兩耳有周鑄咼亦名曰公益周人殁而稱公鑄雖小國此祭器亦得稱公也

周鑄公簠二

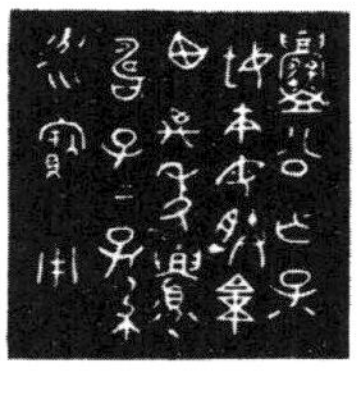

鑄公作孟
鈕東母朕◇
其萬年眉
壽子〻孫〻
永寶用

右高三寸深一寸八分口縱七寸六分横九寸三分重七十九兩兩耳與前器同銘字稍剥落然一時作也

周孟姜簠

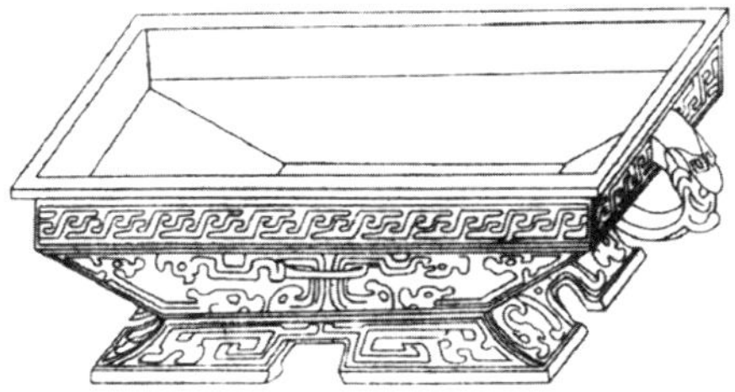

惟正月初吉丁亥
○侯作孟姜
○簠用蘄眉壽
無疆永壽用

右高二寸六分深一寸七分口縱七寸橫八寸七分重八十五兩兩耳銘稱孟姜簠古者男子稱氏婦人稱姓又多以孟仲叔季爲稱之次詩之孟姜孟弋傅之仲子叔姬叔隗季隗是也宋趙明誠家藏有孟姜盥匜稱孟姜與此同

周餗簠

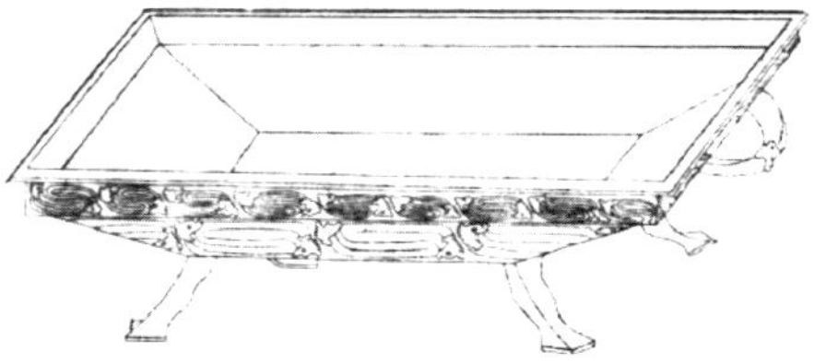

星陳曼○不敢般
康肇菫○造作
皇考叔牀餗從
永保用簠

右高三寸二分深一寸九分口縱六寸一分橫九寸七分重八十七兩兩耳四足按卿雲之歌第二章曰明明上天爛然星陳銘稱星陳蓋本此曰不敢般康則敬共夙夜之意餗糝也周禮天官醢人糝食注糝食菜餗蒸簠簋皆薦食器故云餗應與鼎餗同義叡字從鐘鼎款識所載

許子鐘寅簋釋作𣪘無考

周蟠虺簠一

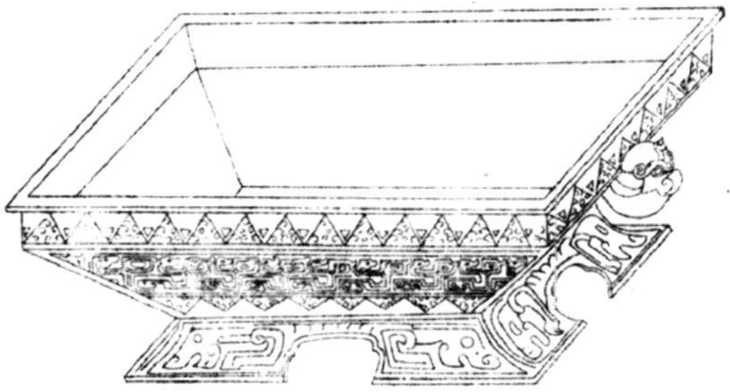

右高三寸二分深二寸一分口縱七寸二分橫八寸九分重七十一兩兩耳

周蟠虺簠二

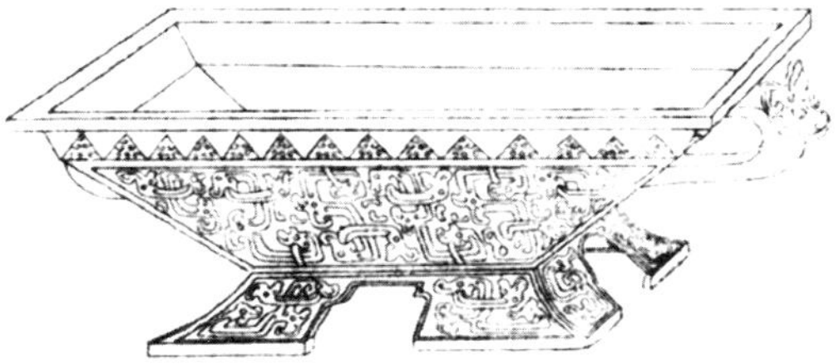

右高三寸三分深二寸一分口縱七寸横八寸八分重六十七兩兩耳

周蟠夔簠一

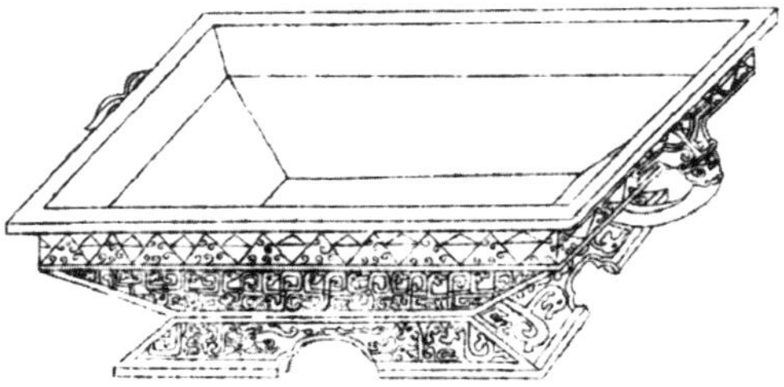

右高三寸四分深二寸二分口縱七寸三分横九寸一分重六十五兩兩耳

周蟠夔簠二

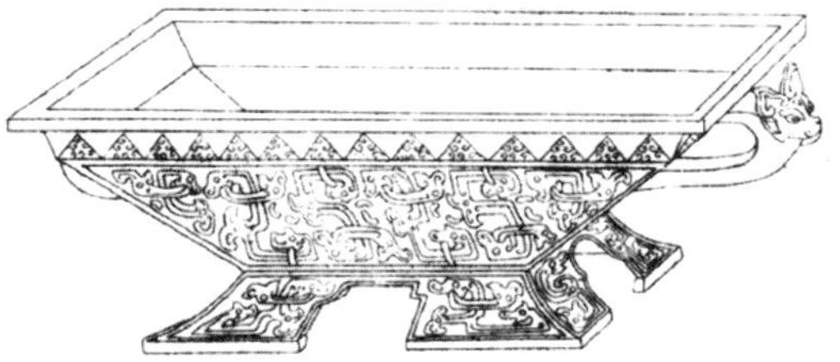

右高二寸九分深一寸九分口縱七寸三分横九寸重六十五兩兩耳

周蟠夔簠三

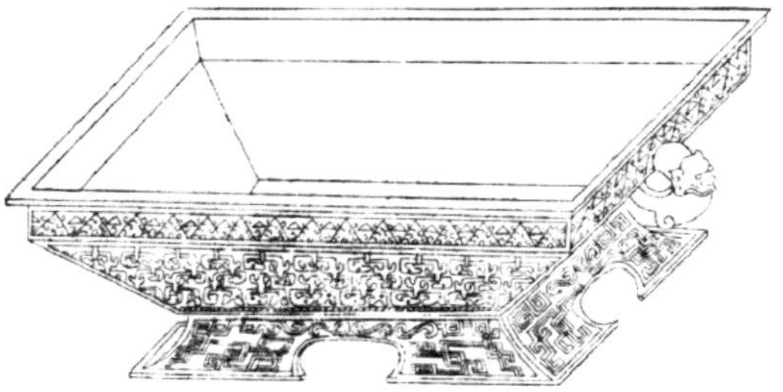

右高三寸三分深二寸二分口縱七寸三分横八寸九分重五十三兩兩耳

周蟠夔簠四

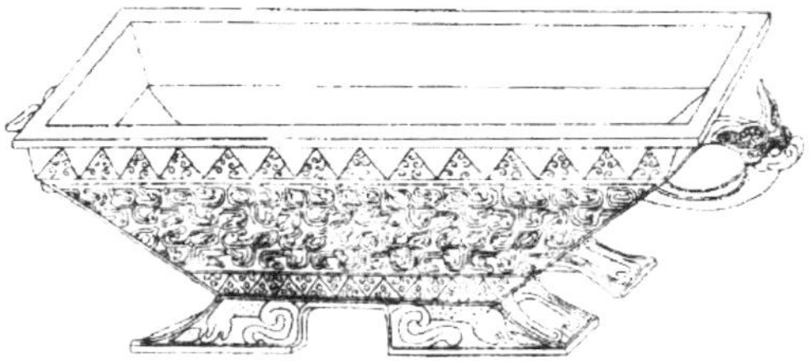

右高二寸九分深二寸口縱六寸九分横八寸七分重五十九兩兩耳

周蟠夔簠五

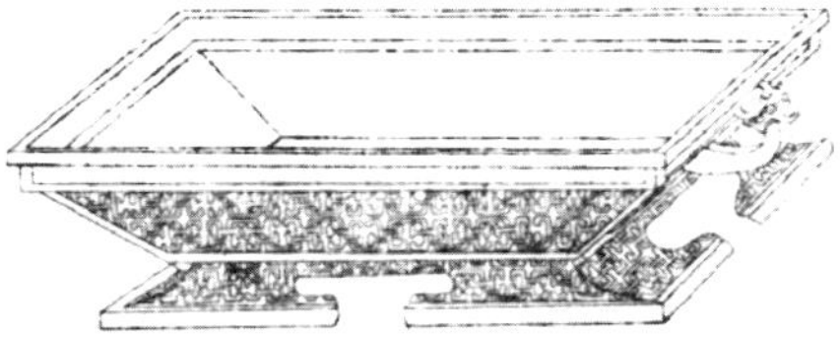

右高二寸八分深一寸九分口縱六寸五分横八寸三分重六十五兩兩耳

周蟠螭簠

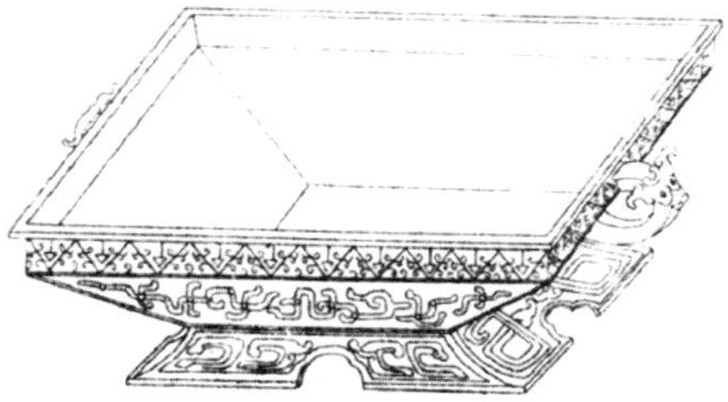

西清古鑑　卷二十九　簠　十五

右高三寸八分深二寸四分口縱七寸八分横九寸四分重一百三兩兩耳

周環紋簠

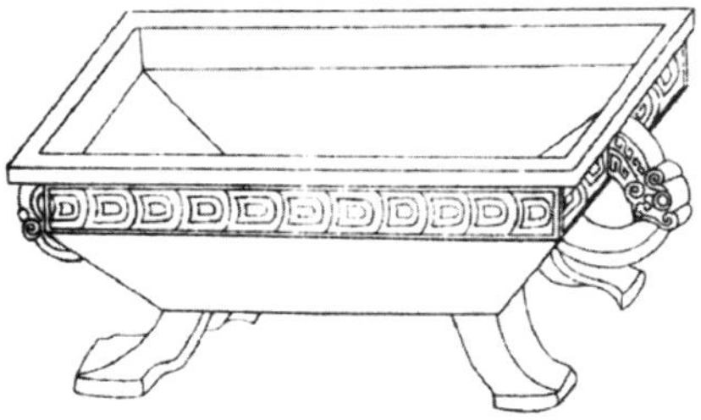

西清古鑑　卷二十九　簠　十六

右高三寸七分深二寸四分口縱七寸三分横一尺一寸重二百一十九兩兩耳四足

周雷紋簠

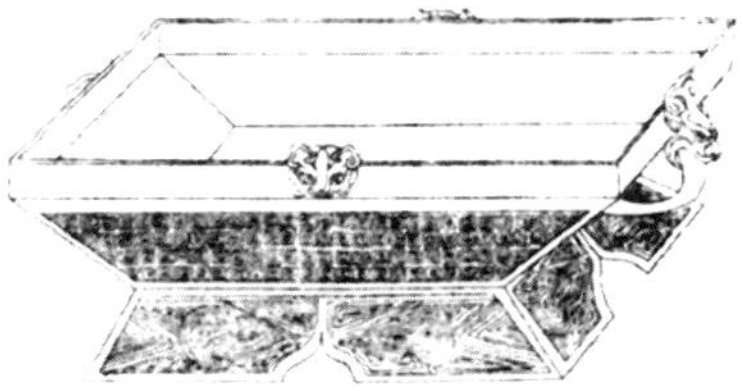

子孫〻永寶用

右高二寸九分深一寸五分口縱五寸六分橫七寸五分重五十七兩兩耳

周獸耳簠

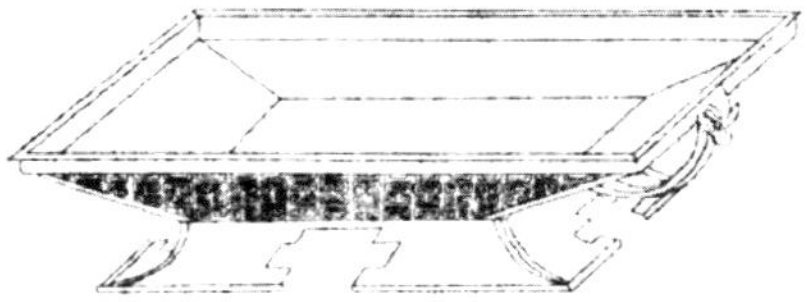

右高二寸深一寸三分口縱六寸一分橫八寸六分重二十九兩兩耳

周夔姬簋

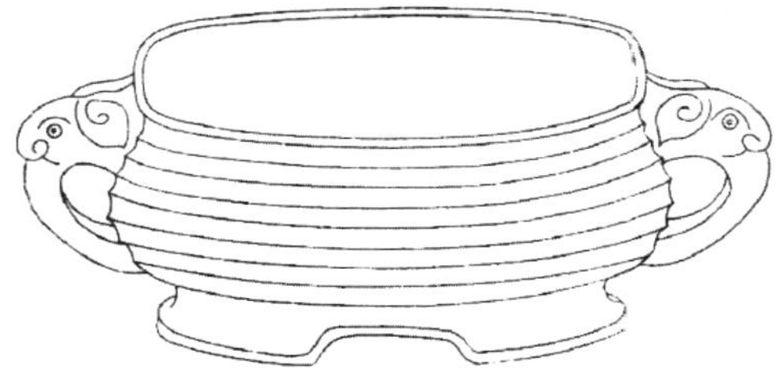

姬旅簋用
仲伯作夔

右高三寸一分深二寸六分口縱五寸七分横七寸一分重七十五兩兩耳文當左旋讀仲夔其字曰仲伯所謂冠字也檀弓謂五十以伯仲是已夔姬詩思夔季女逝兮夔美稱也簋為食器曰旅簋非一器矣

周孫簋

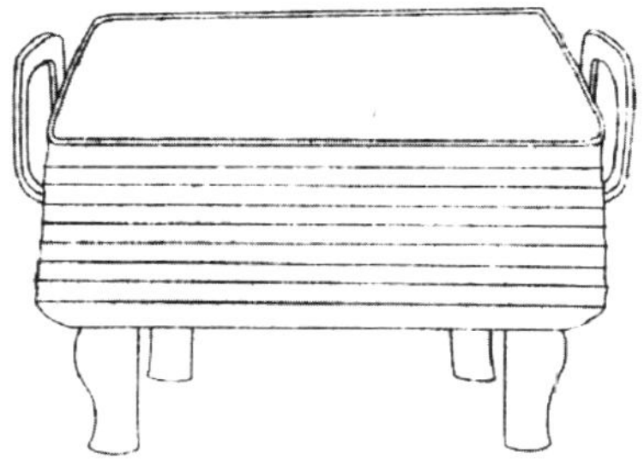

孫、作寶用
○其萬年子
○作○

右高四寸二分深二寸七分口縱五寸一分横六寸九分重八十兩兩耳四足

周苗簋

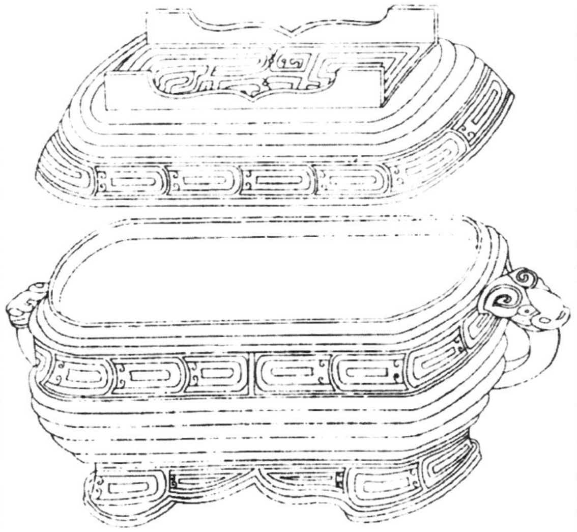

盖

器

苗□作簋其子子孫孫永寶用

音釋同前

右通蓋高五寸五分深三寸口縱五寸六分橫七寸八分重一百三十一兩兩耳按苗晉地楚鬬椒之子賁皇奔晉晉人與之苗以為謀主後稱苗賁皇以地為姓事在魯成公十六年此簋銘曰苗盇其姓耶

周鍪簋

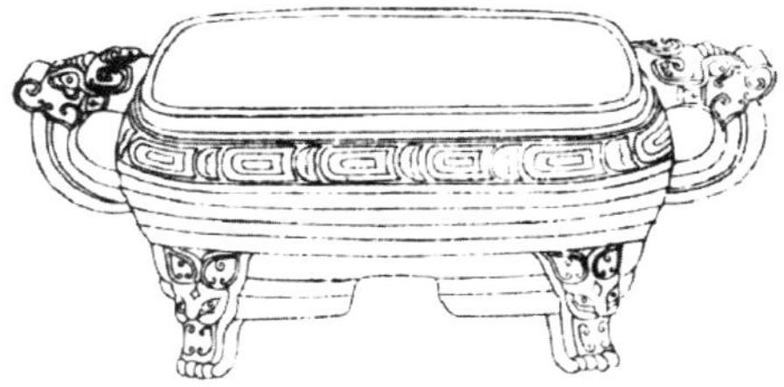

鍪庚作旅簋

右高四寸四分深三寸口縱六寸橫七寸九分腹圍二尺六寸重一百一十兩兩耳𢼸字從鐘鼎款識釋作鍪始鼎銘有曰考曰鍪之語蓋人名耳石鼓文亦有此字

周盤雲簠

右通蓋高四寸四分深二寸九分口縱三寸九分横四寸六分重四十六兩四足

周雲紋簠

右高三寸四分深二寸三分口縱四寸三分横六寸六分重九十九兩兩耳

周弦紋簋

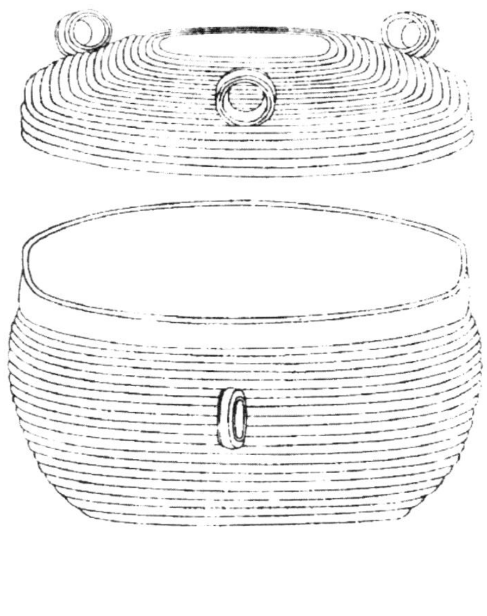

右通蓋高四寸七分深三寸六分口縱六寸三分橫七寸四分重九十五兩

周百獸豆

右通蓋高六寸七分深三寸口徑五寸三分足徑三寸四分重六十三兩

周雷紋豆

右通蓋高七寸二分深三寸一分口徑五寸四分足徑三寸四分重七十五兩

周星紋豆

右通蓋高七寸七分深二寸七分口徑五寸七分足徑三寸四分重五十一兩

周粟紋豆

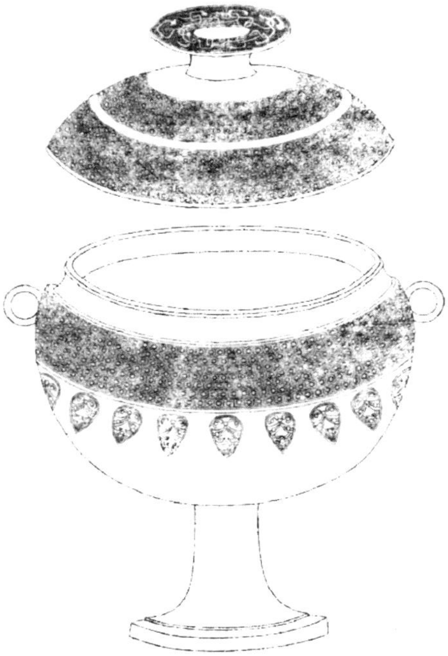

右通葢高六寸二分深二寸七分口徑四寸九分足徑二寸九分重四十一兩

周帶紋豆

右通葢高四寸四分深二寸六分口徑五寸九分重四十五兩缺足

周弦紋豆一

西清古鑑　卷二十九　豆　三十

右通葢高九寸六分深三寸口徑五寸一分足徑五寸二分重一百四十九兩

周弦紋豆二

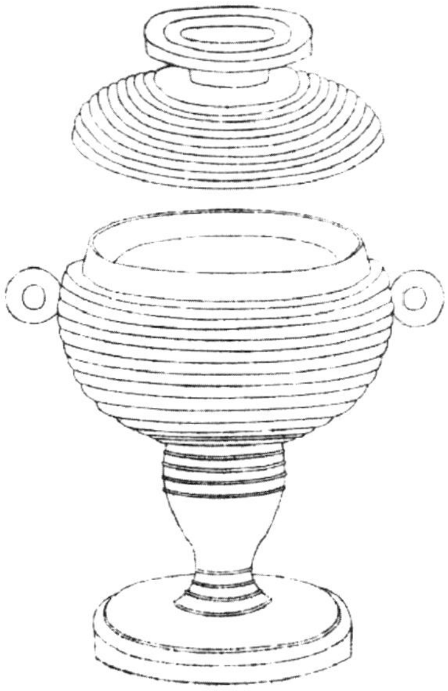

西清古鑑　卷二十九　豆　三十一

右通葢高九寸六分深三寸一分口徑五寸二分足徑五寸一分重一百八十三兩

周弦紋豆三

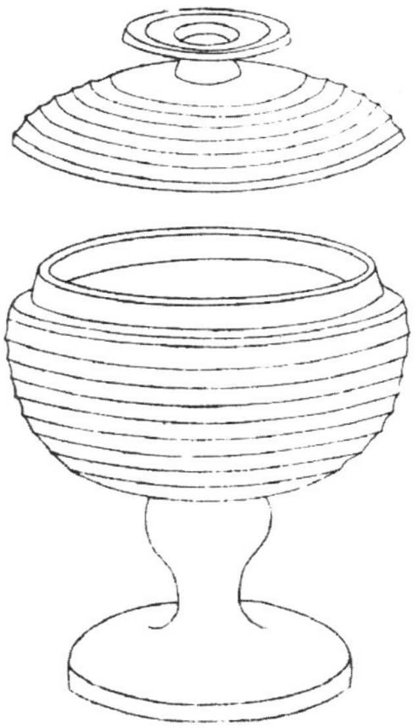

右通蓋高八寸深二寸七分口徑五寸足徑三寸八分重一百九兩

周弦紋豆四

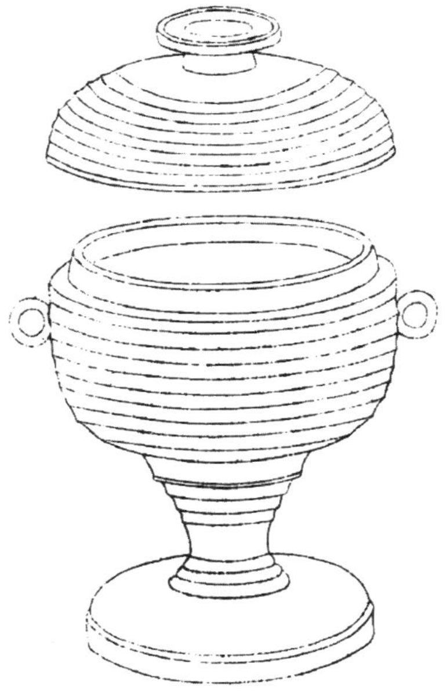

右通蓋高八寸二分深二寸九分口徑五寸足徑四寸七分重一百四十一兩

周弦紋豆五

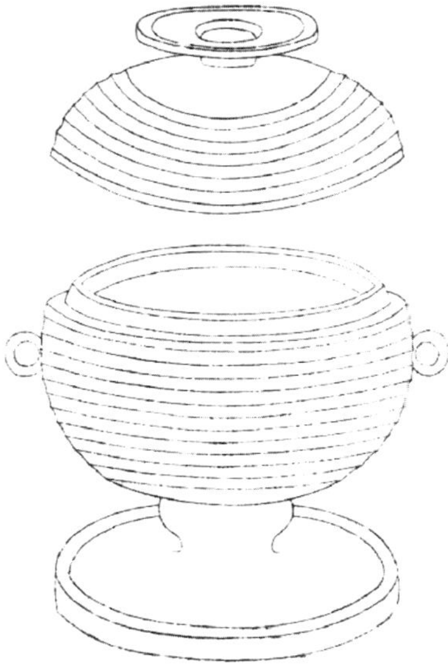

右通蓋高六寸八分深三寸二分口徑五寸一分足徑四寸七分重一百三兩

周弦紋豆六

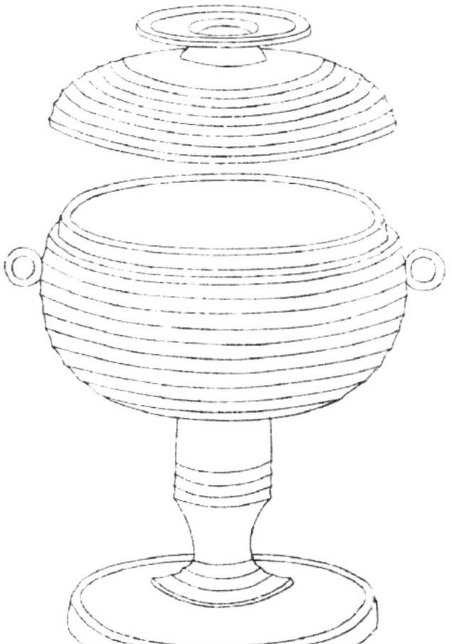

右通蓋高九寸六分深三寸三分口徑五寸一分足徑五寸二分重一百五十一兩

周弦紋豆七

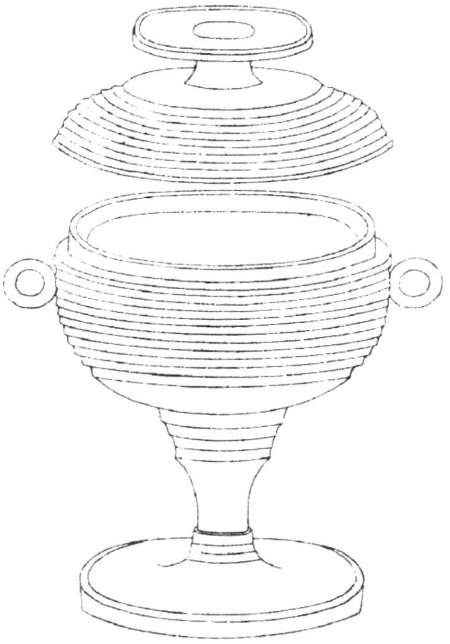

右通葢高九寸一分深三寸口徑五寸五分足徑五寸一分重一百五十三兩

周弦紋豆八

右通葢高八寸深三寸口徑五寸足徑四寸四分重八十五兩

周弦紋豆九

右高五寸四分深二寸四分口徑五寸四分足徑四寸重四十八兩缺蓋

周弦紋豆十

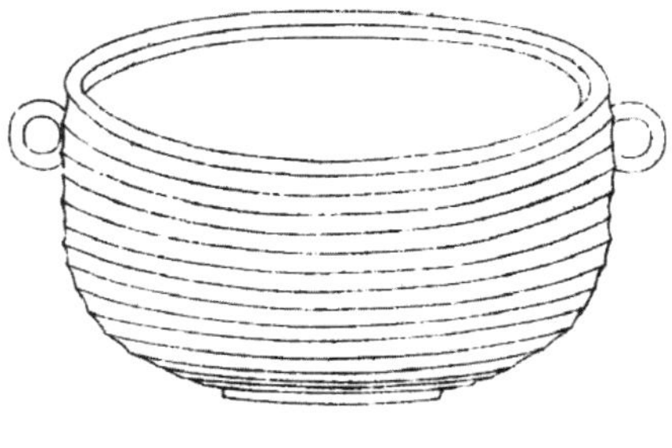

右高二寸九分深二寸六分口徑六寸重七十五兩缺足

周輔耳豆

西清古鑑　卷二十九　豆　四十

右高五寸八分深三寸五分口徑六寸八分足徑三寸六分重一百一十一兩缺蓋

周素豆

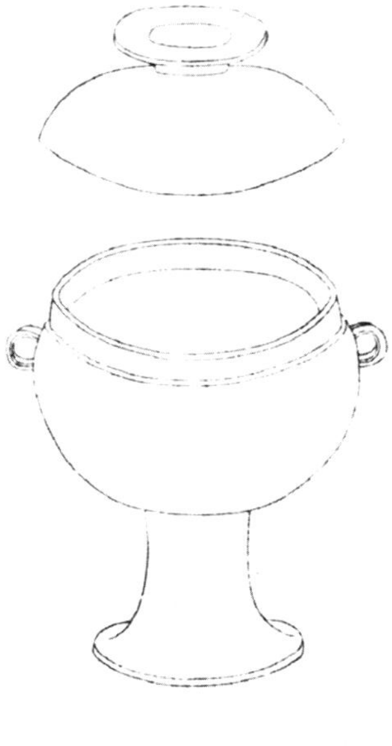

西清古鑑　卷二十九　豆　四十一

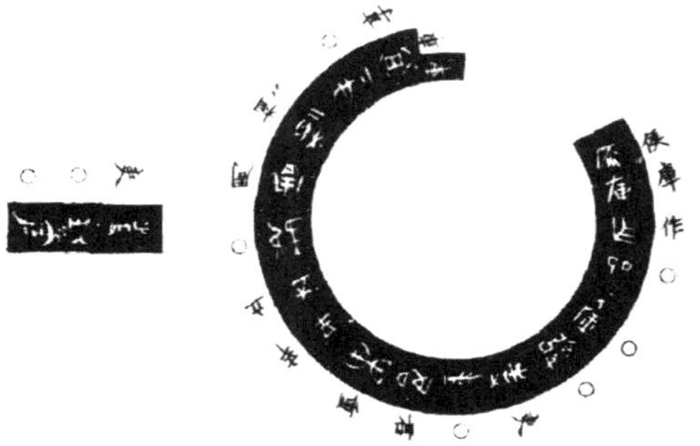

右通蓋高七寸三分深三寸口徑五寸二分足徑四寸重七十六兩銘字不類刻鑄蓋後人僞作顧此器色澤黯湛實三代物不得以贗款棄之也

周旅鋪

○叔作德即旅鋪

右高五寸二分深一寸四分口徑七寸四分重八十四兩銘首一字不可識德即或其名禮圖謂之豐意取象形博古圖據銘曰鋪

漢提鏊

右高三寸五分盤深一寸一分口徑五寸五分三足各長二寸二分重四十八兩雙提連環銀錯按鏊有二音一為中召切音虠燒器也一為牛刀切音敖釜屬也義本相同玆器如盤而有足蓋古人煎熬所用或云用以煎餅廣韵所謂餅鏊是也

西清古鑑卷三十目録

鐙

漢

商祖丁甗

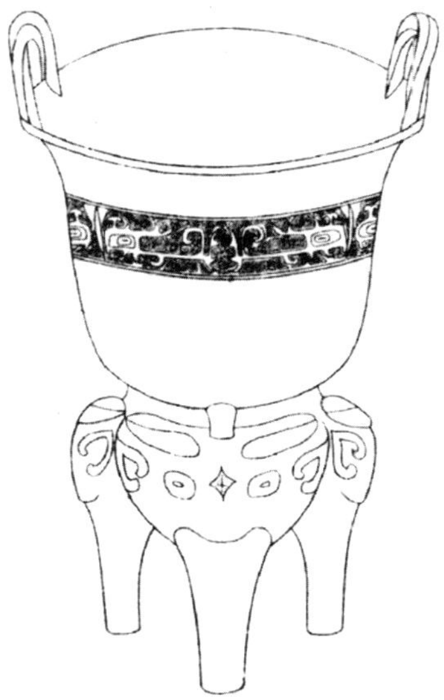

祖丁

右高一尺二寸五分深自口至隔五寸八分自隔至底二寸九分耳高二寸三分濶如之口徑九寸腹圍二尺二寸九分重一百八十七兩春秋内傳齊侯使賔媚人賂晋以紀甗玉磬盖紀國之甗如郜鼎吳壽夢之鼎皆繫以地而杜氏注謂玉甗非也王海載宋太宗時長安民得甗其下為鼎三足上為方甑設銅箄可以開闔形

製與此合但彼為方甗此特圓亦象鼎而口稍侈為不同耳箄在上下格之間按說文蔽也所以蔽甑底也

周克甗

癸克作
父乙尊彝

南海陳鳴陽家藏

右高一尺一寸八分深自口至隔五寸八分自隔至底二寸二分耳高二寸五分濶二寸二分口徑八寸四分腹圍一尺九寸四分重二百四兩癸蓋紀月日克則其名父乙或沿商稱耳周人名克者如慶克里克郤克甚夥固難指一人

為斷博古圖有高克尊謂周末衛文公時人不知鄭先有高克矣末一行作小篆蓋後世收藏家私識也

周伯矩甗

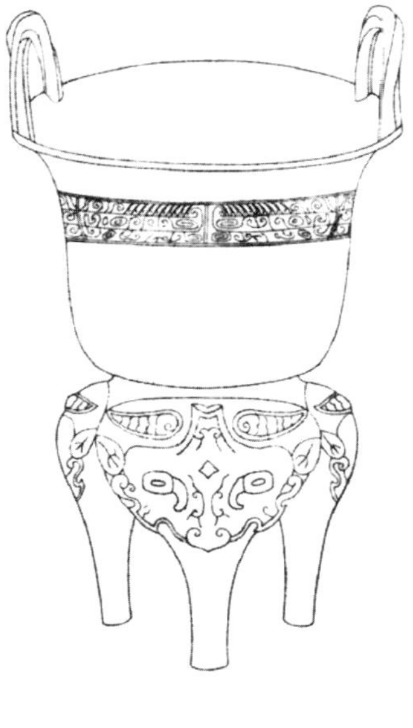

伯矩作寶尊彝

右高一尺一寸七分深自口至隅五寸九分自隅至底二寸八分耳高二寸二分闊如之口徑八寸四分腹圍二尺四分重二百二十四兩款與伯矩尊同

周兕甗

西清古鑑　卷三十　甗　六

兕父丁

右高一尺二寸五分深自口至隅六寸二分自隅至底二寸八分耳高二寸四分濶二寸六分口径九寸四分腹圍二尺四寸八分重二百五十六兩兕字作凬與兕敦同

周叔甗

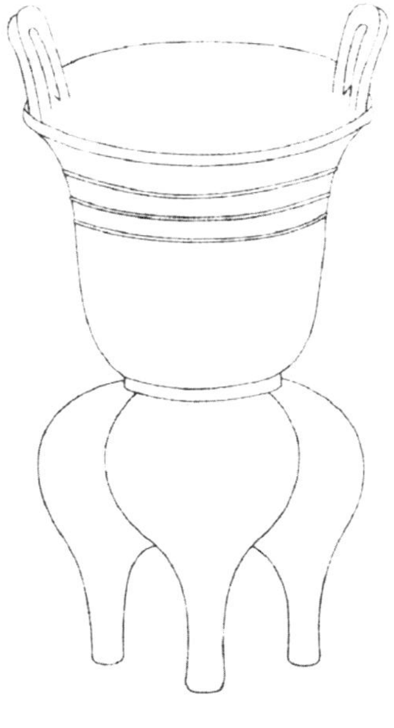

西清古鑑　卷三十　甗　七

叔

右高七寸九分深自口至隅三寸六分自隅至底二寸耳高一寸二分濶一寸三分口径五寸八分腹圍一尺四寸二分重六十八兩

周子甗

作父癸
寶尊甗
子

右高一尺二寸二分深自口至隔六寸二分自隔至底二寸八分耳高一寸五分濶如之口徑九寸二分腹圍二尺二寸重二百八十兩

周木甗

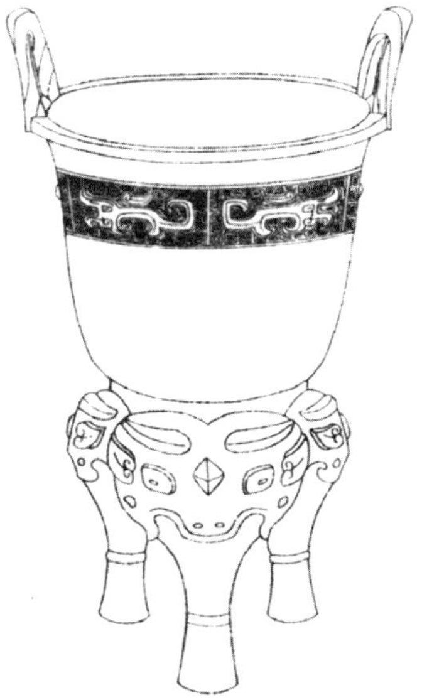

木

右高一尺二寸深自口至隔五寸四分自隔至底三寸耳高二寸二分濶二寸三分口徑九寸腹圍二尺三寸重二百一十九兩缺箄銘曰木說見周木自考中

周立旂甗

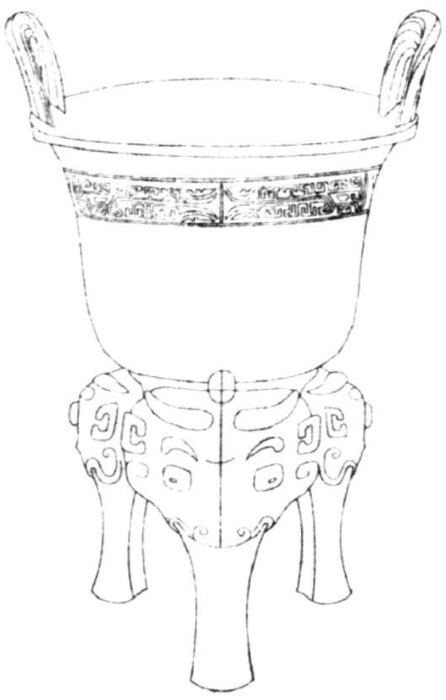

○作彝
立旂車形

右高一尺二分深自口至隅五寸自隅至底一寸九分耳高一寸九分濶如之口徑七寸二分腹圍一尺八寸一分重一百四十四兩

周執木甗

父竪
兩手執木形

右高一尺二寸八分深自口至隅五寸七分自隅至底四寸三分耳高二寸四分濶二寸五分口徑九寸二分腹圍二尺三寸四分重二百五十六兩

周畢甗

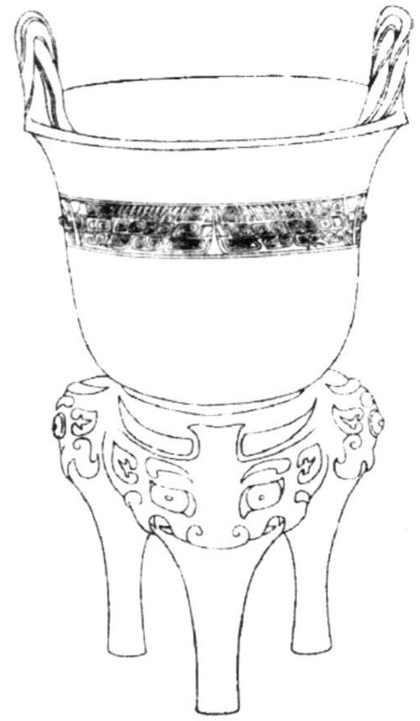

畢

右高九寸深自口至隔四寸三分自隔至底二寸三分耳高一寸八分濶一寸六分口徑六寸五分腹圍一尺五寸六分重一百一十七兩

周亞甗一

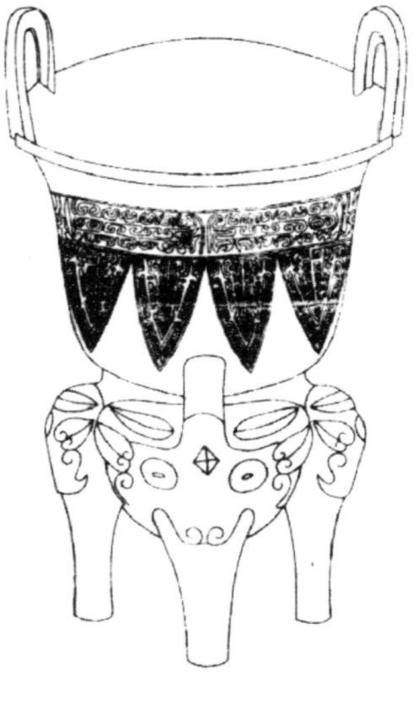

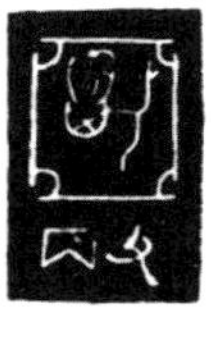

亞形中
父丙

右高一尺九分深自口至隔五寸一分自隔至底二寸八分耳高二寸濶如之口徑七寸八分腹圍二尺六分重一百八十七兩

周亞甗二

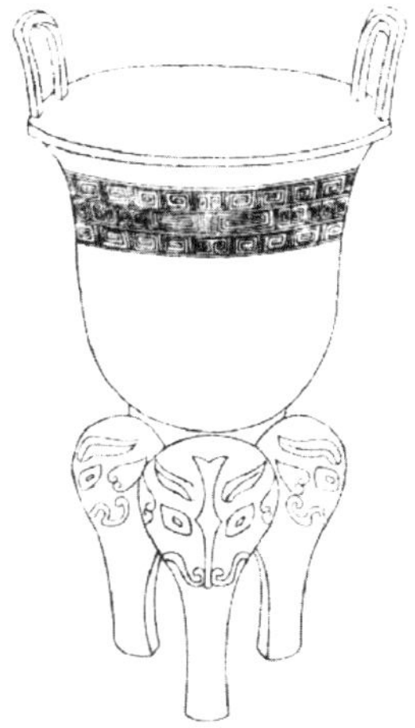

亞形格矢作季
形
中尊彝尊彝

右高九寸九分深自口至隔四寸六分自隔至底三寸一分耳高一寸九分闊一寸六分口徑七寸六分腹圍一尺七寸七分重一百一十五兩缺箄

周饕餮甗一

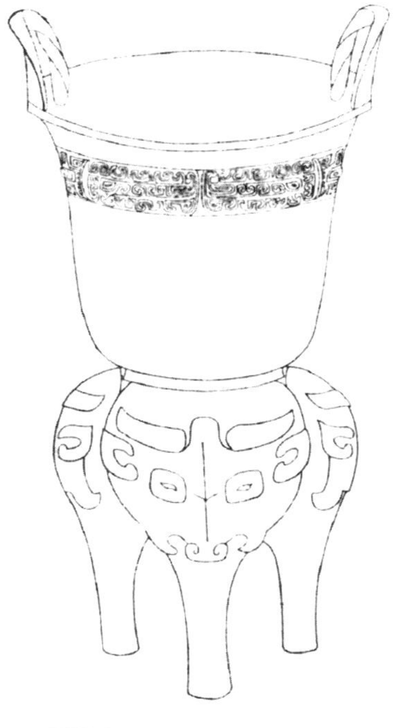

右高一尺一寸五分深自口至隔五寸三分自隔至底二寸八分耳高二寸闊如之口徑八寸五分腹圍二尺一寸四分重一百七十九兩

周饕餮甗二

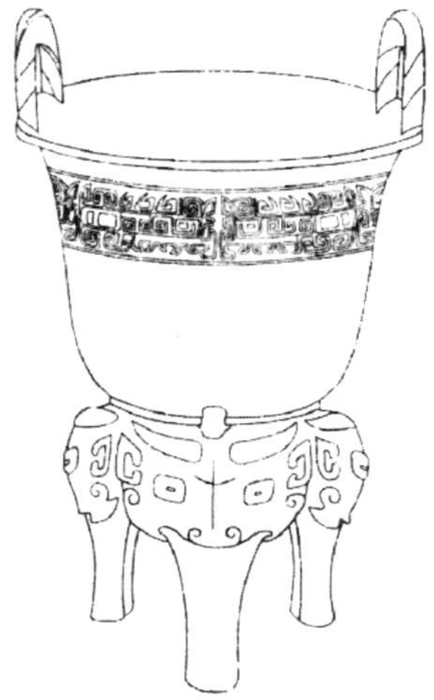

右高九寸九分深自口至隔四寸八分自隔至底二寸三分耳高一寸九分濶二寸口徑七寸一分腹圍一尺七寸一分重一百三十七兩

周饕餮甗三

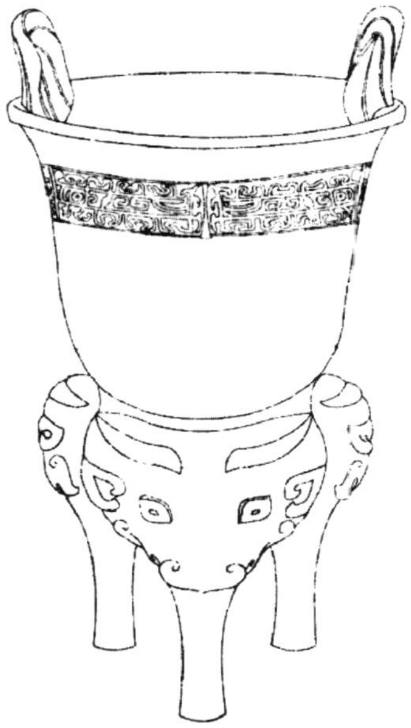

右高九寸七分深自口至隔四寸八分自隔至底二寸五分耳高一寸八分濶一寸九分口徑七寸腹圍一尺七寸八分重一百一十一兩

周環紋甗

右高一尺四分深自口至隔四寸六分自隔至底二寸六分耳高一寸八分濶二寸口徑七寸三分腹圍一尺八寸七分重一百一十九兩下隔金銀錯

周蟠夔甗一

右高七寸三分深六寸七分耳高二寸四分濶一寸八分口徑一尺三寸腹圍三尺二寸一分重一百四十五兩箄足並缺

周蟠夔甗二

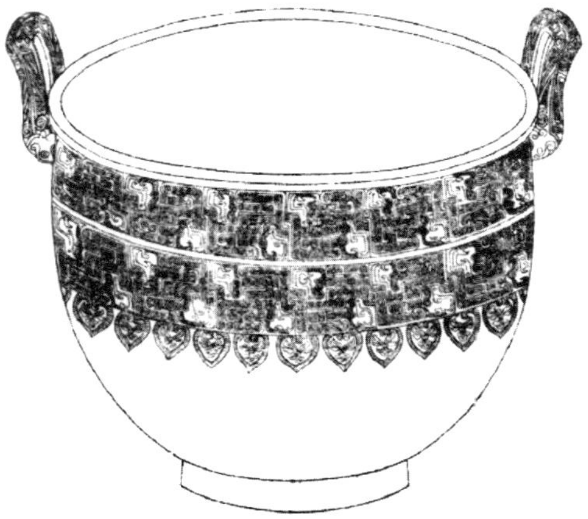

右高六寸三分深五寸六分耳高二寸六分濶一寸九分口径九寸五分腹圍二尺九寸二分重一百一十三兩箄足並缺

周蟠夔甗三

右高五寸七分耳高二寸三分濶一寸六分深五寸口径八寸腹圍二尺四寸九分重八十五兩箄足並缺

周夔鳳甗

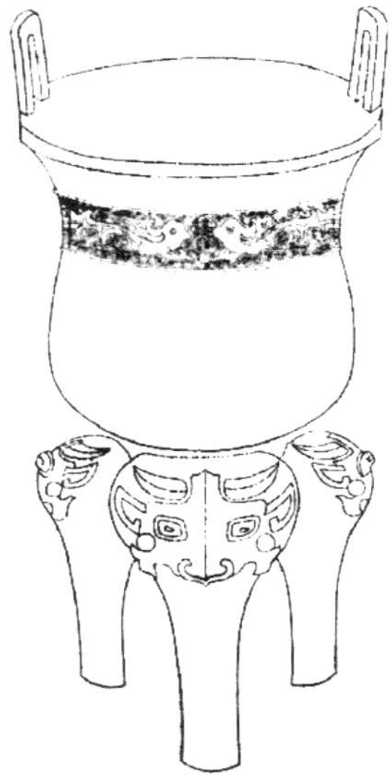

右高一尺二寸深自口至隅五寸八分自隅至底三寸一分耳高二寸四分濶一寸八分口徑九寸腹圍一尺九寸三分重一百六十七兩

周雷紋甗

右高六寸一分深五寸六分耳高二寸五分濶一寸九分口徑九寸腹圍二尺七寸八分重八十五兩缺足其隅作風紋象箄而不可開闔如冰鑑之底與他器異

周匽耳甗一

右高六寸三分深五寸七分耳高二寸三分濶一寸八分口徑九寸三分腹圍二尺八寸重一百一十三兩博古圖所載匽耳甗謂耳外附如鈛而匽今器形製合簞足並缺

周匽耳甗二

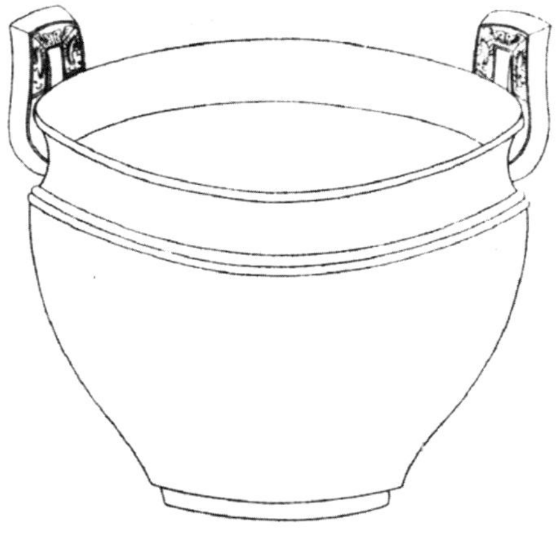

右高六寸七分深六寸一分耳高二寸七分濶二寸一分口徑一尺三分腹圍三尺二寸四分重一百二十三兩簞足並缺

周盤雲甗

右高九寸三分深六寸八分耳高二寸二分濶一寸七分口径一尺一寸四分腹圍三尺五寸七分重一百九十一兩箪足並缺下三環蓋後人附麗僞為之

周素錠一

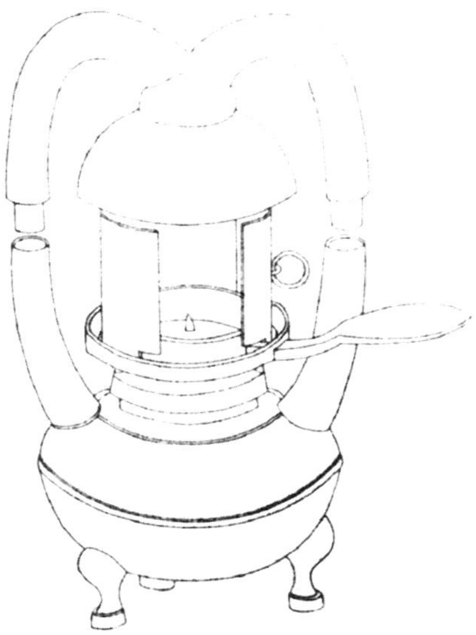

右通高一尺五分燈蓋連管高四寸口徑三寸四分燈盤高一寸五分柄長三寸三分中有仰錐長三分燈隱二圍各高二寸九分其一有環燈座連管高七寸四分口徑二寸二分腹圍一尺六寸通重九十一兩三足按説文以錠為鐙古燈字皆作鐙非即豆登之謂博古圖載有王氏銅虹燭錠止有鐙座而無盤蓋云薦熟食之器銘曰虹燭者取其氣運如虹之義此器盤蓋俱全盤有仰錐有圓影其為燃燭者無疑蓋作雙管下垂接於座其取製之法不可知然以為

薦熟食如豆登之登固可按器而決其非也

周素錠二

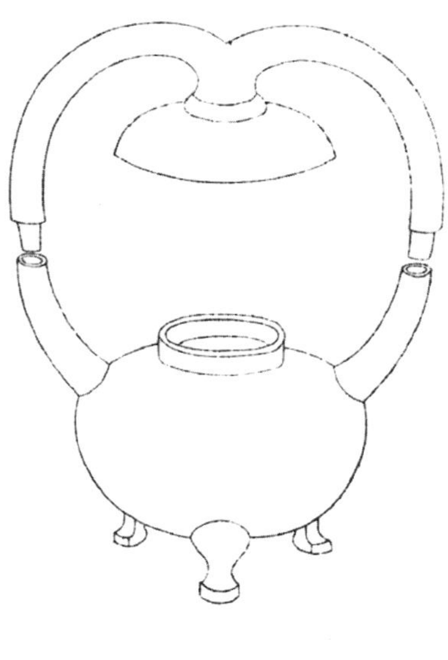

右通高一尺二寸八分燈蓋連管高六寸一分口徑四寸七分燈座連管高七寸六分口徑二寸四分腹圍二尺重一百五十九兩三足鈇燈盤燈隱

漢聖得鐙

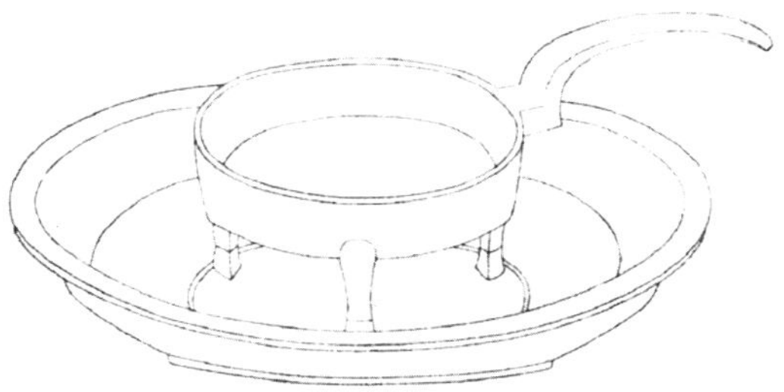

聖得鐙

右通高二寸一分面徑三寸八分深六分柄長四寸五分三足承槃徑七寸四分深九分底徑四寸一分重四十二兩銘曰聖得易曰日月得天而能久照聖人變化而能久成義或取諸此殆宮中所用金釭之類歟

西清古鑑卷三十一目録

鍑

周

弦紋鍑一

弦紋鍑二

垂紋鍑

三足鍑

素鍑

漢

金鍑 有銘

蟠虺鍑

獸環鍑

素鍑一

素鍑二

素鍑三

素鍑四

盉

商

祖辛盉 有銘

周

邢侯盉 有銘

虢盉 有銘

季高盉 有銘

田盉 有銘

伯矩盉 有銘

伯定盉 有銘

仲阜盉 有銘

大父盉 有銘

女盉 有銘

福盉 有銘

子盉 有銘

犧鍪盉 有銘

三足盉 有銘

雲雷盉

蛟螭盉

蟠螭盉一

蟠螭盉二

龍首盉

鳳首盉一

鳳首盉二

螭首盉

冰鑑

周

商祖癸鬲

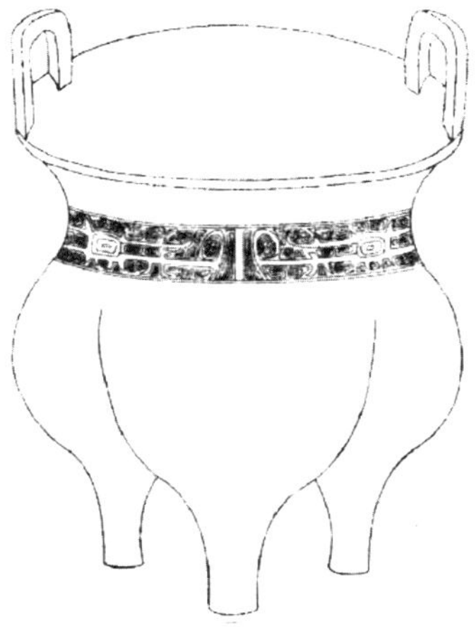

屋室祖癸形

右高四寸四分深三寸一分口徑四寸四分腹圍一尺三寸六分重三十六兩兩耳三足

周太公鬲

右高三寸五分深二寸二分口徑四寸六分腹圍一尺三寸八分重三十二兩三足有太公敦銘曰太公作𩰫從彝此云太公作𩰫享一時作

也

周尊鬲

右高三寸八分深二寸二分口徑五寸二分腹圍一尺五寸六分重四十七兩三足古器多銘曰尊彝舊說謂可尊曰尊可法曰彝此鬲曰尊鬲是也

周蠆鬲

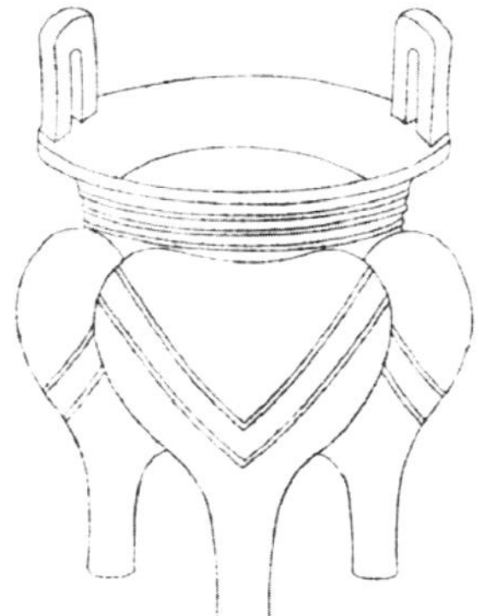

蠆

右高四寸五分深二寸五分口徑三寸八分腹圍一尺一寸四分重二十五兩兩耳三足博古圖有商蠆鼎形制彿類春秋時名蠆者甚多蜂蠆猶有毒而况於人乎此周人語也古者銘物以寓警或有取於此云

周伯鬲

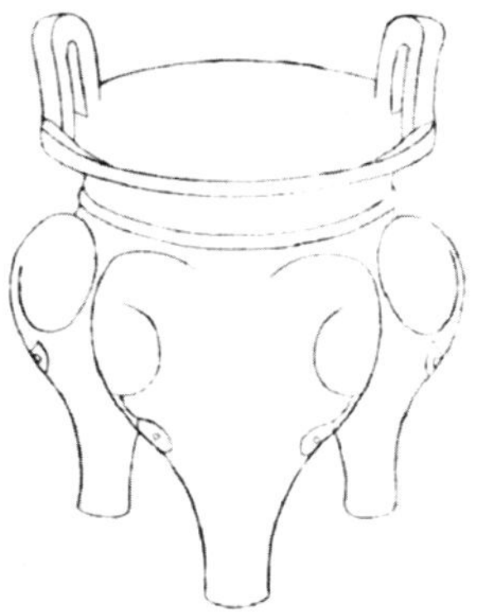

伯作

右高三寸八分深二寸二分口徑四寸一分腹圍一尺二寸三分重二十四兩兩耳三足

周仲鬲

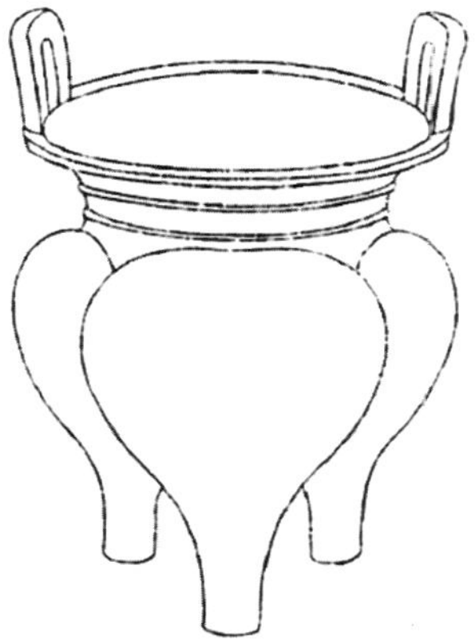

仲作寶彝

右高四寸六分深二寸九分口徑四寸八分腹圍一尺四寸四分重三十七兩兩耳三足下注俱空爾雅所謂款足是已

周瞿鬲

西清古鑑　卷三十一　鬲　八

瞿作鬲命

右高七寸深三寸四分口徑五寸八分腹圍一
尺八寸四分重八十四兩四耳四足内府所録
有瞿父鼎瞿卣瞿觚瞿字作横目形與博古圖
合此篆文不類又銘曰作鬲與他周器書法同
知非商物矣下曰命明其有所受非私製也

周四足鬲一

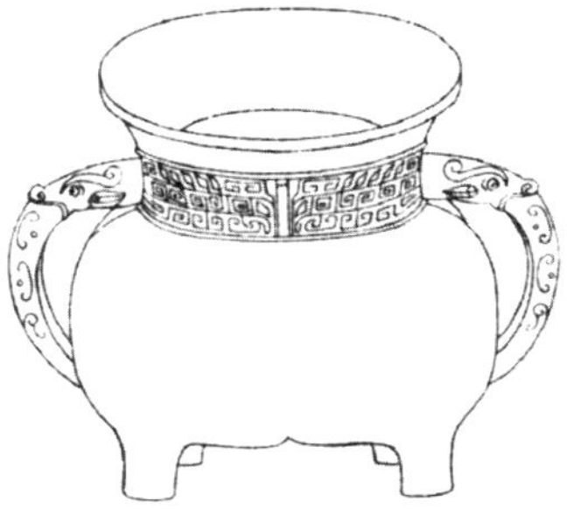

西清古鑑　卷三十一　鬲　九

○○○○

右高四寸四分深三寸六分口徑三寸八分腹
圍一尺二寸四分重四十一兩兩耳四足銘不
可識末一字類鬲

周四足鬲二

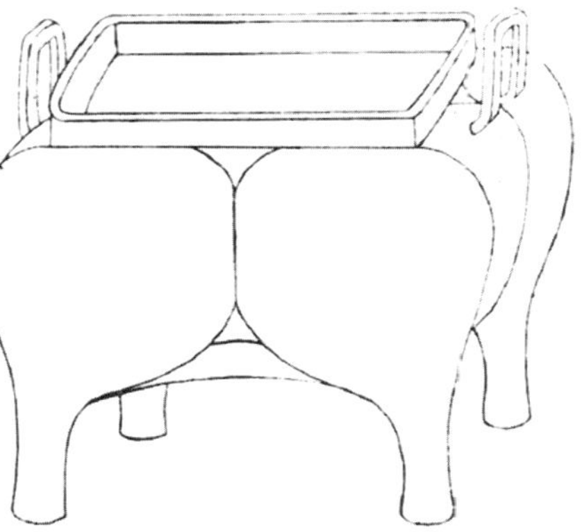

右高六寸四分深四寸五分口縱四寸三分橫五寸八分腹圍二尺三寸五分重一百三十一兩兩耳四足

周四足鬲三

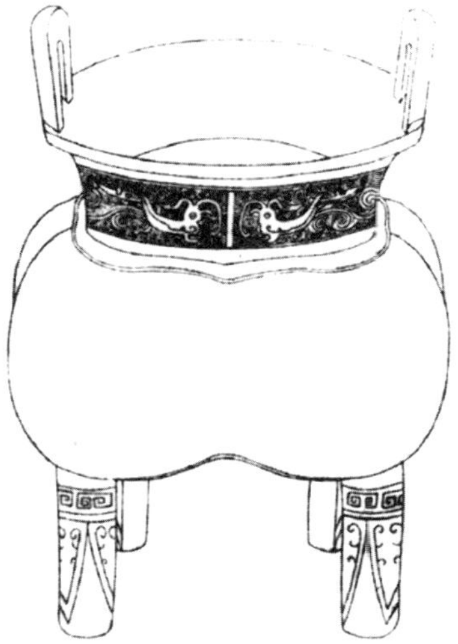

右高六寸二分深三寸九分口徑四寸九分腹圍二尺重九十五兩兩耳四足

周象鬲

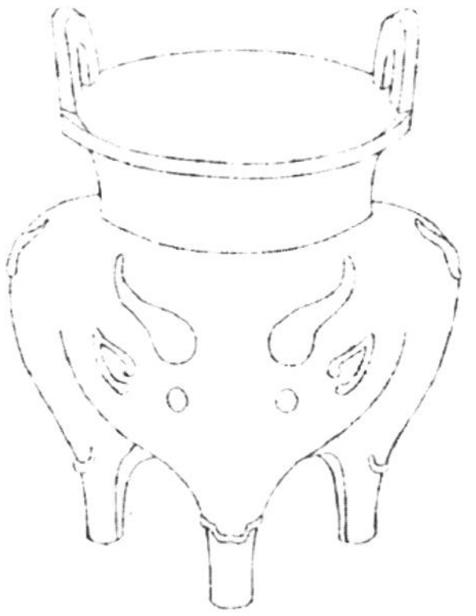

右高四寸五分深三寸一分口徑四寸三分腹
圍一尺六寸重三十五兩兩耳三足

周饕餮鬲一

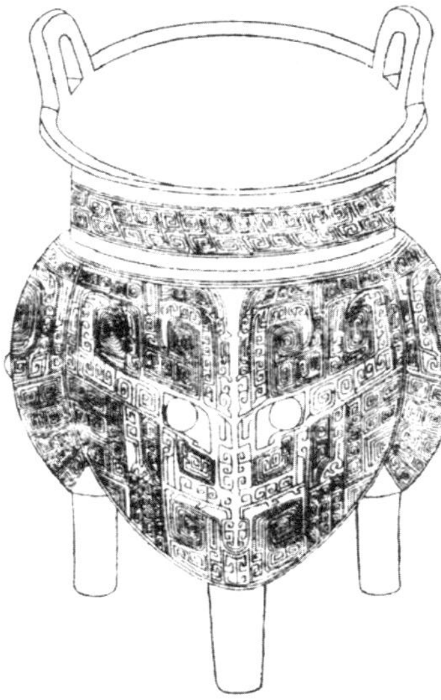

右高六寸深三寸九分口徑四寸九分腹圍一
尺六寸八分重五十四兩兩耳三足

周饕餮鬲二

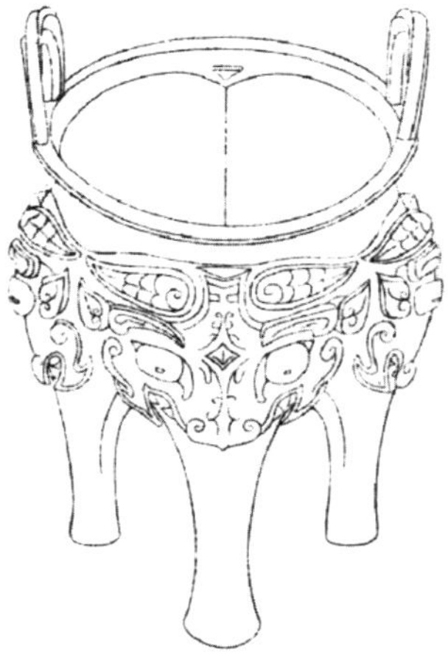

右高五寸三分深三寸口徑四寸六分腹圍一尺六寸二分重五十七兩兩耳三足

周素鬲一

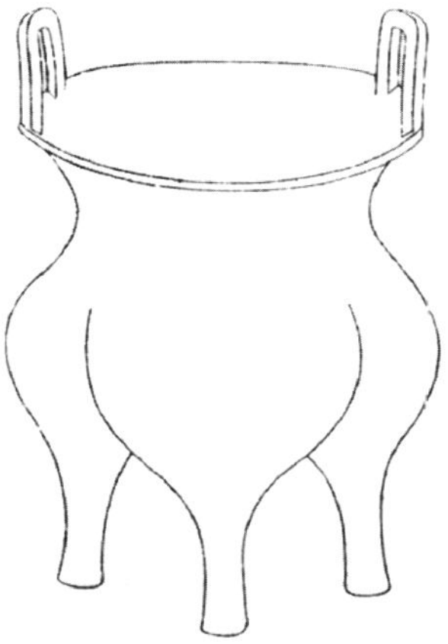

○父作
○尊鼎

右高四寸三分深二寸九分口徑四寸四分腹圍一尺三寸六分重二十五兩兩耳三足

周素鬲二

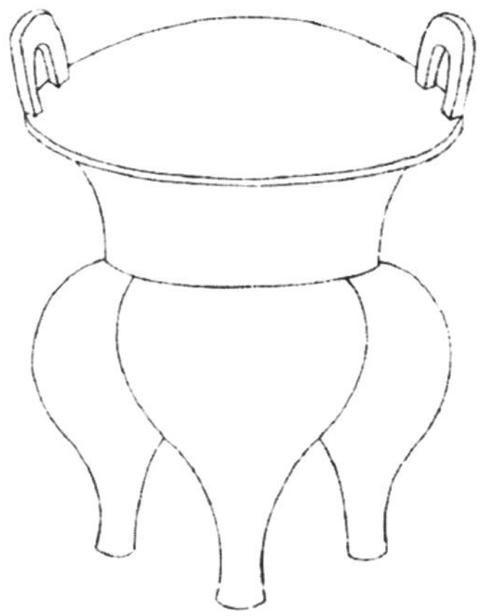

右高五寸九分深三寸七分口徑五寸腹圍一尺五寸八分重四十三兩兩耳三足

周素鬲三

右高五寸八分深三寸五分口徑四寸九分腹圍二尺一寸六分重一百一十五兩兩耳三足

周弦紋鍑一

右通蓋高一尺四寸二分深八寸九分口徑七寸二分腹圍四尺六寸五分重八百五十一兩三耳連環三足按此器據揚子方言名稱不一曰鍑曰錡曰鬵不甚可辨皆釜之屬耳今從博古圖並録之

周弦紋鍑二

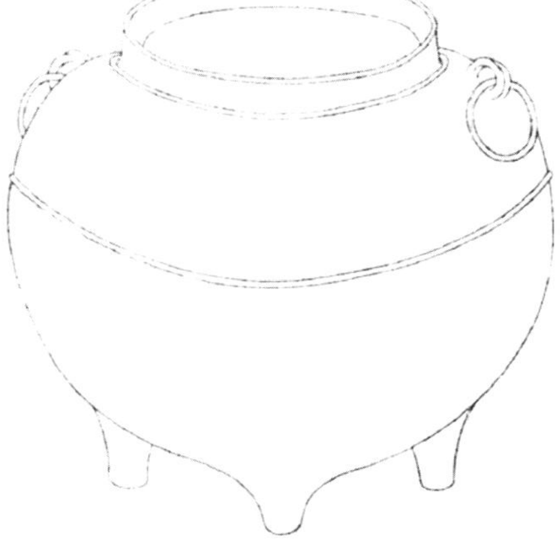

右高六寸七分深六寸三分口徑四寸四分腹圍二尺五寸二分重一百三兩兩耳連環三足

周垂紋鍑

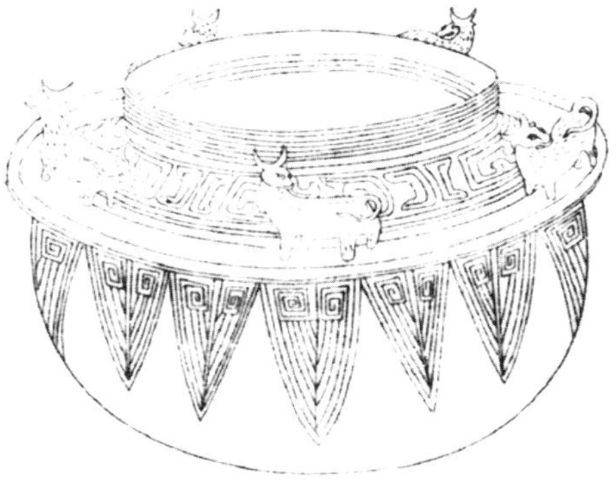

右高八寸八分深八寸四分口徑九寸二分腹圍三尺六寸七分重二百二十七兩

周三足鍑

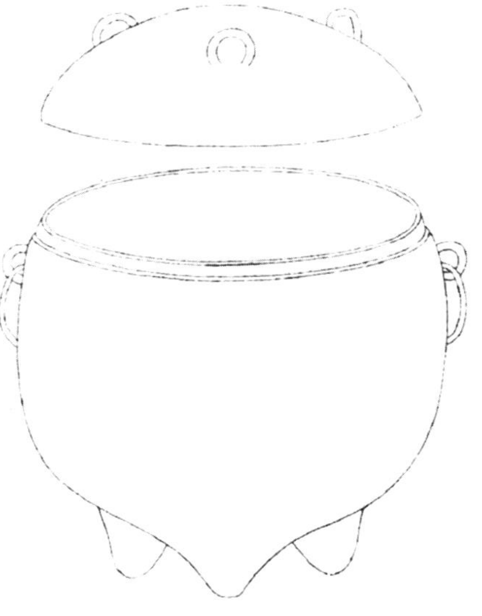

右通蓋高八寸八分深六寸四分口徑八寸二分腹圍二尺九寸重二百一十九兩兩耳連環三足

周素鍑

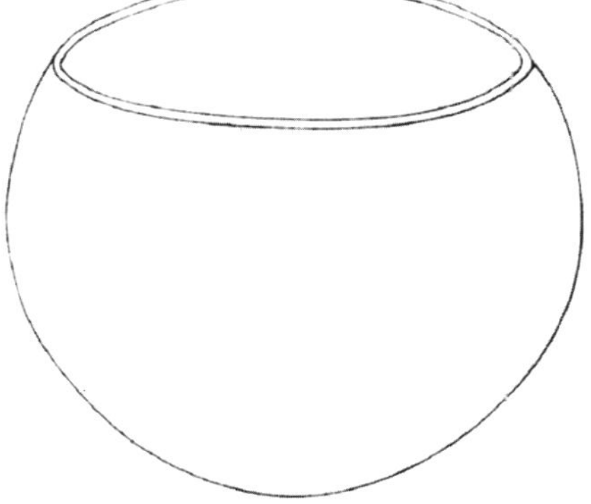

右高七寸九分深七寸七分口徑九寸二分腹圍三尺三寸五分重一百九兩

漢金鍑

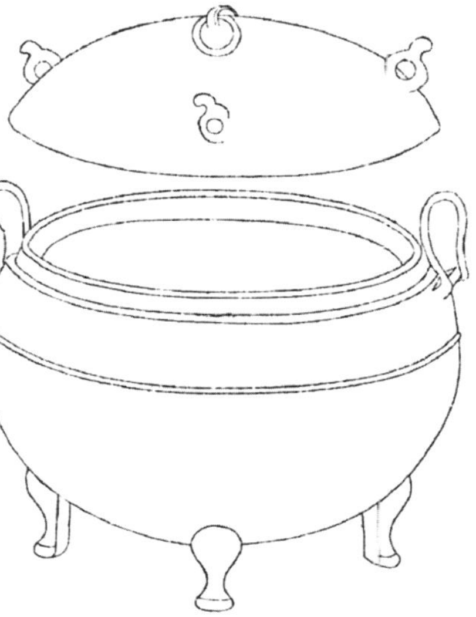

蓋

金

器

音釋同前

右通蓋高七寸五分深五寸一分口徑七寸五分腹圍二尺七寸八分重一百一十一兩兩耳三足銘一字曰金蓋其氏如嚴氏洗耳

漢蟠虺鍑

右高七寸三分深六寸口徑五寸四分腹圍二尺四寸五分重一百一十三兩兩耳連環三足

漢獸環鍑

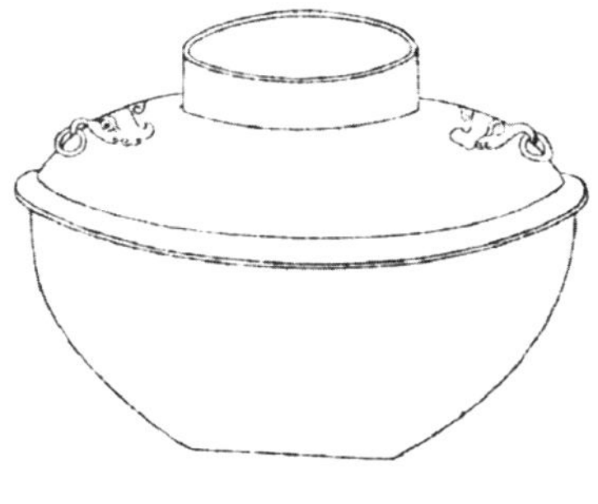

右高五寸一分深五寸口徑二寸九分腹圍二尺四分重三十七兩兩耳連環

漢素鍑一

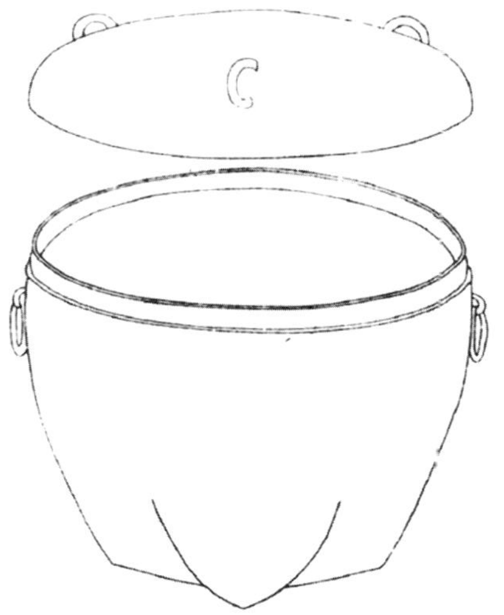

右通蓋高六寸五分深五寸四分口徑六寸五分腹圍二尺二寸重六十五兩兩耳連環

漢素鍑二

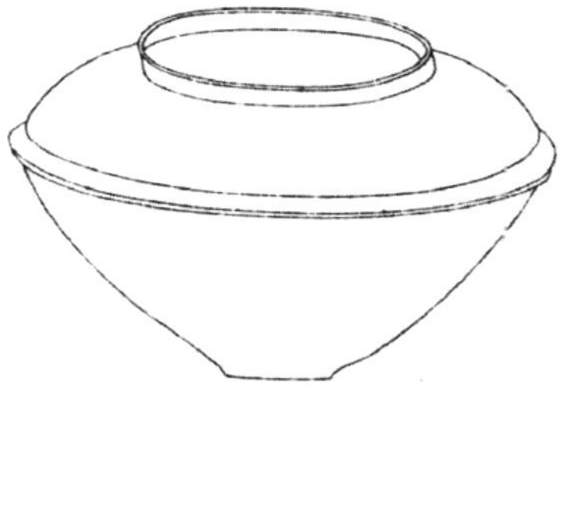

右高三寸三分深三寸二分口徑三寸三分腹圍一尺五寸八分重二十八兩

漢素鍑三

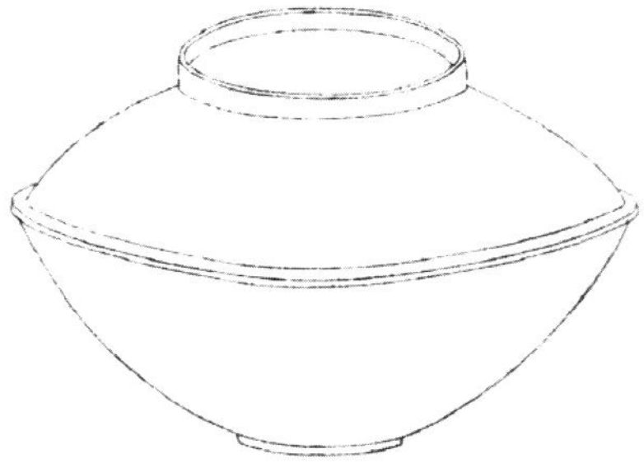

右高三寸二分深三寸一分口徑二寸五分腹圍一尺五寸六分重一十六兩

漢素鍑四

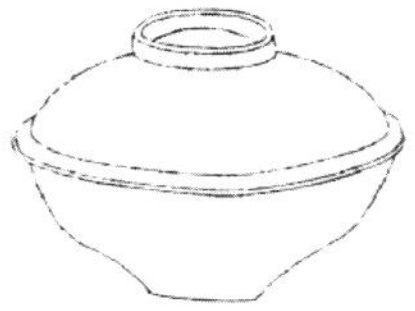

右高二寸深一寸九分口徑一寸三分腹圍九寸五分重一十兩

商祖辛盉

蓋

器

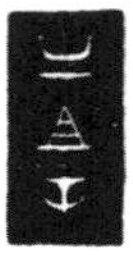

月一祖辛

音釋同前

右通蓋高九寸七分深五寸二分口徑三寸七分腹圍一尺六寸六分重八十兩有流有鋬三足按月正元日月正即正月銘月一蓋一月耳即此見商人之質

周邢侯盉

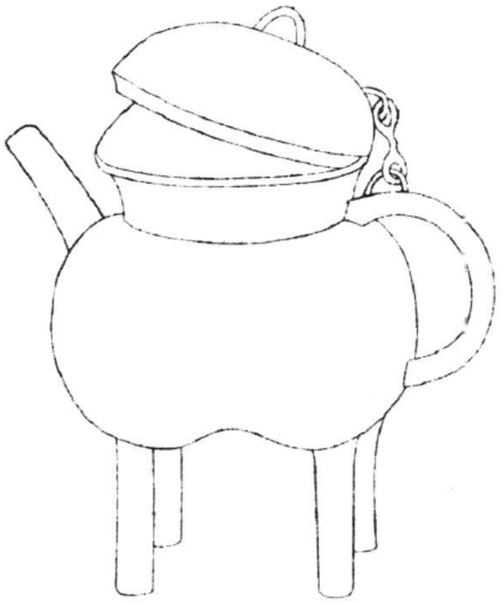

邢侯○乃事師享于師宮氏錫師金作盉用從邢侯○虎用旅○凤夕享○吳

右通蓋高八寸深三寸七分口縱四寸三分横四寸七分腹圍一尺七寸二分重六十七兩有流有鋬四足邢見於詩與春秋世次莫詳魯僖公二十五年衛侯燬滅邢此盉當在東遷以前作後稱夙夕享某吳疑人名也

周虢盉

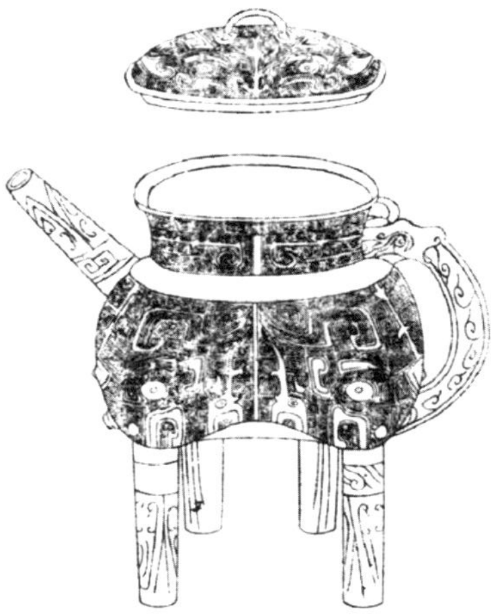

蓋

器

虢作父乙
尊彝格冊

音釋同前

右通蓋高七寸一分深三寸七分口徑三寸八分腹圍一尺五寸五分重五十七兩有流有鋬四足虢仲為周文王弟武王克商封仲於虢城此有國之始平王東遷虢公忌父林父皆入相王室世次莫能詳顧銘曰父乙則知甲乙當别

有次第不得謂商物明矣

周季高盉

右通蓋高六寸二分深三寸八分口徑三寸腹圍一尺六寸四分重六十四兩有流有鋬三足敦始義未詳銘季高父與季高簋同

周田盉

蓋

器

田作寶尊彝其萬年用饗

音釋同前

右通蓋高八寸六分深五寸一分口徑四寸腹圍一尺七寸一分重七十三兩有流有鋬四足內府所藏有田敦靜敦俱銘田字而篆各不同蓋古文多變易其法非博考不能識也

周伯矩盉

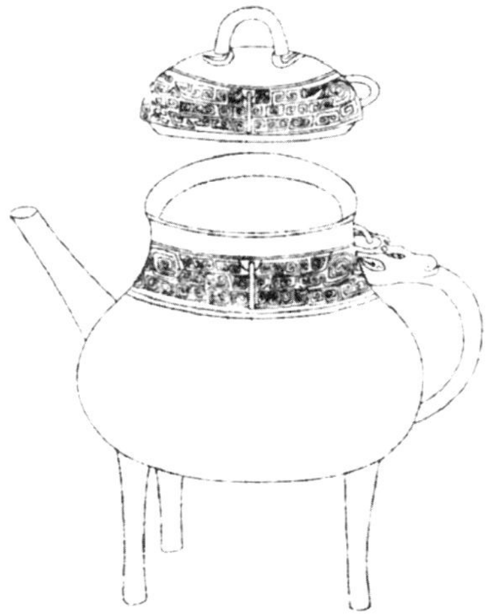

蓋

器

伯矩作寶尊彝

音釋同前

右通蓋高八寸五分深四寸六分口徑四寸一分腹圍一尺六寸三分重六十五兩有流有鋬三足銘六字與伯矩尊伯矩甗均合

周伯定盉

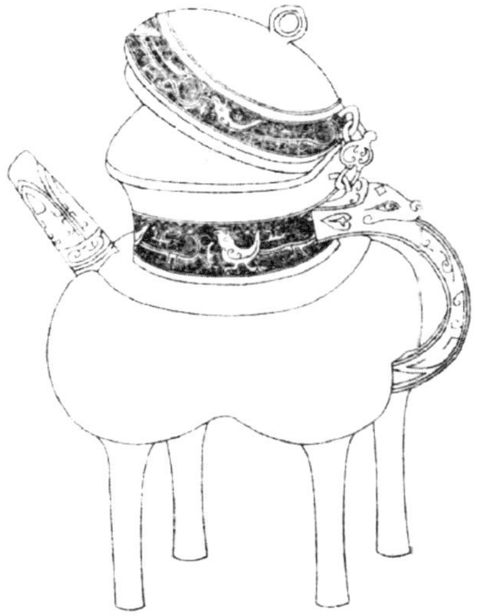

蓋

器

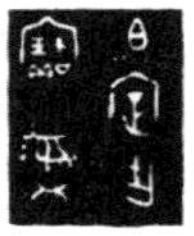

伯定作
寶彝

音釋同前

右通蓋高七寸九分深三寸六分口縱四寸四分橫四寸一分腹圍一尺六寸三分重七十二兩有流有鋬四足

周仲皁盉

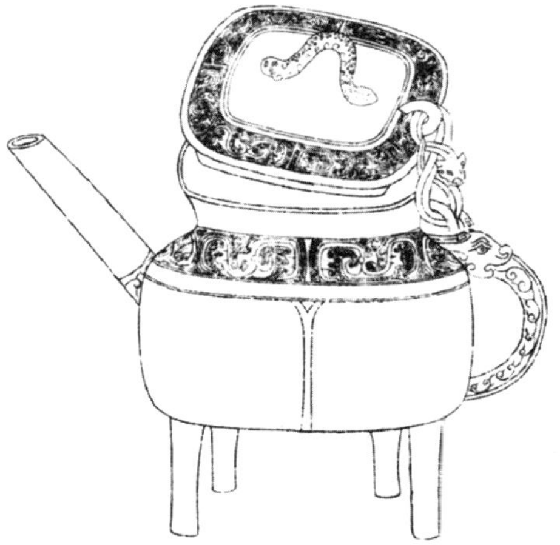

仲皁父
作旅
盉

右通蓋高七寸六分深四寸二分口縱四寸四分橫如之腹圍一尺八寸九分重八十九兩有流有鋬四足銘六字與仲皁卣同

周大父盉

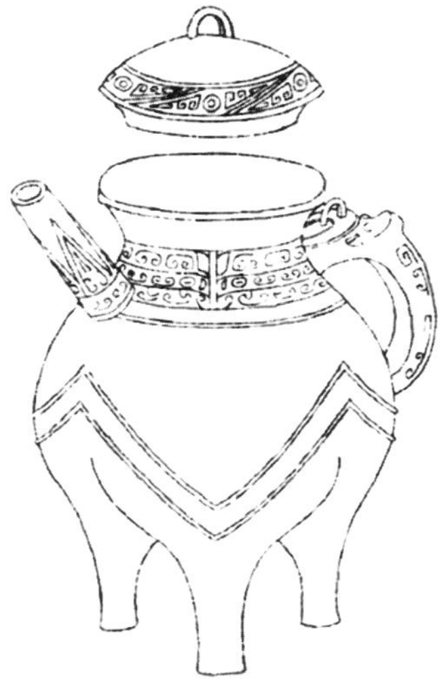

蓋

器

大父盉

音釋同前

右通蓋高八寸三分深四寸六分口徑三寸五分腹圍一尺五寸三分重六十一兩有流有鋬三足禮記深衣具父母大父母衣純以繢大讀作泰此銘大父大應讀本字蓋稱其祖史記留侯世家云大父開地相韓昭侯云云可證也

周女盉

蓋

器

司女午

音釋同前

右通蓋高八寸八分深四寸口徑五寸二分腹圍二尺六分重一百一十五兩有流有鋬三足上作司字據古文司與嗣同

周福盉

蓋

子福

器

音釋同前

右通蓋高七寸深三寸七分口徑三寸七分腹圍一尺五寸七分重六十兩有流有鋬四足福字亦作象形

周子盉

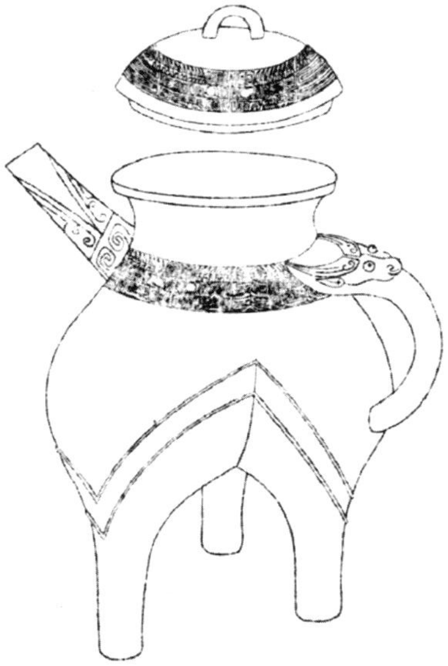

子

右通蓋高九寸三分深四寸三分口徑四寸二分腹圍一尺八寸二分重九十五兩有流有鋬三足

周犧鋬盉

西清古鑑　卷三十一　盉　四十四

盖

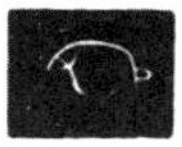

器

盉

音釋同前

右通蓋高九寸八分深五寸四分口徑三寸七分腹圍一尺八寸一分重九十九兩有流有鋬三足

周三足盉

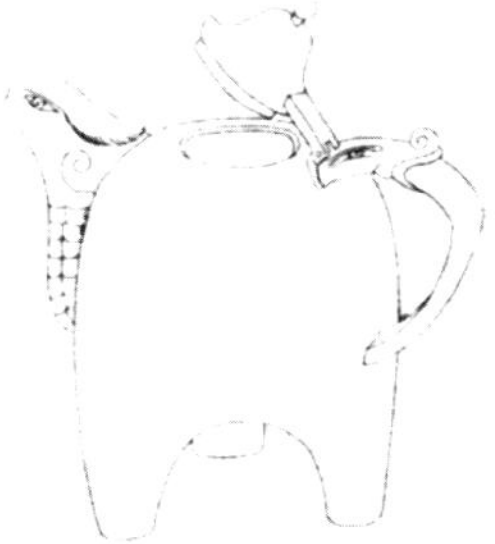

西清古鑑　卷三十一　盉　四十五

作寶用

右通蓋高二寸八分深一寸六分口徑九分腹圍六寸重八兩有流有鋬三足而鳥首意象烏也

周雲雷盉

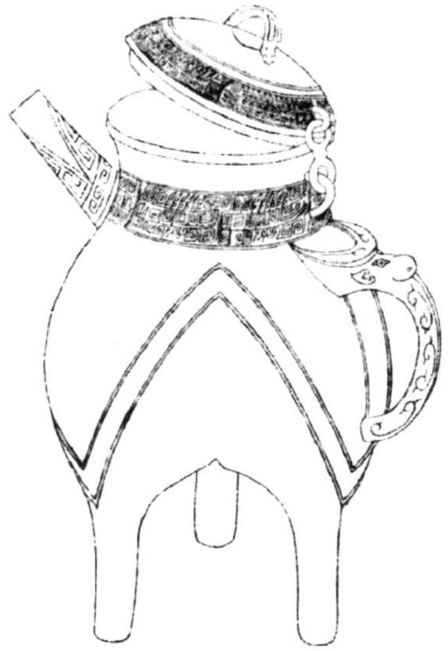

右通蓋高九寸五分深五寸七分口徑四寸腹圍一尺七寸三分重一百三兩有流有鋬三足

周蛟螭盉

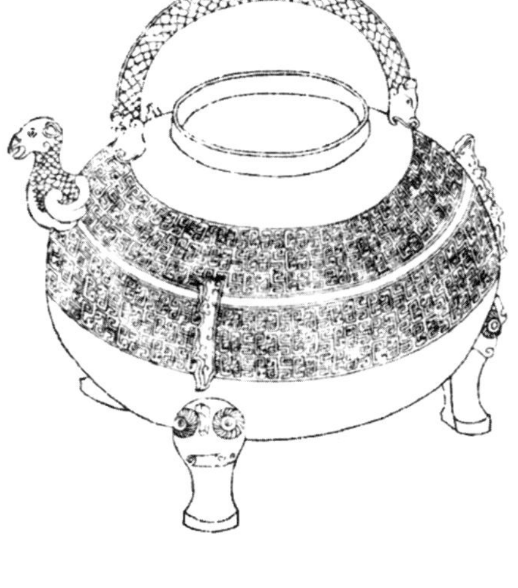

右高五寸一分深四寸口徑三寸四分腹圍二尺二寸八分重九十八兩有流有提梁三足缺蓋

周蟠螭盉一

右通蓋高六寸五分深五寸五分口徑二寸九分腹圍一尺九寸七分重七十四兩有流有提梁三足

周蟠螭盉二

右通蓋高五寸五分深四寸口徑二寸六分腹圍一尺六寸七分重六十二兩有流有提梁三足

周龍首盉

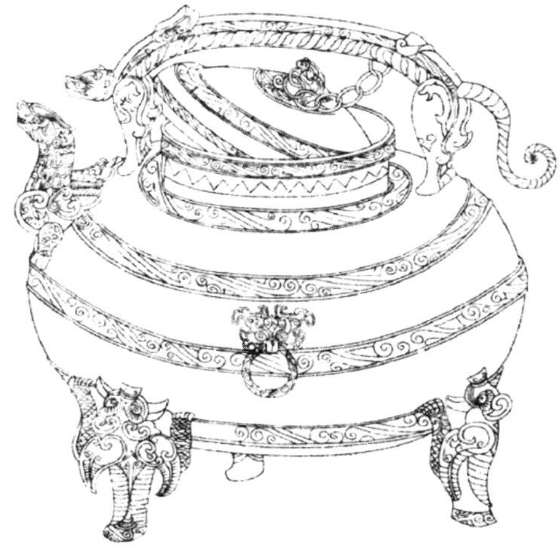

右通蓋高一尺九分深七寸四分口徑四寸六分腹圍三尺三寸一分重三百一十二兩兩耳連環有流有提梁三足金銀錯

周鳳首盉一

右通蓋高六寸八分深四寸六分口徑三寸四分腹圍二尺一寸二分重一百六兩有流有提梁三足

周鳳首盉二

右通蓋高六寸五分深四寸一分口徑三寸二分腹圍二尺四分重九十六兩有流有提梁三足

周螭首盉

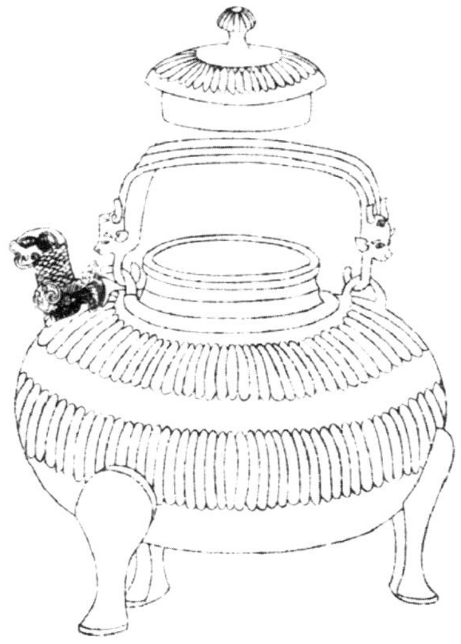

右通蓋高六寸四分深四寸口徑二寸八分腹圍一尺九寸重七十八兩有流有提梁三足

周螭梁盉一

右通蓋高五寸八分深四寸一分口徑三寸二分腹圍二尺重七十七兩有流有提梁三足

周螭梁盉二

右通蓋高七寸一分深四寸九分口徑三寸四分腹圍二尺一寸二分重一百一十一兩有流有提梁三足

周蟠梁盉三

右通蓋高五寸七分深三寸九分口徑三寸腹圍一尺八寸一分重九十二兩有流有提梁三足金銀錯

周蟠梁盉四

右通蓋高五寸六分深四寸口徑三寸腹圍一尺八寸五分重六十五兩有流有提梁三足

周螭梁盉五

右通蓋高五寸四分深三寸五分口徑三寸腹圍一尺九寸五分重八十四兩有流有提梁三足金銀錯

周螭梁盉六

右通蓋高六寸五分深四寸五分口徑三寸一分腹圍一尺九寸重九十八兩有流有提梁三足

周素盉

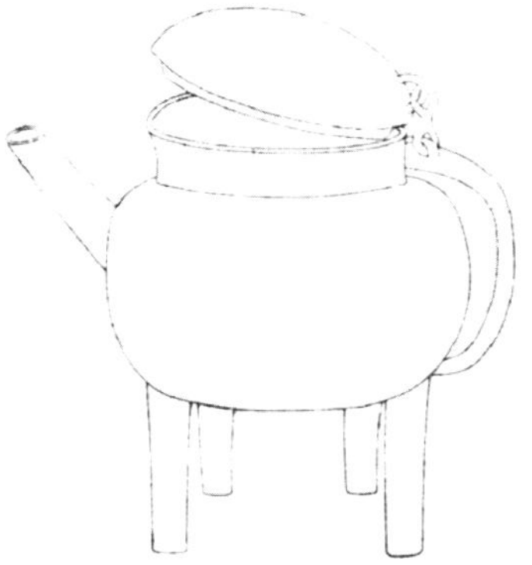

右通蓋高六寸五分深三寸七分口徑三寸七分腹圍一尺四寸九分重六十三兩有流有鋬四足

周冰鑑一

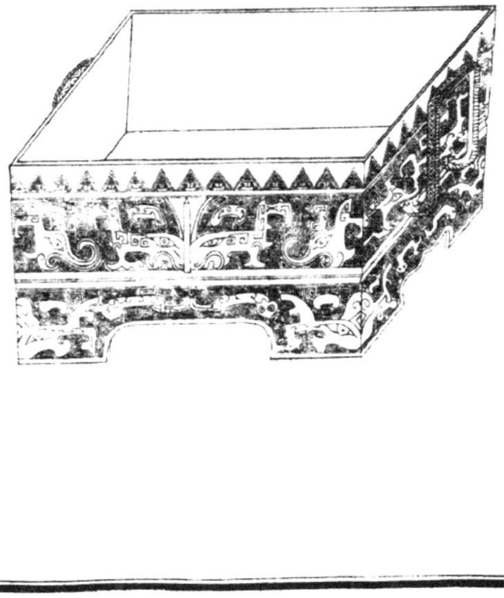

婦弓矢形

右高四寸九分深二寸九分口縱八寸一分横八寸六分重二百三兩兩耳四足與博古圖所載形製同按周禮天官凌人春始治鑑注謂盛冰置食物于中以禦温氣又祭祀共冰鑑故銘婦作弓矢形皆與他祭器一例也

周冰鑑二

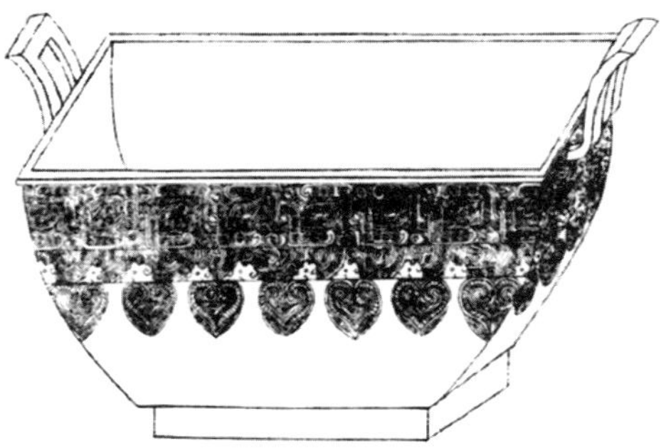

西清古鑑　卷三十一　冰鑑　六十二

右高六寸五分深五寸八分口縱七寸六分橫一尺一寸八分腹縱七寸四分橫一尺一寸二分重一百三十七兩兩耳

周冰鑑三

西清古鑑　卷三十一　冰鑑　六十三

右高三寸九分深二寸九分口徑七寸一分腹圍一尺九寸重五十二兩

周冰鑑四

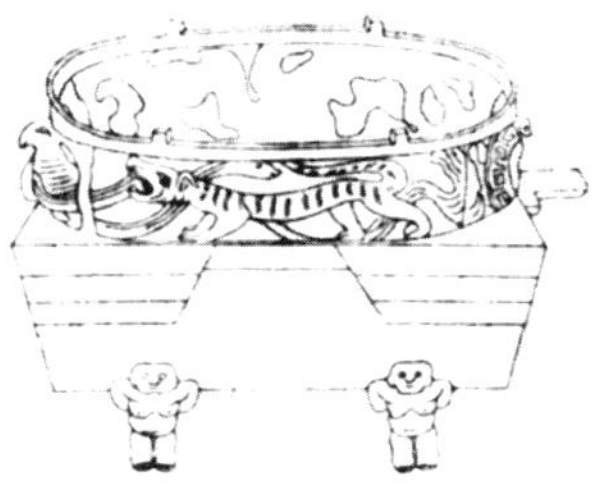

右高二寸八分深二寸一分口縱二寸四分橫三寸八分腹圍一尺八分重一十九兩

西清古鑑卷三十二目錄

匜

周

獸匜
雲雷匜
饕餮匜
夔龍匜
蟠虬匜
蟠夔匜一
蟠夔匜二
夔首匜
螭首匜
雲紋匜

環紋匜一
環紋匜二
環紋匜三
漢
注水匜
盤
周
丁亥盤 有銘
癸亥盤 有銘
齊姬盤 有銘

貫魚盤
蟠夔盤
夔紋盤
環紋盤
漢
蟠夔盤一
蟠夔盤二
夔耳盤
粟紋盤
環紋盤一

環紋盤二
素盤一
素盤二
素盤三
素盤四
鋗
周
素鋗

周司寇匜

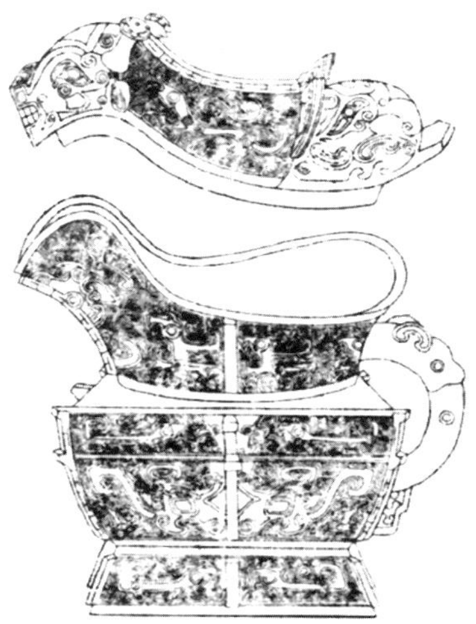

蓋

器

作司寇彝周建
用惟○百雩
、四方永作祜

音釋同前

右通蓋高六寸四分深二寸八分口徑長四寸八分濶二寸二分重六十三兩有流有鋬金銀錯鐘鼎款識博古圖二書俱載此銘周建字鐘鼎款識作用遺非是今仍從博古圖音釋至雩字作粤蓋古文雩與粤同又惟下一字雩下一字器銘所無而二書釋文俱益歸字僚字今缺之仍存其真銘首曰司寇按周官司寇掌邦禁詰姦慝刑暴亂是其官也

周祖匜

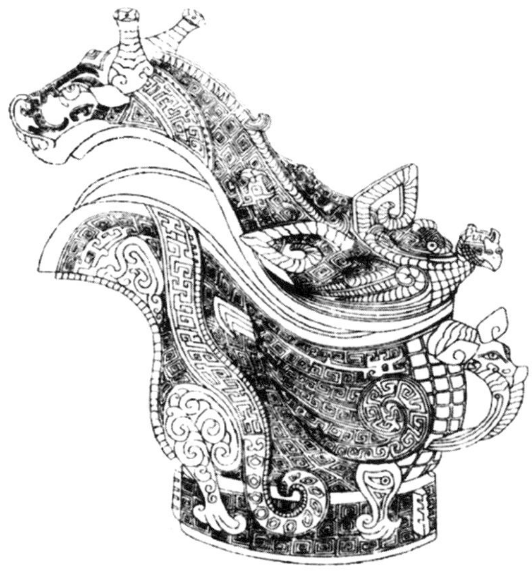

格中貝形　祖

右通蓋高八寸八分深三寸五分口徑長七寸五分闊三寸二分重一百三兩有流有鋬銘祖一字上為格中貝博古圖有亞中貝如父貝觶是也

周姜伯匜

姜伯作季姜寶匜用

右高三寸二分深二寸口徑長六寸八分闊三寸七分重三十四兩有流有鋬四足春秋姜姓國惟申為伯爵銘曰姜伯貽即申伯不稱申而稱姜猶甫侯而或稱呂侯也

周陳伯匜

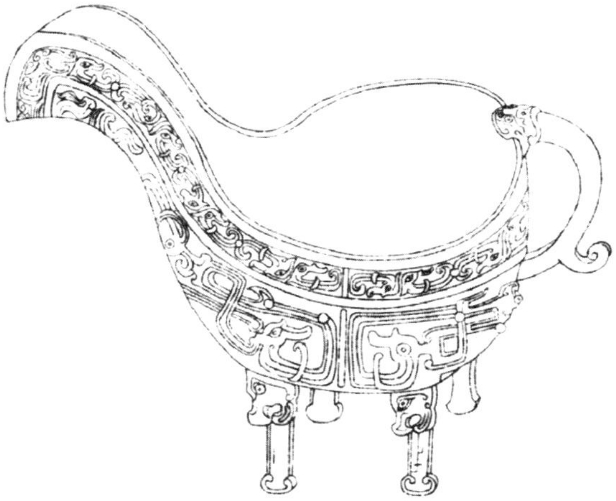

陳伯○之子
伯元作西孟
○○母媵
匜永壽用之

右高五寸五分深二寸四分口徑長七寸三分闊四寸九分重五十一兩有流有鋬四足匜為女子所有事銘稱母是也媵疑即媵字永壽用之與他文特異陳世家無伯元名者意公族之微者也

周伯匜

匜作伯
戊

右高五寸八分深二寸六分口徑長五寸四分闊三寸七分重四十五兩有流有鋬

周伯和匜

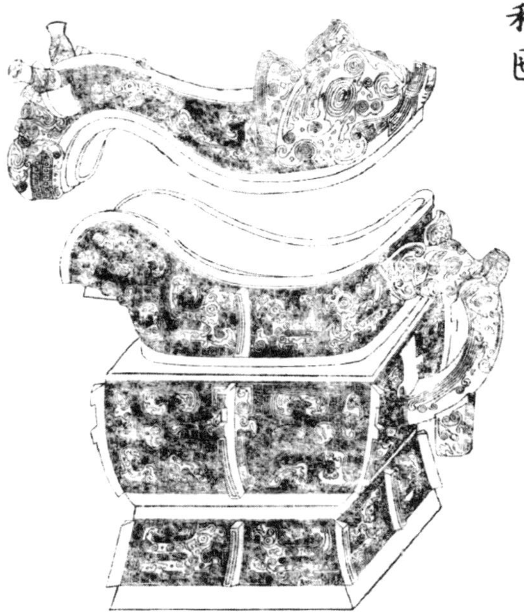

蓋

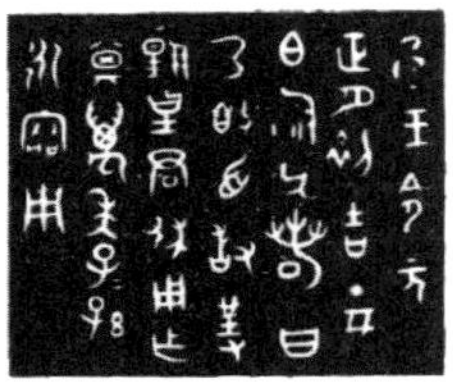

器

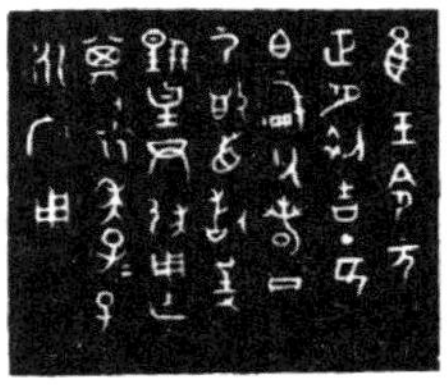

惟王命元
正月初吉丁亥
伯和父若曰
乃稽首敢對
揚皇君休用作
其萬年子子孫孫
永寶用

音釋同前

右通蓋高一尺六分深五寸九分口徑長九寸一分闊四寸六分重三百三十一兩有流有鋬銘詞與伯和尊合

周女匜

蓋

王之女肇

器

音釋同前

右通蓋高七寸深二寸七分口徑長五寸七分濶二寸二分重五十八兩有流有鋬奉匜沃盥女子之事此銘曰王之女肇蓋送女器也

周山匜

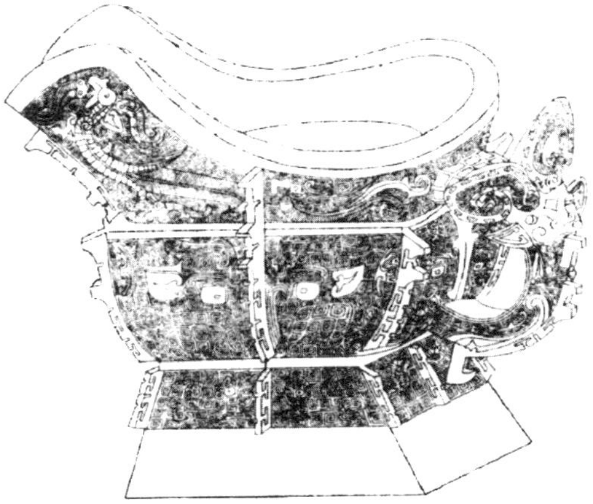

山父乙

右高六寸五分深三寸七分口徑長六寸七分濶三寸三分重九十九兩有流有鋬內府所收有山鼎銘曰堇山此曰山父乙則山當為人名古者命名不以國不以山川蓋專指人君而言未可執一論也

周般匜

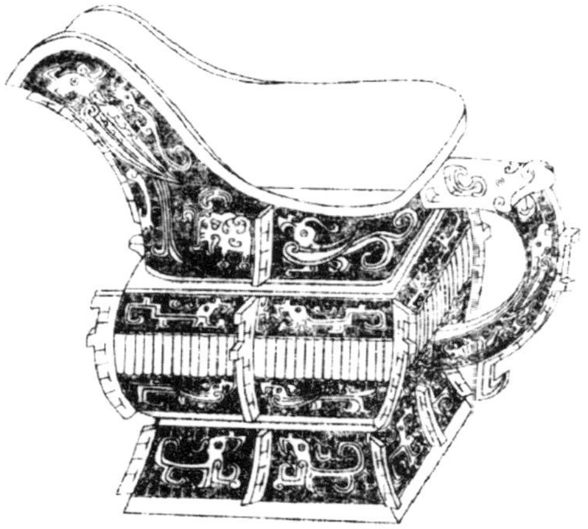

王命般列刊禾
〻考〻用寶父巳

右高五寸一分深三寸五分口徑長六寸四分闊三寸重七十五兩有流有鋬銘稱般稱王命與般敦同用寶當讀為句如易詞用寶於王也

周利匜

蓋

○作
○○

器

利作
寶彝

右通蓋高六寸一分深二寸八分口徑長五寸三分闊二寸二分重五十九兩有流有鋬

周舉匜一

舉

右通蓋高九寸四分深四寸口徑長八寸六分闊三寸二分重一百四十三兩有流有鋬

周舉匜二

舉父辛
寶尊彝

右高五寸九分深四寸口徑長七寸四分闊三寸重六十三兩有流有鋬

周子匜

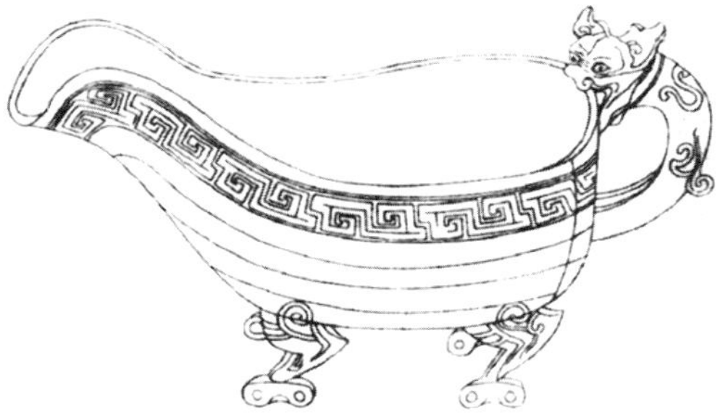

子
作匜于
永

右高四寸八分深二寸六分口徑長八寸五分
闊四寸重八十五兩有流有鋬四足

周子孫匜

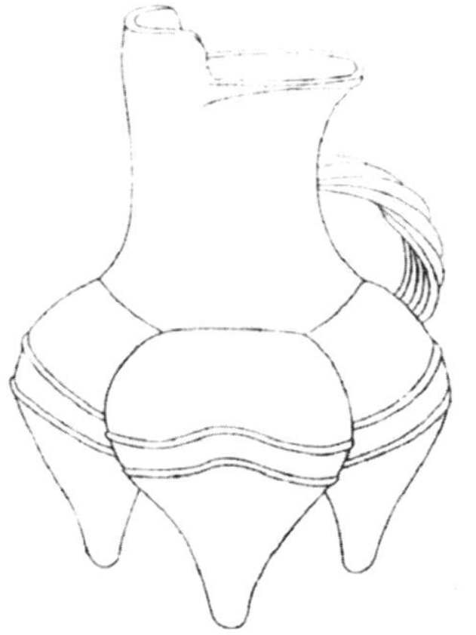

子
孫

右高九寸八分深六寸三分口徑三寸四分重
九十二兩有流有鋬三足

周犧匜一

右通葢高二寸二分深一寸六分口徑長二寸五分横一寸七分通長五寸九分闊二寸二分重二十五兩有流有鋬

周犧匜二

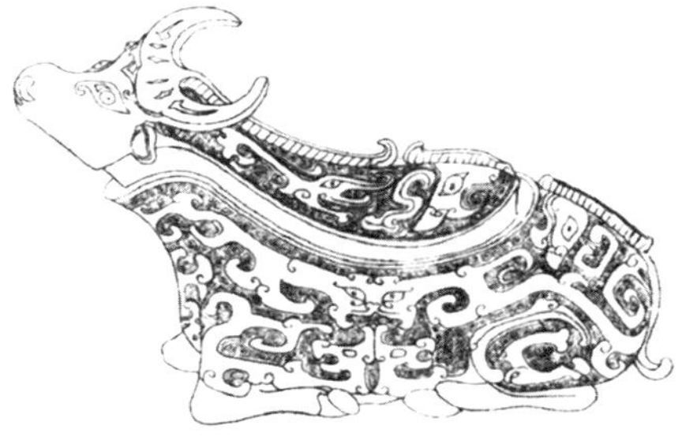

右通盖高四寸四分深二寸二分口徑長四寸六分横一寸八分通長七寸二分闊二寸七分重四十一兩

周馬匜

右通蓋高六寸深二寸二分口徑長六寸五分闊一寸八分重六十五兩

周獸匜

右通蓋高三寸六分深一寸九分口徑長六寸四分闊二寸五分重四十五兩有流有鋬

周雲雷匜

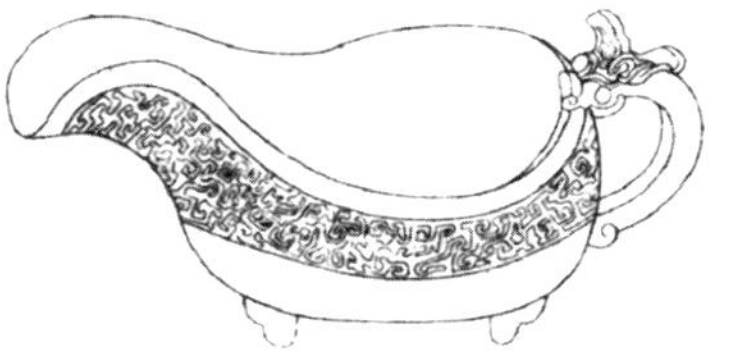

右高一寸七分深一寸四分口徑長四寸八分濶二寸六分重九兩有流有鋬四足

周饕餮匜

右通蓋高六寸一分深二寸五分口徑長五寸一分濶二寸六分重五十二兩有流有鋬

周夔龍匜

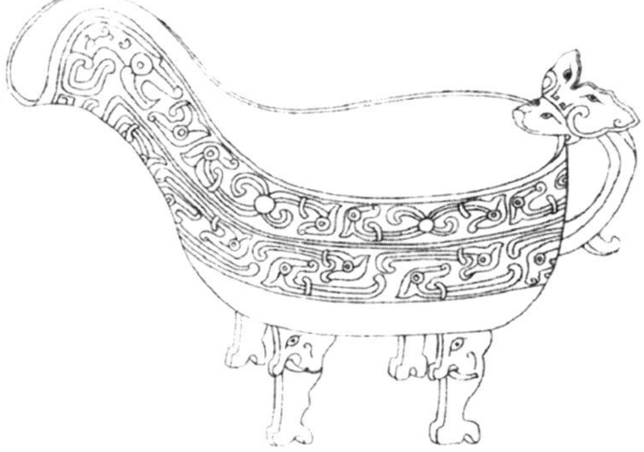

右高五寸六分深二寸三分口徑長七寸五分闊四寸六分重三十七兩有流有鋬四足

周蟠虬匜

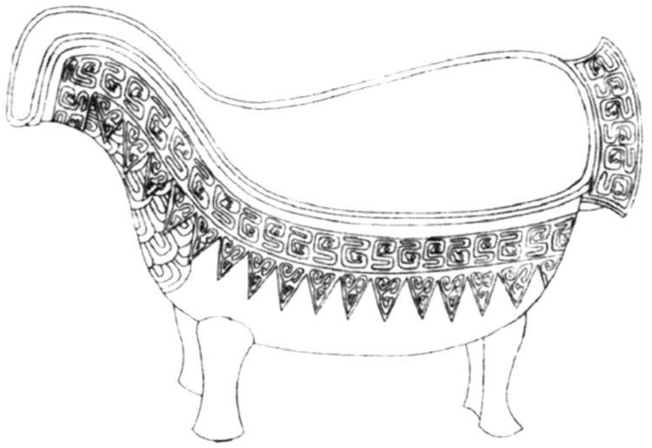

右高五寸五分深二寸三分口徑長八寸七分闊五寸一分重七十一兩有流有鋬三足

周蟠夔匜一

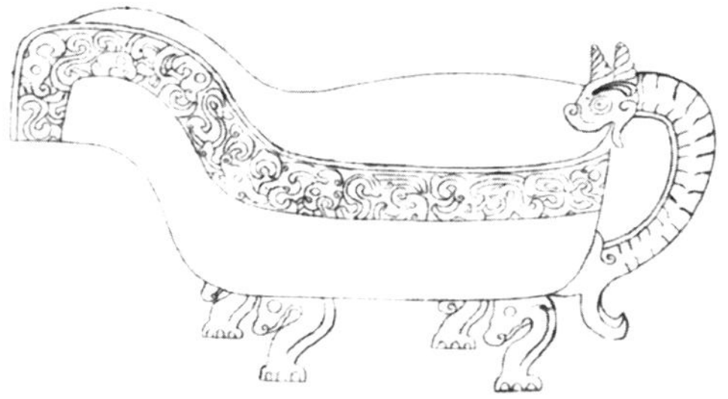

右高五寸一分深二寸口徑長八寸八分濶五寸重六十五兩有流有鋬四足

周蟠夔匜二

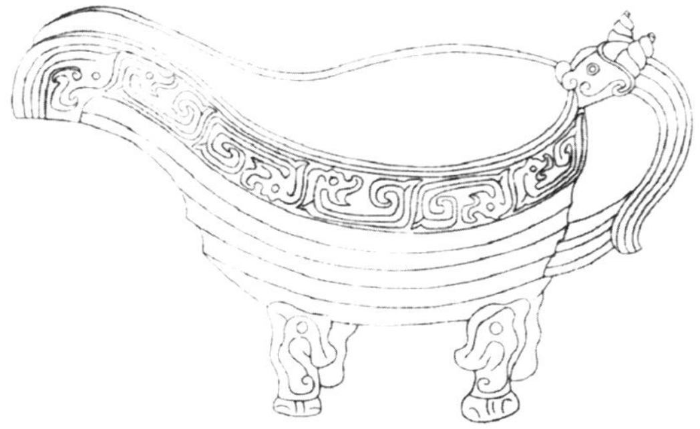

右高四寸深二寸七分口徑長七寸九分濶四寸七分重六十九兩有流有鋬四足

周夔首匜

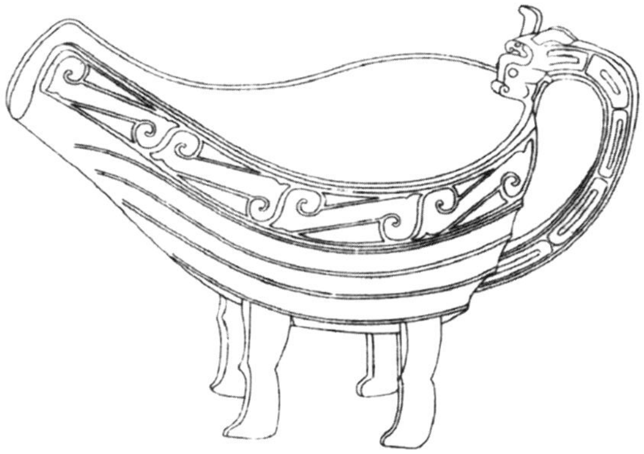

右高四寸三分深二寸五分口徑長八寸濶四寸二分重四十九兩有流有鋬四足

周螭首匜

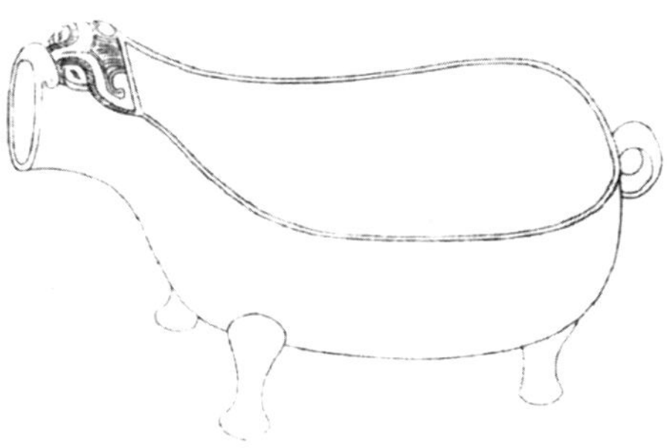

右高二寸九分深二寸口徑長七寸濶四寸二分重一十七兩有流有鋬三足

周雲紋匜

右高五寸三分深三寸六分口徑長一尺八分闊五寸二分重一百三兩有流有鋬四足

周環紋匜一

右高四寸深二寸六分口徑長七寸八分闊四寸三分重四十四兩有流有鋬四足

周環紋匜二

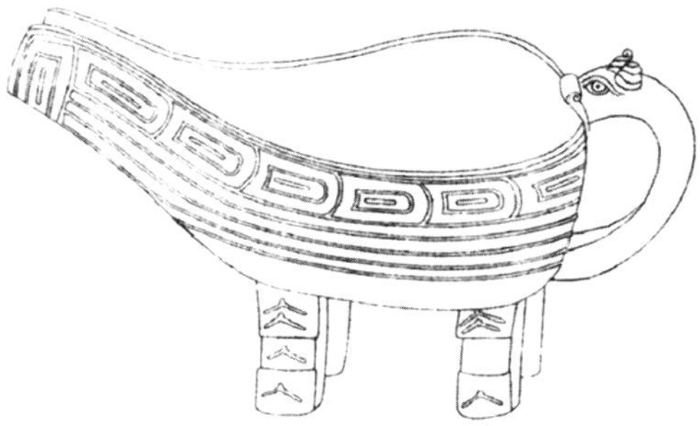

右高三寸三分深二寸一分口徑長六寸四分闊三寸三分重四十二兩有流有鋬四足

周環紋匜三

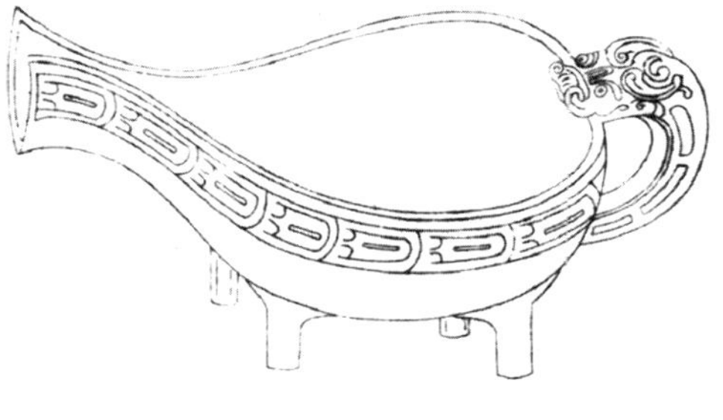

右高二寸五分深一寸七分口徑長九寸闊三寸七分重三十兩有流有鋬四足

漢注水匜

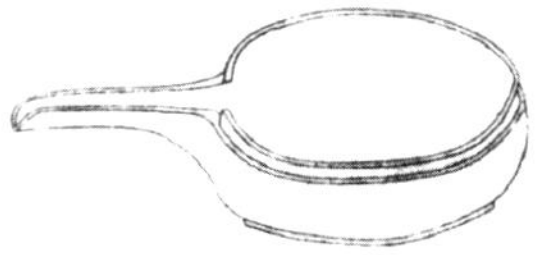

西清古鑑　卷三十二　匜　三十三

右通盖高一寸一分深七分口徑二寸重四兩有流與博古圖所載形製合其名曰注水匜今從之圖考謂几格間所用盖硯滴類耳

周丁亥盤

西清古鑑　卷三十二　盤　三十四

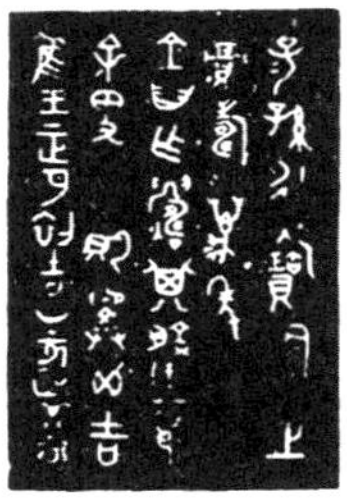

子〻孫永寶用之
眉壽萬年
金○作鑄其般○○
余俾○擇其吉
惟王正月初吉丁亥○○

右高二寸八分深一寸二分口徑一尺一寸五分重一百七兩兩耳三足洗與盤鼎崇義謂二器良是盖盤所以承盥器而洗則盛盥之棄水阮諶禮圖並謂盤為盛棄水誤矣以儀禮考之言盤匜者不一而既夕一篇曰用器盤匜匜實

于槃中南流曰實於槃中則槃為承匜物致為
明顯此器為盤無疑銘左旋讀剥蝕處不可曉
曰鑄疑其國如鑄鼎鑄父般盖盤字耳

周癸亥盤

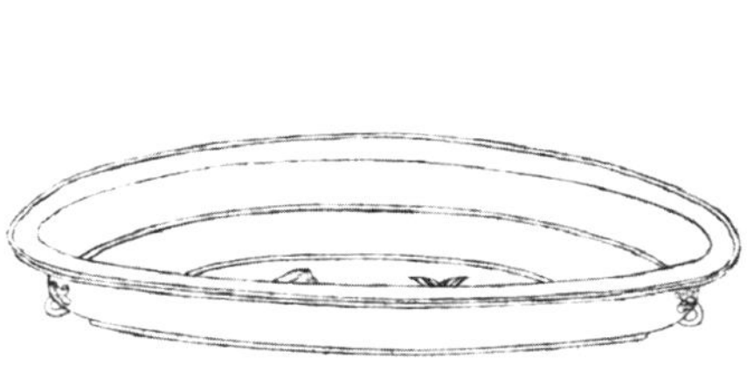

癸亥王□刋
作册收新宗
王賡作册豐
貝太子錫練
大貝用作父
己寶鬲

右高一寸七分深一寸五分口徑一尺一寸三
分重五十九兩兩耳按此當為盤而銘曰鬲舊
說常飪則以鬲盖春秋時諸侯多自為制不可
考矣曰太子禮記稱王太子羣后之太子則國
君之適子皆得曰太子也據形制仍謂之盤

周齊姬盤

齊□姬之□作寶般其眉壽萬年無疆子子孫孫永保用享

右高三寸六分深二寸三分口徑一尺五寸六分重三百一十五兩兩耳據銘知為齊國物下曰姬盖盤匜同屬皆内職也

周貫魚盤

右高四寸五分深二寸五分口徑一尺三寸重一百四十五兩兩耳

周蟠夔盤

右高三寸四分深二寸一分口徑一尺二寸九分重一百三十三兩兩耳三足

周夔紋盤

右高三寸四分深二寸三分口徑一尺五寸三分重二百九十九兩兩耳

周環紋盤

右高三寸二分深一寸八分口徑一尺一寸七分重一百二十三兩兩耳

漢蟠夔盤一

右高三寸一分深二寸二分口徑一尺三寸二分重一百一十兩兩耳三足

漢蟠夔盤二

右高二寸六分深一寸五分口徑一尺八分重一百三十三兩兩耳

漢夔耳盤

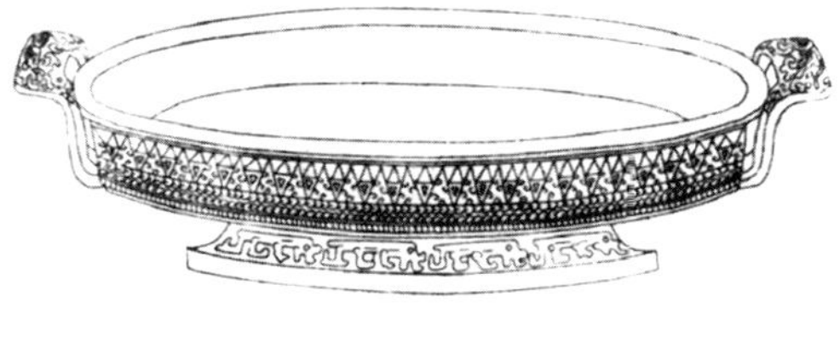

右高二寸五分深一寸四分口徑一尺一寸七分重九十一兩兩耳

漢栗紋盤

右高二寸深一寸五分口徑八寸八分重五十九兩兩耳

漢環紋盤一

右高三寸四分深二寸二分口徑一尺二寸八分重二百二十七兩兩耳

漢環紋盤二

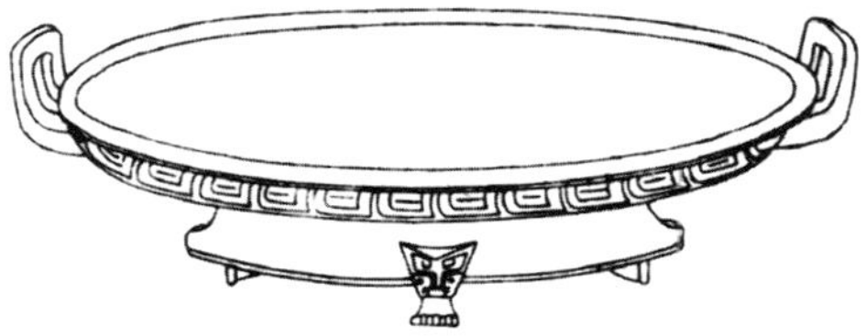

西清古鑑　卷三十二　盤　四七

右高二寸四分深一寸二分口徑九寸四分重八十三兩兩耳三足

漢素盤一

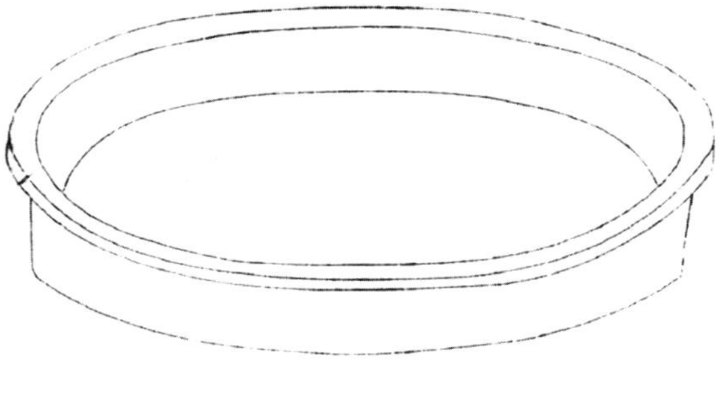

西清古鑑　卷三十二　盤　四八

右高二寸八分深二寸一分口徑一尺七寸三分重三百三十九兩

漢素盤二

右高七分深六分口徑九寸三分重二十六兩

漢素盤三

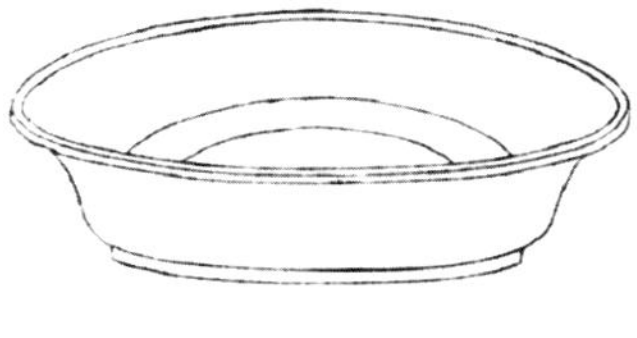

右高一寸三分深一寸一分口徑六寸三分重一十一兩

漢素盤四

右高一寸二分深九分口徑四寸九分重一十二兩

周素銷

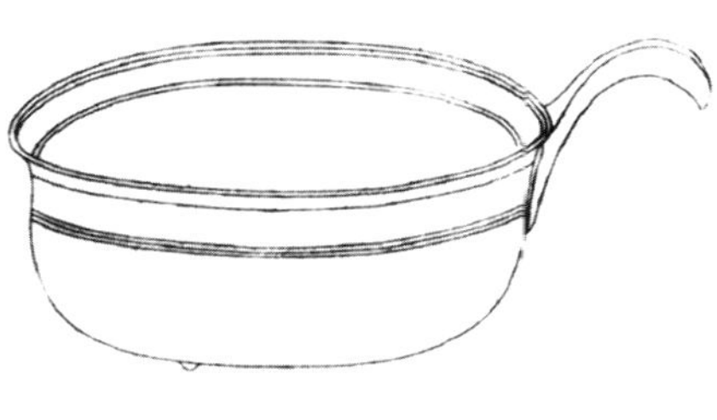

右高三寸深二寸九分口徑七寸三分腹圍二尺一寸三分重三十八兩有柄按銷說文謂之鐎無足鐺五音集韵謂之銅銚考魏武帝上器物表有四石五石銅銷則知銷尚有極大者博古圖僅載梁山銷一與茲器相似但少柄耳

西清古鑑卷三十三目錄

西清古鑑　卷三十三　目録四

周弦紋洗

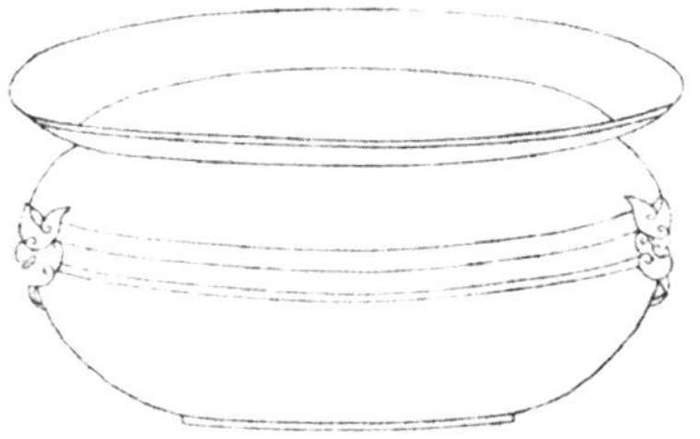

右高三寸五分深三寸四分口径七寸七分重四十三兩

周素洗

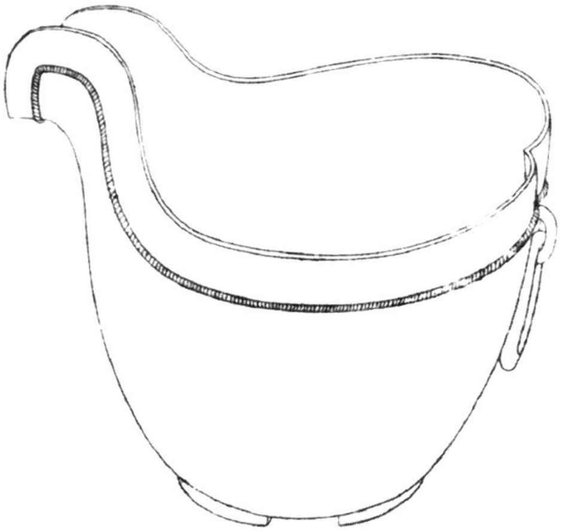

右高五寸九分深四寸五分口徑長一尺八分闊一尺二寸六分重一百七十一兩流如匜按洗為承棄水之用有流不足異也

漢嚴氏洗

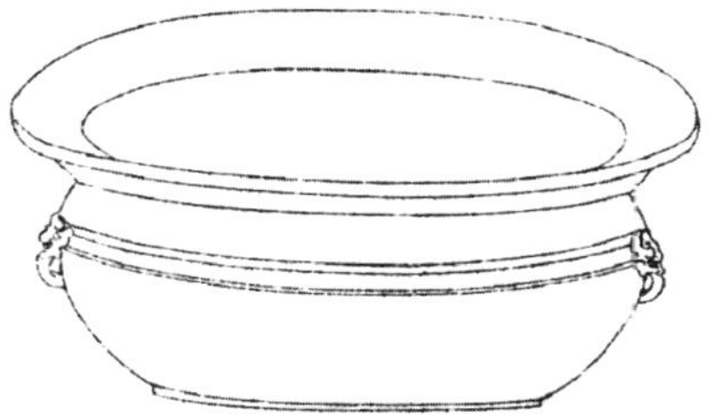

西清古鑑　卷三十三　洗　三

嚴氏造

右高四寸二分深四寸口徑八寸八分重七十五兩西京去古未遠制度猶近三代此器按圖為洗銘曰嚴氏造而字作陽文小篆知為漢物矣

漢泉洗

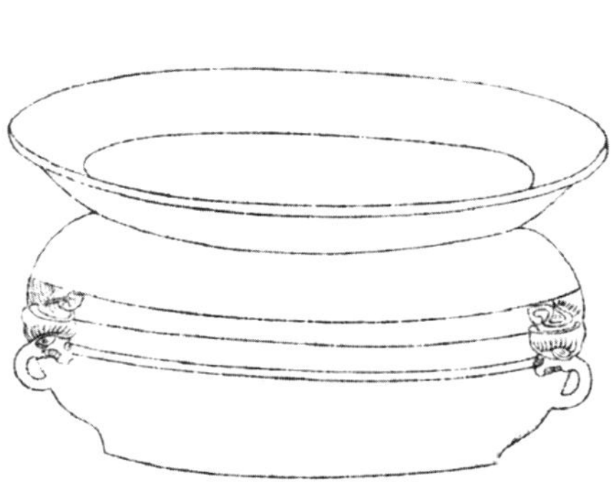

西清古鑑　卷三十三　洗　四

○泉

右高四寸九分深四寸七分口徑一尺六分重八十五兩篆文不可識惟泉字可辨

漢八卦洗

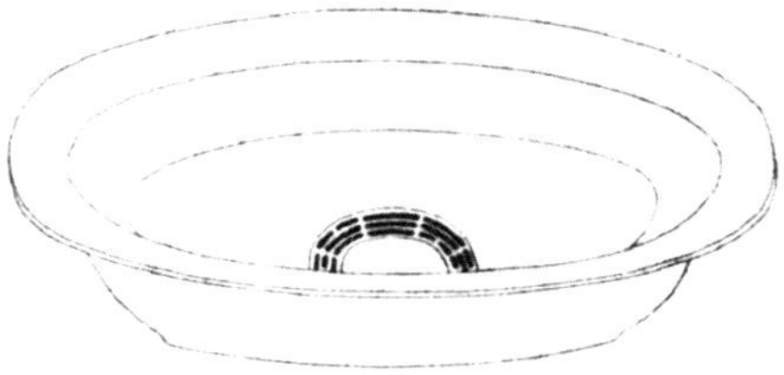

右高一寸八分深一寸七分口徑九寸四分重三十五兩

漢雙魚洗一

長宜子孫

右高三寸一分深二寸七分口径一尺一寸八分重七十五兩

漢雙魚洗二

大吉利長宜子孫

大吉利長宜子孫

右高一寸六分深一寸三分口徑四寸七分重八兩三足攷三代物多銘為子孫永寶曰宜子孫云者實始於漢尚方制唐開元九年三月許昌縣之唐祠掘地得古銅尊上隱起雙魚篆書文曰宜子孫亦云是漢物此與前罍俱銘宜子孫字體近八分蓋其時古文初變云

漢雙魚洗三

吉

吉

右高二寸五分深二寸三分口徑一尺四分重八十五兩隸書銘曰吉亦大吉利類也皆漢物

漢雙魚洗四

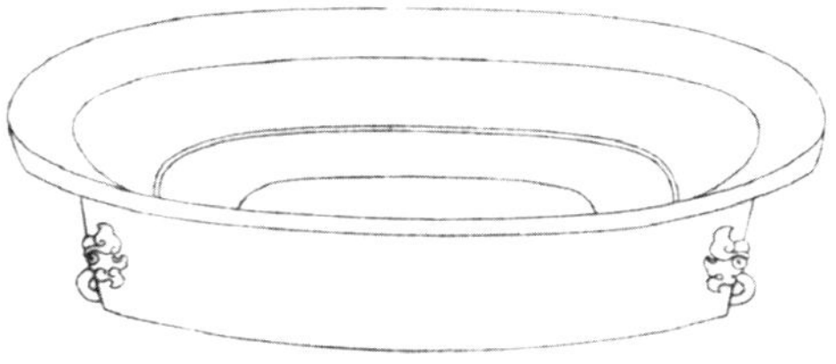

建寧二年朱提○○

右高三寸一分深三寸口径一尺四寸重一百四十七兩銘字多增益筆法盖繆篆所以摹印徐鍇謂之屈曲填密者也銘稱建寧二年漢桓帝永康元年靈帝立改元建寧是巳朱提晉始立朱提郡在漢為縣屬犍為按漢書食貨志朱提銀重八兩為一流注謂朱提出善銀此銘曰朱提盖其地所鑄耳餘字不可識

漢雙魚洗五

右高二寸七分深二寸五分口徑一尺一寸八分重七十九兩

漢雙魚洗六

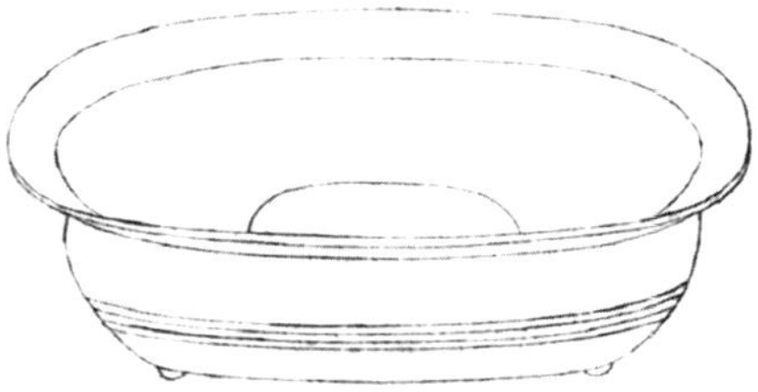

右高二寸六分深二寸四分口徑一尺三分重五十六兩三足

漢蟠虺洗

右高二寸四分深二寸一分口徑八寸二分重四十七兩

漢蟠夔洗一

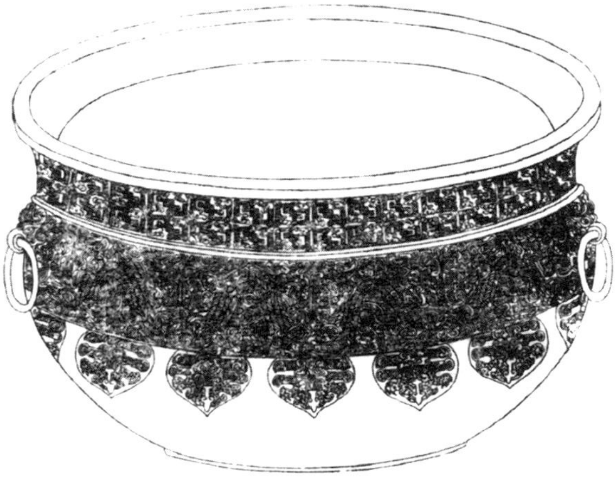

右高一尺二寸四分深一尺一寸九分口徑二尺三寸重一千五百六十五兩

漢蟠夔洗二

右高三寸八分深三寸四分口徑八寸重六十四兩三足

漢獸耳洗一

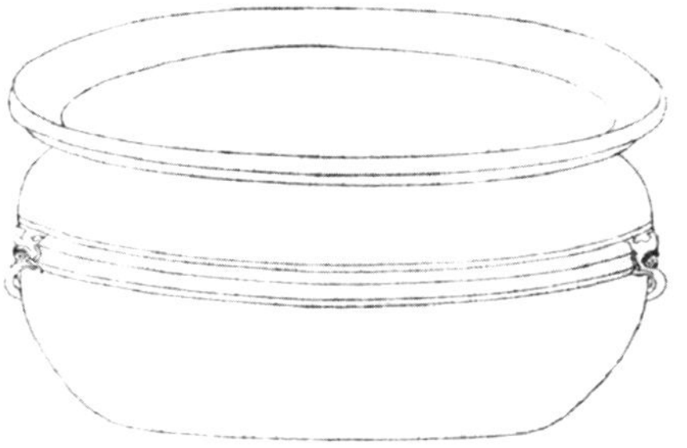

建康二年○○○

右高六寸八分深六寸六分口徑一尺四寸二分重二百五十九兩銘字與雙魚第四洗相近皆繆篆也曰建康則漢順帝漢安二年改元建康是也

漢獸耳洗二

右高二寸四分深二寸二分口徑一尺二寸三分重九十五兩

漢獸耳洗三

右高四寸一分深三寸九分口徑八寸九分重六十六兩

漢獸耳洗四

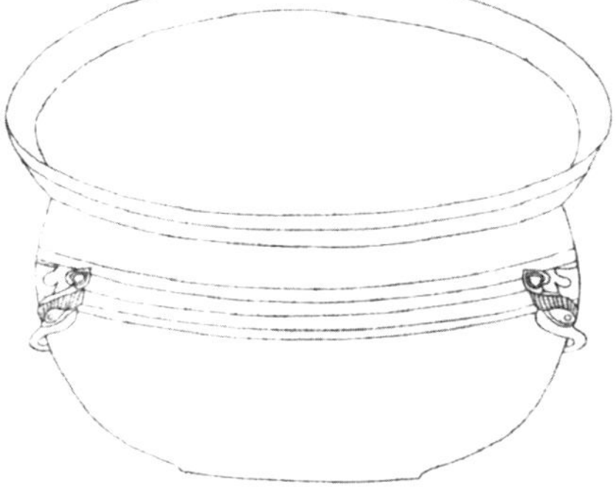

右高六寸八分深六寸四分口徑一尺四寸二分重三百二十三兩

漢獸環洗

右高二寸六分深二寸五分口徑一尺二分重五十四兩鋈金

漢三足洗一

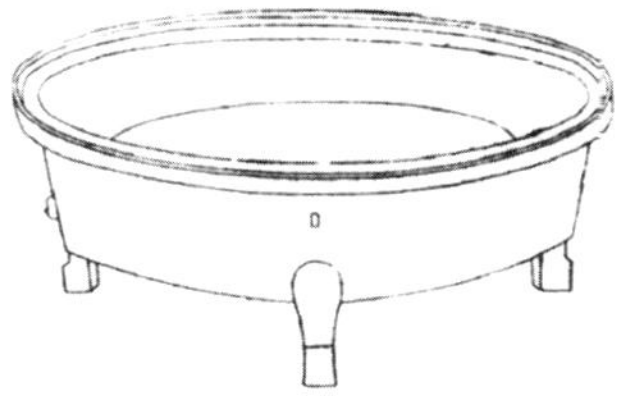

右高一寸九分深一寸一分口徑四寸一分重二十六兩三足穴其中為流

漢三足洗二

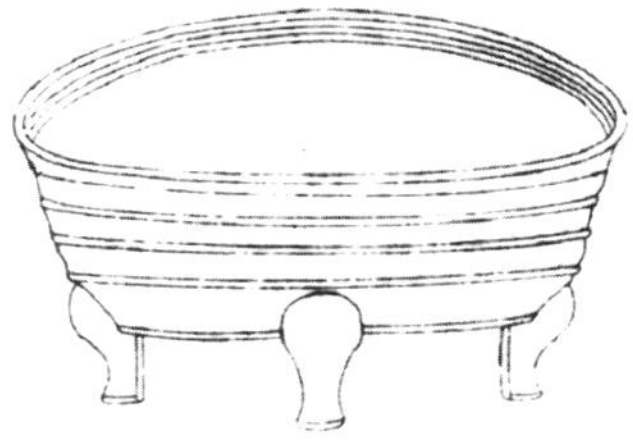

右高二寸二分深一寸五分口徑四寸六分重一十七兩三足

漢三足洗三

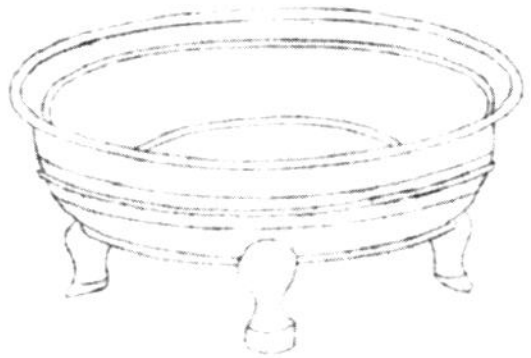

右高一寸六分深一寸口徑三寸四分重七兩三足

漢雲紋洗一

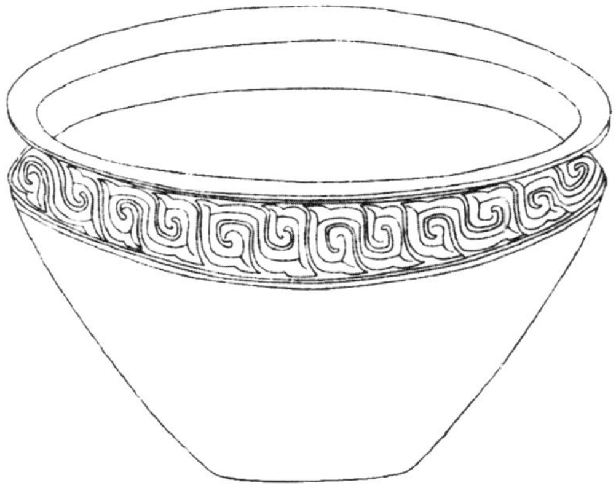

右高五寸四分深五寸二分口徑一尺九分重一百一十三兩

漢雲紋洗二

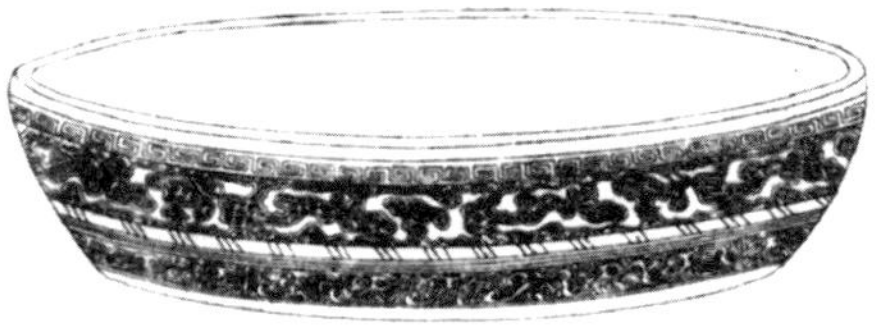

右高二寸三分深二寸二分口徑七寸八分重四十二兩

漢帶紋洗

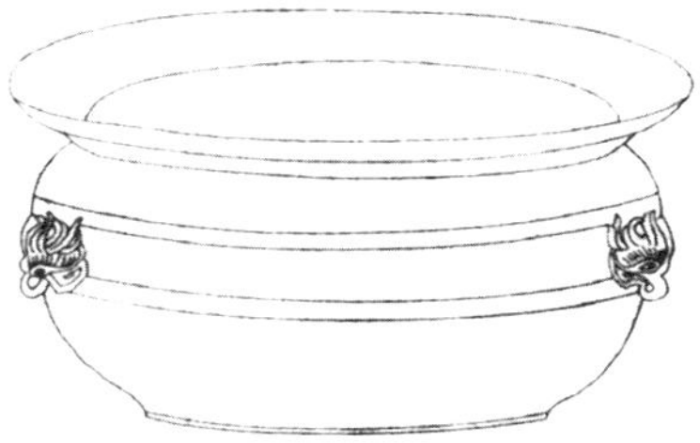

西清古鑑　卷三十三　洗　三十五

右高三寸七分深三寸五分口徑七寸四分重五十五兩

漢弦紋洗一

西清古鑑　卷三十三　洗　三十六

宜　侯王

右高七寸四分深七寸口徑一尺五寸一分重二百九十九兩篆凸起宜侯王漢罷銘多有之

漢弦紋洗二

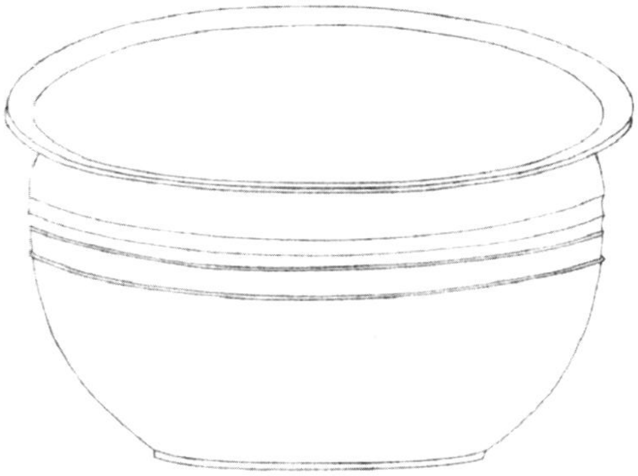

右高六寸五分深五寸九分口徑一尺三寸五分重一百二十七兩

漢弦紋洗三

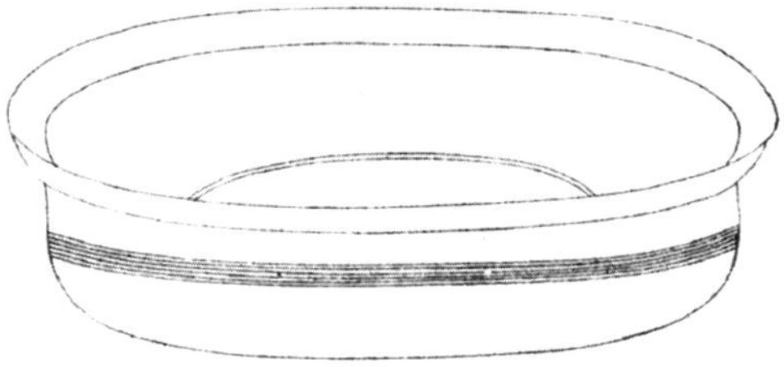

右高三寸深二寸八分口径一尺一寸四分重九十三兩

漢弦紋洗四

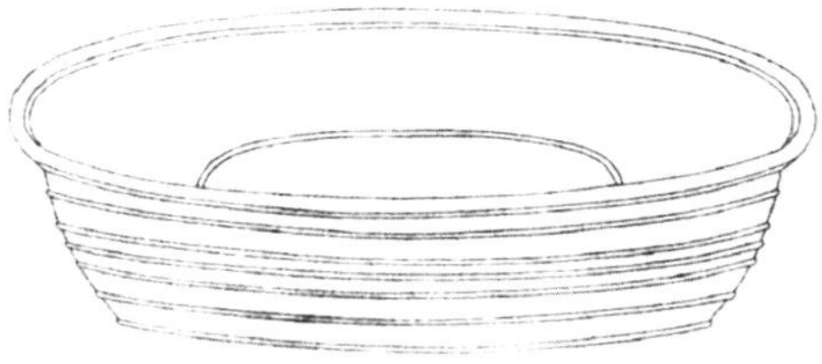

右高二寸八分深二寸五分口徑九寸八分重六十兩

漢弦紋洗五

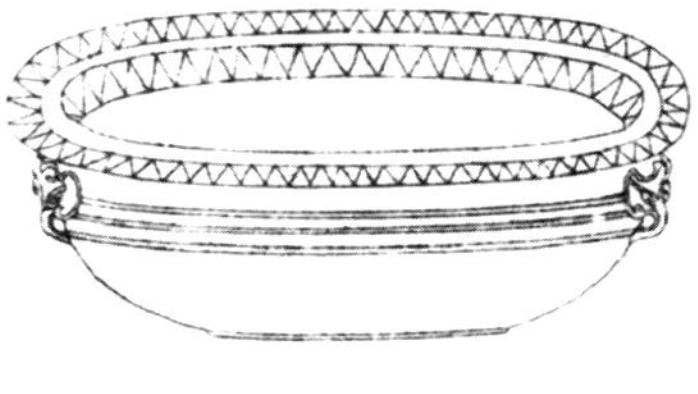

右高一寸四分深一寸三分口徑五寸一分重一十二兩鎏金

漢弦紋洗六

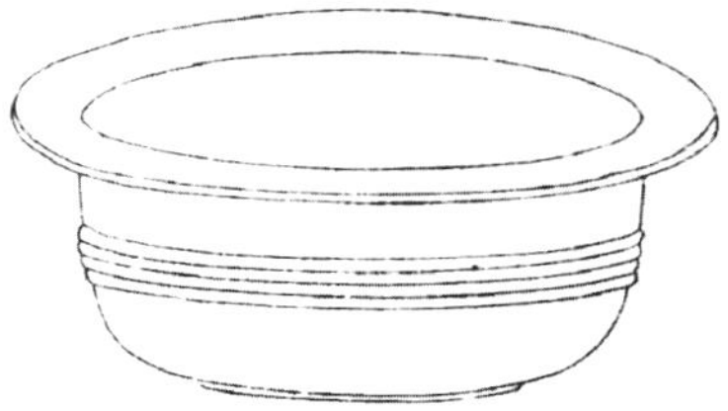

右高三寸深二寸九分口徑八寸六分重四十七兩

漢素洗一

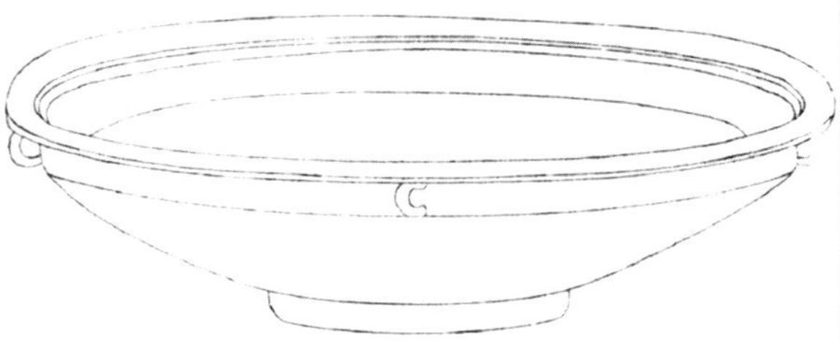

右高六寸深五寸二分口徑二尺重三百九十五兩

漢素洗二

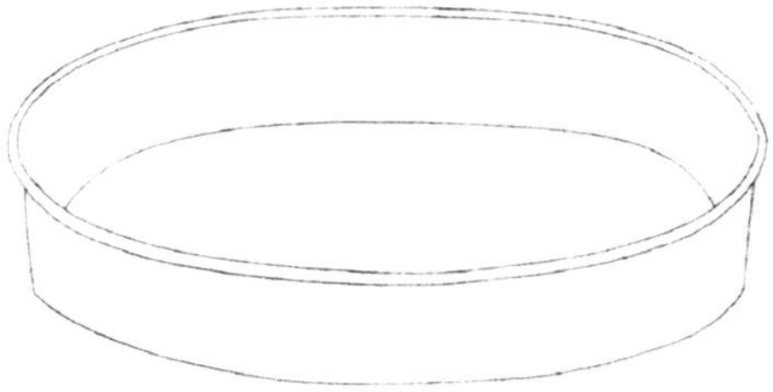

右高二寸七分深二寸六分口徑一尺二寸三分重九十五兩

漢素洗三

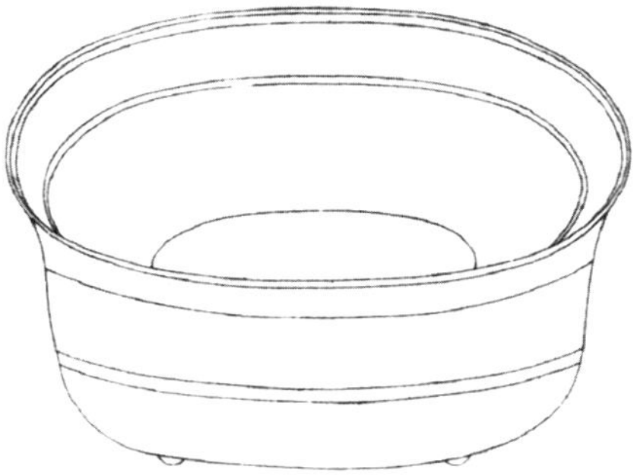

右高三寸三分深三寸口徑七寸五分重三十九兩

漢素洗四

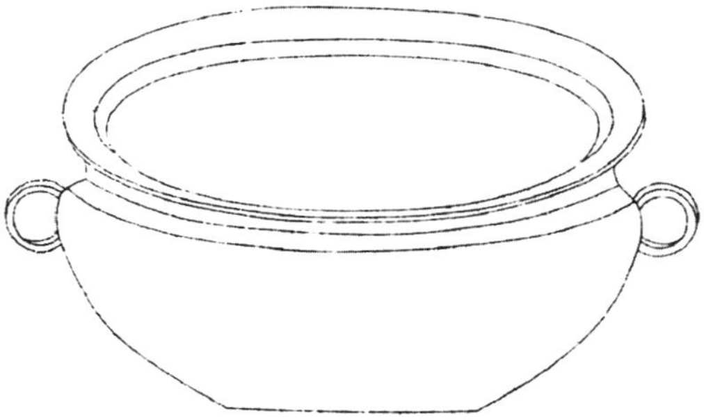

右高二寸九分深二寸八分口徑七寸二分重三十五兩

漢素洗五

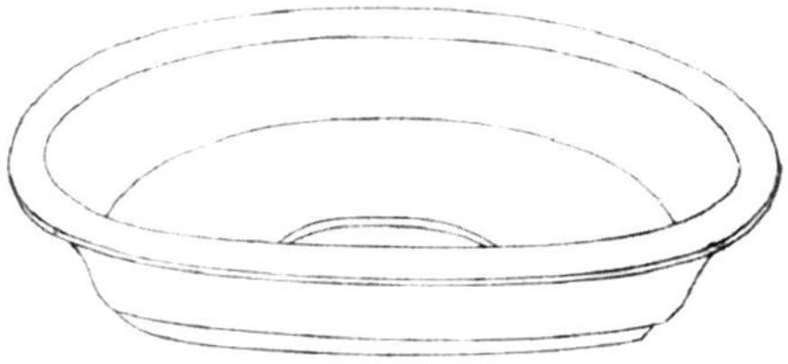

右高一寸六分深一寸五分口徑七寸八分重一十八兩

漢素洗六

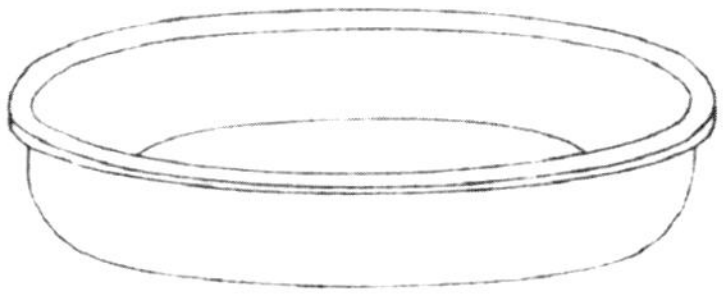

右高一寸二分深一寸一分口徑五寸八分重一十一兩

漢素洗七

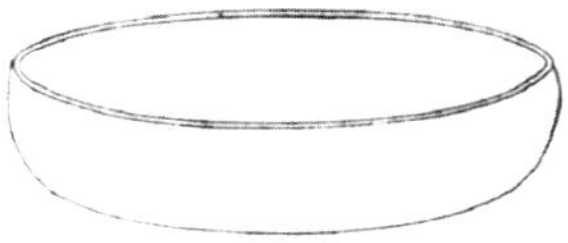

右高一寸二分深一寸一分口徑三寸八分重四兩

漢素洗八

右高二寸四分深二寸二分口徑一尺四寸三分重一百一兩

漢素洗九

右高七分深六分口徑三寸七分重四兩

周素盂

西清古鑑　卷三十三　盂　四十二

作○
○○父

右高六寸二分深五寸一分口徑一尺一分重一百六十五兩兩耳博古圖季姜杅形製與此合

周蟠虺盂

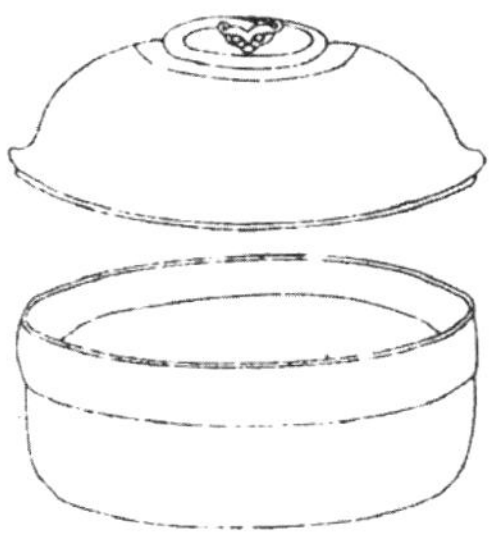

西清古鑑　卷三十三　盂　四十三

右通蓋高二寸四分深一寸三分口徑二寸九分重一十二兩

漢宋盉

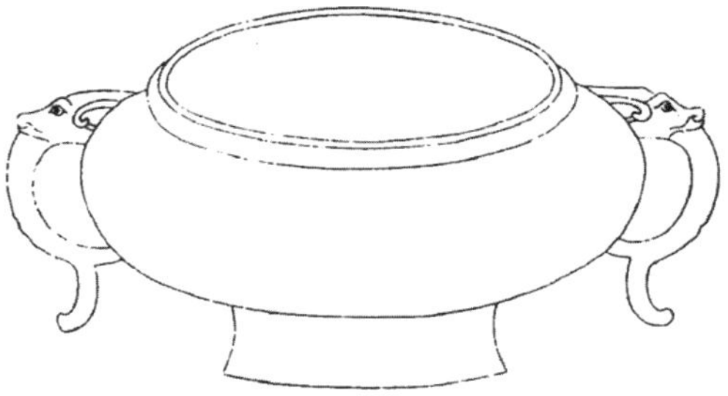

宋

右高四寸二分深三寸三分口徑五寸五分重四十八兩兩耳有珥銘字小篆蓋漢以後物宋或識其姓如嚴氏洗

漢錢盉

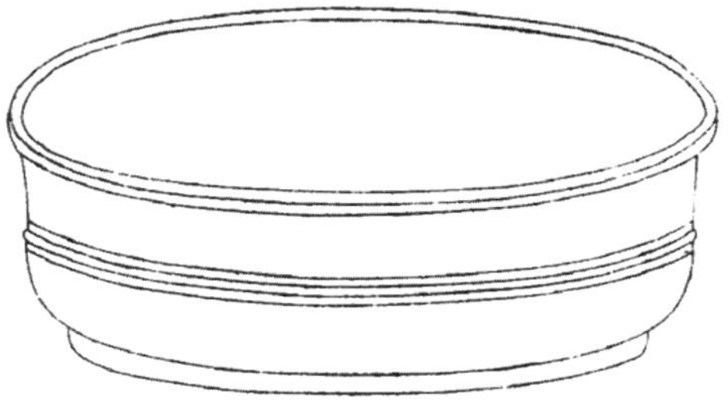

右高二寸四分深二寸二分口徑六寸二分重二十五兩無銘按泉文偏傍似銖字蓋五銖也

漢乳盂

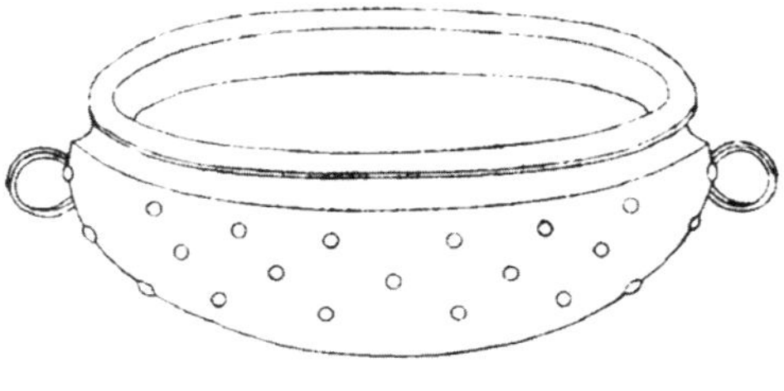

右高二寸九分深二寸八分口徑六寸七分重二十四兩兩耳

漢方盂

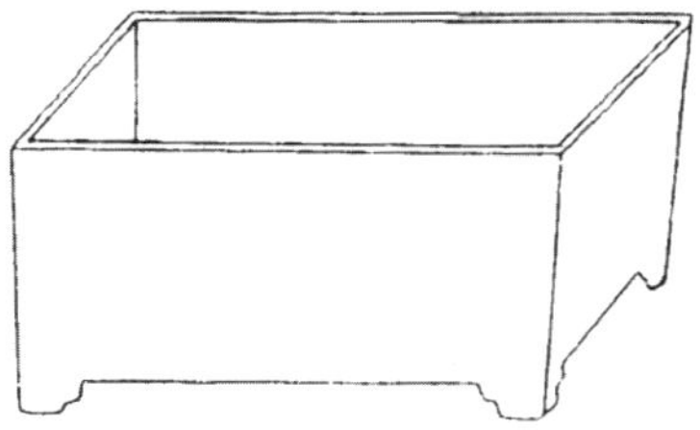

右高三寸五分深三寸口縱五寸三分橫六寸七分重九十一兩四足按韓子外儲說盂圓水圓盂方水方則方盂固當有之

漢素盂一

右高五寸一分深四寸口徑八寸三分重六十三兩

漢素盂二

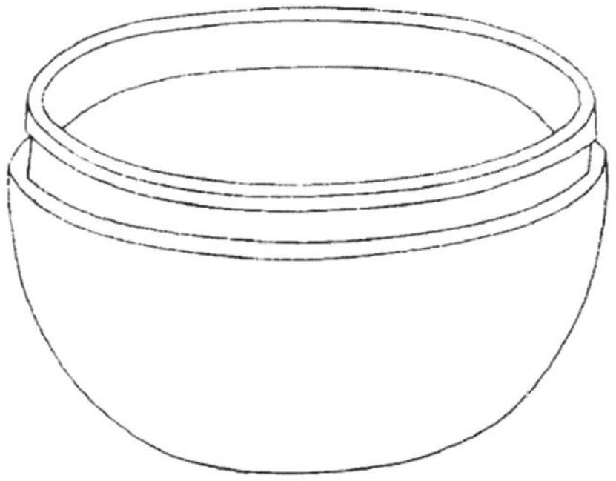

右高三寸八分深三寸六分口徑五寸八分重五十一兩

漢素盂三

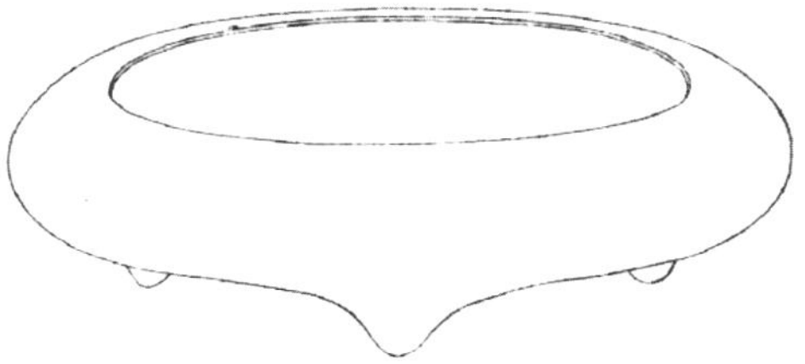

右高二寸五分深一寸七分口徑六寸重八十七兩三足

漢素盂四

右高三寸五分深三寸二分口徑六寸重四十五兩

漢素盂五

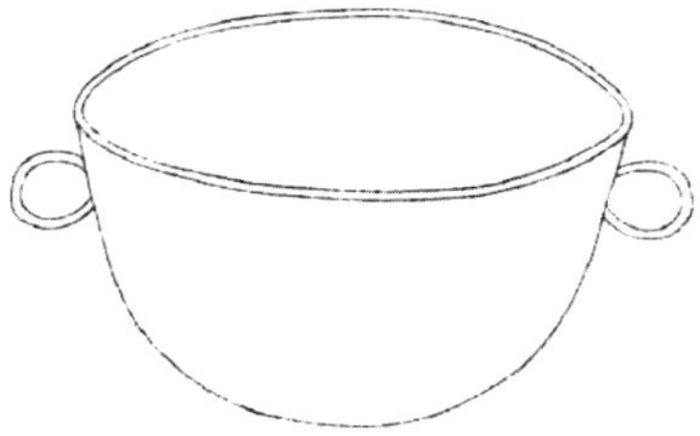

西清古鑑 卷三十三 盂 五十

右高二寸九分深二寸七分口徑四寸九分重一十五兩兩耳

漢素盂六

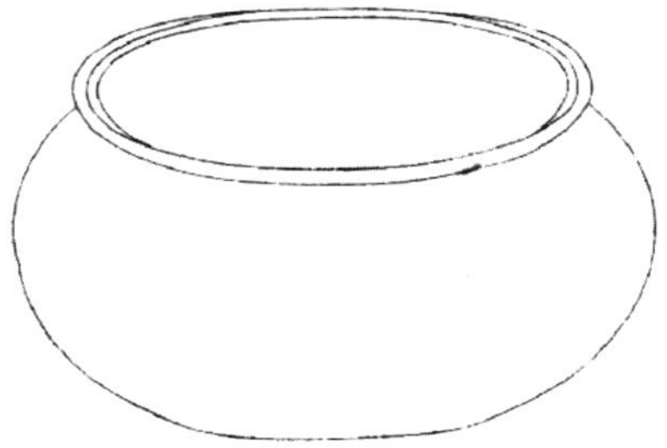

西清古鑑 卷三十三 盂 五十

右高二寸九分深二寸一分口徑五寸五分重一十七兩

漢素盂七

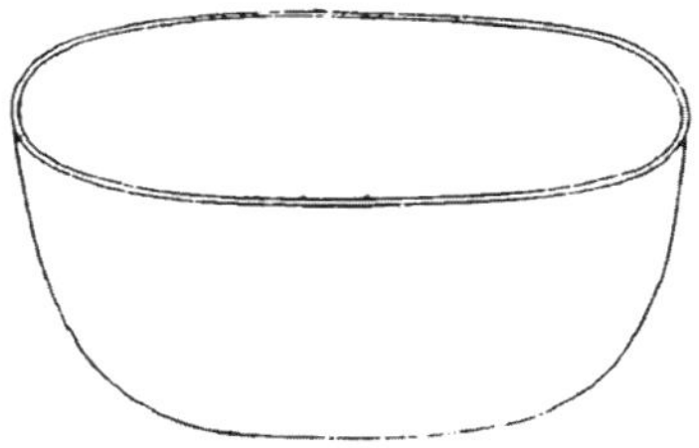

右高二寸深一寸八分口徑四寸四分重十兩

漢素盂八

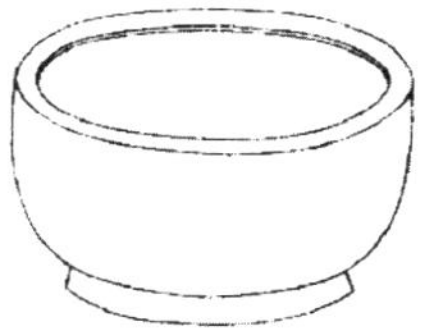

右高一寸四分深一寸一分口徑二寸八分重六兩

漢雙魚盆

右高二寸二分深一寸七分口徑一尺二寸一分重一百七兩製與洗小異蓋即後世盥沐之器也

西清古鑑卷三十四目錄

漢

缶

周

漢嘉量

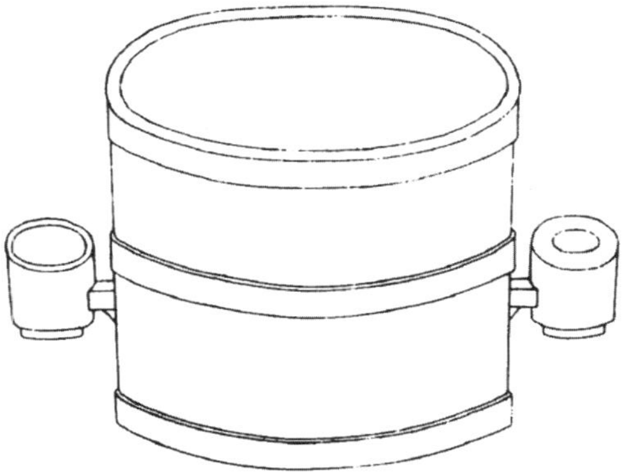

黃帝初祖
德帀于虞
虞帝始祖
德帀于新
歲在大梁
龍集戊辰
戊辰直定
天命有民
據土德受
正號即真
改正建丑
長壽隆崇
同律度量衡
稽當前人
龍在己巳
歲次實沈
初班天下
萬國永遵
子子孫孫
享傳億年

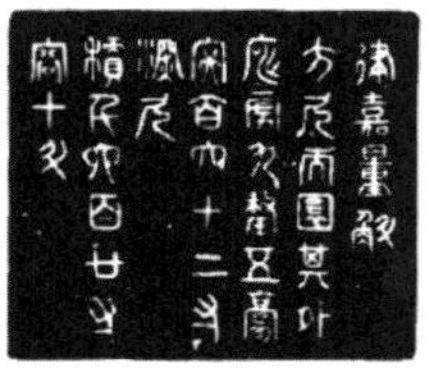

律嘉量斛
方尺而圜其外
庣旁九釐五豪
寬百六十二寸
深尺
積千六百廿寸
容十斗

律嘉量斗
方尺而圜其外
庣旁九釐五豪
寬百六十二寸
深寸
積百六十二寸
容十升

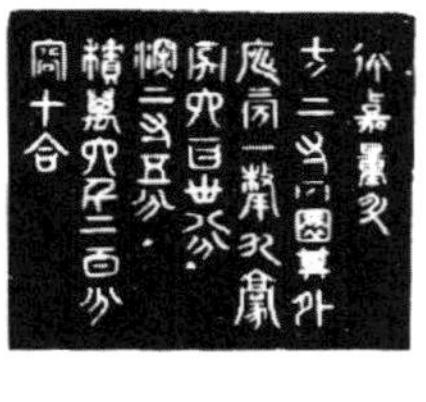

律嘉量升
方二寸而圜其外
庣旁一釐九豪
寬六百卅八分
深二寸五分
積萬六千二百分
容十合

律嘉量合
方寸而圜其外
庣旁九豪
寬百六十二分
深寸
積千六百廿分
容二龠

律嘉量斛
方尺而圜其外
庣旁九氂
冪百六十二分
深五分
積八百一十分
容如黃鍾

右斛斗升合籥凡五統曰量為一器合今尺通高八寸二分通濶一尺六寸五分斛深七寸二分徑一尺四分斗深七分有二徑與斛同升深一寸八分有一徑二寸一分合深七分有二徑一寸一分籥深三分有六徑一寸蓋莽尺每一

尺當今七寸二分通重三百六十三兩王莽篡漢號曰新其偽詔曰予伏念皇初祖考黃帝皇始祖考虞帝此銘首四語是也歲在大梁龍集戊辰則居攝之三年改元初始矣戊辰直定則始篡之日按漢書以戊辰直定御王冠顏師古注謂其日當定則猶言定日也莽妄稱火德銷盡土德當代故言據土德其曰改正建丑蓋莽以戊辰十二月朔癸酉為建國元年正月之朔也又漢書莽策羣司有曰白煒象平考量以銓攷其時為建國元年今銘云龍在巳巳歲次實沈適合蓋銘詞先叙其篡位之始而制器則建國元年也大梁昴星季春之月實沈商星孟夏之月故戊辰曰歲在大梁已巳曰歲次實沈皆歲星所在也周禮㮚氏為量銘曰嘉量既成以觀四國而此器亦名嘉量莽假周禮以愚惑天下於此亦見又據黃鍾之律積龠為合積合為升以至於斛居然有虞氏之制度故曰律嘉量也庣旁云云庣吐彫切廣韻謂不滿之貌莽為漢臣而盜竊名號至於改正朔異器制其銘詞曰初班天下萬國永遵子子孫孫享傳億年與

秦一世二世傳之萬世者同一妄誕今採入圖録不書新而仍命之曰漢亦春秋遺意耳

漢長區

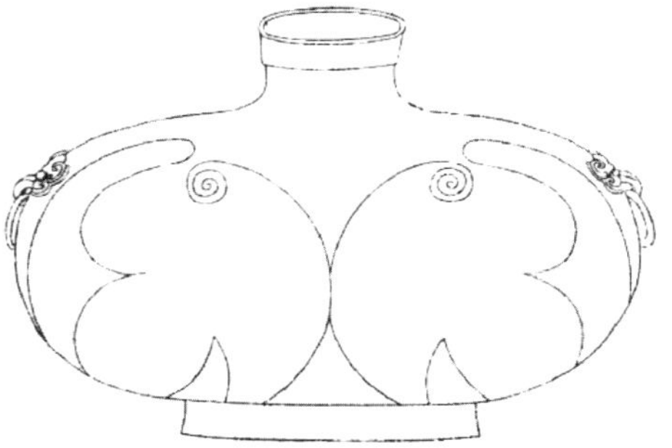

西清古鑑　卷三十四　區　五

長區容一斗

長區容一斗

右高六寸九分深五寸二分口徑二寸一分腹
縱七寸二分橫三寸二分重五十兩兩耳有環
左氏傳齊舊四量豆區釜鍾杜預注四豆為區
容十六升而此銘曰長區容一斗蓋自春秋至
漢制之廣狹已不侔矣

漢食官鍾一

西清古鑑　卷三十四　鍾　六

食官一朋造
重五十斤四兩

食官一朋造
重五十斤四兩

右高一尺三寸九分深一尺一寸六分口徑六
寸腹圍三尺五寸二分重三百二十七兩兩耳
有環周禮膳夫注食官之長又國語工商食官
注謂周禮府藏皆有賈人以知物價食官稟之
食官之名始此而毛詩箋古者貨貝五貝為朋
漢書食貨志大貝四寸以上二枚為一朋直二
百一十六此銘一朋蓋其直也下識云五十斤

四兩按律歷志三百八十四銖為一斤合易二篇之文又十六兩成斤者四時成四方之象也則斤為十六兩古今所同此五十斤四兩當為八百四兩今權重三百二十七兩則漢之每百兩今四十兩六錢七分有奇也

漢食官鍾二

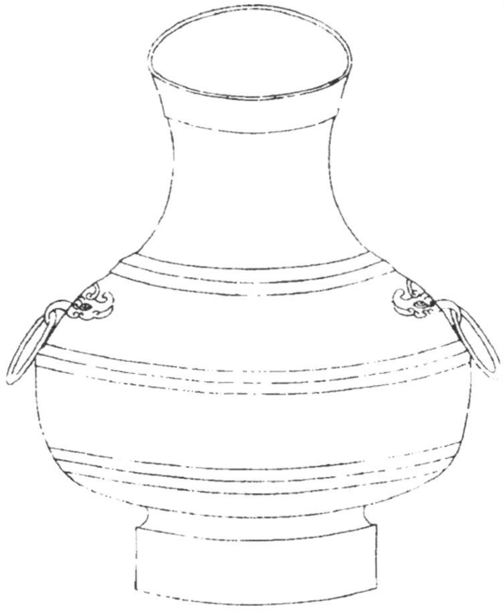

食官一朋造
斤

右尺度輕重俱同前銘缺五字

漢食官鍾三

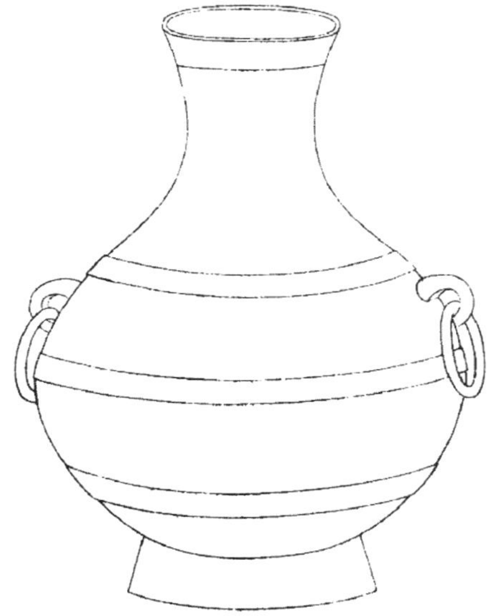

右高一尺三寸七分深一尺二寸五分口徑五寸二分腹圍三尺四寸二分重三百四十兩兩耳有環制與前器同銘亦云重五十斤而今權重三百四十兩則漢之每百兩今又為四十二兩五錢矣與前二鍾異按三才圖會載漢薰鑪重一斤三兩銘云重五斤六兩以今權較之三兩十二銖八絫有奇當漢之一斤觀此器則六兩一十九銖二絫當漢一斤矣與圖會亦弗合

漢永建鍾

右高一尺一寸四分深八寸六分口徑四寸四分腹圍二尺四寸六分重一百二十七兩兩耳有環銘云永建元年則東漢順帝紀元也

漢純素方斗

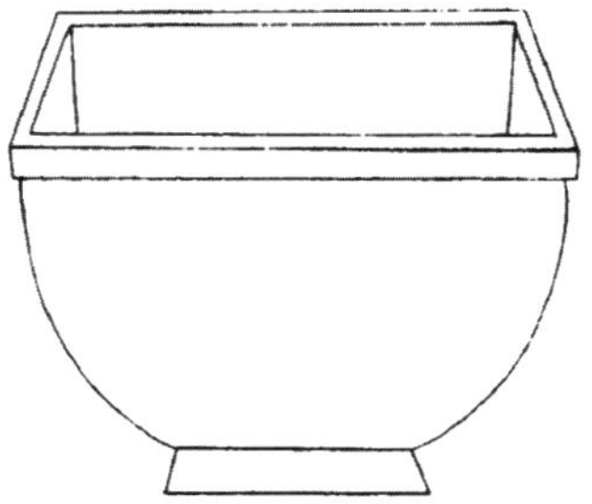

右高四寸七分深四寸口徑五寸九分足徑三寸六分重六十六兩按許氏說文斗大升也此與飲器自別

周夔龍瓿

右高八寸一分深七寸九分口徑五寸一分腹圍二尺九寸五分重一百五十三兩按爾雅釋器甌瓿謂之瓵戰國策有壺醢瓿醬之語漢書顏師古注曰瓿小甖也博古圖謂以具醢醢鬻醬其制亦不一大率為食器耳又揚子方言大者謂之甀中者謂之瓿甊至於小口為瓿則前人已辨之矣

周蟠夔瓿

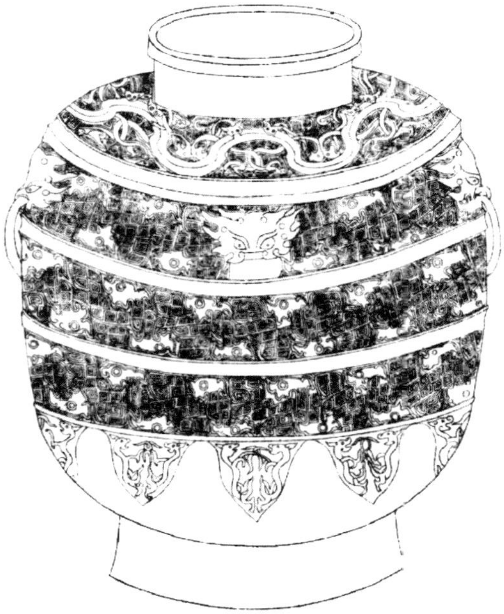

右高一尺七寸四分深一尺五寸口徑七寸七分腹圍五尺一寸重九百七兩

周蟠虺瓿

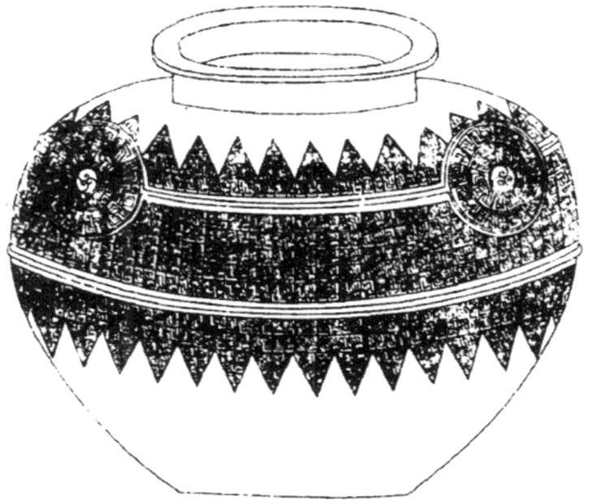

右高八寸七分深八寸三分口徑六寸五分腹圍三尺六寸五分重一百八十七兩

周蟠虬瓿

右高九寸三分深八寸八分口徑五寸五分腹圍三尺六分重一百八十七兩

周饕餮瓿一

西清古鑑　卷三十四　瓿　十七

右高七寸八分深六寸三分口徑六寸四分腹圍三尺一分重一百六十九兩

周饕餮瓿二

西清古鑑　卷三十四　瓿　十八

右高六寸三分深五寸七分口徑七寸五分腹圍三尺一寸九分重一百一十五兩

周夔紋瓿

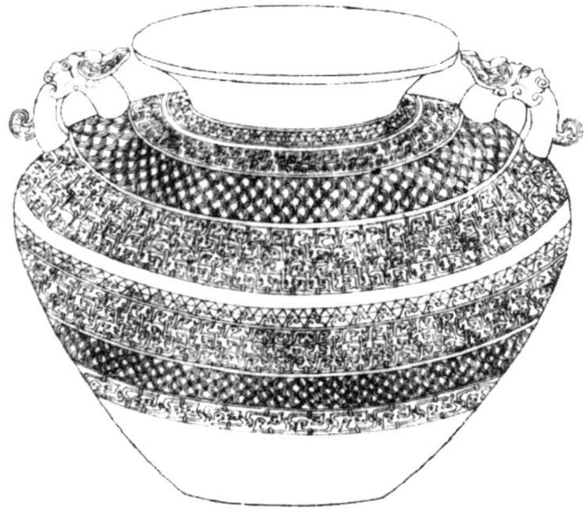

右高九寸九分深九寸四分口徑七寸六分腹圍四尺二分重二百五十九兩

周蠶紋瓿

右高一尺一分深一尺口徑五寸五分腹圍三尺一寸二分重一百九十一兩

周山紋甗

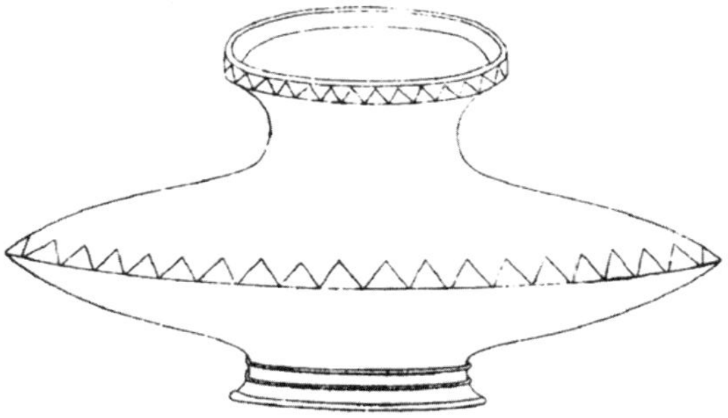

右高六寸六分深五寸八分口徑六寸腹圍三尺五寸七分重一百六十五兩

周獸𩠐甗

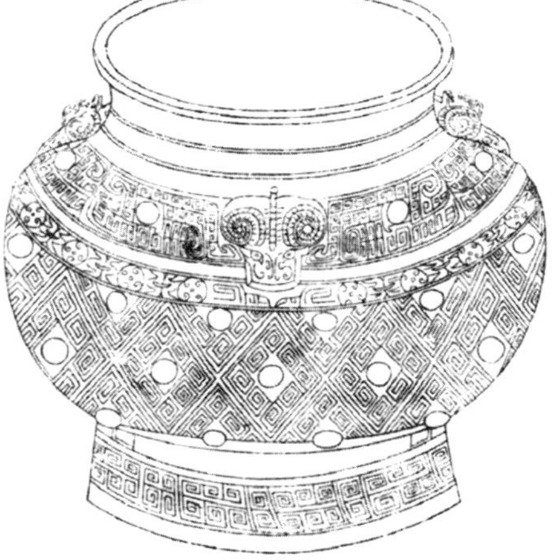

右高八寸六分深六寸五分口徑八寸腹圍三尺四寸七分重二百一十一兩

周繩耳甀

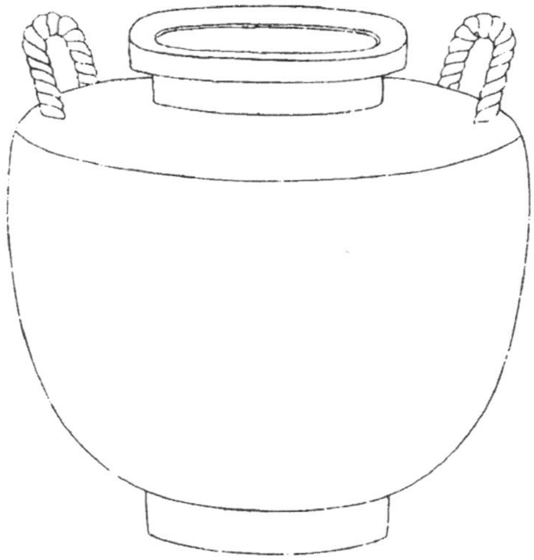

右高一尺五寸七分深一尺三寸三分口徑七寸八分腹圍四尺三寸二分重六百八十三兩

周素甀

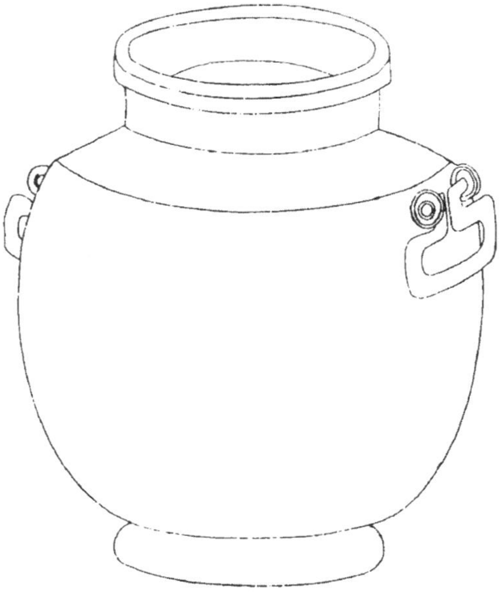

右高一尺六分深一尺口徑五寸九分腹圍三尺二寸九分重三百七十九兩

漢獸環瓿一

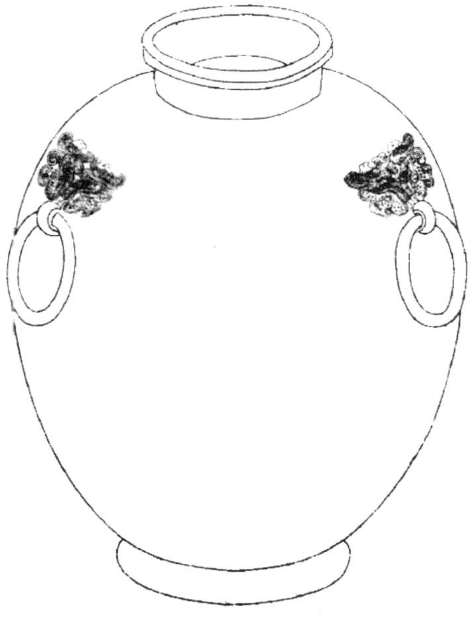

右高一尺四寸一分深一尺三寸口徑六寸五分腹圍四尺二寸七分重六百六十一兩

漢獸環瓿二

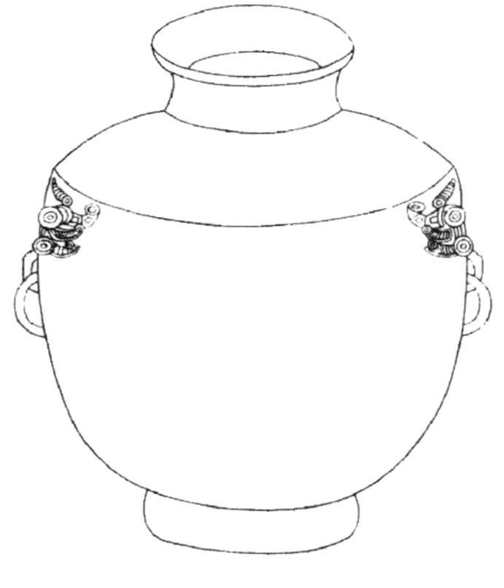

右高一尺一寸九分深一尺一寸六分口徑六寸五分腹圍三尺五寸五分重二百三兩

漢獸環瓿三

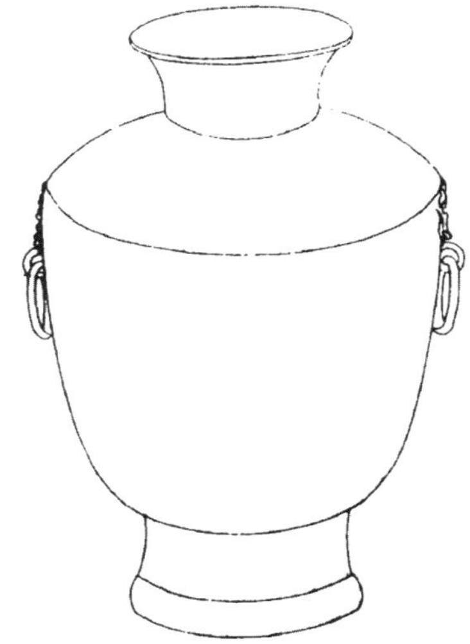

右高九寸一分深七寸九分口徑四寸四分腹圍二尺三寸七分重一百五十五兩

漢獸環瓿四

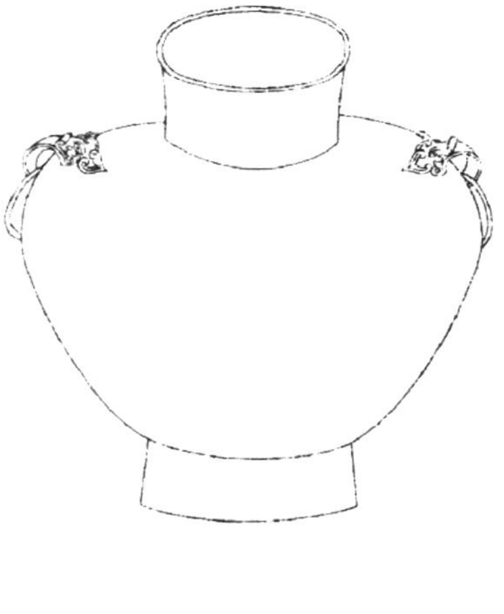

右高六寸九分深五寸九分口徑三寸四分腹圍一尺二寸三分重七十三兩

漢獸環瓿五

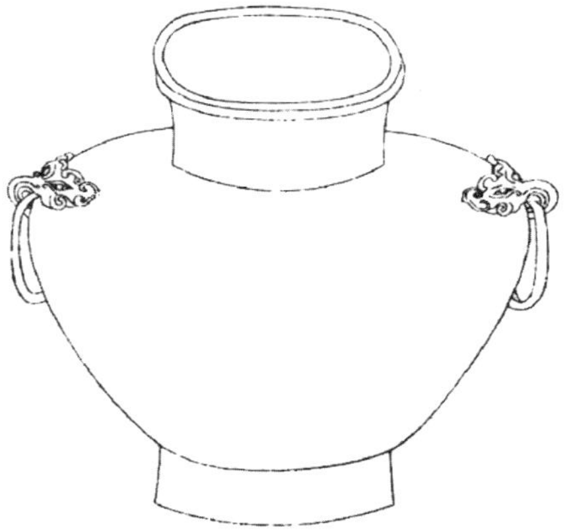

右高五寸八分深五寸一分口徑三寸五分腹圍一尺九寸八分重五十四兩

漢獸環瓿六

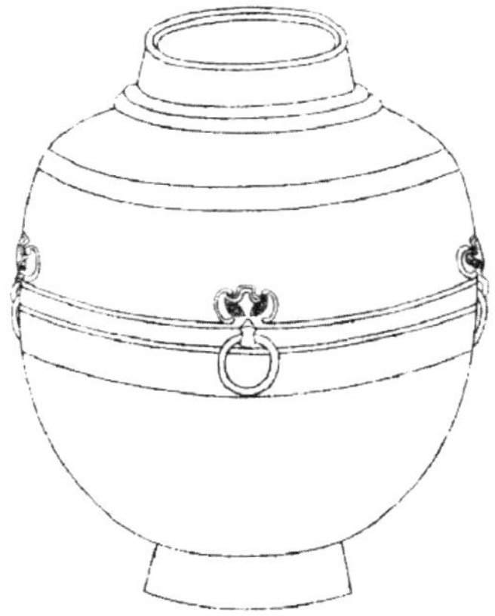

右高六寸三分深五寸八分口徑二寸六分腹圍一尺六寸六分重三十八兩

漢獸環瓿七

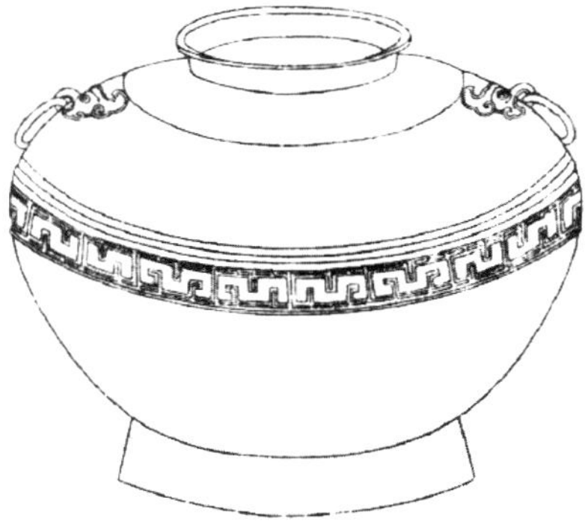

西清古鑑　卷三十四　瓿　三十一

右高五寸一分深四寸五分口徑二寸八分腹圍一尺九寸四分重三十一兩

漢獸耳瓿一

西清古鑑　卷三十四　瓿　三十二

右高一尺二分深八寸七分口徑五寸二分腹圍二尺六寸八分重一百五十九兩

漢獸耳瓿二

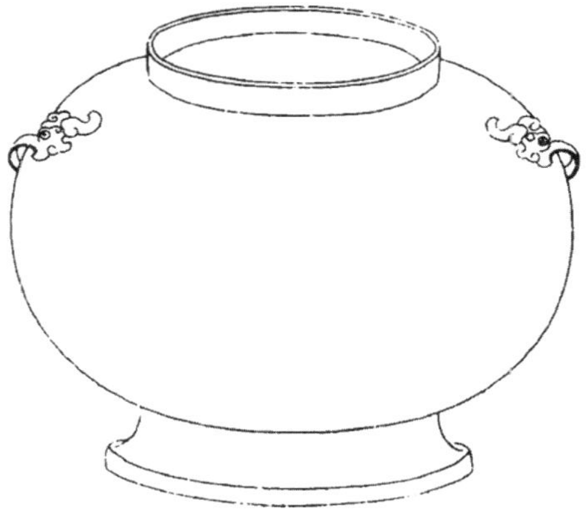

右高五寸三分深四寸五分口徑四寸八分腹圍二尺九分重四十八兩

漢獸耳瓿三

右高四寸八分深四寸四分口徑四寸腹圍一尺九寸六分重四十七兩

漢獸耳瓿四

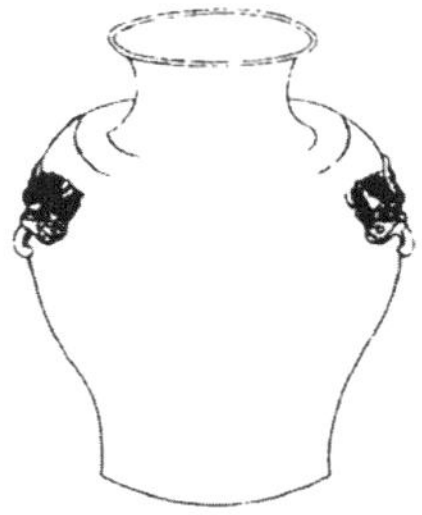

右高四寸六分深四寸四分口徑二寸三分腹圍一尺二寸一分重三十五兩

漢三鷹瓿

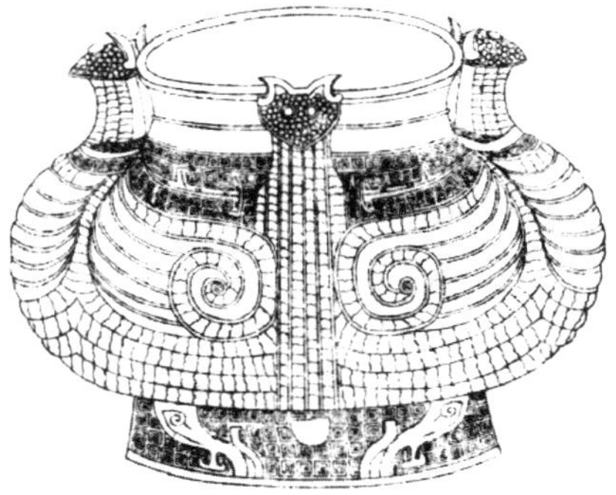

右高四寸八分深四寸口徑四寸二分腹圍二尺重五十一兩

漢山紋甂

右高六寸七分深五寸九分口徑五寸九分腹圍三尺四寸重一百四十九兩

漢星紋甂

右高七寸四分深六寸一分口徑三寸五分腹圍一尺八寸八分重七十二兩

漢素瓿一

右高七寸三分深六寸九分口徑四寸五分腹圍二尺三寸八分重一百一十三兩有流

漢素瓿二

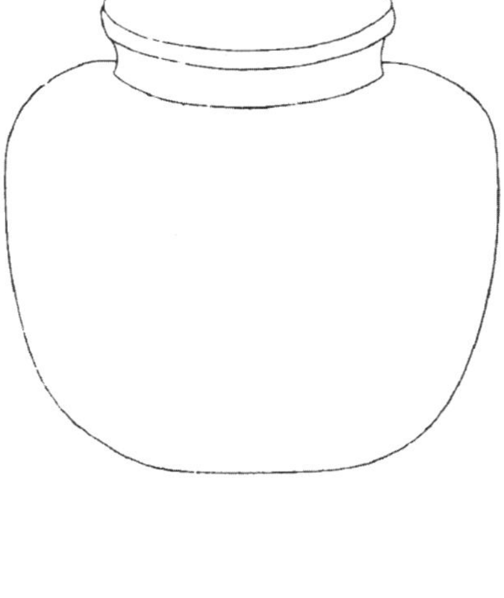

右高七寸一分深六寸九分口徑四寸二分腹圍二尺三寸五分重一百一十三兩

漢素瓿三

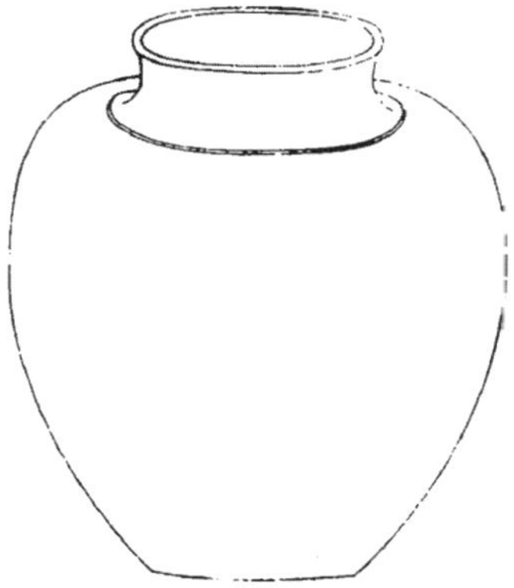

右高四寸六分深四寸五分口徑二寸一分腹圍一尺二寸重二十五兩

漢素瓿四

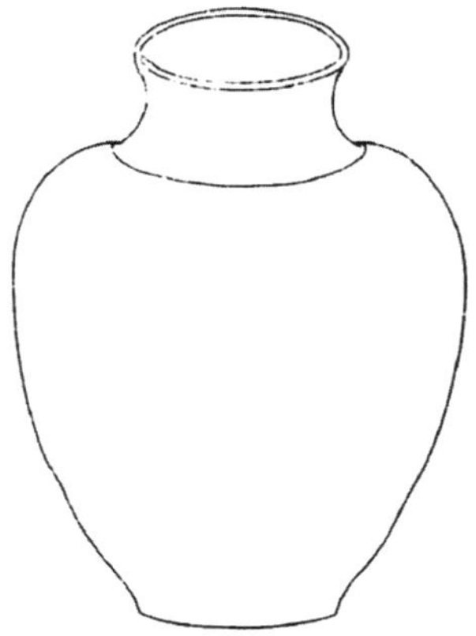

右高五寸九分深五寸六分口徑三寸三分腹圍一尺九寸重六十三兩

周素缶

右通蓋高八寸二分深六寸五分口徑二寸八分腹縱五寸五分橫九寸六分重一百二十八兩兩耳連環按缶製大腹而斂口可以節樂可以盛酒漿爾雅疏謂是瓦器而禮器五獻之尊門外缶門內壺是缶尊彝之類又小爾雅釜二有半謂之藪藪二有半謂之缶缶二謂之鍾是缶亦量屬與豆區釜鍾同合二說與茲器觀之則缶製固不得專屬之陶人矣

西清古鑑卷三十五目錄

奩

漢

帶紋奩

雲紋奩

饕餮奩

夔龍奩一

夔龍奩二

獸環奩一

獸環奩二

罐

漢

湶豆罐一

湶豆罐二

湶豆罐三

臼

漢

雙螭臼

漢螭耳奩一

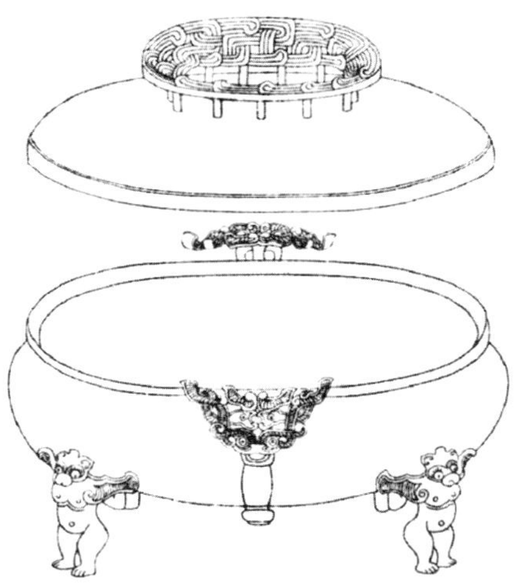

右通盖高四寸深二寸二分口縱四寸三分横六寸腹圍一尺八寸重三十五兩鐘鼎欵識有卬仲奩銘曰自作饙奩博古圖有交虬奩缺盖此則盖器全而紋鏤類漢人物又兩耳博古圖謂便於提攜也

漢螭耳奩二

右通蓋高四寸深二寸一分口縱四寸二分橫五寸七分腹圍一尺七寸六分重四十二兩

漢螭耳奩三

右通蓋高四寸四分深二寸五分口縱四寸五分橫六寸一分腹圍一尺八寸五分重四十七兩

漢獸耳奩

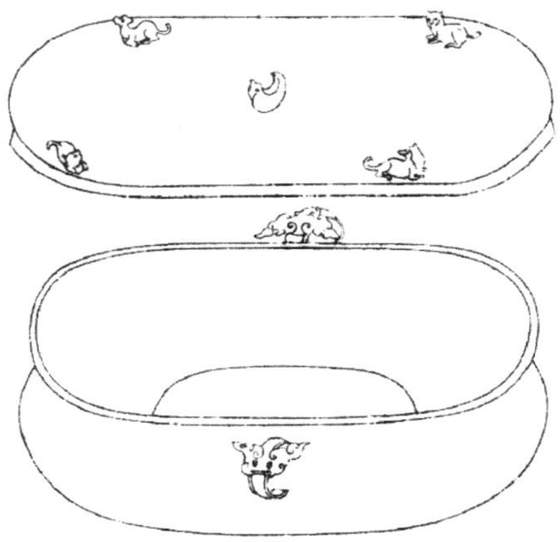

右通蓋高二寸七分深一寸九分口縱三寸七分横五寸腹圍一尺五寸二分重二十一兩

漢盤雲奩

右通蓋高三寸五分深二寸七分口縱五寸一分横六寸腹圍一尺八寸重四十五兩

漢素盦

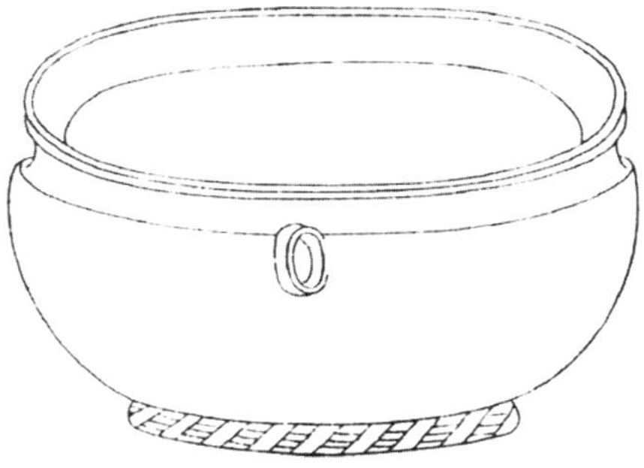

右高二寸九分深二寸七分口縱四寸七分横五寸六分腹圍一尺六寸八分重二十七兩缺蓋

漢龍首鐎斗一

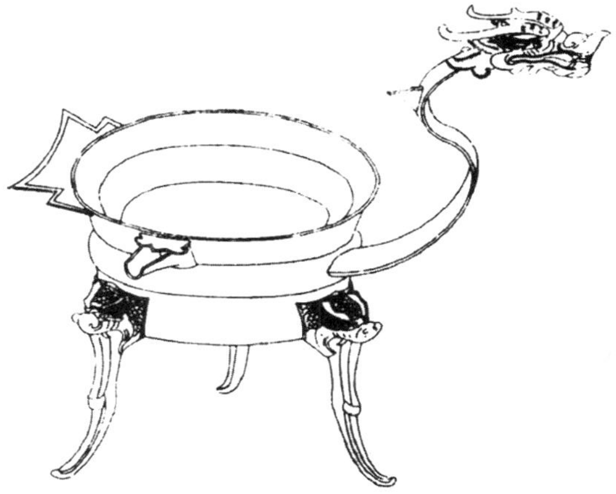

右高四寸七分深二寸三分口徑五寸一分腹圍一尺三寸七分重六十七兩有流有柄三足鐎斗為温器與刁斗晝炊夜擊者異洞天清錄謂刁斗無足鐎斗有足是也

漢龍首鐎斗二

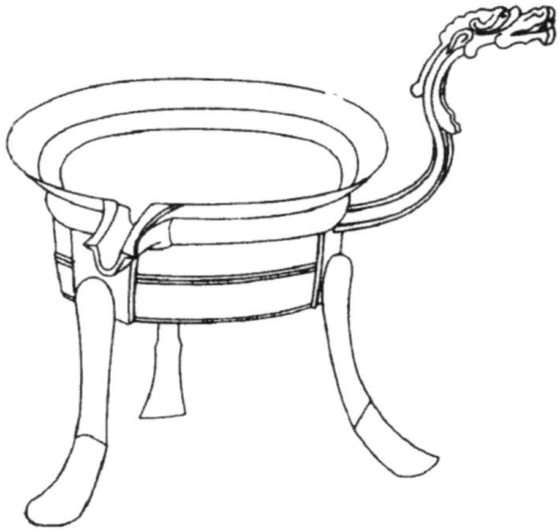

右高五寸三分深二寸三分口径五寸五分腹
圍一尺三寸三分重四十三兩有流有柄三足

漢龍首鐎斗三

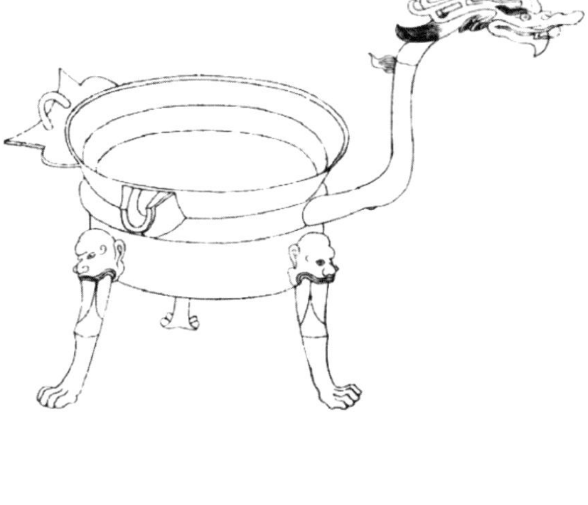

右高四寸五分深二寸二分口徑四寸四分腹
圍一尺一寸四分重四十四兩有流有柄三足

漢龍首鐎斗四

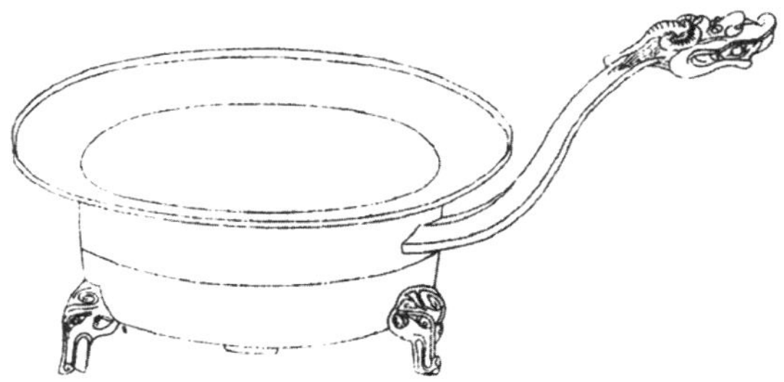

右高二寸五分深二寸二分口徑五寸腹圍一尺二寸三分重二十五兩有柄三足

漢鳧首鐎斗

右通蓋高四寸深一寸六分口徑三寸五分腹圍九寸一分重二十兩有流有柄三足

漢如意鐎斗

西清古鑑　卷三十五　鐎斗　十二

右高五寸二分深二寸三分口径五寸二分腹圍一尺二寸七分重四十二兩有柄三足

漢熊足鐎斗

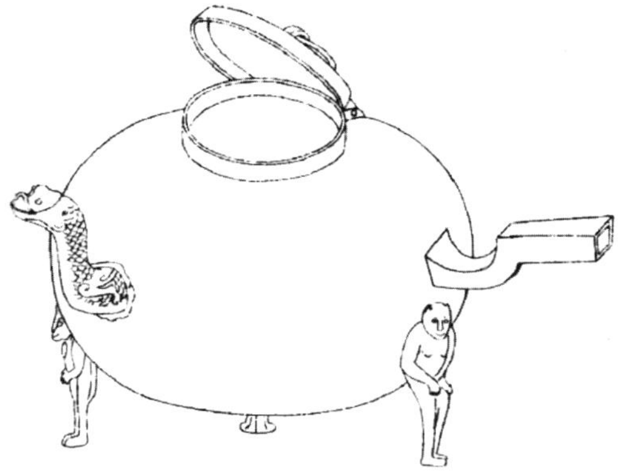

西清古鑑　卷三十五　鐎斗　十三

右通盖高四寸二分深三寸一分口徑二寸四分腹圍一尺四寸七分重三十三兩有流有柄三足

漢素鐎斗一

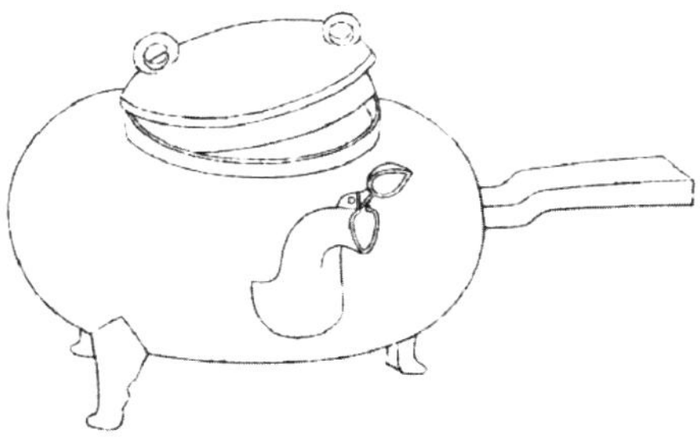

右通盖高三寸五分深二寸六分口徑二寸八分腹圍一尺四寸四分重二十七兩有流有柄三足

漢素鐎斗二

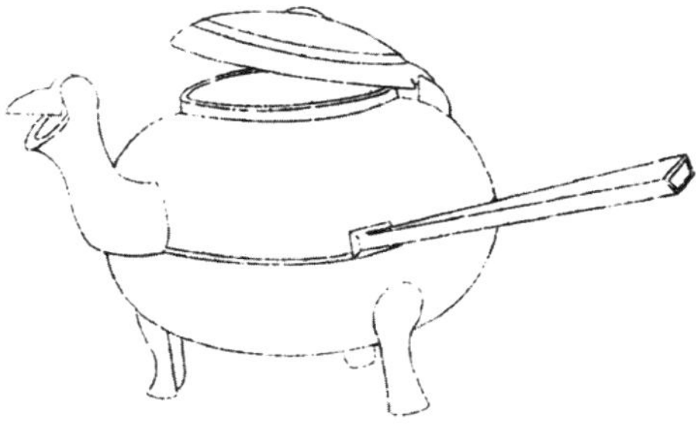

右通盖高四寸五分深三寸三分口徑二寸二分腹圍一尺五寸七分重三十六兩有流有柄三足

漢帶紋奩

右通蓋高六寸二分深五寸口径三寸七分腹圍一尺二寸四分重三十八兩有提梁與博古圖連環攜奩同博古圖謂奩葢閨房胎澤之具然攷晉書天文志譬如覆奩云云唐書裴諗傳宣宗取御奩果以賜又唐人詩金奩調上藥及寶奩抛擲久皆不專指閨房物爲言是亦奩盦之類凡盛物者總名耳

漢雲紋奩

右高四寸深三寸四分口径三寸三分腹圍一尺二寸四分重三十一兩

漢饕餮奩

右通盖高一尺二分深八寸口徑三寸七分腹圍一尺五寸三分重一百二十三兩

漢夔龍奩一

右高九寸一分深八寸六分口徑三寸六分腹圍二尺一寸五分重一百九十三兩

漢夔龍奩二

西清古鑑　卷三十五　奩　二十

右高六寸深五寸七分口徑三寸二分腹圍九寸八分重三十七兩

漢獸環奩一

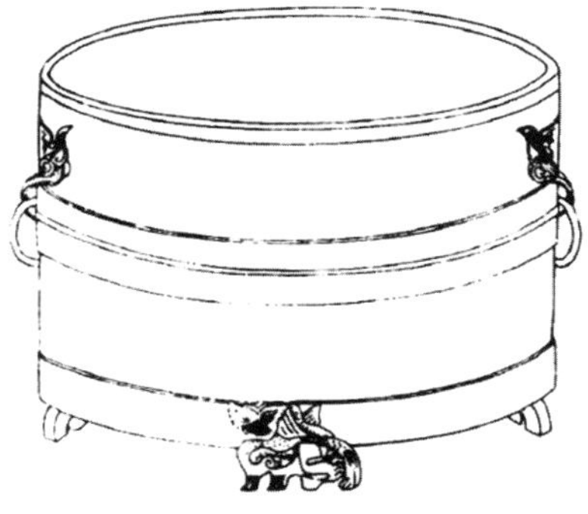

西清古鑑　卷三十五　奩　二十一

右高四寸九分深四寸一分口徑七寸三分腹圍二尺二寸九分重八十兩

漢獸環奩二

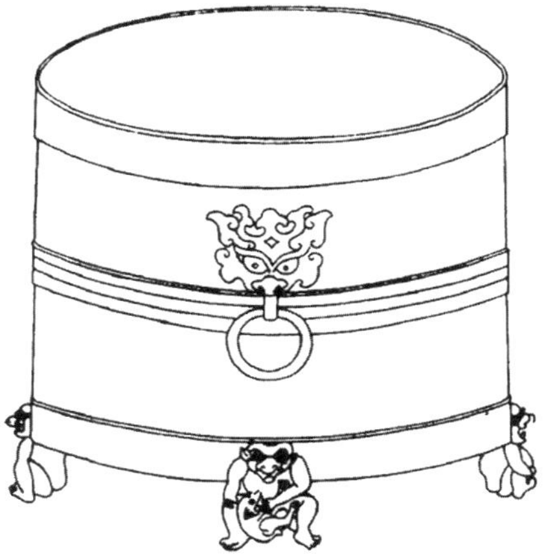

右高四寸八分深四寸三分口徑六寸八分腹圍二尺一寸七分重八十一兩按此幷前一器俱與博古圖四神奩同

漢澡豆罐一

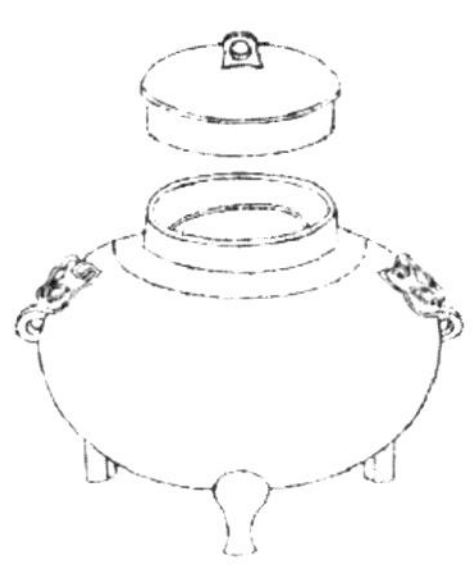

右通蓋高二寸四分深一寸八分口徑一寸三分腹圍七寸七分重八兩按陶弘景十賚文有賚爾鍮石澡罐之語蓋盥漱所需也

漢澡豆罐二

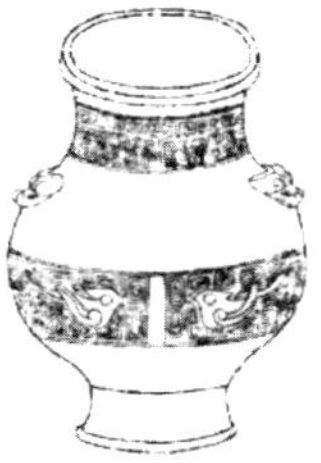

右高二寸八分深二寸三分口徑一寸四分腹圍六寸二分重六兩

漢澡豆罐三

右高一寸六分深一寸四分口徑一寸二分腹圍四寸九分重六兩

漢雙螭臼

右高四寸深三寸三分口徑三寸三分腹圍一尺一寸七分重八十七兩按臼之名自易稱臼杵之利已有之此器盖後世物虀臼茶臼之類耳

西清古鑑卷三十六目録

鐘

周

周特鐘

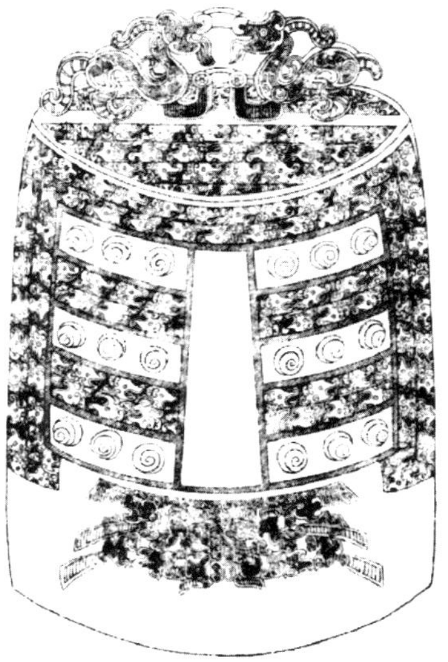

黄鐘清

太和

右高六寸九分鈕高一寸八分濶四寸六分兩舞相距五寸二分橫四寸三分兩銑相距五寸六分橫四寸五分枚三十六各長二分重一百九十一兩按黄鐘特懸君音也律呂子聲之說發於杜氏通典五代兩宋樂懸有四清聲是子聲也又謂之半聲黄鐘正律無半變律有半即黄鐘之清聲也宋李照不知斥為鄭衛今觀此銘黄鐘清三字是周時已有清聲蓋十二律錯綜相濟傳之自古非後人私臆所能為亦如五音之變宮變徵杜氏謂自殷以前但有五音周加文武二音謂之七聲是也太和者樂主於和則舉全樂而言之

周應鐘

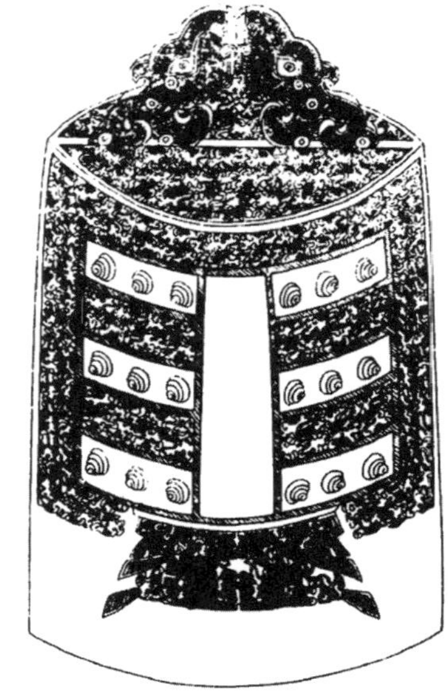

應鐘

太和

右高六寸九分鈕高二寸濶三寸九分兩舞相距五寸三分橫四寸四分兩銑相距五寸六分橫四寸四分枚三十六各長二分重二百三兩銘曰應鐘按應鐘十月律也稱太和與特鐘同

周寶鐘

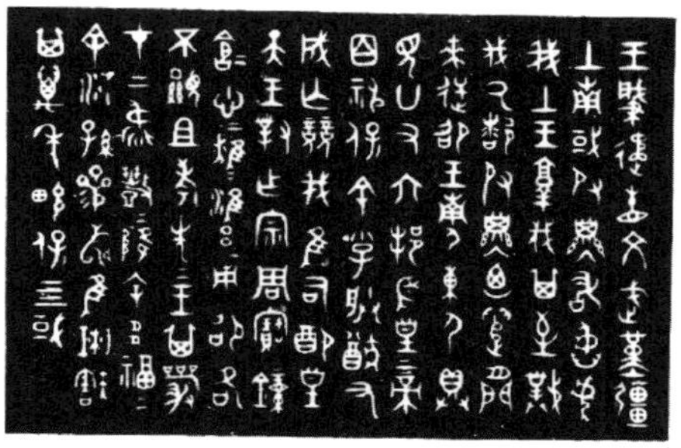

王肇遹省文武堇疆
土南國牧孳敢陷虐
我上王章我其至○
伐乃都牧孳廼遣○
來徙邵王南節東節具
見山有大邦惟皇上帝
四神保余小子朕猷有
成作虢我惟司配皇
天王對作宗周寶鐘
○○心、　雝、用昭格
丕顯祖考先、三其儼
在上豐、降余多福、
余泊孫參壽惟○琍
其萬年畯保四國

右高一尺三寸四分甬長七寸一分徑二寸五分有旋兩舞相距九寸四分橫七寸五分兩銑相距一尺一寸橫八寸二分枚三十六各長一寸一分重九百六十兩銘詞幾不可句讀詩稱滔滔江漢南國之紀又禮記武始而北出再成而滅商三成而南四成而南國是疆銘曰南國應是周初時語按周禮地官掌節掌守邦節而辨其用以輔王命凡通達於天下者必有節以傳輔之銘曰南節東節而前稱肇遣名文武後云廼遣云來徙應是使命所達耳又魯頌三壽

作朋鄭氏謂三卿也銘曰余洎孫三壽義同曰惟皇上帝曰朕猷有成曰配皇天曰祖考先王意其時功成作樂是鐘蓋大祀所縣非宴饗之說矣

周太公鐘

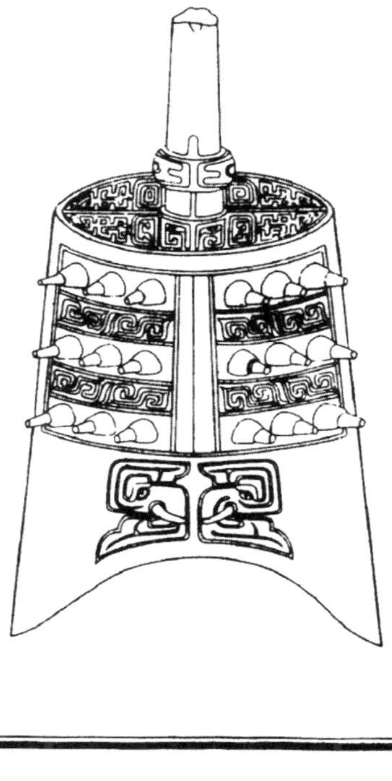

太公作旅鐘
子孫永寶用

右高七寸甬長三寸八分徑一寸有旋兩舞相距五寸一分橫四寸兩銑相距五寸七分橫四寸二分枚三十六各長六分重二百一十九兩銘旅鐘旅訓衆蓋編鐘類也

周䪫鐘

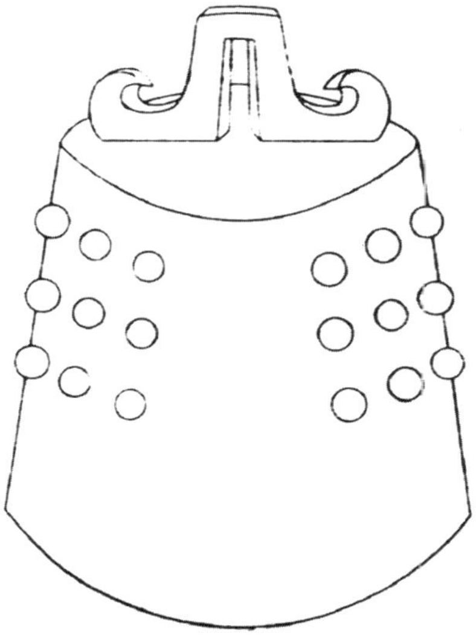

宋公成之䪫鐘

宋公成之䪫鐘

右高九寸二分鈕高二寸六分濶六寸三分兩舞相距七寸五分横六寸一分兩銑相距八寸五分横如兩舞相距之數枚三十六各長五分重六百六十六兩博古圖宋公䪫鐘凡六形制各異而銘字同廬陵羅泌路史餘論記宋崇寧三年甲申之歲得諸南都崇福禪院者是也宋公名成者二名固成者一不能實指為何公而

泌獨言平公成未知何據博古圖謂六䪫為黃帝樂故樂緯叶圖徵淮南鴻烈解及班志皆言之䪫與莖同周禮大司樂注作五莖言能為五行之道立根莖也

周雙龍鐘

右高八寸九分鈕高三寸一分濶七寸兩舞相距七寸五分橫六寸兩銑相距八寸四分橫六寸八分枚三十六各長四分重四百六十四兩

周雙螭鐘

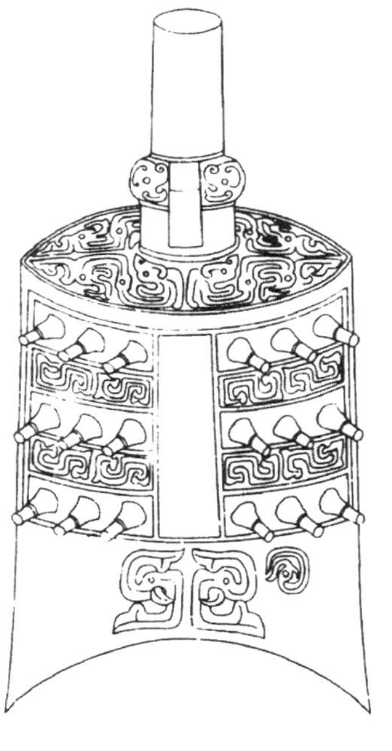

右高六寸四分甬長三寸七分濶九分有旋兩舞相距四寸九分橫三寸八分兩銑相距五寸五分橫四寸枚三十六各長六分重二百三十兩

周雙夔鐘

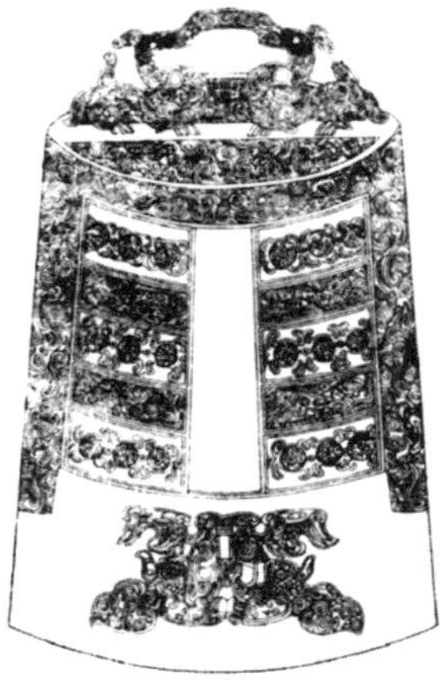

西清古鑑　卷三十六　鐘　十一

右高四寸四分鈕高一寸四分濶三寸三分兩舞相距三寸五分横二寸六分兩銑相距三寸九分横二寸九分枚三十六各長二分重四十六兩

周蟠夔鐘一

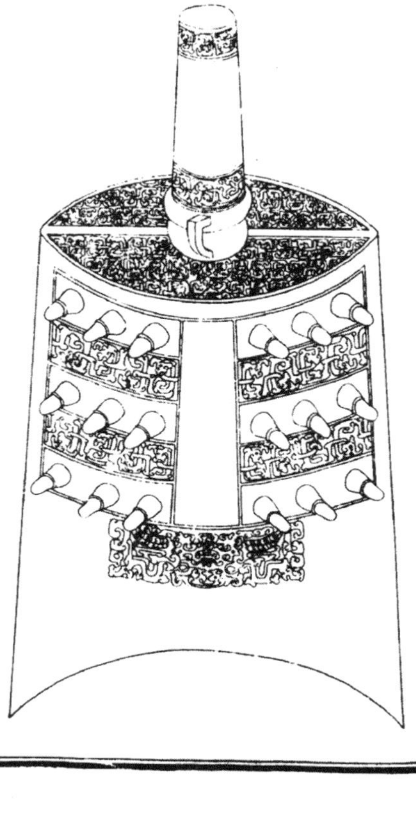

西清古鑑　卷三十六　鐘　十二

右高一尺六寸甬長九寸五分徑二寸有旋兩舞相距一尺一寸五分横九寸三分兩銑相距一尺三寸二分横一尺一寸枚三十六各長一寸一分重七百六十三兩

周蟠夔鐘二

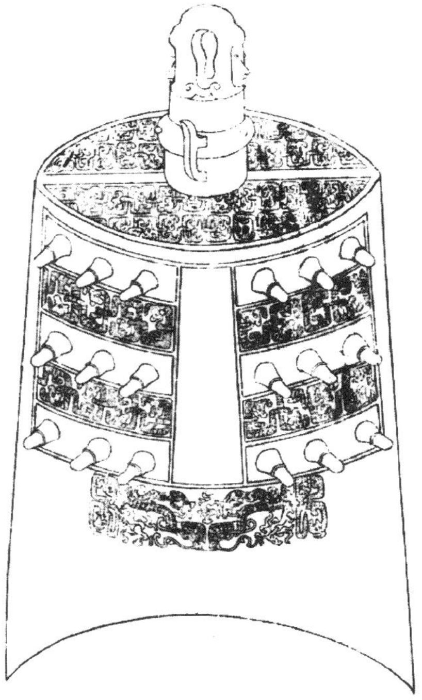

右高一尺三寸五分角微方長五寸八分縱一寸八分橫一寸五分有旋兩舞相距九寸五分橫七寸五分兩銑相距一尺一寸橫九寸枚三十六各長一寸一分重四百五十四兩

周蟠夔鐘三

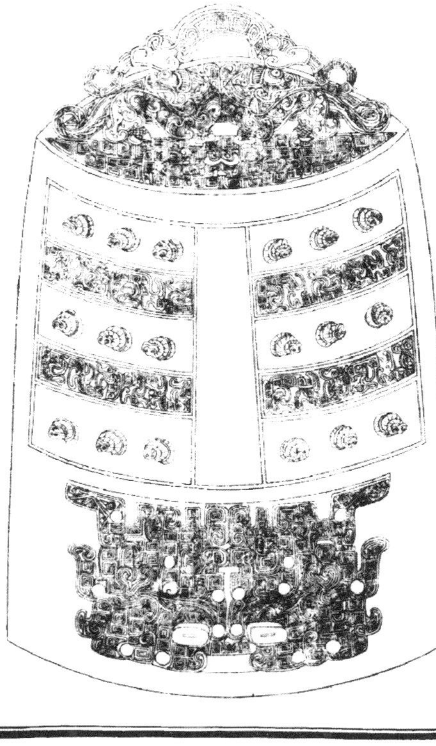

右高一尺二寸六分鈕高四寸濶九寸一分兩舞相距九寸五分橫七寸九分兩銑相距一尺一寸五分橫九寸枚三十六各長六分重八百四十三兩

周蟠夔鐘四

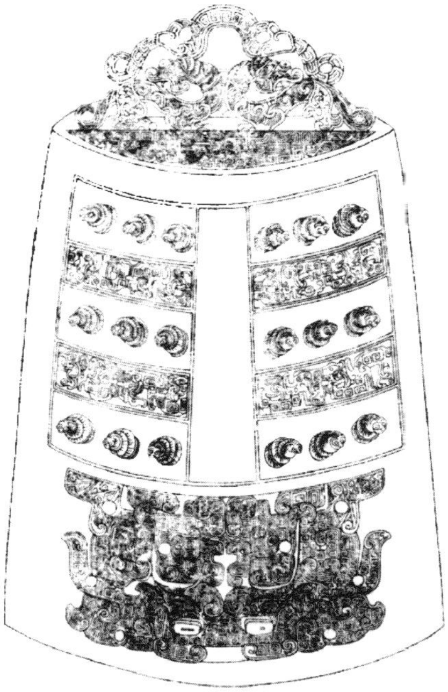

右高一尺九分鈕高三寸一分濶七寸三分兩舞相距八寸二分橫六寸六分兩銑相距九寸七分橫七寸八分枚三十六各長五分重五百九十二兩

周蟠夔鐘五

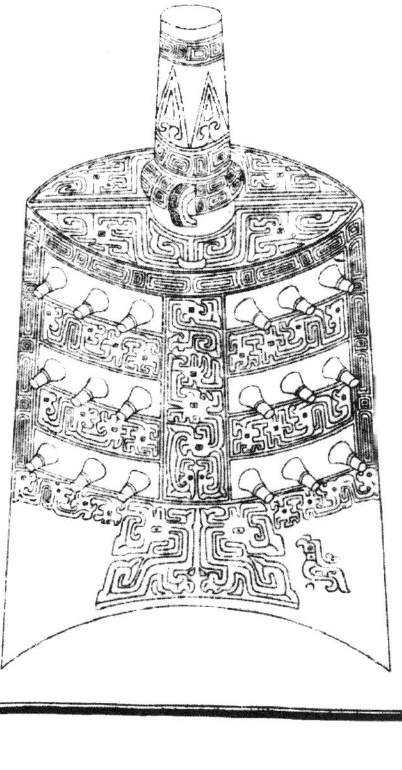

右高一尺六分甬長四寸八分徑一寸五分有旋兩舞相距七寸六分橫五寸六分兩銑相距八寸九分橫六寸四分枚三十六各長八分重五百五十兩

周蟠夔鐘六

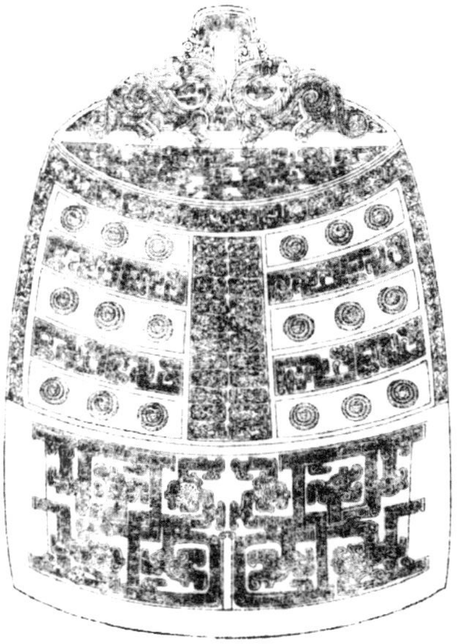

右高九寸七分鈕高二寸八分濶五寸四分兩舞相距七寸二分横五寸五分兩銑相距八寸五分横六寸五分枚三十六各長三分有半重三百八十一兩

周蟠夔鐘七

右高九寸七分甬長四寸九分徑一寸五分有旋兩舞相距七寸三分横五寸兩銑相距八寸四分横五寸八分枚三十六各長八分重五百五十兩

周蟠夔鐘八

右高六寸五分鈕高二寸九分闊四寸八分兩舞相距四寸七分橫三寸五分兩銑相距五寸三分橫四寸枚三十六各長二分重九十九兩

周蟠夔鐘九

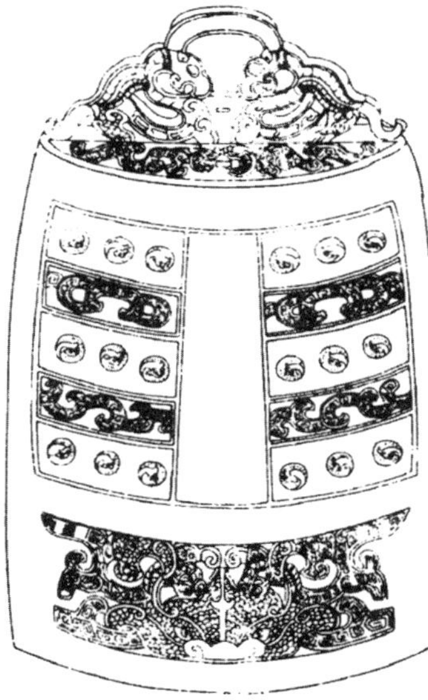

右高六寸鈕高一寸八分闊三寸八分兩舞相距四寸五分橫三寸五分兩銑相距五寸二分橫四寸枚三十六各長三分重九十六兩

周蟠螭鐘一

右高九寸三分甬長六寸三分徑一寸八分有旋兩舞相距六寸五分橫五寸兩銑相距七寸六分橫六寸枚三十六各長五分重三百三十九兩

周蟠螭鐘二

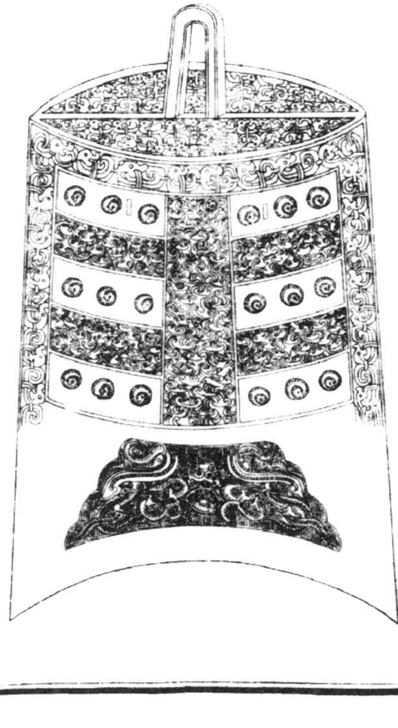

右高七寸一分鈕高二寸濶一寸二分兩舞相距四寸七分橫三寸三分兩銑相距五寸七分橫三寸八分枚三十六各長三分重一百五兩

周蟠螭鐘三

右高六寸四分鈕高二寸六分濶一寸六分兩舞相距三寸八分横二寸八分兩銑相距五寸横三寸一分枚三十六各長四分重八十三兩

周蟠虺鐘

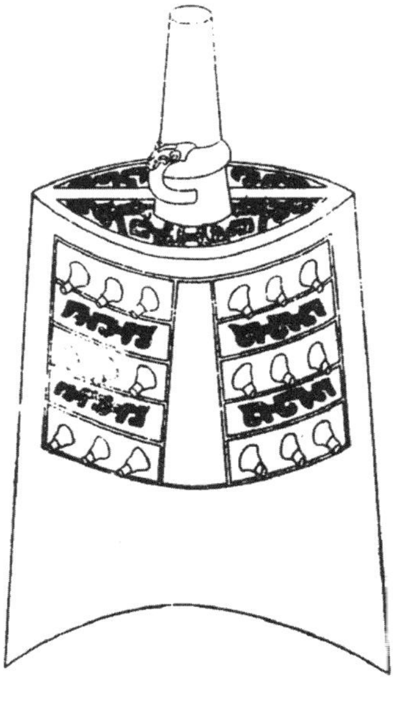

右高五寸四分甬長三寸一分徑六分有旋兩舞相距三寸八分横二寸四分兩銑相距四寸一分横三寸枚三十六各長三分重九十三兩

周盤雲鐘一

永寶用

右高四寸一分甬長二寸七分徑六分有旋兩舞相距三寸橫二寸二分兩銑相距三寸三分橫二寸六分枚三十六各長五分重七十九兩

周盤雲鐘二

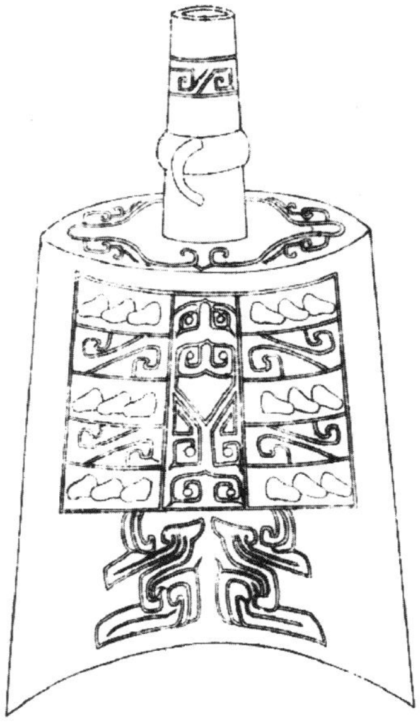

右高六寸六分甬長三寸二分徑一寸一分有旋兩舞相距四寸三分橫三寸兩銑相距五寸橫三寸五分枚三十六各長四分重八十九兩

周雷紋鐘

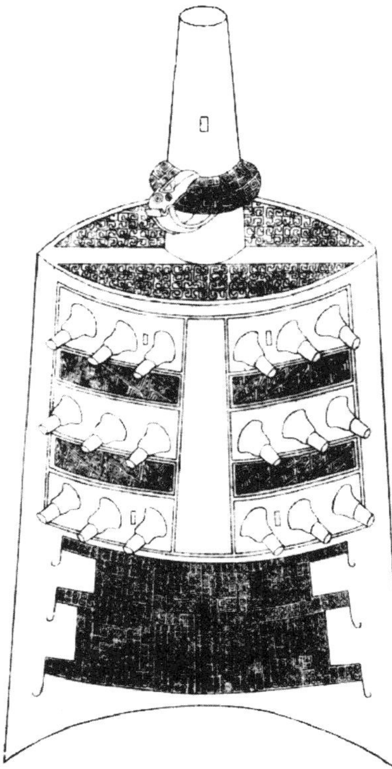

右高一尺五分甬長五寸七分徑一寸三分有旋兩舞相距七寸四分橫五寸六分兩銑相距八寸四分橫六寸枚三十六各長七分重三百四十六兩

周篆帶鐘

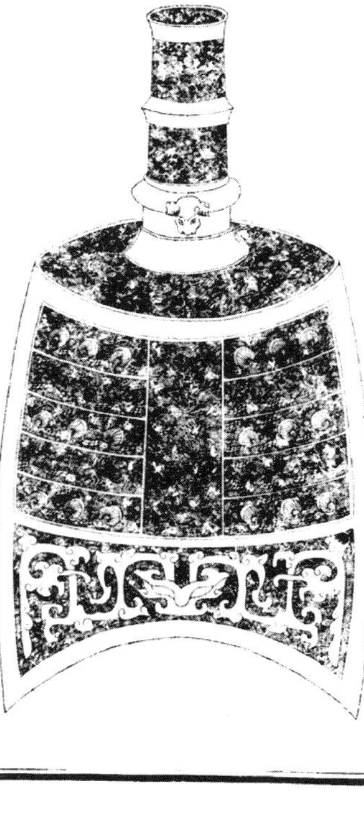

右高八寸二分甬長五寸徑一寸五分有旋兩舞相距五寸八分橫四寸五分兩銑相距六寸八分橫五寸三分枚三十六各長二分重二百一十兩

周星带鐘

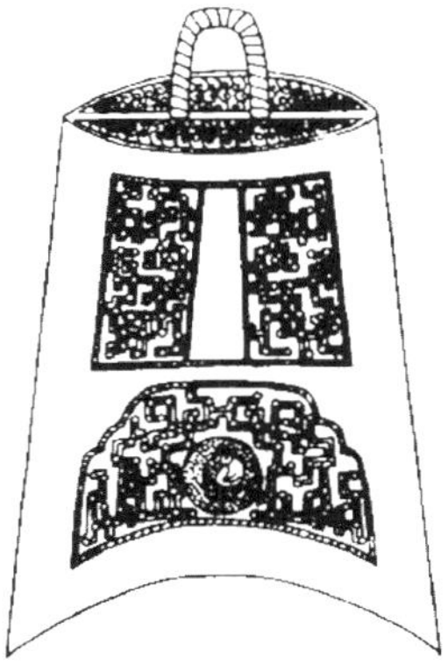

右高五寸七分鈕高一寸一分濶一寸二分兩舞相距三寸四分橫二寸五分兩銑相距四寸橫二寸七分重三十五兩

周螭鈕鐘一

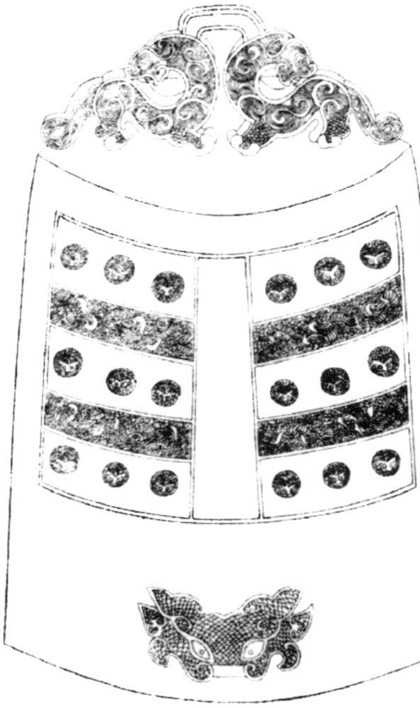

右高一尺六分鈕高二寸九分濶七寸兩舞相距八寸一分橫六寸七分兩銑相距一尺橫七寸七分枚三十六各長六分重四百二十四兩

周蟠鈕鐘二

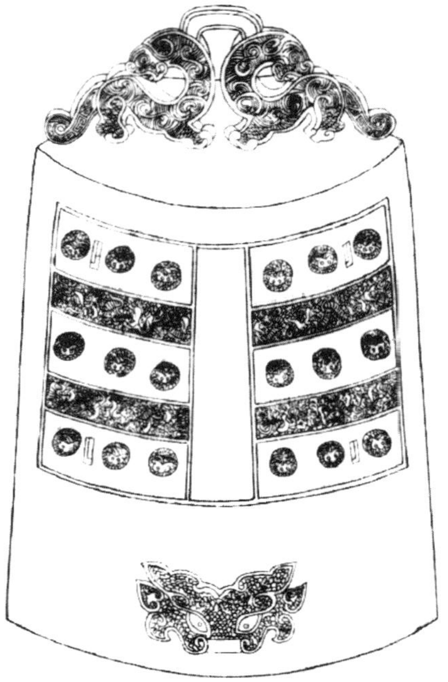

西清古鑑　卷三十六　鐘　三十

右高一尺一寸二分鈕高三寸四分濶八寸兩舞相距八寸六分橫七寸一分兩銑相距一尺四分橫八寸枚三十六各長七分重五百九十二兩

周蟠鈕鐘三

西清古鑑　卷三十六　鐘　三十一

右高五寸五分鈕高一寸五分濶三寸一分兩舞相距四寸二分橫三寸四分兩銑相距四寸七分橫三寸九分枚三十六各長二分重八十七兩

周環鈕鐘

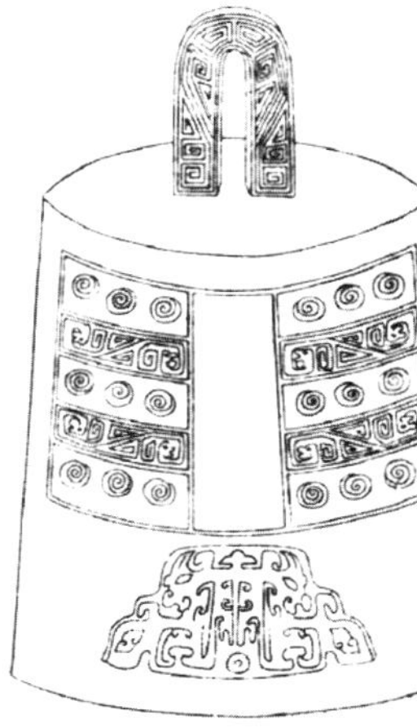

右高五寸鈕高二寸一分濶一寸五分兩舞相距四寸一分横三寸兩銑相距四寸四分横三寸五分枚三十六各長二分重三十四兩

周素鈕鐘

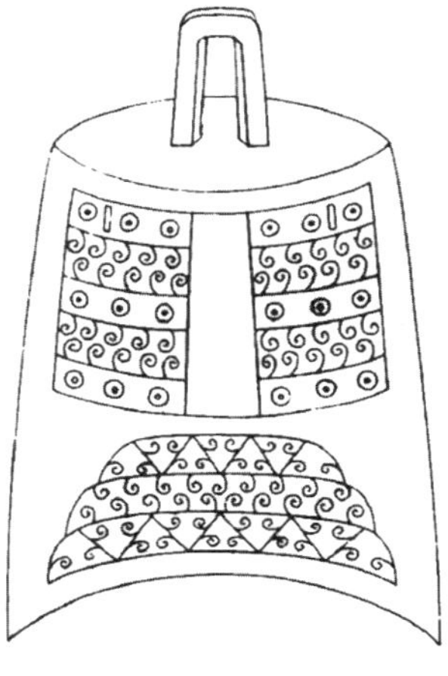

右高六寸六分鈕高一寸四分濶一寸兩舞相距三寸六分横二寸七分兩銑相距四寸六分横三寸五分枚三十六各長一分重五十五兩

周寶甬鐘

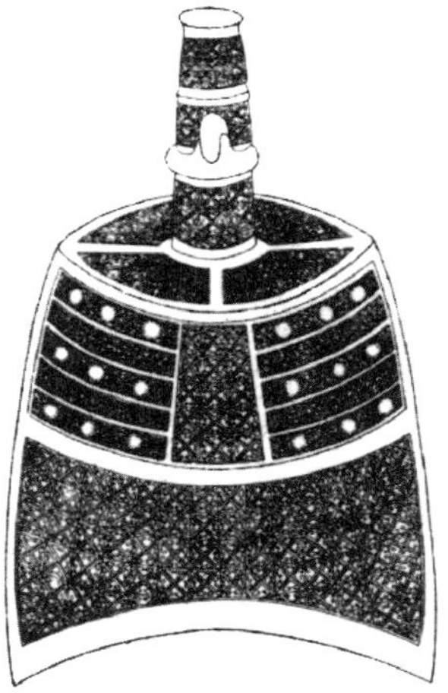

右高五寸三分甬長三寸七分徑一寸一分有旋兩舞相距三寸八分橫三寸兩銑相距四寸六分橫三寸七分枚三十六各長一分有半重一百一十八兩

周編鐘

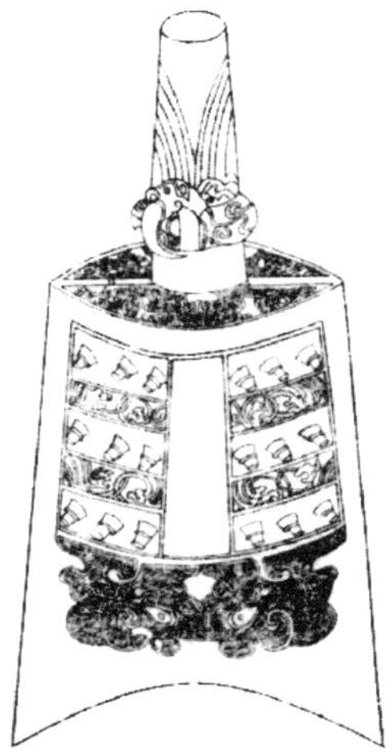

右高四寸一分甬長二寸七分徑六分有旋兩舞相距二寸七分橫二寸兩銑相距三寸一分橫二寸二分枚三十六各長二分重四十八兩

漢角鐘一

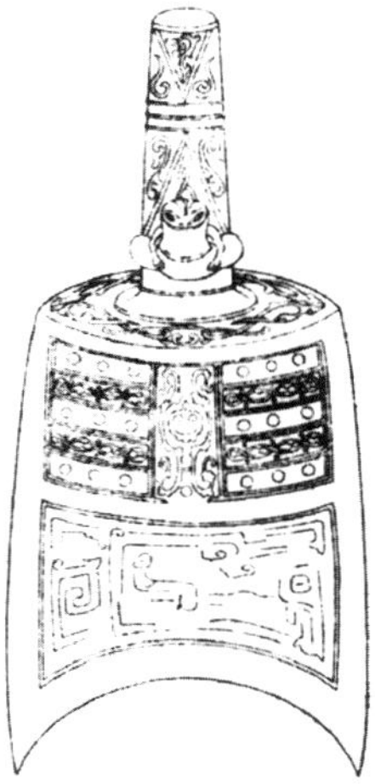

孝武西園安世搖鐘巳中角

右高五寸角長三寸五分徑七分有旋兩舞相距三寸五分橫二寸五分兩銑相距三寸六分橫二寸九分枚三十六各長一分重五十八兩

按漢書房中祠樂高祖唐山夫人所作孝惠二年使樂府令夏侯寛備其簫管更名曰安世樂此銘曰安世是巳前稱孝武西園則茂陵也巳者編列次第之號中角者意是鐘之律於五音蓋中角前云搖鐘意於搏擊者異然不可攷

漢角鐘二

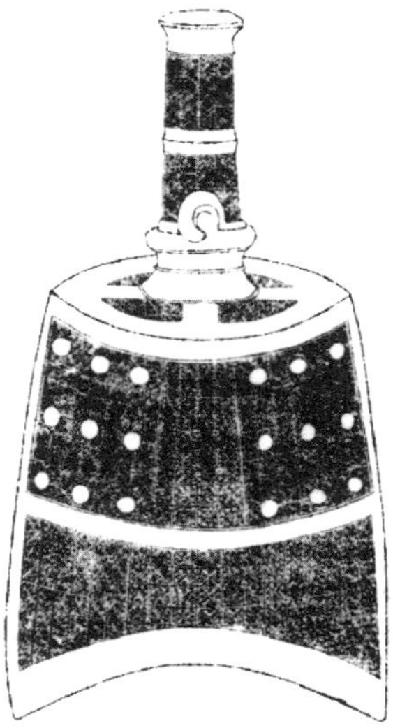

四時嘉至搖鐘未中角

銅鐘綏和二年考工宗造守佐常嗇夫欽掾豐主左丞惲令譚直

右高五寸二分甬長三寸九分徑一寸三分有旋兩舞相距三寸六分橫二寸九分兩銑相距四寸三分橫三寸八分枚三十六各長二分重一百九兩按漢書禮樂志高祖時叔孫通制宗廟樂迎神於廟門奏嘉至又文帝始作四時舞銘曰四時嘉至此樂舞時所擊也餘文與安世搖鐘同後列綏和二年蓋成帝時作考百官表少府官屬有考工守令丞掾皆其屬惟嗇夫無明文張釋之傳上林有虎圈嗇夫上林亦少府屬宗等云云蓋其名耳

漢雲螭鐘一

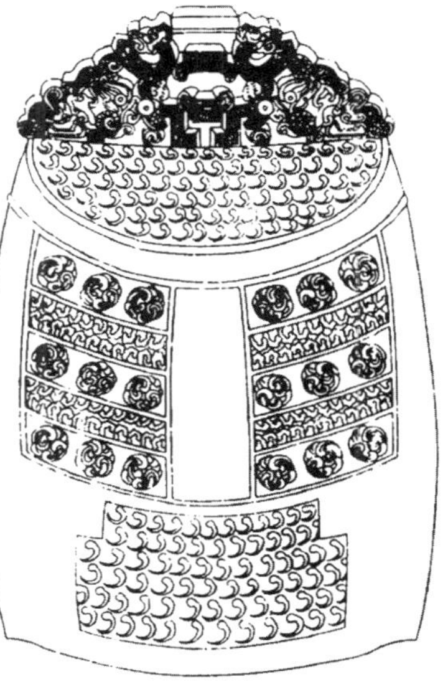

右高八寸八分鈕高三寸二分濶八分兩舞相距七寸七分横六寸六分兩銑相距八寸七分横七寸三分枚三十六各長二分重四百九十六兩

漢雲螭鐘二

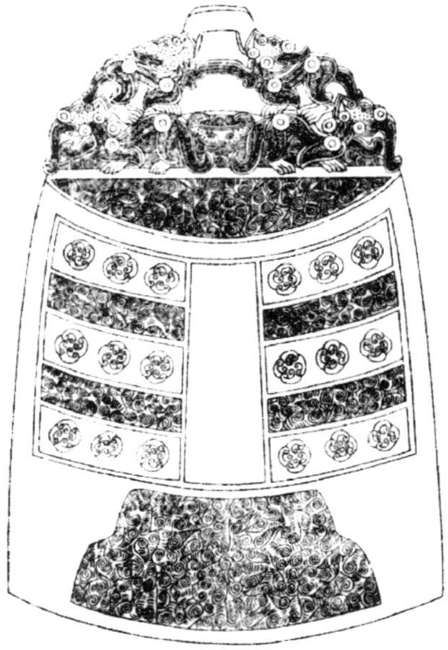

右高八寸七分鈕高三寸二分濶七分兩舞相距七寸八分横六寸三分兩銑相距九寸横七寸五分枚三十六各長二分重四百二十七兩

漢蛟螭鐘

右高一尺二寸七分鈕高四寸六分濶三寸三分兩舞相距一尺一分橫八寸六分兩銑相距一尺二寸二分橫一尺二分枚三十六各長六分重一千二百二十九兩

漢蟠螭鐘

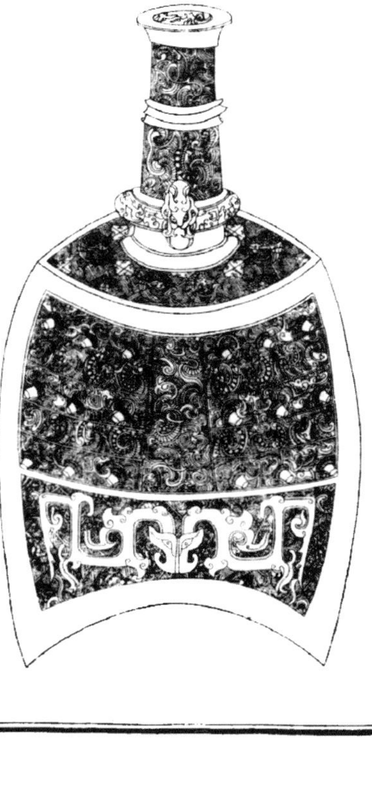

右高八寸二分甬長五寸八分徑二寸有旋兩舞相距五寸七分橫四寸九分兩銑相距六寸五分橫五寸三分枚三十六各長三分重二百五十一兩

漢編鐘一

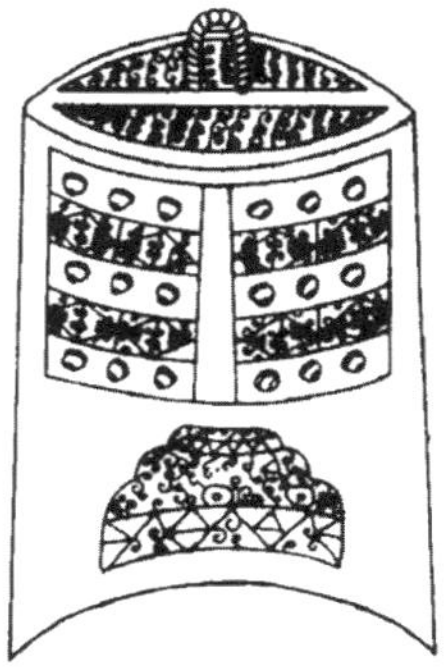

右高四寸七分鈕高九分濶一寸兩舞相距二寸六分横二寸兩銑相距三寸二分横二寸五分枚三十六各長一分有餘重三十兩

漢編鐘二

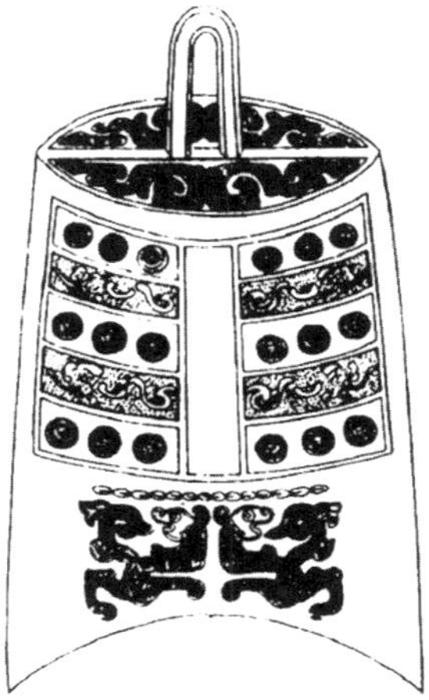

右高四寸六分鈕高一寸八分濶一寸二分兩舞相距三寸二分横二寸四分兩銑相距三寸八分横二寸八分枚三十六各長二分重五十四兩

漢蠶紋鐘

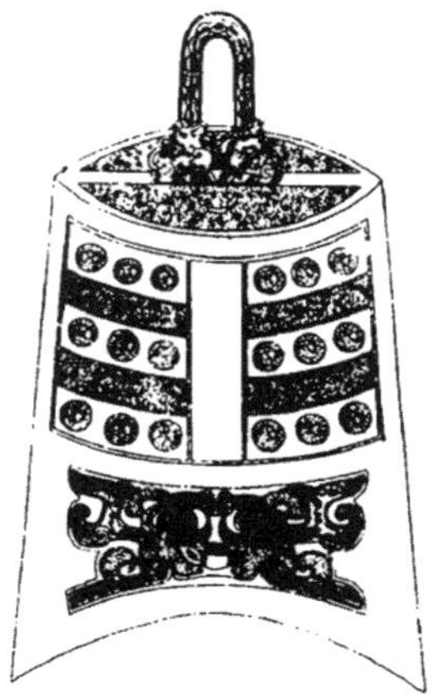

右高四寸八分鈕高一寸九分闊一寸兩舞相距三寸五分横二寸六分兩銑相距四寸横三寸枚三十六各長二分重六十六兩

周乳鐸

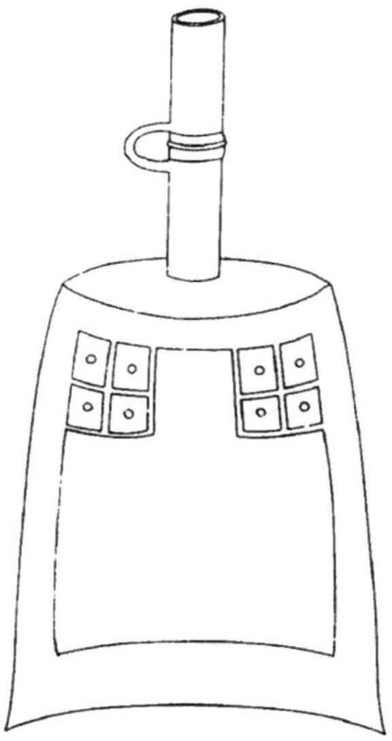

右高五寸九分柄長三寸九分上徑長三寸八分横三寸下徑長五寸横三寸八分重九十九兩柄為空甬而有旋周官以金鐸通鼓故與鐘類也

周蟠夔鐸

右高七寸一分柄長三寸一分上徑長三寸四分横三寸三分下徑長四寸一分横三寸九分

重一百五十一兩

漢檐鐸一

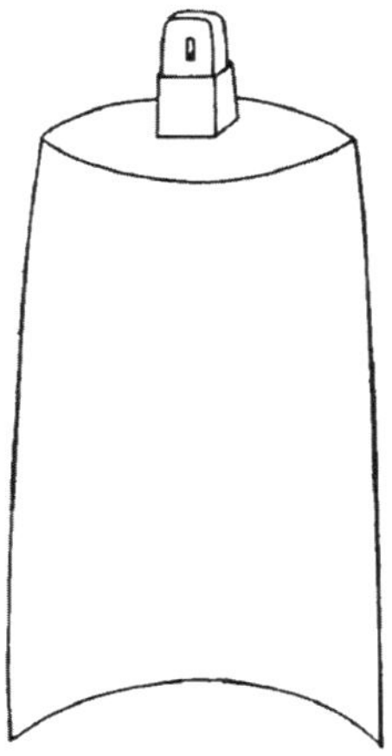

右高五寸八分柄長一寸四分上徑長一寸八分横二寸八分下徑長二寸四分横三寸三分

重三十四兩

漢檐鐸二

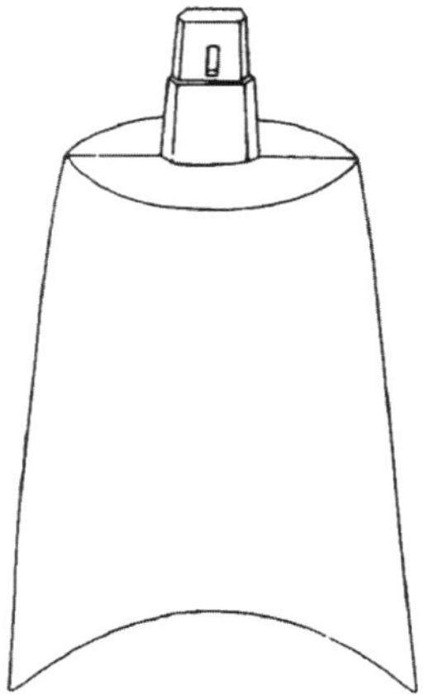

右高五寸四分柄長一寸六分上徑長三寸一分横二寸下徑長三寸九分横二寸六分重四十二兩

漢風鈴

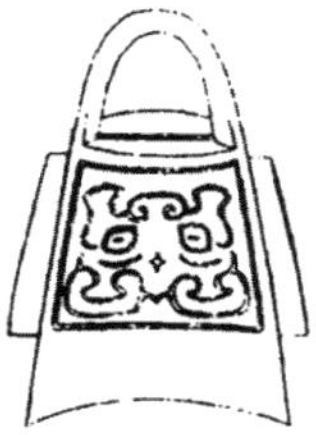

右高二寸一分鈕高七分上徑長一寸横八分下徑長一寸六分横一寸一分重四兩周禮鳴鈴以應雞人後世閣鈴仿之亦檐鐸類也

漢旂鈴

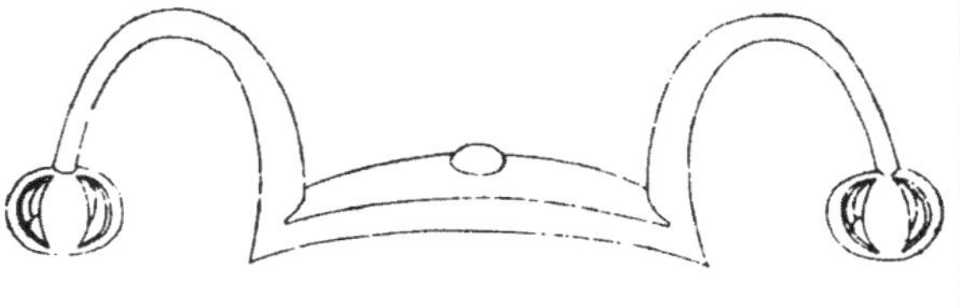

右長一尺一寸六分徑一寸二分重一十四兩
博古圖載漢旂鈴鈴之數凡七内府所蔵有三
鈴者葢斿有七五四三之不同而鈴如之兹惟
二鈴詳觀形製殆施於旖旎之首者歟

西清古鑑卷三十七目録

舞鐃四
舞鐃五
舞鐃六
舞鐃七
舞鐃八
舞鐃九
舞鐃十

鼓

漢

銅鼓一
銅鼓二
銅鼓三
銅鼓四
銅鼓五
銅鼓六
銅鼓七
銅鼓八
銅鼓九
銅鼓十
銅鼓十一

銅鼓十二
銅鼓十三
銅鼓十四

周虎錞

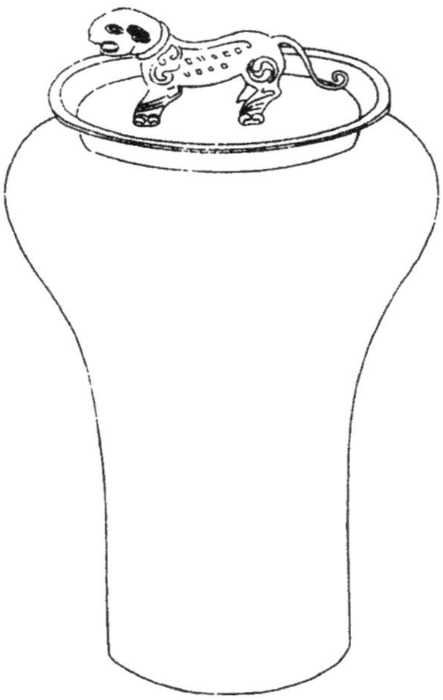

右高一尺四寸二分上縱六寸八分橫八寸二分下口縱五寸八分橫六寸八分鈕高二寸二分濶一寸三分重四百一十一兩按周官鼓人以金錞和鼓鄭康成曰錞錞于也圜如碓頭大上小下樂作則鳴之以和鼓而南史乃謂灌之以水又以器盛水於下以芒莖當心跪注云云語不可曉蓋古人用以節樂亦叩之則鳴如鐘類耳南史之說未盡然也

周素錞一

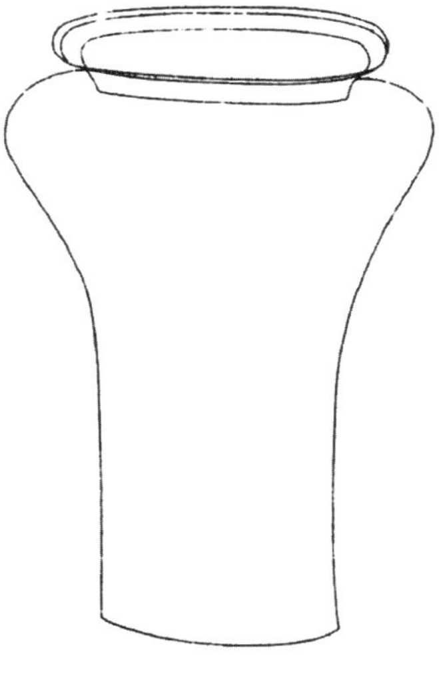

右高一尺四寸八分上縱七寸八分橫九寸二分下口縱五寸六分橫六寸八分重三百四十七兩缺鈕

周素錞二

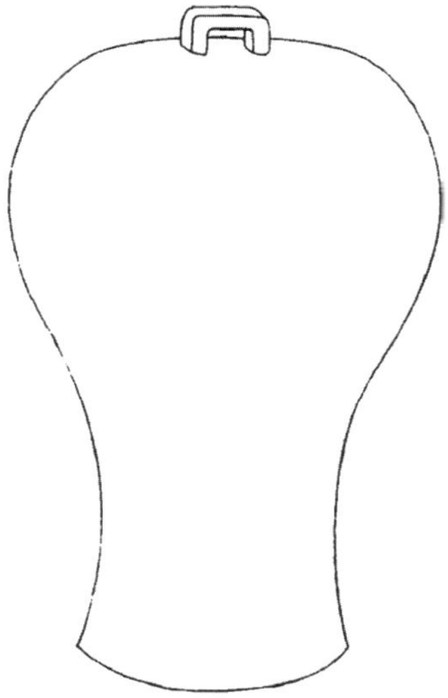

右高一尺三寸三分上縱九寸三分横一尺四分下口縱六寸二分横七寸八分鈕高八分濶一寸五分重三百六十三兩

周錞虎鈕

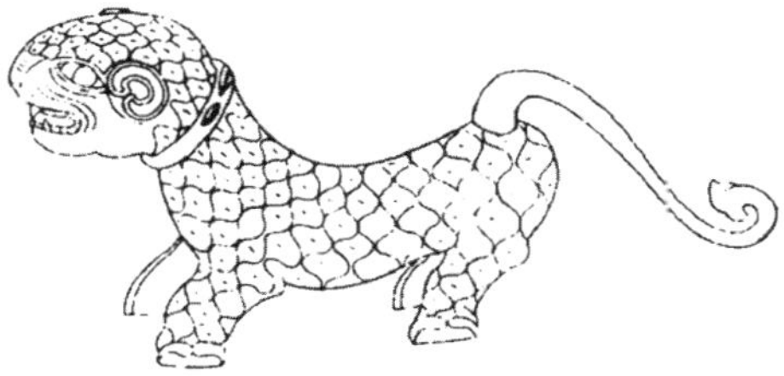

右高三寸七分通長一尺八分濶一寸五分重三十七兩

周舞戚一

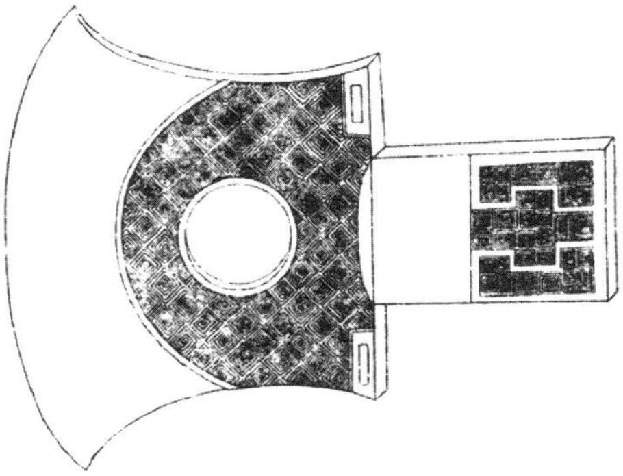

右長九寸一分闊五寸四分重五十二兩與博古圖所載製相類而此稍長闊中更作圓孔戚斧屬樂舞所執舊說以象其武也

周舞戚二

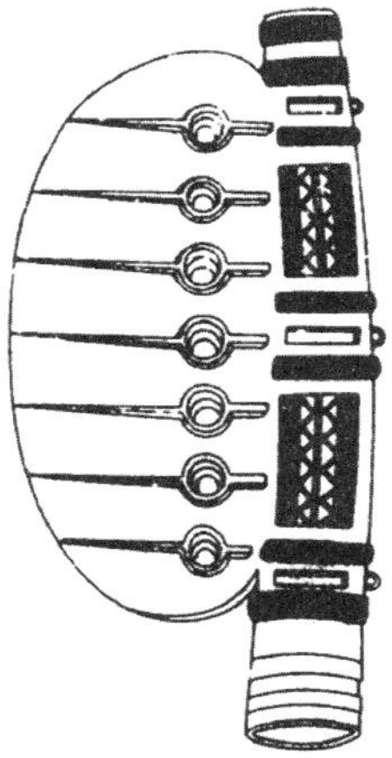

右長五寸八分闊二寸七分重一十三兩博古圖片雲戚與此合此特作圓竅七安柄處亦微不同耳

周舞戚三

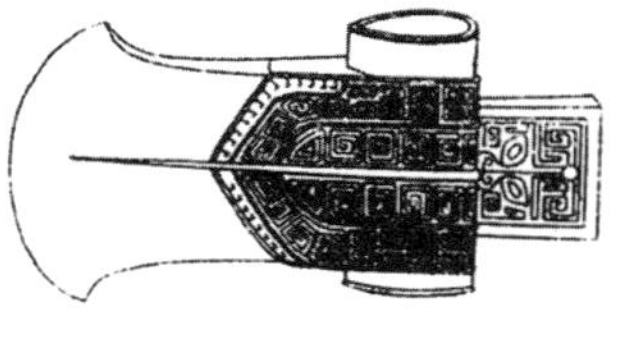

右長五寸三分濶一寸六分重一十三兩

周舞戚四

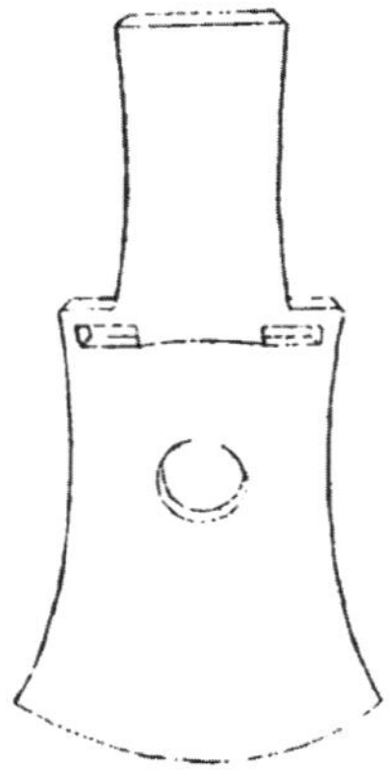

右長六寸一分濶二寸三分重一十三兩

周片雲戚

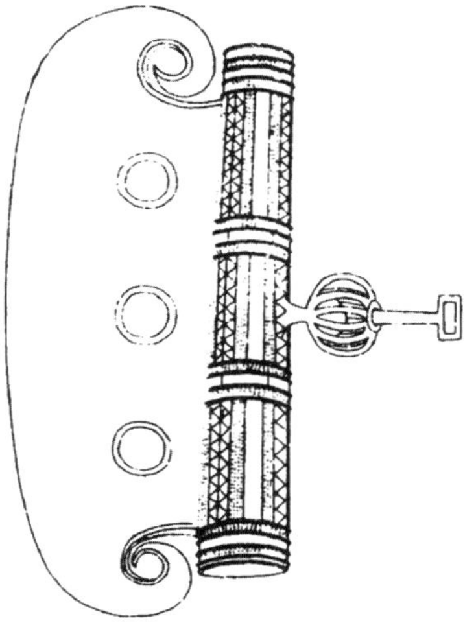

右長五寸六分濶三寸四分重一十九兩若片雲狀兩端微卷與博古圖所載合微異者柄旁有鈴製如鐃振之有聲此則樂記謂鐘鼓干戚所以和安樂者是已

周龍首戚

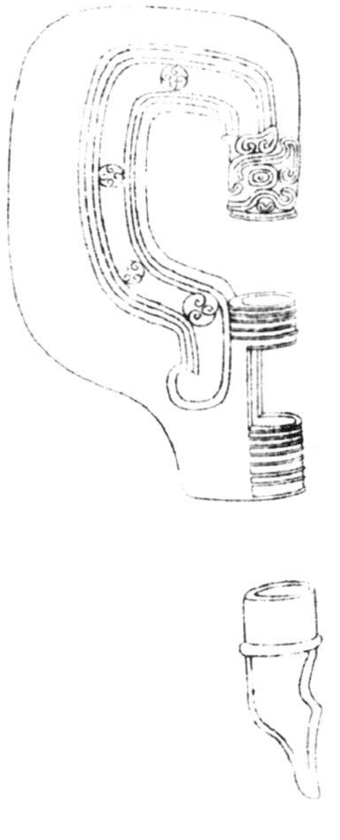

右長七寸二分濶四寸二分重一十九兩又受柄處為柲重三兩按左傳昭公十二年君王命剝圭以為鏚柲注鏚斧也柲柄也

周舞鐃一

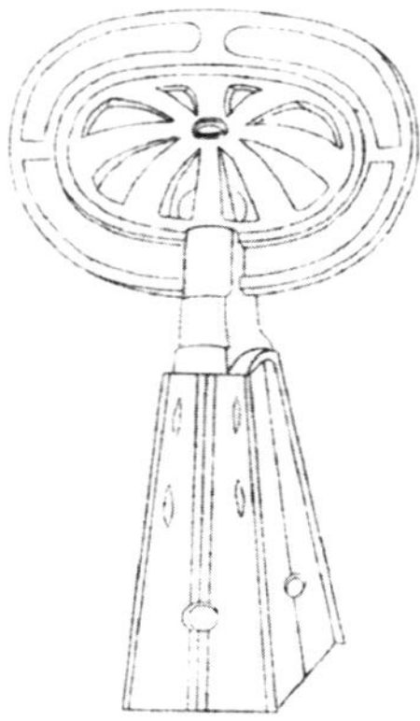

右長五寸六分徑三寸二分柄濶一寸六分重一十六兩按周禮地官封人以金鐃止鼓注鐃如鈴無舌有柄執而鳴之以止擊鼓禮記所謂始奏以文復亂以武文謂鼓武即鐃也

周舞鐃二

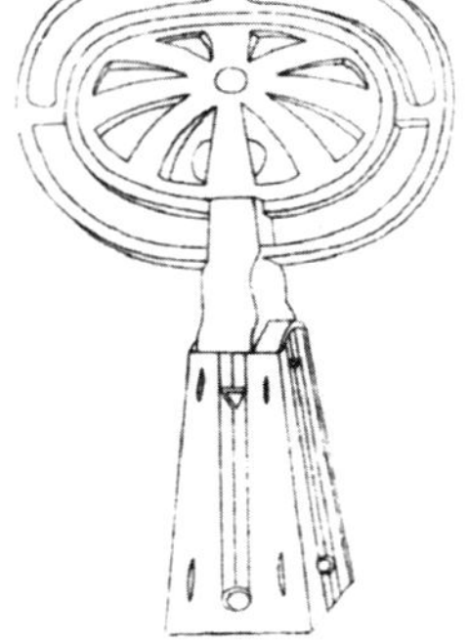

右長五寸五分徑三寸二分柄濶一寸三分重一十七兩

周舞鐃三

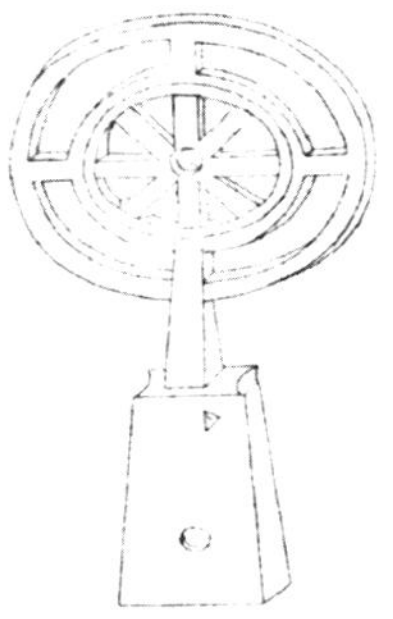

右長五寸五分徑三寸五分柄濶一寸四分重一十八兩

周舞鐃四

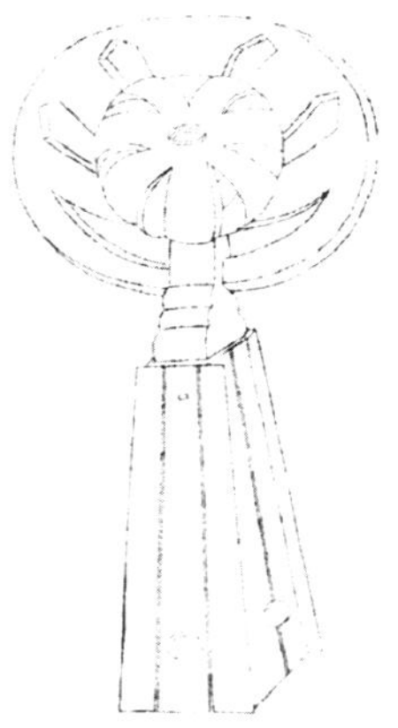

右長五寸二分徑二寸六分柄濶一寸一分重八兩

周舞鐃五

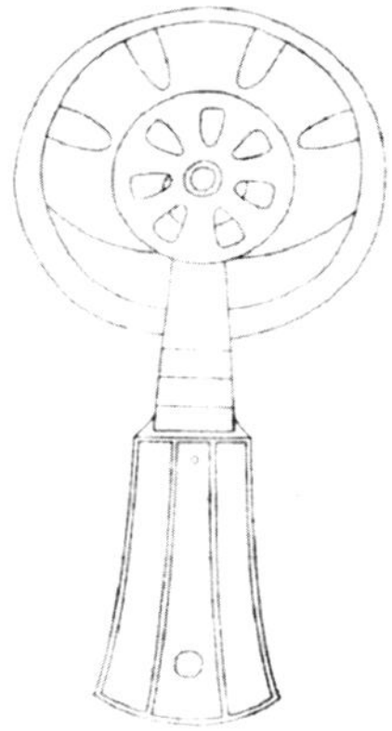

右長五寸一分徑二寸五分柄濶一寸重八兩

周舞鐃六

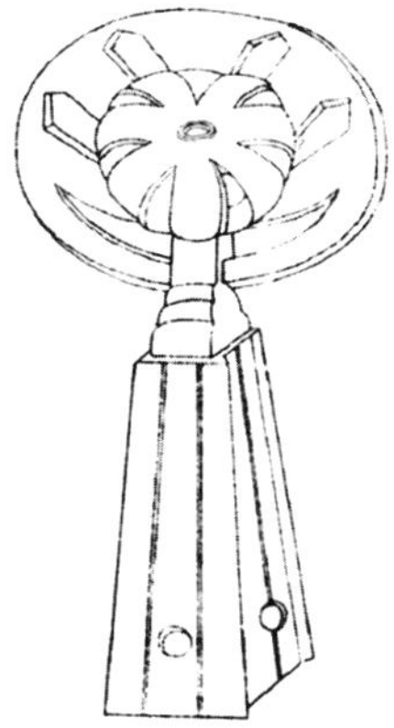

右長五寸一分徑二寸六分柄濶一寸一分重八兩

周舞鐃七

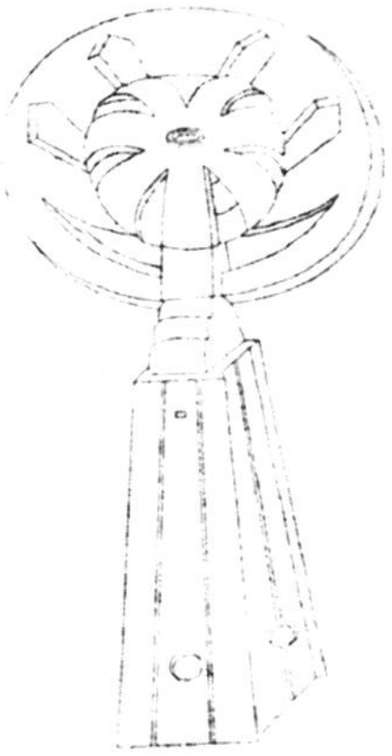

右長五寸一分徑二寸七分柄濶一寸一分重七兩

周舞鐃八

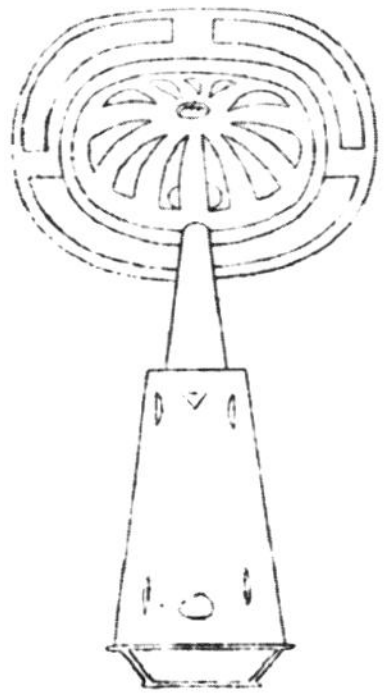

右長四寸六分徑二寸五分柄濶一寸三分重十兩博古圖有漢舞鐃二形製並彷彿特云有舌則殊不可曉

周舞鐃九

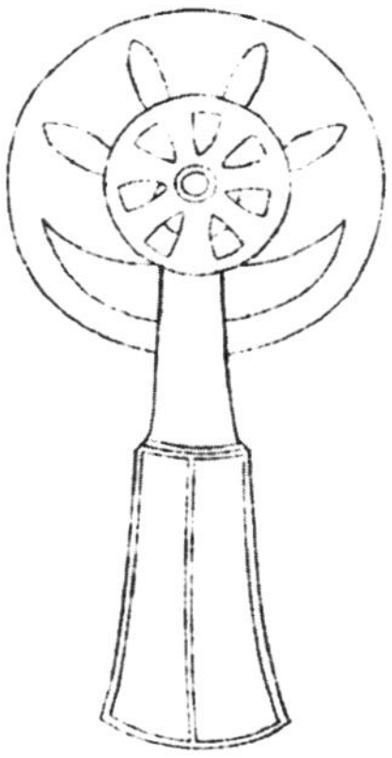

右長四寸七分徑二寸五分柄濶一寸一分重六兩

周舞鐃十

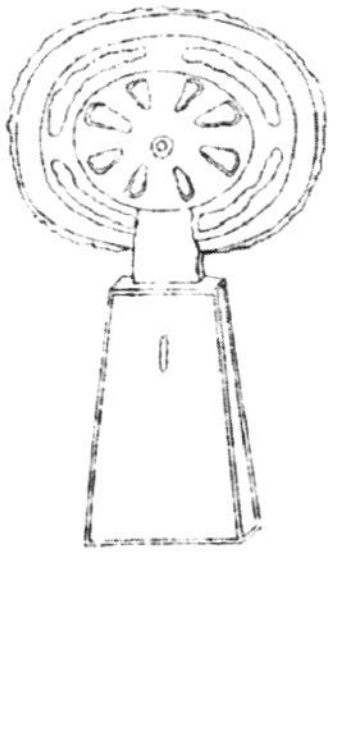

右長四寸三分徑二寸六分柄濶一寸一分重八兩

漢銅鼓一

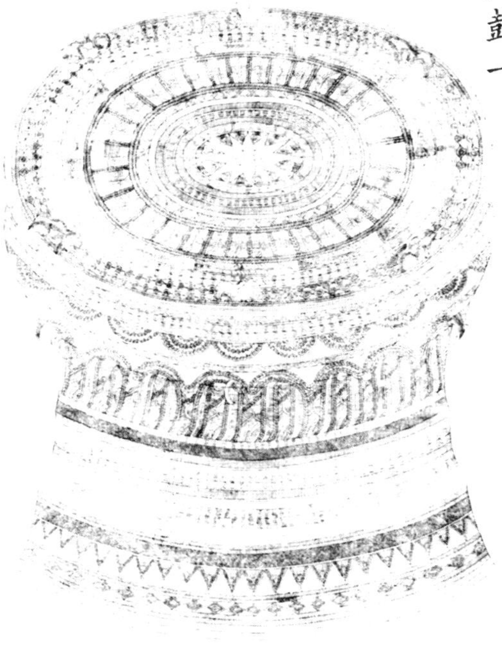

右高一尺八寸面徑二尺五寸三分腹圍八尺四分重一千二百六十兩此器今世多謂之諸葛鼓葢武侯渡瀘後所鑄然考馬伏波平交趾亦鑄銅為鼓則先諸葛有之矣今嶺南一道廉州有銅鼓塘欽州有銅鼓村博白有銅鼓潭則因以為地名矣大抵兩川所出為諸葛遺製而流傳於百粤羣峒者則皆伏波為之今未能差別統名為漢銅鼓云又按唐嶺南節度使鄭絪出鎮時春州守林靄得之峒戶以獻絪納諸廟面闊五尺臍隱起羅布海魚蝦蟇等紋旁設兩耳語與此合而是鼓更作騎士科洗乘而馳旁挾一馬則舊說所未有也

西清古鑑　卷三十七　鼓　三十二

漢銅鼓二

右高二尺七分面徑三尺五寸五分腹圍九尺八寸重三千二百五十兩

漢銅鼓三

右高一尺二寸七分面徑三尺七分腹圍八尺四寸重二千五十兩

漢銅鼓四

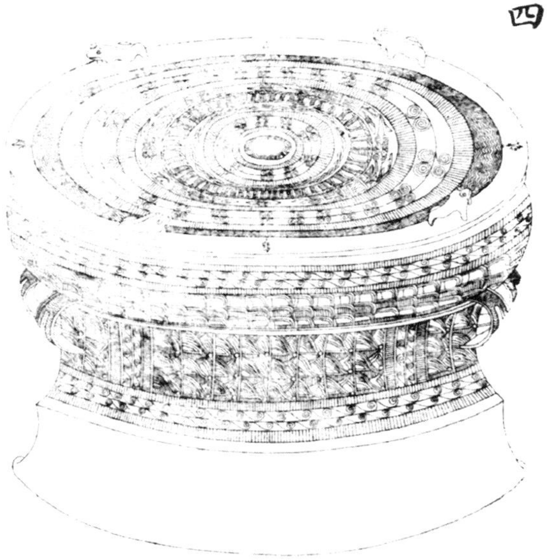

右高一尺八寸六分面徑二尺六寸腹圍六尺九寸二分重一千七百三十兩

漢銅鼓五

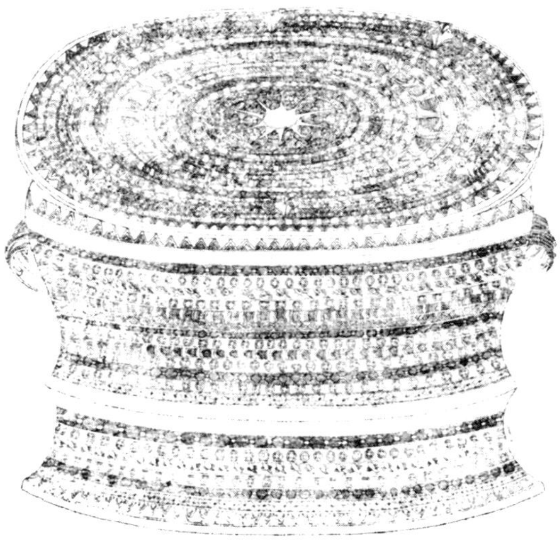

右高一尺四寸四分面徑二尺五寸腹圍七尺一寸二分重一千二百二十兩

漢銅鼓六

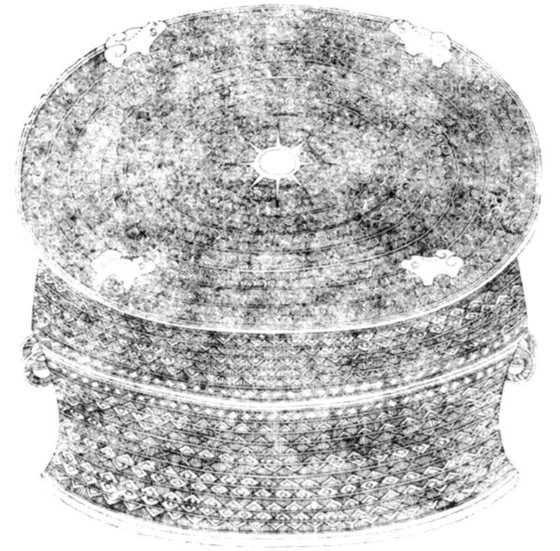

西清古鑑　卷三十七　鼓　三七

右高一尺一分面徑二尺四寸五分腹圍七尺八分重九百二十四兩

漢銅鼓七

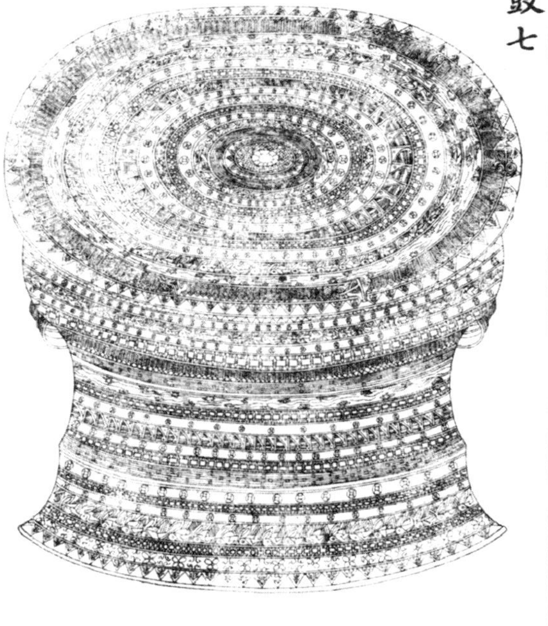

西清古鑑　卷三十七　鼓　三八

右高一尺二寸九分面徑二尺二寸腹圍六尺六寸二分重八百三十六兩

漢銅鼓八

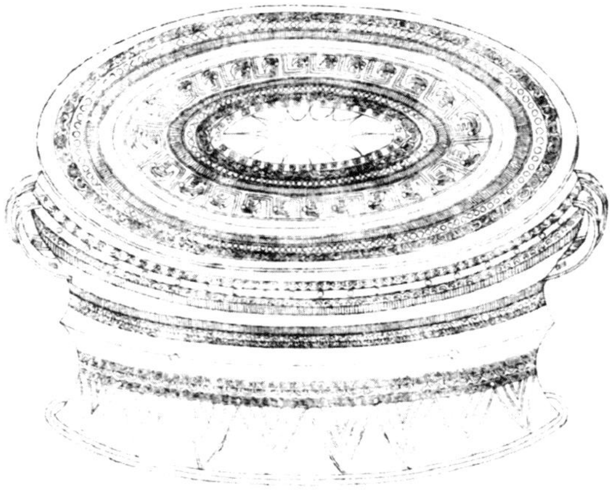

右高九寸一分面徑一尺五寸五分腹圍四尺四寸九分重四百九十四兩

漢銅鼓九

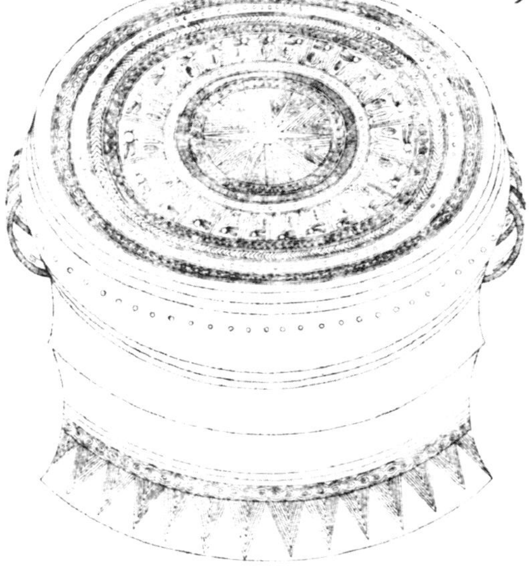

右高八寸八分面徑一尺四寸七分腹圍四尺五寸四分重四百三十五兩

漢銅鼓十

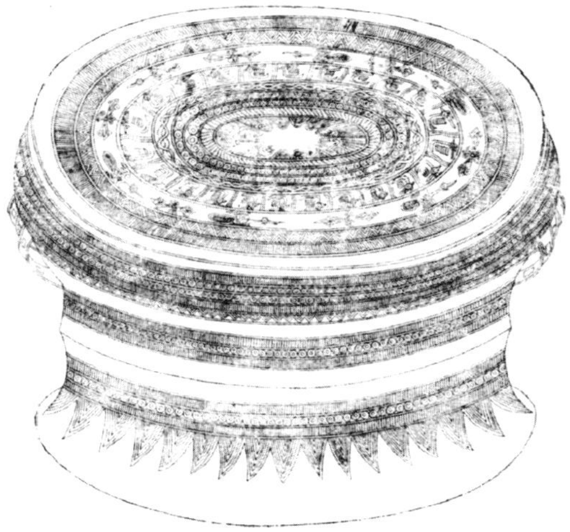

右高一尺六分面徑一尺五寸六分腹圍四尺三寸五分重四百三十兩

漢銅鼓十一

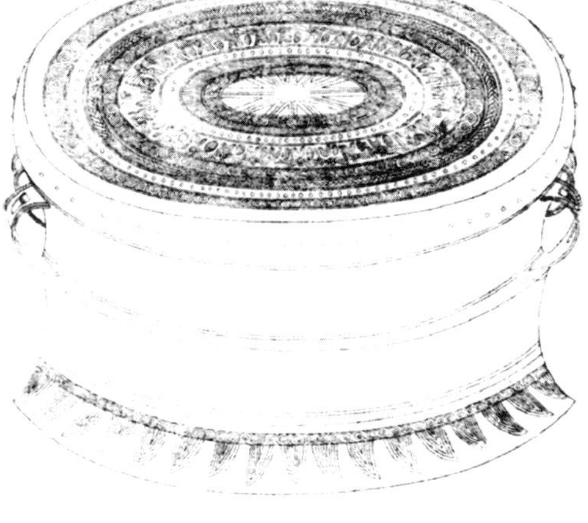

右高八寸六分面徑一尺五寸一分腹圍四尺六寸五分重四百一十九兩

漢銅鼓十二

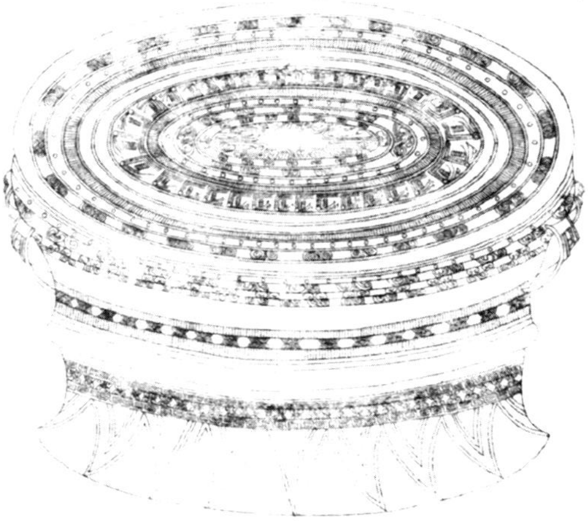

右高九寸面徑一尺五寸七分腹圍四尺七寸五分重三百九十五兩

漢銅鼓十三

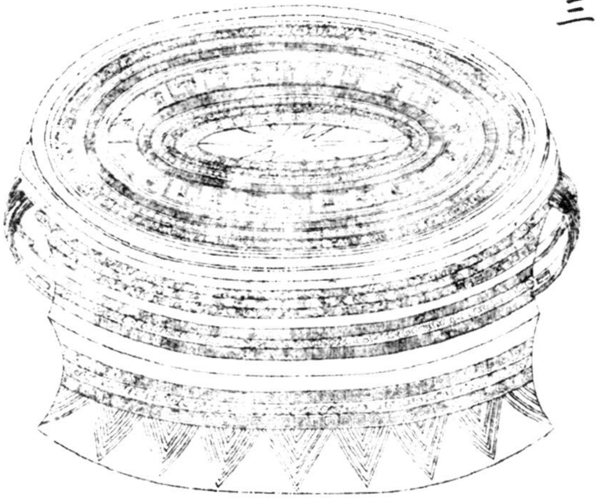

右高九寸面徑一尺五寸四分腹圍四尺六寸八分重三百六十六兩

漢銅鼓十四

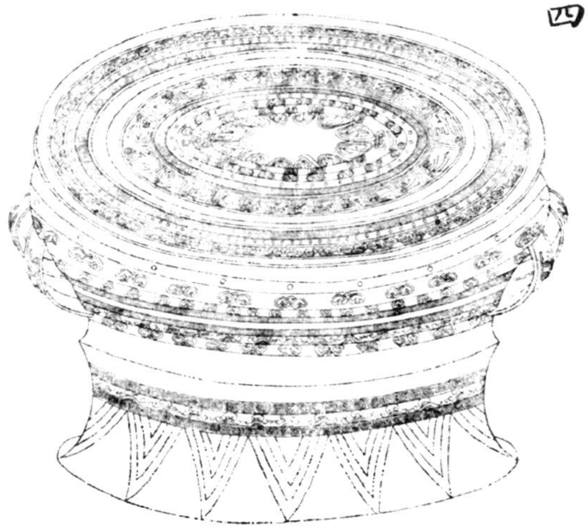

右高八寸五分面徑一尺五寸腹圍四尺二寸五分重三百一十五兩

西清古鑑卷三十八目録

杠頭

漢

杠頭

雲紋杠頭

雲雷杠頭

儀器飾

漢

器飾一

器飾二

器飾三

器飾四

儀飾

杖頭

漢

鳩首杖頭

鐓

漢

立熊鐓

熊足鐓

方足鐓一

方足鐓二

素鐓一

素鐓二

杖鐓

鳩車

唐

鳩車

表座

唐

飛熊表座

犧形表座

文鹿表座

硯滴

漢

龜硯滴一　有銘

龜硯滴二

甪端硯滴一

甪端硯滴二

唐

天雞硯滴

獅硯滴

書鎮

漢

天禄書鎮

蟠螭書鎮

鳩鎮

糊斗

唐

糊斗一

糊斗二

糊斗三

鑪

漢

博山鑪一

博山鑪二

博山鑪三

博山鑪四

博山鑪五

提鑪

獸鑪一

獸鑪二

薰鑪有銘

唐

蟠螭鑪

提鑪

獸臭鑪

薰鑪一

薰鑪二

方車薰鑪

匕首

周

匕首

周鑾刀

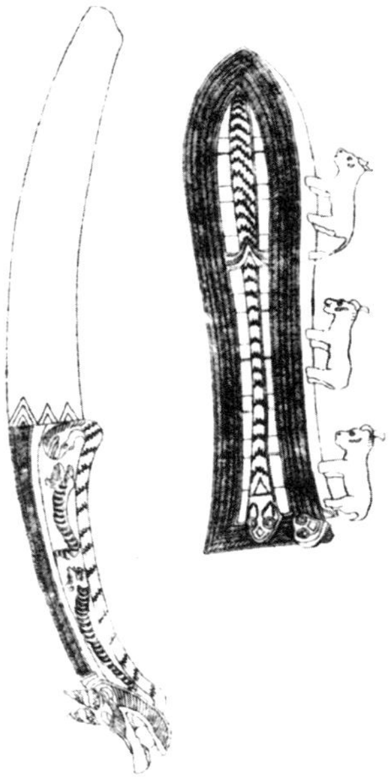

右刀長九寸五分刃長五寸二分下闊九分上闊三分柄長四寸三分下闊六分有餘柄盡處闊一寸身形微彎周禮所謂合六而成規也刀室長六寸四分下闊一寸四分上銳不可以闊計通重二十兩無銘柄首有鈴案禮器鸞刀之貴註鸞鈴也刀環有鈴故名鸞刀割肉欲中其音節也郊特牲云聲和而後斷也據此則玆器為鸞刀無疑又其刃藏於匣詩稱鞞琫容刀此即鞞耳又柄首為肖生又虛其中作如龍者二考龍生九種有睚眦好殺古人多以裝刀劍之

屬是其類也刀室上又為獸形三如犧羊蓋鸞刀為宗廟中所用故作牽牲之狀拙而有古致非後人所能仿佛矣

周服劍一

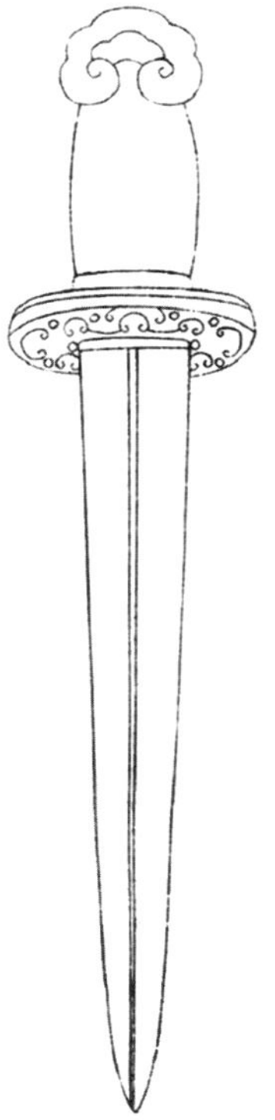

右身長一尺三寸四分臘廣一寸四分兩從各五分有半分鍔一分有半分以玉為莖與首通重二十五兩按周禮注六兩半有零為一鋝則四鋝有歟然古權三當今之一則此乃上士所服也

周服劍二

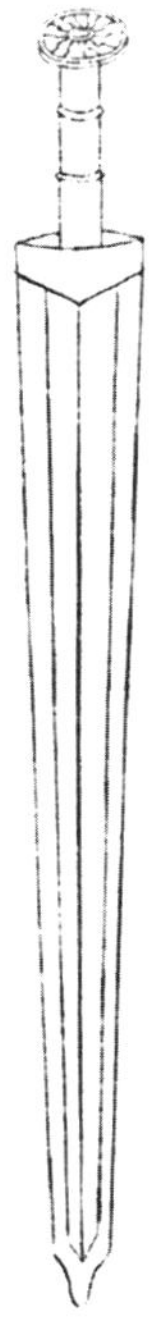

右身長一尺四寸七分臘廣一寸三分兩從各三分鍔三分有半分莖廣一寸五分首長二寸七分重二十三兩按秦始皇本紀應劭注曰古者以銅為兵左傳僖公十八年鄭伯朝楚楚子賜之金既而悔之盟曰無以鑄兵杜預注亦曰古者以銅為兵又尸子所謂昆吾之劍越絕書純鈎之劍皆是以銅為之而宋黃長睿銅戈辨謂汲冢中得銅劍一長三尺五寸則是銅之利可以鑄刀劍無疑矣今內府所收銅劍三可証也

周服劍三

右身長一尺一寸臘廣一寸一分兩從各三分有半分鍔一分有半分以玉為莖與首通重九兩

漢弩機一

右長三寸濶一寸一分重二十兩形製與博古圖所載同

漢弩機二

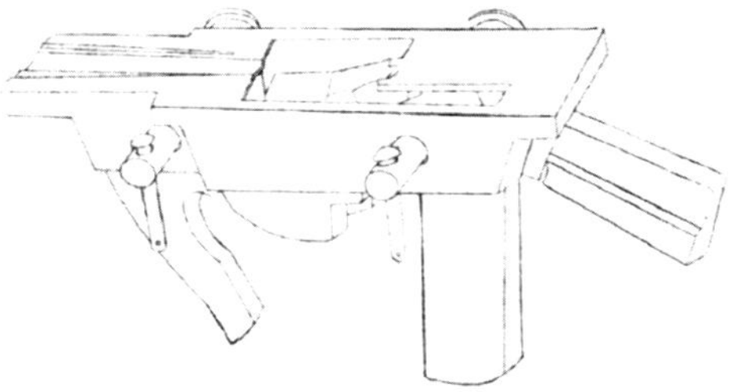

右長四寸九分濶一寸二分重三十五兩

漢虎符

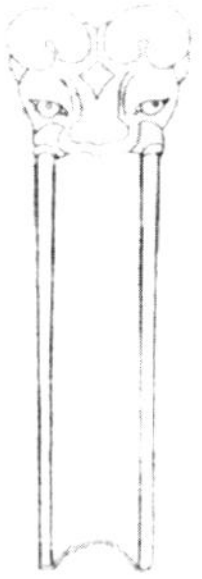

右長四寸六分首濶一寸四分下徑濶九分重二兩有半古者軍中以虎符合會為信又按集仙傳有遺協晨大夫賜虎符之語又黃庭内景経身披鳳衣銜虎符則製度與軍符自别此其是耶

漢雕首鑁

右長七寸濶二寸重七兩有半按說文大鉏也又博雅楮謂之鑁

漢素鑁

右長六寸四分濶二寸重一十一兩

漢扛頭

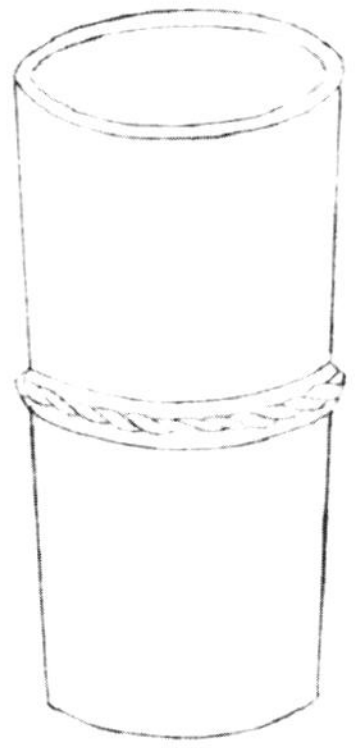

右長四寸口徑二寸重一十四兩

漢雲紋扛頭

右長三寸五分口徑一寸六分重一十一兩

漢雲雷扛頭

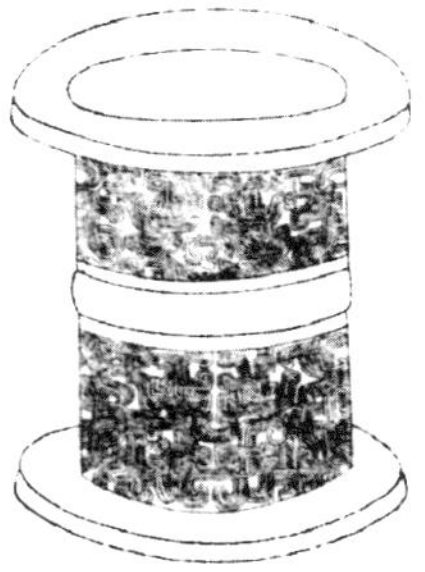

右長二寸九分口徑二寸二分重十兩

漢器飾一

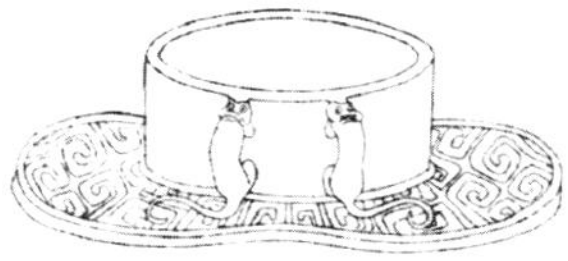

右高一寸上縱一寸八分橫二寸下縱二寸三分橫三寸二分中通無隔重九兩

漢器飾二

右高五分長三寸七分闊三寸一分重四兩

漢器飾三

右長二寸五分闊二寸重三兩

漢器飾四

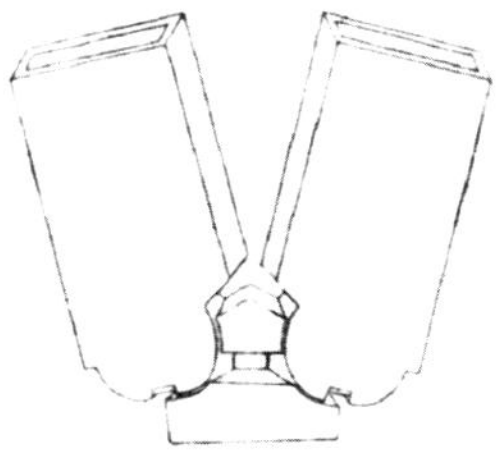

右横一寸一分縱八分口徑如之左右並同通高二寸六分深一寸六分重一十七兩下有機捩作方孔可以開合折之如雙管狀

漢儀飾

右高三寸重十兩下作龜形上一鳥如相風烏

漢鳩首杖頭

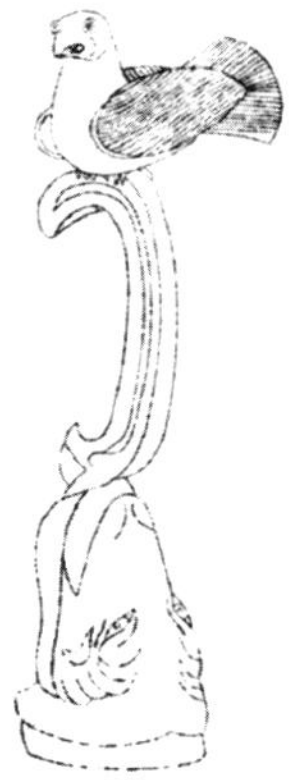

右通長四寸八分重十兩杖用鳩取其不噎古義也

漢立熊鐓

右長一寸六分上圜徑一寸下縱九分橫一寸一分重三兩

漢熊足鐓

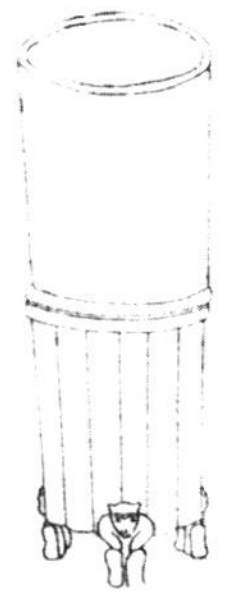

右長四寸二分上徑一寸八分下徑一寸四分重一十二兩鐓以熊為足蓋取威武之義詩疏謂矛之下端又曲禮進矛戟者前其鐓此器是也

漢方足鐓一

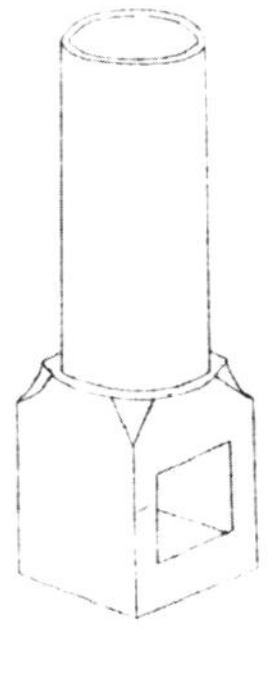

右長四寸九分上圜徑一寸一分下縱一寸一分橫如之重二十二兩

漢方足鐓二

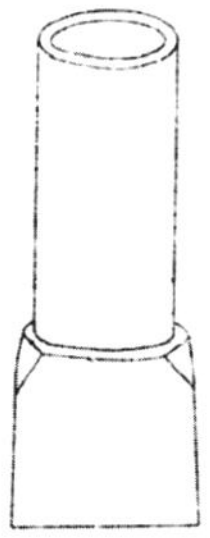

右長三寸九分上圜徑一寸下縱一寸一分橫如之重一十四兩

漢素鐓一

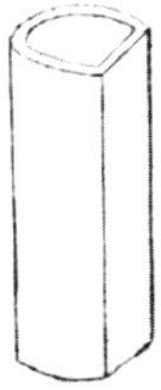

右長二寸七分上濶一寸二分下濶如之重三兩有半

漢素鐓二

右長二寸三分口徑一寸一分下徑同重四兩純素

漢杖鐓

右長二寸五分口徑六分下徑五分重一兩六銖鋈金

唐鳩車

西清古鑑　卷三十八　鳩車　二十七

右高二寸一分長三寸五分濶三寸六分輪徑二寸重一十二兩博古圖亦載此器引杜氏年五歲有鳩車之樂云云蓋兒戲所用非上世制也

唐飛熊表座

西清古鑑　卷三十八　表座　二十八

右高二寸八分深一寸七分口徑一寸二分下徑一寸九分重一十一兩

唐犧形表座

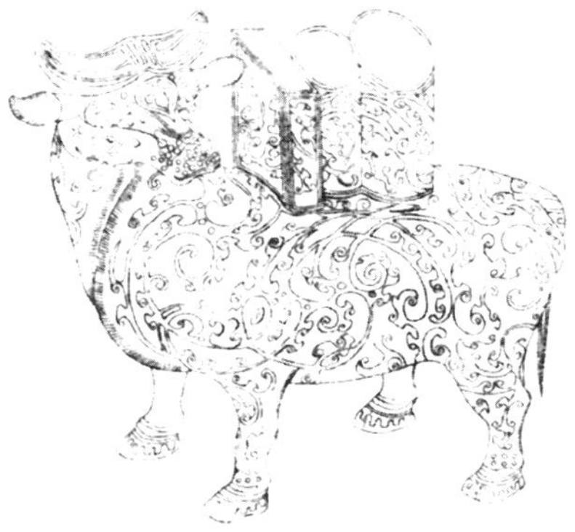

右高五寸三分深三寸五分通長六寸三分闊二寸九分方口長一寸二分闊四分中口徑八分後口徑一寸一分無流重九十九兩金銀錯中為筩凡三餘俱實其內較他物為重

唐文鹿表座

右高二寸六分深二寸三分通長三寸四分闊一寸一分口徑五分重一十四兩博古圖有表座二云一筩中通上下此器類之且上可以置幹狀如槷凡器有座不必盡為測日晷用也

漢龜硯滴一

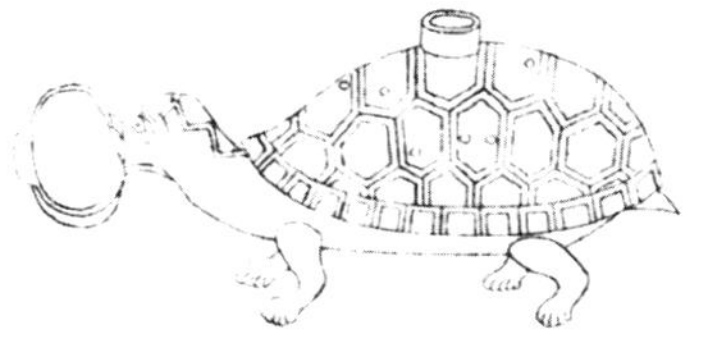

汝用

右高一寸八分深一寸五分口徑五分重一十一兩金錯龜爲北方介蟲坎位北方而硯滴貯水象其類也博古圖亦載此器

漢龜硯滴二

右高一寸四分濶一寸八分長二寸八分重七兩有半上有蟠螭

漢角端硯滴一

右高一寸七分深八分口徑四分重八兩

漢角端硯滴二

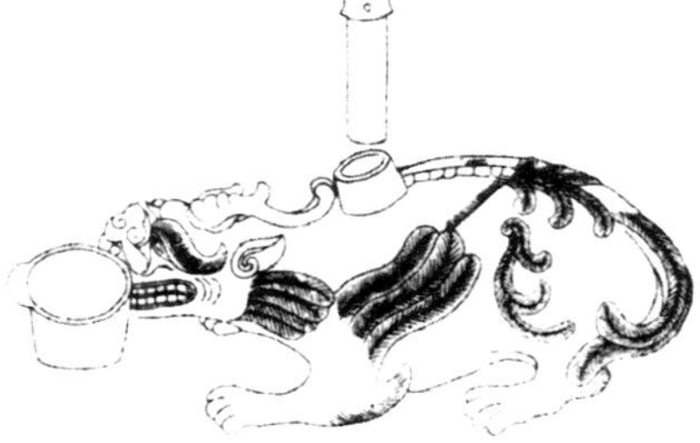

右高二寸五分深二寸口徑六分重一十八兩

唐天雞硯滴

右高二寸二分深一寸口徑三分重一十六兩

唐獅硯滴

右高一寸七分深一寸一分口徑四分重八兩

鎏金

漢天禄書鎮

右高三寸九分長六寸濶二寸二分重三十兩

按屈原九歌即有瑶席玉鎮之語故知此器在七國已有之吕大臨考古圖有書鎮一今從之附録於此

漢蟠螭書鎮

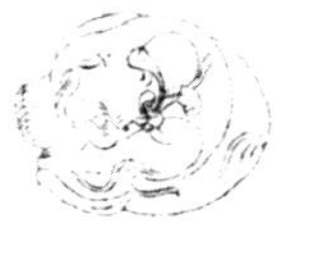

右高一寸三分重十兩

漢鳩鎮

右高一寸九分重一十九兩有半金銀錯

唐糊斗一

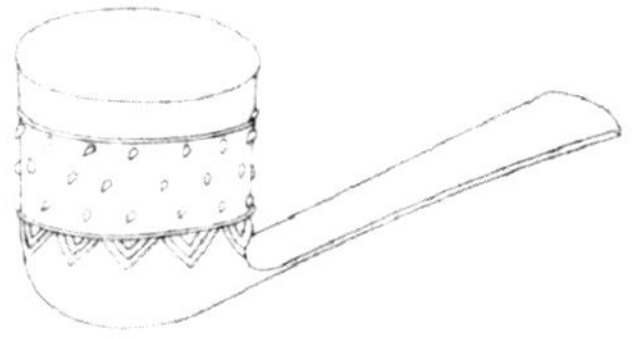

右高一寸七分深一寸六分口徑一寸五分長三寸五分重六兩

唐糊斗二

右高一寸三分深一寸二分口徑九分長六寸四分重三兩

唐糊斗三

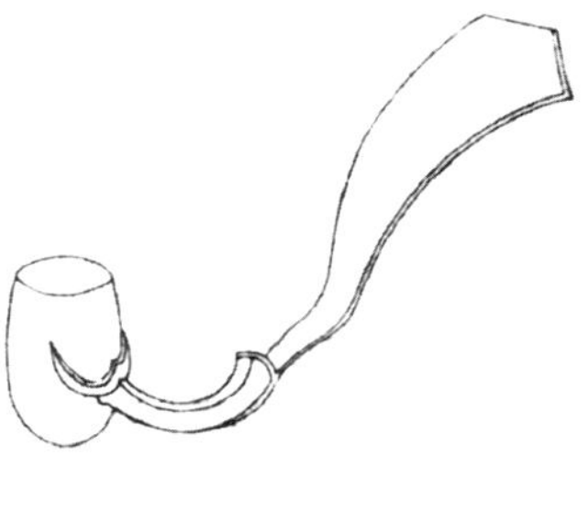

右高一寸二分深一寸一分口徑七分長四寸三分重三兩

漢博山鑪一

右通蓋高六寸八分深二寸七分口徑三寸四分腹圍一尺二寸九分重四十六兩周禮天官冢宰之屬宮人凡寢中共鑪炭則鑪乃三代之制而其器弗傳按東宮故事洞天清録西京襍記諸書博山實始於漢今詳此器分三層蓋為山形下為承盤此劉向銘稱上貫太華承以銅盤者是也補筆談謂防鑪熱灼席則為盤薦水以漸其趾今按盤底有孔非可以盛水者惟云承火炧之墜則得之矣考古圖又云貯湯使潤氣蒸香以象海之回環者更不然也

漢博山鑪二

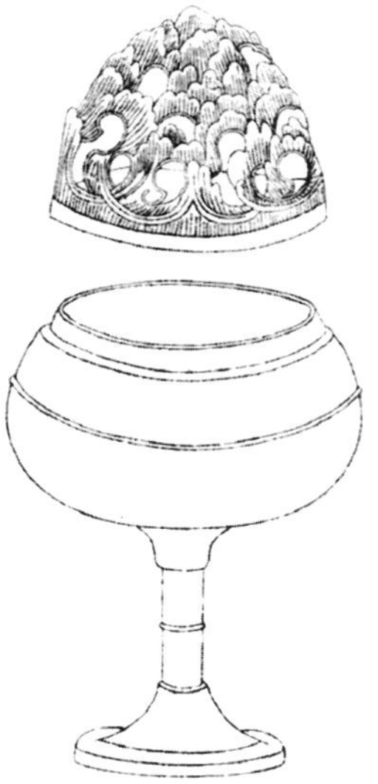

右通蓋高七寸七分深二寸四分口徑三寸三分腹圍一尺二寸九分重三十五兩缺盤

漢博山鑪三

右通蓋高七寸二分深二寸口徑二寸八分腹圍一尺七分重四十五兩

漢博山鑪四

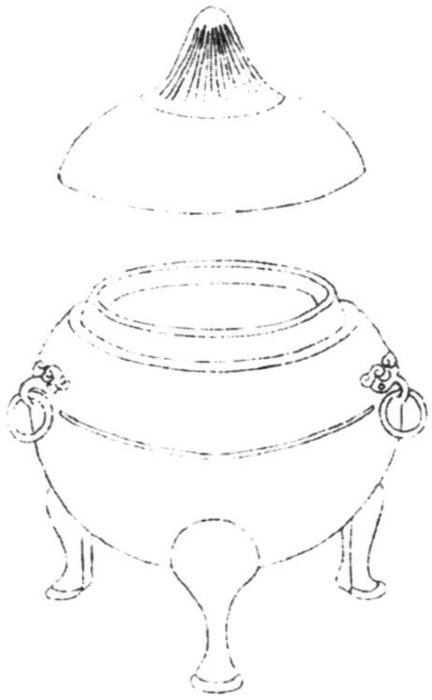

右通蓋高五寸二分深二寸八分口徑三寸二分腹圍一尺四寸重二十九兩兩耳三足蓋象山形故仍謂之博山鑪

漢博山鑪五

右通蓋高五寸七分深一寸九分口徑三寸三分腹圍一尺一寸四分重二十九兩

漢提鑪

右高三寸七分深三寸二分口縱二寸橫三寸腹圍七寸四分重一十四兩

漢獸鑪一

右通蓋高二寸七分深一寸三分口徑一寸七分腹圍八寸重一十七兩

漢獸鑪二

右通蓋高二寸七分深一寸三分口縱一寸四分橫一寸六分腹圍七寸三分重八兩鋈金

漢薰鑪

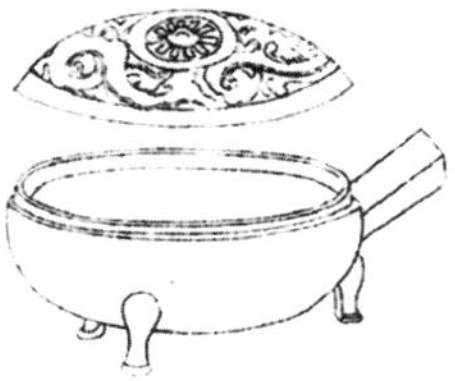

右通盖高二寸二分深一寸一分口徑二寸七
分重一十四兩有柄

祖

唐蟠螭鑪

右高二寸四分深一寸八分口徑四寸六分腹
圍一尺四寸六分重二十三兩三足銀錯

唐提鑪

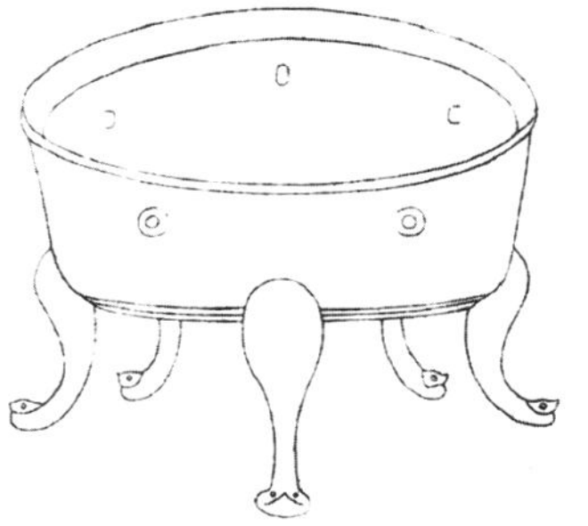

右高三寸二分深一寸八分口徑四寸五分腹圍一尺三寸四分重三十九兩鋈金四圍作細臯可系蓋提鑪如唐儀衛志所稱執香鑪香盤分左右以次導引者也

唐獸臯鑪

右高二寸三分深一寸七分口徑四寸一分腹圍九寸八分重一十一兩三足亦提鑪類也

唐薰鑪一

右通葢高三寸三分深一寸二分口徑二寸四分腹圍七寸六分重九兩有半

唐薰鑪二

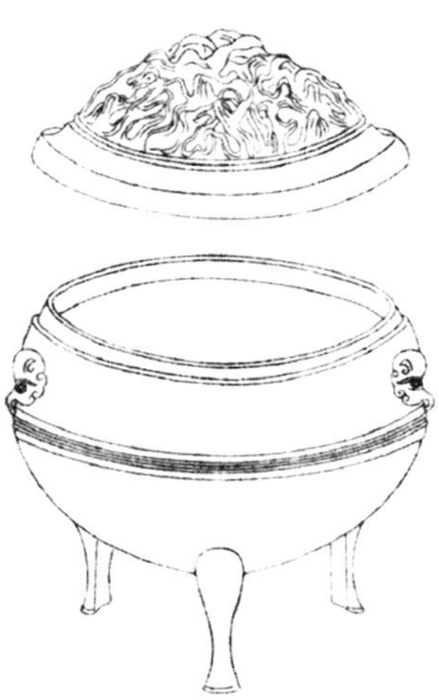

右通盖高四寸深一寸九分口徑三寸四分腹圍一尺二寸重二十七兩鎏金

唐方車薰鑪

右高一寸八分深一寸二分口縱二寸二分橫三寸二分腹縱一寸六分横二寸七分重一十七兩有半缺蓋

周匕首

右身長五寸三分濶一寸八分重七兩按匕首似劍而身短劉向說苑尺八短劍頭似匕故名匕首

西清古鑑卷三十九目録

鑑一

古鑑　御製題句

漢

尚方鑑一　有銘
尚方鑑二　有銘
九子鑑一　有銘
九子鑑二　有銘
長生鑑一　有銘
長生鑑二　有銘
明光鑑一　有銘
明光鑑二　有銘
明光鑑三　有銘
清白鑑一　有銘
清白鑑二　有銘
長宜子孫鑑一　有銘
長宜子孫鑑二　有銘
神人鑑　有銘
青蓋鑑一　有銘
青蓋鑑二　有銘

四乳鑑一
四乳鑑二
四乳鑑三
八乳鑑一
八乳鑑二

古鑑

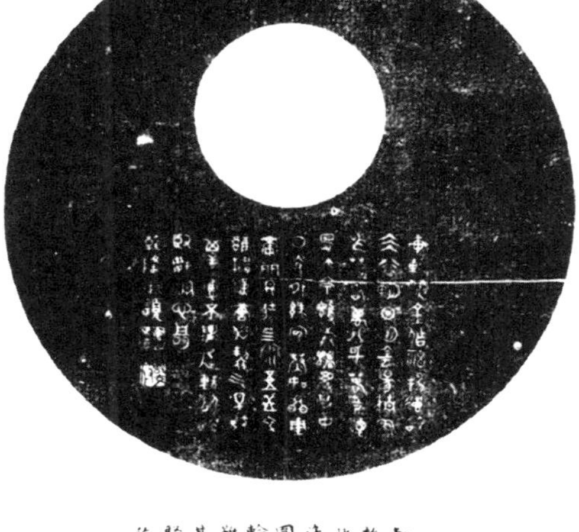

軒轅液金作神物德合乾坤明日月陰陽精氣此蘊蓄萬八千春豈虛汝丁甲護持魑魅被中圓光外綠雲射如星重輪蕨天關四靈五岳萃雖核漢唐俗製氣早妖其祥應不壞辰軼以圖賢奸洞心胥
乾隆御題

徑七寸重三十九兩有半青綠遍滿上二寸許如圓光獨晶瑩不可蝕即面文刻
御製題句七十七字後署乾隆御題下有會心不遠德充符二璽鏡陰純素按軒轅氏於王屋山鑄鏡十二而天中記謂舜臣尹壽鑄鏡周武王復有鏡銘則鏡之從来遠矣此器班駁古異非漢唐以下所能彷彿亦不能名其時代命之曰古鑑以冠於諸鑑之首

漢尚方鑑一

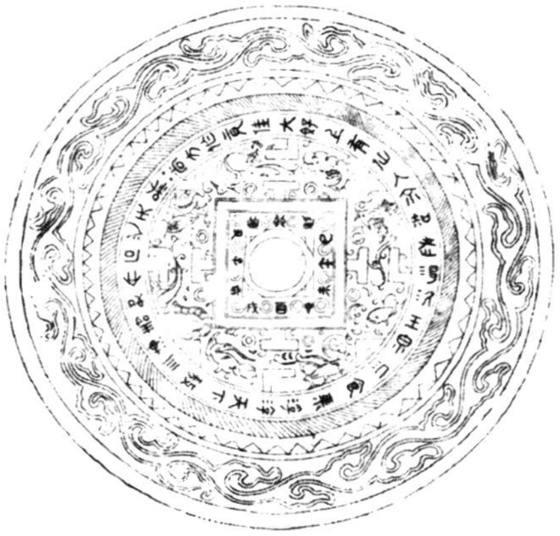

徑五寸一分重二十五兩背作十二乳間列地支十二字外輪作八乳具十二屬花邊素㚖銘三十五字按丹鉛摠録鑑銘曰尚方作鑑真大巧上有仙人不知老渴飲玉泉飢食棗壽如金石佳且好較此銘少浮游天下遨四海一句博古圖尚方第二鑑銘詞亦小異攷漢書少府官屬有鉤盾尚方御府注尚方主作禁器物又通典秦置尚方令漢因之銘詞尚方作盖禁物又武帝時公孫卿言仙人可見宜為館如緱氏城置棗脯盖緣安期生棗大如瓜之說銘言飢食棗皆漢代故事也

漢尚方鑑二

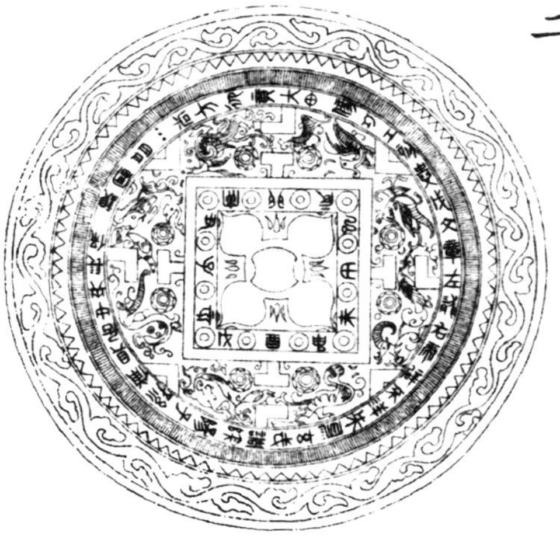

徑六寸五分重二十一兩有半背作十二乳間列地支十二字外輪具龍鸞之象流雲邊素臭銘四十二字按西溪叢語李晦之一鏡背有八柱十二獸銘云尚方佳貢大無傷左龍右虎辟牛羊朱鳥元武順陰陽子孫備具居中央長保二親樂富昌與博古圖漢尚方第一鑑銘詞並少巧工刻績成文章一句餘文亦小異其云辟牛羊者釋文誤也

漢九子鑑一

徑四寸三分重一十一兩有半背具九龍子形花邊素鼻銘十二字其四不可識按仇池筆記蘓軾於黄州得一鏡以照人面覺微小令此鏡亦如此夢溪筆談云鑄鏡者故令稍凸收人面令小則鏡雖小而能全納人面其説為近之而軾謂是道家聚形之法未必然也

漢九子鑑二

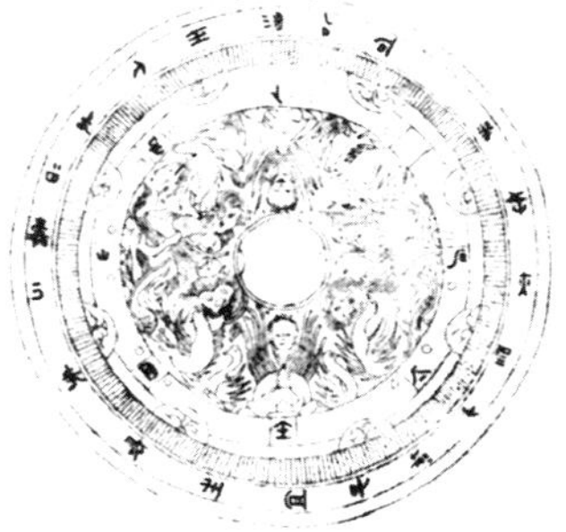

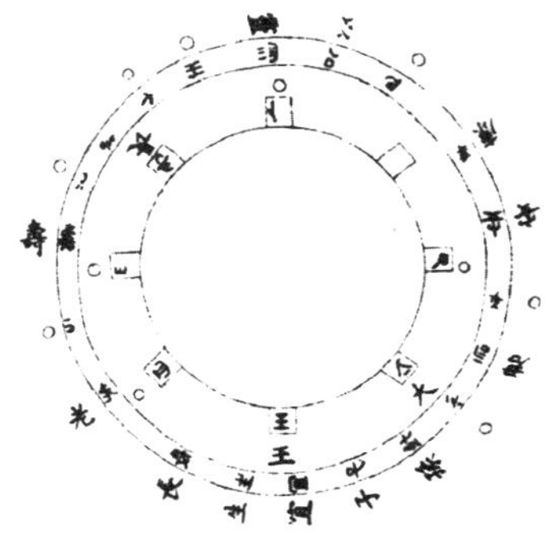

徑三寸七分重二十兩背作九龍子形素邊素臯銘八字可識者三字又外輪銘可識者十二字

漢長生鑑一

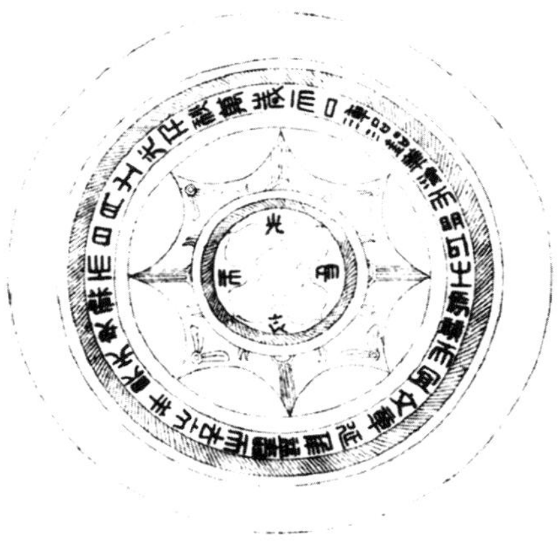

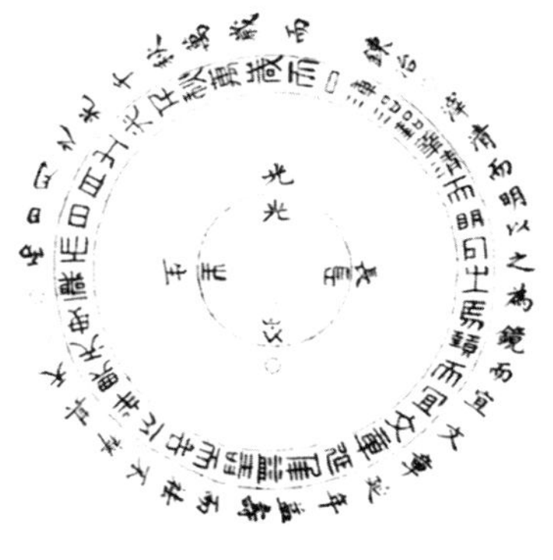

徑五寸九分重二十二兩背作菱花形素邊素鼻銘四十一字可識者三十八字近鼻銘四字曰光曰長生其一不可識按此鏡迎日照之則背文透出夢溪筆談謂世有透光鑑鑑背有銘以鑑承日光背文皆透在屋壁上了了分明又雲烟過眼録焦達卿所藏有透光鏡一映日則背花俱見云云均與此合又古鏡記載侯生一鏡亦如此

漢長生鑑二

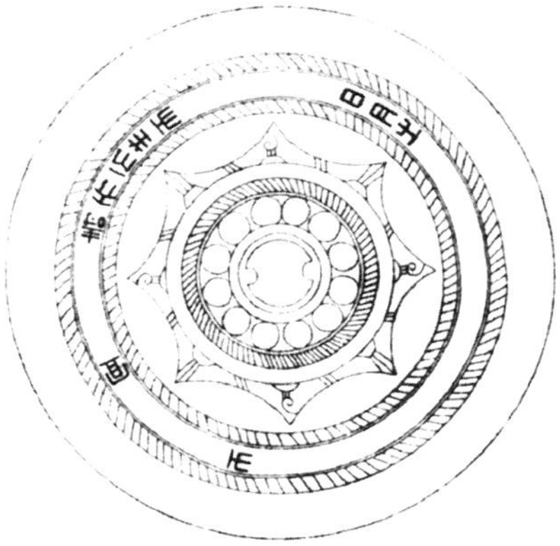

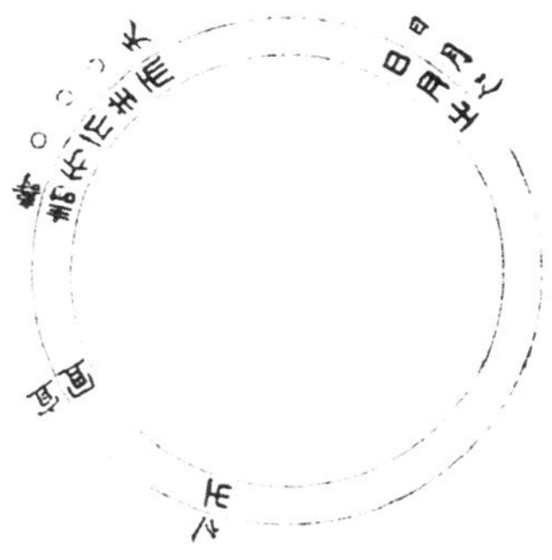

徑五寸八分重四十九兩背作菱花形中十二乳素邊素鼻銘可識者七字與前一鑑文同背亦透光不甚分明耳

漢明光鑑一

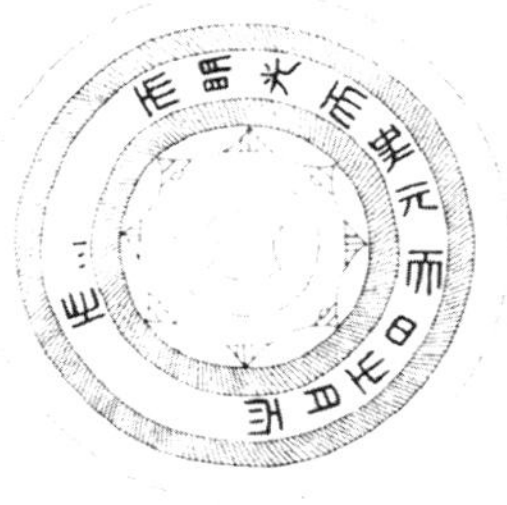

徑三寸重五兩有半背作菱花形素邊素鼻銘可識者十一字透光

漢明光鑑二

徑四寸重九兩背作菱花形素邊素鼻銘二十六字

漢明光鑑三

徑三寸九分重十兩背作菱花形內列十二乳素邊素臯銘二十四字

漢清白鑑一

徑四寸五分重一十一兩有半背作菱花形中
十二乳素邊素鼻銘與博古圖所載有數字小
異背文並透光

西清古鑑
卷三十九
鑑
三十二

漢清白鑑二

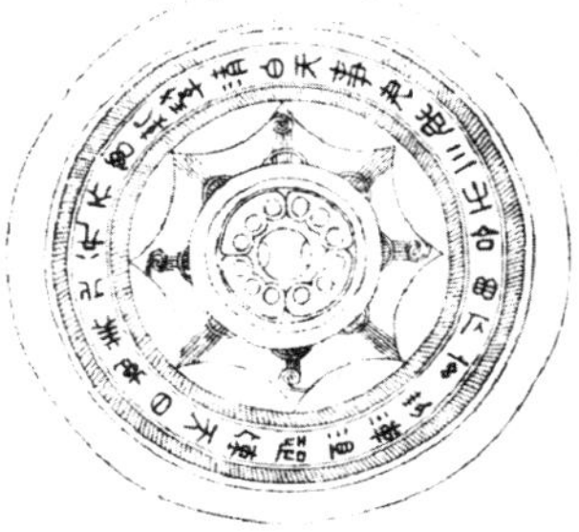

徑四寸四分重九兩背作菱花形中十二乳素邊素㒵銘二十七字透光

漢長宜子孫鑑一

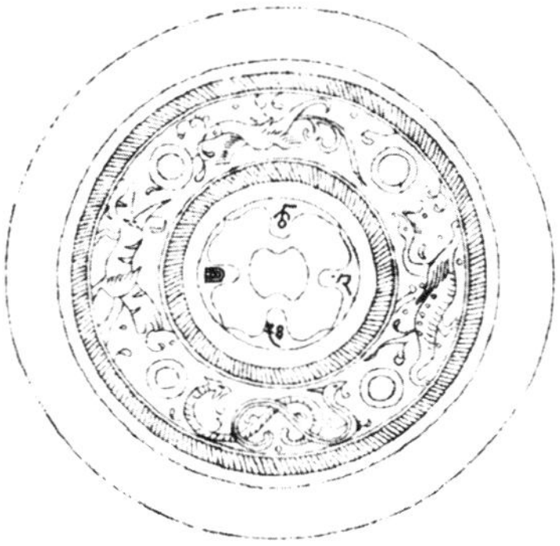

徑四寸四分重一十三兩有半背作四乳間列四神形素邊素鼻銘四字與博古圖所載同又續夷堅志載蔡正甫一鏡文曰長宜子孫亦合

漢長宜子孫鑑二

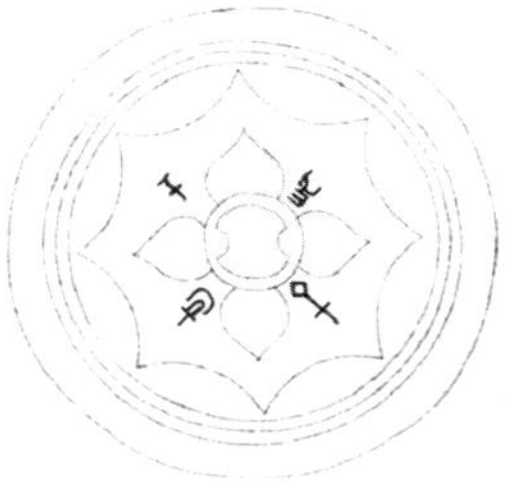

徑三寸三分重五兩十六銖背作菱花形素邊素鼻銘四字

西清古鑑　卷三十九　鑑　二十八

漢神人鑑

徑四寸三分重一十九兩背作十二乳間列地支十二字外輪作八乳具十二屬花邊素鼻銘可識者二十二字與博古圖神人鑑文略同曰上華山見神人如武帝封禪見巨人跡又其時競言神仙故著於鏡者多如此

漢青蓋鑑一

徑三寸五分重一十九兩有半背作四神形花邊素鼻銘二十八字曰長保二親利孫子與博古圖十二辰第一鑑語合

漢青蓋鑑二

徑四寸七分重一十六兩背具蟠龍凡三素邊素䦨銘如尚方第二鑑缺一句又數字小異又博古圖青蓋鑑形製不類曰青蓋作鏡與前器語並同

漢四乳鑑一

徑三寸五分重七兩有半背作四乳間列瑞獸
凡四花邊素鼻無銘

漢四乳鑑二

徑五寸九分重二十三兩背作四乳間列龍文
凡四素邊素鼻無銘

漢四乳鑑三

徑五寸二分重一十七兩八銖背作四乳間列大小獸形各四花邊素鼻無銘

漢八乳鑑一

徑四寸重十兩背作八乳間列鳥獸形各四花邊素鼻無銘按博古圖有四神鑑六其第三鑑形製與此類

漢八乳鑑二

徑三寸七分重八兩背作八乳流雲邊素鼻無銘

西清古鑑卷四十目録

鑑二

漢

唐

漢海獸蒲萄鑑一

徑四寸二分重二十二兩背作海獸四外輪列蝶鳥形俱環以結枝蒲萄花邊獸臭無銘按漢武帝通西域得蒲萄種之上林苑以夸示外國故漢鑑多有此形製應亦是尚方鑄也今内府所藏甚夥與博古圖所載亦相胞合擇其尤佳者誌之

漢海獸蒲萄鑑二

徑七寸重一十七兩有半背作海獸五外輪列十二屬環以結枝蒲萄花邊素鼻無銘按軒轅內傳帝鑄鏡十二隨日用之云云則是合地支之數故後世多列地支及十二相形於鏡如前尚方二鑑神人鑑及此鑑皆是蓋仿古制非臆造也

漢海獸蒲萄鑑三

徑三寸九分重一十八兩背作海獸五外輪列禽蝶草蟲形俱環以結枝蒲萄流雲邊獸鼻無銘

漢海獸蒲萄鑑四

徑二寸四分重五兩背作海獸五外輪並作結枝蒲萄素邊獸鼻無銘

漢海獸蒲萄鑑五

徑三寸六分重一十四兩有半背作海獸五外輪列羣鳥形俱環以結枝蒲萄素邊獸鼻無銘

漢海獸蒲萄鑑六

徑三寸一分重八兩背作海獸形外輪列蝶鳥形俱環以結枝蒲萄花邉獸鼻無銘

漢海獸蒲萄鑑七

徑三寸八分重一十七兩有半背作海獸四外輪列羣鳥形俱環以結枝蒲萄花邉獸鼻無銘

漢海獸蒲萄鑑八

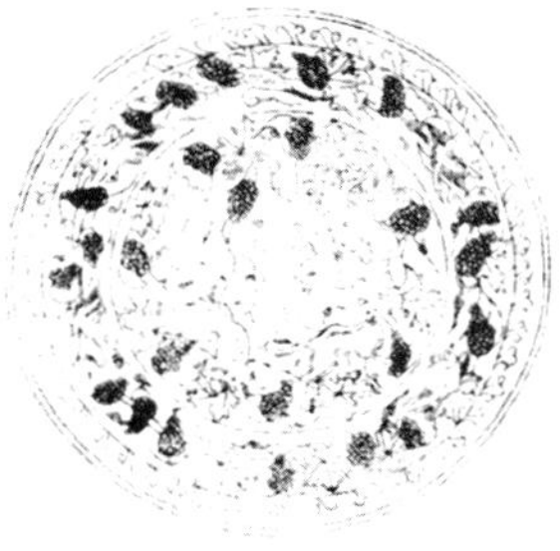

徑三寸重八兩有半背作海獸四外輪列羣鳥形俱環以結枝蒲萄花邊獸鼻無銘

漢海獸蒲萄鑑九

徑三寸五分重一十八兩背作海獸五外輪列羣鳥形俱環以結枝蒲萄素邊獸鼻無銘

漢海獸蒲萄鑑十

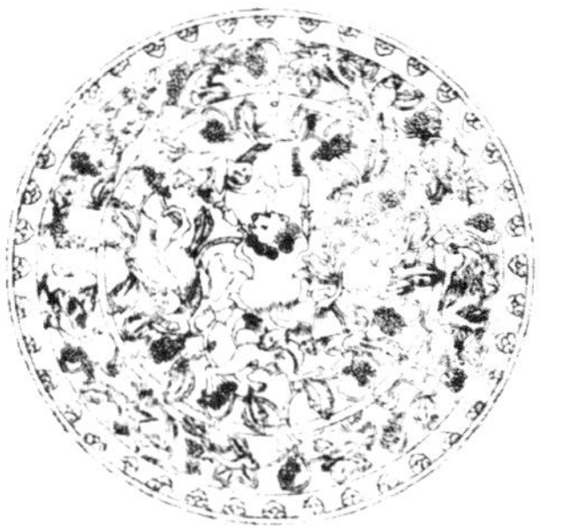

徑四寸重二十一兩有半背作海獸大小凡七又鳥形一外輪並列羣鳥形俱環以結枝蒲萄花邊獸鼻無銘

漢海獸蒲萄鑑十一

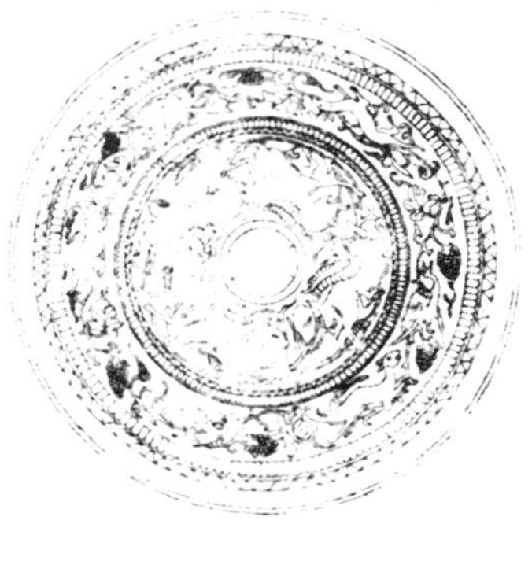

徑三寸七分重一十三兩有半背作海獸四外輪列鳥獸形俱環以結枝蒲萄素邊素鼻無銘

漢海獸蒲萄鑑十二

徑三寸八分重一十九兩有半背作海獸四外輪列羣鳥形俱環以結枝蒲萄素邊素鼻無銘

漢海獸蒲萄鑑十三

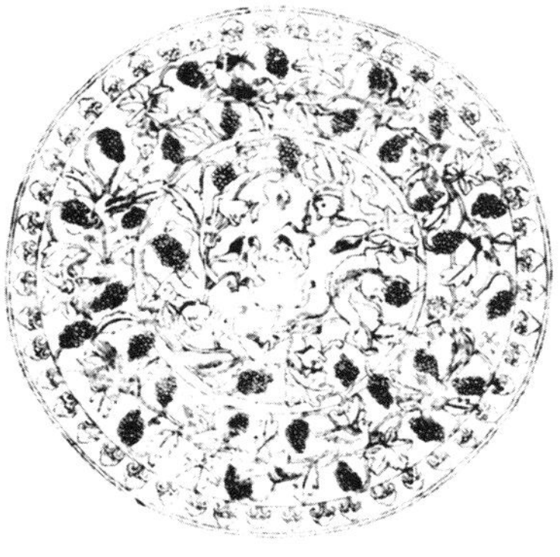

徑四寸四分重二十四兩背作海獸五外輪列羣鳥形俱環以結枝蒲萄垂雲邊獸鼻無銘

漢海獸蒲萄鑑十四

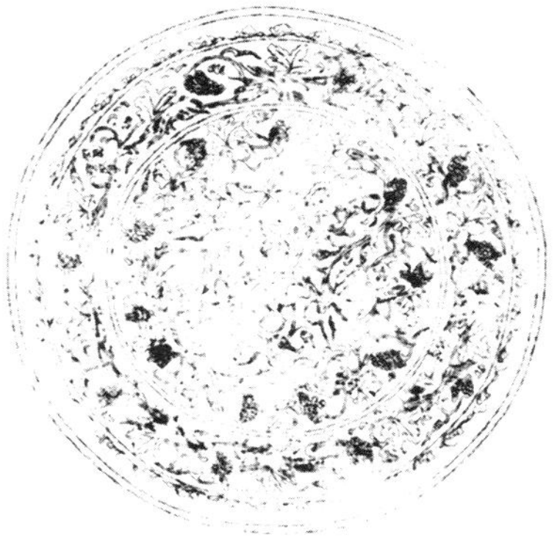

徑四寸二分重一十五兩背作海獸六外輪列羣鳥形俱環以結枝蒲萄流雲邊獸鼻無銘

漢海獸蒲萄鑑十五

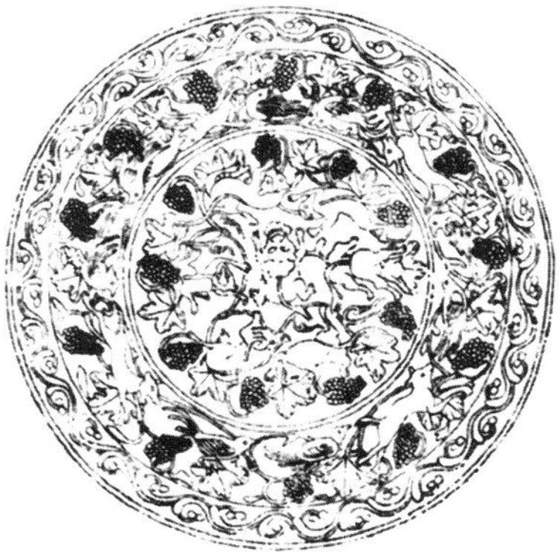

徑四寸二分重一十三兩背作海獸六外輪列鳥獸形俱環以結枝蒲萄花邊獸鼻無銘

漢海獸蒲萄鑑十六

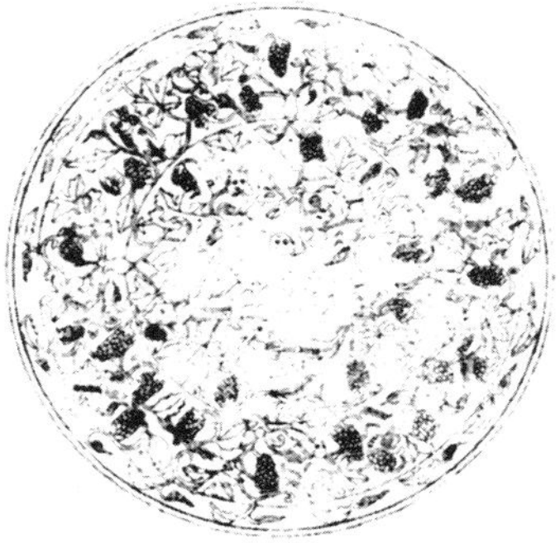

徑三寸七分重一十九兩有半背作海獸四外輪列蝶鳥形俱環以結枝蒲萄花邊獸鼻無銘

漢海獸蒲萄鑑十七

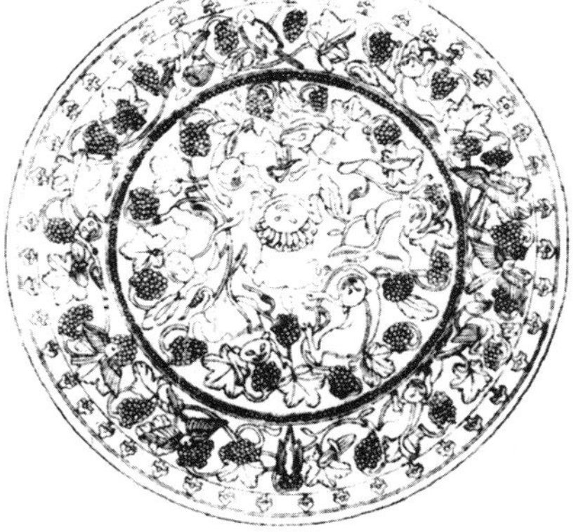

徑四寸六分重二十五兩背作海獸六外輪列鳥獸形俱環以結枝蒲萄垂雲邊獸鼻無銘

漢海獸蒲萄鑑十八

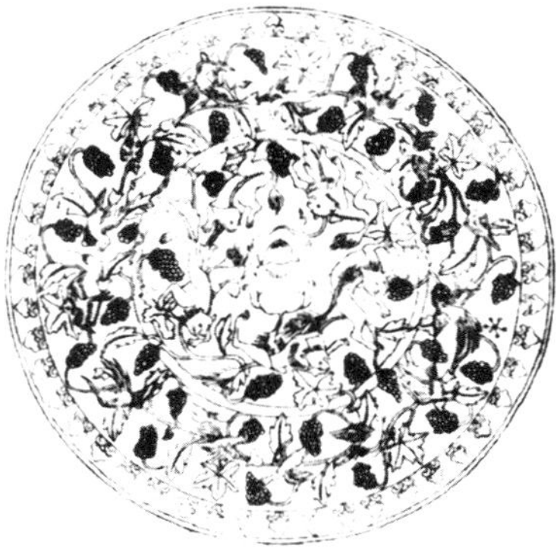

徑四寸四分重二十六兩有半背作海獸五外輪列羣鳥形俱環以結枝蒲萄垂雲邊獸鼻無銘

漢海獸蒲萄鑑十九

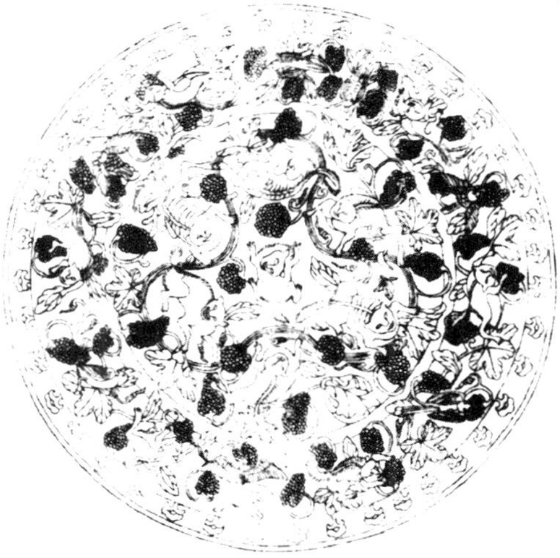

徑五寸五分重五十兩背作海獸六外輪列鳥獸形俱環以結枝蒲萄花邊獸鼻無銘

漢海獸蒲萄鑑二十

徑四寸二分重二十兩背作海獸五外輪列羣鳥形俱環以結枝蒲萄垂雲邊獸鼻無銘

漢海獸蒲萄鑑二十一

徑五寸四分重三十七兩背作海獸六外輪列禽蝶草蟲形俱環以結枝蒲萄花邊獸鼻無銘

漢海獸蒲萄鑑二十二

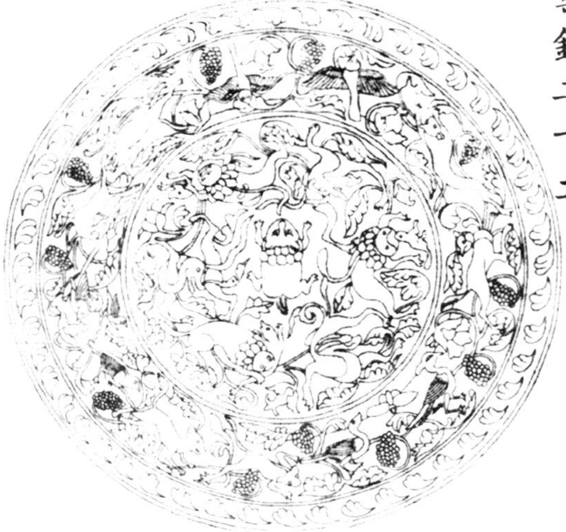

徑六寸三分重六十三兩背塗金作海獸六外輪列鳥獸蟲蝶形俱環以結枝蒲萄流雲邊獸鼻無銘

漢海獸蒲萄鑑二十三

徑三寸七分重一十三兩有半背作海獸四與海燕相間外輪列禽蝶草蟲形俱環以結枝蒲萄垂雲邊獸鼻無銘

漢海獸蒲萄鑑二十四

西清古鑑　卷四十　鑑　二十四

徑五寸二分重三十九兩有半背作海獸四外輪列鳥獸形俱環以結枝蒲萄花邊獸鼻無銘

漢海獸蒲萄鑑二十五

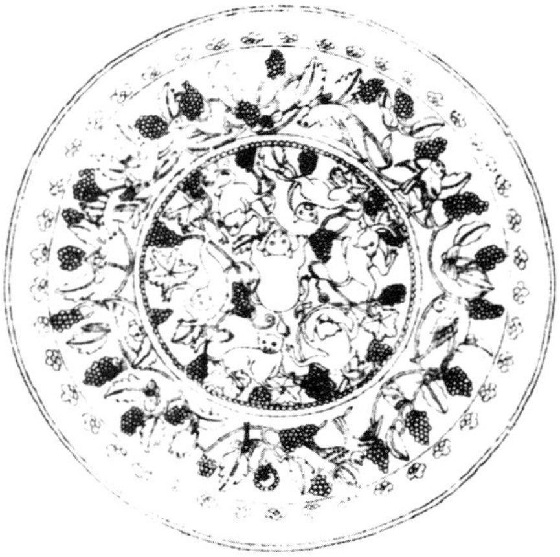

西清古鑑　卷四十　鑑　二十五

徑四寸六分重二十五兩七銖背作海獸六外輪列禽蝶草蟲形俱環以結枝蒲萄花邊獸鼻無銘

漢海獸蒲萄鑑二十六

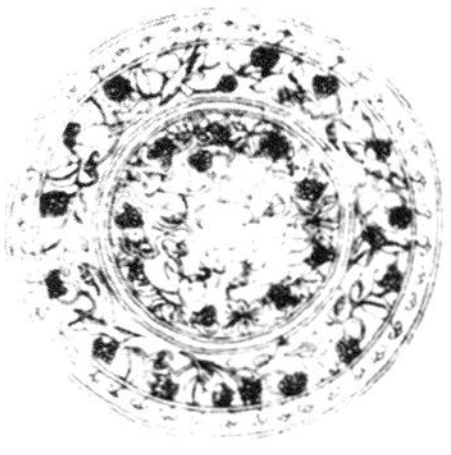

徑三寸重九兩有半背作海獸四外輪列羣鳥形俱環以結枝蒲萄垂雲邊獸鼻無銘

漢海獸蒲萄鑑二十七

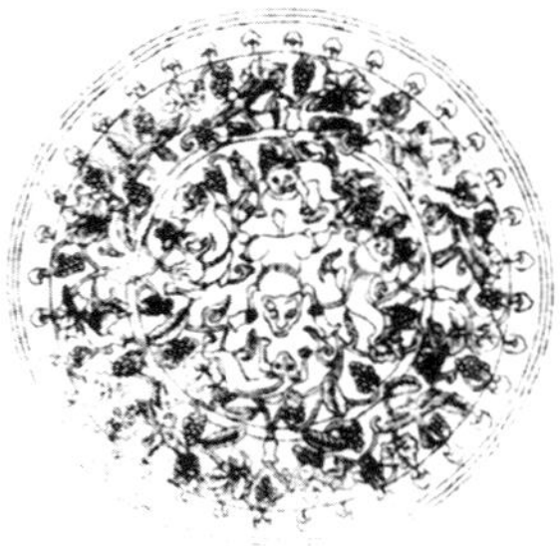

徑三寸九分重一十六兩背作海獸四外輪列蝶鳥形俱環以結枝蒲萄垂雲邊獸鼻無銘

漢海獸蒲萄方鑑

徑三寸六分重二十兩背作海獸凡四外輪列羣鳥形俱環以結枝蒲萄素邊獸鼻無銘

漢鸞獸蒲萄鑑一

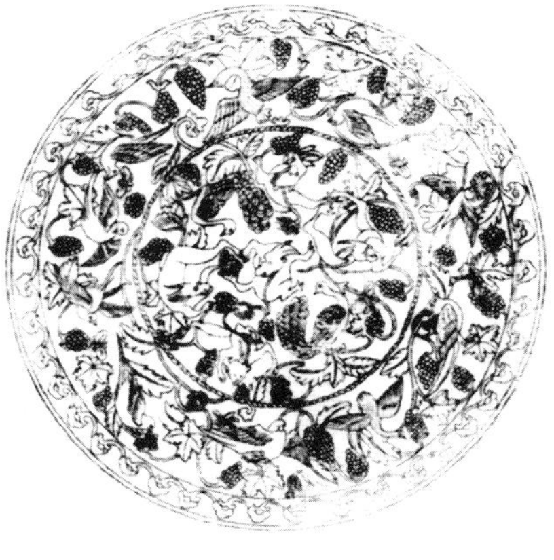

徑五寸二分重二十七兩有半背作鸞二海獸四外輪列禽蝶草蟲形俱環以結枝蒲萄流雲邊獸鼻無銘

漢鸞獸蒲萄鑑二

徑五寸二分重三十一兩背作鸞二海獸四外輪列禽蝶草蟲形俱環以結枝蒲萄流雲邊獸鼻無銘

漢鸞獸蒲萄鑑三

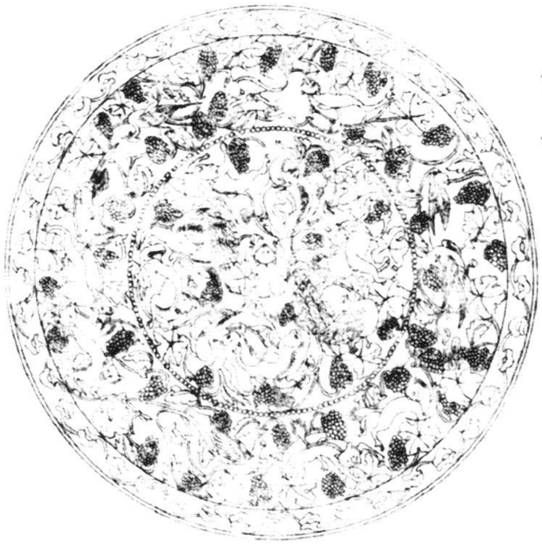

徑七寸重九十六兩背作鸞二海獸六外輪列鳥獸蟲蝶形俱環以結枝蒲萄流雲邊素鼻無銘

漢鸞獸蒲萄鑑四

徑七寸重九十六兩背作鸞二海獸六外輪列鳥獸蟲蝶形俱環以結枝蒲萄流雲邊獸鼻無銘

漢龍鳳蒲萄鑑一

徑五寸二分重四十兩背作龍鳳各二外輪列鳥獸形俱環以結枝蒲萄流雲邊獸鼻無銘

漢龍鳳蒲萄鑑二

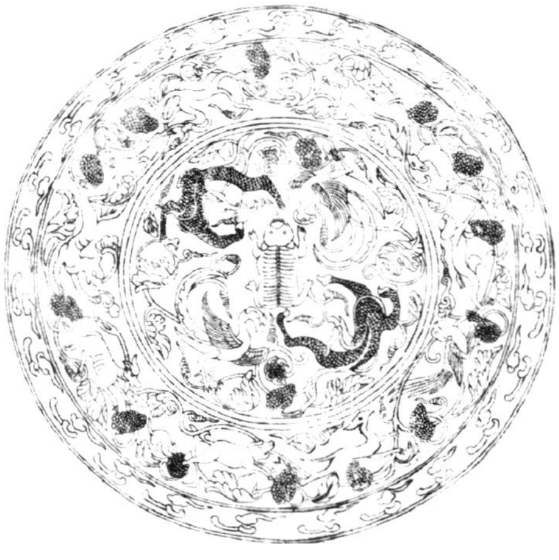

徑五寸三分重三十二兩背作龍鳳各二外輪列鳥獸形俱環以結枝蒲萄流雲邊獸鼻無銘

漢雲龍鑑

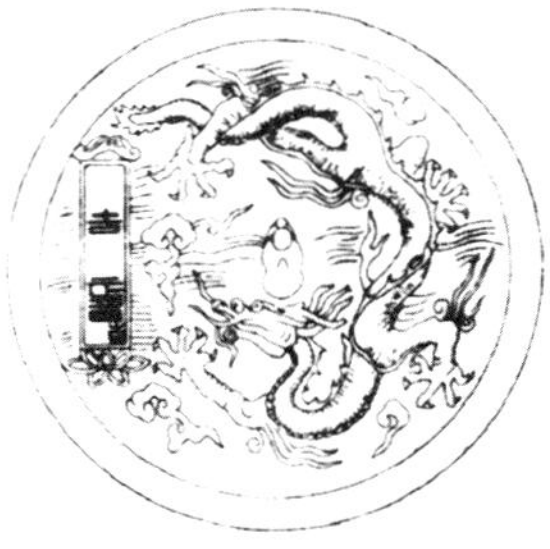

徑三寸四分重十兩背作龍躍天池之狀間以
朶雲素邊素鼻欵識可識者五字

漢純素鑑

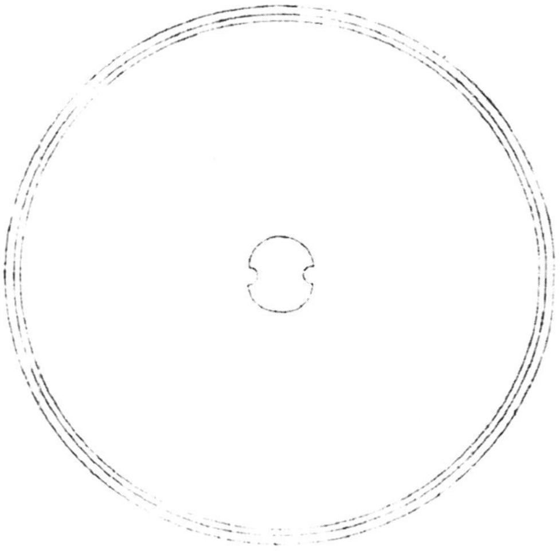

徑六寸六分重二十八兩無銘博古圖亦載此
鑑

唐十二辰鑑一

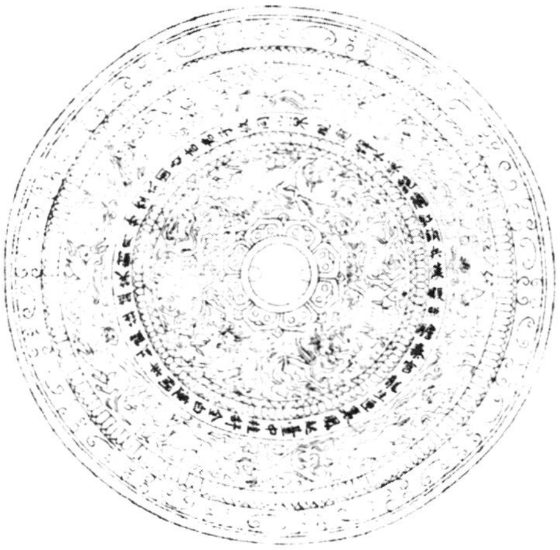

徑八寸一分重一百一十二兩背塗金作海獸八外輪具十二屬流雲邊素臬銘四十八字

唐十二辰鑑二

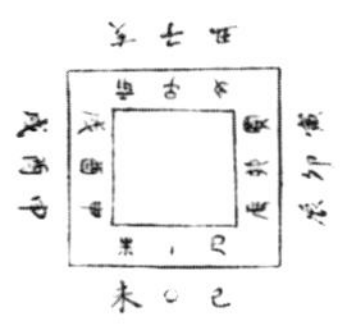

徑五寸一分重一十七兩有半背作十二乳列地支十二字外輪作八乳間列鳥獸形花邊素鼻

唐四神鑑一

西清古鑑　卷四十　鑑　四三

徑八寸重六十兩背作四神形外輪具十二屬流雲邊素鼻銘三十二字形制紋縷與博古圖武德鑑合

唐四神鑑二

徑四寸九分重三十三两背作四神形素邊素鼻無銘

唐四神鑑三

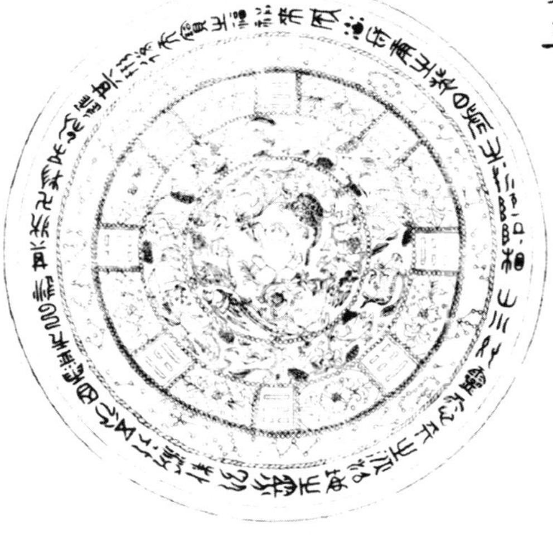

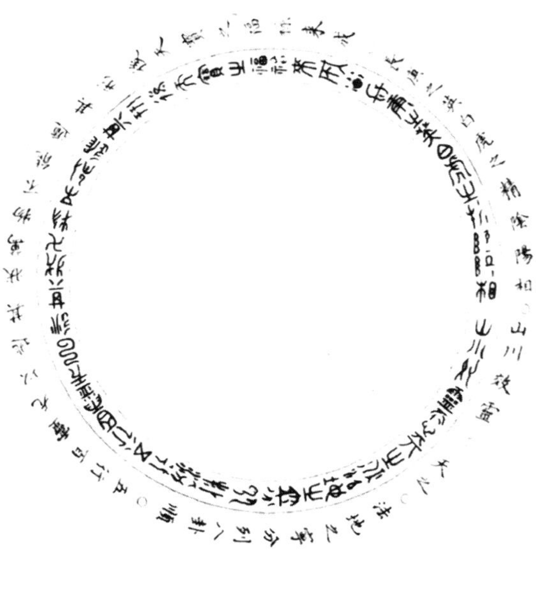

徑八寸重二十七兩背作四神形外重輪四道第一輪内具十二屬次具八卦間以寶相花又次具二十八宿又次為銘文素邊獸鼻銘五十四字

唐四乳鑑

徑五寸七分重一十七兩有半背作四乳重輪外具瑞草凡四葵花邊圜鼻無銘

唐雙鸞鑑一

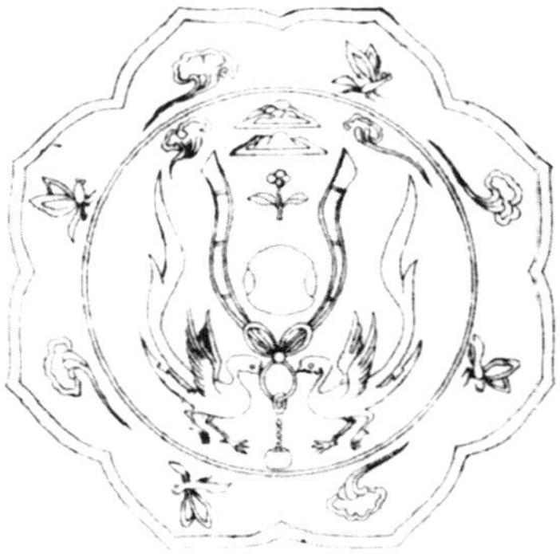

徑四寸六分重一十九兩有半菱花式背作雙鸞啣珠之狀間以流雲花枝邉具芝草蛺蝶素鼻無銘

唐雙鸞鑑二

徑六寸五分重二十八兩十六銖葵花式背作雙鸞從以四鳥邉具雲鳥花蝶之屬素鼻無銘

唐雙鸞鑑三

徑五寸二分重一十五兩葵花式背作雙鸞上一鳥啣綬帶下為花枝素邊素鼻無銘

唐雙鸞鑑四

徑四寸二分重九兩葵花式背作雙鸞啣綬帶上為雲下列鳥一花蝶邊素鼻無銘

唐雙鸞鑑五

徑五寸八分重二十四兩葵花式背作雙鸞間以花朶花蝶邊素鼻無銘

唐雙鸞鑑六

徑五寸八分重二十二兩葵花式背作雙鸞上一鳥啣綬帶下為山雲花蝶邊素鼻無銘

唐舞鳳狻猊鑑

徑七寸二分重六十四兩菱花式背作舞鳳狻猊各二間以折枝花邊具花蝶蟲鳥之屬獸鼻無銘與博古圖鳳馬鑑合按爾雅注狻猊即獅子出西域又穆天子傳狻猊野馬走五百里則狻猊亦可云馬故舊圖謂之鳳馬鑑也

唐鳳馬鑑

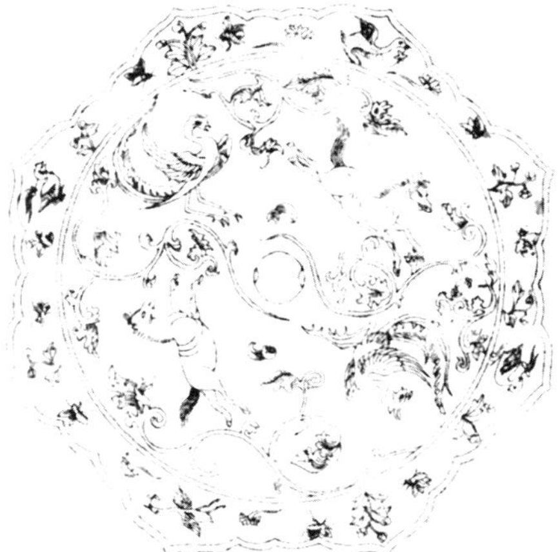

徑八寸重九十六兩菱花式背作雙鳳又馬形二間以旋紋花邊具花蝶蟲鳥之屬素鼻無銘與博古圖所載合

唐福祿鑑

徑七寸重二十九兩葵花式背作雙鹿又蝙蝠二盖取義福祿亦祈祝語也上下並具花草蜂蝶之屬素邊素鼻無銘

唐瑞獸鑑一

徑四寸三分重一十一兩菱花式背作狻猊角端各二花蝶邊素鼻無銘

唐瑞獸鑑二

徑四寸三分重一十五兩菱花式背作狻猊角端各二花蝶邊素鼻無銘

唐雙龍鑑

徑四寸重十兩背作雙龍間以流雲素邊素鼻無銘

唐雙魚鑑

徑六寸重八十兩背作雙魚游泳之狀素邊素鼻無銘

唐雲濤鑑

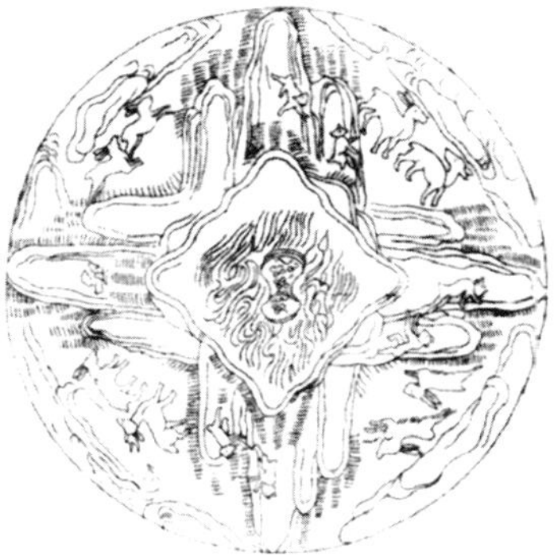

徑五寸六分重一十九兩有半背作波濤外列山雲間以羣獸凡十有四花鼻無銘

唐鸞鳳花枝鑑

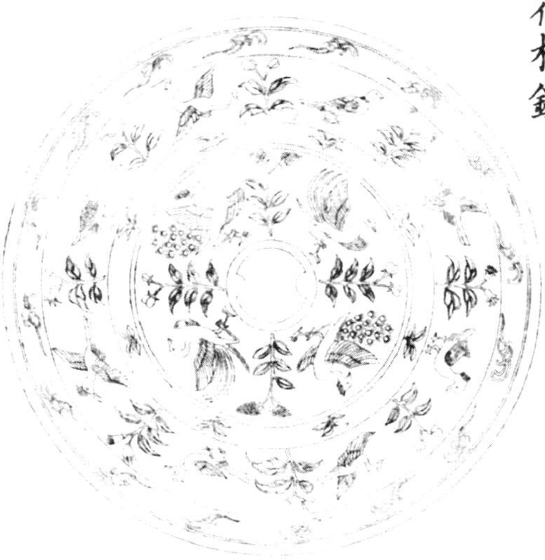

徑七寸三分重一百一十二兩背作鸞鳳各二間以折枝花外輪並具花鳥之狀流雲邊素鼻無銘

唐鳧雁花枝鑑

徑三寸一分重五兩菱花式背作鳧雁各二間以折枝花花蝶邊素鼻無銘

唐雀繞花枝鑑

徑四寸重一十七兩有半菱花式背作飛雀四間以旋紋花花蝶邊素鼻無銘

唐六花鑑

徑八寸重五十七兩背周遭作折枝花内外各六流雲邊素鼻無銘

唐寶相花鑑一

徑六寸重二十兩葵花式背作花朶凡六素邊素鼻無銘

唐寶相花鑑二

徑四寸三分重八兩八銖背作花朶凡六素邊素鼻無銘

唐寶相花鑑三

徑四寸重一十七兩菱花式背作花朶正側各四雲蝶邊獸鼻無銘

唐寶相花鑑四

徑七寸重五十七兩菱花式背作花朶一外環繞凡八垂雲邊花鼻無銘

唐寶相花鑑五

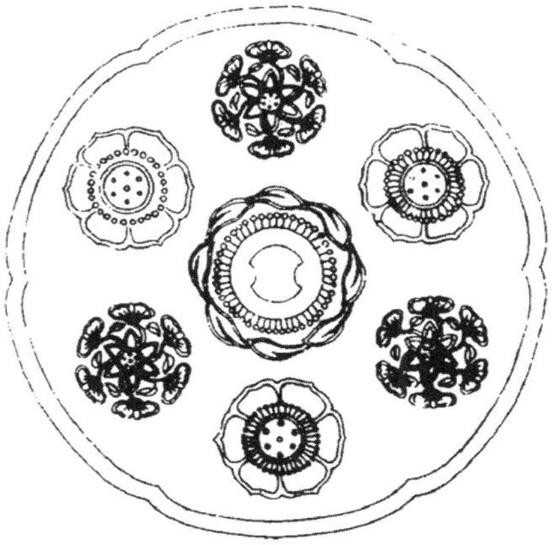

徑六寸一分重二十一兩葵花式背作花朶凡六素邊素鼻無銘

唐寶相花鑑六

徑五寸七分重一十六兩背作折枝花凡四素邊素鼻無銘

唐寶相花鑑七

徑五寸七分重一十八兩葵花式背作折枝花凡四素邊素鼻無銘

唐寶相花鑑八

徑五寸二分重二十二兩菱花式背作花朶間以垂雲花蝶邊素鼻無銘

唐重輪鑑一

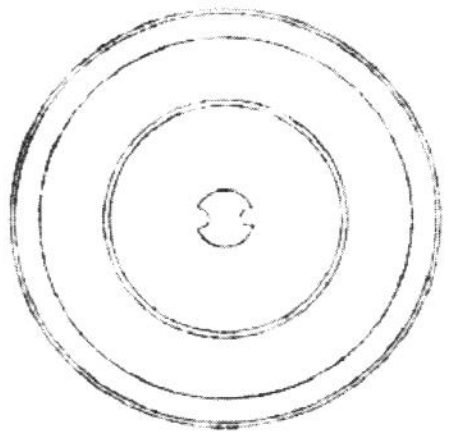

徑二寸五分重七兩有半背作重輪素邊素鼻無銘

唐重輪鑑二

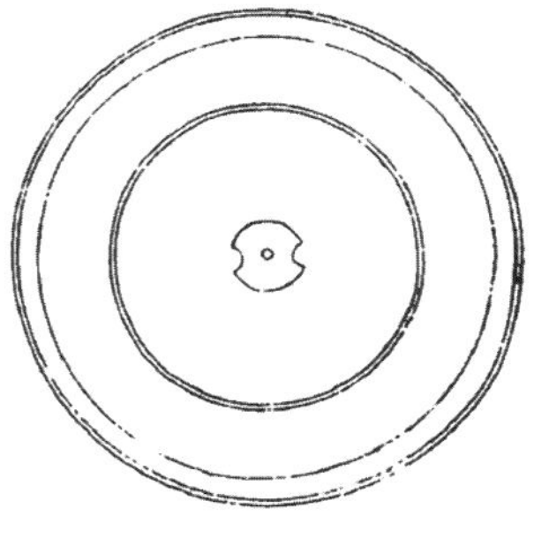

徑三寸四分重七兩背作重輪素邊素鼻無銘

唐方鑑

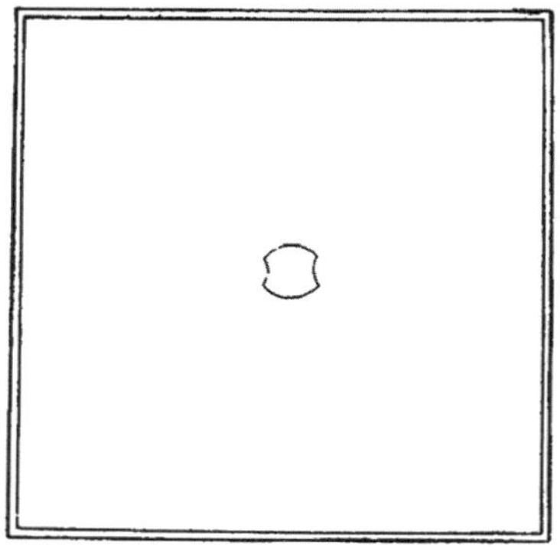

西清古鑑 卷四十 鑑 卅六

徑四寸二分重一十八兩素邊素鼻無銘

(K－2961.01)

責任編輯：范鵬偉

封面設計：黃華斌

科學出版社互聯網入口

歷史分社：010－64011837　銷售：010－64031535

E－mail：yangjing@mail.sciencep.com

銷售分類建議：歷史／古籍

www.sciencep.com

ISBN 978-7-03-059904-9

9 787030 599049 >

定　價：389.00 元